Anarchismus und Bürgerkrieg

Walther L. Bernecker

Anarchismus und Bürgerkrieg

Zur Geschichte der Sozialen Revolution in Spanien 1936 – 1939

Verlag Graswurzelrevolution

Umschlagfoto: Sanz Miralles, Ortega. Valencia, CNT.FAI.AIT, 1936. Aus: Jordi Carulla/Arnau Carulla: *La Guerra Civil en 2000 Carteles. República, Guerra Civil, Posguerra*. Barcelona 1997.
Erstausgabe: Walther L. Bernecker: *Anarchismus und Bürgerkrieg. Zur Geschichte der Sozialen Revolution in Spanien 1936–1939*. (= Historische Perspektiven 10), Hamburg 1978.

Bibliografische Information der Deutschen Bibliothek
Die Deutsche Bibliothek verzeichnet diese Publikation in der Deutschen Nationalbibliografie; detaillierte bibliografische Daten sind im Internet über http://dnb.ddb.de abrufbar.

Sitz: Heidelberg
E-Mail: buchverlag@graswurzel.net
www.graswurzel.net · ISBN 978-3-939045-03-8
Druck & Bindung: CPI buchbücher.de GmbH, Birkach

Inhalt

Einleitung zur Ausgabe von 2006

Anarchismus und Bürgerkrieg erschien zum ersten Mal 1978 im Verlag Hoffmann und Campe. Vier Jahre später wurde eine wesentlich erweiterte Fassung in spanischer Übersetzung vom Verlag Crítica publiziert.[1] In jenen Jahren begann die seriöse, quellenbasierte Forschung über den Anarchismus im Spanischen Bürgerkrieg von 1936–1939 und die Soziale Revolution. Wenn im Jahr 2006, somit 18 Jahre nach der Erstveröffentlichung, das Werk unverändert nachgedruckt wird, dann bedeutet dies nicht, daß die Forschung in der Zwischenzeit keine Fortschritte erzielt hat. Ganz im Gegenteil: Die Soziale Revolution der Anarchisten im Spanischen Bürgerkrieg erlebte als Forschungsthema in den 1980er Jahren geradezu einen Boom. Zahlreiche Publikationen ergänzten und modifizierten die Ergebnisse, die *Anarchismus und Bürgerkrieg* erbracht hatte. Auch wenn somit manche Detailaussage des Buches zu korrigieren ist, gilt aber doch, daß die grundlegende Interpretation nach wie vor gültig ist. Autor und Verlag haben daher entschieden, daß ein unveränderter Nachdruck des längst vergriffenen Werkes zu rechtfertigen ist. Um aufzuzeigen, welche Richtung die Forschung seit damals eingeschlagen hat, welche thematischen Schwerpunkte vertieft worden sind und welche Ergebnisse erzielt wurden, wird dem Nachdruck ein kurzer Forschungsbericht vorangestellt, der die wichtigsten Erträge der Untersuchungen der letzten zwei Jahrzehnte vorstellt.

1 Walther L. Bernecker: *Colectividades y Revolución Social. El anarquismo en la guerra civil española, 1936–1939*. Barcelona 1982.

Gang und Stand der Forschung

Als sich im Übergang zur Demokratie in Spanien eine gewisse Anarchismus-Renaissance anzubahnen schien[2], erlebten auch die Studien über die libertäre Bewegung im Bürgerkrieg einen Aufschwung. Vor allem spanische Forscher steuerten viele Lokal- und Regionalstudien bei. Trotz mancher fortbestehender Lücken kann die Soziale Revolution heute als ein relativ gut erforschter Teil der Bürgerkriegsgeschichte gelten. Dabei hat sich die Historiographie der letzten dreißig Jahre immer deutlicher von der Polemik der vorhergehenden Phase gelöst, in der anarchistische, kommunistische oder »bürgerliche« Autoren die Verantwortung am Untergang der Republik den früheren ideologischen Gegnern im eigenen Bürgerkriegslager zugeschrieben hatten[3]; ein kursorischer Überblick über die Forschungen zu den verschiedenen (sozio-)politischen Kräften läßt die Erkenntnisfortschritte zu den politischen »Rahmenbedingungen« der Revolution deutlich werden.

Das republikanische Lager: Anarchisten, Sozialisten, Kommunisten

Lange Zeit stand im Mittelpunkt der Forschungen über den Anarchismus im Spanischen Bürgerkrieg das Verhältnis der libertären Kräfte zur Politik. Nach dem Zweiten Weltkrieg führten innerhalb der »Freiheitlichen Spanischen Bewegung« diese Fragen sogar zum Bruch, der später (Ende 1960) nur notdürftig überbrückt werden konnte. In jenen Jahren erschien aus beiden Lagern der anarchistischen Bewegung – dem »politischen« und dem »apolitischen« – eine Flut an Publikationen, deren Dreh- und Angelpunkt letztlich immer wieder die Frage nach der Vereinbarkeit der politischen Aktivität – im Sinne der Teilnahme an staatlicher Politik und der Zusammenarbeit mit Politikern – mit der Reinerhaltung anarchistischer Prinzipien war. Bezeichnenderweise beschäftigten sich die meisten Publikationen jener Jahre mit der Frage der anarchistischen Regierungsbeteiligung im Bürgerkrieg.[4] Diese Frage hat sich inzwischen

---

2 Walther L. Bernecker: *Zwischen Aufschwung und Niedergang: Der spanische Anarchosyndikalismus nach Franco,* in: *Graswurzelrevolution* 106, 1986, S. 33 f.

3 Zur historiographischen und politisch-ideologischen Debatte über die Soziale Revolution vgl. Walther L. Bernecker: *Colectividades,* S. 13–60.

4 Zu dieser Debatte vgl. Walther L. Bernecker: *Staat und Revolution im Spanischen Bürgerkrieg 1936–1939,* in: *Iberoamericana* 2. Jg., H. 3, 1978, S. 41–53; ders.: »Reiner« oder »syndikalistischer« Anarchismus? Zum Spannungsverhältnis libertärer Organisationen in Spanien, in: *Bochumer Archiv für die Geschichte des Widerstandes und der Arbeit* 8, 1987, S. 13–32. Die vorerst letzte Publikation zur Rolle der anarchi-

etwas »erschöpft«, da weder neue Quellen gefunden noch alternative Interpretationen präsentiert wurden und somit keine Erkenntnisfortschritte eintraten. Was demgegenüber Gegenstand eines gewissen Interesses geworden ist, sind die verschiedenen Strömungen im Anarchismus, die teils minoritär geblieben, teils untergegangen sind; hierzu zählen etwa die individual-anarchistischen, die gewaltlos-pazifistischen, die naturistischen, die kulturalistischen und viele andere Tendenzen, die Ausdruck einer ausgeprägten ideologischen Heterogenität im spanischen Anarchismus waren.[5] Auch in Studien von Dolors Marín Silvestre werden die verschiedenen Gruppierungen im spanischen Anarchismus und Anarchosyndikalismus vorgestellt.[6]

Der Verlauf der Revolution sowie Aufschwung und Niedergang des Anarchismus hingen im Spanischen Bürgerkrieg in entscheidendem Maße auch von der Entwicklung und Haltung der übrigen soziopolitischen Kräfte im republikanischen Lager ab; von besonderer Bedeutung waren die beiden wichtigsten Gruppierungen der Volksfrontregierung: die Sozialisten (PSOE und UGT) und die Kommunisten (PCE). Lange Zeit hat sich die Forschung auf die Kommunisten konzentriert[7], da deren spektakulärer Aufstieg im Bürgerkrieg zu Recht als erklärungsbedürftig eingeschätzt wurde. Rainer Huhle hat darauf verwiesen, daß die Praxis des PCE im Bürgerkrieg eine in sich stimmige, durchaus konsequente Verwirklichung einer bereits vor 1936 formulierten Politik gewesen ist. Der Faschismustheorie des PCE entsprach die Vorstellung einer bürgerlich-demokratischen Revolution. Diese Vorstellung brauchte den spanischen Kommunisten nicht erst von der Komintern aufgedrängt zu werden.

In den 1980er Jahren jedoch hat sich – parallel zur realpolitischen Entwicklung von Kommunisten und Sozialisten im wieder demokratisierten Spanien – das Interesse der Historiker zusehends von den Kom-

---

stischen Minister in der Regierung der Republik während des Bürgerkriegs ist die Studie von Dolors Marín Silvestre: *Ministros anarquistas. La CNT en el gobierno de la II República, 1936–1939*. Barcelona 2005.

5 Zur kulturellen Vielfalt anarchistischer Positionen und den unterschiedlichen Haltungen von Lebensentwürfen vgl. Francisco Javier Navarro: *El Paraíso de la razón. La revista Estudios (1928–1937) y el mundo cultural anarquista*. Valencia 1997; zur »Humanökologie« und zum »Sozialnaturismus« vgl. Eduard Masjuan: *La Ecología humana en el anarquismo ibérico. Urbanismo orgánico o ecológico, neomalthusianismo y naturismo social*. Madrid 2000.

6 Vgl. etwa Dolors Marín Silvestre: *Clandestinos. El Maquis contra el franquismo, 1934–1975*. Barcelona 2002.

7 Vgl. Rainer Huhle: *Die Geschichtsvollzieher. Theorie und Politik der Kommunistischen Partei Spaniens 1936 bis 1938*. Gießen 1980.

munisten ab- und den Sozialisten zugewandt. Dabei konzentrierte sich die historiographische Debatte vorerst auf ideologische Aspekte des spanischen Sozialismus in den Friedensjahren der Zweiten Republik. Es ging vor allem darum, den Radikalisierungsprozeß einer Bewegung zu erklären, deren vorherige Entwicklung eher gemäßigter Art gewesen war. Zu diesen Studien gehören etwa die Arbeiten von Marta Bizcarrondo, Paul Preston, Santos Juliá, Andrés Blas Guerrero und Manuel Contreras. Zentraler Untersuchungsgegenstand dieser Autoren war jene in der zweiten Phase der Republik erfolgte Veränderung eines Teils der sozialistischen Bewegung, der die »possibilistische« Form der Zusammenarbeit mit der Republik wegen des Verhaltens der »reaktionären Kräfte« für beendet erklärte und den revolutionären Weg mit dem Ziel der Durchsetzung des Sozialismus beschritt.[8]

Eine Schlüsselfigur des sozialistischen Radikalisierungsprozesses war Francisco Largo Caballero, der ein umfangreiches, bisher nicht vollständig publiziertes Manuskript hinterlassen hat, das Aufschluß über die ideologische Entwicklung des spanischen Sozialismus der 1930er Jahre gibt.[9] Die Largo Caballero-Richtung innerhalb der Sozialistischen Partei läßt sich als »radikaler Reformismus« bezeichnen, womit die Radikalisierung der nach wie vor in reformistischen Bahnen agierenden sozialistischen Bewegung zum Ausdruck gebracht werden soll. Damit kann zugleich die Dichotomie zwischen Reformismus und Revolution aufgebrochen werden, unter der die meisten früheren Studien zum Sozialismus der Zwischenkriegszeit standen. Aufschlußreich sind in diesem Zusammenhang auch die Schriften von Luis Araquistáin[10], der zu jener Gruppe sozialistischer Intellektueller gehörte, die sich der Largo Caballero-Richtung anschlossen und in den theoretischen Organen *Leviatán* und *Claridad* einen revolutionären Marxismus propagierten, der die theoretische Begründung einer als unmittelbar bevorstehend angesehenen spanischen Revolution liefern sollte.

---

8 Zusammenfassend zu diesen Forschungen vgl. Santos Juliá: *República, revolución y luchas internas*, in: *El socialismo en España. Desde la fundación del PSOE hasta 1975* (= Anales de Historia, Bd. 1). Madrid 1986, S. 231–254 und den informativen Überblick von Enrique Moral Sandoval: *Consideraciones críticas sobre la bibliografía del socialismo español (1917–1930)*, in: *El socialismo en las nacionalidades y regiones* (= Anales de Historia, Bd. 3). Madrid 1988, S. 233–245.

9 Francisco Largo Caballero: *Escritos de la República. Edición, estudio preliminar y notas de Santos Juliá*. Madrid 1985.

10 Luis Araquistáin: *Sobre la Guerra Civil y en la emigración* (Edición y estudio preliminar de Javier Tusell). Madrid 1983.

Diese marxistische »Theorie« in der spanischen sozialistischen Bewegung vor 1936 untersucht Paul Heywood[11], der vor allem die intellektuelle Dürftigkeit linker Theorien im Spanien der Vor-Bürgerkriegszeit betont. Das Marxismus-Verständnis des PSOE hatte auf die sozialistische Politik zwischen 1879 und 1936 negative Auswirkungen. Heywood behauptet sogar, daß die Eigenart des spanischen Marxismus gerade in dessen Dürftigkeit lag, in seiner Fehlinterpretation spanischer Gesellschaft und sozioökonomischer Entwicklung. Die theoretische Schwäche der Partei trug zu ihrer faktischen Spaltung vor 1936 und zu ihrem Niedergang im Bürgerkrieg bei. Ähnlich argumentiert Helen Graham, die sich vor allem mit den Linkssozialisten beschäftigt; sie erklärt die Niederlage des linkssozialistischen Flügels mit dem Fehlen einer überzeugenden Strategie dieses Flügels, der letztlich kein eigenes Programm entwickeln konnte.[12]

Paul Preston und Santos Juliá haben die Schwierigkeiten der Sozialisten seit der Spaltung der Partei in den Jahren nach der Russischen Revolution skizziert.[13] Daß der PSOE organisatorisch nicht in der Lage war, den Staat zu ›erobern‹ und ihn in Übereinstimmung mit einem politischen Programm umzuwandeln, hat Juliá in mehreren Studien zur Linken[14] in den Friedensjahren der Zweiten Republik betont. Vor allem nach 1931, als der PSOE in der Regierung vertreten war, zeigten sich die innerparteilichen Spannungen immer deutlicher, die von größter Bedeutung für die Schwäche und den endlichen Untergang der Republik wurden. Es dürfte wesentlich auf die personelle (Francisco Largo Caballero – Indalecio Prieto) und ideologische (Maximalismus – Reformismus) Spaltung der Sozialisten zurückzuführen sein, daß sie kein stärkerer

---

11 Paul Heywood: *Marxism and the Failure of Organised Socialism in Spain, 1879–1936*. Cambridge 1990. Vgl. auch den Überblick über die Forschung bis Ende der 1980er Jahre bei Santos Juliá: *Socialismo en los años treinta: recientes tendencias de investigación,* in: *El socialismo en las nacionalidades y regiones*. Madrid 1988, S. 247–262; vgl. außerdem *Socialismo y Guerra Civil*. Madrid 1987 (= Anales de la Fundación Pablo Inglesias, Bd. 2).

12 Helen Graham: *The Spanish Socialist Party in Power and the Government of Juan Negrín, 1937–9,* in: *European History Quarterly* 18, 1988, S. 175–206.

13 Paul Preston: *The Coming of the Spanish Civil War: Reform, Reaction and Revolution in the Second Republic*. London 1973; ders. (Hg.): *Revolution and War in Spain 1931–1939*. London 1984; ders.: *The Spanish Civil War 1936–39*. London 1986.

14 Santos Juliá: *La izquierda del PSOE (1935–1936)*. Madrid 1977; ders.: *Orígenes del Frente Popular en España (1934–1936)*. Madrid 1979; ders.: *Madrid, 1931–1934. De la fiesta popular a la lucha de clases*. Madrid 1984; ders.: *Socialismo en los años treinta: recientes tendencias de investigación,* in: *El socialismo en las nacionalidades y regiones*. Madrid 1988, S. 247–262.

Integrationsfaktor im republikanischen Parteienspektrum werden konnten.[15] Der Bruch zwischen dem radikalisierten UGT-Chef Francisco Largo Caballero und dem Parteivorsitzenden Indalecio Prieto machte sich in jenen Jahren immer deutlicher bemerkbar. Largo Caballero zeigte sich überzeugt davon, daß der Sozialismus ohne Alliierte die Revolution durchführen könne und sodann allein regieren würde. Seine Strategie bestand darin, die drei sozialistischen Organisationen – die Partei, die Gewerkschaft, den Jugendverband – unter einer gemeinsamen Führung zusammenzuschließen, um sodann einen Aufstand durchzuführen, der auch auf militärische Unterstützung rechnen konnte. Das sozialistische Revolutionsprojekt umfaßte einen Generalstreik der Arbeiterschaft, den Aufstand der eigenen Milizen, den Eingriff eingeweihter Militärs und schließlich Arbeiterallianzen mit anderen Gewerkschaften, um die »Sozialistische Bundesrepublik« zu errichten. Die mangelhafte Vorbereitung und die massive Reaktion des Staates ließen das Projekt im Oktober 1934 scheitern.

Über das Verhältnis zur Republik und zu einer möglichen Koalition mit den Republikanern entwickelten sich UGT und PSOE immer weiter auseinander, bis schließlich im Winter 1935/36 Francisco Largo Caballero aus dem PSOE-Vorstand ausschied. Seit damals hatte die sozialistische Bewegung zwei »Exekutivkommissionen«, die gegen- und nicht miteinander wirkten. UGT und PSOE waren in den auf den Volksfrontsieg (Februar 1936) folgenden Monaten nicht in der Lage, eine gemeinsame Politik zu formulieren; damit konnte der Sozialismus auch nicht die Achse sein, um die die Linkskoalition gebildet wurde. Die Spaltung der sozialistischen Bewegung nahm ihren Lauf.[16]

Daß die spanischen Kommunisten im republikanischen Lager zu ausgesprochenen Gegnern der Sozialen Revolution wurden und diese bekämpften, ist in den 1950er und 1960er Jahren unter dem Eindruck des Kalten Krieges von zahlreichen Forschern hervorgehoben worden. In diesem Zusammenhang interessierte besonders die Rolle der Sowjetunion und ihres Einflusses auf den PCE und damit auf die republikanische Politik im Bürgerkrieg. Viele dieser Studien litten darunter, daß der Zugang zu sowjetischen Archiven versperrt war und manche Aussage zur Haltung der UdSSR und zur Reichweite der sowjetischen Politik spe-

15 Andrés Blas Guerrero: *El socialismo radical en la IIa República,* Madrid 1978; George Collier: *Socialists of Rural Andalusia,* Stanford 1987.

16 Manuel Tuñón de Lara: *El socialismo español en la Guerra Civil,* in: *El socialismo en España. Desde la fundación del PSOE hasta 1975*. Madrid 1986, S. 275–294; vgl. auch *Socialismo y Guerra Civil.* Madrid 1987 (= Anales de la Fundación Pablo Iglesias, Bd. 2).

kulativ bleiben mußte. Mit Spannung wurden daher in den 1990er Jahren die neuen Studien erwartet, die bereits auf Archivalien aus Archiven der ehemaligen Sowjetunion zurückgreifen konnten. Die erste größere Studie, die auf der Grundlage des nach 1991 zugänglichen russisch-sowjetischen Archivmaterials erarbeitet wurde, kam allerdings weder im Detail noch in der Gesamtinterpretation zu neuen Ergebnissen. Pierre Broué fand vielmehr nach Einsicht in die Kominternarchive seine alten Thesen bezüglich der Stalinschen Politik bestätigt.[17] In seiner Studie betonte der trotzkistische Autor abermals, daß vor allem die Sowjetunion der Sozialen Revolution auf republikanischem Gebiet in den Rücken gefallen sei. Das franquistische *pronunciamiento* wurde zuerst als ein marginales Phänomen abgetan. Einmischung erschien nicht angebracht, daher verfolgte Stalin eine Zeitlang auch eine Nichteinmischungspolitik. Erst als die massive Unterstützung der Rebellen durch Deutschland und Italien ruchbar wurde, lieferte auch die Sowjetunion Kriegsmaterial an die Republik: genug, um Widerstand zu leisten, aber zu wenig zum Siegen, und in jedem Fall gegen Bezahlung. Das gute Einvernehmen mit den Westmächten war für Stalin allemal wichtiger als der Sieg einer linken Revolution in Spanien, die er nicht kontrollierte.

Weitere neuere Studien, die sich ebenfalls auf Archivalien aus der ehemaligen UdSSR stützen können, kommen zwar auch zu keinen grundsätzlich anderen Schlußfolgerungen als frühere Untersuchungen, können ihre Interpretationen aber viel besser absichern. Daniel Kowalsky etwa liefert ein nahezu erschöpfendes Panorama der sowjetischen Politik gegenüber Spanien während des Bürgerkriegs[18]; er untersucht die diplomatischen ebenso wie die militärischen, die kulturellen und die politischen Beziehungen. Spezifischer auf die Politik der Kommunistischen Internationale und der Kommunistischen Partei Spaniens ist die Studie von Antonio Elorza und Marta Bizcarrondo hinorientiert.[19] Die Autoren greifen in weiten Teilen auf neuerschlossene Dokumente aus dem Archiv der Komintern zurück; sie können nur bruchstückhaft bekannte Vorgänge näher beleuchten, etwa die (beschränkte) Rolle der Kommunisten beim Sturz von Ministerpräsident Largo Caballero 1937. Von besonderem Interesse ist auch der Bericht des Bulgaren Stoyán Mínev »Stepanov«, der als einer der Kominternbeauftragten die sowjetische Politik

---

17 Pierre Broué: *Staline et la révolution. Le cas espagnol.* Paris 1993.

18 Daniel Kowalsky: *La Unión Soviética y la Guerra Civil Española. Una revisión crítica.* Barcelona 2004.

19 Antonio Elorza/Marta Bizcarrondo: *Queridos Camaradas. La Internacional Comunista y España, 1919–1939.* Barcelona 1999.

gegenüber dem Spanischen Bürgerkrieg wesentlich mitformulierte. Vor kurzem ist sein bisher nicht veröffentlichter »Schlußbericht« publiziert worden, eine nach Francos Sieg erstellte zusammenfassende Analyse der republikanischen Niederlage.[20] Wenn auch der Bericht im wesentlichen die Kominternperspektive widerspiegelt, so enthält er doch erstaunlich selbstkritische Passagen, was die Politik (und Fehler) der Kommunistischen Partei Spaniens zwischen 1936 und 1939 betrifft.

Nach Öffnung der sowjetischen Archive ist auch der Streit über die Verantwortung für die Niederlage der Republik wieder aufgeflammt. Neuere Untersuchungen stellen die in den 1970er und 1980er Jahren weitverbreitete Meinung, derzufolge für den Kriegsverlauf vor allem innerspanische Faktoren ausschlaggebend waren, wieder in Frage und verweisen, anhand detaillierter Berechnungen, erneut auf die Verantwortung des Auslands. In einer gründlichen Studie hat Gerald Howson die Probleme der Republik beim Erwerb von Waffen rekonstruiert. Aufgrund des internationalen Nichteinmischungsabkommens lieferten die Mächte der spanischen Republik keine Waffen, während die Aufständischen ununterbrochen über das Dritte Reich und das faschistische Italien mit Waffen versorgt wurden. Die Republik mußte bald auf illegale Beschaffungskanäle zurückgreifen. Lieferanten saßen in Großbritannien, Frankreich, Belgien oder der Tschechoslowakei; selbst aus Polen und Deutschland erhielt die Republik Nachschub. Der Waffenhandel entpuppte sich aber als ein äußerst schwieriges und nur selten erfolgreiches Unterfangen. Von besonderer Bedeutung waren hierbei die Verhandlungen mit der Sowjetunion. Nach Öffnung der russischen Archive konnte die Frage inzwischen detailliert untersucht werden. Offensichtlich nutzte die UdSSR die Abhängigkeit der spanischen Republik von auswärtigen Waffenlieferungen, um erhöhte Preise für ihr Militärmaterial zu verlangen. Howsons Schlußfolgerung ist eindeutig: Hätten die Briten und Franzosen eine andere Politik betrieben und der Republik die Möglichkeit eröffnet, legal ausreichend Waffen im Ausland zu kaufen, dann wäre der Kriegsverlauf mit Sicherheit grundsätzlich anders gewesen. Die Republik verfügte über genügend Finanzmittel, es fehlte ihr aber an Möglichkeiten zum Erwerb von Waffen. Die von Briten und Franzosen betriebene Politik der Abschottung Spaniens führte im Endeffekt zu einem Ungleichgewicht zu Ungunsten der legalen Regierung, das kriegsentscheidend war.[21]

---

20 Stoyán Mínev »Stepanov«: *Las causas de la derrota española de la República.* Madrid 2004.

21 Gerald Howson: *Armas para España. La historia no contada de la Guerra Civil Española.* Barcelona 2000.

Die neueren Studien kommen auch hinsichtlich der Bedeutung und des Einflusses der Sowjetunion im Spanischen Bürgerkrieg zur Revision früherer Einschätzungen. Hatten Antonio Elorza und Marta Bizcarrondo die Rolle der UdSSR bereits relativiert, so deutet auch Frank Schauffs Interpretation in diese Richtung. Einerseits betont er die für die Republik, vor allem in der Anfangsphase des Krieges, positive Rolle der Sowjetunion: »Ohne sowjetische Waffen, ohne sowjetische Soldaten, Berater, Ingenieure und andere Fachleute wäre die Spanische Republik innerhalb weniger Monate zusammengebrochen.«[22] Andererseits relativiert er deutlich den angeblich verhängnisvollen sowjetischen Einfluß auf die innenpolitische Entwicklung in der republikanischen Zone: »Es läßt sich aufgrund bekannter spanischer wie sowjetischer Quellen nicht nachweisen, daß die sowjetische Seite in die Niederschlagung des Aufstandes von Mai 1937 oder die Verfolgung der führenden Köpfe des POUM verstrickt war.«[23] Da dieses Ergebnis in der Gesamtaussage wie im Detail zahlreichen anderen Publikationen widerspricht, die auf die Verantwortung der Kommunisten bei den »Mai-Ereignisssen« von 1937 und die POUM-Verfolgung verweisen, ist damit zu rechnen, daß in dieser Frage das letzte Wort noch nicht gesprochen ist.

Um das revolutionäre Lager zu schwächen, praktizierten die spanischen Kommunisten eine Politik der Teilung und Spaltung. Die ersten Angriffe erfuhr eine relativ schwache Kraft, die marxistische Partei *Partido Obrero de Unificación Marxista* (POUM), deren Existenz und Verfolgung im Bürgerkrieg erstmals durch George Orwells *Homage to Catalonia* international bekannt geworden ist.[24] Inzwischen ist zum POUM ziemlich viel Literatur erschienen. Die umfangreichste deutsche Studie ist die Dissertation von Reiner Tosstorff.[25] Ganz auf die Gegenüberstellung Marxismus versus sowjetischer Kommunismus hebt die Arbeit von Victor Alba, der auch eine Quellenedition zum POUM publiziert hat[26], und Steven Schwartz ab.[27] Auch die Protokolle des Prozesses gegen den POUM sind veröffentlicht.[28]

---

22 Frank Schauff: *Der verspielte Sieg. Sowjetunion, Kommunistische Internationale und Spanischer Bürgerkrieg 1936–1939.* Frankfurt am Main 2004, S. 359.

23 Ebda., S. 360.

24 George Orwell: *Mein Katalonien.* München 1964.

25 Reiner Tosstorff: *Die POUM im spanischen Bürgerkrieg.* Frankfurt am Main 1987. Neuerdings hat Tosstorff mehrere Artikel zum POUM zu einem Sammelband zusammengefaßt. Vgl. ders.: *Die POUM in der spanischen Revolution.* Köln 2006.

26 Victor Alba (Hg.): *La revolución española en la práctica. Documentos del POUM.* Madrid 1978.

27 Victor Alba/Steven Schwartz: *Spanish Marxism versus Soviet Communism: A History of the POUM.* New Brunswick 1989.

28 Victor Alba/Marisa Ardevo: *El proceso del POUM. Documentos judiciales y poli-*

Was die Untersuchungen zur Sozialen Revolution im engeren Sinne betrifft, ist darauf hinzuweisen, daß sich der überwiegende Teil der neueren Studien mit der Agrarkollektivierung beschäftigt. Xavier Paniagua hat in einer soliden Studie[29] den Versuch unternommen, das wirtschaftliche Denken des spanischen Anarchismus in den 1930er Jahren zu rekonstruieren. Er nimmt insofern eine Teilrevision früherer Erkenntnisse vor, als er darauf verweisen kann, daß der Anarchismus während der Zweiten Republik durchaus zusammenhängende Wirtschaftsvorstellungen entwickelte und die anarchistischen Theoretiker bemüht waren, ihre ökonomische Analyse der republikanischen Realität anzupassen. Andererseits lassen mehrere Regionalstudien – etwa die von Julián Casanova für Aragonien[30] – nicht nur die Schwierigkeiten der Umsetzung des libertären Wirtschaftskonzepts in die Praxis der Bürgerkriegsexperimente erkennen, sondern auch deutlich werden, daß die CNT zu Beginn des Krieges auf die vollständige Realisierung ihres Konzeptes implizit bereits verzichtet hatte. Die Studien von José Manuel Macarro Vera über die revolutionäre Utopie in Sevilla während der Zweiten Republik und von Jacques Maurice über den ruralen Anarchismus ermöglichen diese Aussage auch für den Regionalfall Andalusien.[31]

Was die landwirtschaftliche Kollektivierungsbewegung im Bürgerkrieg betrifft, lassen die Ergebnisse inzwischen zahlreich vorliegender Lokal- und Regionalstudien[32] deutlich werden, daß man nicht von einem

---

ciales. Barcelona 1989. Ein packender Bericht eines führenden POUM-Mitglieds ist Julián Gorkin: *Stalins langer Arm. Die Vernichtung der freiheitlichen Linken im Spanischen Bürgerkrieg.* Köln 1980.

29 Xavier Paniagua: *La sociedad libertaria. Agrarismo e industrialización en el anarquismo español (1930–1939).* Barcelona 1982.

30 Julián Casanova: *Anarquismo y revolución en la sociedad rural aragonesa, 1936–1938.* Madrid 1985; ders. (Hg.): *El sueño igualitario. Campesinado y colectivizaciones en la España republicana 1936–1939.* Zaragoza 1988; ders.: *Anarchism and Revolution in the Spanish Civil War: The case of Aragon,* in: *European History Quarterly* 17, 1987, S. 423–451; frühere Erkenntnisse zusammenfassend ders.: *Anarchism, the Republic and Civil War in Spain, 1931–1939.* London 2005.

31 José Manuel Macarro Vera: *La utopía revolucionaria: Sevilla en la Segunda República.* Sevilla 1985; Jacques Maurice: *Recherches sur l'anarchisme rural en Andalousie de 1868 à 1936.* Besançon (Université de Franche-Comté) 1985.

32 Zum Stand der Erforschung der Sozialen Revolution bis Ende der 1980er Jahre liegen mehrere Sammelrezensionen vor, die detailliert auch den jeweiligen Gang der Forschung wiedergeben. Vgl. Walther L. Bernecker: *Die Soziale Revolution im Spanischen Bürgerkrieg. Historisch-politische Positionen und Kontroversen. Mit einer Bio-Bibliographie.* München 1977; ders.: *Colectivización y Revolución en la Guerra Civil Espa-*

einheitlichen »Kollektivierungsmodell« ausgehen kann; die Kollektivierung war vielmehr ein komplexer und heterogener Prozeß, bei dem jede Region gewissermaßen ihr eigenes »Modell« besaß.[33] Unter Hervorhebung der agrarwirtschaftlichen Dezentralisierung hat Myrna Margulies Breitbart die Landwirtschaftskollektive einer eingehenden Betrachtung unterzogen.[34] Andalusien und Extremadura sind zwischenzeitlich relativ gründlich untersucht worden. Die Studien von Luis Garrido González, José Luis Gutiérrez Molina, Francisco Moreno Gómez und Antonio Nadal Sánchez ermöglichen eine detaillierte Einschätzung des Kollektivierungsprozesses im andalusischen Hinterland.[35] Folgt man diesen Untersuchungen, so war es vor allem auf die Kollektivierung zurückzuführen, daß im Süden Spaniens in den ersten Kriegsmonaten die Wirtschaftsproduktion nicht ganz zusammenbrach; andererseits waren die andalusischen Anarchisten nicht stark genug, um eine vollständige Sozialisierung des Bodens durchzusetzen, so daß neben den enteigneten und kollektivierten Ländereien stets auch individuell und privat bewirtschafteter Boden bestehen blieb. In Extremadura scheinen die Kollektivierungsmaßnahmen vor allem von der sozialistischen Agrargewerkschaft *Federación Española de Trabajadores de la Tierra* (FETT) durchgeführt worden zu sein, während viele Kleinbesitzer in der CNT organisiert waren.

ñola. Un informe bibliográfico, in: *Kritikon Litterarum* H. 1/2, 1978, S. 16–25; ders.: *Revolution und Spanischer Bürgerkrieg. Ein Literaturüberblick über die neuesten Publikationen,* in: *Hispanorama* 22, Juni 1979, S. 45–56; ders. (Hg.), *Kollektivismus und Freiheit.* München 1980; ders.: *Libertarian Communism and Social Revolution in the Spanish Civil War: The Collectivization Movement 1936–1939,* in: *Iberian Studies* 9, 1980 [1982], S. 43–53; ders.: *El anarquismo en la guerra civil española. Estado de la cuestión,* in: *Cuadernos de Historia Contemporánea* 14, 1992, S. 91–115; José L. Santamaría: *El cincuentenario de la II República y la historiografía sobre el anarquismo (anotaciones provisionales),* in: *Studia Historica* (Salamanca), Bd. 1, Nr. 4, 1983, S. 181–185.

33 Vgl. Luis Garrido González (u. a.): *Las colectivizaciones en la Guerra Civil. Análisis y estado de la cuestión historiográfica,* in: Julio Aróstegui (Hg.): *Historia y memoria de la Guerra Civil. Encuentro en Castilla y León.* Band 2, Valladolid 1988, S. 63–134.

34 Myrna M. Breitbart: *The Theory and Practice of Anarchist Decentralism in Spain, 1936–1939: The Integration of Community and Environment.* Ph. D. Clark University 1978.

35 Zu Jaén vgl. Luis Garrido González: *Colectividades agrarias en Andalucía: Jaén (1931–1939).* Madrid 1979; zu Córdoba vgl. José Luis Gutiérrez Molina: *Reforma y revolución agraria en el campo andaluz, Córdoba 1930–1939,* in: Gerald Brey u. a.: *Seis estudios sobre el proletariado andaluz (1868–1939).* Córdoba 1984, S. 213–244; vgl. auch Francisco Moreno Gómez: *La Guerra Civil en Córdoba (1936–1939).* Madrid 1985; als Beteiligte vgl. Antonio Rosado López: *Tierra y Libertad. Memoria de un campesino anarcosindicalista andaluz.* Barcelona 1979 und Luciano Suero Serrano: *Memorias de un campesino andaluz en la revolución española.* Madrid 1982.

Die aragonesischen Kollektivwirtschaften sind – außer von zeitgenössischen Beobachtern wie Gaston Leval oder Augustin Souchy – vor allem von Julián Casanova untersucht worden[36], der darauf verwiesen hat, daß zu Beginn des Krieges der gewerkschaftliche Organisationsgrad auf dem aragonesischen Land nicht sehr hoch war und die sozialen Konflikte keineswegs revolutionäre Ausmaße erreicht hatten. Die Kollektivwirtschaften entstanden in einer besonderen Konjunktur, nachdem der Militäraufstand die bestehende sozioökonomische und politische Struktur zum Einsturz gebracht hatte und damit die Notwendigkeit bestand, an die Stelle der alten eine neue Struktur treten zu lassen. Häufig wirkten bei der Entstehung von Kollektivwirtschaften katalanische Milizen mit.

In der »Region Zentrum« – wie Kastilien genannt wurde – lassen sich, folgt man den Untersuchungen von José Luis Gutiérrez Molina und Natividad Rodrigo González, zwei Charakteristika der Agrarkollektivierung hervorheben[37]: zum einen das Vorhandensein landwirtschaftlicher Kollektivwirtschaften schon lange vor dem Bürgerkrieg, zum anderen der hohe Grad an struktureller Ähnlichkeit zwischen den fünf kastilischen Provinzen. Die Übereinstimmungen beziehen sich sowohl auf Fragen interner Organisation als auch auf die ähnlich gelagerte Politik der Gewerkschaften CNT und UGT.

Auch die Mittelmeerregion um Valencia ist inzwischen gut aufgearbeitet. In der Studie von Frank Mintz werden sämtliche CNT- und UGT-Kollektivwirtschaften der Levante aufgelistet.[38] Terence M. Smyth untersucht Organisation, Struktur und Stärke der CNT in den Ortschaften des »País Valencià«.[39] Das von Alfons Cucó geleitete Werk[40] analysiert das Wirken der sozialistischen und der anarchistischen Gewerkschaften in den Volkskomitees sowie bei der Gründung und Entwicklung der wichtigsten valencianischen Kollektivwirtschaft im Dienstleistungssektor: des *Vereinigten Levanterates für Landwirtschaftsexport* (*Consejo Levantino Unificado de Exportación Agrícola,* CLUEA). Die umfangreichsten

36 Vgl. Anmerkung 30.

37 José Luis Gutiérrez Molina: *Colectividades Libertarias en Castilla.* Madrid 1977; Natividad Rodrigo González: *Colectividades Agrarias en Castilla-La Mancha.* Toledo 1985.

38 Frank Mintz: *La autogestión en la España revolucionaria.* Madrid 1977.

39 Terence M. Smyth: *La CNT al País Valencià. Valencia 1973.* Vgl. auch die Lokal- und Provinzstudien von Vicente Ramos: *La guerra civil 1936–1939 en la provincia de Alicante.* 3 Bde. Alicante 1973/74; Rafael Coloma: *Episodios alcoyanos en la Guerra de España 1936–1939.* Alicante 1980; Alberto Navarro Pastor: *Historia de Elda.* 2 Bde. Alicante 1981.

40 Alfons Cucó u. a.: *La questió agrària al País Valencià.* Barcelona 1978.

Studien zum País Valencià stammen von Aurora Bosch und Albert Girona.[41] Erstere hat ihre Untersuchungen auf die Kollektivierungen in den Provinzen Alicante, Castellón und Valencia konzentriert und errechnet, daß die Agrarkollektivierung im »País Valencià« nur 4,1 % des gesamten enteigneten Bodens umfaßte. Offensichtlich konnten sich die Kollektivierungsanhänger nicht gegen die zahlreichen Befürworter der Individualbewirtschaftung durchsetzen.

Auch im Industriebereich dominierten »Mischformen« und Kompromißlösungen. Außerdem konzentrierten sich die industriewirtschaftlichen Veränderungen auf Katalonien, was zum einen mit der Dominanz der Anarchisten in Nordost-Spanien, zum anderen mit der Frontferne dieser Region zu erklären ist. In Fortführung seiner schon während der Zweiten Republik begonnenen autonomistischen Finanz- und Wirtschaftspolitik entwickelte Katalonien auf ökonomischem Sektor ein eigenständiges Regierungsprogramm[42] und führte in Zusammenhang mit der neugeschaffenen Kriegsindustrie und der Reform des Kreditwesens einen neuen Begriff von »öffentlichem Sektor« in die Wirtschaftspolitik Spaniens ein. Die neuen Organisationsformen der Wirtschaft – hierauf hat in mehreren Untersuchungen Josep María Bricall hingewiesen[43] – zeitigten als vorläufiges Ergebnis eine »dualistische« Wirtschaftsstruktur, in der kapitalistisch-privatwirtschaftliche und kollektivistisch-sozialisierte Produktionseinheiten nebeneinander bestanden und ein bis dahin unbekanntes ökonomisches System sui generis bildeten.

Unmittelbar nach der Niederschlagung des Militäraufstandes äußerte sich die Initiative der katalanischen Arbeiter außerhalb eines formalinstitutionellen Rahmens in einem spontanen, zerstörerischen und zugleich aufbauenden Impuls. Ausdrucksformen dieser spontanen Handlungen waren die Besetzung und Kollektivierung der Betriebe. In Barcelona besetzten die Arbeiter außerdem alle bedeutenden städtischen Dienstleistungsunternehmen (Stadtwerke und Verkehrsmittel), Hotels und Warenhäuser, und führten sie nach der *incautación* (Beschlagnahme) durch gewählte Komitees weiter. Für die Kollektivierung der

---

41 Aurora Bosch Sánchez: *Colectivistas (1936–1939)*. Valencia 1980; dies.: *Ugetistas y libertarios. Guerra civil y revolución en el País Valenciano 1936–1939*. Valencia 1983; Albert Girona: *Guerra y Revolució al País Valencià (1936–1939)*. Valencia 1986.

42 Hierzu José Arías Velasco: *La Hacienda de la Generalidad, 1931–1938*. Barcelona 1977.

43 Josep María Bricall: *Política econòmica de la Generalitat (1936–1939)*. Bd. 1: *Evolució i formas de la producció industrial*. Barcelona 1970; Bd. 2: *El sistema financer*. Barcelona 1979; ders.: *Die spanische Wirtschaft*, in: Manuel Tuñón de Lara u. a.: *Der Spanische Bürgerkrieg. Eine Bestandsaufnahme*. Frankfurt am Main 1987, S. 536–624.

Straßenbahnen liegt in der Fallstudie von Walter Tauber eine gründliche Untersuchung vor[44], die Ergebnisse zur katalanischen Industriekollektivierung faßt Jon Amsden zusammen.[45]

Stefan Loibl hat eine Studie zu einem zuvor weitgehend vernachlässigten Gemeinschaftskonzept vorgelegt: den Kooperativen der Genossenschaftsbewegung, die im Katalonien der Bürgerkriegsjahre mit dem anarchistischen Kollektivismus konfrontiert wurden.[46] Er kann nachweisen, daß das katalanische Genossenschaftswesen einen eher konservativen Verlauf nahm und primär auf den materiellen Vorteil seiner Mitglieder ausgerichtet, somit weniger an gesellschaftsverändernden Perspektiven interessiert war. Genossenschaften und Kollektivwirtschaften ergänzten sich im Krieg auch nicht, erstere wurden nicht in die Revolution »integriert«.

Daß nicht alle Arbeiter von dieser Revolution begeistert waren und sich ihr vorbehaltlos hingaben, läßt eine genaue Beobachtung des Arbeiterverhaltens im Arbeitsalltag erkennen. Michael Seidman hat die Verweigerungshaltung katalanischer Arbeiter in Barcelona auch nach Beginn des Bürgerkrieges und der Revolution untersucht; er weist darauf hin, daß es offensichtlich verschiedene Typen von Klassenbewußtsein gegeben hat, die sich im Bürgerkrieg gegenüberstanden. Die Persistenz der Verweigerungshaltung gegenüber der Arbeit unterminierte bis zu einem gewissen Grad die revolutionären Bestrebungen der Gewerkschaften und ließ ihren Anspruch, die Arbeiterklasse zu vertreten, als zweifelhaft erscheinen.[47] Seidman hat später seine Studien ausgeweitet und eine neue Art Sozialgeschichte der Republik im Krieg geliefert; in einer nicht unumstrittenen Studie hat er sich vor allem dem Alltag an der Front und im Hinterland zugewendet.[48] Er nimmt die Perspektive des »kleinen Mannes«

---

44 Walter Tauber: *Les tramways de Barcelone collectivisés pendant la révolution espagnole (1936–1939)*, in: *Fondation Internationale d'Etudes Historiques et Sociales sur la Guerre Civile d'Espagne de 1936–1939: Bulletin d'Information* 2, 1977, S. 8–54 und 3, 1980, S. 19–85.

45 Jon Amsden: *Industrial Collectivization under Workers' Control: Catalonia, 1936–1939*, in: *Antipode (A Radical Journal of Geography)* 10/11, 1979, S. 99–114.

46 Stefan Loibl: *Kollektiv oder kooperativ? Genossenschaften und Kollektive in Katalonien*. Berlin 1988.

47 Michael Seidman: *Towards a History of Workers' Resistance to Work: Paris and Barcelona during the French Popular Front and the Spanish Revolution, 1936–1938*, in: *Journal of Contemporary History* 23, 1988, S. 191–220; ähnlich argumentiert ders.: *The Unorwellian Barcelona*, in: *European History Quarterly* 20, 1990, S. 163–180. Zu fehlender revolutionärer Begeisterung unter den katalanischen Metallarbeitern vgl. auch Anna Monjo/Carme Vega: *Els Treballadors i la guerra civil: Història d'una indústria catalana collectivizada*. Barcelona 1986.

48 Michael Seidman: *A ras de suelo. Historia social de la República durante la Guerra*

ein, von Individuen und Familien, die die Auswirkungen des Krieges tagtäglich am eigenen Leib erfuhren. Dementsprechend nehmen bei ihm die Wünsche, Hoffnungen und Befürchtungen der Zeitgenossen den breitesten Raum ein. Präsentiert wird der Alltag als ein Kampf ums Überleben. In den Mittelpunkt der Betrachtung rücken der Hunger im republikanischen Gebiet, die Belastung durch Preiskontrollen, die Angst vor Plünderung, Diebstähle und Desertionen, Absentismus und Sabotagetätigkeiten, Skeptizismus und Egoismus. Seidman schiebt einen Großteil der Erklärung für die republikanische Niederlage auf den Hunger, der zu Absetzbewegungen, Defätismus und letztlich zur Auflösung der sozialen Kohäsion führte. Dem Konflikt zwischen Land und Stadt mißt der Autor in seiner sozialhistorischen Sicht »von unten« ebensoviel Bedeutung für die Niederlage der Republik bei wie den politischen Auseinandersetzungen, den Klassenspaltungen und den internationalen Rivalitäten.

Seidmans Studie ist gewissermaßen in der Kontinuität eines Untersuchungsgebietes zu sehen, das als Gesellschaftsgeschichte im weiteren Sinn bezeichnet werden könnte. Gegenstand dieser Darstellungen sind die Lebensverhältnisse der breiten Masse der Bevölkerung unter den durch Krieg, Revolution und Repression geschaffenen Verhältnissen. Ronald Fraser hat seiner Untersuchung die Methode der *Oral History* zugrunde gelegt und ein beeindruckendes Bild von der Stimmungslage, den Wünschen und Hoffnungen in der Bevölkerung zeichnen können.[49]

In weiteren sozialhistorischen Darstellungen der 1980er und 1990er Jahre wurden Gruppen, Schichten und Organisationen berücksichtigt, die in der älteren Forschung ein eher marginales Dasein gefristet hatten, z. B. Frauen und Jugendliche. Die anarchistische und die sozialistische Frauenorganisation haben bereits solide Untersuchungen erfahren.[50] Wesentlich vorangetrieben hat die Studien zu Frauen im Bürgerkrieg die in Barcelona forschende Mary Nash. Ihrer Studie über die republikanischen Frauen im Bürgerkrieg liegt ein gender-Ansatz zugrunde.[51] Sie analysiert

---

Civil. Madrid 2003 (engl. Orig.: *Republic of Egos. A Social History of the Spanish Civil War.* Madison 2002).

49 Ronald Fraser: *Recuérdalo tú y recuérdalo a otros. Historia oral de la guerra civil española.* 2 Bde. Barcelona 1979.

50 1989 fand in Salamanca eine Ausstellung zum Thema Frau und Bürgerkrieg statt. Vgl. den Katalog (mit einem guten Essay von Mary Nash und den wichtigsten bibliographischen Hinweisen zum Thema): Ministerio de Cultura (Hg.): *Las mujeres en la Guerra Civil.* Madrid 1989. Aus dem deutschen Sprachraum vgl. Cornelia Krasser/Jochen Schmück (Hg.): *Frauen in der spanischen Revolution 1936–1939.* Berlin 1984.

51 Mary Nash: *Rojas: Las mujeres republicanas en la Guerra Civil.* Madrid 2000 (sp., veränderte Fassung von dies.: *Defying Male Civilization: Women in the Spanish Civil*

nicht nur die Rolle der Frauen im Kriegsgeschehen, sondern zugleich die dominierenden kulturellen Repräsentationsformen: die ideale Ehefrau, die Wächterin über Haus und Familie, die »gefallene« Frau, die Kämpferin um Gleichberechtigung. Das Buch liefert ein vollständiges Panorama der kulturell bedingten Rollenkonstruktionen von Frauen in einer Gesellschaft. Daher begnügt sich die Studie auch nicht mit binären Erklärungen nach dem Schema: unterdrückender Mann – unterdrückte Frau. Nash untersucht vielmehr zwei Ebenen: einerseits die der Diskurse und Vorstellungen, andererseits die der kollektiven Erfahrungen. Der Krieg führte zu erheblichen Veränderungen in der Rolle der Frau. Zu seinem Beginn kam der Typus »Milizionärin« auf, mit Hosenanzug und Gewehr. Aber sowohl der Diskurs als auch die auf unzähligen Plakaten verbreitete Visualisierung dieses Frauentypus sahen sich bald den Erfordernissen eines blutigen Krieges gegenüber. Frauen wurden immer mehr aus dem Kampfgeschehen zurückgezogen. Hierzu trugen zum einen die Geschlechtskrankheiten bei, die schnell dazu führten, die Milizionärin mit einer Prostituierten gleichzusetzen, zum anderen der Aufbau eines Volksheeres, in dem die »Soldatin« noch unbekannt war. In einer zweiten Kriegsphase dominierte daher ein traditionelleres Frauenbild, das der sich aufopfernden Heldin im Hinterland: die Mutter, die den Kampfgeist der Frontsoldaten aufrechterhielt, die Arbeiterin in den Kriegsindustrien. Frauenorganisationen der verschiedenen Parteien nutzten das weibliche Vordringen in neue öffentliche Räume, um an der »Rückfront« den Kampf für die Emanzipation der Frau fortzusetzen. Bildung und Kultur wurden zu ihren bevorzugten Kampfinstrumenten. Erst die republikanische Niederlage besiegelte das Ende dieses Kampfes und den abermaligen Sieg eines von der katholischen Amtskirche wesentlich mitgetragenen traditionalistischen Frauenbildes.

In den letzten Jahren sind die anarchistischen Frauen im Bürgerkrieg Thema verschiedener weiterer Veröffentlichungen geworden. Zum einen hat ein Kollektiv anarchistischer Frauen zeitgenössische Texte aus Zeitschriften des Bürgerkrieges (zusammen mit eigenen Erinnerungen an die Kampferfahrungen) publiziert[52], zum anderen hat Vera Bianchi aus einer feministischen Perspektive die Gruppe *Mujeres Libres* im Bürgerkrieg

---

War. Denver 1995). Mary Nash hat sich früher schon mit anarchistischen Frauen und ihren Organisationen beschäftigt; vgl. dies.: *Mujeres Libres 1936–1978*. Ausgewählt und aus dem Spanischen übersetzt von Thomas Kleinspehn. Berlin 1979 (in veränderter Form ursprünglich erschienen als Mary Nash: *Mujeres Libres: España 1936–1939*. Barcelona 1975). Vera Bianchi: *Feministinnen in der Revolution – Die Gruppe Mujeres Libres im Spanischen Bürgerkrieg*. Münster 2003.

52 Mujeres Libres: *Luchadoras Libertarias*. Madrid 1999.

porträtiert.[53] In diesen Darstellungen wird zumeist die Rolle der bewaffneten Milizionärin als Ideal feministischer Befreiung gedeutet und dabei übersehen, daß viele dieser Frauen gewaltfreie und pazifistische Anarchistinnen waren.

Von den Jugendorganisationen haben die *Vereinigte Sozialistische Jugend* in ihrer Entstehungsphase, die katalanische *Vereinigte Sozialistische Jugend* im Krieg und die Libertäre Jugendorganisation in der Forschung Berücksichtigung gefunden.[54] Hans Schafranek und Werner Wögerbauer haben sich mit den *Amigos de Durruti* beschäftigt, einer linksradikalen Strömung im katalanischen Anarchismus; sie rekonstruieren den politischen Stellenwert und die ideologische Entwicklung dieses militantesten Flügels des proletarischen Widerstandes.[55] Neuere Darstellungen[56] kommen – ohne Erweiterung der Quellenbasis – zu keinen wesentlich anderen Ergebnissen als die ältere Forschung.

* * *

Dieser kursorische Überblick hat deutlich gemacht, daß die Forschung zur republikanischen Zone im Spanischen Bürgerkrieg in den letzten Jahrzehnten enorme Fortschritte gemacht hat, was vor allem auf die wesentlich verbesserten Forschungsmöglichkeiten in der Demokratie zurückzuführen ist. Und nach wie vor ist das Thema nicht erschöpft. Zu allen »runden« Jahrestagen des Bürgerkriegsbeginns oder -endes ist in den vergangenen dreißig Jahren immer wieder eine Flut neuer Bücher erschienen. Das gilt auch für das Jahr 2006, in dem sich der Beginn des Krieges zum 70. Mal jährt. Seit Jahren schon liegt ein Schwerpunkt der Forschung auf jenen Fragen, die mit der Repression im Hinterland beider Zonen zusammenhängen. Aber auch sozialhistorische und ideolo-

---

53 Vera Bianchi: *Feministinnen in der Revolution – Die Gruppe Mujeres Libres im Spanischen Bürgerkrieg.* Münster 2003; vgl. auch die schon etwas ältere Studie von Martha A. Ackelsberg: *Free Women of Spain. Anarchism and the Struggle for the Emancipation of Women.* Bloomington 1991.

54 Ricard Viñas: *La formación de las Juventudes Socialistas Unificadas (1934–1936)*, Madrid 1978: Ramón Casterás: *Las JSUC: ante la guerra y la revolución (1936–1939)*, Barcelona 1977; Jesús L. Santamaría: *Juventudes Libertarias y Guerra Civil (1936–1939)*, in: *Studia Historica (Salamanca), Historia Contemporánea*, Bd. 1, Nr. 4, 1983, S. 215–222.

55 Hans Schafranek/Werner Wögerbauer: *»Nosotros, Agentes Provocadores«. Anmerkungen zur Geschichte der Amigos de Durruti*, in: Wolfgang Maderthaner/Helmut Gruber (Hg.): *Chance und Illusion. Labor in Retreat. Studien zur Krise der westeuropäischen Gesellschaft in den dreißiger Jahren.* Wien 1988, S. 343–371.

56 Agustín Guillamon: *The Friends of Durruti Group 1937–1939.* Edinburgh 1996.

giekritische Fragen werden weiterhin bearbeitet. Besonders intensiv gepflegt wird seit einiger Zeit der kulturalistische Ansatz. Offensichtlich wird es noch lange innovative Bücher zum Spanischen Bürgerkrieg geben.

Spanien und seine Provinzen.
(Nachdruck mit freundlicher Genehmigung des Ullstein-Verlags aus: Hugh Thomas, Der spanische Bürgerkrieg, Berlin 1962, S. 24 f)

Vorwort

Die vorliegende Untersuchung ist die gekürzte Fassung einer Studie, die im Frühjahr 1976 vom Fachbereich Philosophie, Geschichte und Sozialwissenschaften der Friedrich-Alexander-Universität Erlangen-Nürnberg als Dissertation angenommen wurde. Für die Betreuung und Begutachtung der Arbeit danke ich Prof. Dr. Karl-Heinz Ruffmann (Erlangen) und Prof. Dr. Josef Becker (Augsburg).
Zahlreiche Personen und Institutionen haben das Zustandekommen der Untersuchung durch vielerlei Informationen, kritischen Rat und weiterführende Anregungen gefördert: Dr. Helmut Altrichter (Erlangen), Prof. Dr. Hans-Jürgen Puhle (Münster), Prof. Dr. Wolfgang Schieder (Trier) und Prof. Dr. Peter Waldmann (Augsburg) haben das Manuskript gelesen und wertvolle Hinweise gegeben. Durch mündliche oder schriftliche Auskunft unterstützten bereitwillig meine Recherchen Diego Abad de Santillán (Buenos Aires/Madrid), Jordi Arquer (Perpignan/Barcelona), Jaime Baliús (Hyères), Andreu Capdevila (Perpignan), E. Cerrveró (Hyères), Julián Gorkin (Paris), Daniel Guérin (Paris), Gaston Leval (Paris), Federica Montseny (Toulouse), José Peirats (Montady/Barcelona), Albert Pérez-Baró (Barcelona), Augustin Souchy (München), Josep Tarradellas (St. Martin le Beau).
Die wichtigsten Quellen habe ich in folgenden Archiven, Bibliotheken und Instituten eingesehen, deren Mitarbeiter mir bei der Beschaffung der gewünschten Materialien stets zuvorkommend halfen: Internationaal Instituut voor Sociale Geschiedenis (Amsterdam), Centre International de Recherches sur l'Anarchisme (Genf), Istituto Giangiacomo Feltrinelli (Mailand), Sección de Estudios sobre la Guerra de España, Ministerio de Información y Turismo (Madrid), Arxiu Històric Municipal (Barcelona), Biblioteca Figueras d'Història de l'Espanya Contemporània (Barcelona), Archivo de la Delegación Nacional de Servicios Documentales (Salamanca). Die »Gesellschaft der Freunde der Universität Augsburg« ermöglichte durch finanzielle Beihilfen die erforderlichen Auslandsaufenthalte.
Bei der Erstellung der Übersichten und Tabellen waren mir stud. phil. Christine Müller-Krahe, stud. phil. Jutta Fischer und stud. phil. Peter Sobczyk behilflich. Die Übersetzung der spanischen Zitate besorgte Rosemarie Bernecker.
Ihnen allen, sowie den Herausgebern der »Historischen Perspektiven« für die Aufnahme der Arbeit in ihre Reihe, gilt mein herzlicher Dank.

Kapitel I

Einführung in die Problemstellung

1. Thema und Methode

Der Militäraufstand vom 17./18. Juli 1936 gegen die Zweite Spanische Republik war für große Teile der spanischen Arbeiterklasse, vor allem der anarchosyndikalistischen (CNT) und linkssozialistischen (UGT) Industrie- und landlosen Agrararbeiter, Katalysator und auslösende Bedingung einer Sozialen Revolution auf republikanischem Territorium und traf als kurzfristig wirksamer Faktor auf eine Situation, deren Sozialstruktur zu den langfristigen Faktoren der ausgelösten Revolution gezählt werden muß[1].
Nach dem Fall der Monarchie (1931) und der Ausrufung der Republik waren die Arbeiter, vor allem auf dem Agrarsektor, bis 1933 durch zu schleppende und vorsichtige Reformen einer republikanisch-sozialistischen Regierungskoalition und die harte Repression eigenmächtiger Übergriffe[2], Ende 1933 bis Anfang 1936 durch eine reaktionäre Rechtsregierung (»schwarzes Doppeljahr«, bienio negro) enttäuscht und radikalisiert worden. Der Aufstand der Linken[3] in Madrid, Barcelona und vor allem Asturien 1934 (»Spanische Oktoberrevolution«) hatte, zusammen mit der Wendung in der Komintern-Politik, den Zug zur Einheits-, dann zur Volksfront begünstigt; diese gewann am 16. Februar 1936 die Wahlen. In den folgenden Monaten konnten linksrepublikanische Minderheitsregierungen unter Manuel Azaña und Santiago Casares Quiroga dem politischen Terror kaum Einhalt gebieten. Inzwischen drängten auf der Linken Anarchisten (CNT/FAI), Linkssozialisten (UGT) und dissidente Kommunisten (POUM) zur Revolution, während auf der Rechten Gewalttaten fanatisierter Extremisten, vor allem von Falangisten[4], an der Tagesordnung waren. Vor diesem Hintergrund monatelanger Streiks, spontaner Landbesetzungen, blutiger Straßenschlachten und ständiger Auseinandersetzungen zwischen Zivilgarde und Landarbeitern putschte die in ihrem Selbstbewußtsein durch die Militärreformen Azañas verletzte Armee. Der linke Sozialistenführer Francisco Largo Caballero – von seinen Anhängern als »Spanischer Lenin« umjubelt, von seinen Gegnern als Kerenskij verspottet –, der schon im Juni die Bewaffnung der Arbeiter gefordert hatte, betonte unmittelbar nach Ausbruch des Militäraufstandes dem Regierungschef gegenüber noch einmal die Notwendigkeit der Volksbewaffnung[5]. Ohne jedoch die Weisungen oder Einwilligung der Regierung abzuwarten, bewaffneten sich am 18./19. Juli die Arbeiterorganisationen – allen voran die Anarcho-Syndikalisten[6] – selbst,

warfen sich den rebellierenden Truppen entgegen und verhinderten einen sofortigen Sieg der Aufständischen[7]. In den Landesteilen, in denen der nationalistische Aufstand niedergeschlagen werden konnte, wurde innerhalb weniger Wochen auf lokaler und regionaler Ebene das bestehende politische, soziale und ökonomische System weitgehend abgeschafft. Die Zentralregierung in Madrid und die autonome Regionalregierung von Katalonien, die Generalitat[8], blieben zwar bestehen, die wirtschaftliche und politische Macht aber ging an neue soziale Gruppen über; das traditionelle System der Herrschaft wurde von Grund auf verändert.

Diese von den Anarchisten und Anarcho-Syndikalisten schon seit Jahrzehnten, von den Linkssozialisten seit ihrer Radikalisierung während der Zweiten Republik angekündigte »Soziale Revolution« richtete sich nicht nur gegen den von vielen Zeitgenossen als monarchische Revolte fehlinterpretierten Aufstand[9], sondern darüber hinaus gegen die Grundlagen der bestehenden kapitalistischen Ordnung, den Großgrundbesitz und das Privateigentum an Produktionsmitteln. Sie führte in großem Umfang zu Veränderungen in der hierarchischen Sozialstruktur und dem bis dahin durch den Latifundismus geprägten Landbesitzsystem. Die Entmachtung traditioneller Eliten, der Übergang der Latifundien in den Kollektivbesitz der Landarbeiter, die Beschlagnahme und Selbstverwaltung der Fabriken, der Aufbau einer neuen, aus Arbeiter- und Bauernmilizen hervorgehenden »Volks«-Armee, die Praxis einer »revolutionären« Justiz, die Alphabetisierungskampagne auf dem Land, in den Betrieben und Schützengräben und die Ausweitung der politischen Partizipation auf bis dahin marginalisierte Bevölkerungsteile legten die Grundlage für eine Emanzipation und Integration der Bevölkerungsmehrheit in das wirtschaftliche, soziale und politische Leben der Nation, die dem rapiden sozialökonomischen Wandel in der republikanischen Zone wegen seiner Bedrohung und zumindest partiellen Änderung etablierter Macht- und Gesellschaftsstrukturen revolutionäre Qualität bescheinigen. Unmittelbar nach dem militärischen Aufstand vom 17./18. Juli kam es in bestimmten, hauptsächlich traditionell CNT-beherrschten Landesteilen zu einer spontanen Kollektivierungsbewegung in der Landwirtschaft, der Industrie und den Dienstleistungsunternehmen, die sich auf dem Land schon seit den Volksfrontwahlen im Februar in Einzelfällen angekündigt hatte und vom linken Caballero-Flügel in der UGT gefördert worden war, die nun aber wie selbstverständlich auf die Industriebetriebe Kataloniens übergriff und politisch parallel lief zum Aufbau eines Selbstverwaltungssystems, das heterogene, räteähnliche Macht- und Verwaltungsorgane an die Stelle der abgesetzten, geflohenen oder freiwillig zurückgetretenen lokalen Machthaber setzte. Es waren hauptsächlich die in der anarcho-syndikalistischen CNT und der anarchistischen FAI, zu einem geringeren Teil auch die in der sozialistischen UGT und dem antistalinistischen POUM organisierten Arbeiter, die am 19. Juli – nach dem Zusammenbruch der republikanischen Staatsgewalt – die Enteignung und kollektive Bearbeitung größerer landwirtschaftlicher Güter betrieben, die Übernahme vieler Industriebetriebe und der Dienstleistungsunternehmen vollzogen, lokale Machtträger entmachteten und die Verwaltung in die eigenen Hände nahmen, das gesamte öffentliche Leben wieder in Gang brachten und kontrollierten. Ohne über ein

ausgereiftes theoretisches Konzept zu verfügen, stand für die Mehrzahl der Arbeiter von Anfang an fest, was später von der anarcho-syndikalistischen Gewerkschaft pausenlos wiederholt wurde: Daß sie nicht für die bürgerliche Demokratie, sondern für deren Überwindung, nicht für den Kapitalismus, sondern den (vorerst nur als Idealziel formulierten) »freiheitlichen Kommunismus«, nicht für die Fortführung des abhängigen Lohnverhältnisses, sondern für die Übernahme der Betriebe und die Selbstbestimmung im soziopolitischen Bereich kämpften. Noch bevor nach Besetzung der Fabriken, Betriebe und großen Ländereien für die Arbeiter das Problem der Organisationsformen aufgeworfen wurde, die den Kampf vorantreiben und nach Abschaffung der kapitalistischen Herrschaft die Selbstverwaltung organisieren sollten, entstanden »revolutionäre« »antifaschistische« Komitees, die primär politische Funktionen, und Fabrik- und Kontrollkomitees, die vor allem innerbetrieblich-organisatorische Leitungs- und Überwachungsaufgaben übernahmen. Die Dynamik der Massenbewegung eilte allen politischen und wirtschaftlichen Plänen voraus und schuf vollendete Tatsachen, von denen jede spätere organisierte Einflußnahme und Lenkung ausgehen mußten.
Die vorliegende Arbeit unternimmt es, die nach dem 19. Juli 1936 entstandene Organisation der kollektivierten Agrar- und Industriewirtschaft unter den Bedingungen von Revolution und Bürgerkrieg zu betrachten, ihre Struktur aufzuzeigen sowie ihre Effizienz und Praktikabilität zu untersuchen. Sie fragt nach Triebkräften und Trägern, Struktur und Verlauf, Zielsetzung und Ergebnissen der hauptsächlich anarcho-syndikalistisch inspirierten revolutionären Bewegung, die in ihrer zeitlichen Expansion schwerpunktmäßig – jedoch nicht ausschließlich – bis zum Herbst 1937, in ihrer territorialen Ausdehnung vor allem für Katalonien, Aragonien und die Levante-Provinzen analysiert wird. Die temporale und territoriale Beschränkung auf einige Schwerpunkte der politischen und wirtschaftlich-betrieblichen Komitees, deren große Bedeutung im Prozeß der gesamten Revolution außer Zweifel steht, erscheint sachlich und methodisch gerechtfertigt und notwendig: Sachlich, weil sowohl Intensität als auch Extensität der revolutionären Erschütterungen während des ersten Kriegsjahres in den östlichen und nordöstlichen Regionen ihren Höhepunkt erlebten, methodisch, weil bei dem gegebenen Forschungs- und Quellenstand der Versuch, präzise Aussagen und Urteile zu formulieren, zugleich lokale und zeitliche Beschränkung und damit den Verzicht auf die – ohnehin fragwürdige – Absicht bedingt, die Totalität einer historischen Realität erfassen zu wollen. In einer Zeit, zu der einerseits in Ost und West die Begriffe »Anarchist« und »Anarchismus« als Abwehrbegriffe mehr oder weniger manipulativ in verblaßtem und gleichsam pejorativem Sinn – zumeist zur Bezeichnung von Störungen des etablierten Organisationssystems von Wirtschaft und Gesellschaft[10] – verwendet werden und mit pseudo-wissenschaftlichen Methoden der Standort extremistischer Gruppen als der »gewalttätiger Anarchisten« zu beschreiben versucht wird[11], andererseits der klassische Anarchismus zwar »fast ausnahmslos« zur untergegangenen »historischen Episode« erklärt[12], gleichzeitig aber anarchistischen Prinzipien »angesichts der von zunehmender Bürokratisierung und von Verlust an Individualität geprägten modernen Industriegesellschaft . . . eine neue Chance«[13] eingeräumt wird, muß eine Arbeit, die

den in seinem quantitativen Ausmaß historisch singulären Versuch der Realisierung einer freiheitlich-kommunistischen (»anarchistischen«) Gesellschafts- und Wirtschaftsordnung thematisiert, nahezu unweigerlich in den Verdacht ideologischer Befangenheit geraten. Sie kann dieser Gefahr nur dadurch begegnen, daß sie das ihr zugrundeliegende »erkenntnisleitende Interesse«, ihre Auswahlkriterien und Fragestellungen möglichst explizit und konsistent darlegt.

Die Frage nach der Praktikabilität und Funktionsfähigkeit des konstruktiven Gegenentwurfs einer intentional herrschaftsfreien Gesellschafts- und Wirtschaftsordnung soll das analytische Mittel zur Strukturierung der Untersuchung sein. Es wird dabei nicht um das Problem der prinzipiellen Vereinbarkeit eines auf direktdemokratischen oder syndikalistischen Strukturelementen aufgebauten Wirtschaftssystems mit der Organisation des modernen Industriestaates oder um das Problem der (In-)Kompatibilität von direkt-demokratischem Räte-(Komitee-)System und repräsentativ-parlamentarischer Regierung gehen[14]; angestrebt wird vielmehr eine historische Betrachtung der politisch-revolutionären und der innerbetrieblich-wirtschaftlichen Komitees der Sozialen Revolution in ihrer konkreten, durch die geschichtliche Konstellation der Bürgerkriegssituation geprägten Erscheinungsform. Die Arbeit untersucht die Bewegung, durch die die lohnabhängigen Massen » das Kapitalverhältnis durch die Übernahme der Macht in den Betrieben aufzuheben und die organisierte Arbeiterklasse an den Arbeitsplätzen als Beherrscherin des Produktionsprozesses zu ersetzen« suchten[15]. Die »klassische« Diskussion über direkte und indirekte – auch industrielle – Demokratie soll in konkretisierender Einengung auf die Kollektivierungsbewegung und die Herausbildung revolutionärer Komitees eine Überprüfung der extrem divergierenden Urteile über dieses soziale Experiment ermöglichen. Die Frage nach der Tauglichkeit der Komitees für eine politische und soziale Demokratisierung sowie nach ihrer Funktion als potentielle Integrationsorgane einer Republik »neuen Typs« deutet bereits darauf hin, daß das Schicksal der spanischen Revolution 1936–1939 auf das engste mit Entstehung, Entfaltung und Niedergang der Komitees in den Kriegsmonaten verflochten war. Der Weg zu einem Urteil über Möglichkeiten und Grenzen einer staatlichen und wirtschaftlichen Neugestaltung Spaniens nach der gewaltsamen Abschaffung der Zweiten Republik führt deshalb nicht zuletzt über eine sorgfältige Untersuchung und Konfrontation von Wirklichkeit und Ideologie der revolutionären Komitees im Bürgerkrieg.

Die unterschiedliche Interpretation des sozio-ökonomischen Wandels konfrontierte die Verfechter der proletarisch-sozialen mit den Verteidigern der bürgerlich-demokratischen Revolution und ließ die Kollektivierungsbewegung in die Auseinandersetzung zwischen Anarchisten, Linkssozialisten und dissidenten Kommunisten einerseits, mit den Republikanern, gemäßigten Sozialisten und »orthodoxen« Kommunisten andererseits geraten. Daher wird den ideologisch-politischen Konzeptionen (»Revolutionstheorien«) der PCE/PSUC-Kommunisten und der Anarchisten als Repräsentanten der beiden extremen Positionen zum Problem der Drosselung bzw. Weiterführung der Revolution besondere Bedeutung eingeräumt. Die Revolutionstheorien der verschiedenen ideologischen Lager sind zugleich das erforderliche Bindeglied zwischen der Analyse der Antriebskräfte und Strukturen auf der einen und dem Verlauf der Revolution auf der anderen Seite.

In dem Teil, der sich mit der Theorie des »freiheitlichen Kommunismus« als Handlungsanleitung zur Erreichung der herrschaftsfreien Gesellschaft beschäftigt, wird der Versuch einer genetisch-kritischen Rekonstruktion dessen unternommen, was die spanischen Anarchisten unter Kollektivierung und Sozialer Revolution verstanden. Dabei muß das Selbstverständnis der anarcho-syndikalistischen Gewerkschaft CNT, ihr Stellenwert in der sozialökonomischen Umwälzung und ihre Auseinandersetzung mit anderen Organisationen des republikanischen Lagers, d. h. der Zusammenhang von Syndikalismus und Revolution im Spannungsfeld der ideologischen Bindungen sozialer Bewegungen, untersucht werden. Auf ökonomischem Gebiet erwuchs den Anarchisten mit den Kontroll- und Fabrikkomitees ein Konkurrent, der in den ersten Monaten nach dem 19. Juli beherrschende Positionen in der Produktion gewann. Weder im anarcho-syndikalistischen noch im kommunistischen Konzept war jedoch eine vollständige Selbstverwaltung der Arbeiter – ohne regulierende Intervention der Gewerkschaften bzw. Partei – oder eine Autonomie der Komitees vorgesehen. Ging es den Anarcho-Syndikalisten um Gewerkschaftskontrolle – ausgeübt durch die Betriebskomitees –, so waren die Kommunisten vielmehr an Staatskontrolle interessiert und wollten den Gewerkschaften keine Autonomie im ökonomischen Bereich zugestehen. Sehr bald kam es zwischen den Gewerkschaftszentralen und den Komitees zu Friktionen und Kompetenzstreitigkeiten, die sich um die Frage drehten, ob die Gewerkschaften den Komitees gegenüber weisungsbefugt seien und somit letztlich die Produktion kontrollieren und den ökonomischen Kampf der Arbeiter führen sollten, oder ob die Komitees, die sich als revolutionäre Selbstverwaltungsorgane autonom fühlten, auf wirtschaftlicher Ebene das Modell eines räteähnlichen Systems ohne externe Einflußnahme realisieren könnten. Unter diesem Aspekt werden die Komitees mit den Organisationen und Ideologien der Arbeiter- und Bauernschaft in Verbindung gesetzt und in ihrem Verhältnis zu Staat, Parteien und Gewerkschaften analysiert.

Der Kontext der innen- und außenpolitischen Ereignisse sowie des militärischen und diplomatischen Kriegsverlaufs wird weitgehend vorausgesetzt und nur dann in die Untersuchung miteinbezogen, wenn er zum Verständnis des Gesamtzusammenhangs unerläßlich ist. Dabei wird nicht übersehen, daß der Rahmen der hier untersuchten Thematik durch verschiedene Problemkreise abgesteckt wird, deren allgemeinster – zugleich aber auch bedeutendster – der Zusammenhang von Krieg und Revolution ist; die kollektivwirtschaftlichen Experimente wurden unter außergewöhnlichen, vom Kriegsverlauf wesentlich mitbedingten Umständen durchgeführt, deren Kenntnis – zumindest als restriktive Rahmenbedingung – für das Verständnis des Niedergangs der Bewegung unbedingt erforderlich ist.

Die Untersuchung ist in drei große Abschnitte gegliedert. Der erste behandelt die Kollektivierung im Primärsektor Landwirtschaft, der zweite im Sekundär- und Tertiärsektor Industrie und Dienstleistungsunternehmen; der dritte Abschnitt untersucht die politischen Komitees. Die gesonderte Betrachtung der Kollektivierung auf dem Land bzw. in der Stadt wird durch die weitgehend unzusammenhängende Entwicklung der einzelnen Wirtschaftssektoren nahegelegt. Sie ist außerdem durch die territoriale Trennung gerechtfertigt: Während die Landwirtschaft in weiten Teilen der republikanischen Zone kollektiviert wurde, ging die Industrie schwerpunktmäßig in Katalonien in die Hände der Arbeiter über. Die vereinzelten Fälle von industrieller »Vergesellschaftung« in Madrid, Asturien und der Levante blieben – mit der einen Ausnahme von Alcoy – in der vorliegenden Arbeit unberücksichtigt. Die zusätzliche Unterscheidung zwischen »betrieblich-wirtschaftlichen« und »politischen« Komitees wird durch die verschiedene Art ihrer Entstehung, durch differierende Funktionen und unterschiedliche Wirkungsdauer erforderlich.

Die Analyse der Kollektivierungsbewegung verlangt zwei getrennte Ansätze: Zum einen muß der Ausgangspunkt, zum anderen die Bewegungsrichtung behandelt werden. Der konkret-empirischen Analyse der sozialen und ökonomischen Veränderungen in den untersuchten Sektoren werden Einführungen sowohl in die konkreten gesellschaftlichen Bedingungen, die sich aus der Situation der einzelnen volkswirtschaftlichen Bereiche am Vorabend des Bürgerkrieges ergaben, als auch in die Struktureinheiten, die nach dem 19. Juli 1936 einem sozio-ökonomischen Wandel unterlagen, vorausgeschickt, d. h., es wird Einsicht in die realen Voraussetzungen, Bedingungen und Ursachen der revolutionären Umwälzung vermittelt. Aus der Bestimmung des Ausgangspunktes der Bewegung ergibt sich die strukturelle Bedingtheit des sozialen Konflikts als Auseinandersetzung zwischen gesellschaftlichen Gruppen, die aus der Herrschaftsstruktur sozialer Organisationen hervorwuchsen.

Der gesamtgesellschaftliche Charakter des Agrarproblems und seine direkte Widerspiegelung in der Sozialstruktur des Landes fordern eine Analyse, die die historische Entwicklung berücksichtigt. Daher folgt auf die Darstellung der ländlichen Besitz- und Sozialstruktur, die die historisch-hermeneutische Voraussetzung für das Verständnis der Landwirtschaftspolitik in den 30er Jahren ist, ein Überblick über die Agrarreformpolitik der Zweiten Republik, in der progressive Liberale und Reformer das einzige Mittel einer Systemstabilisierung sahen. Die sozio-ökonomische Situation auf dem Agrarsektor und die fehlgeschlagenen Korrekturversuche sind Voraussetzung und Hintergrund für das Wachstum des spanischen Anarchismus, der die Hauptträger der Kollektivierungsbewegung stellte, wenn auch zeitgenössische Quellen die Bedeutung revolutionärer Eliten und Individuen bewußt verschwiegen. Träger der Sozialen Revolution sollte das »Volk« als autonomes Kollektiv sein; der aus den Quellen erarbeitete empirische Sachverhalt läßt die sozio-ökonomische Umwälzung als eine Revolution der Namenlosen erscheinen.

In den Monaten vor Kriegsausbruch stellte der agrarische Süden einen der bedeutendsten sozialen Unruheherde Spaniens dar und trug wesentlich zur revolutionären »Gestimmtheit« der Landarbeiter bei. Die bisherige Forschung hat den Aspekt der Sozialen Revolution im Süden des Landes weitgehend unbeachtet gelassen. Die Hauptschwierigkeiten liegen darin, daß einerseits die sozialrevolutionäre Bewegung in Extremadura und Andalusien wegen des militärischen Kriegsverlaufs sehr kurz war und außerdem fast nur lokalistischen Charakter trug[16], andererseits die diffizile Quellenlage jede systematische Untersuchung unmöglich macht. Bei der konkreten Analyse der agrarischen

Kollektivierungsbewegung war es auch in dieser Arbeit nötig, die Schwerpunkte durch einen »Sprung« nach Aragonien, Katalonien und die Levante in diese Regionen zu verlegen, deren Entwicklung gleichwohl mittelbar von den anarcho-kollektivistischen Traditionen des südlichen Landesteils abhing und nur auf diesem Hintergrund verständlich wird. Der Untersuchung der sozialökonomischen Voraussetzungen und Antriebskräfte folgt die Analyse der verschiedenen agrarwirtschaftlichen Programme und die ereignisgeschichtliche, aus den Quellen gearbeitete Darstellung der Kollektivierungsbewegung auf dem Land.

Der zweite Abschnitt, der die Kollektivierung in der Industrie und den Dienstleistungsunternehmen Kataloniens zum Gegenstand hat, skizziert in einem einleitenden Kapitel die sozio-ökonomische Ausgangslage und die kriegsbedingten Probleme der Wirtschaftsentwicklung. Die Gegenüberstellung der ökonomischen Strukturuntersuchungen im Agrar- und Industriebereich leistet zugleich einen Beitrag zur Erklärung der Entstehung von Ungleichgewicht auf nationaler Ebene[17]. In Katalonien wirkte das rapide industriewirtschaftliche Wachstum nicht funktional systemstabilisierend, sondern wies vielmehr systemdesintegrierende Tendenzen auf, die z. T. aus dem Abbau nie fest verwurzelter Loyalitäten der Katalanen zu der als kastilische Diktatur empfundenen Zentralregierung resultierten. Verlauf und Ende der hier untersuchten Entwicklung der Kollektivierungsbewegung wurden nicht unwesentlich durch das zwischen Kastilien und Katalonien fortbestehende Spannungsverhältnis beeinflußt, das während der Republik- und Kriegsjahre die Auseinandersetzung zwischen Zentristen und Föderalisten Mittel- bzw. Randspaniens entscheidend prägte. Der Untersuchung der ökonomischen Voraussetzungen und der Darstellung der Massendynamik der ersten Tage folgt – entsprechend dem Aufbau des Agrarkapitels – die Analyse der Wirtschaftsprogramme der einzelnen Organisationen. Im Unterschied zur Agrarkollektivierung wurden die Veränderungen im industriellen Bereich von der Generalitat legalisiert. Die Auseinandersetzungen um die Kollektivierungs-Gesetzgebung werden im Spannungsfeld zwischen Regionalregierung, Parteien und Gewerkschaftsbürokratie sowie Wirtschaftskomitees behandelt. Die Neustrukturierung der Industriewirtschaft bildete sich zwischen den entgegengesetzten Polen des Etatismus und Syndikalismus heraus; Fallstudien sollen die verschiedenen »Vergesellschaftungs«-Arten der Kollektivierung, Syndikalisierung und Nationalisierung gegeneinander abgrenzen. Ein abschließendes Kapitel versucht eine Typologisierung der unterschiedlichen Produktionseinheiten und eine Charakterisierung des sich herausbildenden, neuen Wirtschaftssystems.

Die Durchsetzung des sozialrevolutionären Programms der CNT- und (linken) UGT-Mitglieder war ein machtpolitisches Problem. Im dritten Abschnitt geht es daher um den Zusammenhang von politischem Konflikt und wirtschaftlichen Entscheidungen. Veränderungen im politischen Kräftefeld hatten ihren unmittelbaren Niederschlag im Aufblühen bzw. der Stagnation oder dem Rückgang der kollektivwirtschaftlichen Experimente. Aus der Vielzahl lokaler und regionaler politischer Komitees werden drei Organisationstypen herausgegriffen und im Hinblick auf ihre unterschiedliche Entstehung, praktische Tätigkeit und politische Rolle untersucht.

Die Relevanz des Themas und der Fragestellung liegt angesichts anhaltender Diskussionen über Demokratisierungsmöglichkeiten und Mitbestimmungserweiterung in der Industrie einerseits, über größere Einflußnahme der Wähler auf staatliche Organisationen und Entscheidungen andererseits auf der Hand. Sie wird außerdem durch die Tätigkeit der inzwischen legal arbeitenden Arbeiterkommissionen (Comisiones Obreras), die schon vor Jahren die Tradition der Betriebskomitees als Organisationsform der Arbeiter in der kapitalistischen Wirtschaft aufgenommen haben[18], das Ende der franquistischen »Entwicklungsdiktatur«[19] und die damit ursächlich zusammenhängende, in letzter Zeit wieder besonders intensivierte Forderung der Exil-Anarchisten nach der Realisierung der Selbstverwaltung und des freiheitlichen Kommunismus durch das Mittel der direkten und revolutionären Aktion hervorgehoben[20]. Hinzu kommt, daß der Stand der Forschung zur spanischen Kollektivierungsbewegung die Notwendigkeit einer systematischen, historisch-empirischen Untersuchung erkennen läßt, die auf einer gesicherten Quellenbasis der von Gegnern wie Befürwortern der Sozialen Revolution bisher betriebenen historisch-politischen Legendenbildung Einhalt gebietet. Denn über vierzig Jahre nach Beginn des Bürgerkrieges gehört jener vornehmlich anarchistisch inspirierte, unter den Bedingungen eines internationalisierten Bürgerkrieges durchgeführte Versuch zur Errichtung einer sozialistischen Wirtschafts- und Gesellschaftsordnung immer noch zu den am wenigsten erforschten Themenbereichen spanischer Zeitgeschichte. Während des Bürgerkrieges war es vor allem die Totschweige-Politik der Kommunisten, die ein Bekanntwerden des sozialrevolutionären Experiments durch Anwendung strenger Zensurmaßnahmen für ausländische Journalisten verhinderte. Der stalintreue PCE interpretierte das Kampfgeschehen, unter Hervorhebung der deutsch-italienischen Intervention auf seiten der nationalen Truppen, als »national-revolutionären Befreiungskrieg«; der von den Anarchisten betonte soziale Inhalt des Krieges (als Klassenkampf) wurde vom PCE verleugnet. Neben den Kommunisten waren es vor allem die bürgerlichen Parteien sowie die republikanische Regierung und ihre Auslandsvertretungen, die durch Insistieren auf der demokratisch-parlamentarischen Legitimität des republikanischen Systems und der Legalität aller sozialökonomischen Veränderungen auf »loyalem« Territorium dazu beitrugen, daß die ausländische Öffentlichkeit nur äußerst unzulänglich über die Soziale Revolution informiert wurde. Nach 1939 ließ das franquistische Sieger-Regime keine wissenschaftliche Beschäftigung mit dieser Thematik zu. Die Geschichte des Bürgerkrieges hatte aus der nationalistischen Sicht des *Alzamiento Nacional* (der »Nationalen Erhebung«) als Kampf des »wahren« Spanien gegen Kommunismus und Atheismus dargestellt zu werden. Die wissenschaftliche Analyse möglicher Alternativen zum faktischen Kriegsausgang mußte unterbleiben. Die Diktatur Francos verhinderte die wissenschaftliche Aufarbeitung spanischer Zeitgeschichte; die Archive blieben geschlossen, nicht-konforme Darstellungen konnten nicht publiziert werden, die Geschichte des Bürgerkrieges wurde vor allem von Ausländern geschrieben.

Die noch während der Kriegsjahre erschienenen ersten Augenzeugen- und Erlebnisberichte ausländischer Beobachter (u. a. Kaminski, Orwell, Borkenau)

bewegen sich zumeist im deskriptiven Rahmen und beschäftigen sich lediglich mit bestimmten Erscheinungsformen der Sozialen Revolution, ohne einen Gesamtüberblick oder gar eine Analyse liefern zu können. Die (national-)spanischen Forschungsansätze blieben in den ersten Jahren nach 1939 im Bann der ideologisch-politischen Bürgerkriegsspaltung. Die Forschung über die Kollektivierungen wurde jahrelang nicht als historisch-kritische Wissenschaft betrieben, sondern als Legitimation des Siegerregimes verstanden. Erst in den 60er Jahren gab die spanische Historiographie ihre einseitig-nationalistische Ausrichtung zugunsten einer ausgewogeneren Darstellungsweise auf. Mit wenigen bemerkenswerten Ausnahmen jedoch (z. B. Pérez-Baró und Bricall) haben spanische Autoren bisher vor allem Randgebiete der Sozialen Revolution und deren Rahmenbedingungen untersucht, die sozialökonomische Transformation im engeren Sinne dabei jedoch nur tangiert. Auch auf internationaler Ebene mangelt es an monographischen Untersuchungen über die Revolution. Angelsächsische Historiker haben von einem politisch zumeist liberalen Standpunkt aus mehrere Gesamtdarstellungen zur Geschichte der 30er Jahre geliefert (u. a. Jackson, Payne, Brademas), dabei jedoch die revolutionäre Erschütterung in der republikanischen Bürgerkriegszone bei weitem nicht in ihrer vollen Tragweite erfaßt. Französische Autoren (z. B. Guérin, Mintz) vertreten einen bedeutend »linkeren« Standpunkt, der mitunter eine gewisse Affinität zu republikfeindlich-revolutionären Kräften erkennen läßt; jedoch haben auch sie bisher keine überzeugende Gesamtanalyse liefern können. Die Publikationen im deutschen Sprachraum behandeln hauptsächlich internationale, diplomatie- und militärgeschichtliche Fragen des Spanischen Bürgerkrieges und gehen kaum auf Probleme der sozialen Entwicklung in der republikanischen Zone ein.
Das umfangreichste Material zur Kollektivierungsbewegung haben Anarchisten und Anarcho-Syndikalisten (u. a. Souchy, Leval, Peirats) zusammengetragen; allerdings können ihre apologetisch-idealisierenden Schriften kaum als wissenschaftliche Forschungsergebnisse betrachtet werden. Zumeist stilisieren sie die Soziale Revolution zur Geschichtslegende und glorifizieren sie im Dienste revolutionärer Traditionspflege. Einige haben zwar eine Systematisierung des von ihnen vorgelegten Materials versucht, eine befriedigende interpretatorische Analyse ist ihnen bisher jedoch nicht gelungen. Die orthodox-kommunistischen Darstellungen kommen, im Vergleich zu den anarchistischen Deutungen, zu völlig entgegengesetzten Schlußfolgerungen. Sie interpretieren das revolutionäre Geschehen der Bürgerkriegszeit uniform als die Vollendung der »bürgerlich-demokratischen Revolution«; die Soziale Revolution der Anarchisten, deren Ziele eindeutig über den »demokratischen« Rahmen der Revolution hinausgingen, wird in der kommunistischen Geschichtsschreibung (z. B. bei Sandoval, Kühne, Ibárruri) als psychologischer und wirtschaftlicher Mißerfolg abqualifiziert, das anarchistische Vorgehen auf ökonomischem und politischem Gebiet radikaler Kritik unterworfen[21]. Gemeinsam ist allen bisherigen Darstellungen der Sozialen Revolution, daß sie die vorhandenen Quellen nicht systematisch und umfassend genug ausgeschöpft haben. Für die vorliegende Arbeit konnten zwar auch bei weitem nicht alle zeitgenössischen Publikationen zum Thema und Abhandlungen lokalen

Charakters, genausowenig wie die in zentralen und örtlichen Archiven evtl. noch vorhandenen, bisher jedoch unzugänglichen Quellen, eingesehen werden – eine alle örtlichen Entwicklungen und Besonderheiten berücksichtigende Darstellung war weder möglich noch beabsichtigt; die Untersuchung hat jedoch die wichtigsten bisher zugänglichen Quellen zum Thema herangezogen und ausgewertet[22]. Die Materialien sind allerdings zeitlich und örtlich nicht gleichmäßig verteilt. Am zahlreichsten sind sie für Katalonien, relativ umfangreich auch für Aragonien und die Levante-Provinzen, eher schlecht für Kastilien, Andalusien, Extremadura, Asturien und andere Gegenden, in denen es ebenfalls zu Kollektivierungen kam. Für die ersten Kriegsmonate, in denen die meisten Kollektivwirtschaften gebildet wurden, liegen die besten Informationen vor. Die Materialien nehmen nach Mai 1937 beträchtlich ab, um gegen Ende des Krieges – bedingt sowohl durch den ständigen Einflußrückgang der Anarchisten wie durch die zunehmende Dominanz des Militärischen – nahezu völlig zu versiegen.
Zu den in dieser Untersuchung verwendeten Quellen gehören – neben einigen zeitgenössischen und späteren Dokumentensammlungen, den Schriften zahlreicher Akteure der Revolution sowie einer umfangreichen Memoirenliteratur – Pamphlete und Broschüren, vor allem jedoch die wichtigsten in Frage kommenden (insbesondere anarchistischen und kommunistischen) Zeitungen, veröffentlichte und unveröffentlichte Sitzungsprotokolle und -berichte der anarchistischen Lokal-, Bezirks-, Regional- und Nationalkongresse und -versammlungen, die Bulletins der verschiedenen politischen und gewerkschaftlichen Organisationen sowie die Rundschreiben des CNT-Nationalkomitees an die anarcho-syndikalistischen Lokal- und Bezirkskomitees. Die Presse jener Jahre ist nicht nur für die Historiker eine Hauptquelle; sie war auch für den syndikalistischen Millionenanhang die primäre Informationsquelle über Entscheidungen und Beschlüsse von Versammlungen und Komitees. Hinsichtlich ihres sachlichen Informationsgehaltes ist sie allerdings nur mit erheblichen Vorbehalten zu benutzen, da sie einerseits im weiteren Kriegsverlauf einer strengen Regierungszensur unterworfen war, andererseits eine ihrer wesentlichen Funktionen kriegspropagandistischer Art war: Sie sollte die Moral aufrechterhalten und zur begeisterten Anteilnahme am Kampfgeschehen anfeuern, weshalb ihre propagandistische Komponente – nicht nur gegenüber dem nationalen Feind, sondern auch gegenüber dem ideologischen Gegner im eigenen republikanischen Lager – der rein informativen zumindest gleichgesetzt werden muß. Für offizielle Texte – Gesetze, Dekrete, Erlasse etc. – wurden (für Katalonien) das »Butlleti«, für die Zeit nach dem 26. August 1936 das »Diario Oficial de la Generalitat de Catalunya« bzw. (für das übrige republikanische Territorium) der Staatsanzeiger »Gaceta de la República. Diario Oficial« herangezogen. Als weitere Quellen wurde die nahezu unübersehbare Fülle an Publikationen von Parteien und Gewerkschaften, an Sitzungsprotokollen und Resolutionen, Propagandabroschüren – V. Palacio Atard spricht nicht umsonst von einem »Krieg der Broschüren und Pamphlete«[23] –, Augenzeugen- und Erfahrungsberichten mit Informationen zum Themenkomplex der Sozialen Revolution herangezogen. Besonders angabenintensiv für konkrete Detailfragen ist das anarchistische »Boletin de Información CNT-AIT-FAI«, während

die zusammenfassenden Berichte über Verlauf und Beschlüsse von Konferenzen und Vollversammlungen eher die allgemeine Tendenz der Gewerkschafts- und Parteipolitik wiedergeben. Am problematischsten ist die Quellenlage in bezug auf die innere Organisation und das Funktionieren einzelner Kollektivwirtschaften. In den meisten Fällen gab es weder eine betriebswirtschaftliche Rechnungslegung noch Protokolle über den Verlauf von Vollversammlungen oder Komitee-Sitzungen. Erfahrungs- oder Rechenschaftsberichte liegen nur in sehr beschränktem Umfang vor. Außerdem beleuchten die bisher zugänglichen Quellen zumeist nur eine kurze Entwicklungsphase eines Kollektivs, häufig stellen sie nur eine Momentaufnahme dar. Diese Eigenart der Quellen erschwert in nicht unbeträchtlichem Ausmaß eine diachronische Analyse.
In der vorliegenden Arbeit wird die Kollektivierungs- und Selbstverwaltungsbewegung im Spanischen Bürgerkrieg – analog zu einer sozialhistorischen Betrachtungsweise der Gesellschaft – »als veränderbares Ergebnis historischer Prozesse und Entscheidungen, als Resultat genutzter und versäumter Möglichkeiten analysiert«; dabei geht die Untersuchung davon aus, daß »Geschichte als historische Sozialwissenschaft auch einen wichtigen Beitrag zur Selbstaufklärung der Gegenwart leisten und vernünftiges Handeln von Individuum und Gruppen erleichtern« kann[24]. Die Analyse historischer Prozesse und Entscheidungen wirkt stets auf das gegenwärtige gesellschaftliche Bewußtsein zurück, von dem sie wiederum beeinflußt wird. Geschichte als Historische Sozialwissenschaft läßt sich nicht auf die Untersuchung des Vergangenen reduzieren, sondern bezieht die Dimension gegenwärtigen und zukünftigen sozialen Handelns in die Analyse ein. Unter der Perspektive eines erkenntnisleitenden Interesses, das im Zusammenhang der hier behandelten Thematik auf emanzipatorische Entwicklungsprozesse gerichtet ist, auf die Durchleuchtung der Widerstände, die sich ihnen entgegenstellten und damit auf die Vermehrung zukünftiger Durchsetzungschancen[25], soll in der folgenden Verlaufs- und Strukturanalyse der Kollektivierungsbewegung versucht werden, Erscheinungsformen und Mängel, Ausbreitung und Durchsetzung, Niedergang und Ende des Versuchs einer partizipativen Demokratisierung von Wirtschaft und Gesellschaft während des Spanischen Bürgerkrieges problemgeschichtlich zu markieren.

2. Die republikanischen Organisationen: Ein entwicklungsgeschichtlicher Überblick

Verlauf und Niedergang der Sozialen Revolution hingen wesentlich vom Verhalten der maßgeblichen politischen Parteien und Gewerkschaften im republikanischen Spanien ab. In einem kurzen entwicklungsgeschichtlichen Überblick sollen deren Grundpositionen vor dem 19. Juli 1936 skizziert werden. Die Beschränkung auf den organisierten Anarchismus, die sozialistischen und kommunistischen Organisationen sowie die bedeutendsten republikanischen Parteien fällt dabei um so leichter, als auf die Parteien und Organisationen, die im politischen Spektrum »rechts« standen oder bei ideologischer Indifferenz in den Verdacht der Unterstützung des militärischen

Aufstandes geraten waren, schon deshalb verzichtet werden kann, weil sie in den ersten Kriegstagen vom politischen Horizont des republikanischen Spanien verschwanden.
Die spanischen Anarchisten waren seit 1910 in der revolutionär-syndikalistischen *Confederación Nacional del Trabajo* (CNT), seit 1927 in der anarchistischen *Federación Anarquista Ibérica* (FAI) organisiert. Die Anfänge anarchistischer Organisation reichen allerdings in das Jahr 1868 zurück, als der Italiener Guiseppe Fanelli als Gesandter Bakunins in Spanien eintraf und die bereits in den 1840er Jahren in Katalonien gegründeten Gewerkschaften, die sich zu den sozialistischen Ideen antistaatlicher Tendenz, zur direkten Aktion als Kampfwaffe und zum Föderalismus im Sinne des von Proudhon beeinflußten Pi y Margall bekannten und Konsum- und Produktivgenossenschaften proudhonistischer Richtung gegründet hatten, mit der 1864 gegründeten Internationalen Arbeiter-Assoziation (IAA) in Verbindung brachte[26]. Bereits 1869 wurde in Madrid die *Federación Obrera Regional Española*, der regionale spanische Arbeiterbund, gegründet, der sich ein Jahr später der Ersten Internationale anschloß. 1870 fand in Barcelona der erste spanische Arbeiterkongreß statt[27], auf dem das Programm der Juraföderation – »in der Politik anarchistisch, in der Wirtschaft kollektivistisch, in der Religion atheistisch« – angenommen wurde. Die spanische Sektion der Internationale und somit die ganze »antiautoritäre« Bewegung der Internationalisten sprach breite Arbeiterschichten an und beeinflußte bis 1939 die gesamte nationale Arbeiterbewegung. Vor allem die Angaben Max Nettlaus[28] über die Entwicklung und organisatorische Situation der spanischen Internationale in den 1870er und 1880er Jahren belegen die konsequente Entwicklung des spanischen Anarchismus.
Nach der Wiederzulassung der Internationale durch die liberale Regierung Sagasta (1881) wurde die weitere Entwicklung des spanischen Anarchismus durch die vehementen Tendenzkämpfe zwischen den syndikalistisch organisierten Arbeitern Kataloniens, die den Bakuninschen Anarcho-Kollektivismus und seine Mittel (Massenbewegung, Generalstreik, Kollektivierung der Produktionsmittel, Entlohnung nach der Leistung) bevorzugten, und den andalusischen Befürwortern eines Anarcho-Kommunismus Kropotkinscher Prägung (autonome Gruppen, individuell-revolutionäre Tat, Terrorismus, Geheimgesellschaften, kein Privatbesitz an Konsumgütern, Entlohnung nach den Bedürfnissen) bestimmt. Die Auseinandersetzungen zwischen kollektivistischen Anarchisten und aufständischen Anarcho-Kommunisten endete Anfang des 20. Jahrhunderts in einem Kompromiß, der den Bakuninismus als Grundlage des Klassenkampfes und der Arbeiterorganisation und den »freiheitlichen Kommunismus« als Endziel im revolutionären Syndikalismus vereinigte. Dieser folgte der anarchistischen Tradition insofern, als er der »spontanen« Bewegung der Masse vertraute und in jeder »autoritären« Organisation ein Hindernis für die Entwicklung eines revolutionären Bewußtseins sah. Die 1910 gegründete CNT blieb auch bei der den Anarchismus charakterisierenden konsequenten Ablehnung der partei- und verbandsförmigen Einflußnahme auf politische Willensbildungs- und Entscheidungsprozesse. Sie übernahm vom Anarchismus die Lehre, daß die Befreiung der Arbeiterklasse das Werk der Arbeiter selbst sein müsse. Das Programm der CNT war allerdings

weder ein bloßes Wiedererstehen des Bakuninismus noch lediglich eine Übernahme des revolutionären französischen Syndikalismus. Die Philosophie des täglichen Lebenskampfes, der »direkten Aktion« (Streik, Boykott, Sabotage), trat neben die Auffassung vom Endkampf und bewaffneten Aufstand. Ein Generalstreik hatte stets revolutionären, niemals nur reformistisch-ökonomischen Charakter.

Die Auseinandersetzungen zwischen verschiedenen Flügeln blieben im organisierten Anarchismus auch nach 1910 bestehen. Der Kurs der CNT schwankte zwischen dem Dogmatismus der extremistischen Fraktion und dem Pragmatismus einer gemäßigten Linie um Salvador Seguí und Angel Pestaña. Ausdruck der tastenden Unsicherheit des Anarcho-Syndikalismus waren sowohl der Pakt mit der sozialistischen UGT (1917) als auch der vorübergehende Eintritt (1920/1922) in die Komintern[29] bei gleichzeitigem Festhalten an den von Bakunin entworfenen Prinzipien. Ende 1922 trat die CNT der IAA bei[30], deren explizites Ziel es war, den Klassenkampf zu verschärfen, gegen ein Übergreifen politischer Parteien auf die Gewerkschaften anzukämpfen, schließlich den Kapitalismus und den Staat zu zerstören[31]. 1923 löste sich die CNT formal auf, um einer Zwangsauflösung durch Primo de Rivera zuvorzukommen. Da sich innerhalb der im Untergrund operierenden CNT in den folgenden Jahren die »reformistische« Strömung durchzusetzen begann, die zum Sturz des Diktators eine Zusammenarbeit mit republikanischen Parteien befürwortete, wurde 1927 auf einem illegalen Kongreß in Valencia die »Federación Anarquista Ibérica« als Geheimorganisation gegründet, die ihre Aufgabe darin sah, über die Reinerhaltung der Lehre Bakunins zu wachen und zu verhindern, daß sich die Arbeiter dem Reformismus und der Kooperation mit politischen Parteien oder dem sowjetischen Kommunismus und der Lehre von der Diktatur des Proletariats zuwendeten. Das Verhältnis zwischen CNT und FAI gehört zu den Grundproblemen der Gewerkschaftsbewegung während der Zweiten Republik. Die bisherige Forschung hat in der FAI die Kraft gesehen, die der syndikalistischen Massenbewegung – oft gegen deren eigenen Willen[32] – die Richtung wies und somit ein Pendant zum Abhängigkeitsverhältnis der UGT vom PSOE darstellte. Auch kommunistische Darstellungen haben diesen Aspekt der Oktroyierung des anarchistischen Willens betont[33]. Dabei ist jedoch zu gering veranschlagt worden, daß die CNT aufgrund ihrer historischen Genese keine reformistische Gewerkschaft darstellte (wie etwa die UGT bis zu ihrer Radikalisierung in der Zweiten Republik), sondern seit ihrer Konstituierung dem revolutionären Syndikalismus verpflichtet war. Nach dem kürzlichen Fund eines zusammenfassenden Berichts über die konstituierende FAI-Sitzung in Valencia[34] läßt sich zweifelsfrei sagen, daß die FAI von Anfang an eine enge Zusammenarbeit mit der CNT, aber keine Beherrschung der Gewerkschaft anstrebte. Das nicht immer problemlose Verhältnis beider Organisationen wurde durch den 1928 beschlossenen *trabazón* (Verband) bestimmt, der die »brüderliche Zusammenarbeit« (Peirats) zwischen CNT und FAI regeln sollte und nach Beginn des Bürgerkrieges in der stets gemeinsamen Verwendung der Initialen »CNT-FAI« manifest wurde. Beide Organisationen lehnten den bestehenden Staat ab und erstrebten eine »Reorganisation des gesamten gesellschaftlichen Lebens auf der

Basis des freien Kommunismus durch die direkte revolutionäre Aktion der Unterdrückten«[35]. Die verschiedenen Tendenzen innerhalb der CNT führten zu Beginn der Zweiten Republik zur Spaltung der anarcho-syndikalistischen Gewerkschaft. 1931 verkündete die rein syndikalistische Richtung ein »Manifiesto de los Treinta« genanntes Programm[36] – deren Anhänger daraufhin »Treintistas« genannt wurden –, das sich gegen die angeblich drohende Vorherrschaft der minoritären FAI in der Gewerkschaftsbewegung auflehnte und die Unabhängigkeit des Syndikalismus und seinen Anspruch, sich selbst zu genügen, bestärkte. Eine Anzahl von Einzelsyndikaten, die einen gewissen Grad an Mitarbeit in der gegebenen Wirtschafts- und Gesellschaftsordnung vertrat, verließ unter der Führung von A. Pestaña die Dachorganisation CNT und gründete die »Oppositionssyndikate«. Wenn auch diese Gewerkschaften am Vorabend des Bürgerkrieges in die CNT zurückkehrten, blieb im Anarcho-Syndikalismus eine gemäßigte Richtung bestehen, die während des Bürgerkrieges erheblich an Einfluß gewinnen und die Entwicklung der CNT bis 1939 wesentlich mitbestimmen sollte.

Die 1879 gegründete Sozialistische Partei (*Partido Socialista Obrero Español* – PSOE) verfolgte das Ziel, die politische Macht mit legalen Mitteln zu erlangen. Auch die 1888 von Francisco Mora und Antonio García Quejido ins Leben gerufene sozialistische Gewerkschaft *Unión General de Trabajadores* (UGT) war reformistisch ausgerichtet und erstrebte den Aufstieg der Arbeiterklasse durch friedliche Mittel[37]. Die sozialistische Bewegung war von Anfang an ein Zweig des europäischen Sozialismus der II. Internationale. Die Organisation wurde maßgeblich durch ihren Gründer Pablo Iglesias und den Einfluß Paul Lafargues und des französischen Marxisten Jules Guesde geprägt. Die von den Sozialisten errichteten »Volkshäuser« *(casas del pueblo)* wurden bald zu Sammel- und Mittelpunkten der im PSOE oder der UGT organisierten Arbeiter. Nach dem Ersten Weltkrieg entschieden sich die spanischen Sozialisten mehrheitlich gegen einen Eintritt in die Dritte Internationale; daraufhin trat ein beträchtlicher Teil der sozialistischen Führer, vor allem der Sozialistischen Jugendorganisation, aus der Partei aus und gründete 1921, zusammen mit einigen CNT-Dissidenten, die Kommunistische Partei.

Zu Beginn der Zweiten Republik war die Sozialistische Partei die einzige bedeutende Arbeiterpartei Spaniens. Sie übte großen Einfluß auf die UGT aus, der die Landarbeitergewerkschaft *Federación Nacional de Trabajadores de la Tierra* (FNTT) angeschlossen war. Die Sozialisten interpretierten den Übergang von der Monarchie zur Republik als »bürgerliche Revolution«, in der die politische Führung den republikanischen Parteien zufalle. Bald nach 1931 kam es in der republikanisch-sozialistischen Koalitionsregierung zu erheblichen Meinungsverschiedenheiten und in deren Gefolge zu Flügelbildungen innerhalb des PSOE, die bis 1939 unvermindert fortbestanden: Die drei verschiedenen sozialistischen Tendenzen wurden durch den »Zentristen« Indalecio Prieto, den »Revisionisten« Julián Besteiro und Largo Caballero als Vertreter des »revolutionären Voluntarismus« repräsentiert.

Vor allem nach der Niederlage im Oktoberaufstand von 1934 wurde der von Largo Caballero gesteuerte UGT-Kurs zusehends radikaler. Der Gewerkschaftsführer hatte sich in den ersten drei Jahren der Republik davon überzeugt,

daß der reformistische Kurs den Interessen der Arbeiterbewegung nicht förderlich war; ab 1934 trat er für die sofortige Durchführung einer sozialen Revolution mit dem Ziel der Diktatur des Proletariats ein. Spätestens seit 1935 war der Riß im sozialistischen Lager unübersehbar. Der gemäßigt-reformistische Indalecio Prieto beherrschte den Parteivorstand und -apparat, der auf einen proletarisch-revolutionären Kurs gedrängte Largo Caballero kontrollierte die UGT. Diese lehnte (ebenso wie die CNT) den bestehenden Staat ab und erstrebte eine von Arbeitern durchgeführte, wenn auch unterschiedlich zielorientierte soziale Revolution. In Übereinstimmung mit dieser Rahmenprogrammatik waren es insbesondere CNT- und UGT-Mitglieder, die nach dem 19. Juli 1936 Krieg und Revolution für untrennbar hielten.
Die UGT zählte im Frühjahr 1936 fast 1,5 Millionen Mitglieder, während die CNT zu diesem Zeitpunkt nur ca. 1 Million gehabt haben dürfte. Während Katalonien, Ost-Andalusien und die Levante, aber auch Asturien, Galicien und Aragonien mitgliederstarke Hochburgen der Anarcho-Syndikalisten waren, stützte sich die UGT vor allem auf Angehörige der Arbeiterklasse in Asturien, Vizcaya, Madrid, Valencia sowie auf landlose Agrararbeiter und Minifundisten im Süden des Landes (Neu-Kastilien, Extremadura, West-Andalusien). Auch Büro- und Bankangestellte waren stark in der sozialistischen Gewerkschaft vertreten.
Der *Partido Comunista de España* (PCE) entstand als Folge der Meinungsverschiedenheiten der Sozialisten und Anarchisten über die Frage des Beitritts ihrer Organisationen zur Komintern[38]. Nachdem PSOE/UGT und CNT nach anfänglichem Schwanken mehrheitlich einen Beitritt zur Dritten Internationale bzw. »Roten Gewerkschaftsinternationale« abgelehnt hatten, gründeten dissidente Sozialisten und Komintern-Anhänger, zu denen einige Anarcho-Syndikalisten stießen, 1921 den PCE, dessen numerische Bedeutung bis zum Bürgerkrieg allerdings gering blieb. Während der Republik war die KPS bei weitem die schwächste Organisation der Arbeiterbewegung. Da die Weltwirtschaftskrise Anfang der 30er Jahre als letzte Krise des Kapitalismus angesehen wurde, agitierte der PCE sofort gegen das republikanische System; er wandte sich entschieden gegen die neue parlamentarisch-demokratische Ordnung und – in Übereinstimmung mit der Kominternlinie – gegen die »Sozial-« und »Anarchofaschisten« und forderte eine Sowjetrepublik der Arbeiter, Bauern und Soldaten[39]. 1934 gelang ihm die Gründung einer eigenen Gewerkschaftsorganisation, der (nie mehr als 150 000 Mitglieder umfassenden) *Confederación General del Trabajo Unitaria* (CGTU), die sich jedoch neben CNT und UGT nicht behaupten konnte und im November 1935 der UGT anschloß. In den letzten Jahren der Republik – vor allem nach dem VII. Kominternkongreß – forderte der PCE zuerst die Einheitsfront mit den Sozialisten, dann den »Volksblock« und schließlich die Volksfront aller »antifaschistischen« Kräfte. Mit Hilfe der Volksfront konnte sich der PCE aus seiner bisherigen Isolierung befreien, neue Mitglieder gewinnen und immerhin 17 Delegierte ins Parlament entsenden. Trotz gewisser kommunistischer Erfolge steht jedoch unzweifelhaft fest, daß der PCE am Vorabend des Bürgerkrieges so schwach war, daß er kein Gefahrenmoment für das parlamentarische System der Republik darstellte. Die nationalistische Begründung für den Militäraufstand, man habe einem

kommunistischen Umsturz zuvorkommen müssen, erweist sich in historischer Perspektive als durchsichtiger Propagandavorwand.
Unstimmigkeiten zwischen der stalinhörigen Parteiführung des PCE und der katalanischen PCE-Organisation *Federación Comunista Catalano-Balear* (FCCB) unter Joaquín Maurín führten zur Spaltung der Kommunistischen Partei. Maurín schloß sich mit seiner Gruppe einer kleineren Organisation, dem 1928 gegründeten *Partit Comunista Catalá* an, der einen katalanistischen Kurs vertrat; aus dieser Fusion ging 1930 der *Bloc Obrer i Camperol* (BOC) hervor. Parallel zum BOC bildete sich als weitere kommunistische Organisation die von Andrés Nin geführte, eng an Trotzki angelehnte Kommunistische Linksopposition *(Oposición Comunista de Izquierda* oder *Izquierda Comunista)* heraus, die sich im September 1935 mit dem BOC zum *Partido Obrero de Unificación Marxista* (POUM) (Arbeiterpartei für marxistische Einigung) zusammenschloß. Die neue Partei, die ihren Einflußbereich kaum über Katalonien ausdehnen konnte, wurde von ihren Feinden sofort beschuldigt, eine Agentur Trotzkis zu sein; Trotzki selbst allerdings desavouierte und kritisierte den POUM, obwohl dieser die Vorstellung der »permanenten Revolution« in sein Parteiprogramm übernommen hatte.
Der POUM gehörte nicht der Vierten Internationale an. Die bloße Existenz dieser Partei, die im Juli 1936 kaum über 3000 Mitglieder zählte, veranlaßte den PCE zu heftigen Attacken gegen die Linkskommunisten, die zusammen mit der CNT und der linken UGT für eine sofortige Revolution plädierten. Im Gegensatz zu den Anarchisten jedoch, die eine Soziale Revolution forderten, und zu den Kommunisten (PCE), die vorerst eine »bürgerlich-demokratische« Revolution realisieren wollten, strebte der POUM eine sofortige »demokratisch-sozialistische« Revolution an[40]. Er lehnte die Volksfront entschieden ab, da sie den Klassencharakter des Staates verschleiere und den Klassenkampf als Grundmaxime marxistischen Handelns aufgegeben habe. Die angestrebte Revolution werde dadurch charakterisiert, daß sie auf dem Land noch weitgehend »bürgerlichen« und in der Industrie bereits »sozialistischen« Charakter habe. Die Position des POUM lief auf die Alternative: Faschismus – Sozialismus hinaus. Um den drohenden Faschismus zu verhindern, sei ein sofortiger bewaffneter Aufstand erforderlich, der von Arbeitern und Bauern gemeinsam unter der Führung einer revolutionär-marxistischen Einheitspartei durchgeführt werden müsse.
Die »orthodoxen« Kommunisten Kataloniens, die dem »abtrünnigen« POUM nicht beitreten wollten, gingen 1936 ebenfalls an die Vereinigung ihrer Kräfte. Wenige Tage nach Bürgerkriegsbeginn schlossen sich die katalanischen Kommunisten mit einigen kleineren sozialistischen[41] und katalanischen Gruppen zum *Partit Socialista Unificat de Catalunya* (PSUC) zusammen, der sofort unter kommunistischen Einfluß geriet und kurz nach seiner Gründung der Komintern beitrat. Generalsekretär war der frühere Sozialist Juan Comorera, der gleichzeitig Mitglied des Zentralkomitees des PCE war. Trotz größter Anstrengungen gelang es dem PSUC – der in Katalonien allerdings die UGT unter kommunistischen Einfluß bringen und kontrollieren konnte – nicht, größere Arbeitermassen von den Anarchisten zu den Kommunisten herüberzuziehen. Noch Anfang 1937 konstatierte der Augenzeuge Kaminski:

»Die neue vereinigte Partei repräsentiert heute nur einen kleinen Teil des katalanischen Proletariats«[42].

Von den republikanischen Parteien behielten nach Bürgerkriegsbeginn nur zwei ihre politische Bedeutung: die *Izquierda Republicana* Manuel Azañas und die *Unión Republicana* Diego Martínez Barrios[43]. Beide Parteien, die sich nur in Nuancen unterschieden, traten innerhalb des parlamentarisch-republikanischen Rahmens für eine umfangreiche Reformpolitik ein. Nach dem 19. Juli 1936 engagierten sie sich besonders für die Aufrechterhaltung der republikanischen Legalität. Die bedeutendste politische Organisation Kataloniens (vor und nach dem 19. Juli) war die liberal-katalanistische *Esquerra Republicana de Catalunya* (ERC), die das Kleinbürgertum und bedeutende Teile der (gewerkschaftlich in CNT oder UGT organisierten) Arbeiterschaft repräsentierte. Sie wurde außerdem von der einflußreichen Pächterorganisation *Unió de Rabassaires* (UDR) unterstützt. Parteivorsitzender und katalanischer Regierungschef war Lluis Companys. Die Partei hatte als wichtigste Punkte in ihr Programm die Forderung nach Autonomie, Föderation mit anderen »iberischen Völkern«, Menschen- und Bürgerrechte sowie Sozialisierung des Reichtums zugunsten der Gemeinschaft aufgenommen.

In den Parlamentswahlen vom 16. Februar 1936 siegte der Mitte-Links-Block, der sich als Volksfront konstituiert hatte. Während jedoch die Arbeiterorganisationen (PSOE, PCE) in der Volksfront ein Mittel sahen, um die »Revolution« – was auch immer sie darunter verstehen mochten – voranzutreiben, wollten die republikanischen Parteien (IR, UR) die Interessen des am politischen und wirtschaftlichen Status quo interessierten Bürgertums vertreten. Als nach dem 16. Februar die Linksrepublikaner die Regierung bildeten und das eher gemäßigte als »sozialistische« Programm zu realisieren trachteten, wurde sehr bald deutlich, daß die Arbeiterorganisationen nicht bereit waren, sich für die Verwirklichung »bürgerlicher« Reformziele einzusetzen. Die Republik erwies sich als zu schwach, um sich gegen die revolutionären Angriffe der landlosen Arbeiter einerseits und die zunehmende Aggressivität der Rechten andererseits zu verteidigen. Die Regierungen Azaña und (ab Mai 1936) Casares Quiroga waren mittelständisch, liberal und demokratisch, die Arbeiterparteien des Volksfrontbündnisses jedoch proletarisch, sozialistisch-kommunistisch und häufig revolutionär. Außerdem hatte das republikanische System unter der Gegnerschaft der Anarchisten zu leiden. In Anbetracht der geringen numerischen Bedeutung eines staatsbejahenden, republikanisch eingestellten Mittelstandes war die soziale Basis der Regierung zu schwach, um eine konsequent reformerische, zugleich jedoch nicht-sozialistische Politik durchzuführen[44]. In den Monaten nach den Volksfrontwahlen wurde deutlich, daß die Reformpolitik der republikanischen Regierung die drängenden strukturellen Probleme der spanischen Wirtschaft und Gesellschaft nicht lösen konnte. Die Arbeiterorganisationen wiederum konnten (und wollten) ihre Mitglieder nicht davor zurückhalten, die lange versprochenen, jedoch nicht realisierten Veränderungen – vor allem auf dem Agrarsektor – auf revolutionäre Weise in Angriff zu nehmen.

Kapitel II

Zur Interpretation des sozio-ökonomischen und politischen Wandels in der republikanischen Zone

1. Die kommunistische Deutung: Die »bürgerlich-demokratische« Revolution und die Herausbildung einer »demokratischen und parlamentarischen Republik neuen Typs«

Der Verlauf der Kollektivierungsbewegung während des Bürgerkrieges wurde sowohl auf dem Land als auch in der Stadt maßgeblich vom militärischen Geschehen beeinflußt. In einigen Gegenden – z. B. in Andalusien und Extremadura – machte die Verschiebung der Fronten innerhalb kurzer Zeit hoffnungsvolle Ansätze zunichte, in anderen – z. B. in Aragonien – konnten sich Agrarkollektive zwar längere Zeit relativ autonom entfalten, eine Durchstrukturierung auf regionaler Ebene aber nur ansatzweise realisieren. Die Schwierigkeiten der Kollektivwirtschaften waren jedoch nicht ausschließlich, häufig nicht einmal primär militärisch bedingt: Hinzu kam auf lokaler und regionaler, insbesondere auf gesamtstaatlicher Ebene die Gegnerschaft der Republikaner, der gemäßigten Sozialisten und Kommunisten, die über den Staatsapparat verfügten und ihn bedenkenlos zur Verfolgung ihres legalistischen Kurses einsetzten.

Die antikollektivistische Politik des PCE resultierte aus dessen Interpretation der Revolution in der republikanischen Zone. Die politisch-ökonomische Entwicklung nach der Ausrufung der Zweiten Republik (1931) war in der Revolutionstheorie der Kommunisten als Beginn der »bürgerlich-demokratischen« Revolution bezeichnet worden[1]; gleichzeitig hatte der PCE seine Anhänger aufgerufen, die bürgerlich-demokratische Revolution durch Gründung einer Sowjetrepublik der Arbeiter, Bauern und Soldaten fort- und in eine sozialistische überzuführen, deren Träger das Proletariat sein würde. Vier Monate nach Ausrufung der Republik forderte das kommunistische Zentralorgan Mundo Obrero als »unausweichliche Notwendigkeit« die Schaffung von Arbeiter-, Bauern- und Soldatenräten zur Eliminierung aller »konterrevolutionären Spuren«[2]. Dieser auf Druck der Komintern verfolgte, den spanischen Verhältnissen völlig unangemessene linksextreme Kurs[3] führte zur vollständigen Isolierung des PCE von den übrigen Arbeiterorganisationen. Die Anfang Mai 1934 in Moskau beschlossene Wendung der Komintern-Politik[4] wurde 1935 für alle kommunistischen Parteien verbindlich. Der inzwischen völlig stalintreue PCE hatte die neue Einheitsfrontpolitik sofort übernommen und sie während des Asturien-Aufstandes im Oktober 1934 in Form der »Arbeiteral-

lianzen« in praktisch-politische Handlung umgesetzt[5]. Bereits einige Monate vor dem 7. Komintern-Kongreß hatte der PCE die ursprünglich »revolutionären« Forderungen aufgegeben; im Juni 1935 vertrat er ein Programm, dem auch liberale Republikaner zustimmen konnten: Er forderte entschädigungslose Enteignung der Ländereien des Adels, der Kirche und der Klöster und Übergabe des Bodens an Einzelbauern und Landarbeiter, Autonomie für Katalonien, das Baskenland und Galicien, Verbesserung der Lebens- und Arbeitsbedingungen der Arbeiter und Amnestie für alle revolutionären und politischen Gefangenen[6]. Die Diktatur des Proletariats blieb zwar weiterhin proklamiertes Endziel der kommunistischen Politik, wurde jedoch gleichzeitig ad calendas graecas vertagt. Die theoretische Begründung der PCE-Haltung jener Jahre lieferte der Kominternbeauftragte Palmiro Togliatti. Nach seiner Interpretation kämpfte die KPS »nicht nur für die Herstellung der Aktionseinheit der Arbeiterklasse, sondern auch für eine breite antifaschistische Volksfront, die die eigentümliche Entwicklungsform der spanischen Revolution in der gegenwärtigen Etappe darstellt«[7]. In ihrer Einschätzung der revolutionären Situation sahen die Kommunisten am Vorabend des Bürgerkrieges deutliche Parallelen zur Leninschen Interpretation der Revolution in Rußland[8]. Da die spanische Bourgeoisie ihre historische Aufgabe – vor allem die Lösung der Agrarfrage – nicht erfüllt habe, als revolutionäre Kraft aber inzwischen vom Proletariat überflügelt worden sei, falle letzterem die Durchführung der wichtigsten Aufgaben der bürgerlichen Revolution zu, die deshalb nur eine kurze Übergangsphase zur proletarischen Revolution darstelle. Die verspätete kapitalistische Entwicklung Spaniens habe die spanische Bourgeoisie vor die Aufgabe gestellt, »eine bürgerliche Revolution in der Epoche des Imperialismus durchzuführen, da die Bourgeoisie bereits zu einer reaktionären Klasse geworden ist und die proletarische Revolution bereits drohend ihr Haupt erhebt. Daher das ständige Schwanken der spanischen Bourgeoisie zwischen Revolution und Reaktion«[9]. Das »entscheidende strategische Problem der im Gang befindlichen Revolution in Spanien« bestehe darin, die »Masse der Landarmut unter Führung des industriellen Proletariats zu revolutionären Aktionen im ganzen Lande ... zusammenzufassen«[10]. »Der Kampf gegen die Überreste des Feudalismus, die Adelsclique, die monarchistischen Offiziere, die Kirchenfürsten, gegen die faschistische Knechtung« werde in der bürgerlich-demokratischen Phase der Revolution »für die Verteidigung der Freiheit und der Republik«, »um die Rettung von Volk und Land vor fremdländischer Knechtung« und für die »von der altkastilischen Adelskaste unterdrückten Katalonier, Basken, Galicier« geführt[11].
Da in den fünf Republikjahren die Aufgaben der »bürgerlichen« Revolution nicht erfüllt worden waren, galt für die Kommunisten 1936 unverändert: »Noch immer steht die bürgerlich-demokratische Revolution als unmittelbar zu lösende historische Aufgabe auf der Tagesordnung, die Wegräumung einer ganzen Reihe von Hindernissen der proletarischen Revolution«[12]. Während der PCE 1931 eine Sowjetrepublik der Arbeiter, Bauern und Soldaten gefordert hatte und der reformistische PSOE zur konstruktiven Mitarbeit im Staat bereit gewesen war, setzten sich 1936 die Kommunisten für die Verteidigung der Republik ein, während (mit Ausnahme des reformistischen Flügels um

Indalecio Prieto) die radikalisierten und auf einen Linkskurs gedrängten Sozialisten – die in dieser Frage von den ihren antistaatlichen Prinzipien treugebliebenen Anarchisten unterstützt wurden – eine »soziale« Revolution und die Abschaffung der bürgerlichen Republik forderten. Für den linkskommunistischen POUM wiederum hatte die Revolution »demokratisch-sozialistischen Charakter«, der das Land vor die Alternative: Sozialismus – Faschismus stelle[13] und eine sofortige Diktatur des Proletariats erforderlich mache. So wie 1931 stieß die PCE-Politik auch 1936 auf den Widerstand der breiten, in UGT und CNT organisierten Arbeitermassen, die bereits ab Februar 1936 entgegen den gemäßigten Vorstellungen der Volksfront-Wahlplattform an die gewaltsame Realisierung früherer sozialer Forderungen gegangen waren.

Die insbesondere durch die Politik der CEDA-Regierung bewirkte Polarisierung der gesellschaftlichen Kräfte ließ nach den Februar-Wahlen 1936 die Fortführung des republikanisch-parlamentarischen Systems immer schwieriger erscheinen. Während einerseits große Teile der Arbeiterschaft, je nach ideologischer Ausrichtung, den freiheitlichen Kommunismus, die Diktatur des Proletariats oder (allgemein:) eine soziale Revolution als ihr unmittelbares Ziel postulierten, andererseits ganz offen von einer konterrevolutionären Bewegung gesprochen wurde und die Arbeiterzeitungen nahezu täglich vor einem »faschistischen« Putsch warnten, während die Zweite Republik unter den Schlägen von rechts und links zusammenzubrechen drohte, warf sich der PCE in seiner »bürgerlich-demokratischen« Interpretation der revolutionären Phase zu ihrem treuesten Verteidiger auf. Von Februar bis Juli 1936 durchzogen die kommunistischen Parlaments-Abgeordneten das ganze Land und riefen die Arbeiter dazu auf, »die Volksfront und die Regierung zu stärken und zu unterstützen« sowie »jederzeit bereit zu sein, die Republik zu verteidigen«[14]. Die PCE-Vertreter in den Cortes wollten »aus der parlamentarischen Tribüne eine Tribüne der Verteidigung der Demokratie gegenüber der Reaktion machen«[15].

Um dem befürchteten »faschistischen« Aufstand mit vereinten Kräften entgegentreten zu können, propagierte der PCE auf allen Ebenen eine Einheitsfrontpolitik, die der ständig wachsenden Gefahr eines Militärputsches Rechnung tragen sollte. Er forderte nicht nur das gemeinsame Vorgehen der beiden Gewerkschaftszentralen CNT und UGT, sondern betrieb darüber hinaus den Zusammenschluß der sozialistischen und kommunistischen Jugendorganisationen und strebte eine sozialistisch-kommunistische Einheitspartei an. Die Linkssozialisten erkannten hinter diesem kommunistischen Werben jedoch sehr bald, daß die Einheitsbestrebungen des PCE nicht nur Ausdruck der Solidarität im gemeinsamen Kampf gegen den drohenden Faschismus waren, sondern in hohem Maße Mittel des Machtkampfes zwischen den verschiedenen Richtungen der Arbeiterbewegung. Gleichzeitig erhob der PCE den monopolistischen Anspruch auf revolutionäre Initiativen sowie auf die theoretische und praktische Führung der Arbeiterschaft. Die Forderung des PCE-Generalsekretärs José Díaz, die angestrebte proletarische Einheitspartei müsse der Komintern beitreten, sowie die divergierenden Interpretationen der revolutionären Situation[16] hielten die sozialistischen Politiker, die z. T. – allen voran Largo Caballero – den Vorschlag einer Fusion der Sozialistischen und

Kommunistischen Partei zeitweise unterstützt hatten, von einem Zusammengehen mit dem PCE ab, konnten aber die sozialistische Jugendorganisation *Federación de Juventudes Socialistas* unter Führung von Santiago Carrillo nicht daran hindern, am 4. April 1936 zusammen mit der numerisch viel unbedeutenderen kommunistischen Jugendorganisation *Unión de Juventudes Comunistas* die Vereinigte Sozialistische Jugendorganisation *Federación de Juventudes Socialistas Unificadas* (JSU) zu bilden, die mit ihren 200 000 Mitgliedern einige Monate nach Beginn des Bürgerkrieges dem PCE beitrat[17].

Die Soziale Revolution konfrontierte den PCE in seiner Doppelfunktion als Komintern-Organisation und nationale kommunistische Partei mit zahlreichen taktischen und ideologischen Problemen. Die Haltung der spanischen Kommunisten zu den durch den Bürgerkrieg aufgeworfenen Problemen wird nur verständlich, wenn das Verhältnis des PCE zur UdSSR in die Betrachtung mit einbezogen wird. Hinter diesem methodischen Vorgehen steht demnach die Annahme, daß der PCE als Komintern-Sektion nicht autonom agieren konnte, sondern ein Subsystem war, dessen Verhalten in wesentlichen Teilen aus seiner Anpassung an die bestimmenden Anweisungen des Kreml und als Funktion sowjetrussischer Außen- und Interessenpolitik resultierte. Mit dieser Verschränkung der Handlungsebenen werden die durch die sozio-ökonomischen Strukturen bedingten internen Abhängigkeiten dieser Partei durch externe ergänzt. Das Gewicht dieser externen Einflußfaktoren und ihre Bedeutung für die Revolutionstheorie der spanischen Kommunisten sollen im folgenden hervorgehoben werden: Als Führerin der Weltrevolution fühlte sich die Sowjetunion zur Unterstützung der spanischen Republik verpflichtet; in einem Telegramm an das ZK des PCE vom 16. Oktober 1936 ließ Stalin auch keinen Zweifel am internationalen Charakter des spanischen Krieges[18]:

> Die Werktätigen der Sowjetunion erfüllen nur ihre Pflicht, indem sie den revolutionären Massen Spaniens nach Kräften Hilfe leisten. Sie sind sich darüber klar, daß die Befreiung Spaniens vom Joch der faschistischen Reaktionäre keine private Angelegenheit der Spanier ist, sondern die gemeinsame Sache der gesamten fortschrittlichen Menschheit.

Unter Hervorhebung der deutsch-italienischen Intervention auf seiten der nationalen Truppen wurde das spanische Kampfgeschehen schon bald als »national-revolutionärer Befreiungskrieg« interpretiert[19]. Außerdem reihten die Kommunisten den Kampf in die Tradition des 2. Mai 1808 ein[20], wodurch sie den sozialen gegenüber dem nationalen Gehalt des Kampfes zurücktreten ließen. Um den »bürgerlichen« Charakter der Revolution zu betonen, verglichen sie die revolutionären Ereignisse der ersten Kriegstage mit der in der Französischen Revolution »vom Konvent verordneten Beschlagnahme der Güter jener, die mit der Waffe in der Hand gegen die Republik kämpften«[21]. (Demgegenüber sahen sich die Anarchisten 1936 in der Nachfolge der Pariser Commune[22].)

Die von den Arbeitern in den ersten Bürgerkriegstagen spontan initiierte Soziale Revolution brachte die UdSSR in ein echtes Dilemma. Die Außenpolitik der Sowjetunion war Mitte der 30er Jahre – auf dem Hintergrund eines »tiefgreifenden wirtschaftlichen und sozialen Umwandlungsprozess(es)« infolge der landwirtschaftlichen Zwangskollektivierung und forcierten Industrialisierung[23] – wesentlich durch »das absolut vorrangige Sicherheitskalkül und -bedürfnis des Sowjetstaates und seiner Führungsspitze« geprägt; die »ausgesprochene Koexistenz- und Sicherheitspolitik«[24] der UdSSR, die ausschließlich an den eigenen Sekuritätsinteressen ausgerichtet war und zu deren Wahrung den Apparat der Komintern einsetzte, war an einer Vertiefung des durch den Pakt vom 2. Mai 1935 mit Frankreich eingeleiteten Verhältnisses zu den Westmächten interessiert. Die in Moskau verbreitete Furcht vor einem möglichen Zusammengehen Englands und Frankreichs mit Deutschland auf Kosten der UdSSR ließ die Sowjetführer zu großem Entgegenkommen gegenüber den Westmächten bereit sein.

Ein Übereinkommen mit diesen konnte die Sowjetunion jedoch nur dann als realistisches Ziel anstreben, wenn sie (zumindest als taktisches Manöver kurz- und mittelfristiger Reichweite) das Ziel der Weltrevolution zugunsten einer pragmatischen, den ökonomischen Interessen der kapitalistischen Westmächte angepaßten Politik der Mäßigung aufgab. »Wenn Stalin an Litwinows Völkerbundpolitik festhalten wollte, konnte er nicht gleichzeitig eine echte Sowjetbewegung unterstützen«[25]. In Anbetracht der außenpolitischen Situation der UdSSR war die Politik des PCE daher seit Beginn des Bürgerkrieges darauf ausgerichtet, den Wandel auf republikanischem Gebiet als Vollendung der 1931 begonnenen bürgerlich-demokratischen Revolution erscheinen zu lassen; alle sozial, wirtschaftlich oder politisch darüber hinausreichenden Maßnahmen sollten verhindert, notfalls gewaltsam unterdrückt werden[26]. Bereits Ende Juli 1936 erklärte das ZK des PCE[27], es gehe in Spanien um die Verteidigung der Republik und der Demokratie und um die Durchführung der Revolution, die in Frankreich »vor mehr als einem Jahrhundert« vollendet worden sei.

Zu den ideologischen traten die Behinderungen durch das militärische Geschehen, das ab Sommer 1937 – dem Zeitpunkt des Verlustes der bis dahin republikanisch gebliebenen rohstoffreichen Nordprovinzen – eine mögliche Niederlage der Republik erkennen ließ. Die angespannte Lage der Republik und deren faktischer Boykott durch die im Londoner Nichteinmischungsausschuß vertretenen Staaten ließ die tatsächliche Abhängigkeit der spanischen Regierung von den sowjetischen Waffenlieferungen offensichtlich werden. Der UdSSR wiederum war mit den Waffen ein willkommenes Pressionsmittel zur maßgeblichen Beeinflussung der republikanischen Politik in die Hand gegeben. Die Sowjetunion ließ es auch nicht weder an direkten noch an mehr oder minder verklausulierten Aufforderungen an die spanische Regierung fehlen, die vom PCE verfolgte Politik zu sekundieren. Das EKKI und die sowjetrussische Führung waren jedoch peinlich bemüht, jeden Verdacht einer Einmischung in innerspanische Angelegenheiten zu vermeiden. Die Einflußnahme auf die spanischen Kommunisten war trotzdem unverkennbar: In einer Ende Dezember 1936 abgegebenen Erklärung »billigte« das EKKI[28] ausdrücklich

die Linie des Zentralkomitees der Kommunistischen Partei Spaniens, die Parteimitglieder und Volksmassen zum Kampfe gegen die die Vernichtung des parlamentarischen Regimes und die Errichtung der faschistischen Diktatur anstrebenden Faschisten mobilisiert; die Linie auf Verteidigung und Festigung der alle Rechte und Freiheiten des spanischen Volkes gewährleistenden demokratischen parlamentarischen Republik, der Republik der Volksfront [. . .]

Moskau wies den Verdacht, die Sowjetregierung verfolge in Spanien eigene Interessen, entschieden zurück: »Die Sowjetregierung und die Sowjetöffentlichkeit verfolgen keine irgendwelchen eigenen Interessen in Spanien«[29]. Das Interesse der UdSSR am Spanischen Krieg sei durch das Eingreifen der »faschistischen Interventen« bedingt, die die Auseinandersetzung zu einem Kampf zwischen »Reaktion« und »Fortschritt« machten. Jedes aktive Eingreifen in innerspanische Angelegenheiten wurde abgelehnt: »Die Frage der Staatsordnung und der Wirtschaftsformen Spaniens ist eine innere Angelegenheit nur der Spanier selbst. Sie und nur sie sind berechtigt, die Frage über die Regelung ihrer Lebensverhältnisse auf ihrem eigenen Boden zu entscheiden«[30]. Wie sehr jedoch die Haltung des PCE tatsächlich von den Moskauer Direktiven abhängig war, erhellt der Umstand, daß im September 1936 zwei Kommunisten Regierungsverantwortung übernahmen, obwohl das PCE-Politbüro sich dagegen ausgesprochen hatte, »accepter la responsabilité de collaborer au gouvernement d'un régime démocratique petit-bourgeois«[31].
Der Einfluß Moskaus nahm während des Bürgerkrieges außerordentlich zu. Der Italo-Argentinier Vittorio Codovila (»Medina«, »Pedro«), der Italiener Palmiro Togliatti (»Alfredo«, »Ercoli«) und der Ungar Ernö Gerö (»Singer«) nahmen als Komintern-Vertreter regelmäßig an den Sitzungen des PCE-Politbüros teil und stellten de facto die Führung der Partei dar[32]. Die politische und militärische Unterstützung der spanischen Republik wurde von deren Anpassung an Moskauer Wünsche abhängig gemacht[33]; der Ausschluß des POUM aus der katalanischen Regierung im Dezember 1936 war der Preis für die weitere Unterstützung seitens der UdSSR.
Einen der offensichtlichsten Eingriffe in innenpolitische Angelegenheiten Spaniens stellte das von Stalin, Molotow und Woroschilow am 21. Dezember 1936 unterzeichnete Schreiben an Premierminister F. Largo Caballero dar, in dem die Sowjetführer dem spanischen Regierungschef vier »freundschaftliche Ratschläge« gaben[34]: Die Regierung solle sich der bäuerlichen Mittelschicht annehmen, die im Agrarland Spanien von großer Bedeutung sei; sie solle die kleine und mittlere städtische Bourgeoisie auf die Seite der Regierung ziehen, sie vor Konfiskationen schützen und im Rahmen des Möglichen die Handelsfreiheit garantieren; die Führer der republikanischen Parteien sollten ebenfalls zur Zusammenarbeit aufgefordert, ihre Zweifel zerstreut werden. »Dies ist auch erforderlich um zu verhindern, daß die Feinde Spaniens in diesem Land eine kommunistische Republik sehen, und um somit eine offene Intervention zu verhindern; letzteres stellt die größte Gefahr für das republikanische Spanien dar«. Schließlich solle die Regierung in der Presse öffentlich erklären, daß sie keinen Angriff auf das »Privateigentum und die legitimen Interessen der Ausländer in Spanien« (die die Rebellen nicht unterstützten) zulasse. Außerdem machten die sowjetischen Machthaber den spanischen Regierungschef auf Unterschiede zwischen der russischen und der spanischen Revolution aufmerksam und bezeichneten für Spanien den parlamentarischen Weg als gangbar und »wirkungsvoller als in Rußland«[35].
Die sowjetischen »Ratschläge«, die lediglich die Linie der PCE-Politik wiedergaben, stellten den unverhüllten Versuch dar, die seit Beginn des Bürgerkrieges von den Kommunisten verfolgte Gesellschaftspolitik zur

offiziellen Regierungspolitik zu machen; Largo Caballero wurde faktisch aufgefordert, den sozialistischen Inhalt der Revolution zu bekämpfen und auf die bürgerlich-demokratische Stufe (Förderung der bäuerlichen Mittelschicht, Zusammenarbeit mit republikanischen Parteien, Verteidigung des Privateigentums, Praktizierung des »parlamentarischen Weges«) zurückzudrängen.
In seinem auf französisch gehaltenen Antwortschreiben wies der spanische Premierminister darauf hin, daß die von den Sowjetführern unterbreiteten Ratschläge in Spanien längst realisiert würden – was nichts anderes bedeutete, als daß die Ratschläge überflüssig seien. Bezüglich des »parlamentarischen Weges« vertrat Largo Caballero die Meinung, »que quelle que soit la chance que l'avenir réserve á l'institution parlementaire, elle ne jouit pas entre nous, ni même entre les républicains, de défenseurs enthousiastes«[36].
Die kommunistische Ablehnung eines Revolutionsziels, das eine sozialisierte Wirtschaft vor Augen hatte, wurde vom PCE nicht nur mit dem erreichten Stand der Produktivkräfte begründet, der ein Überspringen erforderlicher gesellschaftlicher Zwischenstufen nicht zuließe, sondern außerdem mit den wahrscheinlichen internationalen Implikationen, die der Sieg einer proletarischen Revolution mit sich bringen würde. Santiago Carrillo beispielsweise wies auf die Gefahr hin, daß eine sozialistische Revolution nicht nur dem Faschismus den Sieg in Spanien ermöglichen, sondern auch die demokratischen Staaten, die explizit ihre Vorbehalte gegen ein »linkes« Spanien artikuliert hatten, zur Intervention gegen die Republik ermuntern würde[37]. Dolores Ibárruri erklärte schon wenige Tage nach Kriegsbeginn, die Behauptung der »konterrevolutionären Bewegung der Verräter der Republik«, »daß in Spanien der Kommunismus eingeführt werde«, sei eine »Lüge«[38].
Wesentlicher Bestandteil der PCE-Politik war somit die Aufrechterhaltung der republikanischen Legalität. Solange nämlich die Volksfrontregierung international anerkannt wurde, konnte die UdSSR die deutsch-italienischen Waffenlieferungen an Franco als Propagandamaterial gegen die faschistischen Staaten vor dem Völkerbund verwenden und ihre eigene Spanienhilfe als Unterstützung der legalen Regierung zur Abwehr eines Militäraufstandes deklarieren. Außerdem behielt die Republik das Recht, Waffen auf dem Weltmarkt zu beziehen. Die angeblich partei-neutrale Maxime »Erst Krieg, dann Revolution« entpuppte sich in diesem Zusammenhang als der gelungene Versuch, die Machteroberung im republikanischen Staat und damit die Konditionierung der zukünftigen Revolution ideologisch zu bemänteln[39]. Der mächtige, hauptsächlich von den Kommunisten aufgebaute Militärapparat wurde dabei nicht nur zur Verteidigung der Republik, sondern – wie zahlreiche Beispiele zeigen – gleichzeitig zur Unterdrückung innenpolitischer Gegner sowie zur Durchsetzung der eigenen Revolutionsziele eingesetzt. Bei vorläufiger Preisgabe der Diktatur des Proletariats als unmittelbarem Ziel[40] strebten die Kommunisten eine »demokratische und parlamentarische Republik neuen Typs« an. Da die Einordnung der historischen Situation als bürgerlich-demokratische Revolution zur massiven Kritik der Anarchisten, Linkssozialisten und zahlreicher Mitglieder der JSU führte, die dem PCE vorwarfen, die marxistische Revolutionstheorie aufgegeben und sich einem reformistischen Sozialdemokratismus verschrieben zu haben, der die Revolution zugunsten des militärischen Sieges vernachlässige,

sahen sich die Kommunisten zu einer Präzisierung des Wesens der von ihnen angestrebten Republik genötigt: Sie hoben die Unterschiede zwischen der »neuen« und der »klassischen« bürgerlichen Republik hervor: In dem neuen Republik-Typus, der sich während des Bürgerkrieges herausbildete, verfügte das Volk über die Waffen und den Boden; die Arbeiter übten die Kontrolle in den Industriebetrieben aus; die Großgrundbesitzer, Bankiers und Großindustriellen seien enteignet und damit ihrer materiellen Basis zur weiteren Ausübung ihres bisherigen politischen und gesellschaftlichen Einflusses enthoben; das Proletariat habe die Führung der Revolution und könne sich auf ein neu aufgebautes Volksheer stützen; die wirtschaftliche und politische Macht der Kirche sei verschwunden; die Regierung sei der unmittelbare Ausdruck des Volkswillens. Das während des Krieges und der (bürgerlich-demokratischen) Revolution entstandene Staatswesen habe daher nicht die Form einer herkömmlichen, sondern einer »demokratischen und parlamentarischen Republik neuen Typs«, deren herausragendes Charakteristikum ihr ausgeprägter sozialer Inhalt sei[41]. Für die Kommunisten-Führerin Ibárruri bestand eines der wesentlichen Unterscheidungskriterien zwischen einer herkömmlichen und der sich in Spanien herausbildenden »Art Volksrepublik« darin, »daß – unter Beibehaltung des Privateigentums – der Staat die Leitung der großen Industrieunternehmen, die Banken und das Transportwesen (ausgenommen im Baskenland) in eigene Regie nahm«[42]. Während die Agrar-»Revolution« ihre inhaltliche Bestimmung in der Beseitigung der feudalen Überreste und der Übergabe des Landes an die Bauern finden sollte, war im Industriesektor als dem kapitalistisch am weitesten fortgeschrittenen Wirtschaftsbereich die »Sozialisierung« – im kommunistischen Sprachgebrauch bedeutete dies Verstaatlichung – der Großbetriebe vorgesehen. Diese Trennung der revolutionären Ziele – die die Veränderung in der Landwirtschaft als bürgerlich-demokratische, die in der Industrie als sozialistische Revolution auf den Begriff brachte – wurde allerdings nicht zu einer allgemeinen Zwei-Phasen-Revolutionstheorie ausgebaut, sondern blieb auf gelegentliche Äußerungen reduziert; zu einer reinen Theorie wurde sie hingegen vom POUM weiterentwickelt[43].

Für den PCE bedeutete die Formel »demokratisch-parlamentarische Republik neuen Typs«, die den historischen Ort der politisch-sozialen Entwicklung 1936/1939 markieren sollte, nicht nur eine im deterministisch vorbestimmten revolutionären Prozeß einzuhaltende Etappe, sondern darüber hinaus eine Grenze gegenüber weitergehenden Sozialisierungsbestrebungen sowie den Vorwand zum Einschreiten gegen Anarchisten, linke Sozialisten und »Trotzkisten«, die eine weiterreichende Umwälzung des wirtschaftlichen, politischen und sozialen Lebens intendierten. Im Rahmen des Interessendualismus der nationalstaatlichen Außenpolitik des Sowjetstaates und des proletarischen Internationalismus der sozialistisch-kommunistischen Weltbewegung war vom PCE ersterer der Vorzug gegeben und letzterer in das starre deterministische Geschichtsschema einer gesetzmäßigen Abfolge von Revolutionen gepreßt worden. Das primäre Ziel, nämlich der militärische Sieg, konnte nur erreicht werden, wenn eine starke Aktionseinheit aller antifaschistischen Kräfte erreicht bzw. erhalten wurde. Um aber die bürgerlichen Republikaner – sowohl auf nationaler wie auf internationaler Ebene – nicht vor der Errichtung bzw.

Aufrechterhaltung einer breiten Koalition unter Einschluß der Kommunisten abzuschrecken, mußte jeglicher sozialistische Inhalt des revolutionären Geschehens propagandistisch geleugnet und faktisch verhindert werden. Die Machtbasis der Kommunisten blieb stets das Bündnis mit den reformistischen Sozialisten und Republikanern; verbindendes Element war die Ablehnung der proletarischen Revolution der Linkskräfte. Diese vom PCE hauptsächlich aus außenpolitischen Rücksichten eingegangene Koalition mit den gemäßigten Elementen des innenpolitischen Kräftefeldes wurde auch dann noch aufrechterhalten, als die Aussichtslosigkeit der Hoffnung auf militärische Unterstützung seitens der kapitalistischen Demokratien längst evident war. Es durfte weder zum Bruch mit den Republikanern kommen, noch durften wegen außenpolitischer Rücksichten Zweifel an der kommunistischen Beteuerung entstehen, der PCE würde in Spanien keine kommunistische Herrschaftserrichtung anstreben[44]. Obwohl der PCE schon zu Beginn des Bürgerkrieges die Haltung der westlichen Demokratien Spanien gegenüber realistisch einschätzte und sich keinen Illusionen über eine mögliche anglo-französische Unterstützung hingab[45], brachte er verbaliter bis zuletzt seine Hoffnung auf eine Änderung des westlichen Kurses zum Ausdruck[46]. Das Bestreben, Englands und Frankreichs Hilfe zu erhalten, trieb – auf russischen Einfluß hin – die spanische Regierung dazu, den Westmächten Spanisch-Marokko und die Kanarischen Inseln anzubieten, falls sie ein Ende der deutsch-italienischen Intervention zugunsten der Nationalisten erreichen könnten[47].

Die Kommunisten hatten zwar wesentlichen Anteil an der Verteidigung der Republik – sie bildeten eine geordnete und disziplinierte Armee, forderten pausenlos zum Widerstand auf, mobilisierten die kleinbürgerlichen Schichten, organisierten die sowjetischen Waffenlieferungen sowie die Internationalen Brigaden – ließen aber durch ihren gewaltsamen antisozialistischen Kurs, der auch vor der Zerstörung demokratischer Selbstverwaltungsansätze nicht Halt machte, im Proletariat sehr bald begründete Zweifel aufkommen, ob der militärische Sieg über die »faschistische Konterrevolution« auch den erstrebten Sozialismus bringen und dieser seinen Niederschlag in neuen Institutionen und Verhältnissen finden würde[48]. Die quantitativ nicht erfaßbare, für einen erfolgreichen Verlauf des Krieges jedoch entscheidende Einsatz- und Opferbereitschaft der (gewerkschaftlich organisierten) Arbeiter ließ nach übereinstimmender Meinung von ausländischen Augenzeugen[49] und zahlreichen Gewerkschaftsführern[50] in dem gleichen Maße nach, in dem die von der republikanischen Regierung verfolgten Kriegsziele den sozialen Inhalt des von den Arbeitern vertretenen Programms aufgaben. Die ab Dezember 1936 deutlich wahrnehmbare Machtverschiebung von den Anarchisten zu den Kommunisten bedeutete eine Uminterpretation der sozio-ökonomischen Umwälzung von einer »sozialen« zu einer »bürgerlich-demokratischen« Revolution; sie führte im weiteren Verlauf des Bürgerkrieges – besonders deutlich erfaßbar in den Folgen der gewaltsamen Auflösung des Aragonien-Rates (s. u.) – bei weiten Teilen der Arbeiter- und Bauernschaft zu zunehmender Desillusionierung und Gleichgültigkeit, deren Auswirkungen auf den militärischen Einsatz nicht unterschätzt werden dürfen.

2. Die anarchistische Deutung: Die »soziale« Revolution mit dem Ziel des »freiheitlichen Kommunismus«

Da Anarchisten eine Systematisierung ihrer Gesellschaftskritik stets abgelehnt haben – als Voraussetzung und Handlungsanleitung für die revolutionäre Umwandlung der Gesellschaft hätte sie ja die Freiheit des handelnden Individuums einschränken können –, muß die Frage nach den libertären Vorstellungen über Notwendigkeit, Bedingungen und Charakter einer Umwälzung der bestehenden Gesellschaftsverhältnisse einerseits in Zusammenhang mit der anarchistischen, bei Bakunin besonders ausgeprägten Verachtung jeder systematischen Theorie, die der weitgehenden theoretischen Interesselosigkeit des Syndikalismus entgegenkam, aufgerollt werden, bedarf andererseits der Einbeziehung der historisch-politischen wie sozialökonomischen Gesamtsituation der Zeit, in der sich der Anarchismus zu einer Massenbewegung mit sozialer Programmatik entwickelte. Die zum Prinzip erhobene anarchistische Theorielosigkeit fand ihren Ausdruck im Fehlen eines ausformulierten Revolutionsbegriffes; die Praxis blieb der Theorie stets vorgeordnet[51].
Der den Anarchismus charakterisierende Mangel einer konkreten Analyse historischer Verhältnisse ist weitgehend auf die Revolutionsvorstellung, wie sie sich schließlich in der Praxis der CNT durchsetzte, übertragbar, wenn auch der syndikalistische Tageskampf der Gewerkschaftspraxis die subjektiv-behavioristischen und voluntaristischen Elemente bei der Revolutionsauslösung – in Abwandlung etwa von Bakunins Vorstellungen – geringer erscheinen ließ[52]; der spanische Anarcho-Syndikalismus rückte sichtbar von der apolitischen Organisations- und Theoriefeindschaft des Anarchismus ab und fügte dem anarchistischen Grundzug gewisse systembildende Elemente hinzu, ohne schon zu einer »Theorie« zu gelangen, die verstandesmäßig durch Antizipation des künftigen Geschichtsverlaufs den Übergang in eine nachkapitalistische Gesellschaftsordnung zu erfassen versuchte. In jedem Fall bedurfte die anarcho-syndikalistische Vorstellung der Sozialen Revolution zu ihrer Konkretisierung spontaner, durch die aktuelle revolutionäre Situation bestimmter Ergänzungen. Für die Syndikalisten hatte die »Wissenschaftlichkeit« der Revolutionsberechnung nicht den Stellenwert, den sie im marxistischen Lehrgebäude einnimmt. Für sie war vielmehr die intuitive Überzeugung ausschlaggebend, »daß Revolution und Sozialismus das Resultat ihrer eigenen fortgesetzten Kämpfe seien«[53]. Der primäre Gegenstandsbereich des Anarchismus war die zu erfüllende Zielvorstellung einer herrschaftsfreien Gesellschaftsordnung, während der sekundäre und tertiäre Bereich – einerseits die Entwicklungsvorstellung als Prozeß der Zielverwirklichung, andererseits die (psychischen, politischen, ökonomischen) Voraussetzungen dieses Prozesses – in der anarchistischen Konzeption nahezu untergingen oder eine Randposition beziehen mußten.
Als die vom Anarchismus beeinflußten spanischen Arbeiter in der CNT ihren gesellschaftlichen Standort bezogen hatten, versuchten sie, ihre Vorstellungen von der angestrebten Revolution – unter der sie stets eine »soziale« (was auch immer dieser Terminus beinhalten mochte), niemals eine nur »politische« (zur Ergreifung der Macht) verstanden – durch die Lehre (genauer: den Mythos) des

revolutionären Generalstreiks zu systematisieren[54]. Anarchisten und Anarcho-Syndikalisten stimmten darin überein, daß der »seinem Wesen nach revolutionäre Generalstreik« der unmittelbare Auftakt zur Sozialen Revolution sein müsse. In der mechanistischen Grundkonzeption des Anarchismus sollte der anarchokommunistische Endzustand mittels der Sozialen Revolution (die durch Aufklärung und Erziehung, den syndikalistischen Tageskampf und die direkte Aktion vorbereitet würde) übergangslos in die Wirklichkeit umgesetzt werden. Im Gegensatz zur marxistischen Revolutionstheorie geht die anarchistische davon aus, daß es zur Erreichung des als idealer Neuzustand imaginierten Endziels keiner Zwischenstufen – etwa: Entfaltung des Kapitalismus und politische Machtergreifung des Bürgertums – bedürfe; auffällig sind demgegenüber das starke Vertrauen in die »Machbarkeit« von Revolution sowie die zahlreichen Entwürfe abstrakter Sozialutopien, die kaum einmal nach objektiven Bedingungen und den daraus sich ergebenden konkreten Zielen des proletarischen Kampfes fragen.
Bereits auf dem Gründungskongreß der CNT (1910) wurde eine Resolution verabschiedet, derzufolge der Generalstreik nicht zum Erreichen wirtschaftlicher Ziele, sondern nur als Waffe zum Herbeiführen einer neuen Wirtschafts- und Gesellschaftsordnung eingesetzt werden dürfte[55]. Der Kongreß bekräftigte das Prinzip, daß die Emanzipation der Arbeiterklasse das Werk der Arbeiter selbst sein müsse. Von aufklärerischem Optimismus getragen, betonten die Delegierten vor allem die Notwendigkeit der »moralischen« als Voraussetzung der »wirtschaftlichen Emanzipation« der Arbeiterklasse und proklamierten dabei eine Mittel-Ziel-Identität, die den Unterschied zur marxistischen Revolutionstheorie deutlich werden ließ[56]. Die Revolutionskonzeption der spanischen Anarcho-Syndikalisten war somit an keinen bestimmten historischen Entwicklungsstand der Produktivkräfte oder der Klassenorganisation gebunden; ihre Realisierung wurde nicht von der analytischen Erfassung der ökonomischen Bedingungen sozialer Revolutionen und der Möglichkeiten für die Errichtung kommunistischer Gesellschaftsordnungen abhängig gemacht[57]. Die revolutionäre Aktivität entsprang vielmehr aus der Erkenntnis und Erfahrung der Unterdrückung durch eine jeweils bestehende Herrschaftsordnung; diese Erfahrung, die sich zur Theorie der Negation jeder Ordnung konkretisierte, führte häufig zu putschistisch-blanquistischer Praxis; sie intendierte mittels der revolutionären Kraft der Massen den Sturz der bestehenden Herrschaftsordnung[58], an deren Stelle eine im Verhältnis zum Bestehenden positiv ausgegrenzte Bestimmung des künftigen herrschaftsfreien Gesellschaftszustandes gesetzt wurde.
Die Realisierung der postulierten neuen, aus Föderationen und Konföderationen gebildeten harmonischen Gesellschaft, in der das Prinzip der gegenseitigen Hilfe oberstes Gebot sein sollte, imaginierten Bakunin – unter Bezugnahme auf Hegel – und in seiner Nachfolge die spanischen Anarchisten »keineswegs durch eine formale Anwendung und Verbreitung von fertigen Theorien, sondern nur durch eine ursprüngliche Tat des praktischen autonomischen Geistes«[59]. Reflexion über Bedingungen, Erfolgschancen und Ziele von Revolutionen (»das Paradiesgebäude des zukünftigen Lebens«) hielt Bakunin nicht nur für überflüssig, sondern für »verbrecherisch, da sie nur der Sache der Zerstörung als

solcher hinderlich sind, den Gang des Anfanges der Revolution aufhalten, dadurch also ihr Ende in die Ferne rücken. Bei einer praktischen Sache ist dies eine nutzlose Geistesschändung, eine Selbstbefleckung der Gedanken«[60].
Der anarchistische Appell zur Revolution war, obwohl diese als Klassenkampf verstanden wurde, klassenmäßig undifferenziert; er richtete sich an alle Unterdrückten, das »Volk«, den einzelnen Menschen oder die »Gesellschaft« (nicht an eine durch ihre sozio-ökonomische Lage bestimmte Klasse). Trotzdem wurden Revolution und Klassenkampf als untrennbar miteinander verbundene Elemente betrachtet; der proletarische Generalstreik galt als eine bestimmte Form von Klassenkampf. Die führende Rolle wurde dabei – im Gegensatz zum Marxismus – nicht dem Industrieproletariat zugesprochen; Bakunin hatte vielmehr die Vorstellung, eine primär auf die proletarisierten Bauern[61] gestützte spontane Erhebung könne den Kapitalismus noch vor seiner Entfaltung zerstören. Diese sich auf die ländliche Kommune stützende Revolutionsvorstellung wurde in Spanien von dem einflußreichen Redaktionsstab der theoretischen anarchistischen Zeitschrift »La Revista Blanca« (Federico Urales, Germinal Esgleas, Federica Montseny) übernommen; in den ständigen publizistischen Aufrufen zur Sozialen Revolution wurde der kleinen Landkommune *(municipio rural)* eine ausschlaggebende Rolle zugesprochen: Da die Mehrheit der spanischen Bevölkerung in Landkommunen lebe[62], eigneten sich diese besonders zur gesellschaftlichen Reorganisation auf libertärer Basis. Die Revolutions-Vorstellungen spanischer (besonders andalusischer) Anarchisten waren weitgehend von der agrarischen Epoche geprägt, die sich erst im allmählichen Übergang zur bürgerlich-kapitalistischen Produktionsweise befand. Der auf »freien Municipien« basierende, Autarkie anstrebende wirtschaftliche Kommunalismus blieb bis zum Bürgerkrieg die Leitvorstellung dieses »maximalistischen« Kreises des spanischen Anarchismus. Er idealisierte den ländlichen Rahmen, der für die Lokalisierung der nachrevolutionären Gesellschaft in Agrar-Municipien konstitutiv sein würde, lehnte »Kultur und Weisheit« als verderbliche bürgerliche Relikte ab und strebte die »Annullierung« aller »unersetzlichen« Menschen an, die in der neuen Gesellschaft schon deshalb überflüssig würden, weil alle »Lebensfaktoren« auf »ein Minimum vereinfacht« sein würden[63]. Wenn auch Teile der CNT diese Revolutionsvorstellung nicht übernahmen, blieb für die Ausprägung des anarcho-syndikalistischen Revolutionsbegriffs die Agrar- und Besitzstruktur Spaniens entscheidend (ohne daß deshalb die Ursache der Revolution allein auf den Agrarkomplex reduziert wurde).
In der Illusion einer jederzeit realisierbaren, voluntaristischen Anwendungskriterien der anarchistischen Aktionsbereitschaft unterworfenen Revolution stellte sich »das Ende der Herrschaft des Menschen über den Menschen als eine gegen das jeweils waltende Unrecht moralisch aufgebrachte revolutionäre Volksbewegung« dar[64], die – gewissermaßen als Voraussetzung zur Sozialen Revolution – zuerst den Staat zerstören mußte. Dabei wurde die Analyse des Regelgefüges des bestehenden kapitalistischen Systems nicht ernsthaft in Angriff genommen; an die Stelle der Reflexion über die theoretischen Bedingungen der als Verwirklichung sozialer Gerechtigkeit in Herrschaftsfreiheit imaginierten Anarchie trat der Glaube an die Realisierbarkeit dieses

Endzustandes, ohne daß die Realisierungsproblematik aufgerollt worden wäre. Im rhetorischen Stereotyp der stets abrufbaren Revolution und in der Mythisierung des Generalstreiks wurde die hyperbolische Attitüde sichtbar, in der sich nicht sosehr die wirkliche revolutionäre Haltung als vielmehr der kompensatorische Glaube der Erniedrigten und Gekränkten an eine solche revolutionäre Tatkraft offenbarte.

Der »reformistische« Syndikalist Juan Peiró übernahm 1930 die Bestimmungen des CNT-Gründungskongresses, denen zufolge der revolutionäre Syndikalismus als Mittel, der Anarchismus als das Endziel der Arbeiterbewegung interpretiert wurden. Der Generalstreik stellte die Hauptwaffe dar, die allerdings nicht zum Erreichen ausschließlich wirtschaftlicher Ziele eingesetzt werden durfte[65]. Auch wenn anarchistische »Theoretiker« unter dem Begriff der Sozialen Revolution sehr heterogene Prozesse der Veränderung des wirtschaftlichen und industriellen Lebens subsumierten, gilt allgemein für deren Revolutions-Konzeption, daß sie darunter vor allem die konstruktive Phase des freiheitlichen Neuaufbaus verstanden: »Das Wichtigste einer Revolution vom Typ derer, die die CNT realisieren wird, ist nicht die Zerstörung des Bestehenden, sondern die Schaffung dessen, was das Zerstörte ersetzen soll«[66]. Auch während des Bürgerkrieges betonten die Anarchisten primär diesen Aspekt: »Aufbauen! Das ist der kategorische Imperativ des Augenblickes«[67]. »Eine Revolution, die nicht um den Aufbau bemüht ist, stirbt schon bei der Geburt«[68]. Dabei sollten die Grundlagen der klassenlosen und herrschaftsfreien Gesellschaft bereits im kapitalistischen System gelegt werden[69], was Kommunisten wiederum dazu veranlaßte, bei Anarchisten und Reformisten eine Theorie-Identität zu proklamieren und erstere als »Kleinbürger« zu bezeichnen, »die vor jeder echten Revolution zittern, die den Klassenkampf durch einen vulgären Humanismus, die revolutionäre Theorie durch radikale Phrasen und die revolutionäre Arbeiterpolitik durch kleinbürgerliches Revoluzzertum ersetzen«[70]. In praxi komme das Verhalten der Anarchisten dem liberalen Bürgertum und der Aufrechterhaltung des kapitalistischen Klassenstaates zugute.

Für nahezu alle anarchistischen Theoretiker bleibt die Gespaltenheit der Theorie mit ihrer zwischen Zielvorstellung und Realisierung klaffenden Lücke bezeichnend. Die anarchistische Revolutions-»Theorie« beginnt eigentlich erst mit dem Ende der revolutionären Gewalttätigkeiten, der »heroischen Tat«[71]: Sofort nach dem erfolgreichen Abschluß der »gewaltsamen Phase« müsse die soziale Neuorganisation beginnen; die Arbeiter sollten die Produktionsmittel übernehmen und sich eigene gesellschaftliche Organisationsformen schaffen. Peiró betonte in seiner Schrift vor allem die Erforderlichkeit solider technischer Vorbereitung zur Übernahme der Produktion, ausreichender Ausbildung zur Bewältigung der wirtschaftlichen Probleme und einer starken Organisation zur Verteidigung der Revolution. Habe sich diese erfolgreich durchgesetzt, so verliere in der »stabilisierten Phase« der Syndikalismus seine bisherige Bedeutung zugunsten der Kommune, die dann den »Schnittpunkt aller individuellen, moralischen und wirtschaftlichen Werte der Gesellschaft darstelle«[72]. Die größte Gefahr für eine erfolgreiche Durchführung der Revolution sah Peiró einerseits in der anarchistischen Ablehnung der

notwendigen Organisation, andererseits in der Überbetonung der Spontaneität. Peirós Schrift bedeutete die Einleitung zu einer von 1931 bis 1936 offen und erbittert geführten Auseinandersetzung zwischen den extremen Flügeln der CNT und FAI[73]. Der putschistischen »Praxis«-Besessenheit der Anarchisten um die Zeitschrift »La Revista Blanca« mit ihrem Glauben an die unmittelbare Realisierbarkeit ihres Endziels setzte der französische IAA-Funktionär Pierre Besnard für die vorrevolutionäre Phase die organisatorische Funktion der Gewerkschaft, für die nachrevolutionäre den »freiheitlichen Kommunismus« als Übergangsstadium und erste Etappe auf dem Weg zum »freien Kommunismus« entgegen. Damit erhielt – ebenso wie bei Christian Cornelissen – der freiheitliche Kommunismus eine der »Diktatur des Proletariats« im Marxismus vergleichbare Funktion zugesprochen. In der nicht ohne persönliche Härten geführten Diskussion wurde das Problem der Herbei- und Durchführung der Sozialen Revolution nach der Proklamation der Zweiten Republik und dem Bruch innerhalb der CNT von unmittelbar »praktischer« Relevanz. Die gemäßigteren CNT-Mitglieder hatten den steigenden FAI-Einfluß im Anarcho-Syndikalismus mit zunehmender Sorge beobachtet und sich im August 1931 entschlossen, in einem gemeinsamen Manifest ihre Position – die sie für die »ursprüngliche« revolutionär-syndikalistische hielten – von der der FAIsten abzugrenzen. Beide Gruppen (»treintistas« und »faistas«) differierten primär in bezug auf Strategie und Taktik der Sozialen Revolution. Die Treintistas warfen der FAI die Überbetonung voluntaristischer Elemente, maximalistische Erwartungen, Blanquismus und bolschewistische Methoden vor[74]; führende FAI-Mitglieder sahen demgegenüber mit der Republik die Gefahr gekommen, die anarchistische Bewegung könne »in den Sozialdemokratismus fallen«[75], und betonten daher die nur vom Willen revolutionärer Gruppen abhängige Realisierbarkeit des sozialen Umsturzes. Dieser »vereinfachenden, klassischen und etwas träumerischen Vorstellung der Revolution« (Treintista-Manifest) setzten die gemäßigten CNT-Kreise wiederum ihre »echte, einzige« Vorstellung entgegen, die sie in der Verbindung von Ordnung und Methode einerseits, individueller Initiative andererseits für »vorausblickend und zusammenhängend« hielten. Sie forderten eine effektivere Organisation, betonten die notwendige Vorbereitung auf die Revolution und hielten eine Massenbasis für unumgänglich. In der Verschwörungstaktik der FAI-Anarchisten drückte sich sozialgeschichtlich der unterentwickelte Stand der kapitalistischen Industriegesellschaft in Spanien aus, während das Konzept der Treintistas vom gewerkschaftlichen Tageskampf mit dem Industriekapitalismus der wirtschaftlichen Ballungszentren geprägt war.
Die Revolutionsvorstellung und die revolutionäre Praxis der CNT in den Jahren der Republik mußten wesentlich davon abhängen, welche der beiden Konzeptionen sich schließlich durchsetzte. Die Treintistas wurden im weiteren Verlauf der sich immer mehr zuspitzenden Diskussion aus der CNT ausgeschlossen; wenn dies auch keineswegs einen Sieg des »reinen« Anarchismus über den »reformistischen« Flügel der syndikalistischen Bewegung bedeutete, scheint der FAI-Einfluß trotzdem eher zu- als abgenommen zu haben, wofür nicht zuletzt die große Anzahl der in den folgenden Jahren durchgeführten revolutionären Erhebungen spricht, die allesamt – aufgrund

mangelnder Vorbereitung und fehlender Koordinierung – kläglich scheiterten und die CNT hohe Einbußen kosteten. Auf dem Zaragoza-Kongreß 1936 kehrten die ausgeschlossenen »Oppositionssyndikate« wieder in die CNT zurück und wirkten an der Ausarbeitung des »Konföderalen Konzepts über den freiheitlichen Kommunismus« mit; die Handschrift der FAI ist jedoch auch in dieser idealistischen Zukunftsvision einer staatenlosen Gesellschaft unverkennbar. Wie sehr die Revolutions-Vorstellungen der CNT tatsächlich von der FAI und damit der Bakuninschen »Theorie-Praxis-Identität«[76] geprägt waren, zeigt I. Puentes Skizze des freiheitlichen Kommunismus, die zum Orientierungsrahmen der bedeutenden Kongreß-Resolution vom Mai 1936 wurde: »Das Wissen der Erfahrung vorzuziehen« stellt für den Landarzt und CNT-Theoretiker eines der gegen den freiheitlichen Kommunismus vorgebrachten Vorurteile dar; demgegenüber betont er den Primat der Praxis: »Nur, indem wir im freiheitlichen Kommunismus leben, werden wir lernen, ihn zu leben. Wenn wir ihn einführen, werden wir seine Schwächen und irrigen Aspekte erkennen«[77]. Nach dieser Auffassung mußte die konkrete Lösung des Anarchieproblems dem praktischen Experiment auf dem Boden der Anarchie überlassen werden und konnte deshalb erst nach der anarchistischen Revolution erfolgen[78].
In naiv-idealistischer Weise wurde auf dem Kongreß eine illusionäre Gegenwelt als Bund freier und autonomer Industrie- und Agrarassoziationen aufgebaut, ohne daß sich die Delegierten um die Realisierungschancen dieser auf der Basis des Syndikats und der autonomen Kommune ruhenden Gesellschaft ohne Staat, Privateigentum, Autoritätsprinzip und Klassen bemüht hätten. Im Vergleich zu früheren Überlegungen betonten sie allerdings besonders die subjektiven Voraussetzungen für einen erfolgreichen Massenaufstand. Die Revolutionsdefinition des Kongresses vernachlässigte weitgehend die voluntaristischen Elemente und hob statt dessen die lange evolutionistische, bewußtseinsausbildende Phase hervor, die den Revolutionsausbruch nicht mehr vom individuellen Willen einiger Extremisten abhängig sein ließ[79].
Den CNT-Theoretikern zufolge beginnt die Revolution dann, wenn sich das »individuelle Bewußtsein« gegen die »soziale Wirklichkeit« wendet; daher nimmt sie ihren Anfang »als psychologisches Phänomen, das gegen einen bestimmten Zustand der Dinge gerichtet ist, der im Widerstreit zu den individuellen Ansprüchen und Bedürfnissen steht«. Sobald diese »Reaktion in der Gemeinschaft Gestalt angenommen hat und mit den Körperschaften der kapitalistischen Ordnung« zusammengestoßen ist, wird die Revolution zu einer »sozialen Manifestation«. Da eine Kraft geschaffen werden muß, die die Erreichung des gesteckten Ziels durchsetzen kann, wird sich die Revolution schließlich »als Organisation« manifestieren. Bedingungsfaktoren für den Ausbruch der Revolution waren dabei nicht – zumindest nicht ausschließlich – wirtschaftliche, sondern primär sozial-psychologische Kategorien. Die Schwierigkeit, sich auf soziale und wirtschaftliche Bedingungsfaktoren festzulegen, lag auch in der unterschiedlichen Sozialstruktur der Träger dieser Revolution mit ihren differierenden objektiven Lebens- und subjektiven Interessenlagen. Die sozialen Träger der anarchistischen Revolution stellten von Anfang an ein Konglomerat mannigfach differierender Interessen dar; während die einen ihre revolutionären Vorstellungen aus einer sich erst im

allmählichen Übergang zur kapitalistischen Produktionsweise befindlichen, weitgehend agrarischen Epoche bezogen, orientierten sich die anderen – auf dem Boden der vollentwickelten kapitalistischen Produktivkräfte – an der zunehmenden Konzentration des Industriekapitals; die Forderung nach Gründung von Industriegewerkschaften stellte das Pendant zu dieser Zentralisierungstendenz in der Industrie dar.

Die CNT vertrat in Zaragoza zwar die Meinung, daß die Vorbedingungen für den erfolgreichen Verlauf einer Revolution im Spanien des Sommers 1936 gegeben waren (Zusammenbruch der kapitalistischen »Ethik«, wirtschaftlicher Bankrott des Regimes, Scheitern der politischen Erscheinungsform des kapitalistischen Regimes), unterzog jedoch keine der drei Voraussetzungen einer kritischen Analyse. Die Revolution sollte vielmehr als »psychologisches Phänomen« beginnen, d.h. revolutionäre Haltung und Handlung sollten aus den elementaren Bedürfnissen der Massen hervorgehen – wenn auch neben dem Vertrauen in die Spontaneität des Volkes, die als Ausdruck des Selbstbewußtseins und der Befähigung zur Eigentätigkeit gesehen wurde, dem Aufbau einer Organisation als Machtinstrument große Bedeutung beigemessen wurde. Wie in einer konkreten historischen Situation das Verhältnis zwischen spontaner Massenerhebung und bewußter Revolutionsentfesselung einer organisierten Minderheit zu bestimmen war, wurde auf dem Kongreß nicht problematisiert und damit in einer ähnlich unbestimmten Schwebelage wie in Bakunins Schriften gelassen[80]. Als erforderlich wurde lediglich ein »revolutionärer Pakt« mit der sozialistischen Gewerkschaft UGT erachtet. Die CNT ging davon aus, »daß der glühende Wunsch der spanischen Arbeiterklasse die Abschaffung des gegenwärtigen politischen und sozialen Systems ist«; die »soziale Revolution« werde eine neue Form des Zusammenlebens schaffen, die »durch die freie Entscheidung der frei versammelten Arbeiter« bestimmt wird[81].

Eine viel größere Bedeutung als den Bedingungen und dem Verlauf der Revolution räumte die CNT-Denkschrift jedoch den »ersten Säulen jenes sozialen Gebäudes« ein, »in dessen Schutz wir in Zukunft leben werden«[82]. Die »konstruktive Phase« gehörte per definitionem zur Revolutionsvorstellung der Anarchisten; daher bildet auch der herrschaftsfreie Gesellschaftsaufbau, der in Zaragoza nach den Prinzipien des »freiheitlichen Kommunismus« entworfen wurde, einen integrativen Bestandteil der anarchistischen Revolutionskonzeption. Die schließlich verabschiedete Resolution über den »freiheitlichen Kommunismus« – gleichzeitig die einzige von allen Fraktionen des Anarchismus und Anarcho-Syndikalismus getragene Entschließung über den nachrevolutionären Gesellschaftsaufbau – stellte den vollständigen, angesichts der Entwicklung der CNT im Bürgerkrieg allerdings kurzen Sieg der Anarchisten in ihrem Ringen mit den Syndikalisten dar[83]. Ziel der anarchistischen Revolution war der freiheitliche Kommunismus, dessen »soziale und ethische Prinzipien« ein nur durch die Leistungsfähigkeit der Wirtschaft beschränktes Güterverteilungssystem sowie der allein durch die individuelle »physische und moralische Verfassung« beschränkte »größtmögliche Einsatz eines jeden Individuums« (S. 191) waren. Die Revolution müßte die Abschaffung des Privateigentums, des Staates, des Autoritätsprinzips und der Klassen sowie die Sozialisierung des Reichtums mit sich bringen[84]; danach würden die freien Organisationen der Produzenten die direkte Verwaltung der Produktion und des Konsums übernehmen. Die Neuorganisation der Gesellschaft würde auf der freien Kommune und dem Syndikat basieren[85]. Da letzteres bereits existierte und in seinen Strukturen als modellhaft für die Organisation der zukünftig freien Gesellschaft betrachtet wurde, beschrieb das CNT-Konzept insbesondere Funktion und Aufbau der Kommune; es ging aber auch auf die Rechte und Pflichten des Individuums, auf das Bildungssystem, das Justizwesen, die Probleme sogenannter »Randgruppen« der Gesellschaft sowie auf die Neuorganisation des Produktionsbereichs und die Abschaffung stehender Heere ein[86].

Das idyllische Programm des Zaragoza-Kongresses sollte die vielfältigen Bedürfnisse einer komplex strukturierten Gesellschaft befriedigen, nahm aber in keiner Weise zu der Mannigfaltigkeit der drückenden wirtschaftlichen und gesellschaftlichen Probleme Stellung und konnte somit – wie sich innerhalb weniger Monate herausstellen sollte – auch kaum als Leitfaden für die praktische Bewältigung anstehender Fragen betrachtet werden. In den Realisierungen des Bürgerkrieges verschwand nicht nur das Wort »Kommune« für die sozialistischen Produktionseinheiten fast vollständig zugunsten der Bezeichnung »Kollektiv«; auch der strukturelle Aufbau der Selbstverwaltungseinheiten differierte erheblich von dem in Zaragoza entworfenen Modell. Der im Mai 1936 demonstrierte Mangel an Realitätssinn scheint nicht nur mit dem geringen intellektuellen Niveau der Mehrheit der CNT-Mitglieder, sondern vor allem mit dem Fehlen einer durchdachten Theorie und der schematischen Übertragung auf makrosoziologische und -ökonomische Einheiten der im Rahmen eines einzelnen »pueblo« eventuell anwendbaren Theoreme zusammenzuhängen.

Wie sehr die Kongreßteilnehmer in realitätsfernen Elfenbeinturmvorstellungen schwelgten, zeigt auch die Tatsache, daß keinerlei Vorbereitungen für einen als unmittelbar bevorstehend empfundenen Bürgerkrieg[87] getroffen wurden; die nachrevolutionäre libertäre Gesellschaftsform wurde zwar in oftmals naiv-idealistischer Weise bis in Details hinein entworfen, die eigentlich »revolutionäre Phase« mit dem unvermeidlichen Kampf gegen die Widersacher dieses Systems jedoch völlig vernachlässigt. In der auffälligen Zusammenhangslosigkeit zwischen der Kritik an den bestehenden sozialen, wirtschaftlichen und politischen Verhältnissen einerseits und der prophetisch ausgemalten anarchistischen Zukunftsgesellschaft andererseits kommt ein Revolutionsbegriff zum Ausdruck, der die restriktiven Bedingungen zur Gesellschaftsveränderung unterschätzt und Revolution als jederzeit abrufbar postuliert. Der anarchistische Schlüsselbegriff, der auch die Basis der angestrebten Gesellschaft – einer an Kropotkins Entwürfen ausgerichteten Föderation selbständiger Produktionsgemeinschaften – sein sollte, war die Solidarität, die als verantwortliche Selbsttätigkeit der Produzenten an die Stelle der für die kapitalistische Gesellschaft konstitutiven Prinzipien der Autorität und Zentralisation treten würde. Die spanischen Anarcho-Syndikalisten übernahmen dabei die antidarwinistische Anthropologie Kropotkins, deren Grundgedanke die »gegenseitige Hilfe in der Tier- und Menschenwelt« darstellte. In seiner zusammenfassenden, mit Engagement geschriebenen Erlebnis-Darstellung der Kollektivierungsbewegung hat noch kürzlich G. Leval die Solidarität das »große moralische Gesetz dieser Revolution« genannt[88]. So entschieden die republikanische Staatsform und das parlamentarische System abgelehnt wurden, so unbestimmt und verschwommen blieb die Ausformulierung von Strategie und Taktik zum Erreichen des »positiven« Gegenprogramms. Konsens bestand im wesentlichen darüber, was die Soziale Revolution überwinden sollte. Bei den ersten praktischen Schritten in Richtung auf die Realisierung der in Zaragoza entworfenen Gesellschaftskonzeption zeigte sich jedoch in den ersten Bürgerkriegsmonaten sehr rasch die Labilität und mangelnde Konsistenz des ökonomisch-konstruktivistischen Zukunftsprogramms der Anarchisten.

Kapitel III

Die Kollektivierung in der Landwirtschaft

1. Grundzüge der Agrarstruktur vor dem Bürgerkrieg

a) Zur sozio-ökonomischen Ausgangslage auf dem Land

Zu den bedeutendsten sozialgeschichtlichen Voraussetzungen und Rahmenbedingungen für die Herausbildung und Entwicklung des Anarchismus als gesellschaftskritischer Bewegung in Spanien gehört die Struktur der Agrarverhältnisse, deren »Kapitalisierung« an der Umbruchstelle von feudaler zu bürgerlicher Gesellschaft im 19. Jahrhundert zu jenem Widerstand gegen die Einführung liberal-kapitalistischer Rechts- und Sozialverhältnisse geführt hat, der sich jahrzehntelang als lokaler und endemischer spontan-revolutionärer Protest gegen den Einbruch neuer, für die landlosen Massen ungünstigerer Lebensbedingungen wandte. Die Bedeutung der sozio-ökonomischen Struktur des Agrarsektors für die Entwicklung des anarchistischen Revolutionsbegriffes, für die Forderung nach Wiederaufnahme gemeinschaftlich-genossenschaftlicher Tradition und für das Programm einer umfassenden Kollektivierung des Landes kann kaum überschätzt werden. Dabei zeichnen sich die institutionellen und strukturellen Probleme des Agrarbereichs – Polarisierung der Betriebsgrößen zwischen Mini- und Latifundien, Landflucht, Unterbeschäftigung und Arbeitslosigkeit, durch Industrialisierung und Verstädterung hervorgerufene Störungen innerhalb einer weitgehend traditionalistisch gebliebenen Gesellschaft, Besitz- und Sozialstruktur, Grundeigentumsverhältnisse – durch eine auffällige, z. T. bis in das 18. Jahrhundert zurückverfolgbare Konstanz aus, die z. B. am relativen Anteil der Bevölkerung an der städtischen bzw. ländlichen Population (bis ca. 1950) oder an der überragenden Bedeutung der Land- für die Gesamtwirtschaft abzulesen ist[1].

Die Stabilität der Verhältnisse auf dem Agrarsektor betrifft insbesondere auch die Verteilung des Grundeigentums, die in Spanien zum einen die Präponderanz extremer Verhältnisse, zum anderen deutliche Regionaldifferenzierungen aufweist. Während sich der von Tagelöhnern *(jornaleros)* oder Pächtern *(arrendatarios)* bewirtschaftete Großgrundbesitz primär in Neu-Kastilien, Andalusien und Extremadura konzentriert(e), dominier(t)en in Teilen Alt-Kastiliens, Galiciens und Leons die landwirtschaftlichen Kleinstbetriebe, deren Bewirtschaftung kaum die Existenzsicherung einer Familie ermöglicht(e) und für Besitzer (Pächter) zumeist einen Nebenerwerb erforderlich macht(e)[2]. Die zwischen 10 und 100 ha umfassenden Mittelbetriebe sind schwerpunktmäßig in Katalonien, dem Baskenland und der Levante lokalisiert. Nahezu der gesamte Süden, besonders der Südwesten, bleibt der Latifundienwirtschaft vorbehalten[3].

Im Jahre 1930 nahmen im Süden die Ländereien mit mehr als 100 ha eine doppelt so große Fläche ein wie die Parzellen mit weniger als 10 ha; die Großgrundbesitzer verfügten dort über 66,5 % des Landes. Über 500 ha große Besitzungen stellten im Süden 53 % der Landoberfläche dar. Demgegenüber betrug im Zentrum des Landes die von Latifundien eingenommene Fläche weniger als die Hälfte des Kleinbesitzes; im Norden bedeckte der Großgrundbesitz nicht einmal 25 % des Bodens. 1930 nahmen die Latifundien, die lediglich 0,1 % aller Landwirtschaftsbetriebe darstellten, 33,28 % der Gesamtoberfläche ein, während die Minifundien zwar 96 % aller Betriebe stellten, aber nur über 29,57 % des Bodens verfügten[4]. Eine Globalcharakterisierung der Eigentumsverhältnisse läßt eine deutliche Dichotomie erkennen: Im südlichen Drittel des Landes überwogen (und überwiegen) die Latifundien, die als Gutswirtschaften in der Großbetriebsform primär von Landarbeitern bewirtschaftet werden; im Zentrum und Norden des Landes ist die überkommene Agrarverfassung im allgemeinen gekennzeichnet durch das Nebeneinanderbestehen von grundbesitzenden Kleinstbauern und Großgrundbesitzern, deren Land sowohl von lohnabhängigen Landarbeitern als auch von Kleinpächtern in der Kleinbetriebsform bewirtschaftet wird.

Die Großgrundbesitzer im Süden des Landes hatten zumeist Boden mit besonders hoher Ertragsfähigkeit, während ein Großteil des kargen Weidelandes auf die kleinen Parzellen entfiel[5]. Diese Verteilung des anbaufähigen Bodens führte zu der heftigen sozialen Unruhe der Kleinbesitzer und Landarbeiter, die sich während der Republik und zu Beginn des Krieges in gewaltsamen Aktionen entlud. Bis zum Bürgerkrieg bedeutete Bodenbesitz nicht nur soziales Ansehen und ein arbeitsfreies Leben aus Renteneinkommen; die Kontrolle über den Boden implizierte gleichzeitig die Verfügungsgewalt über die wichtigste Quelle des nationalen Reichtums und bestimmte die soziale, sehr häufig auch die politische Stellung der Bevölkerungsmehrheit; Bodenbesitzverhältnisse regulierten zu einem beträchtlichen Teil das wirtschaftliche, politische und soziale Leben des Landes. Die Grenze zwischen dem Gebiet der Latifundien und dem der Klein- und Mittelbetriebe hat in der Sozialgeschichte Spaniens eine kaum zu überschätzende Bedeutung erlangt. Die Unzufriedenheit der ländlichen Massen sowie die daraus resultierende latente Neigung zu Revolten und Umstürzen, von denen die Umverteilung der Eigentumsverhältnisse und die Aufteilung *(reparto)* des Großgrundbesitzes erwartet wurden, erklären zum Teil den außerordentlichen Erfolg des ländlichen Anarchismus und des revolutionären Agrarsozialismus. Die Grenzlinie, die das Spanien der Agrarrevolution vom Spanien des ländlichen Konservativismus trennte, war dieselbe, die die Latifundien vom Klein- und Mittelbesitz trennte.

Die entscheidenden Faktoren für die Herausbildung des Latifundiensystems müssen – im Gegensatz zur Meinung der Verteidiger des besitzstrukturellen Status quo – primär in der historischen Entwicklung und erst sekundär in den natürlichen Standortverhältnissen gesucht werden[6]. Die Eigentumsverteilung im Süden Spaniens geht zu einem nicht unbeträchtlichen Teil auf die Zeit der *Reconquista*, auf die unterschiedlichen Formen der Neubesiedlung eroberten Gebietes und die differierenden Methoden der Landvergabe bzw. -verteilung zurück. Von den verschiedenen staatlich-reformistischen und spontanrevolutionären Versuchen, die Macht und den Besitz der Latifundisten zu beschneiden, hatte keiner dauerhaften Erfolg. Der schon früh eingeleitete Prozeß der Konzentration des ländlichen Besitztums in Händen des Adels und des Klerus, der – verbunden mit der Bodennutzung in Form von Monokulturen – zu saisonaler Arbeitslosigkeit und Binnenwanderung der landlosen Agrararbeiter in die Städte und Industriebezirke des Nordens führte, spiegelt sich in der Sozialstruktur des Südens wider. Weniger als 10% der agrarwirtschaftlich Beschäftigten waren – bis hin zur Zweiten Republik – gleichzeitig Eigentümer des von ihnen bewirtschafteten Landes; demgegenüber stellten die landlosen Tagelöhner, die auf den Latifundien arbeiteten, 75 % der gesamten arbeitsfähigen Bevölkerung des Südens dar. Parallel zu der nord-, besonders nordostspanischen Entwicklung einer bürgerlichen, von intensiver wirtschaftlicher und kommerzieller Tätigkeit geprägten Kultur mit der Herausbildung eines von Initiativgeist durchdrungenen, technischem Fortschritt gegenüber weitgehend aufgeschlossenen bürgerlichen und bäuerlichen Mittelstands[7], wurde im Süden des Landes die Entwicklung einer sozio-ökonomischen Mittelschicht durch die mehrhundertjährige Herrschaft einer zentralisierten, absoluten Monarchie der Habsburger und Bourbonen behindert; diese begünstigten statt dessen die Vorrangstellung einer zahlenmäßig geringen, auf Privilegien und Großgrundbesitz fußenden Klasse, die sich – ohne das Bindeglied einer wirtschaftlich gesunden bäuerlichen Mittelschicht – über eine Klasse nicht nur im sozialökonomischen, sondern auch im geistig-moralischen Sinne Enterbter *(desheredados)* erhob.

»Mit der Einführung der liberal-kapitalistischen Rechts- und Sozialordnung«[8] in der ersten Hälfte des 19. Jahrhunderts wurde der umfassendste Versuch gemacht, zu einer neuen Landverteilung zu gelangen. Die Auflösung des Besitzes der Toten Hand *(desamortización)* und die Überführung der Kirchen- und Gemeindegüter in Individualbesitz[9] hatte jedoch nicht die Entstehung einer agrarischen Mittelschicht zur Folge, welche die schwer auf dem Süden Spaniens lastende dichotomische Sozialstruktur hätte auflockern, die Klassengegensätze mildern und die gärende Revolution mit ihrem Angriff auf die soziale Ungleichheit verhindern können, sondern trug lediglich zur Befestigung der archaischen Sozialstruktur und damit indirekt zur beschleunigten Verbreitung anarchistischen Gedankenguts bei. Die Struktur des Agrareigentums Anfang des 20. Jahrhunderts war eine Folge der zahlreichen Grundstücksübertragungen, die aufgrund der zivilen und kirchlichen »Desamortisation« sowie der Auflösung der Majorate hauptsächlich im zweiten Drittel des 19. Jahrhunderts stattgefunden hatte; die Dichotomisierung des Agrareigentums in Neo-Latifundien und Minifundien bei gleichzeitigem Fehlen bzw. Schwund eines wirtschaftlich gesunden Mittelbesitzes entsprach dem »Gesetz kapitalistischer Konzentration«[10].

Liberale Vorstellungen, die in der Wirtschaftspolitik ihren Niederschlag fanden, förderten die zunehmende Aufteilung des Bodens und führten zu der überaus großen Anzahl an Minifundienwirtschaften, deren Inhaber eher als »Eigentümer der Armseligkeit« – wie sie häufig genannt werden –, denn als Grundbesitzer angesehen werden müssen. Trotz der Ergebnisse der neueren Forschung, daß sich am Vorabend des Bürgerkrieges der Gesamtbesitz des spanischen Adels auf 1 300 000 ha bewirtschaftetes Land belief[11], muß festgehalten werden, daß als Folge des ländlichen Besitz-Umschichtungsprozesses seit dem Ende des Ancien Régime und dessen Ablösung durch liberal-kapitalistische Rechts- und Sozialverhältnisse das Großbürgertum zum Eigentümer der meisten Latifundien geworden war. Durch planmäßige Ankäufe, immer stärker um sich greifende Bodenspekulation, weitverbreitete Vetternwirtschaft und eine geschickte Heiratspolitik konnten wenige Großbürgerfamilien die traditionellerweise vom Adel eingenommenen Positionen okkupieren. Hinsichtlich der Bewirtschaftungsform der Latifundien ist auffällig, daß die Großgrundbesitzer sich an einer möglichst produktiven Bewirtschaftung ihrer Ländereien sichtbar desinteressiert zeigten, was seinen unmittelbaren Niederschlag in der geringen Mechanisierung der Landwirtschaft fand[12] und infolge der technischen Unterentwicklung eine dringend erforderliche Produktivitätssteigerung verhinderte. Neben der Kapitalüberlegenheit des industrialisierten Nordens und den Umweltbedingungen des Südens ist für die wirtschaftliche Rückständigkeit Südspaniens und sein Verharren auf der Agrarstufe mindestens ebenso das Fehlen einer spezifischen Wirtschaftsgesinnung und Leistungsmotivation seiner Bevölkerung verantwortlich, was sich besonders im eklatanten Mangel an einem dynamischen, innovationsfreudigen Unternehmertum manifestierte[13].

Zu den aufgezeigten strukturellen Schwächen kam eines der gravierendsten Übel des spanischen Südens. Die (alt- und neuadelige sowie bürgerliche) Landaristokratie, die ihr Kapitaleinkommen in erster Linie zur Investition in Industrieunternehmen und zur Finanzierung ihrer städtischen Konsuminteressen verwendete, lebte zum größten Teil nicht auf ihren Ländereien, häufig nicht einmal in der nächstgelegenen Provinzhauptstadt *(terratenientes absentistas)*, sondern bezog, ohne persönliche Beziehung zu ihrem Eigentum, eine Grundrente und verbrachte ihre meiste Zeit in der Landeshauptstadt, in Barcelona, Sevilla, Valencia oder den mondänen Seebädern San Sebastián, Biarritz, Bayonne[14].

Die große Abwesenheitsquote der Eigentümer wirkte sich natürlich auf die Bodenbewirtschaftung aus. Charakteristisch war die Trennung des Grundeigentums von der landwirtschaftlichen Produktion, insofern als die Eigentümer einen beträchtlichen Teil ihres Landes an kapitalistische Pächter und Kleinbauern verpachteten. Mindestens 53,3 % der Ländereien »absentistischer« Latifundisten, insgesamt über ein Drittel des gesamten spanischen Großgrundbesitzes, waren verpachtet[15]. Das Abwesenheitssystem trug wesentlich dazu bei, daß die landwirtschaftlichen Produktionsmethoden – vor allem im Süden – bis zum Bürgerkrieg und darüber hinaus kaum modernisiert wurden. Die Befürworter einer Agrarreform waren sich darüber im klaren, daß sie zuerst die quantitativ nicht unbedeutende Schicht der Zwischenpächter beseitigen müßten, die sich zwischen die Grundeigentümer und die tatsächlich den Boden bewirtschaftenden Pächter geschoben hatten. Die soziale Folge des im Süden praktizierten

Systems war die ständige Verschlechterung der Situation der Tagelöhner und Kleinpächter, da auch die Zwischenschicht der Großpächter in erster Linie von der Ausbeutung der untersten Schicht lebte. Die landwirtschaftlichen Kleinbesitzer stellten eine eher konservative, die herrschende Sozialordnung stützende Schicht dar; sie betrug im Landesdurchschnitt 40%, im Süden jedoch nur 14,3% der ländlichen Bevölkerung, da in den Latifundien-Provinzen Kleinpächter und Tagelöhner, die bei unsicheren sozialen Verhältnissen leicht zu revolutionärer Tätigkeit neigten, die Masse der besitzlosen Landarbeiter bildeten. Diese häufig monatelang arbeitslosen, am Rande des Existenzminimums vegetierenden Tagelöhner – die im Süden des Landes größte gesellschaftliche Schicht – stellten das einzig wahrhaft revolutionäre Potential der spanischen Agrargesellschaft dar; von ihnen gingen nahezu alle sozialen Erschütterungen in den hundert Jahren vor dem Bürgerkrieg aus.
Jede Agrarreform, die in einem demokratischen System den Anspruch auf Realisierbarkeit erhob, würde die verschiedenen, deutlich differenzierbaren Schichten der Agrarbevölkerung berücksichtigen müssen:

- Die (fest oder vorübergehend angestellten) Lohnarbeiter (braceros, yunteros, jornaleros) stellten im südlichen Landesteil die überwiegende Mehrheit, in Mittel- und Nordspanien einen beträchtlichen Anteil der Agrarbevölkerung[16].
- Die Parzellenbauern (Minifundisten) konnten sich ihren Lebensunterhalt nicht allein aus der Bewirtschaftung ihres Minifundiums erarbeiten; sie mußten zumeist Lohnarbeit in einem Industriebetrieb oder auf den Ländereien eines größeren Bauern annehmen, während ihre Familienmitglieder die Bewirtschaftung der eigenen Parzelle übernahmen (Galicien, León, Teile Alt-Kastiliens).
- Die Subsistenzwirtschaft treibenden Kleinbauern und Erbpächter erwirtschafteten auf einer eigenen oder gepachteten Bewirtschaftungseinheit, deren Größe durch die Arbeitskapazität einer Bauernfamilie bestimmt wurde, den Lebensunterhalt der Familien (Teile Alt-Kastiliens, Baskenland, Navarra, Nord-Aragonien, Katalonien, Levante).
- Die kapitalistisch wirtschaftenden Mittelbauern beschäftigten einige Lohnarbeiter und waren selbst nicht mehr unmittelbar am Produktionsprozeß beteiligt (Katalonien, Levante). Zu dieser Schicht zählten auch die mächtigen Oberpächter, die den Boden der Großgrundeigentümer an Afterpächter weitergaben.
- Die Großgrundeigentümer verfolgten nicht unbedingt eine Maximierung ihres Einkommens aus der Landwirtschaft; der größere Teil ihrer Investitionen ging entweder in die Industrie oder diente zur Finanzierung ihrer politischen oder Konsuminteressen (Salamanca, Extremadura, Neu-Kastilien, Andalusien).

Diese im Landesmaßstab differenzierte Schichtung der Agrarbevölkerung polarisierte sich im Süden wesentlich auf die Dichotomie zwischen Großgrundeigentümern (mit ihren Kaziken-Verwaltern) und Lohnarbeitern; letztere hatten weder die finanziellen Mittel noch die gesellschaftspolitischen Möglichkeiten, die starren Eigentumsverhältnisse zu ändern. Als Ende der 1860er Jahre die anarchistische Lehre nach Spanien gelangte, schien sie einerseits mit ihrer Doktrin des apolitischen Kampfes und der direkten Aktion, andererseits mit ihrer Rückkehr zur genossenschaftlichen und kollektivistischen Tradition der präkapitalistischen Ära[17] größeren Teilen der Landbevölkerung einen Ausweg aus ihrer schier hoffnungslosen Lage zu bieten: Der Anarchismus stand hinter den immer häufiger ausbrechenden Streiks, revolutionären Agitationen und bewaffneten Erhebungen der Landarbeiter, die zu einer endemischen Erscheinung in Südspanien wurden. Die sozialökonomische Struktur Andalusiens allein erklärt zwar nicht den starken Anhang, den der Anarchismus in Spanien gewinnen konnte; sie stellt aber den Rahmen und Bedingungskontext dar, in dem die gesellschaftlichen, historischen und politischen Determinanten wirksam wurden, die den spanischen Anarchismus zu einem Massenphänomen werden ließen.

Hohe Konzentration des Landbesitzes, ein »feudal-agrarisches Eigentumssystem«[18], Landflucht, unausgelastete Produktionskapazitäten, ein Heer von Arbeitslosen, ungleiche Einkommensverteilung, eine große Kluft zwischen der Masse der Landbevölkerung und den oberen Schichten in bezug auf Einkommen, Erziehung und Kultur charakterisierten auch noch in den 30er Jahren die Struktur des Agrarsektors in Spanien. Auf den relativ niedrigen wirtschaftlichen Entwicklungsstand des Landes wiesen der hohe Prozentsatz von Beschäftigten in der Landwirtschaft, der generell niedrige (Aus-)Bildungsstand, die beträchtliche Auswanderungsrate sowie die aus dem sozialen Bewußtsein der Unterprivilegierten resultierende politisch-gesellschaftliche Spannung. Der Befund der extremen Unterentwicklung gilt für nahezu alle Ebenen des sozio-ökonomischen und kulturell-politischen Bereichs. Wollte die junge Republik von 1931 überleben, so mußte sie zuerst das Hauptproblem der spanischen Wirtschaft, die dringend notwendige Reform auf dem Agrarsektor, in Angriff nehmen.

b) Korrekturversuche durch systemimmanente Agrarreformpolitik während der Zweiten Republik

In den 30er Jahren wiesen weite Gegenden Südspaniens klassische Merkmale ökonomischer und sozialer Rückständigkeit auf, Charakteristika, die heute sogenannten »Entwicklungsländern« zugewiesen werden: Hunger, Arbeitslosigkeit, Analphabetismus, Bevölkerungsexplosion, Kapitalmangel, Instabilität, soziale Unruhen. Das Übermaß an landwirtschaftlichen Arbeitskräften, der Landhunger der Bauern, die meist rückständig gebliebene Landbautechnik, eher wachsende als sinkende Massenarmut und geringe Arbeitsproduktivität erwiesen die Erforderlichkeit einer ebenso ökonomisch wie sozialpolitisch akzentuierten Agrarreform, um einerseits das Niveau und die Kaufkraft der Landbevölkerung zu erhöhen und damit den Industrieprodukten Absatz zu verschaffen[19], um andererseits durch Beseitigung krasser Eigentumsunterschiede sowie unzeitgemäßer Pacht- und Arbeitsbedingungen den sozialen Frieden auf dem Lande zu gewährleisten, die ständigen sozialen Eruptionen zu beenden und einen ökonomisch gesunden, staatsbejahenden bäuerlichen Mittelstand zu schaffen. Die rasche Bevölkerungszunahme erforderte eine beträchtliche Erweiterung der Agrarproduktion. Da jedoch die überkommene Agrarverfassung kaum eine Steigerung, eher eine Stagnation der landwirtschaftlichen Erzeugung in Aussicht stellte, ergab sich die zwingende Notwendigkeit zu einer Agrarreform im Sinne einer Landbesitz- und Landbewirtschaftungsreform. Für die schnell zunehmende Landbevölkerung war die Schaffung von

Arbeitsplätzen, die die versteckte Arbeitslosigkeit und die fehlenden Beschäftigungsmöglichkeiten auf dem Land sowie die daraus resultierende Landflucht beenden sollten, und die Erhöhung des Einkommens, das die Kaufkraft der landwirtschaftlichen Bevölkerung und damit die Größe des Binnenmarktes für industrielle Fertigwaren erweitern würde, von größter Bedeutung. Der erweiterte wirtschaftliche Inlandsmarkt, der einen Anreiz für die Steigerung der industriellen Produktion darstellen würde, war für die spanische Wirtschaft, deren Auslandsmarkt durch Konkurrenz der Industriestaaten und Zollschranken kaum erweiterungsfähig war, dringend notwendig.

Eine Um- und Neuverteilung von Grund und Boden betraf nicht nur die wirtschaftliche Entwicklung, sondern darüber hinaus das Verhältnis zu anderen Bereichen des sozialen Wandels wie den Sozialstrukturen, den Verhaltensmustern, den kulturellen Vorstellungen, der gesamten sozio-politischen Entwicklung. Landbesitz bzw. gesicherte langfristig angelegte Pachtformen stellten ein wesentliches Mittel zur Partizipation im politischen und ökonomischen Bereich dar. Auf dem Land bedeutete der Besitz von Grund und Boden den Zugang zur ökonomischen und politischen Teilhabe an der Macht. Eine umfassende Agrarreform, die die bisher als Machtbasis dienende Besitzkonzentration auflösen würde, war daher nicht nur eine fundamentale Neuordnung des Agrarsektors, sondern gleichzeitig eine Neuverteilung politischer und sozialer Macht.

Landbesitz und der ihn begleitende Lebensstil betrafen durch traditionelle soziale Beziehungen (und nicht selten durch physischen Zwang) nicht nur den sozialen Status und das Prestige des Eigentümers, sondern sie brachten zugleich die Macht mit sich, das politische und gesellschaftliche Verhalten der Bauern zu kontrollieren, häufig zu bestimmen. Die konsequente Durchführung einer umfassenden Agrarreform, die auch den sozialen und politischen Anforderungen Rechnung trug, implizierte somit die Änderung bestehender Machtstrukturen; von daher erscheinen sowohl der erbitterte Widerstand der Interessengruppen gegen eine Agrarreform (während der Republik) als auch die Dynamik der sozio-ökonomischen Umwandlungsprozesse im ländlichen Sektor (während des Bürgerkrieges) verständlich. Wies die krisenhaft zugespitzte Situation auf dem Agrarsektor konservativ-liberale und sozialdemokratische Reformpolitiker auf den Weg einer Änderung der starren Besitzstrukturen, um dadurch eine Stabilisierung des politischen Systems und eine Wiederherstellung des erschütterten gesellschaftlichen Gleichgewichts zu erreichen, so hatte bis zur Zweiten Republik die mangelnde Flexibilität und Starrheit der politisch und wirtschaftlich führenden Kreise die Arbeiterbewegung Spaniens auf das Mittel der Selbsthilfe verwiesen. Der anarchistische und später sozialistische (FNTT) Massenanhang in den Agrargebieten war Ausdruck und Folge des aus den wirtschaftlichen Strukturen resultierenden sozialen Ungleichgewichts, als dessen Erhalter der liberal-kapitalistische Staat des 19. und ersten Drittels des 20. Jahrhunderts erschien; sowohl die prinzipielle Staatsfeindschaft als auch die Vorstellung über die Soziale Revolution und die Kollektivierung der Wirtschaft hatten ihre entscheidende Prägung in den »klassischen« Latifundiengebieten Spaniens erhalten.

Die ersten republikanischen Regierungen gingen mit Energie an ihre große

Bewährungsprobe heran. 1931 waren sich alle politischen Gruppierungen darüber im klaren, daß das Agrarproblem nicht ohne Zugeständnisse der politisch, wirtschaftlich und sozial traditionellen Führungsschichten bewältigt und die überkommene gesellschaftliche Vorrangstellung nicht ohne Abstriche in das Zeitalter der Industrialisierung, der politischen Massenbeteiligung und der sozialen Egalisierungsbestrebungen hinübergerettet werden konnte. Die in einigen Gegenden eingeleitete Entwicklung vom halbfeudalistischen Agrarland zum sich langsam industrialisierenden Staat hatte zu einem weiteren Auseinanderklaffen zwischen Inner- und Randspanien geführt; eine Landreform mußte die Zusammengehörigkeit der Teile und die gegenseitige Abhängigkeit deutlich werden lassen. Zu den ersten Reformmaßnahmen gehörten das Verbot der grundlosen Annullierung von Pachtverträgen, die bevorzugte Berücksichtigung von Arbeitervereinigungen beim Abschluß weiterer Pachtverträge, die Einführung des Achtstundentages für Tagelöhner, die Einsetzung von Schiedsgerichten, die Pflicht zur Bodenbewirtschaftung[20]. Wenn auch keines der Dekrete in seiner ursprünglich konzipierten Form Anwendung fand, signalisiert die gesetzgeberische Tätigkeit der Provisorischen Regierung einen grundlegenden Gesinnungswandel: Die Republik, deren Ausrufung von den Arbeitern als »Revolution« gefeiert wurde, trat mit dem Anspruch auf, die Interessen der Mittellosen und Ausgebeuteten zu vertreten. Zum ersten Mal rückte der Schwerpunkt der Gesetzgebung von der Begünstigung der Arbeitgeber, Unternehmer und Grundbesitzer zur Bevorzugung der lohnabhängigen Massen, des Industrieproletariats und der landlosen Tagelöhner.

Die bedeutendste Maßnahme auf dem Agrarsektor war das Reformgesetz vom 15. September 1932, dessen parlamentarische Verabschiedung durch den mißglückten Putschversuch des Generals Sanjurjo erheblich beschleunigt wurde. Die wichtigsten Bestimmungen dieses Gesetzes[21], dem sein Kompromißcharakter deutlich anzumerken war, regelten die Fragen der Grundbesitz-Enteignungen, der Entschädigungen sowie der Landverteilungen an die Agrarbevölkerung. Der ursprünglich sozialrevolutionäre Entwurf war zwar durch die Aufnahme zahlreicher Sonderklauseln verwässert und seiner Radikalität entkleidet worden; trotzdem zog das Gesetz eine tiefgreifende Änderung des herrschenden Eigentumsrechtes nach sich. Die Fläche, die potentiell enteignet werden konnte, betrug in einigen Gemeinden bis zu 90% des Ackerbodens; im Süden – vor allem in den Provinzen Córdoba, Badajoz und Sevilla – fielen mindestens 33% des gesamten und 50% des bewirtschafteten Landes unter die Bestimmungen des Gesetzes. Der Grundbesitz des Hochadels und die aus der Feudalzeit stammenden Landgüter *(señoríos)* konnten in ganz Spanien sofort beschlagnahmt werden. Da die Reform nicht nur aus ökonomischen Gründen, sondern auch unter politischen und hauptsächlich sozialen Gesichtspunkten in Angriff genommen worden war, ging es nicht nur um eine Bodenreform im engeren Sinne, d. h. um eine Änderung der Grundeigentumsverhältnisse, sondern um eine Beseitigung des Eigentumsmonopols an Grund und Boden, eine möglichst breite Streuung des Besitzes sowie eine umfassende Verbesserung der infrastrukturellen Agrarsituation (Technisierung, Bodenbewirtschaftung, Kanalisation und Bewässerung, Kommunikationsmöglichkeiten, Anhebung des Lebensstandards etc.).

Unter dem Einfluß der Schriften Joaquín Costas, der bereits um die Jahrhundertwende in einer berühmten Abhandlung auf die kollektivistische Tradition in der spanischen Landwirtschaft hingewiesen hatte[22], wurde den Gemeinden außerdem die Rückerstattung des Besitzes zugesprochen, der vor der Entäußerung durch die Desamortisations-Gesetze des 19. Jahrhunderts kollektiver Bewirtschaftung durch die Gemeindemitglieder unterworfen war. Den Auftrag zur Durchführung der Gesetzesbestimmungen erhielt das Institut für Agrarreform, dem ein Mindest-Jahresbudget von 50 Millionen Peseten gewährt wurde. Zur Finanzierung erforderlicher Bodenmeliorationen sollte eine Nationale Agrarbank gegründet werden, die die Bauern von den Erpressungen der ländlichen Wucherer befreite[23]. Das September-Gesetz verschaffte dem Staat ausgedehnte Ländereien zu erschwinglichen Preisen; es schuf die juristischen Voraussetzungen für die Entmachtung der zahlenmäßig kleinen, wirtschaftlich und politisch mächtigen, sozial weitgehend egoistischen Gruppe von Großgrundbesitzern. Der Erfolg oder Mißerfolg des Gesetzes hing primär von seiner Durchführung ab. Die Regierung Azaña, insbesondere der Landwirtschaftsminister Domingo, legte jedoch nach der Ratifizierung des Gesetzes ein auffälliges Desinteresse im Hinblick auf dessen Durchführung an den Tag, was nicht nur auf die Schwierigkeiten innerhalb der Regierungskoalition zurückzuführen war, sondern vor allem darauf, daß Azaña und Domingo sich weigerten, zur Durchführung eines in seinen Konsequenzen revolutionären Gesetzes auch revolutionäre Maßnahmen zu ergreifen, und in der Hoffnung, noch jahrelang die Regierung zu bilden, die erforderlichen Schritte hinausschoben. Als Azaña im Sommer 1933 gestürzt wurde, hatte er zwar die legalen Voraussetzungen für eine spätere Reform geschaffen, aber sich kaum um deren Durchführung gekümmert.

Die nun folgende Regierung Lerroux ging sofort daran, einen Teil der erlassenen Gesetze außer Kraft zu setzen; die meisten Reformgesetze wurden einfach nicht befolgt; man sprach damals von einer »Reaktion durch Unterlassung« *(reacción por omisión)*. Die in der zeitgenössischen Forschung vertretene, allzu optimistische Einschätzung, daß »das Provisorium des Agrarreformgesetzes zu einem Definitivum der spanischen Agrargeschichte werden wird«[24], wurde von der Politik des Jahres 1934 schnell widerlegt. Teilweise gelang es der früheren Landoligarchie, ihren Einfluß im Süden wiederzugewinnen, wodurch sich die Lage der Arbeiterklasse sprunghaft verschlechterte. Die Löhne wurden gesenkt, und durch Gesetz wurde das nach dem vereitelten Putsch des Generals Sanjurjo beschlagnahmte Land an die Eigentümer zurückgegeben.

Nach dem Rücktritt des CEDA-Landwirtschaftsministers Giménez Fernández und der Übernahme dieses Ressorts durch die reaktionäre Agrarpartei fand die Reform ein klägliches Ende. Das von Monarchisten, Agrariern und der CEDA majorisierte Parlament schuf innerhalb weniger Tage die legalen Voraussetzungen, um die Reformbestimmungen mit Leichtigkeit umgehen zu können. Die Grundbesitzer machten sich die veränderte Situation zunutze und vertrieben in Extremadura bereits angesiedelte »yunteros« wieder von ihren Ländereien; die Pachtgebühren wurden beträchtlich erhöht, die Entlohnung der Tagelöhner drastisch gesenkt. Die Lerroux-Gil Robles-»Politik des Revanchismus und des ultrakonservativen Unverständnisses«[25] der Jahre 1934 und 1935 trug wesentlich zur Radikalisierung der Landarbeitermassen bei. *El Obrero de la Tierra*, das Organ der sozialistischen *Federación Nacional de Trabajadores de la Tierra* (FNTT), das bis 1934 durchaus gemäßigt über die Agrarpolitik der Regierung berichtet hatte, forderte nun die soziale Revolution und die Zerstörung des »bürgerlichen« Staates; auch die UGT, die anfänglich eine wesentliche Stütze der Republik gewesen war, hatte sich unter ihrem Führer Largo Caballero revolutionäre klassenkämpferische Parolen zu eigen gemacht[26]. Der Radikalisierungsprozeß hatte 1933 mit der Lohnsenkung begonnen und nach dem Ausscheiden von Giménez Fernández aus seinem Amt zugenommen.

Im Februar 1936, zu einem Zeitpunkt, zu dem die Zahl der Arbeitslosen im Agrarsektor sich auf ca. 522 000, d. h. 65,6 % der Gesamt-Arbeitslosen, belief, übernahm die Volksfront die Regierung; danach überstürzten sich die Ereignisse[27]. Am 3. März publizierte der neue linksrepublikanische Landwirtschaftsminister Mariano Ruiz Funes ein für die Provinzen Cáceres und Badajoz gültiges, am 20. März auf die Nachbarprovinzen ausgedehntes Dekret mit der Aufforderung an alle »yunteros«, die seit 1934/1935 von ihrem Boden vertrieben worden waren, ihr Land zurückzufordern[28]; am 5. März erhielt das IRA den Auftrag, alle diesbezüglichen Anträge innerhalb eines Monats zu erledigen; am 12. März gab der Minister bekannt, daß binnen einer Woche 40 000 »yunteros« angesiedelt werden sollten. Dazu kamen zwischen dem 1. Mai und dem 18. Juli 192 Landarbeiterstreiks, an denen bis zu 100 000 Landarbeiter teilnahmen.

Am 20. März gestattete der Landwirtschaftsminister dem IRA, jeden Grundbesitz zu beschlagnahmen, wenn dies dem »sozialen Nutzen« zugute komme. Parallel dazu fanden in vielen Provinzen des Südens (Sevilla, Cáceres, Badajoz), aber auch in Alt-Kastilien, Salamanca und Toledo, mit dem Ruf »Es lebe die Republik!« Hunderte illegaler Landbesetzungen statt, die in ihrer Mehrheit am 28. März von der nur aus Republikanern bestehenden Regierung Azaña legalisiert wurden.

Selbst der konservative CEDA-Führer José María Gil Robles verweist für die im Frühjahr 1936 einsetzende Revolution die These einer kommunistischen Verschwörung ins Reich der Legende; er führt die beginnende Agrarrevolution auf »einen elementaren Landhunger und den pathetischen Glauben an den endlich angekommenen Zeitpunkt der Landverteilung«[29] zurück. Die Volksfrontregierung beschleunigte die Enteignungen im ersten Halbjahr ihrer Administration so sehr, daß zwischen März und Juli 1936 zahlenmäßig und ihrem Umfang nach mehr Ländereien enteignet wurden als in den voraufgegangenen fünf Jahren zusammen, in denen den Landarbeitern insgesamt 164 265 ha zugewiesen worden waren. 1936 erhielten demgegenüber mindestens 110 921 Bauern nach unterschiedlichen Angaben des Instituts für Agrarreform zwischen 572 055 und 712 070 ha Land[30]. Ihre eigentliche revolutionäre Akzentuierung gewann die Reform jedoch nicht sosehr durch die Maßnahmen der neuen Regierung als durch die Initiative nicht institutionalisierter linksextremer Aktionsgruppen, unter deren Führung, insbesondere in Extremadura, Landarbeiter und »yunteros« auf eigene Faust Ländereien besetzten. Mit fieberhafter Aktivität berieten die Cortes 1936 über eine Revision der herrschenden Agrargesetze, bis durch den Militäraufstand der Versuch der

Republik, die jahrhundertealten starren Agrarstrukturen zu ändern, in einer blutigen Katastrophe endete.
Die ersten agrarpolitischen Verordnungen des seit dem 19. Juli 1936 amtierenden republikanischen Kabinetts Giral versuchten, den sozialrevolutionären Impetus der Massen noch in den ersten Kriegswochen durch weitgehendes Entgegenkommen zu bremsen. Das *Dekret vom 7. August 1936* – zu diesem Zeitpunkt war noch der Linksrepublikaner Mariano Ruiz Funes Landwirtschaftsminister – hob die Bezahlung von Pachtzins an die Eigentümer besetzter Ländereien auf[31]. Bereits einen Tag später wurde das Institut für Agrarreform ermächtigt, alle Landwirtschaftsbetriebe zu übernehmen, die von ihren Besitzern verlassen worden waren. Durch das *Gesetzesdekret vom 16. August 1936* wurde den (Halb-)Pächtern der Eigentumszugang zu dem von ihnen mindestens sechs Jahre bewirtschafteten Boden ermöglicht. Diese ersten agrarpolitischen Maßnahmen seit Beginn des Krieges verfolgten zwei Ziele: Zum einen wollte die republikanische Regierung das Gesetz des Handelns, das ihr bereits am 18. Juli entglitten war, wieder an sich reißen und durch Förderung partikularer Interessen die Bevölkerungsschicht, die sich von den Regierungserlassen eine Verbesserung ihrer sozio-ökonomischen Position versprach, zu deren Befolgung und damit zur Unterstützung der Madrider Politik veranlassen. Zum anderen wurde der Wille der Regierung deutlich, der spontan entstandenen Kollektivierungsbewegung durch Betonung ihres Gesetzgebungsrechts und des Privateigentums entgegenzutreten. In einer ersten Phase des Abwartens und Abtastens, in der von der Gesetzgebung der Regierung kaum Notiz genommen wurde, vollzog sich die Entwicklung auf dem Agrarsektor weitgehend autonom, d. h. unbeeinflußt von Regierungsverordnungen. Sobald jedoch Anfang September der Kommunist Uribe das Landwirtschaftsministerium übernommen hatte, begannen die bis zum Ende des Bürgerkrieges nicht mehr endenden Auseinandersetzungen zwischen der Regierungspolitik einerseits und den Agrarmaßnahmen der gewerkschaftlich organisierten Landarbeiter und Kleinbauern andererseits. Die Geschichte der Kollektivierungsbewegung im Spanischen Bürgerkrieg ist gleichzeitig die Geschichte der Auseinandersetzung zwischen Gewerkschaften und Volksfrontparteien, zwischen dem Wunsch nach Dezentralisierung und Autonomie einerseits und dem Streben nach Zentralisierung und Staatsinterventionismus andererseits.

2. Die Agrarkollektivierung im Spannungsfeld zwischen Revolution und Reaktion: Bodenreform gegen Agrarrevolution

Vor Eintritt in die Analyse der Kollektivierungsbewegung erscheint ein Hinweis auf deren Umfang erforderlich, um die Reichweite der agrarpolitischen Beschlüsse und Maßnahmen der einzelnen Organisationen richtig beurteilen zu können. Einschränkend sei jedoch hinzugefügt, daß die Angaben auf Schätzungen und nicht auf genauen (wegen der Quellenlage nicht durchführbaren) Berechnungen basieren: Von den über 1500 landwirtschaftlichen Kollektiven, die es im Winter 1936/37 auf republikanischem Gebiet gab, lagen 450 in

Aragonien; sie umfaßten dort 300 000 Personen[32] (70 % der Bevölkerung) und über 70 % des bewirtschafteten Bodens; nach anarchistischen Angaben funktionierten 60 % der Kollektive »gut«. Das durchschnittliche Kollektiv bestand aus 960 Mitgliedern. 350 dieser Wirtschaften waren ganz (»integral«) kollektiviert, während es in den 100 restlichen auch sogenannte »Individualisten« gab, die sich dem Kollektiv nicht anschlossen[33]. Für Katalonien – wo kleine und mittelgroße Betriebe in Eigenbewirtschaftung oder Pacht vorherrschend waren – gibt die anarchistische Presse 400, Thomas 200 Kollektive mit 47 000 Mitgliedern[34] an; in Andalusien schätzt letzterer die Zahl der kollektivierten Ortschaften auf 250. Im Oktober 1938 soll es im republikanischen Teil Andalusiens 300 Agrarkollektive gegeben haben[35]. In der Levante, wo (besonders um Valencia) Eigenbewirtschaftung bei intensivem Bewässerungsfeldbau die Regel war, gab es 340 ganz oder teilweise kollektivierte Dörfer, weitere 75 waren im November 1937 bereits konstituiert, mußten jedoch von der Regierung noch legalisiert werden[36]. 1938 sollen es nach V. Richards über 500, nach G. Leval 900 mit insgesamt 290 000 Familienoberhäuptern – d. h. ca. 40 % der Bevölkerung – gewesen sein[37]. In Kastilien gab es 200 bis 300 landwirtschaftliche Kollektivwirtschaften[38], die sich vor allem auf die Provinzen Toledo, Ciudad Libre (= Ciudad Real), Cuenca und einen Teil der Provinz Madrid verteilten. Im August 1938 waren nach Angaben des Instituts für Agrarreform 2213 Kollektive legalisiert; da Katalonien, Aragonien und die Levante nicht in der Statistik figurierten, muß die absolute Zahl der Kollektive bedeutend höher gelegen haben[39]; nach heutigen Angaben exilierter spanischer Anarchisten gab es in Aragonien, Katalonien und der Levante 2700, in beiden Kastilien 340 Kollektive[40]. Insgesamt beteiligten sich im republikanischen Spanien drei Millionen Menschen an den kollektivwirtschaftlichen Experimenten[41].

1930 zählte Spanien über 23,5 Millionen Einwohner; die (allerdings unzuverlässige) Statistik weist für diese Zeit mehr als 8,5 Millionen Erwerbstätige aus[42]; von diesen waren 1936 50 % (ca. 4,25 Millionen) im Landwirtschaftssektor tätig. Bei einer eher zu niedrig als zu hoch angesetzten Agrarbevölkerung von ca. 17 Millionen stellen die 3 Millionen, die an den kollektivwirtschaftlichen Experimenten teilnahmen, ungefähr 18 % der gesamtspanischen Agrarbevölkerung dar. Berücksichtigt man, daß bis Ende 1936 ein Großteil der weitgehend agrarisch strukturierten Landesteile Galicien, Alt-Kastilien und Andalusien sowie Teile von Extremadura von den Nationalisten besetzt wurden, deren Bevölkerung somit von der Agrarkollektivierung nicht betroffen werden konnte, so erhöht sich für die republikanische Zone der Prozentsatz an Kollektivisten erheblich. Nimmt man gar die anarchistische Angabe von 8 Millionen Kollektivisten als Grundlage[43], so erhöht sich deren Anteil an der Gesamt-Agrarbevölkerung auf ca. 47 %!

Ausmaß und Mitgliederzahl der Kollektive schwankten beträchtlich: Das Kollektiv von Granadella z. B. verfügte bei nur 159 Mitgliedern über mehr als 12 000 ha Land, Lérida bei 400 Kollektivisten über nur 300 ha; während in Tomelloso (Ciudad Real) 5000 Mitglieder gezählt wurden, waren es in Villas Viejas (Albacete) nur 92, in Isona nur 8. Der Landesdurchschnitt lag wahrscheinlich unter dem in Aragonien erreichten (960 Mitglieder pro

Kollektiv). Von den 47 000 ha, die in der Provinz Valencia für den Anbau von Reis verwendet wurden, unterlagen 30 000 ha der Kontrolle von Kollektivwirtschaften. Die Hälfte der Orangenproduktion wurde von der Kollektivföderation und den Gewerkschaften betrieben[44]. Die aragonesischen Agrarkollektive konnten sich einige Monate lang relativ autonom entwickeln; sie stellten die am weitesten fortgeschrittene Erscheinungsform des spanischen Agraranarchismus dar und werden in der CNT-Propaganda bis heute als Beispiel dafür angeführt, daß die Ideologie des freiheitlichen Kommunismus in dem Jahr zwischen Juli 1936 und August 1937 ihrer Realisierung nahe war.

a) Die Agrarbeschlüsse der CNT: Die Kollektivierung der Landwirtschaft

Die CNT hielt während des Krieges zahlreiche Versammlungen und Konferenzen ab, auf denen sie in programmatischen Absichtserklärungen und Resolutionen ihre »Agrarbeschlüsse« niederlegte. Im Gegensatz zu den Kommunisten, die in der Zentralregierung seit Anfang September 1936 bis Kriegsende das Landwirtschaftsministerium innehatten, konnten CNT und FAI keinen direkten Einfluß auf die Agrarpolitik der Regierung ausüben. Die Anarcho-Syndikalisten hatten zwar von November 1936 bis Mai 1937 in der zweiten Regierung Largo Caballero vier Ministerien inne, ihr tatsächlicher Einfluß jedoch blieb gering. Trotz seiner Regierungsbeteiligung sah sich der organisierte Anarchismus heftigen Angriffen seiner kommunistischen Gegner ausgesetzt, die den staatlichen Machtapparat wirkungsvoll zur Unterstützung ihrer antikollektivistischen Politik einsetzten. Eine parallele Erscheinung läßt sich in Katalonien aufzeigen: Dort hatte die Pächterorganisation »Unió de Rabassaires« das Agrarressort inne; sie wurde in ihrer Politik maßgeblich von der stalinistischen Partei PSUC, die ebenfalls kleinbürgerliche und mittelständische Interessen vertrat, beeinflußt. Auch die Landwirtschaftspolitik der Generalitat richtete sich gegen den Agrarkollektivismus der Anarchisten. Dabei übten CNT und FAI in Katalonien mehrere Monate lang einen ungleich größeren Einfluß auf die Regierung und die gesamte Politik als im übrigen republikanischen Spanien aus, konnten jedoch ihre fast dominierende Stellung höchstens bis Ende 1936 halten. Paradoxerweise begann ihr Einfluß in dem Augenblick zu sinken, in dem sie (Ende September 1936) in die Regionalregierung eintraten und ihre bisherige revolutionäre, antipolitische und antistaatliche Haltung zugunsten einer Zusammenarbeit mit den übrigen »antifaschistischen« Organisationen im Kampf gegen die Nationalisten aufgaben.
Als der Zaragoza-Kongreß der CNT Anfang Mai 1936 eine Resolution über das Bodenproblem verabschiedete[45], deren Durchführung eine Revolution der Agrarstrukturen darstellen mußte, ahnten die Delegierten nicht, daß ihnen einige Wochen später die Chance zur praktischen Umsetzung ihrer programmatischen Entwürfe gegeben würde. Die Hauptforderungen des Kongresses waren:

– Entschädigungslose Enteignung aller über 50 ha großen Ländereien; Konfiskation der im Besitz enteigneter Landeigentümer befindlichen Arbeitsgeräte, Maschinen, Saatgut und Vieh; Übergabe kommunaler Güter, enteigneter Ländereien und Gerätschaften an die Landwirtschafts-Gewerkschaften zum Zwecke kollektiver Bewirtschaftung;

Abschaffung aller Grundsteuern, Schulden und Hypotheken, die auf Gerätschaften und den Ländereien lasteten, die von ihren Besitzern direkt bewirtschaftet wurden; Abschaffung des in Naturalgütern oder in Bargeld bisher von den Kleinpächtern an die Großgrundbesitzer entrichteten Pachtzinses; Ausbau des landwirtschaftlichen Wasserbaus und der Verkehrsverbindungen; Wiederaufforstung; Schaffung von Landwirtschafts-Schulen und ethologischen Einrichtungen; sofortige Lösung des Arbeitslosenproblems, Herabsetzung der Pflichtstundenzahl, Anpassung der Löhne an die Lebenshaltungskosten; direkte Übernahme durch die Landwirtschafts-Gewerkschaften des Bodens, der aufgrund ungenügender Bewirtschaftung eine »Sabotage der Volkswirtschaft« darstellte.

Daß das Programm des Zaragoza-Kongresses und damit die Agrarpolitik der Anarchisten während des Krieges von der Struktur des Großgrundbesitzes mit darauf angestelltem Landproletariat ausging, bestätigt der faktische Verlauf der Kollektivierungsbewegung nach dem 19. Juli 1936, als die kollektivistischen Vorstellungen der CNT spontan auf Latifundien in die Praxis gemeinschaftlichen Wirtschaftens umgesetzt wurden. Schon Kaminski verwies Ende 1936 darauf, daß die Revolution primär in Latifundiengebieten um sich gegriffen habe[46]. Das »hungrige und entwurzelte Subproletariat« des Südens[47] gehört somit zum Bedingungskontext der agrarkollektivistischen Politik von CNT und FAI. Wie sehr jedoch die Anarchisten von der Kollektivierungsbewegung überrascht wurden, zeigte die Entwicklung der ersten Bürgerkriegs-Wochen, in denen sich die libertären Organisationen mit Handlungsanleitungen häufig zurückhielten. So hatte z. B. das lokale Komitee in Fraga zwei Wochen, nachdem Anfang August 1936 die Durruti-Kolonne 38 »Faschisten« erschossen hatte, noch keine Entscheidung über die Art der Bewirtschaftung und den endgültigen Verbleib der enteigneten Ländereien getroffen; als Besitzer war lediglich das Komitee anstelle der bisherigen Grundeigentümer getreten[48]. Nach dem 19. Juli 1936 verließen viele Grundbesitzer ihre Güter und flohen ins Lager der Aufständischen oder ins Ausland; zahlreiche wohlhabende Aragonesen setzten sich ins benachbarte, nationalistenfreundliche Navarra ab[49]. In solchen Fällen übernahmen die Landarbeiter die Güter, bewirtschafteten das Land mit eigenen oder beschlagnahmten Mitteln weiter und schlossen sich in Agrarkollektiven *(Colectividades agrarias)* zusammen[50].

Im Laufe der ersten Bürgerkriegsmonate entwickelte die CNT eine Reihe von Forderungen, die z. T. ihrer bereits vor dem 19. Juli entworfenen Programmatik entsprachen, z. T. eine Anpassung an objektiv neue Situationen auf dem Agrarsektor darstellten. Da durch die spontane Aktion der Landarbeiter wesentliche anarcho-syndikalistische Forderungen bereits ohne Forcierung seitens der »organisierten« CNT realisiert worden waren, sah sich die Gewerkschaft in die ambivalente Funktion versetzt, einerseits der Regierung und den Volksfrontparteien gegenüber die bisherigen revolutionären Errungenschaften ihrer Massenbasis zu verteidigen, andererseits dieser Massenbasis gegenüber den gemäßigten Standpunkt der Regierung (der sie in Katalonien seit September, in Madrid/Valencia seit November 1936 selbst angehörte) zu vertreten und vor einer Weiterführung der Revolution zu warnen. Der Anarchismus geriet in die Dialektik von theoretischem Zukunftsentwurf und temporär-notwendiger Kompromiß-Übergangspraxis. Aus der unfreiwilligen Doppelfunktion der CNT heraus lassen sich die einerseits revolutionären, andererseits reformistischen anarcho-syndikalistischen Forderungen, deren Realisierung die Abschaffung des kapitalistischen Systems im Landesmaßstab nicht unbedingt voraussetzte, verstehen. Die Gewerkschaft forderte (u. a.):

- Ein neues System der Kommerzialisierung durch Ausschaltung des Zwischenhandels und der Preisspekulation sowie durch umfassende Stützung der in den Kollektivwirtschaften eingerichteten genossenschaftlichen Organisationen für Produzenten und Konsumenten.
- Ein insbesondere den Agrarkollektiven, aber auch den privatwirtschaftenden Kleinproduzenten zugängliches Agrarkreditsystem.
- Anschluß des ländlichen Sektors an den wissenschaftlich-technischen Fortschritt.
- Aufhebung des Gegensatzes zwischen Stadt und Land; als Voraussetzung zur Beseitigung der gesellschaftlichen Rückständigkeit des Landes gegenüber der Stadt wurde die Veränderung der landwirtschaftlichen Produktionsweise betrachtet.
- Die geregelte Versorgung mit Düngemitteln, Maschinen und Geräten.
- Schaffung eines verbesserten Wirtschafts- und Sozialklimas durch den Ausbau der für den Güter- und Personentransport per Straße, Schiene und Wasser benötigten Infrastruktur (Anlage von Verkehrswegen, Regulierung der Wasserwirtschaft etc.).

Die von der CNT angestrebten Änderungen der Agrarverhältnisse sollten nicht nur eine Agrarreform im technokratisch-strukturellen Sinne sein, sondern vor allem eine Neuordnung der Besitzverhältnisse zur Verbesserung der Gesamtsituation der Landbevölkerung; Ziel war nicht eine »land operation reform«, sondern eine »land tenure reform«[51]. Die wirtschaftliche und soziale Integration der Landbevölkerung in die nationale Gesellschaftsstruktur und die Partizipation der bisher politisch weitgehend marginierten Agrarbevölkerung gehörten ebenso in dieses Programm wie die Änderung der Eigentumsverhältnisse und die Erhöhung der landwirtschaftlichen Produktion und Produktivität. Dabei leitete die CNT die Notwendigkeit der Abschaffung der »kapitalistischen Wirtschaft individualistischer Art«[52] auf die kapitalistische Wirtschaftsstruktur mit ihrer Förderung des Individual-Egoismus und dem Streben nach Eigentum zurück. Für die CNT war demnach die am 19. Juli begonnene Auseinandersetzung weniger ein Bürgerkrieg als vielmehr ein Klassenkampf gegen das bisher dominierende Kapital, »eine Aktion gegen die privilegierten Elemente, ... ein Schlag der Arbeit gegen den Ausbeuter«[53].

In der anarchistischen Konzeption wurde die freiwillige Kollektivierung durch den auf dem Land herrschenden Klassenkampf gefördert: Die CNT stützte sich hierbei auf die Landarbeiter, Tagelöhner und proletarisierten Pächter, in denen sie ihre natürlichen Verbündeten sah; sie wollte durch beispielhaftes Verhalten, ökonomische Verbesserungen und eine sozialethisch höher bewertete kollektive Lebensform die Klein- und Mittelbauern gewinnen und bekämpfte die Großgrundbesitzer und bourgeoisen Landeigentümer, die in der CNT-Propaganda nach dem 19. Juli 1936 gleichzeitig Faschisten und Aufständische waren, als Gegner der Kollektivierung und natürlichen Feind einer sozialisierten Landwirtschaft. Die von der CNT intendierte strukturelle Agrarreform verstand sich als eine Strategie der Umwandlung und Ablösung der traditionellen Agrarstruktur durch Maßnahmen wie: Umverteilung des Bodens, des Einkommens und der politischen Macht (wenn auch letzterer Terminus stets vermieden wurde), Praktizierung kollektivwirtschaftlicher Betriebsformen, Bildung eines neuen, rationalen Betriebssystems, Ermöglichung einer elastischdurchlässigen und dynamischen Sozialstruktur bzw. – in einer Übergangsphase – eines Gefüges offener sozialer Klassen; das Langzeitprogramm beinhaltete die Abschaffung aller sozialen Unterschiede und die kulturell-politische Integration der Landbevölkerung in die Gesamtgesellschaft. Der CNT ging es demnach bei der Propagierung der kollektivwirtschaftlichen Betriebsform nicht nur um die Erhöhung der landwirtschaftlichen Produktion und Produktivität; sie hatte als Maßstab für Erfolg oder Mißerfolg des intendierten Wandels auf dem Agrarsektor besonders die sozial-strukturelle und sozial-ethische Seite des Landwirtschaftsproblems im Auge.

Das primär nicht wirtschafts-, sondern gesellschaftspolitisch motivierte CNT-Agrarprogramm warf bei seiner Realisierung nicht nur ökonomische, technische und rechtliche, sondern vor allem ideologische, politische und soziale Probleme auf. Zu letzteren gehörte der zuerst sporadische, nach einer Phase des Abwartens dann massive und organisierte, vom PCE und den Volksfrontparteien sowie dem bald wieder erstarkten Staatsapparat mit allen Mitteln unterstützte Widerstand der ländlichen Mittelschicht, deren Einfluß und Bedeutung durch ihren massenhaften Eintritt in die Kommunistische Partei und die dem PCE angeschlossenen Landwirtschaftsorganisationen noch gesteigert wurden. Damit ist bereits eines der Hauptprobleme der Agrarkollektivierung angesprochen: das Verhältnis zwischen Kollektiv- und (kleinem) Privateigentum. Die Auseinandersetzungen um das Recht der Kleinbesitzer auf individuelle Bewirtschaftung ihrer Privatparzelle konfrontierte nicht nur Befürworter und Gegner einer gemeinwirtschaftlichen Landwirtschaft; sie führte außerdem zu einer Revision des kollektivwirtschaftlichen Agrarprogramms der CNT, die sich nach dem 19. Juli vor der Notwendigkeit sah, ihr Kollektivierungsprogramm den Bedingungen eines Bürgerkrieges und des verstärkten Dranges bisheriger Kleinpächter (Rabassaires) und landloser Tagelöhner nach Erwerb und privater Bewirtschaftung »ihres« Bodens anzupassen. Obwohl die anarcho-syndikalistische Langzeitprogrammatik die Kollektivierung des gesamten Bodens vorsah, beschloß (angesichts der Unmöglichkeit einer vollständigen Kollektivierung) der erste regionale CNT-Bauernkongreß nach dem Militäraufstand am 5. und 6. September 1936 in Katalonien, daß die kleinen Grundbesitzer zwischen Individual- und Kollektiveigentum wählen dürften. Einschränkend bestimmten die 400 Delegierten, die ca. 200 Gewerkschaften vertraten, die Kleinbauern dürften keine fremden Arbeitskräfte anstellen und somit nur den Boden besitzen, »den sie selbst bearbeiten können«; außerdem wurde ihnen explizit untersagt, den Interessen der Allgemeinheit zu schaden[54]. Die CNT forderte zwar die »Kommunalisierung« des Bodens, wodurch die eigentumsrechtlichen Entscheidungen weitgehend in die Hände der lokalen, häufig von anarchistischen Komitees beherrschten »freien Kommunen« gelegt worden wären[55]. Durch den Druck der Kollektivierungsgegner sah sie sich jedoch dazu genötigt, privates Klein- neben Kollektiveigentum bestehen zu lassen. Um eine Ausdehnung des Privateigentums zu verhindern, erklärte die CNT den Boden für »unübertragbar«: Er durfte weder verkauft noch mit Hypotheken belastet werden. Die Gewerkschaft sollte über Produktion und Rohstofferwerb der Kleineigentümer Kontrolle ausüben dürfen, die »totale und sofortige Kollektivierung«[56] aber nur dann durchsetzen, wenn sie dabei keine

Gefahr lief, die Kleinpächter und -eigentümer abzustoßen. Bestand diese Gefahr, sollte sie sich auf die Kollektivierung des großen Grundbesitzes und des gepachteten Bodens sowie der Ländereien von Aufständischen beschränken. Definitive Regelungen der Eigentumsverhältnisse blieben der Nachkriegszeit vorbehalten.

J. García Pradas, Leiter der anarchistischen Zeitung »CNT« (Madrid), faßte im März 1937 die damalige anarcho-syndikalistische Haltung zusammen, die eine Zwangskollektivierung des Großgrundbesitzes und eine freiwillige Kollektivierung des Kleinbesitzes vorsah[57]:

Die CNT fordert als revolutionäre Maßnahme auf dem Land, daß der Boden der Großgrundbesitzer nicht parzelliert werde, sondern daß auf diesen Gütern Kollektivfarmen eingerichtet werden, die aufgrund ihrer Produktivität, Technik und Arbeitsrationalisierung einen Ansporn für den kleinen Besitzer darstellen, freiwillig zur Kollektivierung seines Kleinbesitzes zu schreiten und somit auf allen parzellierten Feldern Kollektivfarmen einzurichten.

CNT und FAI ließen keinen Zweifel daran, daß sie als Endziel entweder die Sozialisierung oder die Kommunalisierung der Landwirtschaft anstrebten. Sie verstanden dabei unter Sozialisierung eine das gesamte Land – also auch das kleine Eigentum – umfassende Kollektivierung; Kommunalisierung bedeutete den Übergang des Bodens an die »revolutionären Kommunen«, die nicht gleichbedeutend mit den bestehenden Gemeinden waren, sondern eine der beiden organisatorischen Zellen des zukünftigen Gesellschaftsaufbaus im »freiheitlichen Kommunismus« darstellen sollten. Nur für den Fall, daß der Kommunalisierung unüberwindliche Schwierigkeiten entgegenstünden, dürften die Anarchisten zur Kollektivierung greifen (die immer als Mittel, nie als Ziel aufgefaßt wurde)[58]. Die Forderung nach Sozialisierung oder Kommunalisierung der Landwirtschaft wurde von den Anarchisten nicht nur in den ersten Kriegsmonaten, sondern auch noch zu einem Zeitpunkt erhoben, zu dem längst abzusehen war, daß aufgrund des veränderten Kräfteverhältnisses zugunsten der Kommunisten, Republikaner und gemäßigten Sozialisten die revolutionäre Bewegung rückläufig war, die Verteidiger des Privateigentums immer mehr an Boden gewannen und sowohl die Zentral- als auch die katalanische Regionalregierung der Kollektivierung entgegenarbeiteten und die CNT an der Durchführung ihres Agrarprogramms hinderten. Anfang 1937, als in Katalonien das Zentralkomitee der Antifaschistischen Milizen und auf lokaler Ebene im gesamten republikanischen Territorium die Revolutionskomitees bereits aufgelöst waren und daher nicht mehr forcierend auf die Ausbreitung der Kollektivierung einwirken konnten, forderte die FAI auf einem Kongreß aller Regionalföderationen – auf dem u. a. auch FAI-Vertreter aus Portugal das Wort ergriffen – erneut »die Sozialisierung aller Produktionsquellen«. Sie sprach sich eindeutig für die Kommunalisierung der Landwirtschaft aus und bezeichnete die Kollektivierung des Bodens als eine nur minderwertige Übergangsform[59].

Die deutliche Diskrepanz zwischen verschiedenen Agrarresolutionen der Anarchisten, die z. B. in der Forderung nach vollständiger Sozialisierung und gleichzeitiger Respektierung des Kleinbesitzes zum Ausdruck kam, deutet einerseits auf den theoretisch nicht abgesicherten Kompromiß- und Improvisationscharakter der Agrarbeschlüsse, andererseits auf die – wenn nicht expressis verbis, so doch implizit – gemachte Unterscheidung zwischen einer kurzfristig erforderlichen Taktik und einem trotz ungünstiger Realisierungschancen nicht vollständig aufgegebenen Langzeitprogramm. CNT und FAI hatten die Hoffnung, durch exemplarisches Verhalten auch die noch skeptischen Kleinbesitzer von den Vorteilen einer gemeinwirtschaftlichen Landwirtschaft zu überzeugen. Dabei stellten der persönlichen materiellen Interessiertheit an einer Revision der Agrarstrukturen, die Kommunisten immer wieder hervorhoben, die Anarchisten moralische Motivationen entgegen: Sie versuchten, Einkommensdifferenzen zu nivellieren, jedes Individuum mit verantwortlichen Positionen zu betrauen, die Solidarität zu stärken. Die anarchistischen Kollektivismus-Befürworter zeichneten sich durch ein hohes Sendungsbewußtsein, durch die Überzeugung von der Richtigkeit ihrer Ideen und – bei aller praktischen Unerfahrenheit – durch ein sicheres Gefühl für die Notwendigkeit ihrer intendierten Veränderungen aus. Daß sie bei der Propagierung ihrer kollektivistischen Vorstellungen Unentschlossene oder Widersacher in der Regel durch Überredung oder Überzeugung für sich gewinnen wollten, bescheinigen ihnen auch ehemalige Gegner. Häufig betrachteten sie daher die anarchistischen Milizeinheiten nicht sosehr als Mittel zur gewaltsamen Durchsetzung von Kollektivierungen, denn vielmehr als Garant für eine von Gegnern aus dem eigenen oder dem Feindlager ungestörte Entwicklung der Kollektive[60].

Vor allem in Andalusien und den Ostprovinzen sahen sich die Anarchisten zum Schutz ihrer Kollektivwirtschaften gezwungen. Andalusien, das hinsichtlich der Eigentumsverhältnisse, der durchschnittlichen Betriebsgröße und der Sozialstruktur sowie aufgrund der agrar-anarchistischen Tradition geeignete Voraussetzungen zur Errichtung von Kollektivwirtschaften geboten hätte, war zu einem großen Teil bereits in den ersten Kriegswochen den Nationalisten in die Hände gefallen. Im Osten wiederum (Katalonien, Levante) begegnete die Kollektivierung der oft feindlichen Haltung der Kleinpächter, deren antikollektivistische Einstellung in zunehmendem Maße vom Landwirtschaftsministerium und der katalanischen Regionalregierung unterstützt wurde. Uribe förderte die Nationalisierung *des* Bodens, der vor dem 19. Juli 1936 den Aufständischen gehört hatte; nach dem Motto »das Land für den, der es bearbeitet«, setzte er sich für eine Parzellierung des enteigneten und verstaatlichten Bodens ein, den Kleinbauern z. T. in Privatbesitz, z. T. als Dauer-Nutzungsrecht bewirtschaften konnten. Auch die sozialistische UGT vertrat als Gesamtorganisation nicht vorbehaltlos den von ihrem linken Flügel propagierten Kollektivierungskurs. Die zwischen CNT und PCE schwankende Haltung der UGT wurde auf einer Versammlung im aragonesischen Barbastro im Oktober 1936 besonders deutlich[61]: Sie übte einerseits indirekte, aber deutlich wahrnehmbare Kritik an den Experimenten der CNT und näherte sich in ihrer Interpretation des sozio-politischen Geschehens dem PCE-Standpunkt an, betonte jedoch andererseits ihren Willen zur Zusammenarbeit mit den Anarchisten, sprach sich gegen die Abhängigkeit der Genossenschaften vom Landwirtschaftsministerium und für die Kollektivierung des Bodens in Badajoz aus[62], während die unter starkem kommunistischem Einfluß stehende katalanische UGT fast gleichzeitig ihren kollektivierungsfeindlichen Kurs bekräftigte[63].

Im Hinblick auf die Einrichtung von Genossenschaften sahen sich die Anarchisten wiederum dem Gegensatz zwischen gesetzter Norm und politisch-sozialer Realität ausgeliefert; aber auch in diesem konkreten Fall verzagten sie nicht an der Aufgabe, sich den gewandelten sozialen und politischen Bedingungen der Bürgerkriegssituation anzupassen. Der PCE hatte seit Beginn des Krieges die Gründung von Genossenschaften gefördert. In einem vom Nationalkomitee der CNT ausgearbeiteten Gutachten trat dann im weiteren Kriegsverlauf auch die anarcho-syndikalistische Gewerkschaft für die Gründung einer Produktionsgenossenschaft »in jedem Dorf« ein, an die – ganz im Sinne des PCE – die Landwirtschaftsprodukte abzuliefern seien. In der Forderung nach Produktionsgenossenschaften manifestierte sich bereits bald nach Kriegsbeginn ein deutlicher Gesinnungswandel innerhalb der CNT: Seit dem ersten, in Barcelona abgehaltenen Arbeiterkongreß von 1870 hatten die anarchistisch orientierten Arbeiter und später die CNT die Genossenschaften stets als »kleinbürgerlich« und »antirevolutionär« abgelehnt; als nach dem Juli 1936 die Kollektivierung bestehender Genossenschaften in Katalonien dadurch verhindert werden konnte, daß die Generalitat sie beschlagnahmte, ging die CNT ab 1937 dazu über, eigene Genossenschaften außerhalb des als Reaktion auf Kollektivierungsversuche der CNT am 6. September 1936 konstituierten katalanischen Genossenschafts-Bundes zu gründen. Die neuen, von den CNT-Gewerkschaften kontrollierten Genossenschaften überflügelten innerhalb kurzer Zeit den Genossenschafts-Bund um fast das Doppelte[64]. Kleine Landeigentümer lehnten die Kollektivierung des Bodens nicht nur aus der Befürchtung ab, auch ihr Land könnte der Enteignung anheimfallen; sie waren sich außerdem darüber im klaren, daß die zusammen mit den Kollektivwirtschaften gegründeten Genossenschaftsbetriebe ihnen einen Großteil ihres bisherigen Abnehmerkreises für Agrarprodukte entziehen und darüber hinaus unliebsame Konkurrenten verschaffen würden.

In Anbetracht der erheblichen Schwierigkeiten, die anarchistische Gesellschaftsordnung der totalen Freiheit in der konkreten Bürgerkriegssituation in die Tat umzusetzen, stellte sich für CNT und FAI die Frage, wie sie angesichts zunehmender politischer und wirtschaftlicher Hindernisse ihre kollektivistischen Errungenschaften ausdehnen, zumindest jedoch absichern konnten. Hierzu boten sich zwei Möglichkeiten: Die eine bestand darin, durch Vereinbarungen mit den übrigen »antifaschistischen« Organisationen wenn schon nicht deren Unterstützung, so zumindest deren Duldung der kollektivwirtschaftlichen Experimente zu erlangen. Die zweite Möglichkeit lag in der organisatorischen Zusammenfassung der Kollektivwirtschaften, um mit Hilfe einer schlagkräftigen Wirtschaftsorganisation mögliche Angriffe abwehren zu können. Seit Herbst 1936 lassen sich die anarcho-syndikalistischen Schritte zur Absicherung der Agrarkollektive deutlich verfolgen. Zuerst bemühte sich die CNT dabei um eine Verständigung mit den übrigen Parteien und Gewerkschaften über den Kollektivierungskurs. Bezeichnenderweise wurde der erste Verständigungsversuch in Katalonien, wo der Widerstand gegen die Agrarkollektivierung unter den Kleinbauern besonders ausgeprägt war, unternommen: Bereits am 22. Oktober 1936 kam es zwischen CNT, FAI, UGT und PSUC zu einem Abkommen[65], das in seiner Kompromiß-Struktur als Vorläufer des

gescheiterten Versuchs vom Dezember 1936 betrachtet werden kann. Alle vier Organisationen bezeichneten sich in diesem Abkommen als »Befürworter der Kollektivierung der Produktionsmittel ... [und] all dessen, was den Interessen der Kriegsführung nützlich ist«. Die Kollektivierung, deren Leitung und Koordinierung in Katalonien die Generalitat übernehmen würde, sollte sich nicht auf die Kleinindustrie erstrecken; der Boden wurde zu »kommunalem« Eigentum erklärt, die Möglichkeit der Einzelbewirtschaftung ausdrücklich garantiert. Kauf und Verkauf aller Güter mußten über die nach dem Dekret vom 27. August 1936 eingerichteten »Agrarsyndikate«, die alle katalanischen Landwirte erfassen sollten, erfolgen; das Genossenschaftssystem durfte jedoch nicht zur »Annullierung des Kleinhandels« führen.
Die Bestimmungen dieses Abkommens, das die Rabassaires nicht mitunterzeichnet hatten, blieben weitgehend auf dem Papier. Die Generalitat erwies sich sehr bald als Gegnerin der Kollektivierung, die »Agrarsyndikate« wurden von den Anarchisten boykottiert, die »Kommunalisierung« des Bodens schritt nur langsam voran und wurde durch das Nationalisierungsdekret des Kommunisten V. Uribe noch weiter eingeschränkt. Wegen der vorerst unüberwindlich scheinenden Hindernisse und der allseitig geringen Bereitschaft, bezogene Positionen aufzugeben und Kompromisse einzugehen, kam es in Katalonien erst im Dezember 1936 zu einer Übereinkunft zwischen CNT, UDR und UGT, die Grundlage für eine fruchtbare Zusammenarbeit der drei Landwirtschaftsorganisationen hätte werden können. In den agrarwirtschaftlich relevanten Punkten dieses Abkommens wurde der Versuch unternommen, zumindest ein geregeltes Nebeneinander der drei Organisationen zu ermöglichen. Das Abkommen versuchte, für Katalonien das Verhältnis von Kollektiv- und Privatwirtschaft im Landwirtschaftssektor zu regeln[66]:

- Jede Familie hat das Recht auf individuelle Nutzung einer ihr zugeteilten, entsprechend den lokalen Verhältnissen von Ort zu Ort unterschiedlich großen Landparzelle; der restliche Boden kann von solchen Landwirten kollektiviert werden, die einer Überwachung seitens »verantwortlicher Organisationen« unterliegen.
- Bodenerträge bleiben in Privateigentum.
- Voraussetzung für den Eintritt in ein Kollektiv ist die Einbringung sämtlicher Ländereien und aller Arbeitsgeräte.
- Zur Erleichterung der Kollektivierung ist eine freiwillige Flurbereinigung vorgesehen.
- Kollektivwirtschaften und Familienbetriebe müssen ihre wirtschaftlichen Tätigkeiten über das genossenschaftliche »Agrarsyndikat« abwickeln.
- Ein zwischengewerkschaftliches Verbindungskomitee soll mit dem Landwirtschaftsministerium der Generalitat zusammenarbeiten und als Schlichtungsinstanz auftreten.

Dieses am 19. Dezember 1936 vorgelegte Programm stellte einen echten Kompromiß dar: Während die CNT die Kollektivierung im Prinzip durchsetzen konnte, mußte sie das Recht auf Privateigentum an den Bodenerträgen und auf eine privat bewirtschaftete Familienparzelle akzeptieren. UGT und UDR konnten die Anerkennung der genossenschaftlichen »Agrarsyndikate« erreichen, mußten allerdings die kollektive neben der individuellen oder Familienbewirtschaftung hinnehmen. Das Abkommen trat jedoch nicht in Kraft, da die Rabassaires die Unterzeichnung vom Beitritt der UGT abhängig machten, diese aber im letzten Augenblick zurückschreckte, da sie »die Kollektivierung des

Bodens nicht aus Prinzip, sondern aus Opportunitätsgründen ablehnte«[67]. Die Übereinkunft stellte den fehlgeschlagenen Versuch dar, den verschiedenen Interessenlagen der Landbevölkerung durch einen friedlichen Kompromiß Rechnung zu tragen. Die Agrarkollektivierung blieb auch weiterhin einer der Hauptgegensätze zwischen Anarchisten, Sozialisten und Kommunisten; das Problem wurde ab Juni 1937, nach dem Austritt der Anarchisten aus beiden Regierungen, durch die manu militari erfolgte Zerstörung der agrarischen Kollektivwirtschaften vorläufig einem gewaltsamen Ende zugeführt.

Das anarcho-syndikalistische Bestreben nach organisatorischer Zusammenfassung der Agrarkollektive lag auch in der Erkenntnis begründet, daß die Ablehnung jeglicher Koordination die bisher aufgetretenen Mängel in der betriebswirtschaftlichen Führung der Kollektivwirtschaften perpetuieren könnte. Auf dem CNT-Regionalkongreß[68] katalanischer Bauern vom Januar 1937 kamen die Mängel des bisherigen kollektivistischen Systems deutlich zur Sprache: Die Hauptschwächen wurden in mangelnder Organisationsfähigkeit, fehlendem technischen Know-how, dilettantischen Wirtschaftsvorstellungen und zu geringer Erfahrung gesehen. Da die Agrarkollektivierung »Gefahr lief, durch ihr routinemäßiges Vorgehen ein Mißerfolg zu werden«, wurde gefordert, die Betriebsführung der in ihrer Mehrheit ohne agrartechnische Leitung arbeitenden Kollektivwirtschaften Agraringenieuren zu übertragen.

Die CNT unternahm, angesichts der aufgetretenen Schwierigkeiten, zwischen Herbst 1936 und Sommer 1937 verschiedene Versuche, zu einer Koordination ihrer Lokalorganisationen zu gelangen. Die bedeutendsten Organisationen waren (regional:) die levantinische Exportorganisation CLUEA und (auf Landesebene:) der Nationale Landwirtschaftsbund der CNT. Außerdem gründete die CNT fünf Regionalföderationen landwirtschaftlicher Kollektive (Aragonien, Kastilien, Levante, Andalusien, Katalonien). Die Agrarorganisationen der CNT hatten zwei Funktionen: Zum einen entsprach die Zusammenfassung lokaler Kollektive in Bezirks-, Provinzial- und Regionalföderationen dem anarcho-syndikalistischen Entwurf eines neuen nachrevolutionären Wirtschaftsaufbaus und stellte damit eine zumindest partielle Bestätigung der Realisierungsmöglichkeit ihres Konzepts dar; insofern orientierten sich die Föderationen an einem vorher entworfenen, theoretischen Modell. Zum anderen aber wurde die koordinierende Zusammenfassung in regionalen Organisationen durch die Notwendigkeit schlagkräftiger Defensiveinrichtungen erforderlich: In der Levante z.B. mußten sich die kollektivierten Orangenbauern gegen die kommunistische Provinzialföderation zusammenschließen, um wirtschaftlich überleben zu können. In Kastilien wurde eine regionale Organisation erforderlich, um den Übergriffen kollektivierungsfeindlicher Gegner besser begegnen zu können. Insoweit waren die Föderationen improvisierte Gebilde zur Bewältigung wirtschaftlicher, vor allem auch politischer Schwierigkeiten.

Aus einer im Oktober 1936 in Sueca (Provinz Valencia) von CNT und UGT gegründeten Orangen-Genossenschaft[69] ging im Dezember desselben Jahres der »Vereinigte Levante-Rat für den Landwirtschafts-Export« CLUEA *(Consejo Levantino Unificado de la Exportación Agrícola)* hervor[70], der die Orangen-Ausfuhr der Region zentralisierte, Zwischenhändler ausschaltete und sich die Erwirtschaftung möglichst vieler Devisen zum Ziel setzte. Auf lokaler Ebene übernahmen CNT/UGT-Ortskomitees (*Comité local unificado de exportación frutera* – CLUEF) die organisatorische Arbeit. Sie waren für die Bildung von Arbeiterräten verantwortlich, richteten genossenschaftliche Betriebe ein, setzten Höchstpreise für Agrarprodukte fest, bestimmten die Löhne der angestellten Arbeiter, übten Kontrolle über die Qualität des Obstes aus, erstatteten der CLUEA-Zentrale laufend Bericht über den Fortgang der Arbeit, die Ernte, Unwetterschäden etc. Ende Januar 1937 hatten sich bereits 300 CLUEF-Komitees konstituiert[71].

Der CLUEA mußte sich von Anfang an auf die Gegnerschaft der inzwischen ebenfalls in Valencia residierenden Zentralregierung einstellen, die ihm keinerlei Kredite gewährte, vielmehr die kommunistisch orientierten Genossenschaften der levantinischen Landwirtschaftlichen Provinzialföderation unterstützte. Von den Orangen-Bauern war nur ein kleiner Teil im CLUEA organisiert; die meisten hatten vor dem Bürgerkrieg als relativ wohlhabende Mittelschicht der katholisch-konservativen, regionalistisch eingestellten Valencianischen Rechten *(Derecha Regional Valenciana)* angehört und waren im Spätherbst 1936 der vom PCE gegründeten Provinzialföderation beigetreten[72]. Trotzdem hatte die anarcho-syndikalistische Föderation levantinischer Kollektivwirtschaften die Hälfte der gesamten Orangen-Produktion – ca. vier Millionen Zentner – in ihrer Hand; La Albufera, eine der fruchtbarsten Gegenden Spaniens, war vollständig kollektiviert. Mit Hilfe der Handelsorganisation FERECALE *(Federación Regional de Campesinos de Levante)* konnte die Föderation 70% des Orangenhandels übernehmen[73]. Zu den innen- kamen die außen- und handelspolitischen Schwierigkeiten: Die CLUEA-Vertreter stießen im Ausland auf wachsendes, durch die nationalistische Gegenpropaganda gefördertes Mißtrauen; die Konkurrenz Südafrikas und Palästinas auf dem europäischen Orangenmarkt wurde immer drückender; der vorübergehende Ausfall des französischen und der nahezu völlige Verlust des deutschen Marktes erforderten außerdem eine neue Exportorientierung[74]. Die wichtigsten Differenzen zwischen dem CLUEA und den Kommunisten kreisten um die Bezahlung der Orangenbauern; nach kommunistischen Angaben[75] war sie willkürlich und lag weit unter dem Landesdurchschnitt. Solange jedoch Largo Caballero Ministerpräsident (September 1936 bis Mai 1937) und der Anarcho-Syndikalist Juan López Handelsminister (November 1936 bis Mai 1937) waren, konnte der PCE nicht offen gegen den CLUEA vorgehen; als aber zwei Untersuchungskommissionen der orangenexportierenden Organisation Unregelmäßigkeiten in der Buchführung nachweisen konnten, und nachdem sowohl die Linkssozialisten als auch die Anarchisten die Regierung im Mai 1937 verlassen hatten, konnte sich der CLUEA nicht mehr lange halten.

Die bisher vorliegenden Quellen erlauben kein definitives Urteil über den CLUEA; es unterliegt jedoch keinem Zweifel, daß die Organisation administrativ und politisch stark behindert und die volle Nutzung ihrer wirtschaftlichen Möglichkeiten stark eingeschränkt wurden. Die landwirtschaftliche CNT-Regionalversammlung der Levante mußte im Oktober 1937 das Ende des CLUEA feststellen; an die Stelle »einer der interessantesten revolutionären Erfahrungen der Arbeiter- und Bauernklasse«[76] hatte die Regierung die von ihr überwachte Zitrusfrüchte-Exportzentrale CEA *(Central de Exportación de Agrios)* gesetzt.

Anarchistischen Prinzipien, insbesondere den Vorstellungen James Guillaumes, folgend, blieb der innere Aufbau der Agrarkollektive ihren Mitgliedern überlassen, wenn auch bald die Zweckmäßigkeit organisatorischer Zusammenfassung deutlich wurde. Der erste Schritt erfolgte in Aragonien, wo Agrarkollektive vorübergehend die Formen entwickelt hatten, die CNT-Vorstellungen eines herrschaftsfreien Gesellschaftsaufbaus am nächsten kamen: Im Herbst 1936 hatte sich ein zuerst rein anarchistischer Verteidigungsrat konstituiert, der die Kollektivierungsbewegung in Aragonien vorantrieb. Der relativen Leichtigkeit, mit der sich die agrarischen Kollektivwirtschaften in dieser Gegend ausbreiteten, kam sowohl die Anwesenheit anarchistischer Milizeinheiten als auch die monatelange Waffenruhe an der aragonesischen Front zu Hilfe. Auch die sozialökonomischen und massenpsychologischen Voraussetzungen waren der Kollektivierung günstig. Auf dem Mitte Februar 1937 in Caspe abgehaltenen Kongreß[77] wurde ein *Bund landwirtschaftlicher Kollektive Aragoniens* gegründet, dessen Zweck die »Verteidigung der Kollektivinteressen der in den Kollektivwirtschaften organisierten Arbeiter« sowie die Koordinierung der »regionalen Wirtschaftskraft« war. Er sollte die Vorteile des Kollektivismus propagieren, neu zu schaffende Versuchsfarmen überwachen, technische Schulen zur Ausbildung Jugendlicher gründen, die Anbaumethoden verbessern, das allgemeine Bildungsniveau anheben und den interregionalen Handel – mit Hilfe ausführlicher Statistiken und in Zusammenarbeit mit dem Verteidigungsrat – organisieren. Zur Durchführung des umfangreichen Programms wurde die Einsetzung eines arbeitsteilig organisierten *Regionalkomitees der Kollektive* und mehrerer Bezirksföderationen beschlossen. Die Versorgung würde – nach der Abschaffung des Geldes als Zahlungsmittel – mit Hilfe von Rationierungskarten erfolgen. Das erforderliche Kapital zur Finanzierung des interregionalen Handels sollte aus den Rücklagen der Kollektive »entsprechend dem Reichtum einer jeden Ortschaft« in eine »Regionalkasse« einbezahlt werden. Weitestgehende Solidarität unter den Kollektivisten sollte in der Aufhebung der »Grenzen der Verwaltungseinheiten« zum Ausdruck kommen; Boden, Arbeitsgeräte und Maschinen eines Kollektivs standen auch den Mitgliedern aller anderen Kollektivwirtschaften kostenlos zur Verfügung; jeder Kollektivist mußte zum Arbeitseinsatz in einem anderen Kollektiv bereitstehen, soweit es das Arbeitsausmaß in seinem eigenen Kollektiv zuließ.

Auch in den übrigen Regionen wurden Kollektiv-Föderationen in ähnlicher Weise gebildet. Diese *Federaciones Regionales de Colectividades* wurden im Laufe des ersten Kriegsjahres von den Gewerkschaften mit dem Ziel gegründet, die Interessen der Kollektive zu vertreten, für die Kollektivierung Propaganda zu treiben, den Bauern mit Rat zur Seite zu stehen, die Jugendlichen auf ihre zukünftige landwirtschaftliche Arbeit vorzubereiten, Agrartechniker heranzubilden und das kulturelle Niveau der Landbevölkerung (durch Vorträge, Filme, Diskussionen, Theateraufführungen etc.) zu heben. Von Anfang an gab es in einigen Gegenden eine Ausgleichskasse *(caja de compensación)*, in die die erwirtschafteten Überschüsse eines Kollektivs zur Unterstützung derjenigen

Kollektive einbezahlt wurden, die aufgrund widriger Umstände Bedarf und Kosten durch ihre Eigenproduktion nicht decken konnten[78]. Auch Werkzeuge und erforderliche Arbeitskräfte wurden, soweit man selbst auf sie verzichten konnte, anderen Ortschaften zur Verfügung gestellt.

Dem aragonesischen Beispiel folgend, wurde Anfang April 1937 die landwirtschaftliche Regionalföderation der CNT »Mitte« (Kastilien) gegründet. Auf dem Madrider Konstituierungskongreß[79] vertraten 480 Delegationen 87 895 Mitglieder. Die Abgeordneten bekräftigten ihren Willen zur Zusammenarbeit mit der UGT sowie ihre Entschlossenheit, die Übergriffe der Kommunisten und offiziöser Regierungsstellen nicht länger hinzunehmen. Die Notwendigkeit, in Kastilien eine landwirtschaftliche Regionalföderation zu gründen, war durch das sprunghafte Anwachsen der CNT-Mitglieder mitbedingt. Vor Beginn des Bürgerkrieges verzeichnete die CNT »Mitte« in der sozialistischen Hochburg Kastilien knapp 8000 Bauern in ihren Reihen; Ende März 1937 waren es bereits mehrere zehntausend. Das Regionalkomitee der Föderation sollte die Wirtschaft der Region koordinieren, anhand von Statistiken Produktion und Konsum in Übereinstimmung bringen und beim Aufbau von Kollektivwirtschaften helfend mitwirken. Die Einrichtung zahlreicher Abteilungen auf allen Ebenen kennzeichnet das Bestreben der Föderation, die Kollektive – unabhängig von ihrer inneren Autonomie – nach betriebswirtschaftlichen Kriterien und den neuesten Erkenntnissen der Technik aufzubauen. Neben die einzelnen Fachressorts (Waldbestand, Gärten, Groß- und Kleinvieh, Bienenzucht, Landwirtschaftsindustrien etc.) trat in jedem Kollektiv ein Verwaltungskomitee; verschiedene Kollektive bildeten eine Bezirksföderation, diese schlossen sich zu Provinzialföderationen zusammen. Die Regionalföderation wiederum baute auf den lokalen Syndikaten und den Provinzialföderationen auf; die Exekutive bildete ein Komitee, das in verschiedene Abteilungen (Gewerkschaft, Verwaltung, Kommunikation, Produktion etc.) untergliedert war. Die Regionalföderation sollte das bunte Konglomerat kollektivwirtschaftlicher Experimente koordinieren und den CNT-Gegnern, die stets auf das »Chaos« in den Kollektivwirtschaften hinwiesen, den Wind aus den Segeln nehmen. Aus den Diskussionsbeiträgen zahlreicher Kongreßteilnehmer wurde außerdem deutlich, daß die Regionalföderation nicht nur wirtschaftspolitischen Aufgaben nachkommen, sondern auch als Interessenvertretung der CNT im Kampf mit den innenpolitischen Gegnern eingesetzt werden sollte; in den vergangenen neun Monaten war der Widerstand der Volksfrontparteien gegen den CNT-Kollektivismus immer deutlicher hervorgetreten; in dem Maße, in dem die reale Stärke der CNT – im Vergleich zu den ersten Kriegstagen – zurückging, wurde der anarcho-syndikalistischen Gewerkschaftszentrale die Erforderlichkeit der regionalen Zusammenfassung der Kollektivwirtschaften in schlagkräftigen und widerstandsfähigen Organisationen klar.

In der landwirtschaftlichen CNT-Regionalföderation der Levante waren 54 Bezirks- und fünf Provinzialföderationen zusammengeschlossen. Auf lokaler Ebene stellten Kollektiv und Gewerkschaft die örtliche Organisation dar. Die Bezirksföderationen entsandten ihre Vertreter in die Provinzialföderationen. Die Repräsentanten dieser fünf Föderationen wiederum waren im Regionalkomitee der Agrarföderation vertreten, deren übrige Mitglieder auf den alljährlich stattfindenden Agrarkongressen direkt gewählt werden sollten und diesen gegenüber verantwortlich waren. In jedem Bezirkszentrum hatte eine Technikerkommission ihren Sitz; sie bestand aus Betriebswirten, Agrarspezialisten, Tierärzten, Ingenieuren, Architekten, Handelsfachleuten und war für die Funktionstüchtigkeit der Kollektivwirtschaften verantwortlich. Der *Landwirtschaftliche Regionalrat* war das oberste Wirtschaftsorgan der Region; er regelte den Handel auf regionaler und überregionaler Ebene, stellte die Verbindung zu den Verarbeitungs-Industrien her, organisierte – über die Provinzkomitees, Bezirksföderationen und Lokalräte – die Versorgung der einzelnen Kollektive. Eine Reihe verschiedener Sektionen war für den reibungslosen Ablauf der Organisation und die Propagandatätigkeit verantwortlich.

Obwohl bei führenden Anarcho-Syndikalisten durchaus die Einsicht in die Notwendigkeit einer rationalen und koordinierten Formulierung von Zielen, Strategien und Einzelmaßnahmen auf dem Landwirtschaftssektor sowie der Aufstellung eines allgemeinen landwirtschaftlichen Entwicklungsplanes bestand[80], verging fast ein Jahr, bis die CNT zur Gründung einer das ganze republikanische Gebiet umspannenden Landwirtschaftsorganisation kam: Die für den 12. Juni 1937 nach Valencia einberufene Landesdelegiertenversammlung aller anarcho-syndikalistischen Landwirtschafts-Regionalorganisationen beschloß die Gründung eines »Nationalen Landwirtschaftsbundes« (*Federación Nacional Campesina*, FNC), dem alle in der Landwirtschaft tätigen CNT-Mitglieder beitreten sollten[81]. Wichtigstes Ziel des Bundes war die Organisation und Förderung der von CNT-Mitgliedern, Gewerkschaften oder Kollektiven – letztere konnten auch gemischte CNT/UGT-Kollektive sein – betriebenen Agrarwirtschaft. Der Bund verstand sich als Dachorganisation landwirtschaftlicher CNT-Gewerkschaften und als zentrale Landwirtschaftsorganisation; seine Beschlüsse waren für alle Mitglieder verbindlich. Er setzte sich das Ziel, die Alphabetisierung, das technische Know-how und die Industrialisierung in der Landwirtschaft zu erhöhen. Gewerkschaftsbeiträge und Überschüsse sollten zur Finanzierung des Bundes herangezogen werden. Dessen Mitglieder unterlagen zwar hinsichtlich der »landwirtschaftlichen Entwicklung der von ihnen besetzten Ländereien« keinen Restriktionen, mußten sich aber den Bestimmungen des Bundes unterwerfen, sobald es darum ging, »einen höheren Ertrag zu erzielen, das Auftauchen und die Verbreitung von Landplagen zu verhindern, unwirtschaftliche Anbauprodukte ... zu ersetzen, um den Landarbeitern ein besseres Leben zu garantieren«. Der Bund war für Verteilung und Export der Güter verantwortlich; ihm stand das Recht zu, einzelnen Mitgliedern Konsumrestriktionen aufzuerlegen, um »allen Konsumenten ... gleiche Rechte« zu verschaffen. Er hatte gleichzeitig die Funktion einer Verteilergenossenschaft. Kollektive und »Individualisten« mußten sich beim Nationalbund mit Konsum- und Produktionsgütern (Arbeitsgeräte, Landwirtschafts-Maschinen) versehen. Um für alle in der Föderation organisierten Arbeiter Chancengleichheit zu erzielen, erklärte sich die Zentralorganisation zur Beförderung umzugswilliger Arbeitsloser in arbeitsgünstigere Gegenden sowie zur Gründung vorläufiger Ausgleichskassen bereit. Sie übernahm ihren nicht in Kollektivwirtschaften organisierten Mitgliedern gegenüber auch die

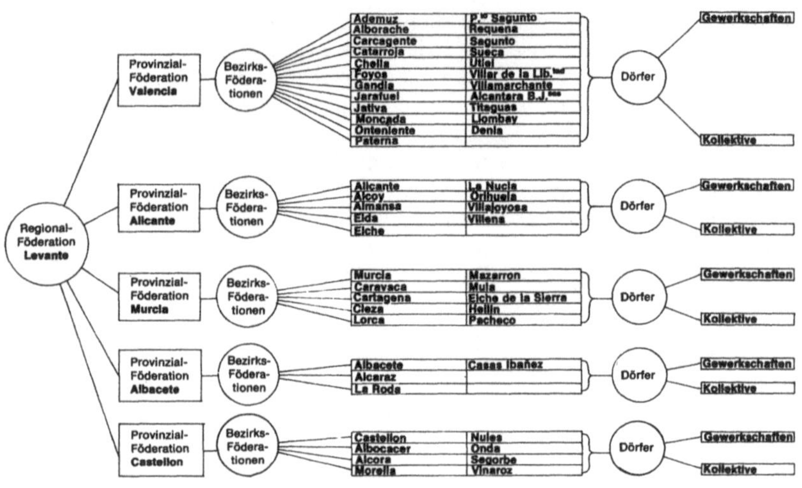

Landwirtschaftliche Regionalföderation der Levante (CNT)

Funktionen und Verpflichtungen einer nahezu alle Eventualfälle umfassenden Versicherung (Unfall, Brand, Landplage, Krankheit, Alter etc.).

Die Grundsätze der FNC standen in offensichtlichem Widerspruch zu einigen anarchistischen Grundpostulaten. Die Verbindlichkeit aller vom Bund gefällten Entscheidungen für Einzelmitglieder, Gewerkschaften oder Kollektive ließ sich nur schwer mit dem von der CNT stets propagierten Modell der Beschlußfassung von unten nach oben vereinbaren. Die Übernahme »autoritärer«, hierarchisch strukturierter Organisationsprinzipien läßt sich nur aus dem Zugzwang erklären, dem sich die CNT ausgesetzt sah; zum einen sollte die FNC einen Großteil der Funktionen übernehmen, die in Katalonien »Agrarsyndikate« Einzelbauern gegenüber ausübten, zum anderen war der CNT daran gelegen, ihre Kollektivwirtschaften durch Koordinierung in einer Nationalorganisation vor den immer zahlreicheren Behinderungen und Übergriffen der Volksfrontorganisationen zu schützen.

Da nach libertärer Auffassung Gewerkschaft und Municipium (Kommune) als Keimzellen der zukünftigen Gesellschaftsorganisation gedacht waren, sollten die Agrarkollektive kein von Gewerkschaftskontrolle völlig freies Eigendasein führen, bei dem revolutionäre Prinzipien allzuleicht zugunsten reformistisch-wirtschaftlicher Zielsetzungen aufgegeben werden konnten; Kollektive sollten vielmehr der ideologischen Führung der Gewerkschaften unterstehen, die in ihnen »nichts als den wirtschaftlichen Ausdruck« der Gewerkschaftspolitik sahen[82]. Die sich aus diesem Postulat – vor allem wegen der häufig gemischten CNT/UGT-Zusammensetzung der Kollektive – ergebenden Spannungen zwischen Gewerkschaft und Kollektiv führten zu teilweise erheblichen Meinungsverschiedenheiten über die Rolle, die Kollektivwirtschaften beim Aufbau der neuen gesellschaftlich-ökonomischen Organisation zu spielen hatten. Nachdem die erste Phase aufopfernder Solidarität, gegenseitiger Unterstützung und unentgeltlicher Hilfeleistungen vorüber war, hatten die

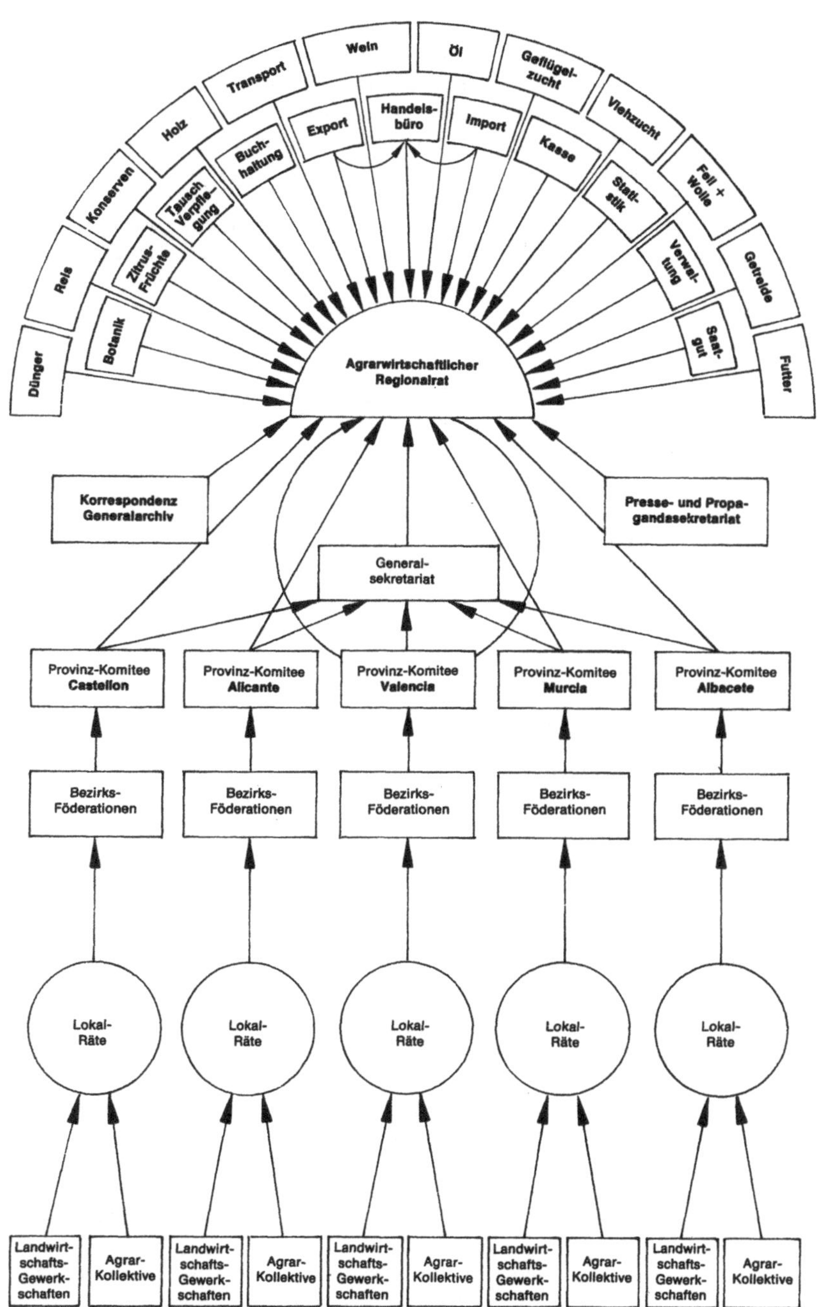

Aufbau eines Agrarwirtschaftlichen Regionalrats (hier: Levante)

Gewerkschaften – ebenso wie in der Industrie – gegen den »Neo-Kapitalismus« vieler gutgehender Agrarkollektive anzukämpfen, die den bei günstigen Voraussetzungen relativ mühelos erwirtschafteten Überschuß nicht zur Unterstützung defizitärer Kollektive einsetzen wollten, sondern unter ihren Mitgliedern zu gleichen Teilen oder entsprechend ihrer Arbeitsleistung aufteilten. Nachdem bereits im Juni 1937 ein regionaler Bauernkongreß – ebenfalls dem aragonesischen Vorbild folgend – die Gründung einer Föderation landwirtschaftlicher Kollektive Kataloniens und die Abgabe eines Prozents des »Gesamtindex' der Kollektiv-Produktion« zur Unterstützung defizitärer Kollektive beschlossen hatte, gehörte es zu den Pflichten der kurz darauf in Valencia gegründeten FNC, »sich im weitesten Sinne um ein gleiches Recht aller Konsumenten des gesellschaftlichen Ganzen«[83], u. U. durch den einzelnen Kollektiven auferlegte Restriktionen, zu kümmern. Die CNT hatte einsehen müssen, daß ihre idealistischen Vorstellungen einer sich selbst regulierenden, die Bedürfnisse aller Individuen befriedigenden Wirtschaft unter den Bürgerkriegs-Verhältnissen nicht in Erfüllung gegangen waren. Der Konzeptions-Wandel vom Zaragoza-Kongreß (Mai 1936) zur Valencia-Versammlung (Juni 1937) stellt einen kontinuierlichen Prozeß von der Utopie einer rätedemokratisch organisierten herrschaftsfreien Wirtschafts- und Gesellschaftsordnung zur Realität eines staatlichen Interventionen unterliegenden Wirtschafts- und hierarchisch strukturierten Gesellschaftsaufbaus dar. Daß die Änderung der ursprünglichen anarchistischen Wirtschaftskonzeption nicht nur auf immanente Konzeptionsschwächen eines in sich nicht konsistenten Organisationsentwurfs zurückzuführen ist, dessen Mängel bei dem Versuch, ihn unter den Bedingungen eines Bürgerkrieges zu realisieren, offenbar wurden, sondern wesentlich mit der ideologisch-politischen Gegnerschaft aller maßgeblichen Volksfrontorganisationen zusammenhing, werden die folgenden Kapitel zeigen, die das agrarpolitische Programm der Sozialisten und Kommunisten, in Katalonien außerdem der Rabassaires und der Generalitat sowie deren Verhältnis zum anarchistischen Agrarkollektivismus thematisieren.

b) Das sozialistisch-anarchistische Spannungsverhältnis: Nationalisierung versus Kollektivierung

Bereits wenige Tage nach Gründung des aragonesischen Bundes landwirtschaftlicher Kollektive (Februar 1937) gelang es der CNT, sich in Aragonien der Mitarbeit der UGT zu versichern. Beide Organisationen wollten die freiwillig zustandegekommenen Kollektivwirtschaften unterstützen; Propaganda zugunsten der Kollektivierung blieb jeder Gewerkschaft unbenommen, wenn nur »die Freiheit des Kleinhändlers und Bauern respektiert wird«. Auf dem am 22. Februar 1937 in Caspe abgehaltenen Kongreß aller Gewerkschaften Aragoniens[84] verpflichteten sich CNT und UGT, den Anordnungen »der legitimen Regierung der spanischen Republik« und des Rates von Aragonien Folge zu leisten sowie eine Schlichtungskommission beider Gewerkschaften einzusetzen. CNT und UGT forderten die Legalisierung der an Aufständischen vorgenommenen Enteignungen; der enteignete Besitz sollte den »Munizipalräten« überlassen werden, die ihn den Arbeiterorganisationen zur Kollektivierung weitergaben.

Die Ansätze zu einer gewerkschaftlichen Zusammenarbeit wurden bereits wenige Monate nach dieser Übereinkunft durch den »Bürgerkrieg im Bürgerkrieg« erneut belastet. Für viele Historiker bedeuten die katalanischen Mai-Auseinandersetzungen, in denen die Anarchisten in Barcelona schließlich auf das Drängen ihrer Führer hin den vereinten Kräften der Generalitat und des PSUC wichen, den Beginn vom Ende der Revolution[85]. Seit Wochen war es zwischen CNT-, FAI- und POUM-Anhängern einerseits, PSUC- und UGT-Mitgliedern andererseits zu blutigen Zwischenfällen gekommen; in Entsprechung dazu wuchsen die Faktoren einer künftigen gewaltsamen Entladung der Krisensituation. CNT-Patrouillen und PSUC-»Guardias de Asalto« lieferten sich in den letzten Apriltagen erbitterte Straßengefechte. Als Anfang Mai 1937 Rodríguez Salas, PSUC-Generalkommissar für öffentliche Ordnung der Generalitat, mit einem Polizeikommando das zentrale Telegraphenamt »Telefónica«, das von einem gemeinsamen CNT/UGT-Komitee unter Mitwirkung eines Regierungsbeauftragten »kontrolliert« wurde, einnehmen und der ausschließlichen Kontrolle der Regierung unterstellen wollte, sahen die anarchistischen Arbeiter in diesem Versuch eine Provokation und einen Angriff auf ihre revolutionären Errungenschaften, traten in den Generalstreik und leisteten zusammen mit dem POUM mehrere Tage lang bewaffneten Widerstand gegen die Truppen der Regierung, des PSUC und der rechten Esquerra-Organisation *Estat Catalá*. Schließlich gaben sie, nachdem sie in der Kampfwoche rein defensiv operiert hatten, nach, da sie einerseits eine ausländische Intervention befürchteten – einige britische Kriegsschiffe waren in der Nähe des Hafens vor Anker gegangen –, andererseits ein Bürgerkrieg in den eigenen Reihen die militärische Niederlage an der Front bedeuten mußte. Die Folgen der Mai-Ereignisse sind bekannt: Die Zentralregierung übernahm die öffentliche Ordnung in Katalonien, die Autonomie der nordöstlichen Region wurde beschnitten, die Arbeiter mußten ihre Waffen abliefern, die Massenmedien wurden einer strengen Zensur unterworfen. Largo Caballero wurde von den Kommunisten gestürzt und durch den kommunistenfreundlichen Negrín ersetzt, der POUM gewaltsam unterdrückt, mehrere seiner Führer ermordet – wenn auch den Kommunisten kein »Schauprozeß« Moskauer Art gelang[86]. Die Kampagne gegen den Verteidigungsrat von Aragonien wurde verschärft fortgesetzt, die Aktionen gegen die Kollektivbetriebe nahmen zu, Anfang Juni wurden die Kontrollpatrouillen aufgelöst, die Einheit der CNT drohte an der Frage der Unterstützung der Regierung Negrín zu zerbrechen. Ein durch Verordnung vom 23. Juni 1937 geschaffener Sondergerichtshof für »Spionage- und Hochverratsdelikte« sollte sich in erster Linie gegen die revolutionäre Opposition im eigenen Lager richten. Am 18. Juni übernahm die Regierung alle Sender, zwei Monate später verbot sie jegliche Kritik an der Sowjetunion. Die neue politische Polizei *Servicio de Investigación Militar* (SIM) geriet sofort unter kommunistischen Einfluß, unterhielt eigene Gefängnisse (»Tschekas«) und Konzentrationslager und verfügte wenige Monate nach ihrer Gründung bereits über ein breites Agentennetz.

Parallel zu diesen Ereignissen fehlte es bei allen Organisationen nicht an

Appellen, die zur »proletarischen Einheit«, zur »Klassensolidarität« und zu geschlossenem Vorgehen gegen den gemeinsamen Feind aufriefen. Die regionalen CNT-UGT-Bündnisse dieser Monate gingen allerdings kaum über unverbindliche Absichtserklärungen und Stillhalteversprechen hinaus. Es bedurfte erst einer ernsthaften militärischen Bedrohung der Republik und des Zusammenbruchs der Aragonienfront Anfang März 1938, bis die beiden Gewerkschaftszentralen sich zur Unterzeichnung eines Abkommens bereitfanden[87].

In dem Entwurf der UGT zu einem Bündnis mit der CNT forderte die sozialistische Gewerkschaft die »Nationalisierung« und »Industrialisierung« des Bodens, die Intensivierung der Agrarproduktion, Minimallohn für Landarbeiter, preisliche Anpassung der Agrarprodukte an Industriegüter, Förderung der Agrargenossenschaften und Legalisierung bestehender Kollektive. In ihrem Gegenentwurf bezeichnete auch die CNT den Boden als »Eigentum der Nation«, der »bevorzugt den Gewerkschaften CNT-UGT« zur Nutznießung überlassen werden sollte. Für Agrarkollektive forderte sie vom Staat finanzielle (Kredite) und technische (Experimentierzentren) Unterstützung. Ziel der Gewerkschaften müsse die »juristische Anerkennung« der Kollektive sein, aber auch Konsumgenossenschaften als »unvollkommene Form der Kollektivierung« sollten gefördert werden.

Ergebnis der Gewerkschaftsverhandlungen war das gemeinsame CNT-UGT-Programm vom 18. März 1938, das die Kommunisten als »großen Sieg der Volksfront und der Demokratie«[88] feierten. Es läßt deutlich werden, daß die CNT knappe zwei Jahre nach ihrem programmatischen Zaragoza-Kongreß in vielen Punkten die Haltung ihrer sozialistischen Rivalin übernommen hatte:

UGT und CNT sprechen sich für eine schnelle Verstaatlichung des Bodens aus, der zur Nutznießung bevorzugt den landwirtschaftlichen Kollektiven und Genossenschaften, und hier wiederum besonders den von UGT und CNT gebildeten, überlassen wird; der Wunsch der Bauern, die eine individuelle Bewirtschaftung vorziehen, wird respektiert. Die staatliche Politik unterstützt die bestehenden Kollektive, vorzüglich die der UGT und CNT ... Die Gewerkschaften halten die juristische Legalisierung der Kollektive für erforderlich; daher ist ihres Erachtens eine Gesetzgebung nötig, die bestimmt, welche Kollektivwirtschaften bestehen bleiben dürfen, und die die Normen für ihre Konstituierung, ihr Funktionieren und die Intervention des Staates festlegt. Kollektive, die sich dieser Gesetzgebung nicht unterwerfen, müssen aufgelöst werden.

Die Gewerkschaften verpflichteten sich, das Recht auf privates (Klein-) Eigentum anzuerkennen; sie forderten striktere Überwachung der Spekulanten, Aufwertung der Agrarprodukte sowie Anhebung des Lebensstandards auf dem Land, setzten sich für die Gründung zumindest einer Landwirtschaftsschule (Experimentierfarm) in jedem Bezirk ein und betrachteten die Einrichtung einer »Nationalbank für landwirtschaftliches Kreditwesen« zur Unterstützung der Kollektivwirtschaften und Genossenschaften für unumgänglich. Exportprodukte sollten einer rigorosen Staatskontrolle unterliegen.

UGT und CNT forderten einen »Mindestlohn im Verhältnis zu den Lebenshaltungskosten, wobei einerseits die berufliche Qualifikation und andererseits die Leistung eines jeden einzelnen zu berücksichtigen sind. In

diesem Sinne werden sie ... das Prinzip ›je größer und besser die Produktion, desto höher die Entlohnung‹ verteidigen«. Das von Anarchisten häufig geforderte und zum Teil in Agrarkollektiven praktizierte Einheits- oder Familienlohnsystem wurde überhaupt nicht erwähnt. Dieses unter dem Schock des Zusammenbruchs der Ostfront[89] beschleunigt unterzeichnete CNT-UGT-Programm stellte eine deutliche Niederlage des Sozial-, Wirtschafts- und Gesellschaftsprogramms der Anarchisten dar. Kritik aus dem anarchistischen Lager blieb zwar nicht aus, aber die Mehrheit der CNT-Führer war sich darüber im klaren, daß sie mit der Preisgabe der Positionen vom Mai 1936 lediglich einen Gesinnungswandel festschrieb, der bereits kurz nach Ausbruch des Krieges eingesetzt hatte. Das Entlohnungssystem sollte zwar nur solange Gültigkeit haben, wie »die Umstände andauern, die durch die Notwendigkeiten des nationalen Wiederaufbaus hervorgerufen sind«, aber mit keinem Wort wurde die Existenz von Staat, Regierung oder Heer in Zweifel gezogen. Im Gegenteil: Das Eingreifen des Staates in alle wirtschaftlichen Abläufe wurde geradezu gefordert, Stärkung und Unterstützung des »Volksheeres« versprochen, die Regierungsverantwortung durch die CNT angestrebt. Demgegenüber war noch auf der Landesdelegiertenversammlung der CNT-Regionalorganisationen im Juni 1937 der Staat mit keinem einzigen Wort erwähnt worden. Föderalistische Vereinigung aller Kollektivwirtschaften, gegenseitige Unterstützung *(apoyo mutuo)* und Solidarität hatten damals eine staatsfreie Sphäre autonomer Entwicklung garantieren sollen.
Seit jener Versammlung hatte die CNT jedoch laufend Einbußen und Niederlagen hinnehmen müssen: Ende Juni 1937 wurde sie aus der Regierung der Generalitat ausgeschlossen; während des Sommers zerstörten kommunistische Truppen einen Großteil der aragonesischen Kollektivwirtschaften; im August 1937 wurden der von der CNT majorisierte »Verteidigungsrat von Aragonien« aufgelöst, eine heftige Propagandakampagne gegen die Anarchisten begonnen und das anarchistische Zentralorgan »Solidaridad Obrera« vorübergehend verboten; Ende Oktober 1937 siedelte die Regierung nach Barcelona über und unterwarf die anarchistische Hochburg immer mehr ihrer Kontrolle; im Dezember 1937 schloß sich die anarchistische Jugendorganisation »Juventudes Libertarias« der Allianz der antifaschistischen Jugend an; im Februar und März 1938 fielen sämtliche kollektivierten Orte Aragoniens in die Hände der nationalistischen Truppen.
Für die seit Beginn des Bürgerkrieges, vor allem seit ihrem Regierungseintritt, immer mehr dem »Reformismus« zuneigenden CNT-Führer lag es nahe, gegen weitere Einbußen ihrer Errungenschaften den Schutz des Staates zu bemühen und sich das bereits Erreichte von der mit ihr rivalisierenden UGT garantieren zu lassen. Anarchistenfreundliche Interpretationen sehen daher in diesem Pakt – den sogar sein geistiger Vater Horacio Prieto als »definitive Niederlage der wirtschaftlichen und apolitischen Ideologie des spanischen Anarchismus«[90] bezeichnet – einen »großen Sieg, denn zum ersten Mal akzeptierte es eine andere Bewegung, die Kollektivierung als eine vollzogene Tatsache, als eine nicht hinwegzudiskutierende Charakteristik des neuen Spanien zu betrachten, was auf ihre ordnungsgemäße Legalisierung vorausdeutete«[91]. Aber selbst dieser eher scheinbare als tatsächliche Pyrrhus-Sieg über eine innerlich zerrissene und

geschwächte kommunistenhörige UGT[92] konnte den unaufhaltsamen Niedergang der Anarchisten nicht aufhalten, deren Aufgabe ursprünglicher Positionen im wirtschaftlichen und ideologischen Bereich eine Fortsetzung der im September 1936 begonnenen »kollaborationistischen« Politik – wie die CNT selbst ihre Zusammenarbeit mit der Regierung und staatlichen Stellen bezeichnete – darstellte, jedoch entgegen heimlich gehegten Hoffnungen keine Neubesinnung und organisatorische Stärkung des Anarchismus, sondern innere Zerrissenheit und Meinungsverschiedenheiten mit sich brachte, die weit über das Ende des Bürgerkrieges hinaus andauerten.
Die katalanischen CNT- und UGT-Organisationen schlossen sich dem Abkommen vom März 1938 vorbehaltlos an und dehnten es für das katalanische Gebiet noch auf die UDR aus[93]. In völliger Verkennung der kollektivierungsfeindlichen Politik Negríns versuchte die CNT sogar aus der Regierungserklärung vom 30. April 1938 über die republikanischen Kriegsziele (»13 Punkte«) eine Bestätigung ihrer Agrarpolitik herauszulesen. Negrín forderte (Punkt 8) eine »gründliche Agrarreform, die das alte, aristokratische, halbfeudale Eigentum liquidiert, das – eines menschlichen, nationalen und patriotischen Sinnes entbehrend – immer das größte Hindernis für die Entwicklung der großen Möglichkeiten des Landes gewesen ist; das neue Spanien muß auf einer breiten und soliden Bauerndemokratie als Besitzerin des von ihr bearbeiteten Landes basieren«[94]. Während die FAI eine durchaus realistische, die Intentionen der Regierung Negrín erfassende Interpretation der »13 Punkte« gab[95], beharrte die CNT darauf, den agrarwirtschaftlichen Programmpunkt voll unterstützen zu können, »denn er präzisiert nicht, ob der Bauer Eigentümer des von ihm individuell oder kollektiv bewirtschafteten Bodens sein muß; folglich können auf dem Land die kollektivistischen Systeme beibehalten und die Bauern, die sie bilden, als Eigentümer des von ihnen bearbeiteten Bodens betrachtet werden«[96]. Beklagt wurde lediglich, daß die CNT, deren Vertreter Segundo Blanco sich seit Anfang April 1938 in die Regierungsverantwortung teilte, nicht vor der Veröffentlichung der Kriegsziele konsultiert worden sei.
Sowohl das gemeinsame CNT-UGT-Programm als auch die anarchosyndikalistische Interpretation der Kriegszielerklärung Negríns legen Zeugnis von der Unsicherheit und Orientierungslosigkeit der CNT ab. Knappe zwei Jahre nach Beginn des Krieges war die CNT trotz ihres Millionenanhangs aus allen bedeutenden Schaltstellen der Macht verdrängt worden. Sie hatte anfangs freiwillig, später gezwungenermaßen Kompromisse geschlossen, die an der Substanz anarchistischer Prinzipien rüttelten und bei einigen führenden CNT-Mitgliedern zu einem Durchbruch vorwiegend gouvernementaler Denkweisen führten. Daß der CNT-Millionenanhang seinen Führern bis zum Kriegsende im wesentlichen folgte, ist neuerdings als Ausdruck solidarischer Treue der Massen gegenüber der CNT-Organisation, d. h. im Sinne von Klassensolidarität interpretiert worden[97]. Neben der Einsicht in ihre politische, und das hieß: wirtschaftliche und militärische Ohnmacht und dem daraus resultierenden Wunsch, früher innegehabte und inzwischen verlorene Positionen durch Anlehnung an den Staat und Paktieren mit der Gewerkschaftsrivalin wiederzugewinnen, d. h. neben der taktisch bedingten Anpassung an die realen Machtverhältnisse, war bei vielen CNT-Führern (allen voran J. Peiró) ein

ideologischer Gesinnungswandel eingetreten, der die im März/April 1938 bezogenen Positionen nicht als taktisches Manöver, sondern als Denaturierung anarchistischer Prinzipien erscheinen läßt. Die von den Anarcho-Syndikalisten im Abkommen vom 18. März 1938 schließlich übernommene Formel der »Nationalisierung« des Bodens entsprach der seit Beginn des Bürgerkrieges von den Kommunisten erhobenen Forderung in bezug auf die großen Ländereien. Die CNT erhielt die Unterstützung der UGT in ihrem Bemühen, die Kollektivwirtschaften legalisieren und damit deren Bestand garantieren zu lassen, mußte ihrerseits aber auf die Forderung nach »Kommunalisierung« oder »Sozialisierung« des Bodens verzichten. Die Bereitschaft zur Aufgabe ihrer bisherigen Forderung war das Ergebnis einer fast zweijährigen Auseinandersetzung mit den Kommunisten, die aus ihren Regierungspositionen heraus nicht nur ihre agrarpolitischen Vorstellungen wirkungsvoll vertreten, sondern außerdem die »soziale« Revolution erfolgreich eindämmen konnten.

c) *Die Agrarpolitik der Kommunisten (PCE): Die Eindämmung der Revolution*

Ebenso wie CNT/FAI und POUM, forderte auch der PCE die entschädigungslose Enteignung der Güter von Personen, »die direkt oder indirekt an der Aufstandsbewegung gegen die Republik teilgenommen haben«[98], sowie die Einführung sozialistischer Produktionsverhältnisse. Während aber die CNT das Kollektiveigentum an Produktionsmitteln propagierte, setzten sich PCE und POUM – in diesem Punkt waren sich die beiden kommunistischen Parteien einig[99] – für eine Nationalisierung der Produktionsmittel ein. Der PCE kannte die anti-kollektivistische Einstellung vieler Klein- und Mittelbauern und nutzte deren Haltung dazu, eine umfangreiche Propagandakampagne gegen die Kollektivierungen zu starten, die er als bloße Fortführung des aus dem 19. Jahrhundert stammenden »Kazikensystems« verurteilte. V. Uribe forderte die Bauern auf, den Kollektiven fernzubleiben und dafür der von den Kommunisten eilig gegründeten Landwirtschaftsorganisation beizutreten, der sich vor allem um ihren Privatbesitz besorgte Händler und Kleineigentümer anschlossen. Bereits kurze Zeit nach ihrer Gründung umfaßte die katalanische *Federación Catalana de Gremios y Entidades de Pequeños Comerciantes e Industriales* GEPCI (Katalanische Vereinigung der Kleinhändler und kleinen Gewerbetreibenden) 18 000 Mitglieder, und die am 18. Oktober 1936 in Valencia gegründete levantinische *Federación Provincial Campesina* (Landwirtschaftliche Provinzial-Föderation) hatte schon nach drei Monaten 50 000 Mitglieder. Dem PCE kam dabei zustatten, daß 55,8 % der Landbevölkerung Valencias Kleinbesitzer oder Pächter waren und er deren Ressentiments gegen eine Kollektivierung ihres Bodens geschickt gegen die in diesem Landesteil von CNT und UGT gemeinsam vertretene Kollektivierungspolitik mobilisieren konnte[100], was die UGT-Agrarsekretäre wiederum dazu veranlaßte, ein vernichtendes Urteil über die Landwirtschaftspolitik des PCE abzugeben, die sie als unzeitgemäß und der proletarischen Einheit abträglich bezeichneten[101]. Der führende Kopf des neuen, unter kommunistischer Leitung stehenden levantinischen Bauernverbandes, der sich im weiteren Kriegsverlauf der UGT anschloß, war Julio Mateu; er wies darauf hin, daß von den Bauern der Levante Tausende dem PCE beitreten würden, wenn dieser es gestattete[102]. Sozialisten wiederum hoben hervor, daß ein Großteil früherer Mitglieder des mittelständischen *Partido Autonomista* im Herbst 1936 der Kommunistischen Partei beigetreten sei; diese Kleinbürger hofften, mit Hilfe des PCE ihre Eigentumsrechte verteidigen und somit das vorrevolutionäre Wirtschafts- und Sozialgefüge zumindest teilweise erhalten zu können[103]. Auch die Kommunisten gaben zu, daß die von ihnen gegründeten und rasch expandierenden Bauernverbände *(federaciones campesinas)* Sammelbecken des Besitzbauerntums waren; sie rechtfertigten deren Gründung aber damit, daß die sozialistische »FNTT den Bauern den Zutritt verweigerte«[104] und der PCE von Anfang an auf einen Zusammenschluß der Bauernverbände mit der FNTT hingearbeitet habe. Außerdem unterstellten die Kommunisten, daß die Kollektivierungen durch Zwang und Terror zustandekämen und als Folge dieser »Gewaltpolitik« die Bauern zum Gegner überlaufen und die Versorgung der Republik gefährden könnten.

Die kleinen und mittleren Eigentümer stellten im Februar 1937 schon 30,7 % des PCE[105]; dieser wandte sich nicht nur gegen die Kollektivierungsvorstöße der lohnabhängigen Landarbeiter und die Politik der Gewerkschaften, sondern ging auch gegen die Praktiken der Revolutionskomitees vor, die die Ernte beschlagnahmten, den Privathandel zu kontrollieren suchten und von den Pächtern Zinsen erhoben[106]. Die Einbeziehung der kleinen Landbesitzer in die Strategie der Kommunisten beruhte zwar regional auf einer durchaus realistischen Einschätzung der gesellschaftlichen Bedingungen des Bürgerkrieges; gleichzeitig stellte jedoch die Formel »demokratisch-parlamentarische Republik« als Charakterisierung des historischen Ortes der soziopolitischen Entwicklung ein schwerwiegendes Hindernis zur Erfassung und Mobilisierung der gesamten Agrarbevölkerung dar, die zu einem großen Teil mit dem Kampfgeschehen die Absicht verband, den Rahmen einer auf kapitalistischer Privatwirtschaft basierenden Republik zu sprengen.

Obwohl die Kommunisten faktisch auch solche Kollektive behinderten, die ohne Ausübung von Zwang gebildet worden waren, billigten sie in ihrer Parteipropaganda freiwillige Zusammenschlüsse, die sie allerdings nur in Form landwirtschaftlicher Produktionsgenossenschaften unterstützen wollten; jede geleistete Arbeit müsse einzeln bezahlt, eine »landwirtschaftliche Stachanow-Bewegung« ins Leben gerufen werden. V. Uribe legte die kommunistische Einstellung dar[107]:

> Sie wissen, . . . daß wir die gewaltsame Schaffung von Kollektiven nicht dulden können. Andererseits haben wir dauernd wiederholt, daß alle freiwillig gebildeten Kollektive die Unterstützung und Sympathie von uns erhalten werden, die sie brauchen, um ideale landwirtschaftliche Arbeiterorganisationen zu werden. Wir haben fortwährend auf die Bedeutung der gegenwärtigen Notwendigkeit hingewiesen, Kollektive zu bilden.

Als Kommunist gab sich V. Uribe zwar davon überzeugt, daß »die kollektive Arbeit ertragreicher ist als die individuelle« – im Hinblick auf die vom PCE stets als Vorbild gepriesene UdSSR und die dortige Agrarkollektivierung[108] konnte er sich nicht als Kollektivierungsgegner schlechthin ausgeben –, aber die »bestimmte Stufe in unserer Entwicklung«, der »bestimmte Augenblick in der

Geschichte Spaniens«, zu dem die vollständige Kollektivierung einen wirtschaftlichen Erfolg hätte darstellen können, war noch nicht erreicht[109]. Vor dem erweiterten Plenum des Zentralkomitees des PSUC betonte auch dessen Agrarsekretär Víctor Colomer[110], daß die Kommunisten »für eine Kollektivierung des ganzen Bodens, allerdings zum geeigneten Zeitpunkt und unter angebrachten Bedingungen«, seien; auch in der Sowjetunion habe die Kollektivierung erst 12 Jahre nach Lenins Revolution eingesetzt. In Spanien fehlten hierzu noch die »objektiven und subjektiven Voraussetzungen«: Maschinen, Agrartechniker und Mechaniker, Verwaltungsspezialisten, Kenntnisse der wissenschaftlichen Anbaumethoden. »Die Revolutionen können einzuhaltende Etappen nicht überspringen«. Daher sei zur Zeit »politisch und ökonomisch die Familienbewirtschaftung das Vorteilhafteste«.

Nach kommunistischer Überzeugung stellte die Genossenschaft eine der Säulen der sozio-ökonomischen Entwicklung des ländlichen Bereichs dar. Zumeist förderte der PCE Mehrzweckgenossenschaften, die nicht nur den Produktions-, sondern ebenso den Konsumbedarf der Mitglieder zu erfassen suchten. Dabei versuchte der PCE, sein Agrarprogramm in Übereinstimmung mit den Direktiven Friedrich Engels' zu bringen, der im Kleinbauern den »Überrest einer vergangnen Produktionsweise« gesehen hatte, der »unrettbar dem Untergang verfallen«[111] sei. Engels hatte 1894 gefordert, den Privatbesitz von Klein-, Mittel- und Großbauern, die alle der Konkurrenz des »kapitalistischen Betriebs« erliegen müßten, zu genossenschaftlichen Betrieben zusammenzulegen, Großgrundbesitzer zu »expropriieren« und die großen Güter »unter Kontrolle der Gesamtheit« zu bearbeiten. Es war Ziel des PCE, die Genossenschaften den Erfordernissen des Aufbaus einer teil-sozialistischen Zentralverwaltungswirtschaft unterzuordnen; die kommunistische Agrarpolitik zielte darauf ab, den organisatorischen Apparat der »Agrarsyndikate« als Instrument des staatlichen Verteilungssystems zu verwenden. Neben den Produktionsgenossenschaften unterstützte der PCE auch andere freiwillige Zusammenschlüsse, z. B. Selbstverbraucher-Genossenschaften und Kreditgesellschaften, die den Bauern günstige Finanzhilfen anboten. Das Institut für Agrarreform, dem eine Genossenschaftsabteilung angegliedert wurde, gelangte unter ihrer Leitung wieder zu Bedeutung und entfaltete auf dem Genossenschaftssektor zahlreiche Aktivitäten[112]. Da die CNT jegliche Staatskontrolle über ihre Kollektive ablehnte, erhielt sie vom Landwirtschaftsministerium keine Unterstützung; in Anbetracht der unterschiedlichen Entwicklungsmöglichkeiten forderten allerdings im weiteren Kriegsverlauf führende Anarcho-Syndikalisten die CNT-Kollektive auf, ebenfalls auf den »nationalen Agrarkreditdienst« zurückzugreifen[113].

Im März 1937 machte V. Uribe konkrete Angaben über Agrarmaßnahmen des PCE[114]: Insgesamt waren bis dahin 2,3 Millionen ha Land sogenannter »Aufständischer« enteignet und Landarbeitern übergeben worden. Das entsprach 8,7% der Nutzfläche Gesamt-Spaniens. In den als »Latifundien-Provinzen« bekannten Gebieten waren die Anteile besonders hoch: in Ciudad Real 746 000 ha, in Albacete 408 000 ha, in Jaén 360 000 ha, in Madrid 136 000 ha, in Toledo 127 000 ha, in Cuenca 129 000 ha. Die Anbaufläche für Getreide hatte im Herbst 1936 in der republikanischen Zone um 7% zugenommen.

V. Uribe unterwarf die Agrarkollektive einer komplizierten Legalisierungsprozedur, bei deren Nichteinhaltung das Kollektiv aufgelöst und die Ländereien den früheren Eigentümern zurückgegeben werden konnten. Am 7. Oktober 1936 erfolgte die Legalisierung eines Teils der landwirtschaftlichen Enteignungen: Das Nationalisierungsdekret[115] sollte in erster Linie die Kollektive kontrollieren und ihre weitere Ausbreitung eindämmen; als es erlassen wurde, war die Selbstverwaltung der Bauern in weiten Teilen des republikanischen Gebiets bereits eine vollendete Tatsache. Die zentralen Artikel des Dekrets besagten:

Es wird zugunsten des Staates die entschädigungslose Enteignung jener Landgüter ohne Unterschied ihrer Größe und des Grades ihrer Bewirtschaftung beschlossen, die am 18. Juli 1936 im Besitz natürlicher Personen oder ihrer Ehegatten oder der juristischen Personen waren, die unmittelbar oder mittelbar an der Aufstandsbewegung gegen die Republik teilgenommen haben. (Art. 1)
Die nach Art. 1 enteigneten Landgüter werden je nach den Umständen den Landarbeitern und den Bauern des betreffenden oder angrenzenden Gemeindebezirks zum Gebrauch und zur Nutznießung überlassen. (Art. 4)

Durch die entschädigungslose Enteignung aller Güter »Aufständischer«[116] zugunsten des Staates brachte die republikanische Regierung zum Ausdruck, daß es ihr nicht um die Enteignung der Ländereien *aller* Großgrundbesitzer ging, sondern nur derjenigen, die am Aufstand beteiligt gewesen waren[117]. Damit verbreitete dieses Dekret erhebliche Unsicherheit unter den Bauern, die im Zweifel gelassen wurden, ob sie den von ihnen besetzten Boden später zurückgeben müßten oder nicht. Über die beschlagnahmten Güter – Ländereien, Gebäude, Agrarverarbeitungsindustrien – stand Landarbeiterorganisationen sowie einzelnen Landarbeitern und Bauern dauerndes Nutzungsrecht zu. Auch wenn das enteignete Land in Pacht bearbeitet worden war, erhielten »kleine Anbauer« und ihre Nachfahren dauerndes Nutzungsrecht auf den von ihnen bewirtschafteten Boden; Angehörige der Milizen oder Armee wurden bei der Landverteilung bevorzugt. Landparzellen konnten zum Zweck kollektiver Bearbeitung zusammengelegt werden. Das Institut für Agrarreform überwachte den Anbau, stellte für zwei Jahre die erforderlichen Mittel (Finanzen, Arbeitsgeräte, Saatgut, Düngemittel) zur Verfügung und gründete eine Agrarkreditbank (Art. 6). Im Juli 1937 waren bereits 3 856 020 ha Land enteignet; für Reisanbau, Olivenkultur und Weinbau waren Sonderkredite in Höhe von 45 Millionen Peseten gewährt worden. Seit Anfang des Krieges bis Ende 1937 wurden vom Institut für Agrarreform folgende Kredite gewährt[118]:

Kredite zur Unterstützung der Bauern	*Peseten*	45 330 876,33
Kredite für Landwirtschaftsgeräte		1 086 522,51
Kredite für Saatgut und Düngemittel		6 913 490,90
Kredite für die Anschaffung von Erzeugnissen und Vieh		29 356 831,50
Kredite für Maschinen und Sisalseile		4 493 888,85
Vorschüsse auf Tageslöhne und Ernteausgaben		26 574 064,66
Aufwendungen für Unterrichtszwecke[119]		653 920,61
	Insgesamt	114 409 595,36

Darlehen des Landwirtschaftlichen Kreditinstituts an Körperschaften und Einzelbauern:

an Reisbauern	8 750 000
an Weinbau-Genossenschaften	1 168 595
an landwirtschaftliche Verbände	17 749 654
an Landwirtschaftsgenossenschaften	6 969 507
an einzelne Landwirte	3 437 410
Insgesamt	38 075 166

Obwohl die Besitzungen, die de iure nach den Bestimmungen vom 7. Oktober 1936 enteignet werden konnten, de facto längst enteignet waren, feierte die kommunistische Presse das Dekret als die revolutionärste Maßnahme seit dem militärischen Aufstand; über 40% des in Privatbesitz befindlichen Bodens sollen enteignet worden sein. Auch heute noch[120] bezeichnen Kommunisten das Dekret als die »revolutionäre und demokratische Lösung des jahrhundertealten Landproblems« und als »Waffe der einzigen tatsächlichen Agrarrevolution, die es in Spanien je gegeben hat«. Das Dekret engte jedoch die gesetzlichen Möglichkeiten der Kollektivierungen erheblich ein und stellte somit – vom Standpunkt der Revolutionäre aus gesehen – einen Rückschritt dar. Anarchistische Kollektive mußten sich den neuen Bestimmungen anpassen, da Enteignungen, die nicht nach den gesetzlichen Vorschriften vollzogen worden waren, als ungültig erklärt werden konnten. Die Bewirtschaftung aller landwirtschaftlichen Betriebe konnte individuell oder kollektiv – in Übereinstimmung mit dem Willen der Mehrheit der Mitglieder – vorgenommen werden. Nach kommunistischen Angaben entschied sich »die überwiegende Mehrheit aller in der Landwirtschaft Beschäftigten«[121] für individuelle Bewirtschaftung des Bodens, wenn auch zugegeben wurde, daß die Mehrheit sich mitunter – in der Provinz Toledo z. B. zu 83% – für kollektive Bewirtschaftung aussprach. Nach dem Dekret vom 7. Oktober und den wiederholten Äußerungen Uribes zum Problem der Agrarkollektivierung unterliegt es keinem Zweifel, daß die Regierung ein vom Staat geleitetes und den Zwecken eines zentral geplanten Wirtschaftssystems angepaßtes partielles Kollektivsystem zu fördern bereit war, die spontanen Kollektivierungen der ersten Revolutionsmonate jedoch mit staatlichen Repressionsmitteln bekämpfte. CNT und UGT wiesen in ihrer massiven Kritik an diesem Dekret darauf hin, daß eine »Sozialisierung des Bodens«, die nur als »Strafe für die Putschisten« konzipiert sei, keine »Lösung der Agrarprobleme« bedeute: »Unsere Behörden müssen begreifen, daß der 19. Juli definitiv die legale demokratische Kontinuität zerbrochen hat«. Die staatlichen Maßnahmen seien eine »Verkennung des revolutionären Willens der Massen«[122].

Aufgrund der Bestimmungen des Nationalisierungsdekrets mußten die Pächter dann weiterhin Pachtzins zahlen, wenn die Pachtherren nicht zu den Aufständischen gehörten; am 10. August 1937 wurde ein Moratorium bis zum 30. September 1938 für die Bezahlung fälliger, seit dem 18. Juli 1936 aber ausstehender Pachtzinsen festgelegt. Ricardo Zabalza, Generalsekretär der linksorientierten UGT-Landarbeiter-Föderation, kritisierte die neuen Bestimmungen und wies darauf hin, daß die wirtschaftlich und sozial bisher am schlechtesten gestellten Teile der Landbevölkerung – Tagelöhner, »yunteros«,

»braceros« – auch in Zukunft keine Eigentumsrechte erwerben könnten, während relativ wohlsituierte Pachtbauern ihre Lage weiter verbesserten und kaum zu Konzessionen an landlose Arbeiter bereit sein würden[123]. Im Sommer 1937 wurde der PCE zu einer Änderung seiner kollektivierungsfeindlichen Politik gezwungen. Die Kampagne gegen die Agrarkollektive war seit Beginn des Bürgerkrieges immer schärfer geführt worden. Die kollektivierten Bauern, die den ständig wachsenden Einfluß des PCE und dessen Einstellung zu den Kollektiven kannten, befiel allmählich Furcht. Viele ließen kurz vor der Sommerernte 1937 die Feldarbeit liegen oder kümmerten sich nur noch um den Teil, den sie selbst zum Lebensunterhalt benötigten. Als die Kommunisten die ungünstige Wirkung ihrer Kampagne auf die Moral und den Enthusiasmus der Arbeiter bemerkten und die Gefahr ständig wuchs, daß ein wesentlicher, für die erfolgreiche Kriegführung entscheidender Teil der Ernte verkommen würde, fanden sich die Kommunisten vorübergehend mit den Kollektivwirtschaften ab. Ein eilig verabschiedetes Dekret legalisierte am 8. Juni 1937 die Kollektive »für die Dauer des gegenwärtigen Erntejahres«, gewährte ihnen einige Hilfe und garantierte somit die Sommerernte 1937[124]. Ihr plötzliches Interesse an den Kollektivwirtschaften sowie deren Unterstellung unter den Schutz des Landwirtschaftsministeriums erklärten die Kommunisten damit, daß die bewirtschaftete Saatfläche erheblich vergrößert worden war und es an Arbeitskräften, Landwirtschaftsmaschinen und Geräten mangelte; die Bauern aber hatten angeblich ihre Anträge auf Unterstützung viel zu spät eingereicht. Die Ernte konnte nur dank der massiven Unterstützung durch das Institut für Agrarreform gerettet werden[125].

Kurz nach der Ernte kehrte der PCE allerdings wieder auf seinen alten Kurs zurück. Im August 1937 wurden die meisten Kollektive in Aragonien durch die Division Listers liquidiert. Bereits einige Monate vorher war es in Kastilien zu schweren Auseinandersetzungen zwischen Kommunisten und Anarchisten gekommen; erstere zerstörten – nach Aussage des Generalsekretärs des kastilischen CNT-Bauernbundes – nicht nur Kollektivwirtschaften und Ernten, sondern sie töteten außerdem »unsere besten Agrar-Aktivisten«[126]. Auch der kommunistische Generalsekretär des Instituts für Agrarreform, José Silva, gab später zu, daß die willkürliche Auflösung und Zerstörung selbst prosperierender und freiwillig zustandegekommener Agrarkollektive auf dem Land ein Chaos verursacht habe[127]. Der Angriff der kommunistischen Truppen Listers hat die Kluft zwischen PCE und CNT sicherlich vertieft und zu einer bis heute nicht überwundenen Feindschaft ausgedehnt; es erscheint allerdings fraglich, ob – wie Bolloten und Chomsky annehmen – der einige Monate später erfolgte Zusammenbruch der Aragonien-Front »zweifellos« durch die Enttäuschung der Anarcho-Syndikalisten Aragoniens mitbedingt war. Demgegenüber ist darauf hinzuweisen, daß der großen Truppenübermacht der Nationalisten, die drei Armeekorps einem einzigen republikanischen gegenüberstellen konnten, wegen der verlangsamten Lieferung ausländischen Kriegsmaterials nur unvollständig ausgerüstete sowie aufgrund der Offensiven von Brunete und Belchite geschwächte republikanische Truppen entgegengesetzt werden konnten. Allerdings wird man mit Guérin in der zweideutigen Einstellung der Valencia-Regierung zum Agrarsozialismus einen wichtigen Faktor sehen müssen, der zur Niederlage der spanischen Republik beigetragen hat: »Den armen Bauern war es wohl nicht immer ganz einsichtig, daß es in ihrem Interesse sei, für die Republik zu kämpfen«[128]. In sozialgeschichtlicher Perspektive erwies sich die staatlich-kommunistische Agrarpolitik vor allem in ihren praktischen Auswirkungen als eine nur oberflächlich getarnte Gesetzgebung zur Förderung primär parteipolitischer Interessen. Ihre soziale Funktion bestand nicht sosehr in der Schaffung eines wirtschaftlich gesunden Bauernstandes oder der sozial-kulturellen Besserstellung der Landbevölkerung als vielmehr in der Rekrutierung möglichst großer Bauernmassen zur Gewinnung der ideologisch-politischen Schlacht gegen CNT und FAI.

Trotz der zweideutigen kommunistischen Agrarpolitik, die in vielen Fällen explizit artikulierten Bedürfnissen und Wünschen der Landbevölkerung zuwiderlief, gelang es dem PCE – dessen Linie in Katalonien von der kommunistisch unterwanderten UGT rückhaltlos unterstützt wurde[129] –, einen Großteil der Klein- und Mittelbesitzer, der Pächter und Halbpächter sowie einige enttäuschte Kollektivisten für sein Agrarprogramm zu gewinnen. Dabei war die anfänglich geringe numerische Stärke des stoßkräftigen, über ausgezeichnete Kader verfügenden PCE umgekehrt proportional zu seinem politischen und propagandistischen Erfolg. Großzügig gewährte Kredite, Förderung des Strebens nach Eigentum sowie oftmals bedenkenlose und unkontrollierte Hilfe des Instituts für Agrarreform einerseits, eine perfekt arbeitende Propagandamaschinerie, die geschickt ausgenützten Machtmittel des Staatsapparats und nicht selten militärischer Druck andererseits ließen es zögernd-unentschlossenen Landarbeitern, ernüchterten Kollektivisten und Opportunisten angebracht erscheinen, der PCE-Politik zu folgen. Innenpolitische Rücksichten sowie der militärische Verlauf des Krieges hinderten jedoch auch den PCE, dessen propagandistisch aufgeblähte Regierungspolitik letztlich die Befestigung kleinbäuerlicher Besitzverhältnisse, z. T. der überkommenen Grundbesitzverteilung sowie die Schaffung zusätzlicher mittel- und kleinbäuerlicher Betriebe unter staatlicher Kontrolle intendierte, an einer vollständigen Durchsetzung seiner agrarpolitischen Vorstellungen. Hätten sich diese auf breiter Front durchsetzen können, erscheint es als sehr zweifelhaft, ob die primär aus CNT- und UGT-Mitgliedern bestehenden, noch in elementaren Lernprozessen stehenden Agrarkollektive eine Aussicht auf Bestand gehabt hätten. Die bis Ende 1938 von den Kommunisten verfolgte Landwirtschaftspolitik läßt es als nahezu sicher erscheinen, daß der PCE – etwa unter dem Begriff einer »Neuverteilung des Bodens« – zumindest vorläufig teils eine Nationalisierung, teils eine Wiederherstellung ursprünglicher oder dem traditionellen Großbesitzschema zumindest nahekommender Bewirtschaftungsverhältnisse angestrebt haben würde. Damit aber hätte die 1936 in Gang gekommene Agrarrevolution in gesellschaftspolitischer Hinsicht keine Wirkung gehabt.

d) Die Unió de Rabassaires (UDR): Der Aufschwung der Genossenschaftsbewegung in Katalonien

In Katalonien sahen sich die Kollektivbetriebe nicht nur durch die Gegnerschaft der Kommunisten, sondern außerdem durch die genossenschaftlichen Bestrebungen der einflußreichen Kleinpächter-Organisation Unió de Rabassaires behindert. Die sozialökonomische Ausgangslage für die Kollektivierungsbewegung wies in der früheren Spanischen Mark erhebliche Unterschiede zu den übrigen Landesteilen auf und verschob damit die Realisierungschancen agrarkollektivistischer Ansätze. Im Gegensatz zu den Verhältnissen in Süd- und Nordwestspanien überwogen in Katalonien landwirtschaftliche Familienbetriebe kleinen Umfangs und mittelgroße Betriebe mit einigen darauf beschäftigten Landarbeitern oder (allerdings seltener) Tagelöhnern. Diese Agrarstruktur ließ zwar keine so krassen Probleme wie in den Mini- und Latifundiengebieten aufkommen; trotzdem stellte die Schicht der Pächter – insbesondere die der Weinpächter *(rabassers)* – seit dem Ancien Régime ein ungelöstes Problem der katalanischen Agrargesellschaft dar. Seit Ausgang des Mittelalters hatte der weitgehend verarmte Adel seine Ländereien gegen Entrichtung eines Zinses auf unbestimmte Zeit verpachtet; demgegenüber setzte sich seit Beginn des 18. Jahrhunderts immer mehr die zeitlich begrenzte Pacht durch, die in den katalanischen Weingegenden ihren Niederschlag in Form der *rabassa morta*-Verträge fand, die eine solche Verbreitung erfuhren, daß unter den Weinbauern der landwirtschaftliche Tagelöhner als soziale Schicht fast völlig verschwand und in den Weinbau-Gegenden nahezu nur noch Eigentümer und »rabassers« anzutreffen waren[130]. Der Weinpächter bezahlte für das ihm zur Bewirtschaftung überlassene Land einen festgesetzten Pachtzins und überließ dem Eigentümer einen aliquoten Teil – ein Drittel oder die Hälfte – der Ernte. Der Pachtvertrag lief so lange, bis mindestens zwei Drittel der vom Pächter gepflanzten Reben abgestorben waren oder die Unfruchtbarkeit des Bodens keine weitere Bewirtschaftung gestattete. Als die einerseits durch das Absterben der Reben, andererseits durch die natürliche Auszehrung des Bodens beschränkte Pachtdauer dank neuer Methoden sowie durch verbesserte Düngemittel auf unbeschränkte Zeit verlängert werden konnte, wurde die Dauer des Rabassa-morta-Vertrags gegen Ende des 18. Jahrhunderts gesetzlich auf 50 Jahre festgelegt, überstieg aber in vielen Fällen diesen Zeitraum. Seit 1879, dem Beginn der aus den USA eingeschleppten Reblausplage in Katalonien, verlor die Diskussion über die Pachtdauer an Bedeutung, da die Plage das Ende der historischen Form der »rabassa« darstellte und zum Anbau amerikanischer Reben zwang, die zwar widerstandsfähiger, aber bedeutend kurzlebiger waren, wodurch die durchschnittliche Pachtdauer der Weinberge auf die Hälfte sank und die Pächter ungünstigere Verträge erhielten. Um ihre Interessen zu wahren, gründeten die »rabassers« Widerstandsgruppen und Verteidigungsbünde. In den auf den Ersten Weltkrieg folgenden Unruhen konstituierte sich unter dem Vorsitz von Lluis Companys die *Unió de Rabassaires i altres Conreadors del Camp de Catalunya* (UDR), deren Forderungen[131] darauf abzielten, die Agrarverhältnisse durch Schaffung von Sicherheiten für die Pachtdauer zu stabilisieren und den Zugang zum Eigentum zu erleichtern. Die politisch von der Regierungspartei ERC vertretene Unió wurde während der Republik zur bedeutendsten katalanischen Gewerkschaftsorganisation auf dem Land. Sie setzte im April 1934 das Gesetz über *Contratos de cultivo* (Anbauverträge) durch, das jedoch kurz danach auf Betreiben der *Lliga Catalana* wieder außer Kraft gesetzt und erst nach dem Wahlsieg der Volksfront im Februar 1936

wieder rechtskräftig wurde. Auch wenn auf dem Rabassaires-Kongreß vom 15. bis 17. Mai 1936 Forderungen wie entschädigungslose Enteignung des in Privateigentum befindlichen Bodens, Überführung des Bodens in Kollektiveigentum der Gesellschaft unter Beibehaltung des Privateigentums am Arbeitsprodukt, Flurbereinigung zum Zwecke größerer Rentabilität und Einführung der Kollektivarbeit erhoben wurden, betonten CNT und UGT sehr bald den »kleinbürgerlichen« Charakter der Weinpächter-Organisation, die trotz ihrer Forderung nach Einführung der Kollektivwirtschaft nach wie vor am Familienbesitz festhielt; sie bezeichneten die Forderungen als den Versuch, ein Abwandern der radikalisierten Rabassaires zu anderen Gewerkschaftsorganisationen zu verhindern. Bezüglich der Versorgung mit Landwirtschaftsmaschinen, der Verteilung landwirtschaftlicher Produkte und der Vergabe von Agrarkrediten setzte sich die Unió für ein vom Staat unterstütztes, von Landarbeitern selbst verwaltetes Netz von Genossenschaftsbünden ein[132].
Das erste Rundschreiben der Unió an ihre Lokalsektionen nach dem Militäraufstand forderte die Pachtbauern auf, die gesamte Ernte einzubehalten, vorerst keinen Pachtzins zu entrichten und den Verkauf ihrer Erzeugnisse gemeinsam durch das örtliche »landwirtschaftliche Syndikat« vorzunehmen; außerdem wurden die Syndikate angehalten, die großen Besitzungen zu beschlagnahmen und deren Bearbeitung vornehmlich landlosen Tagelöhnern und Kleinbauern zu überlassen; Privatbetriebe, die vom Zwischenhandel mit Agrarprodukten lebten, sollten ebenfalls beschlagnahmt werden. Die Rabassaires sollten allen Bauern Zugang zu den Landwirtschaftssyndikaten verschaffen.
Die UDR widersetzte sich sehr bald dem Prinzip der Kollektivierung; sie trat für die Aufteilung des Bodens, die Annullierung des Pachtzinses und die Schaffung von Familienbetrieben ein. Nach dem 19. Juli 1936 beteiligte sich die UDR an allen Machtorganen Kataloniens: Sie entsandte einen Vertreter in das Zentralkomitee der Antifaschistischen Milizen (J. Torrent), hatte gleichzeitig das Landwirtschaftsministerium in der Generalitat inne (J. Calvet) und war im katalanischen Wirtschaftsrat vertreten. Außerdem hatte sie beträchtlichen Einfluß auf die katalanistisch-autonomistische Regierungspartei des Präsidenten Companys, in der viele ihrer Mitglieder politisch organisiert waren.
Nachdem die Unió den bereits vor der Republik gegründeten, 300 Agrargenossenschaften umfassenden Bund landwirtschaftlicher Syndikate Kataloniens (*Unió de Sindicats Agrícoles de Catalunya* USA) unter ihre Kontrolle gebracht hatte, wurde sie zum einzigen Bund landwirtschaftlicher Syndikate der Region. Das Dekret vom 27. August 1936 über Zwangseintritt in ein Landwirtschaftssyndikat hatte dem von der Unió kontrollierten, aus der Fusion der USA mit anderen Genossenschaften Anfang Dezember 1936 hervorgegangenen Bund landwirtschaftlicher Syndikate Kataloniens (*Federació de Sindicats Agricoles de Catalunya* FESAC) einen erheblichen Mitgliederzuwachs verschafft[133]. Das Dekret über Zwangssyndikalisierung[134] verpflichtete jeden in der Landwirtschaft Beschäftigten, »den Verkauf und – falls erforderlich – die Verarbeitung seiner Agrar- oder Viehprodukte, den Einkauf der zu Berufszwecken erforderlichen Grundstoffe, die Versicherung . . . und den Erwerb des zum Betreiben seines Landwirtschaftsbetriebs nötigen Kredits über das Landwirtschaftssyndikat« abzuwickeln (Art. 1)[135]. Bereits bestehende Syndikate mußten

alle organisatorisch noch nicht erfaßten Landwirte aufnehmen und ihre Statuten dem neuen Dekret anpassen. Das Dekret sah die Gründung eines Syndikats in jeder Ortschaft bzw. die Zusammenfassung verschiedener Syndikate zu einer einzigen Organisation vor[136]. Jedes lokale Agrarsyndikat war in vier Abteilungen untergliedert:

1 Die Abteilung *Einkauf* konnte als Unterabteilung eine allen Einwohnern der Gemeinde zugängliche Konsum-Genossenschaft bilden.
2 Die Abteilung *Verkauf* konnte eine Unterabteilung »Verarbeitung und Verkauf besonderer Produkte« bilden.
3 Die Abteilung *Versicherung auf Gegenseitigkeit* schloß die Versicherung für den Fall von Arbeitsunfällen, Feuer, Viehsterben, Verlust der Ernte ein.
4 Die *Kredit*-Abteilungen der Ortssyndikate arbeiteten wie Kreditbanken auf Gegenseitigkeit. Wegen der Rechnungsprüfung sowie für Transaktionen, die ihre eigenen Mittel überschritten, waren sie den Banken der Bezirks-Föderationen angeschlossen, die wiederum der durch Dekret vom 5. 10. 1937 gegründeten Zentralbank angegliedert waren. Die von der Generalitat finanziell unterstützte Zentralbank stand unter deren direkter Kontrolle.

Die Agrarsyndikate waren demnach – als Organisationen unabhängiger Produzenten – zugleich Verteilungszentralen zur Ausschaltung der Zwischenhändler, landwirtschaftliche Versicherungsanstalten und Agrarkreditorganisationen (s. Skizze nächste Seite). Lokale Syndikate schlossen sich auf Bezirksebene zusammen; die insgesamt 36 Bezirksföderationen wiederum bildeten einen sich über ganz Katalonien erstreckenden Regionalbund. Mit dem auf Initiative des Wirtschaftsrates zurückgehenden Zwangssyndikalisierungs-Dekret verfolgte die Generalitat – nach eigenen Aussagen – die Absicht, »innerhalb kurzer Zeit zu einem perfekten agrarwirtschaftlichen System« zu gelangen, »auf dem vorläufig die Grundlagen für die regelmäßige Versorgung unserer Bevölkerung und längerfristig die gesamte Agrarpolitik der Regierung fußen werden«; höchstes Ziel sei die Verbesserung der Lebensbedingungen der katalanischen Landwirte[137].
Neben dieser versorgungspolitischen Intention hatte das Dekret zweifellos den Zweck, auf dem Land ein von der Regierung kontrolliertes Gegengewicht zu der anarchistischen Übermacht in vielen Industriebetrieben zu errichten. Durch die Staatsintervention trat der Charakter dieser Genossenschaften als Selbsthilfeeinrichtungen zurück. Die Institution der Agrarsyndikate unterstrich vielmehr die zentralverwaltungswirtschaftlichen Tendenzen, denen zufolge die Syndikate als Vollzugsorgane einer zentral gelenkten staatlichen Wirtschaft konzipiert waren. Selbstverwaltung, Selbsthilfe oder Selbstverantwortung sind daher (im Gegensatz zu den an Agrar-Kollektivwirtschaften angegliederten Genossenschaften) als Kriterien zur Kennzeichnung dieses Genossenschaftstyps nicht anwendbar. Es wird vielmehr deutlich, daß das Dekret des »kryptokommunistischen«[138] UDR-Landwirtschaftsministers Calvet auf eine vollständige Kontrolle der katalanischen Agrarwirtschaft abzielte. Im Januar 1937 wurde auf dem Regionalkongreß[139] der katalanischen CNT deren Unzufriedenheit mit dem Zwangssyndikalisierungs-Dekret und der Errichtung lokaler Agrarsyndikate deutlich artikuliert[140]. Dem Regionalkomitee gelang es allerdings, die aufgebrachten Bauern zu beruhigen und eine gemäßigte Resolution verabschie-

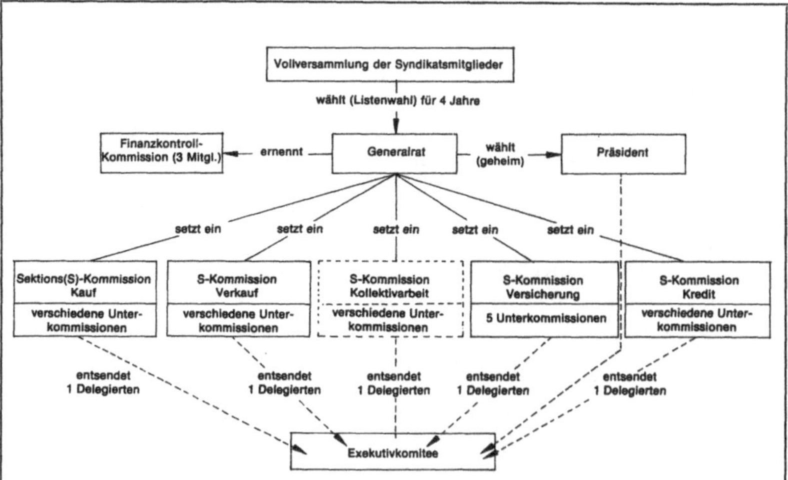

Aufbau eines Lokalsyndikats

Alle hauptberuflich in der Landwirtschaft tätigen Einwohner einer Ortschaft bilden das lokale Syndikat. Die Vollversammlung der Syndikatsmitglieder wählt für vier Jahre den Generalrat, dessen Aufgabe die Verwaltung des Syndikats ist; er hat gegenüber jedem Sektionsbeschluß ein Vetorecht. Der Generalrat ernennt die vier (bzw. fünf) Sektionskommissionen sowie eine aus drei Mitgliedern bestehende Finanzkontrollkommission und wählt den Syndikatspräsidenten. Dieser bildet mit den Kommissionsdelegierten das Exekutivkomitee, das die Syndikatsleitung darstellt und für die Durchführung der Generalratsbeschlüsse zuständig ist. Auf Antrag von 25 Prozent der Syndikatsmitglieder muß der Generalrat seine Beschlüsse der Vollversammlung zur Abstimmung unterbreiten, bevor er sie an die Exekutive weiterleitet. Jedes Syndikat muß über die Sektionen Kauf und Verkauf, Versicherung und Kredit verfügen; eine Sektion Kollektivarbeit kann auf Antrag eingerichtet werden, wenn dem Syndikat durch die Generalitat Ländereien zur kollektiven Nutzung überlassen worden sind. Jede Sektion kann die zur Bewältigung anfallender Arbeiten nötigen Untersektionen einrichten. Die Versicherungssektion muß die Unterabteilungen Arbeitsunfälle, Zivilhaftung, Brand, Viehsterben, Ernteverlust aufweisen.

den zu lassen: Die Agrarsyndikate sollten ihre »politisch-soziale Neutralität« aufgeben und gegen das Eindringen von »Restbeständen der alten Staatsinstitutionen« ankämpfen; daher müßten sie von einer der drei »revolutionären Gewerkschaftsorganisationen CNT, UGT und UDR« geleitet werden. Landwirtschaftlichen Kollektivwirtschaften sollte es freistehen, in Agrarsyndikate qua Kaufsgenossenschaften einzutreten, gleichzeitig jedoch unabhängig davon mit ihren Produkten Handel zu treiben. Obwohl gerade auf agrarpolitischem Gebiet die antikollektivistische Haltung der Rabassaires und Kommunisten ähnlich war, widersetzte sich der PSUC – ebenso erfolglos wie die Anarchisten – dem Zwangssyndikalisierungsdekret. Beklagten jedoch CNT und FAI die kleinbürgerliche, besitzorientierte Tendenz des Dekretes, so hatten Kommunisten vor allem daran auszusetzen, daß bereits bestehende Agrarkollektive davon nicht tangiert wurden; außerdem würde durch die Kontrolle, die Agrarsyndikate über Preise, Versicherungen, Kredite etc. ausübten, die Freiheit des Bauern eingeschränkt und dessen »Anreiz, mehr zu produzieren, abgetötet«[141]. Die Zwangssyndikalisierung scheint des öfteren – z. B. in Villa Galán, wo Rabassaires beitrittsunwillige CNT-Mitglieder zum Eintritt in das lokale Syndikat zwangen – vereinspolitischen Interessen der UDR dienstbar gemacht worden zu sein. Obwohl die anarcho-syndikalistische Organisation eine Kontrolle der Produktion befürwortete, forderte sie für die landwirtschaftlichen Kollektive das Recht, Güter über das in der anarchistischen Presse als »hybrides und farbloses Organ« geschmähte, von den Kommunisten als »Mittel zur Emanzipation« gefeierte lokale Agrarsyndikat zu beziehen, ohne damit aber die Verpflichtung zum Verkauf ihrer Produkte über das Syndikat zu verbinden; bei Einzelbewirtschaftung des Bodens sollte allerdings die Verteilung ganz vom Agrarsyndikat übernommen werden.

Um die Bestimmungen vom 27. August 1936 realisieren zu können, wurde am 8. Oktober 1936 der »Landwirtschaftliche Genossenschaftsdienst« – mit einer Außenstelle in jedem Bezirk – eingerichtet, an den sich alle Genossenschaften zu ihrer Legalisierung wenden mußten und der damit zum obersten Gremium in allen Genossenschaftsfragen wurde[142]. Als Koordinationszentrum wurde in jeder Gegend eine »Bezirksföderation von Agrarsyndikaten« eingerichtet; der gesamte Außenhandel war über die FESAC als Organ dieser Föderationen abzuwickeln, die genossenschaftliche Interessen vor der Regierung vertrat, für Organisation und Ausbau verantwortlich war und die einzelnen Wirtschaftstätigkeiten koordinierte[143].

Ein am 16. Juni 1937 erlassenes Dekret[144] löste alle bestehenden Führungsgremien von Agrarsyndikaten auf und schrieb Neuwahlen für den 25. Juli 1937 aus. Für die Auflösung von zum Teil noch auf die Zeit vor dem 19. Juli 1936 zurückgehenden Leitungskomitees gab die Generalitat als Begründung an, daß der von der Regierung verfolgte Zweck nur schwer erreicht werden könnte, »wenn die Führung der katalanischen Agrarsyndikate in Händen von Elementen wäre, die auf Grund ihrer Vorgeschichte nicht die erforderlichen Garantien der Übereinstimmung mit den Idealen bieten würden, die den augenblicklichen Kampf des Volkes gegen den Faschismus beseelen«. Bei der als »allgemeine Sanierungsmaßnahme« bezeichneten Erneuerung der Führungsgremien sollte verhindert werden, daß »diejenigen Elemente verantwortliche Posten innehaben, die sich vor dem 19. Juli 1936 als Gegner ... der gewerkschaftlichen und politischen Organisationen erwiesen haben, die jetzt den antifaschistischen Block bilden«. Die Dekretierung von Neuwahlen stellte für die Regierung nicht nur einen willkommenen Anlaß dar, ihr Recht auf Intervention in die Verwaltung der Syndikate unter Beweis zu stellen; die Bestimmung, daß die Leitung der Agrarsyndikate »in die Hände derer gelegt werden« soll, »die mit dem vollen Vertrauen der politischen und gewerkschaftlichen Organisationen rechnen können, die den Rat der Regierung von Katalonien bilden«, gab ihr außerdem eine Handhabe, eventuell in den Leitungskomitees noch vertretene POUM-Mitglieder, gegen die nach den Mai-Ereignissen eine heftige Kampagne seitens des PSUC eingeleitet worden war, auszuschalten.

Als am 1. Januar 1937 ein unter maßgeblichem Einfluß Calvets erlassenes Dekret die am 19. Juli 1936 in Kraft befindlichen Anbauverträge für ungültig erklärte und die Pachtbauern zur Bezahlung der Beiträge verpflichtete, die zuvor die Eigentümer entrichtet hatten, bedeutete dies – analog zum Kollektivierungsdekret in der Industrie – nichts anderes als die Legalisierung eines fait accompli. Durch diese Bestimmung wurden viele Rabassaires de facto Eigentümer des von ihnen gepachteten Bodens, was die CNT wiederum dazu veranlaßte, vor dem Entstehen einer neuen »Agrarbourgeoisie« zu warnen[145]. Ein Dekret vom 20. Februar 1937 sah vor, daß Kollektivisten jederzeit aus dem Kollektiv austreten konnten und dabei ihr gesamtes eingebrachtes Eigentum an Boden und Geräten zurückerhalten müßten. Diese Verordnung, die eigentlich gegen die CNT-Agrarpraxis gerichtet war, legalisierte jedoch nur einen seit Anfang des Krieges praktizierten Modus, nach dem Ein- und Austritt (bei Rückgabe des gesamten eingebrachten Eigentums) der freien Entscheidung des einzelnen überlassen waren[146]. Gleichzeitig wurden alle nicht in Übereinstimmung mit dem Kollektivierungs-Dekret vorgenommenen Kollektivierungen für ungesetzlich erklärt und aufgelöst, was zu harter Kritik der CNT an den Beschlüssen der Generalitat – in der zu dieser Zeit ihre eigenen Vertreter saßen – führte. Die inzwischen zur »Agrarbourgeoisie« avancierten Rabassaires widersetzten sich jeglicher Änderung des Eigentumsrechtes und näherten sich dem PSUC und dessen Parole, jegliche Kollektivierung auf dem Lande sei schädlich, da sie die für den Kampf um die Freiheit Spaniens lebenswichtige Versorgung der Bevölkerung beeinträchtige. Die vom PCE von Anfang an propagierte Trennung von Krieg und Revolution unter vorläufiger Hintansetzung der Revolution wurde nun auch von der Unió übernommen. Obwohl es im Verlauf des Krieges auch in Katalonien zu bemerkenswerten Kollektivierungsversuchen auf dem Land und in deren Gefolge zu Auseinandersetzungen zwischen CNT-Anhängern und sogenannten »Individualisten« kam, blieben »die Kollektive jedoch immer Inseln inmitten des überwiegenden Klein- und Mittelbesitzes und bildeten somit die Ausnahme von der Regel«[147]. Die CNT versuchte die Bauern von den Vorteilen einer Kollektivierung zu überzeugen; sie warf den Rabassaires vor, ihre eigene Bereicherung zu betreiben und verantwortlich für die immer drückender werdende Kostenexplosion zu sein, während die UDR ihre eigene Politik als sozial fortschrittlich darstellte, da sie den Landarbeitern ein Nutzungsrecht auf den von ihren Eigentümern verlassenen Ländereien verschaffte. Der Anti-Kollektivierungskurs der Rabassaires verstärkte sich nach den Mai-Ereignissen von 1937. Ein Dekret vom 14. Juli 1937 legalisierte die entschädigungslose Enteignung der Eigentümer, die direkt oder indirekt am Militäraufstand teilgenommen hatten, verpflichtete aber auch die von der UDR beherrschten Landwirtschaftssyndikate, den Agrarkollektiven Kredite zu eröffnen. Zur Gründung eines Landwirtschaftskollektivs wurde andererseits die Genehmigung der Generalitat erforderlich, die die Ausführungsbestimmungen zum Dekret vom 14. Juli 1937 erst am 1. Februar 1938 erließ. »Die gesetzgeberische und bürokratische Langsamkeit war symptomatisch für einen der Agrarrevolution gegenüber immer stärkeren Widerstand«[148].

Da neben dem Genossenschaftsbund, dem eigentlich jeder Landarbeiter beizutreten hatte, der freie Handel und die Zwischenhändler weiterbestanden, zogen es viele Produzenten vor, ihre Erträge nicht bei dem Syndikat zu den staatlich vorgeschriebenen Preisen abzuliefern, sondern sie statt dessen zu höheren Preisen an die Zwischenhändler und Spekulanten zu verkaufen. Die Spekulation und der Schwarzhandel mit landwirtschaftlichen Erzeugnissen trugen mit zu den enormen Preissteigerungen bei, die infolge des Mangels an Devisen sowie der Isolierung Kataloniens und des dadurch ständig teurer werdenden Imports inflationäre Rekordhöhen erreichten und es der FESAC schließlich unmöglich machten, ihre eigenen Mitglieder mit Grundnahrungsmitteln wie Reis, Kartoffeln oder Öl zu versorgen. Immer mehr Landarbeiter weigerten sich, ihre Ernten der FESAC zu verkaufen, die ihrerseits aus Geldmangel keine effektive Arbeit leisten und auch ihrer Funktion als Vermittlungsstelle zwischen Landwirtschaftssyndikaten und -kollektiven einerseits und dem Groß- und Einzelhandel andererseits nicht gerecht werden konnte.

Anfang 1937 wurde in Valencia zwischen CNT und UGT der »Arbeiterbund zur Verteilung der Bodenerträge« gegründet, der sich die Abschaffung des als »Mittelpunkt der Spekulation« angesehenen freien Marktes und die »völlige Sozialisierung ... zugunsten des Konsumenten« zum Ziel setzte. Die Einrichtung dieses Bundes war die Reaktion auf das für die Agrarbevölkerung besonders drückende Problem der unterschiedlichen Preissteigerung bei Agrar- bzw. Industrieprodukten. Während die Preise ersterer nahezu stagnierten, unterlagen letztere in vollem Umfang der inflationistischen Preisentwicklung. So stiegen z. B. zwischen Juli 1936 und September 1938 die Einzelhandelspreise für Textilien um durchschnittlich 600–800 %, die für Agrarprodukte lediglich um 30–40 %. Gravierend für die Agrarbevölkerung kam die disparitätische Steigerung von Industrie- und Agrareinkommen hinzu. Während ein Agrarkollektiv seinen Mitgliedern durchschnittlich 70 Peseten Wochenlohn zahlen konnte, bezahlte ein Industriekollektiv 120, in einigen Fällen bis zu 140 Peseten, und die in der Kriegsindustrie tätigen Arbeiter erhielten 200 Peseten und mehr. Die Differenz zwischen den niedrigen Abgabepreisen für den landwirtschaftlichen Erzeuger und den hohen Verbraucherpreisen für die nichtlandwirtschaftliche Bevölkerung wurde nicht selten von Komitees zur Finanzierung ihrer vielfältigen kommunalen Anliegen verwendet; diese Praktiken führten zur kommunistischen Kritik am »kapitalistischen« und »ausbeuterischen« Gebaren anarchistischer Kollektiv-Komitees und verleitete einen nicht unbeträchtlichen Teil der in Kollektivwirtschaften organisierten bäuerlichen Produzenten dazu, ihre Produkte nicht bei den Kollektiv-Genossenschaften oder (in Katalonien) den Agrar-Syndikaten abzuliefern, sondern auf dem »freien« Markt direkt an den städtischen Händler oder Endverbraucher zu verkaufen[149]. Mit der Belieferung des Schwarzmarktes war naturgemäß eine Erhöhung der Lebenshaltungskosten der städtischen Verbrauchermassen verbunden. Die stark überhöhten Schwarzmarktpreise führten gegen Ende des Krieges zu einer gefährlichen Spannung zwischen Stadt und Land.

Die im Vergleich zu den meisten Industriearbeitern wirtschaftlich angespannte Situation der Agrarbevölkerung und der andauernde Kampf der (klein-)bürgerlichen und kommunistischen Organisationen gegen die Kollektivierung führten zu nicht unbeträchtlichen Zweifeln, zu Unsicherheit und Dämpfung des anfänglichen Enthusiasmus unter den ideologisch nicht gefestigten, häufig opportunistisch eingestellten Landarbeitern, die durch ihre nicht stets vorbehaltlose Unterstützung der Kollektive, durch abwartendes Verhalten und öfters durch Austritte eine für wirtschaftlichen Erfolg notwendige kontinuierliche Entwicklung der Agrarkollektive erschwerten und in vielen Fällen unmöglich machten. Angesichts der überaus prekären Lage der Republik infolge der internationalen Isolierung während des Krieges hätten ein rigoroser Staatsdirigismus in Form von Lohn- und Preiskontrollen und ein vollausgebautes Genossenschaftswesen als Übergangssystem bis zu einer möglichen vollständigen Kollektivierung die auftretenden Schwierigkeiten in einem erträglichen Rahmen halten können. Es waren aber gerade die durch die internationale Isolierung verursachten Schwierigkeiten (Devisen- und Rohstoffmangel, Verlust des Außenmarktes und der Importmöglichkeiten) sowie die mangelnde Einheit der verschiedenen Gruppen mit ihren durch Tradition und sozio-ökonomische Voraussetzungen bedingten unterschiedlichen Interessen, die dieses »Übergangssystem zwischen Kapitalismus und Sozialismus, das in der katalanischen Landwirtschaft bis zur Niederlage der republikanischen Kräfte nach der Ebroschlacht vorherrschte«[150], nicht zur vollen Realisierung kommen ließen.

e) Die Agrarpolitik der Generalitat: Die »Revolution von oben«

In den ersten Monaten nach dem 19. Juli 1936 waren die Anarchisten zweifellos die mächtigste Organisation in Katalonien. Das Zentralkomitee der Antifaschistischen Milizen, in dem sie vorherrschend waren, konnte für einige Zeit der nur noch formal bestehenden Generalitat seinen Willen aufzwingen und de facto die Regierungsgewalt ausüben. Der Regierung Companys gelang es jedoch sehr schnell, durch geschicktes Taktieren und Entgegenkommen ihre Position wieder so zu stärken, daß sie zuerst neben dem Zentralkomitee eine Art »Doppelherrschaft« errichten und Ende September, nach dem Eintritt der Anarchisten und Kommunisten (CNT, PSUC, POUM) in die Generalitat und der freiwilligen Auflösung des Zentralkomitees, die gesamte Gewalt – dabei die durch das Autonomiestatut von 1932 gesetzten Grenzen mißachtend – wieder übernehmen konnte. In dieser »All-Organisationen-Regierung« gewannen die Stalinisten – analog zu der Entwicklung in der Zentralregierung – rasch an Einfluß und konnten bereits Mitte Dezember 1936 den Ausschluß des POUM-Vertreters Andreu Nin, der (wie seine gesamte Partei) unberechtigterweise des »Trotzkismus« beschuldigt wurde, durchsetzen. Aus den Kämpfen im Mai 1937 gingen die Kommunisten abermals gestärkt hervor; im Juni mußten auch die Anarcho-Syndikalisten die Regionalregierung verlassen, die von nun an bis zum Ende des Krieges nur noch von Linksrepublikanern (ERC, ACR), der Pächterorganisation UDR und den Kommunisten (PSUC) gebildet wurde.
Die Auseinandersetzungen zwischen Kommunisten und Anarchisten kamen den Vertretern des Kleinbürgertums in der Generalitat sehr gelegen: Auch sie waren bestrebt, den allzu großen Einfluß von CNT und FAI in Katalonien

zurückzudrängen. Dabei fiel ihnen eine Zweck-Koalition mit den Kommunisten um so leichter, als diese ja längst alle klassenkämpferischen Parolen abgelegt hatten und vor allem die Interessen der kleinen Gewerbetreibenden und Angestellten gegen die Kollektivierungs- und Sozialisierungspläne der Anarchisten vertraten. Sobald die Generalitat die anarcho-syndikalistische Gewerkschaft in den Hintergrund gedrängt und seit Juni 1937 nahezu ausgeschaltet hatte, erließ sie eine Reihe von Agrardekreten, die die spontan erfolgten Kollektivierungsmaßnahmen legalisierten, bestehenden Agrarkollektiven vom Landwirtschaftsministerium ausgearbeitete Statuten aufnötigten und die Genehmigung zur Neugründung landwirtschaftlicher Kollektive von Auflagen abhängig machten, die der Kollektivierungs-»Bewegung« jegliche Spontaneität nahmen, sie vielmehr einer gesetzgeberisch-bürokratischen Prozedur unterwarfen, die unverkennbar gegen die Kollektivierungen gerichtet war. Die Dekrete vom *16. Juni 1937* über die Gründung des Landwirtschaftsrates, vom *14. Juli 1937* über die Verstaatlichung bestimmter Ländereien, vom *14. August 1937* über die Wiederaufteilung des Bodens und vom *8. Oktober 1937* über die Kollektiv-Bewirtschaftung des Bodens lassen zwei Tendenzen der katalanischen Agrarpolitik deutlich hervortreten: Einerseits ging es ihr darum, durch zunehmende Verwaltungsprozeduren und Verschärfung der zur Legalisierung erforderlichen Auflagen die Kollektivierungs-Bewegung in den Griff zu bekommen und einzudämmen, andererseits versuchte sie, durch Förderung der Familien-Bewirtschaftung, Verstaatlichung möglichst großer Ländereien und deren Dauer-Überlassung an die landlose Agrarbevölkerung der »Revolution von unten« eine »Revolution von oben« entgegenzusetzen und dadurch den Einfluß der Organisationen abzubauen, die nicht oder nicht mehr in der Generalitat saßen und den Regierungskurs ablehnten. Gleichzeitig sollte der Einfluß der Generalitat auf die ärmeren bäuerlichen Schichten ausgedehnt werden.

Die Zentralisierungspolitik der Generalitat kam besonders deutlich in der Gründung des »Landwirtschaftsrates«[151] zum Ausdruck, »dessen Aufgabe die Festlegung der allgemeinen Ausführungsbestimmungen der Regierungsverordnungen« war. Der direkt vom Landwirtschaftsminister abhängige und aus Vertretern der verschiedenen Landwirtschaftsorganisationen (UDR, CNT, UGT) bestehende Rat sollte »die vom Landwirtschaftsministerium ... erlassenen Verordnungen auslegen und anwenden«. In jeder Ortschaft Kataloniens mußte ein kommunales Agrarkomitee *(Junta Municipal Agrària)* eingesetzt werden, dem die am Ort vertretenen Agrarsyndikate und der Vorsitzende der Lokalverwaltung angehörten. Dem Komitee oblag »in seinem Kompetenzbereich die Anwendung der vom Landwirtschaftsministerium erlassenen Verordnungen«. Durch die Einsetzung des Landwirtschaftsrates und der kommunalen Agrarkomitees schuf sich die Regierung ein über die gesamte Region gespanntes Netz von Organen, die die genaue Befolgung der Agrarverordnungen sicherstellten. Zwei Monate später wurde durch eine Änderung der Gründungsverordnung der unmittelbare Einfluß der Regierungsparteien auf die neugeschaffenen Gremien erheblich verstärkt[152]. Der Landwirtschaftsrat setzte sich nach der neuen Bestimmung nicht mehr nur aus Vertretern der gewerkschaftlichen Landwirtschaftsorganisationen zusammen, sondern »aus je drei Vertretern der gewerkschaftlichen Agrarorganisationen Kataloniens sowie der politischen Organisationen, die im Augenblick der Veröffentlichung dieses Dekrets in der Regierung der Generalitat vertreten sind«. Auch in die kommunalen Agrarkomitees sollten die politischen Organisationen der jeweiligen Ortschaft Vertreter entsenden. Die Neuverteilung der Sitze kam der ERC und dem PSUC zugute, die zusammen über zwei Drittel der Kabinettssitze in ihrer Hand hatten. Durch die Änderung der Verordnung über die institutionelle Zusammensetzung der Landwirtschaftsgremien wurde deren Funktion als Transmissionsriemen der Agrarpolitik der Regierung offensichtlich; die CNT, die inzwischen aus der Regierung ausgeschieden war, konnte von den in der Generalitat vertretenen Organisationen stets überstimmt werden. Mitte Juli 1937 enteignete die Generalitat entschädigungslos diejenigen Ländereien, die am 19. Juli 1936 »natürlichen oder juristischen Personen gehörten, die direkt oder indirekt an der Aufstandsbewegung gegen die Regierung der Republik beteiligt waren«[153]. Viele Gründe sprächen dafür – so das Dekret –, »daß die Aneignung von Ländereien von als Aufständische betrachteten Elementen direkt zugunsten der Generalitat von Katalonien erfolgt«, die sie zur Nutznießung *den* Pächtern oder Landarbeitern überließ, die sie zum Zeitpunkt des Militäraufstandes bearbeitet hatten; zu diesen Gründen gehörten »u. a. die Erfordernis, alle Ländereien, die der Aneignungsbestimmung unterliegen, einer einheitlichen Sozialpolitik zu unterwerfen und die erforderliche Übereinstimmung mit der von der Regierung der Republik in ihrem Dekret vom 7. Oktober 1936 praktizierten Politik herzustellen«. Das Dekret stand in der Nachfolge des Verstaatlichungs-Dekrets des Kommunisten Uribe. Eine vom kurz zuvor gegründeten Landwirtschaftsrat eingesetzte Beurteilungs-Kommission mußte der am 9. Januar 1937 aufgestellten Verbindlichkeits-Kommission (Vorsitzender: Martin Barrera) Vorschläge zur Enteignung von Ländereien unterbreiten. Die Generalitat überließ *den* Pächtern ein Dauer-Nutzungsrecht auf gepachtetes Land, die den Boden bereits am 19. Juli 1936 in Pacht bewirtschaftet hatten; zu jenem Zeitpunkt direkt vom Eigentümer bearbeitetes Land ging – wenn die Landbesetzung durch eine gewerkschaftliche oder politische Organisation gebilligt worden war – an »seine gegenwärtigen Besitzer« über; andernfalls erhielt die kommunale Agrarkommission den Besitzanspruch zugesprochen. Schlossen sich landlose Arbeiter zusammen, gingen alle Gebäude, Einrichtungen, Maschinen, Handwerkszeuge auf das Kollektiv, bei Individual-Parzellierung auf die kommunale Agrarkommission über. Bankeinlagen erhielt die Reparations- und Hilfskasse der Generalitat.

Nachdem bereits wenige Wochen nach Ausbruch des Bürgerkrieges das Gesetzesdekret vom 16. August 1936 allen Pächtern *(arrendatarios)* und Halbpächtern *(aparceros)* das Recht zugesprochen hatte, den von ihnen länger als sechs Jahre ununterbrochen bewirtschafteten Boden als Eigentum zu erwerben, verfolgte das am 14. August 1937 erlassene Dekret[154] den Zweck, »den wirtschaftlichen Überbau des Bodens zu verändern, um ... jedem Landarbeiter, individuell oder kollektiv, die erforderliche Grundfläche zu verschaffen, damit er in Würde seinen Familienverpflichtungen nachkommen kann und so die Bestrebungen realisiert sieht, die über Generationen hinweg die katalanischen Bauern dazu bewegt haben, für eine neue, gerechtere und ausgewogenere Sozialordnung ... zu kämpfen«. Alle landwirtschaftlich Tätigen, die nicht selbst über Boden verfügten, konnten sich an die örtliche kommunale Agrarkommission wenden und von ihr das Land beantragen, »das sie entsprechend ihren Bedürfnissen benötigten«; die Agrarkommission leitete den Antrag an den Landwirtschaftsrat weiter, der über die Zuteilung des Bodens entschied. Diese Bestimmungen veranlaßten das PSUC-Organ *Treball* zur enthusiastischen Feststellung, das Dekret vom 14. August 1937 befriedige »die höchsten Ansprüche unserer Bauern«[155]. Zur Verteilung gelangten die nach dem Dekret vom 14. Juli 1937 verstaatlichten Ländereien und brachliegender sowie solcher Boden, dessen Bestellung die Arbeitskapazität der darauf Beschäftigten überstieg. Als Bewirtschaftungsformen kamen die von der Generalitat besonders geschützte Form der Familien-Bewirtschaftung, die Bewirtschaftung auf Teilhaberschaftsbasis sowie die Kollektivbewirtschaftung in Frage[156]. Letztere konnte durch Dekretierung oder freiwilligen Zusammenschluß erfolgen. Um Land jedoch kollektiv bewirtschaften zu können, mußten die Mitglieder eines Kollektivs dem lokalen Agrarsyndikat angehören[157].

Sowohl das Verstaatlichungs-Dekret vom 14. Juli als auch das »Wiederaufteilungs-Dekret« vom 14. August 1937 sahen die Möglichkeit der Kollektivbewirtschaftung vor. Aufgrund der Bestimmungen des Dekrets vom 8. Oktober 1937, das die kollektive Bewirtschaftungsform einheitlichen Richtlinien unterwarf[158], mußten alle Agrarkollektive[159] in ein vom Landwirtschaftsministerium angelegtes Verzeichnis aufgenommen werden. Sie wurden »verpflichtet, alle in Art. 1 des Zwangssyndikalisierungs-Dekrets angegebenen Wirtschaftstätigkeiten über die lokalen Agrarsyndikate abzuwickeln«, in die auch Kollektiv-Mitglieder gewählt werden konnten. Die Selbstverwaltung aller Kollektive, die mehr als zehn Mitglieder hatten, erfolgte nach vorgeschriebenen Statuten. Beim Eintritt in ein Kollektiv mußten sämtliche Gerätschaften und Ländereien eingebracht werden; deren von einem Sachverständigen geschätzter Wert wurde auf den von jedem Kollektivisten zu leistenden »Individualbeitrag« – der 2000 Peseten nicht übersteigen durfte – angerechnet; der Individualbeitrag konnte in bar, in Arbeitsleistung oder Gütern entrichtet werden. Erträge aus der Privatzucht von Geflügel und Kleinvieh standen dem Kollektivisten in unbeschränkter Höhe zu. Die Mitgliedschaft in einem Kollektiv konnte freiwillig oder durch Zwangsausschluß, der von mindestens zwei Dritteln aller Mitglieder beschlossen sein mußte, aufgehoben werden; im Normalfall wurden dem ausscheidenden Mitglied alle eingebrachten Güter oder der Gegenwert in Bargeld zurückerstattet. Der erwirtschaftete Überschuß des Kollektivs konnte, nach Abzug von mindestens zehn Prozent für den Reservefonds, entweder nach der Arbeitsleistung oder den Bedürfnissen der Kollektiv-Mitglieder aufgeteilt werden. Das Arbeitskollektiv mußte seine Buchführung jährlicher Staatskontrolle unterwerfen. Alle bestehenden Agrarkollektive hatten sich innerhalb von 60 Tagen den Bestimmungen dieses Dekrets anzupassen, »oder sie werden nicht mehr als Kollektive landwirtschaftlicher Arbeit betrachtet«[160].

Die Dekrete der katalanischen Regionalregierung, die zwar vom »Rabassaire«-Landwirtschaftsminister erlassen, aber unter maßgeblichen PSCU-Einfluß ausgearbeitet worden waren, stellten insofern ein Pendant zur (PCE-)

Agrarpolitik der Zentralregierung dar, als es beiden Regierungen einerseits um eine Kontrolle und im weiteren Verlauf des Krieges um eine Eindämmung der kollektivwirtschaftlichen Experimente im Wirtschaftsleben der republikanischen Zone, andererseits um eine Konsolidierung und Erweiterung der Familienbetriebe ging. Da jedoch eine Rückkehr zu den von Vertretern aller Organisationen kritisierten Zuständen der Zeit vor dem 19. Juli 1936 unmöglich war, wurde parallel zur Eindämmung der anarcho-syndikalistischen Agrarrevolution der spontanen Massenbewegung »von unten« eine Regierungspolitik der »Revolution von oben« praktiziert, die einige der lange verfolgten Ziele der landwirtschaftlich Tätigen zu befriedigen schien, deren Funktion allerdings nicht nur in einer wirtschaftlich-sozialen Besserstellung oder politisch-kulturellen Integration der Landbevölkerung und einer allgemeinen Steigerung der Produktivität der Landwirtschaft, sondern auch und vor allem in der Kompetenzerweiterung der Regierung, einer Rückgewinnung verlorengegangener Positionen sowie der Erzielung parteipolitischer Vorteile bestand.

3. Agrarstrukturelle Veränderungen: Die Utopie in der Verwirklichung

a) Innere Organisation und »Verfassung« der Agrarkollektive

In den Wochen nach dem 19. Juli 1936 war die Entstehung von Agrarkollektiven und Revolutionskomitees ein ausgesprochenes Massenphänomen. Es handelte sich insofern um eine »spontane Bewegung«, als unabhängig voneinander, ohne theoretische Vorbereitung und praktische Anleitung, in der republikanischen Zone überall auf dem Land Kollektive und Komitees aus den praktischen Bedürfnissen des revolutionären Augenblicks heraus, nachdem die Grundbesitzer geflohen oder ermordet worden waren, entstanden. Von Bedeutung für die rasche Ausdehnung der Bewegung war zweifellos die im Kollektivbewußtsein noch stark verwurzelte Tradition des Agrarkollektivismus. Außerdem schuf die Gegnerschaft des agrarischen Proletariats zu den (Groß-)Grundbesitzern und ihren Verwaltern, in denen es zugleich Vertreter des verhaßten Staates und Gegner einer möglichen Agrarreform sah, die sozialpsychologischen Bedingungen für die rasche Ausdehnung der Kollektive und Komitees. Der Siegeszug der Revolution, die ohne ein bestimmtes Epizentrum sich über weite Teile des republikanischen Territoriums ausbreitete und auf lokaler Ebene häufig zum Zusammenbruch oder zur gewaltsamen Abschaffung des alten Behördenapparates führte, war von einer Welle revolutionärer Organisationstätigkeit der Land- und Industriearbeiter begleitet, die ihren stärksten Ausdruck in der Bildung von Kollektiven und Komitees fand.
Der größte Teil der aragonesischen Kollektive wurde im Juli oder August 1936 gebildet. Nach der Vertreibung, Flucht oder Ermordung der Großgrundbesitzer beratschlagten sofort einberufene lokale Landarbeiter-Vollversammlungen über den einzuschlagenden Kurs; in Aragonien lautete das Beratungsergebnis fast immer Kollektivierung. Die unmittelbar bevorstehende Ernte zwang zu raschem Handeln. Nach einem ab Juli 1936 praktizierten Arbeitsmodus wurden die enteigneten Großländereien und die zusammengelegten Kleinparzellen

gruppenweise abgeerntet[161]. Diese Arbeitsgruppen setzten sich aus fünf bis zehn Arbeitern zusammen und bildeten die kleinste Einheit im aragonesischen Kollektivismus. Sie wurden entweder täglich oder wöchentlich neu zusammengestellt und erhielten – um Bevorzugungen bzw. Benachteiligungen auszuschließen – in regelmäßigen Abständen neue Arbeitsbereiche oder -zonen zugewiesen. An der Spitze der Gruppe stand ein Delegierter, der für die geleistete Arbeit dem Komitee bzw. der Vollversammlung gegenüber verantwortlich war und allabendlich über die erbrachte Leistung Rechenschaft ablegen mußte. Jeder Arbeiter der Gruppe übernahm abwechselnd die Rolle des Delegierten, dessen exekutive Befugnisse an einigen Orten besonders restriktiven Bestimmungen unterlagen. So durften z. B. in Cuenca Gruppendelegierte selbst bei offensichtlicher Verletzung der Arbeitsvorschriften durch einen Kollektivisten keine Sanktionen verhängen; dies blieb, um jeden individuellen Machtmißbrauch zu verhindern, der Vollversammlung vorbehalten. Hatte sich die Mehrheit der Ortsbewohner auf ihrer ersten Versammlung für die Kollektivierung ausgesprochen, so bildeten die Befürworter dieses Plans ein »(freies) Kollektiv«. Es gab reine CNT-, reine UGT- und gemischte CNT/UGT-Kollektive; an einigen Orten konnten sich die rivalisierenden Gewerkschaften nicht einigen und riefen zwei Kollektive ins Leben. Auch Sozialdemokraten, Kommunisten oder parteilose Katholiken unterstützten in einigen Gegenden die Kollektivierungsbewegung[162].

Agrarkollektive konstituierten sich entweder durch Enteignung der Ländereien geflohener (Groß-)Grundbesitzer oder durch freiwilliges Zusammenlegen der Landparzellen kleiner Grundbesitzer, (Halb-)Pächter und Landarbeiter. Von 22 aragonesischen Kollektivwirtschaften, über die genauere Angaben vorliegen, waren fünf durch die ausschließliche Initiative der Besitzer, drei durch Beschlagnahme des Bodens und vier durch eine Kombination der beiden Konstituierungsmethoden entstanden; die restlichen 10 Kollektive hatten keine genaueren Angaben gemacht. Für die Agrarstruktur Kataloniens ist es charakteristisch, daß in fast allen der 91 Kollektivwirtschaften, von denen Stellungnahmen zu dieser Frage vorliegen, der von Kleinbesitzern bei der Konstituierung miteingebrachte Boden einen beträchtlichen Anteil des kollektiv bewirtschafteten Landes darstellte.

Die gesamte Fläche des zu einem Kollektiv gehörenden Landes wurde als eine Einheit angesehen und nur zu Bewirtschaftungszwecken in verschiedene »Arbeitszonen« aufgeteilt. Das einzelne Mitglied behielt zumeist außerhalb des zu Kollektiveigentum gewordenen Landes eine Parzelle zur individuellen Bewirtschaftung. Kleidung, Wohnungseinrichtung und Kleinvieh verblieben ebenfalls fast immer in Privateigentum. Die auffällige Mannigfaltigkeit der sozialen Veränderungen führte zu den unterschiedlichsten Erscheinungsformen. Es gab Kollektive, die nur eine lose Zusammenarbeit selbständiger Bauern waren und eher Genossenschaften darstellten, sowie andere, in denen das Prinzip der vollständigen Gütergemeinschaft praktiziert wurde. Während in einigen Fällen Beitrittswillige ihre finanziellen Mittel dem Kollektiv überlassen mußten (Girondella, Lagunarrota, Cervera del Maestre), konnte man in anderen ohne finanziellen Beitrag die vollen Rechte eines Kollektivisten erwerben. In Adamuz mußten alle Beitrittswilligen ihre Vermögensverhältnisse offenlegen, brauchten in die gemeinsame Kollektivwirtschaft aber nur so viel einzubringen, wie sie für angemessen hielten[163].

Am Anfang war der Eintritt in ein Kollektiv zumeist ohne Formalitäten möglich; nur in manchen Fällen mußte der Antragsteller dem Kollektiv seine sämtlichen (beweglichen und unbeweglichen) Güter übereignen. Einige Kollektive (z. B. Granadella) übernahmen die Schulden, die der Antragsteller mit einbrachte. Jedem Kollektivisten stand der Austritt aus dem Kollektiv frei. Zumeist wurden ihm eingebrachte Güter oder Ländereien zurückgegeben oder ersetzt, »wenn Mittel vorhanden sind und es für das Kollektiv keine wirtschaftliche Schwierigkeit bedeutet« (Statuten von Granadella/Lérida). Einige Kollektive behielten beim freiwilligen Austritt eines Mitglieds einen bestimmten Prozentsatz seines eingebrachten Kapitals zurück. Es scheint allerdings nur wenige Fälle von Einzelaustritten aus Kollektiven gegeben zu haben, was (allgemein) auf die geringe horizontale Mobilität auf dem Land und (konkret) auf die Situation des Bürgerkrieges mit all ihren Gefahrenmomenten zurückzuführen sein dürfte. Eine bis heute kontroverse Frage ist das Verhältnis der Kollektivisten zu den privatwirtschaftenden Kleineigentümern. Dabei besteht über die »offizielle« Haltung der Landarbeiter und Kleinbauern der CNT kein Zweifel, die in zahlreichen Resolutionen und Entschlüssen immer wieder darauf hinwiesen, daß Kleineigentümer nicht um ihren Besitz besorgt zu sein brauchten[164]. Es läßt sich allerdings nicht feststellen, ob die lokalen Agrarorganisationen der CNT sich an die Beschlüsse übergeordneter Entscheidungsstellen gebunden fühlten. Sicherlich traten viele Kleineigentümer nach einiger Zeit einem Kollektiv bei. Dabei spielte nicht nur die Spekulation auf gewisse Vergünstigungen eine Rolle, sondern auch der wirtschaftliche Druck, dem sich viele Privatunternehmer in einer überwiegend kollektivierten Ortschaft ausgesetzt sahen. Folgt man anarchistischen Presseangaben, so scheint außerdem in der Agrarbevölkerung der zuerst skeptisch-reservierten Haltung der Kollektivierung gegenüber eine bedeutend positivere Einstellung gefolgt zu sein[165]. Fördernd auf den Entschluß zum Eintritt mögen die unzweifelhaften Vorteile vor allem auf sozialem, bildungspolitischem und dem Gebiet des Gesundheitswesens sowie die Einrichtungen der kollektiven Daseinsvorsorge gewirkt haben. So waren z. B. Miete, Elektrizität, Wasser, ärztliche Betreuung und Arzneien, Alten- und Invalidenheime unentgeltlich. Auch die Kosten für den obligatorischen Schulbesuch bis zum Alter von 14 Jahren übernahm das Kollektiv, das außerdem Krankheits-, Arbeitslosigkeits-, Alters- und Unfallunterstützung gewährte. Häufig blieb den Privateigentümern auch wegen des starken, von durchziehenden Milizkolonnen ausgeübten militärischen und bisweilen moralischen Drucks keine andere Wahl als der Eintritt in ein Kollektiv. Nach F. Mintz[166] fand in Aragonien die Anwesenheit anarchistischer Milizkolonnen bei der Gründung von Agrarkollektiven ihren deutlichen Niederschlag: In der Provinz Huesca waren bei der Konstituierung von drei (von insgesamt neun), in Teruel bei vier (von sechs) und in Zaragoza bei vier (von vier) untersuchten Kollektiven anarchistische Milizkolonnen anwesend.

Das lokale Verhältnis zwischen Individualisten und Kollektivisten war häufig reglementiert und in den sogenannten Kollektiv-»Statuten« niedergelegt, die zumeist auf einer der ersten Vollversammlungen diskutiert und verabschiedet wurden. Sie stellten eine Art »Rahmen-Verfassung« dar, die für das Kollektiv verbindlich war und nur von einer weiteren Vollversammlung modifiziert werden konnte. Allerdings gaben sich nicht alle Kollektive solche Statuten: So lehnten z. B. die 19 kollektivierten Ortschaften des aragonesischen Bezirks Mas de las Matas Statuten ab, da sie sich in ihrer Entscheidungsfreiheit in keiner Weise binden wollten. Monatlich zusammentretende Vollversammlungen gaben den eingesetzten Kommissionen die erforderlichen Aufträge und Handlungsvollmachten. Die Statuten regelten fast alle wesentlichen politischen und ökonomischen Fragen eines Kollektivs und wurden von diesem selbst erarbeitet; sie variierten im Hinblick auf den Umfang der Bestimmungen, auf die Schwerpunkte der Rahmenrichtlinien oder auf die Verbindlichkeit der Vorschriften. In einigen wurde die Lohnskala der Kollektivisten bis ins Detail genau aufgeführt, in anderen besonders auf die sofortige Absetzbarkeit aller gewählten Mandatsträger hingewiesen[167]. In fast jeder Kollektiv-»Charta« wurde die Freiwilligkeit des Beitritts zu einer Kollektivwirtschaft hervorgehoben. Die Statuten wiesen zwar auf die Gleichrangigkeit von Rechten und Pflichten der Kollektivisten hin, betonten aber besonders die Rechte des einzelnen und der »souveränen« Vollversammlungen, denen in allen entscheidenden Fragen die letzte Entscheidung vorbehalten blieb, gegenüber den eingesetzten Kommissionen.

Die vorliegenden Berichte über einzelne Kollektive betonen die zumeist problemlose Zusammenarbeit mit den nicht ins Kollektiv integrierten ortsansässigen Eigenbauern; allerdings haben die wirtschaftlichen Schwierigkeiten der »Individualisten« in einer überwiegend kollektivierten Ortschaft auch zu Auseinandersetzungen geführt. In Aragonien z. B. zog der erste Kongreß landwirtschaftlicher Kollektive im Februar 1937 eine deutliche Trennungslinie zwischen »Individualisten« und Kollektivisten[168]:

> Da die Kleinbesitzer sich aus eigenem Willen vom Kollektiv abwenden, haben sie kein Recht darauf, von diesem etwas zu erhalten, nachdem sie ja der Meinung sind, sich selbst genügen zu können . . . Trotzdem wird ihr Verhalten immer respektiert werden, wenn sie nicht versuchen, den Interessen der Kollektive zu schaden.

Auf vielen Sektoren wurde pragmatisch zusammengearbeitet. Lag auf kollektiviertem Gebiet die Privatparzelle eines »Individualisten«, so kam es durch Tausch zumeist zu einer sinnvollen Flurbereinigung. In manchen Gemeinden kamen auch »Individualisten« in den Genuß bestimmter Kollektiv-Vergünstigungen: Sie konnten an den Gemeinschaftsarbeiten teilnehmen und ihre Erzeugnisse in die Kollektiv-Genossenschaftsbetriebe schicken; öfters waren sie auch zu den Generalversammlungen zugelassen. Häufig durften »Individualisten« und Ortsfremde für einen mehr symbolischen Betrag an der für Kollektivisten unentgeltlichen Gemeinschaftsverpflegung teilnehmen, die unter der Organisation des Lokalkomitees in gemeinsamen Speisehallen stattfand.

Um das Ziel sozialer Produktivität aller Kollektivmitglieder zu erreichen, bestand in den Agrarkollektiven grundsätzlich die Pflicht zur Arbeit; von dieser Verpflichtung waren in der ersten Phase des Krieges nur werdende Mütter und solche Frauen ausgenommen, die mit Haushaltsführung und Kindererziehung

voll ausgelastet waren. Die Arbeitspflicht für gesunde Männer bestand von 16 (häufig schon von 14) bis 60 Jahren. Jüngere Arbeiter wurden zumeist in den Genossenschaftsbetrieben und Lagerhallen beschäftigt, die fast immer in der früheren Kirche untergebracht waren. Während in den ersten Kriegsmonaten Frauen nur zu besonders arbeitsintensiven Jahreszeiten außer Hauses beschäftigt wurden, mußten sie – seit die Regierung zu regelmäßigen und systematischen Einberufungen übergegangen war – im weiteren Verlauf des Krieges immer häufiger die Feldarbeit übernehmen. Einige Kollektive legten genaue Arbeitszeiten fest, in den meisten jedoch wurde von Sonnenaufgang bis Sonnenuntergang gearbeitet. Wenn genügend Kapital vorhanden war, nahm das Kollektiv längerfristige Arbeiten in Angriff: Verbesserung des Bewässerungssystems und der Anbaumethoden, Wiederaufforstung, Anlage von Baumschulen, Errichtung von Schweineställen, Schaffung landwirtschaftlicher »Hochschulen« und Bau von Musterfarmen[169].
In der Frage der Abführung von Steuern gingen die Meinungen auseinander: Während einige Kollektive sich weigerten, Steuern zu entrichten, da deren Bezahlung der Aufrechterhaltung des Staates diente, den sie gerade abschaffen wollten, führten andere eine freiwillige Kriegssteuer ab, um durch ihren Beitrag den Kampf gegen den Klassenfeind möglichst bald siegreich beenden zu können. Die meisten Kollektive legten besonderen Wert auf den Ausbau von Schulen und Bildungseinrichtungen. In fast allen Orten errichteten die Kollektivisten Bibliotheken und Kulturzentren mit »revolutionären« Namen (Villa Kropotkin, Villa Montseny). In Abendkursen lernten Analphabeten Lesen und Schreiben. Anfang 1938 hatte jedes Kollektiv in der Levante eine eigene Schule. In Segorbe wurde die Befolgung der achtjährigen Schulpflicht besonders ernst genommen: Für jeden Tag, den ein Schüler unentschuldigt von der Schule fernblieb, wurde dem Erziehungsberechtigten ein Tageslohn von seinem Einkommen abgezogen[170].
Aufbau und Statuten von Agrarkollektiven waren mannigfachen Variationen unterlegen. Gemeinsam war ihnen vor allem die Absicht, eine »Gemeinwirtschaft« zu errichten (deren mannigfaltige Erscheinungsformen allerdings nicht typologisiert werden können) und den Kollektivismus durch innerorganisatorisch-egalitäre Selbstbestimmungsmechanismen als eine sozial-ethisch höhere Lebensform erscheinen zu lassen. Die Statuten, in denen die Rechte des einzelnen und der Gemeinschaft festgehalten waren, bildeten dazu den Rahmen, der durch die Praxis des Kollektiv-Alltags inhaltlich aufgefüllt werden mußte.

b) Rätedemokratie oder Komiteediktatur?

Die ideologisch gefärbten Werturteile über die Agrarkollektive reichen von emphatischer Zustimmung auf seiten der Anarchisten und einiger anarchistenfreundlicher Beobachter bis zu kategorischer Ablehnung durch Kommunisten und nationalistenfreundliche Kritiker. Schon während des Aufbaus der Kollektivwirtschaften im ersten Kriegsjahr entzündete sich der Streit an der Frage, ob es sich bei den neuen Wirtschaftseinheiten um den »Beweis für die konstruktiven und organisatorischen Fähigkeiten der Arbeiter« und die »erregende Erfahrung der Wirtschaftsübernahme durch die Produzenten«[171], d.h. um die Realisierung einer von anarchistischen Prinzipien bestimmten direkten Wirtschaftsdemokratie handelte, oder ob die Komitees, wie ihre Gegner behaupteten, »eine Art undurchsichtige, nebelhafte, verschwommene Macht ohne bestimmte Funktionen und ausdrückliche Autorität (waren), die aber in Form von schonungsloser Diktatur ihre unbezweifelbare Macht wie eine echte, durch die FAI-Pistolen ›frei‹ gewählte Regierung ausübten«[172]. Handelte es sich bei den Agrarkollektiven mit den Komitees als Leitungsgremien um Organisationsformen einer Revolution in Freiheit, oder waren die Komitees das Zwangsinstrument, um einer renitenten Landbevölkerung das Joch des anarchistischen Agrarprogramms aufzuzwingen?

Die lokale Vollversammlung eines Kollektivs wählte sofort nach dem Kollektivierungsbeschluß ein Koordinierungs- und Leitungsgremium, das je nach Ort und Zeit verschiedene Funktionen ausübte und unterschiedliche Bezeichnungen erhielt: Revolutions- oder Landwirtschaftskomitee, Verwaltungskommission, Gemeinde- oder Wirtschaftsrat, Junta, Arbeitsausschuß, Verwaltungsrat, Miliz-, Verteidungs- oder Kontrollkomitee etc. Die Kompetenzen dieser Organe gingen ursprünglich weit über das hinaus, was ihre Benennung vermuten ließ. Sie stießen in das durch den Zusammenbruch des Staates entstandene Machtvakuum und übernahmen in den ersten Wochen nicht nur die wirtschaftliche Aufbauarbeit, sondern auch, nachdem die »vorrevolutionäre« Gemeindeverwaltung zurückgetreten oder abgesetzt worden war, die politische Führung. Diese Doppelfunktion jedoch übten die Komitees, nachdem Kompetenzabgrenzungen und Parteienrivalität an die Stelle der Improvisation und Vorläufigkeit der ersten Wochen getreten waren, nur noch dann aus, wenn sich die Einwohner eines Ortes für die »integrale« Kollektivierung ausgesprochen hatten. In einem solchen Fall vollständiger Kollektivierung fielen politische Vertretung (Gemeinderat, Miliz-, Orts-, Revolutionskomitee etc.) und Kollektivführung (Verwaltungskomitee) zusammen. Fälle »integraler« Kollektivierung traten besonders häufig in Aragonien (z. B. Fraga), mitunter auch in Katalonien (z. B. Rubí), seltener jedoch in der Levante auf, wo sich nur jeweils durchschnittlich 40 % der Bevölkerung einer Ortschaft dem Kollektiv anschlossen[173].

Hatte die Vollversammlung eines Ortes die »integrale« Kollektivierung beschlossen, so gehörten dem Kollektiv demnach – zusätzlich zu der im Agrarsektor erwerbstätigen Bevölkerung – auch die ortsansässigen Gewerbetreibenden, Kleinindustriellen, freiberuflich Tätigen, Handwerker und Intellektuellen an. In Granadella (Lérida) z. B. waren Maurer, Zimmerleute, Schmiede, Hirten, Bäcker und der Lehrer des Ortes in das Kollektiv eingetreten. Wenn nicht alle Ortsbewohner dem Kollektiv beitraten, bildeten sich in der Regel zwei Leitungsgremien heraus: das Koordinationsorgan des Kollektivs und das politische Repräsentationsorgan der Gemeinde. Beide Gremien waren revolutionären Ursprungs, denn auch das neue Ortskomitee hatte sich kraft revolutionären Rechts an die Stelle des früheren Gemeinderats gesetzt.

In den reinen Agrarkomitees saßen zumeist CNT- und UGT-Vertreter, die sich schon unter der Monarchie oder während der Republik in zahlreichen Streiks oder bei »direkten Aktionen« einen Namen gemacht hatten. In solchen Kollektiv-Komitees waren nur selten Mitglieder der Volksfront-Parteien vertreten; die Komitee-Zusammensetzung spiegelte in den meisten Fällen die tatsächlichen lokalen Machtverhältnisse wider[174]. Das auf der Vollversammlung gewählte Kollektiv-Komitee erhielt ein imperatives Mandat; es war jederzeit absetzbar und in allen Entscheidungen den regelmäßig (wöchentlich, vierzehntägig oder monatlich), auf Antrag auch unregelmäßig staffindenden Vollversammlungen verantwortlich. Die Komitees oder Verwaltungsräte der Kollektive sollten ihre Funktionen eine begrenzte Zeit – häufig waren zwei Jahre vorgesehen – ausüben und dann durch Neuwahlen ersetzt werden[175]. Zumeist bestand das Komitee aus dem Vorsitzenden, einem Sekretär und seinem Stellvertreter, einem Buchführer, einem Schatzmeister und einer Reihe von Delegierten, denen einzelne Fachgebiete zugewiesen wurden: Statistik, Verpflegung, Ernte, Viehzucht, Landwirtschaft, Handel, Transport, Gesundheitswesen, Propaganda etc. Die Komitee-Mitglieder verrichteten ihre Verwaltungs- und Organisationsarbeit ehrenamtlich; sie mußten ihrer täglichen Arbeit wie früher nachgehen; die zusätzliche Arbeit, die ihre Tätigkeit als gewählte Delegierte mit sich brachte, wurde am Abend verrichtet. An einigen Orten – z. B. Tomelloso – verdienten die Mitglieder des Verwaltungsrats bis zu 25 % weniger als die übrigen Bauern, um jeden Verdacht der persönlichen Bevorzugung von vornherein auszuschließen.

Anarchisten haben immer wieder darauf hingewiesen, daß in dem von ihnen angestrebten System die Führungsgremien sich der Basis gegenüber nicht verselbständigen könnten, die rätedemokratische Struktur vielmehr eine ständige Kontrolle ermöglichte[176]. Wenn auch in Einzelfällen den Komitees gegenüber durchaus Skepsis bezüglich ihrer demokratischen Praxis angebracht ist[177], blieb das Prinzip der (Ab-)Wählbarkeit und Rechenschaftslegung der Komitee-Mitglieder durchgängig bestehen; allerdings räumten die exekutiven, nicht spezifizierten Befugnisse den Komitees gewisse Rechte ein, die bei extensiver Auslegung als Machtmißbrauch interpretiert werden konnten[178]. Auch wenn die Verselbständigung der Komitees von ihren Wählern nicht in jedem Fall verhindert werden konnte, lassen die Quellen die Komitees eher als Koordinierungs- denn als Machtorgane erscheinen. Auch Augenzeugen bestätigen, daß die von den Landarbeitern in die neuen Gremien gewählten Delegierten die Kollektive »hervorragend« leiteten und den »Gewinn vollständig und direkt an die Arbeiter weitergaben«[179]. Die Eigenart der Quellen, die die Erfassung der Kollektivwirtschaften als praktikable, alternative, sich gegen innere und äußere Widerstände durchsetzende Wirtschaftseinheiten in ihrer evolutionären Bewährung erschwert, läßt auch die Frage in der Schwebe, ob das in nahezu allen Statuten niedergelegte Prinzip der ständigen Abwählbarkeit und der direkten Demokratie in den Agrarkollektiven in größerem Umfang praktische Bedeutung erlangt hat. Zu den wenigen dokumentarisch festgehaltenen Fällen einer Abwahl von Komitee-Mitgliedern gehört der 5000 Einwohner zählende aragonesische Ort Tamarite de Litera (Prov. Huesca): Auf einer der Kollektiv-Versammlungen wurden vier Kommissions-Mitglieder, die erst auf der vorhergehenden Versammlung eingesetzt worden waren, wegen mangelnder Befähigung zur Ausübung ihres Amtes abgewählt und durch neue ersetzt[180].

Auch von anderen Organen liegen Nachrichten über wiederholte Personal-Substitutionen vor, allerdings handelte es sich jeweils um Syndikats-Delegierte und nicht um eine Neu- oder Ersatzwahl durch die Basis. Auf lokaler Ebene erfuhren die gewählten Organe ihre demokratische Legitimation zumeist durch eine Wahl, die auf einer Vollversammlung bei Stimmberechtigung aller Mitglieder[181] erfolgte.

Viele Kollektive haben die »Souveränität« der lokalen Vollversammlungen in ihre Statuten mitaufgenommen. Rein formal war die Vollversammlung das bedeutendste Gremium des Kollektivs; sie war für alle wirtschaftlichen und soziopolitischen Fragen zuständig. Die Vollversammlung setzte das Komitee und alle weiteren Verwaltungskommissionen ein; sie entschied über die Verwendung des erwirtschafteten Reingewinns, soweit dies nicht in den – ebenfalls von ihr festgelegten – Statuten geregelt war; sie beschloß über den Zwangsausschluß von Kollektivisten oder den beantragten Eintritt sogenannter Individualisten in das Kollektiv; sie bestimmte Art und Umfang der Wirtschaftsbeziehungen, der Sozialleistungen, der Güterverteilung; alle Gruppendelegierten, Komitee- oder Kommissionsmitglieder waren ihr gegenüber verantwortlich. In Cuenca z. B. bestimmte die Vollversammlung, daß von den erwirtschafteten Überschüssen des Kollektivs, die nicht an die regionale Ausgleichskasse abgeführt wurden, 25 % für den Ausbau des Unterrichtswesens, 25 % zum Erwerb von Landwirtschaftsmaschinen und Geräten und die restlichen 50 % zur (vorläufig nicht festgelegten) Verfügung der Kollektivisten bereitgestellt werden sollten[182].

Jeder Kollektivist hatte – unabhängig von der Höhe des Kapitals, das er bei seinem Eintritt dem Kollektiv überlassen hatte – in der Vollversammlung nur eine Stimme; dadurch wurde die Vermachtung und Hierarchisierung der Kollektivwirtschaft über das Medium des Kapitalbesitzes verhindert; neben der sozialen und juristischen sollte auch die wirtschaftliche Gleichheit betont werden. Auch ortsansässige »Individualisten« durften auf den Vollversammlungen des Kollektivs ihre Interessen vertreten, waren allerdings nicht stimmberechtigt. Auf den Versammlungen wurden alle Fragen diskutiert und entschieden, die die weitere Zukunft des Kollektivs betrafen[183]. Es war die Form der direkten Demokratie und die darin zum Ausdruck kommende Überzeugung der Kollektivisten, ihr Schicksal selbst in die Hand genommen zu haben und darüber frei entscheiden zu können, was die Begeisterung selbst skeptischer Beobachter auslöste und auch heute noch von den damaligen Protagonisten des revolutionären Geschehens als ein Schritt in Richtung auf die Aufhebung der menschlichen Entfremdung bezeichnet wird. Allerdings sind auch hier Vorbehalte anzumelden: Die anarcho-syndikalistischen Vorstellungen von lokaler Rätedemokratie blieben stets unpräzise, wie auch andere Grundfragen anarchistischer Organisation in einer auffälligen Unpräzision gelassen sind, die der jeweiligen historischen Konkretion bedarf und interpretatorischem Zugriff wie geschichtlicher Realisierung einen weiten Spielraum läßt. CNT und FAI vertraten zwar hinsichtlich der Wähl- und Abwählbarkeit der Komitee-Mitglieder auf Vollversammlungen den direktdemokratischen Grundsatz des permanenten »recall«. Da sie aber einerseits die Errichtung einer Gesellschaft auf der Basis autonomer Municipien und Syndikate und die Absorption aller politischen Funktionen durch die Wirtschaftsorganisationen anstrebten, andererseits ihre eigene Gewerkschaftsorganisation gleichsam allgegenwärtig war, wurde für die neuen Organisationen – »Agarkollektive« waren in der anarchistischen Theorie vor dem Bürgerkrieg nie erwähnt worden – keine eigene »Theorie« entworfen. Die Agrarkollektive stellten – neben der »freien Kommune« und dem Syndikat – eine dritte, nicht vorgesehene Organisationseinheit des nachrevolutionären Gesellschaftsaufbaus dar. Daß sie in der Übergangsphase des Bürgerkrieges von der CNT eher als »Transmissionsriemen« syndikalistischer Vorstellungen denn als eigene, autonome Organisationseinheiten betrachtet wurden und Interessenkollisionen zwischen der Gewerkschaft und den Kollektiven nicht ausblieben, erscheint daher verständlich. Funktion und Kompetenzreichweite der Komitees und Vollversammlungen wurden in nicht vollständig kollektivierten Ortschaften durch das Verhältnis zwischen der »kollektivierten« und der »nicht-kollektivierten« Bevölkerung mitbedingt. Dieses Verhältnis zwischen »Kollektiv« und »Gemeinde«, d. h. zwischen der wirtschaftlichen und der politischen Organisation – in letzterer waren auch Kollektivierungsgegner erfaßt – blieb mehrere Monate ungeklärt. Erst im Februar 1937 unternahm es auf regionaler Ebene der erste Kongreß der Agrarkollektive Aragoniens, das bis dahin ungeklärte Verhältnis, das zu zahlreichen Friktionen Anlaß gegeben hatte, auf eine juristisch abgesicherte Basis zu stellen. Nachdem in den ersten Kriegswochen viele Ortsverwaltungen aufgelöst worden waren, ordnete die Regierung Ende 1936 die Wiederherstellung der ursprünglichen Municipien als Verwaltungseinheiten an. In den Leitungsgremien, die nicht gewählt, sondern nach einem festgelegten Schlüssel besetzt wurden, sollten neben den Volksfrontparteien auch die Gewerkschaften und die FAI vertreten sein[184]. Im Verhältnis zwischen den Kollektiv-Komitees, die auf lokaler Ebene vorerst weiterhin de facto die Macht ausübten, und den neukonstituierten Gemeinderäten, die zuerst nur eine formale Existenz fristeten, aber um eine Ausweitung ihres Einfluß- und Kompetenzbereichs bemüht waren, zeichneten sich bald Ansatzpunkte zu Interessenkollisionen ab. Die Konfrontation zwischen Komitees und Gemeinderäten lief organisationsstrukturell in den meisten Fällen auf eine Auseinandersetzung zwischen den Gewerkschaften CNT/UGT einerseits und den Volksfrontparteien andererseits hinaus; allerdings waren CNT/UGT-Mitglieder sowohl in den Kollektiv-Komitees als auch in den neuen Gemeinderäten vertreten. Über innergewerkschaftliche Auseinandersetzungen, die sich aus dieser Zusammensetzung hätten ergeben können, sagen die vorliegenden Quellen nichts aus. Im Gegenteil: Vorerst schien den Kollektivisten die Wiedererrichtung der Municipien deshalb relativ ungefährlich, weil in ihnen auch CNT- und UGT-Mitglieder vertreten sein würden und diese eine reibungslose Zusammenarbeit zwischen Kollektiv und Gemeinde ermöglichen könnten. Da sich außerdem Gewerkschaften und Parteien sowohl in Madrid/ Valencia als auch in Barcelona bis Mai bzw. Juni 1937 gemeinsam in die Regierungsverantwortung teilten, wollten die führenden Vertreter beider Gruppierungen es auf keinen offenen Eklat ankommen lassen. Der Kongreß der aragonesischen Agrarkollektive »akzeptierte« daher die wiedererrichteten Municipien, wollte jedoch als Gegenleistung für die Wiedereinsetzung der

traditionellen Verwaltungsorgane den Schutz des »Volkseigentums« garantiert wissen[185]. Es war klar, daß dies eine Sanktionierung der Kollektivierungen war, ohne auf das für »reine« Anarchisten nicht akzeptable Mittel einer Legalisierung durch die Regierung zurückgreifen zu müssen.
Die verschiedenen, nach dem 19. Juli 1936 an die Stelle der früheren Gemeinderäte getretenen Verwaltungsorgane mußten ab Januar 1937 mit ihrer Bezeichnung (Miliz-, Antifaschistisches oder Revolutionskomitee) auch einen großen Teil ihrer Befugnisse an Vertreter der Volksfrontparteien abtreten. Seit diesem Zeitpunkt waren die Komitees in den Fällen nicht-»integraler« Kollektivierung zumeist nur noch Verwaltungs- und Koordinierungsorgane der Kollektivwirtschaften, während die politische Führung auf lokaler Ebene den neukonstituierten Gemeinderäten zufiel.

c) Entlohnungssysteme und Güterverteilung

Entlohnungssysteme und Mechanismen der Güterverteilung unterlagen in den Monaten nach dem 19. Juli 1936 in den Kollektiven beträchtlichen lokalen und regionalen Variationen. In den Gegenden, in denen die republikanische Regierung die politisch-administrativen Strukturen aufrechterhalten oder innerhalb weniger Monate wiederherstellen konnte (z. B. in Kastilien, Katalonien, Levante), wurde die offizielle Landeswährung zumeist als Zahlungsmittel beibehalten; wo aber – wie in Aragonien – das alte Staatsgefüge völlig zusammenbrach und durch neue, aus der Revolution entstandene Organe ersetzt wurde, improvisierte die CNT neue Methoden des Güter- und Zahlungsverkehrs, die von Bezirk zu Bezirk – häufig von Ort zu Ort – unterschieden und nicht selten miteinander unvereinbar waren. Die vor allem in Aragonien vorgenommene Abschaffung des Geldes war nicht Ergebnis einer währungstheoretischen Überlegung oder Beginn einer planvoll durchdachten Reform des allgemeinen Tausch- und gesetzlichen Zahlungsmittels; sie erfolgte vielmehr spontan, d. h. ohne zentrale Anweisung, in der Absicht, die aus der herrschenden Geldverfassung sich ergebenden Ungerechtigkeiten und sozialen Schäden zu beseitigen; dabei war Geld für die Anarchisten Ausdruck und Symbol »de l'injustice traditionelle, de l'inégalité sociale, de l'écrasement des pauvres par les riches, de l'opulence des uns aux dépens de la misère des autres«[186]. Es entsprach anarchistischer Vorstellung, daß mit der Abschaffung des Geldes auch die damit verbundenen individuellen und gesamtgesellschaftlichen negativen Erscheinungen verschwinden würden. Anarchisten hofften insbesondere, in einer nicht mehr von der Geldwirtschaft bestimmten Gesellschaft die angestrebte allgemeine Gleichheit erreichen zu können.
Welch hervorragende Rolle für die Anarchisten das ethische Moment bei der Kollektivierung und der Abschaffung der Geldwirtschaft spielte, dokumentiert F. Borkenaus Beschreibung der Kollektivierung im andalusischen Ort Castro del Río[187], in dem die CNT seit vielen Jahren vorherrschend war. Er weist darauf hin, daß das lokale Komitee »eine Art Sowjetsystem« geschaffen und die Dorfschenke geschlossen habe, »da man sie als ein verderbliches Geschäft betrachtete«. Der Haß der Einwohner »den höheren Klassen gegenüber war

weit mehr moralischer als wirtschaftlicher Art. Sie wollten keinen Zugang erhalten zum guten Leben jener, die sie enteignet hatten, sondern sich von deren Luxus befreien, der in ihren Augen Laster war. Ihre Vorstellung der neuen Ordnung war völlig asketisch«. Im kastilischen Alcázar de Cervantes kam es trotz der Kostenfreiheit für alkoholische Getränke nie zu Alkoholmißbrauch, da die Kollektivisten die »Verachtung«[188] ihrer Genossen fürchteten.

Die anarchistische Revolution hatte sowohl in ihrer theoretischen Konzeption wie in ihrer praktischen Realisierung nicht nur wirtschaftliche und gesellschaftspolitische, sondern auch und primär »moralische« Ziele. Das FAI-Organ »Tierra y Libertad« verkündete es unmißverständlich: »Wir wollen Spanien materiell und moralisch wiederaufrichten. Unsere Revolution wird eine wirtschaftliche und ethische sein«[189]. Die Anarchisten gingen dabei – mehr instinktiv als bewußt – einer »moralischen« Vision nach, die zumeist unartikuliert blieb und jeder begrifflichen Fixierung widerstrebt, jedoch in ihren Schriften und ihrem Handeln gleichsam allgegenwärtig war. Bezeichnend hierfür ist die Charakterisierung, die anarchistische Propagandisten selbst von »ihrer« Revolution und deren Zielen gaben[190]:

Unsere Revolution, die Revolution, in der die persönlichen Werte geschätzt werden, in der die Güte und die Ehrlichkeit hervortreten, die den Handel und das Geld abschafft, die Zwischenhändler ausschaltet, das Land dem überläßt, der es bearbeiten kann und die Ausbeutung des Menschen durch den Menschen unmöglich macht, drängt sich wie eine Notwendigkeit der Stunde auf.

Die Anarchisten nahmen zwar an, daß auch weiterhin Übertretungen und den Interessen der Allgemeinheit zuwiderlaufendes Verhalten Strafen notwendig machen würden (Strafparagraphen sind in einer ganzen Anzahl von Kollektiv-Statuten enthalten), doch rechneten sie auf lange Dauer mit einer »neuen Moral« und einem »neuen Menschen«, der weder kontrolliert und schon gar nicht bestraft zu werden brauchte. Die Statuten des Kollektivs Villafranca del Cid, in dem z. B. das Glücksspiel verboten war, nehmen diesen »neuen Menschen« bereits vorweg: »Alle Mitglieder des freiwilligen Kollektivs werden rechtschaffene und gute Menschen sein und ihre Zeit nicht in Kritik verlieren«[191].

Die von der Revolution erwartete und in vielen Ortschaften zumindest vorübergehend realisierte Änderung bisher praktizierter Konsumgewohnheiten wurde als moralische Besserung aufgefaßt; dabei war die Bezugnahme auf Bakunin unverkennbar, der in der sozialen Revolution das einzige Mittel gesehen hatte, »die Ausschweifungsgewohnheiten im Volk bis zu ihren letzten Spuren zu zerstören«[192]. Die vor allem bei südspanischen Anarchisten wiederkehrende Heilserwartung, die in der Revolution die Voraussetzung für die Wiederkehr einer »moralischen«, nicht-vergesellschafteten Welt sah, deren soziale Basis zwar geschwunden war, aber wiedererrungen werden konnte, war eine Form säkularisierten, in der stark entwickelten endzeitlichen Erwartungsstimmung zum Ausdruck kommenden Chiliasmus'. Die utopische Intention der anarchistischen sozialen Revolution konkretisierte sich nicht sosehr in der positiven Bestimmung dessen, was sie durch die Abschaffung des Geldes konkret erreichen wollte, als vielmehr in der Negation dessen, was sie nicht wollte. Die bestehende Wirklichkeit wurde als Negation einer möglichen besseren betrachtet; die utopische Zielsetzung wurde damit zur Negation der

Negation. Persönliche Bereicherung wurde als moralisch verwerfliche Handlung gebrandmarkt. Die traditionelle Verachtung der Anarchisten dem Geld gegenüber wurde durch dessen Abschaffung in vielen »freiheitlichen Kommunen« zu einer »fetischistischen, quasi magischen« Handlung[193] stilisiert, die – utopischem Denken gemäß – durch die Änderung der Verhältnisse einen neuen Menschen schaffen wollte. In diesem Zusammenhang ist auch die häufige Errichtung von Barrikaden an Ortseingängen und -ausgängen zu sehen: Die Barrikaden waren nicht sosehr Mittel zur Verteidigung als vielmehr Symbol des Verteidigungswillens, das zugleich das Gefühl der Isolierung von der abgelehnten Umwelt erhöhte und Anarchisten den Eindruck vermittelte, sie befänden sich auf einer »Insel der Seligen«[194].
Ihrer Überzeugung entsprechend, verzichteten die katalanischen Anarcho-Syndikalisten nach dem 19. Juli 1936 auf eine Beschlagnahme der Banken, die zuerst unter UGT-Kontrolle gerieten, im weiteren Kriegsverlauf von der Generalitat nationalisiert und der Leitung eines »Generalrats für katalanisches Bankwesen« unterstellt wurden. Anarchisten lieferten »requirierten« Schmuck und Geld in großen Mengen bei der Generalitat ab, einige verbrannten auch – in der Hoffnung, sich dadurch zu »reinigen« – die beschlagnahmten Geldscheine. Nach eigenen Aussagen »übergab die CNT in der ersten Zeit den größten Teil der beschlagnahmten Güter der Regierung, um einen Beitrag zu den Kriegskosten zu leisten«[195]. Sehr bald erkannten die Anarchisten, daß die Abschaffung des Geldes nur »revolutionärer Infantilismus« (F. Montseny) und ihren vorläufigen Nahzielen eher schädlich als förderlich war. Sie verzichteten deswegen nicht auf die primär »moralischen« Ziele ihrer Revolution – den Syndikaten wurde vielmehr explizit die Aufgabe zugewiesen, »die Revolution zu moralisieren«[196] –, betrachteten aber die Abschaffung des Geldes in vielen Fällen als Fernziel und begnügten sich vorläufig mit Entlohnungssystemen wie dem Einheits- oder dem Familienlohn, die sie der vorherrschenden Praxis als gerechtere Lösung und ersten Schritt zur vollständigen Abschaffung des Geldes gegenüberstellten.
Für Katalonien und die Levante beschlossen im September bzw. November 1936 regionale CNT-Gewerkschaftsversammlungen die Einführung bzw. Normierung des sogenannten »Familienlohns«. Nach diesen Beschlüssen erhielt in den Levante-Provinzen das Familienoberhaupt einen Grundbetrag, der wegen der unterschiedlichen Preise in den einzelnen Ortschaften jeweils vom lokalen Wirtschaftsrat festgelegt wurde, und für jedes Familienmitglied einen bestimmten Zuschlag. Die levantinische CNT sprach sich somit für die vorläufige Beibehaltung des Geldes aus; sie ließ aber keinen Zweifel an ihrer prinzipiellen Ablehnung jeglicher Form von Entlohnung aufkommen, die sie als »die größte Form der Ausbeutung« bezeichnete, die »das Proletariat je erfahren hat«[197].
Die CNT zog die Bezeichnung »Zuweisung« *(asignación)* dem Terminus »Lohn« *(salario)* vor, wodurch der neue Charakter der Arbeit und Arbeitsvergütung in der kollektivierten Wirtschaft betont werden sollte. Für Katalonien hatte eine regionale Gewerkschaftsversammlung bereits am 24. September 1936 eine Normierung des Familienlohns vorgenommen. Dem Grundbetrag, der dem Familienoberhaupt zustand, wurden für ein weiteres Familienmitglied

50 %, für ein drittes 15 % und für alle übrigen je 10 % hinzugefügt. Der regionale Wirtschaftsrat mußte die Kosten für die Grundnahrungsmittel vereinheitlichen. Der in Gutscheinen ausbezahlte Familienlohn konnte zum Kauf von Konsum-, nicht aber von Produktionsmitteln verwendet werden. Die Gut- oder Bezugsscheine mußten innerhalb einer bestimmten Zeit eingelöst sein, danach verloren sie ihre Gültigkeit. Mit dieser Methode sollte die Akkumulation von Geld (als Ausdruck der Klassengesellschaft) verhindert werden[198]. Für die Einführung des Familienlohns wurden soziale Gründe angeführt: Er löse den an der Leistung bemessenen ungerechten »Stachanow-Lohn« ab und bringe dafür die leistungsunabhängige Entlohnung nach dem Prinzip: »Jeder nach seinen Fähigkeiten, jedem nach seinen Bedürfnissen«.

Bereits in den ersten Monaten der Revolution wies allerdings Kaminski auf die negativen Aspekte des »Familienlohns« hin, der eher dazu angetan war, das anarchistische Ziel einer vollständigen Emanzipation der Frau zu verhindern: »Ce communisme libertaire part en vérité de l'état de choses actuel. La preuve en est que la carte de famille laisse l'être le plus opprimé de l'Espagne, la femme, sous l'entière dépendance de l'homme«[199]. Unverheiratete, außerhalb ihres Elternhauses wohnende Frauen wurden überhaupt nicht berücksichtigt. Wahrscheinlich hat sich das Problem in dieser Form gar nicht gestellt; andererseits jedoch wurde eine auf dem Zaragoza-Kongreß noch proklamierte Änderung der starren traditionellen Moralvorstellungen und Lebensgewohnheiten des ländlichen Spanien der 30er Jahre – die Federico García Lorca literarisch kurz zuvor in seinen Dramen eingefangen hatte – durch die Beibehaltung des konventionellen Rollenverhaltens unmöglich gemacht.

Der viele Kollektive auszeichnende perfektionistische Drang führte häufig zu einem überaus differenzierten Lohnsystem. Thomas schätzt den – zumeist auch sonntags entrichteten – Tagesdurchschnittslohn eines Kollektivisten auf sieben Peseten, während ein Milizionär zehn bis zwölf und ein Industriearbeiter zwölf Peseten erhielt[200]. CNT- und UGT-Kollektive differierten im Hinblick auf Konstituierung, Struktur und Funktion nicht beträchtlich; am deutlichsten scheinen sie sich im praktizierten Entlohnungssystem unterschieden zu haben. Während rein sozialistische Kollektive häufiger ein nach der erbrachten Arbeitsleistung sowie der Position im Produktionsprozeß gestaffeltes Entlohnungssystem hatten, das zumeist unter der Kontrolle des quasi als Arbeitgeber auftretenden Instituts für Agrarreform angewandt wurde, wurde in CNT-Kollektiven öfters der sogenannte »Familienlohn« eingeführt und die Arbeitsleistung durch ein »Arbeitskarten-System« kontrolliert. Lohnabstufungen gab es in fast allen Kollektiven mit Familienlohn. Auch hierbei setzte sich die CNT in offensichtlichen Widerspruch zu ihren eigenen Postulaten. Die Höhe des Lohnes hing nämlich offenbar nicht nur von den »Bedürfnissen« eines Kollektivisten, sondern auch von seinem »sozialen Nutzen« ab, da die Lohn-Hierarchisierung nicht nur nach der Anzahl der Familienmitglieder, sondern auch nach der im Kollektiv eingenommenen Position gestaffelt wurde. Der von den Anarcho-Syndikalisten seit ihrem Gründungskongreß von 1910 vertretene Grundsatz der sozialen Gleichheit wurde ebenfalls verletzt: Frauen erhielten fast durchwegs geringere Löhne. Erstaunlicherweise scheint sich gegen diese ungleiche Behandlung aus den eigenen CNT-Reihen kaum Widerstand erhoben zu haben. Schon bald wurde in der anarchistischen Presse Kritik an der mangelnden Flexibilität des neuen Familien-Entlohnungssystems laut, das sich nicht auf Einzelbedürfnisse einstellen könne, sondern bei allen Kollektiv-Mitgliedern die gleiche Bedürfnisstruktur voraussetze. Als auch noch andere Mängel des Systems offenkundig wurden[201], ließ die CNT zuerst verstohlen, Anfang 1938 öffentlich vom Familienlohn ab. Auf dem Wirtschaftsplenum in Valencia wurde ein »Beschluß über die Arbeitsvergütung« gefaßt, der sowohl vom ursprünglich praktizierten Einheitslohn als auch vom Familienlohnsystem abwich und – in Anbetracht »zusätzlicher Bedürfnisse« – ein nach Berufssparten unterschiedenes und nach Kategorien gestaffeltes Lohnsystem einführte[202]. Damit machte sich die CNT, nach den unbefriedigenden Erfahrungen der ersten Monate, die Empfehlungen James Guillaumes zu eigen, der für die erste Phase der Revolution den Grundsatz: »Jedem nach seiner Leistung« vorgeschlagen und das Prinzip: »Jedem nach seinen Bedürfnissen« als Endziel der Revolution bezeichnet hatte. Auch Marx hielt das nicht-sozialistische Prinzip der Güterverteilung nach erbrachter Leistung für »unvermeidbar in der ersten Phase der kommunistischen Gesellschaft«, während er die Einführung des sozialistischen Prinzips: »Jeder nach seinen Fähigkeiten, jedem nach seinen Bedürfnissen« erst »in einer höheren Phase der kommunistischen Gesellschaft« für praktikabel hielt[203].

Der in den ersten Wochen in einigen Orten (z. B. Oriols) praktizierte »integrale freiheitliche Kommunismus« – der die besonders in Südspanien verbreitete Vorstellung der unbeschränkten *toma del montón* (des »Einfach-vom-Haufen-Nehmens«) zu realisieren trachtete – war zumeist sehr bald durch einen differenzierten Familienlohn ersetzt worden, nachdem die Kollektivisten erkannt hatten, daß die formale Gleichheit infolge unterschiedlicher realer Bedürfnisse der Individuen materielle Ungleichheit bedeutete. Das FAI-Organ »Tierra y Libertad« wandte sich bereits im September 1936 gegen die häufig praktizierte Methode, das »offizielle« Geld beim Lokalkomitee abzugeben, das dafür Ortsgeld oder Gutscheine – zumeist auf Nominalbasis der Pesete – verteilte. »Es ist absurd, daß das Geld für die Bauern abgeschafft worden ist und die Komitees darüber verfügen. Die Gutscheine sind nichts anderes als herkömmliche Zahlungsmittel, so herkömmlich wie die Pesete und der Geldschein«[204].

Da die Vielheit der lokalen Zahlungsmittel und die Unterschiedlichkeit der Güterverteilungssysteme zu nicht unerheblichen Schwierigkeiten führten, beschloß der Kongreß aragonesischer Kollektive im Februar 1937 die Abschaffung aller – auch lokaler – Zahlungsmittel »im Schoße der Kollektive« und deren Ersetzung durch »Rationierungskarten«. Auf diesen für ganz Aragonien gültigen Karten waren die wichtigsten rationierten Güter aufgeführt. Das neue System mußte keine sich über längere Zeit erstreckende Bewährungsprobe bestehen, da ein Großteil der aragonesischen Kollektive bereits vier Monate später von kommunistischen Truppen aufgelöst wurde und mit der Einsetzung Mantecóns als Gouverneur die »libertären Experimente« Aragoniens ein Ende fanden. In der Levante wiederum wurden Familienlohn und Rationierungsmengen bezirksweise festgelegt.

Alle von CNT-Kongressen oder Kollektiv-Versammlungen erlassenen Richtlinien unterlagen in der Praxis mannigfachen Variationen. Auch wenn das Geld als Zahlungsmittel vollständig abgeschafft und durch Rationierungskarten ersetzt worden war, wurde für persönliche »Laster« *(vicios)* ein geringes Taschengeld gewährt; unter »Laster« waren Tabak, Kaffee, Parfüm, aber auch Erholungsfahrten in die nähere Umgebung oder in die nächste Stadt zu verstehen. Die Fahrtkosten zum Facharzt übernahm das Kollektiv. War das Geld als Zahlungsmittel beibehalten worden, so richtete sich die Vergütung u. a. auch danach, was und wieviel das Kollektiv seinen Mitgliedern an Gütern (Verpflegung, Unterkunft, Möbel, Kleidung etc.) zur Verfügung stellen konnte[205].

Von den 91 im kommenden Kapitel (»Statistische Erfassung und Quantifizierung«) erfaßten Kollektiven Kataloniens haben 73 Angaben über das bei ihnen praktizierte Entlohnungssystem gemacht. 18 Orte hatten den sogenannten Familienlohn oder eine Variante dieses Systems eingeführt, der sich nicht nach der Leistung des Arbeiters, sondern nach der Anzahl seiner Familienmitglieder richtete. Sowohl beim Familien- oder Soziallohn als auch beim individuellen »Leistungslohn« – der in 29 Ortschaften beibehalten wurde – blieb zwischen Mann und Frau ein z. T. beträchtlicher Unterschied in der Einkommensskala bestehen. Besonders kraß waren die Entlohnungsdifferenzen zwischen Mann und Frau bei dem in 23 Ortschaften eingeführten System der wöchentlich im voraus entrichteten Abschlagszahlungen. In Banyeres del Penedés erhielt ein männlicher Arbeiter 90 Peseten, während eine weibliche Arbeitskraft sich mit 20 zufriedengeben mußte; in Cabrera Mataró wurden 70 bzw. 40, in Verdú 35 bzw. 18 Peseten bezahlt. 15 Orte machten Höhe und System der Entlohnung vom Ausmaß der Ernte abhängig, drei richteten sich angeblich nach den »Bedürfnissen der Mitglieder«. Der Uneinheitlichkeit des Entlohnungssystems entsprach die Unterschiedlichkeit des Lohnbetrages, der trotz vieler Bemühungen nicht vereinheitlicht werden konnte. Während einige Kollektive Tageslöhne von 11,50 (Cornellà) oder 10 Peseten (Viladecans, Amposta, Prat del Llobregat) bezahlten, erhielten die Kollektivisten an anderen Orten Löhne von nur 5 (Alfara de Carles, La Canonja) oder 6 Peseten (Pobla de Montornès, Vilanova d'Escornalbou). Die Höhe der Entlohnung hing primär von den wirtschaftlichen Möglichkeiten des Kollektivs ab; diese wiederum wurden maßgeblich durch die ökonomische Ausgangssituation zu Kriegsbeginn bestimmt.

In den katalanischen Kollektiven war die Geldwirtschaft nur selten abgeschafft worden. Lediglich in elf der 91 Fälle war neben die Geld- auch die Naturaltauschwirtschaft getreten; auch wenn innerhalb der Kollektive das Geld abgeschafft worden war, wurde es für die interlokale »Außenwirtschaft« (z. B. in Pueblos del Mollá, Santa Eulalia, Ascó, Vinebre, Mulá, Arnés) beibehalten[206]. In einigen Kollektiven war lokales Papiergeld gedruckt worden, in anderen wurde auf die besonders in Aragonien praktizierte Methode des Familien-Konsumentenbuches zurückgegriffen. Die katalanischen Kollektive vollzogen keinen so radikalen Bruch mit der kapitalistischen Wirtschaftsstruktur wie die aragonesischen. Die theoretisch unbeschränkte Güterverteilung entsprechend den »Bedürfnissen« der Kollektivisten stellte die Ausnahme dar; nur in wenigen Kollektiven wurden Grundnahrungsmittel oder lokale Erzeugnisse unentgeltlich verteilt[207]. In fast der Hälfte der erfaßten levantinischen Kollektive – in acht von 17 – war demgegenüber die Geldwirtschaft entweder abgeschafft oder durch die Einführung von Ortsgeld und Gutscheinen sowie die gleichzeitige verstärkte Praktizierung der Naturaltauschwirtschaft in den Hintergrund gedrängt worden. Das System des Individuallohns hatten nur drei Kollektive beibehalten. Im Gegensatz zur Regelung der wirtschaftlichen Beziehungen in den levantinischen Kollektiven scheinen die kastilischen weitgehend an der Geldwirtschaft festgehalten zu haben; die Naturaltauschwirtschaft stellte in Zentralspanien die Ausnahme dar, obwohl die CNT in elf der 14 erfaßten kastilischen Kollektive vertreten war. Individual- und Familienentlohnung wurden zu ungefähr gleichen Teilen praktiziert. Mitbestimmend für die Beibehaltung der Geldwirtschaft mag einerseits die relative Nähe der Zentralregierung, die in Kastilien nicht das Gefühl der völligen Isolierung und der Möglichkeit zu einem Neuanfang oder einer Sonderentwicklung des einzelnen Kollektivs aufkommen ließ, andererseits – in einem traditionell dem Sozialismus zugeneigten Landesteil – der Einfluß der UGT gewesen sein, die in der Zentralregion zwar an den Kollektivierungen partizipierte (sie war in über der Hälfte der erfaßten Kollektive vertreten), die vom Anarchismus propagierte Abschaffung der Geldwirtschaft jedoch ablehnte.

Die einzelnen Ortschaften und Kollektive entwickelten nicht nur verschiedene Entlohnungs-, sondern auch unterschiedliche Güterverteilungssysteme. Während die einen vor allem den bisher stets propagierten Kollektivismus in die Praxis umsetzen wollten, plädierten verschiedene Kommunen für die Einführung des uneingeschränkten Kommunismus. Die Ortschaften, die das kollektivistische Prinzip der täglichen Entlohnung anwendeten, scheinen mit ihren Experimenten bessere Erfolge erzielt zu haben als die, die das kommunistische Ideal der vollständigen Abschaffung des Geldes als Tauschmittel zu verwirklichen suchten. Das anarcho-kommunistische Verteilungsprinzip »Jedem nach seinen Bedürfnissen«, das die Einheit von Herrschaftslosigkeit und Befriedigung menschlicher Bedürfnisse betonte, scheint auch nur in den seltensten Fällen unabhängig vom Entwicklungsstand der Produktivkräfte eingeführt und zudem bereits nach relativ kurzer Zeit wieder abgeschafft worden zu sein. Zumeist habe in diesen »anarcho-kommunistischen« Kollektiven der Individualismus wieder die Oberhand gewonnen; der Austritt einiger Klein-Eigentümer habe dann zur Sprengung des Kollektivs geführt. Gerade die negativen Erfahrungen verschiedener Ortschaften – u. a. von Fraga und Alcoriza – mit dem Güterverteilungs-Prinzip »toma del montón« (das bald zu Mißbrauch und zur Notwendigkeit der Einführung von Lokalgeld und Rationierungsmaßnahmen führte) hatte den Kongreß aragonesischer Kollektivwirtschaften im Februar 1937 dazu bestimmt, den freien Konsum auf bestimmte, im Überfluß vorhandene Güter einzuschränken und für die Masse der Konsumartikel ein Rationierungssystem einzuführen.

Vor allem in den ersten tastend-experimentierenden Wochen differierte der Güterverteilungs-Modus von Ort zu Ort: In einigen Dörfern durfte jedes Kollektivmitglied entsprechend seinen »Bedürfnissen« Güter in (theoretisch) unbegrenzter Höhe beziehen, in anderen waren bestimmte Artikel rationiert; an einigen Orten wurde auf jede Art von Kontrolle verzichtet. Sehr bald stellte sich jedoch die Nützlichkeit sogenannter »Konsum-Ausweise« *(libretas de consumo)* heraus. Diese Ausweise führten alle rationierten Güter sowie die jeder Familie entsprechend ihrer Kopfzahl zustehende Menge auf; Artikel und Menge waren von einem Ort zum anderen verschieden und hingen primär von lokalen Verhältnissen ab. Jeder Kollektivist erhielt ein Produzentenbuch, in das die Arbeitsleistung, die in das Kollektiv eingebrachten Arbeitsgeräte und das Arbeitsvieh eingetragen wurden. Das Produzentenbuch stellte die Kontrolle über die Arbeitsleistung dar und berechtigte zum Erhalt einer Rationierungs-Karte oder eines Gutscheins, die gegen Konsumgüter in den kollektivierten Warenhäusern des Ortes eingetauscht werden konnten[208]. Die Güterverteilung und somit der Warenkonsum unterlagen auf dem Land insofern fast vollständig der Kollektivierung, als auch »Individualisten« aus ökonomischen Gründen zumeist gezwungen waren, ihre Produkte beim Revolutionskomitee oder im Genossenschaftsladen des Kollektivs abzuliefern.

Da es unmöglich ist, die verschiedenen Arten der Güterverteilung zu systematisieren, sollen einige konkrete Beispiele die Mannigfaltigkeit der Distributionsmethoden illustrieren, die mehrere Monate lang allem Anschein nach relativ erfolgreich praktiziert wurden: In Alcoriza wurde ein Rationierungs-Punkte-System eingeführt, um vorübergehend die Verpflegung der Bevölkerung sicherzustellen. Jeder Mann durfte wöchentlich Lebensmittel bis zu 450 Punkten erwerben (0,5 kg Brot: 4,5 Punkte; 100 Gramm Fleisch: 5 Punkte), eine alleinstehende Frau bis zu 375, eine verheiratete bis zu 362, ein Kind bis zu 167 Punkten. Über 90 % der Bevölkerung traten dem Kollektiv bei. 600 Schüler besuchten unentgeltlich den Unterricht. Wein und Gemüse wurden unbeschränkt verteilt, Geld war abgeschafft worden. Den Handel mit anderen Ortschaften übernahm der Wirtschaftsrat des Dorfes. In der früheren Kirche wurde ein Kino eingerichtet; der Besuch der Vorstellungen war unentgeltlich[209]. Im Agrarkollektiv Adelante (»Vorwärts«) bei Lérida[210] erhielten Junggesellen wöchentlich 50 Peseten, von denen 25 für die Verpflegung einbehalten wurden; von den verbliebenen 25 Peseten mußten alle Ausgaben im genossenschaftlich organisierten Laden bestritten werden; nur der nicht dort ausgegebene Betrag wurde wöchentlich in bar ausbezahlt. In Alcañiz, wo 75 % der Bevölkerung dem Kollektiv beitraten, wurde ein »kollektivistisches Kaffeehaus« errichtet. Jedes Kollektivmitglied erhielt Lebensmittel und Kleidung, außerdem wöchentlich fünf Peseten für Kino, Zigaretten oder »besondere Wünsche«. Zweimal wöchentlich konnte sich jedes Mitglied im kollektivierten Friseursalon von Calanda unentgeltlich rasieren lassen; pro Person wurden wöchentlich fünf Liter Wein verteilt, täglich erhielten 40 Personen Kleidungsstücke. Alle 1233 schulpflichtigen Kinder des Ortes gingen in die neue »Ferrer-Schule«, für die die Kollektivisten Bänke und Stühle selbst herstellten. Mietpreise wurden abgeschafft, Reparaturkosten und Briefporto vom Kollektiv übernommen. Die Milizionäre an der Front sandten ihre Ersparnisse nicht an ihre Familienangehörigen, sondern an das Kollektiv.

In Granadella finanzierte das Kollektiv – ebenso wie in Torrefarrera – alle »aus dringenden Gründen« erforderlichen Fahrten[211]. In Membrilla (Ciudad Real) wurde nach der Enteignung der Großgrundbesitzer und der Auflösung des Kleinbesitzes der gesamte Grund und Boden kollektiviert. Da das Geld abgeschafft war, erhielt jedes Gemeindemitglied täglich Bezugsscheine im Wert von 0,50 Peseten[212]; die örtlichen Erzeugnisse, außerdem drei Liter Wein pro Person und Woche, wurden unentgeltlich verteilt. Auch Miete, Strom und Wasser, ärztliche Betreuung und Medikamente kosteten nichts. In Valls (Tarragona) stellte das Kollektiv jedem Mitglied das nötige Brennholz zur Verfügung[213]. In Villafranca del Cid wurden Kollektiv-Mitglieder aufgefordert, Kauf und Verkauf ihrer Produkte über die örtliche Genossenschaft abzuwikkeln. Die Naturaltauschwirtschaft wurde zwar gefördert, Geld blieb jedoch als Zahlungsmittel in Form des gestaffelten Familienlohns erhalten. Auch in Villafranca del Panadés (Katalonien) praktizierte das Kollektiv bis zur vollständigen Abschaffung des Geldes eine Übergangslösung. Obwohl Geld als Zahlungsmittel in Umlauf blieb, gab das Revolutionskomitee Bezugsscheine aus, die beim Kauf vorgelegt werden mußten[214]. In Plá de Cabra (Tarragona) war – wie in vielen anderen Ortschaften auch – die Mitgliedschaft in CNT oder UGT Voraussetzung zur Aufnahme in das Kollektiv. Die Kollektivisten gründeten eine Produktions- und Verteilungsgenossenschaft, die den Handel mit den Nachbarorten übernahm und für die Versorgung der Kollektiv-Mitglieder verantwortlich war. Ortsgeld *(moneda colectiva)* trat an die Stelle der Landeswährung. In Muniesa wurden die Grundnahrungsmittel ebenfalls unentgeltlich verteilt. Der Gemeinderat ließ 100 000 Peseten örtliches Papiergeld drucken, von denen jeder Erwachsene täglich 1 und jedes Kind 0,50 Peseten erhielten. In Alfara-Libertad bekamen alle Ortseinwohner – nicht nur die dem Kollektiv angehörenden CNT- und UGT-Mitglieder – Produzentenausweise. Alle Güter wurden in Gutscheinen *(vales-moneda)* bezahlt; nur Tabak und Kaffee mußten in der offiziellen Landeswährung bezogen werden[215].

Auch wenn die in den Kollektivwirtschaften getroffenen Maßnahmen eine Pragmatisierung der Idee des freiheitlichen Kommunismus, d. h. nicht eine Orientierung an theoretischen Postulaten, sondern an dem Ziel der wirtschaftlichen Effizienz, der momentanen Bedürfnisbefriedigung, des militärisch Notwendigen und des politisch Realisierbaren darstellten, wurden die vorgenommenen Kurskorrekturen nicht als Preisgabe von Prinzipien und Ablassen vom Endziel, sondern als taktisch bedingtes, durch die Umstände auferlegtes vorübergehendes Abweichen von der prinzipiell richtigen »Politik« angesehen. Der militärische Sieg, dem zwar nicht die Zielvorstellungen, wohl aber ein großer Teil der Mittel zum Erreichen der politisch-gesellschaftlichen und wirtschaftlich-sozialen Zielsetzungen der Anarchisten geopfert wurde, diente dabei bald, wie das Beispiel der Entlohnungssysteme und Güterverteilung zeigt, der Rechtfertigung für die Hintansetzung anarchistischer Ideale. Wurden während des Bürgerkrieges die Modifikationen des »anarchokommunistischen« Konzepts noch häufig als taktische und kriegsbedingte Abweichung dargestellt[216], so haben Anarchisten in der Zwischenzeit ihre damalige Einstellung einer gründlichen Kritik unterzogen, die die Wiedereinführung der Geldwirtschaft in den Kollektiven nicht sosehr als kriegsbedingtes Umschwenken denn als Ablassen von einem als unrealisierbar betrachteten »anarcho-kommunistischen« Prinzip erscheinen läßt.

d) Statistische Erfassung und Quantifizierung

Im August und September 1936 führte das anarcho-syndikalistische Regionalkomitee Kataloniens eine Umfrage durch, um nähere Einzelheiten über die kollektivwirtschaftlichen Experimente der nordöstlichen Region in Erfahrung zu bringen[217]. Aus den im CNT-FAI-Bulletin veröffentlichten Antworten von insgesamt nur 17 Ortschaften geht hervor, daß fünf Orte Kollektive gebildet hatten und in weiteren fünf einzelne Kollektivierungs-Maßnahmen durchgeführt worden waren (Fabriken oder Industriezweige); vier Orte hatten keine kollektivwirtschaftlichen Maßnahmen ergriffen, die restlichen drei äußerten sich nicht zu dieser Frage; in zwei Kollektiven (Ascó, Perafita) war reiner Tauschhandel eingeführt worden. Die in zehn Dörfern beschlagnahmten Gebäude waren zumeist den Kollektivwirtschaften zur Verfügung gestellt worden.

Als die Generalitat zwei Monate später eine ähnliche, allerdings ausführlichere und systematischer angelegte Umfrage durchführte, antworteten 66 kollektivierte Ortschaften, während 282 Orte »negative Antworten« gaben[218]. Die katalanische Regierung startete die Umfrage[219], deren Beantwortung allen Orten zur Pflicht gemacht wurde, da

> seit dem 19. Juli dieses Jahres auf dem katalanischen Land spontan neue Formen sozialer Organisation entstanden sind, die anerkannt und in ihrer Entwicklung durch Regierungsmaßnahmen unterstützt werden müssen. Eine dieser Formen, die unzweifelhaft interessanteste, ist das Kollektiv landwirtschaftlicher Arbeit, das die Bewirtschaftung der großen angeeigneten Ländereien oder des Bodens begonnen hat, den einzelne Landwirte freiwillig eingebracht haben, um dadurch einen besseren Arbeitsertrag zu erzielen.

Zusätzlich zu den 66 Kollektivwirtschaften, die auf die Regierungsumfrage antworteten, konnten für die vorliegende Untersuchung Unterlagen zu weiteren 25 katalanischen Agrarkollektiven beschafft werden. Nimmt man die höchste Schätzung von 400 katalanischen Agrarkollektiven als Ausgangsbasis, dann stellen die 91 erfaßten fast ein Viertel aller Agrarkollektive der nordöstlichen Region dar; realistischer als die sehr hoch angesetzte Schätzung von 400 Kollektiven erscheint jedoch H. Thomas' Vermutung, daß sich auf katalanischem Gebiet ca. 200 Kollektivwirtschaften gebildet haben. Stimmt letztere Annahme, so stellen die datenmäßig erfaßten Kollektive immerhin nahezu die Hälfte aller in Katalonien neu gebildeten Wirtschaftseinheiten dar.

Die statistische Erfassung warf folgende Fragen auf[220]:

> Wann wurde das Kollektiv gegründet? Für welchen Zeitpunkt gelten die gemachten Angaben (Bezugsdatum)? Wie viele Mitglieder hatte das Kollektiv? Wie viele Ortsbewohner blieben außerhalb der Kollektivorganisation? Welcher politischen oder gewerkschaftlichen Organisation gehörten die Kollektivisten an? Wieviel Land stand dem Kollektiv zur Verfügung? Handelte es sich dabei um enteignetes oder freiwillig von den Kollektivisten eingebrachtes Land? Welches Entlohnungssystem wurde im Kollektiv praktiziert? War die Geldwirtschaft beibehalten worden? Welche Hauptanbauprodukte waren für die Kollektivwirtschaft konstitutiv? Welche Neuerungen oder Kollektiveinrichtungen wurden eingeführt? Welche Sonderbestimmungen galten, welche sozialen Leistungen wurden erbracht? Wie und von wem wurde das Kollektiv geleitet? Handelte es sich um eine vollständige, »integrale« Kollektivierung?

Zusätzlich zu den katalanischen wurden in die folgende Übersicht auch *die* Kollektive Aragoniens, Kastiliens und der Levante aufgenommen, deren vorliegende Unterlagen Auskunft über zumindest einige der aufgeworfenen Fragen geben. Die folgenden Tabellen können daher zu Mißverständnissen und Perspektivenverzerrungen führen und bedürfen zweier Vorbemerkungen: 1) Obwohl Katalonien mit 91 erfaßten Kollektiven mit Abstand den breitesten Raum in den Tabellen einnimmt, spielte es im realen Verlauf der agrarischen Kollektivierungsbewegung – wie oben ausgeführt – eine untergeordnete, den Regionen Aragonien, Kastilien und Levante bei weitem nachgeordnete Rolle. Die Präponderanz katalanischer Kollektive ist hier nur auf den glücklichen Fund der Regierungsumfrage »L'Enquesta de la Conselleria sobre la collectivització de la terra« im Stadtarchiv von Barcelona zurückzuführen, während es vergleichbare Quellen für die anderen Regionen (wahrscheinlich) nicht gibt. 2) Die katalanische Regierungsumfrage, der die Informationen über 66 (der 91) Kollektive entnommen sind, war bereits im Dezember 1936 abgeschlossen, erfaßt demnach nur die erste Phase der Kollektivierungsbewegung und gibt keinen Aufschluß über die Auswirkungen der wichtigen 1937er Landwirtschaftsgesetze der Generalitat auf die Agrarkollektivierung. Sie sagt vor allem nichts über Erfolg oder Mißerfolg der Kollektive aus, über die Interaktion der Gewerkschaften und Organisationen im politischen Kräftefeld, mögliche Veränderungen der wirtschaftlichen Beziehungen und ihre Ursachen, das nicht nur quantitative Verhältnis der Kollektivisten zu den »Individualisten« etc. Insofern lassen sich aus den quantifizierenden Angaben nur beschränkte, infolge der disproportionalen Aufgliederung nach Regionen außerdem nicht zwingend repräsentative Antworten auf die Fragen dieser Arbeit geben. Trotz dieser Einschränkungen werfen die Angaben über Katalonien, im Verhältnis zu denen anderer Regionen, ein bezeichnendes Schlaglicht auf die Agrarkollektivierung als »Bewegung«: In Katalonien waren Ende 1936 von den 1070 Gemeinden (mit insgesamt fast 3 Millionen Einwohnern) nur 66 kollektiviert (mit einigen tausend Kollektivisten). Demgegenüber stellten zum gleichen Zeitpunkt die Aragonesen mit ca. 300 000 Kollektivisten 70–75 % der regionalen Gesamtbevölkerung; in der Levante kam es in ca. 78 % aller 1172 Ortschaften zu Kollektivierungsmaßnahmen, an denen 40 % der Bevölkerung beteiligt waren, und auch in Kastilien und Andalusien wurden mehrere hundert Kollektive gegründet.

Lassen sich aus den Fragen, die den Übersichts-Tabellen zugrundeliegen, regionale Differenzierungen der Kollektive herausarbeiten? Gab es charakteristische Unterschiede zwischen den einzelnen Gegenden, etwa im Hinblick auf die organisatorische Zugehörigkeit der Kollektivisten, den Gründungszeitpunkt oder die Fläche des kollektivierten Bodens? Wie lassen sich diese Unterschiede erklären[221]?

Aragonien	Gründungsdatum	Bezugsdatum	Kollektivmitglieder	Ortsbewohner	Zugehörigkeit der Kollektivisten	Kollektivierte Bodenfläche	Herkunft des Bodens		Entlohnungssystem	Wirtschaftliche Beziehungen	Anbauprodukte	Neuerungen, Kollektiveinrichtungen	Sonderbestimmungen, soziale Leistungen	Leitungsgremium
							beschlagnahmt	freiwillig eingebracht						
Albalate de Cinca	7. 36	5. 1937	1000	1000	CNT (?)	3700 ha	?	?	–	TW	G, K, Mais, Rüben, Luzerne	?	SL	Gemeinderat, Verwaltungskomitee
Alcañiz	vor 7. 37	7. 1937	über 6000	8000	CNT/UGT	?	+	–	Taschengeld	Gutscheine	Öl	Gemeindeschlächterei, Bäckerei	SL	?
Alcolea de Cinca	7. 36	28. 7. 1937	2230	2350	CNT/IR	?	–	+	IL	TW/Lokalgeld	G, Gemüse, Obst	Schweine-, Viehfarm	SL	?
Alcora	?	?		5000	?	?	?	?	Konsumentenkarte	TW/Gutscheine	?	?	?	Komitee
Alcoriza	8. 36	7. 1937	3700	4000	CNT	?	–	+	Taschengeld	TW/Konsumkarten, Gutscheine	G, Öl, Gemüse	2 Fabriken, Bibliothek, Kino, Schule	SL	Wirtschaftsrat, zentrales Verwaltungskomitee
Andorra	1. 11. 36	7. 1937	4000	4000	CNT/UGT	?	?	?	FL	Lokalgeld	?	Schulpflicht, Genossenschaftsladen	SL	Revolutionskomitee
Barbastro	16. 10. 36	5. 1937	750	10 000	CNT/UGT	?	–	+	?	?	?	?	?	?
Binéfar	28. 8. 36	5. 1937	4200	5000	CNT/UGT	1200 ha	+	+	FL	Lokalgeld, (Gutscheine)	Öl, W, Gemüse, Kartoffeln	Krankenhaus	SL	Zentralkomitee, Verwaltungskommission
Calanda	7. 36	7. 1937	3500	4500	CNT/ JJ LL	?	+	–	–	TW/Gutscheine (Konsumkarten)	W, Weizen, Öl, Obst	Schule, Bibliothek, Bäder	SL	?
Esplús	7. (8.) 36	8. 1936	ca. 1050	1100	CNT/UGT	?	?	?	–	Lokalgeld	?	?	SL	Revolutionskomitee
Fraga	8. 36	1. 1937	2800	8000	CNT	40% des Gemeindebodens	?	?	FL (Gutscheine)	TW/Lokalgeld	?	Schule, Bibliothek, Theater, Genossenschaftsladen	Rationierungen	1) Revolutionskomitee 2) Gemeinderat
Graus	16. 10. 36	6. 1937	530	2600	CNT/UGT	?	+	+	FL/Gutscheine	Lokalgeld, GW	G, W, Öl, M, Gemüse	Konsumgenossenschaft, 2 Farmen, 2 Schulen, 1 Mühle	Arbeitspflicht, SL	1) Revolutionskomitee 2) Gemeinderat

Aragonien	Gründungsdatum	Bezugsdatum	Kollektivmitglieder	Zugehörigkeit der Kollektivisten	Kollektivierte Bodenfläche	Herkunft des Bodens		Entlohnungssystem	Wirtschaftliche Beziehungen	Anbauprodukte	Neuerungen, Kollektiveinrichtungen	Sonderbestimmungen, soziale Leistungen	Leitungsgremium
			Ortsbewohner			beschlagnahmt	freiwillig eingebracht						
Lagunarrota	8. 36	?	100 / 600	CNT/UGT	800 ha	+	+	Konsumkarten	TW	G, M, Öl, Gerste	Konsumgenossenschaft	SL	?
Lécera	vor 1. 37	1. 1937	512 / 2400	CNT	?	+	–	–	TW/Lokalgeld	W, Safran, Weizen	?	?	Verwaltungsrat
Mas de las Matas	9. (10.) 36	5. 1937	2000 / 2300	CNT	?	?	?	Konsumkarten	TW/Lokalgeld	Öl	Schulpflicht	SL	Verwaltungskommission
Monzón	?	?	450 / 6000	CNT	?	?	?	FL	Lokalgeld	Zuckerrüben, Weizen, Hafer, Gerste	Verteilungsgenossenschaft	Krankenhausaufenthalt gratis	?
Muniesa	7. (8.) 36	5. 1937	? / 1700	CNT	?	–	+	Taschengeld	Lokalgeld	Öl, Wein	?	Grundnahrungsmittel gratis	?
Oliete	7. (8.) 36	5. 1937	1500–1800 / 2200	CNT/UGT JJLL (?)	?	–	+	Konsumkarten	TW	Öl, Safran, Kohle	Konsumgenossenschaft, Kohlengrube	SL	Komitee
Peñalba	7. 36	vor 7. 1937	1500 / 1500	?	?	?	?	FL (Lokalgeld	TW	G, W, Honig, Öl	Schule, Werkstätten	SL	1) Revolutionskomitee 2) Verwaltungsrat
Peñarroya de Tastavins	vor 8. 37	8. 1937	315 / 1600	CNT/UGT (?)	?	?	?	Taschengeld	TW	?	?	?	?
Tamarite de Litera	1. 10. 36	?	?	?	?	+	+	FL (Lokalgeld)	TW	Öl, G, Obst, Luzerne	?	SL	?
Utrillas	26. 7. 36	9. 1936	400 / 2500	CNT/UGT	?	?	?	Konsumkarten FL	TW/GW	G, Gemüse	Theater	SL	Revolutions- und Verwaltungskomitee

Katalonien	Gründungsdatum	Bezugsdatum	Kollektivmitglieder / Ortsbewohner	Zugehörigkeit der Kollektivisten	Kollektivierte Bodenfläche	Herkunft des Bodens: beschlagnahmt	Herkunft des Bodens: freiwillig eingebracht	Entlohnungssystem	Wirtschaftliche Beziehungen	Anbauprodukte	Neuerungen, Kollektiveinrichtungen	Sonderbestimmungen, soziale Leistungen	Leitungsgremium
Alcarràs	vor 12. 36	12. 1936	44 / ?	CNT	26–244 ha	+	+	FL	?	G, Öl	?	?	?
Alfara de Carles	vor 12. 36	12. 1936	?	CNT/UGT	550 (?)	?	?	IL	GW	Öl, M	?	?	?
Alforja	vor 12. 36	12. 1936	84 / ?	CNT/UGT	?	?	+	FL	GW	Öl, HN	?	?	?
Alguaire	22. 9. 36	10. 1936	?	?	?	?	?	?	?	?	?	vgl. Anm.	?
Amposta	30. 10. 36	17. 11. 36	1 000 / 10 000	CNT/UGT	5 720 bis 16 120 ha	?	+	FL oder IL	Lebensmittelkarten + GW	Reis, Salz	Farmen, Schulen etc.	SL, Schulpflicht	Verwaltungskommission
Arboç del Penedès	vor 12. 36	12. 1936	63 / ?	CNT/UDR	?	?	?	IL	GW	Öl, G, Weizen	?	?	?
Arnés	8. 9. 36	9. 1936	?	?	?	?	?	TW	?	?	?	?	?
Artesa de Lérida	7. 36	1. 1938	38 / ?	?	18–50 ha	?	?	?	?	?	?	SL	?
Banyeres del Penedès	vor 12. 36	12. 1936	70 / ?	CNT/UDR	?	?	?	W V	GW	G, Wein	?	?	?
Boadella	vor 12. 36	12. 1936	44 / ?	Esq. PSOE PSUC	7 ha	?	+	?	?	G, Öl, Wein	?	?	?
Bellpuig d'Urgell	vor 12. 36	12. 1936	160 / ?	AS	?	?	?	W V	GW	?	?	?	?
Belsareny	?	11. 1937	60 / 3 000	CNT	?	?	?	?	?	?	?	?	?
Les Cabanyes	vor 12. 36	12. 1936	17 / ?	CNT/UGT UDR/AS	24–67 ha	+	+	W V	GW	G, Wein	?	?	?
Cabra del Camp	vor 12. 36	12. 1936	22 / ?	CNT	21–60 ha	+	+	uneinheitlich	?	HN, G, Wein	Arbeitspflicht von 16–65 Jahren	Grundnahr.mittel gratis, Taschengeld	?
Cabrera Mataró	vor 12. 36	12. 1936	16 / ?	CNT	18–29 ha	+	–	W V	GW	Wein, Kartoffeln	?	?	?

Katalonien	Gründungsdatum	Bezugsdatum	Kollektivmitglieder / Ortsbewohner	Zugehörigkeit der Kollektivisten	Kollektivierte Bodenfläche	Herkunft des Bodens		Entlohnungssystem	Wirtschaftliche Beziehungen	Anbauprodukte	Neuerungen, Kollektiveinrichtungen	Sonderbestimmungen, soziale Leistungen	Leitungsgremium
						beschlagnahmt	freiwillig eingebracht						
La Canonja	vor 12. 36	12. 1936	37 / ?	UGT, CNT AS	64–182 ha	?	?	IL	GW	Wein, JN, HN	?	?	?
Cantallops	vor 12. 36	12. 1936	32 / ?	CNT/UGT	?	?	?	IL	GW	Kork	?	?	?
Castellar del Vallès	vor 12. 36	12. 1936	25 / ?	CNT	40–65 ha	+	+	IL	GW	W, G, HN	?	?	?
Castellet i La Gornal	vor 12. 36	12. 1936	18 / ?	UDR	26 ha	?	?	W V	GW	W, G, Obst	?	?	?
Castellserà	vor 12. 36	12. 1936	10 / ?	AS, PSOE PSUC	105–297 ha	?	?	?	?	?	?	?	?
Catllar	vor 12. 36	12. 1936	95 / ?	CNT	132–372 ha	+	+	IL	GW	W, JN, HN	?	?	?
Cornellà	vor 12. 36	12. 1936	180 / ?	CNT/UGT	161 ha	?	?	IL	GW	G, W, Obst	?	?	?
Darnius	vor 12. 36	12. 1936	248 / ?	AS	?	?	?	FL	?	W, Öl, Kork	?	?	?
Esplugas de Francolí	vor 10. 36	10. 1936	?	?	?	?	?	FL	GW/TW	?	Schulpflicht, Arbeitspflicht, Genossensch.laden	volle Krankheits- und Unfallversicherung	?
Fatarella	vor 12. 36	12. 1936	35 / ?	CNT	?	?	?	nach Bedürfnis	?	G, Öl, W, M,HN	?	?	?
La Figuera	vor 12. 36	12. 1936	?	?	?	?	?	IL	?	W, M, HN	?	Brot, Öl, Wein frei	?
Figueres (Mas Ferrer)	vor 12. 36	12. 1936	5 / ?	CNT/UGT Esq.	33 ha	?	?	W V	GW	G	?	?	?
Figueres (Mas Torre d'En Murnau)	vor 12. 36	12. 1936	12 / ?	AS	147 ha	?	?	W V	GW	G	?	?	?
Figuerola del Campo	vor 1. 38	1. 1938	23 / 575	?	11–31 ha	?	?	?	?	W, HN	?	?	?
Freginals	vor 12. 36	12. 1936	30 / ?	CNT	78–221 ha	+	+	W V	GW	W, Öl, JN	?	?	?

Katalonien	Gründungsdatum	Bezugsdatum	Kollektivmitglieder / Ortsbewohner	Zugehörigkeit der Kollektivisten	Kollektivierte Bodenfläche	Herkunft des Bodens		Entlohnungssystem	Wirtschaftliche Beziehungen	Anbauprodukte	Neuerungen, Kollektiveinrichtungen	Sonderbestimmungen, soziale Leistungen	Leitungsgremium
						beschlagnahmt	freiwillig eingebracht						
La Garriga	vor 12. 36	12. 1936	236 (?) / ?	UDR	10–17 ha	–	+	IL	GW	M, HN	?	?	?
Gerona	vor 10. 36	10. 1936	? / 30 000	CNT/UGT	?	?	?	?	GW	?	Kanäle, Staubecken	10% freiw. Steuern Mieterh. f. Luxuswohnungen	Milizkomitee CNT/FAI POUM/Esq.
Gramanet del Besós	12. 36	11. 1937	103 / 2 690	?	20–55 ha	?	?	IL	GW	?	?	?	?
La Granadella	7. 10. 36	10. 1936	89 / 2 000	CNT	12 137 ha (?)	+	+	W V	TW/GW	G, Öl, M	Speisesäle, Genossenschaftsladen	Erwachsenenbildung, Arbeitspflicht	Landwirtschaftskommission
Granyena	vor 12. 36	12. 1936	23 / ?	CNT/UGT Esq./AS	88 ha	+	+	W V	?	G, W, Öl, M	?	?	?
Guimerà	vor 12. 36	12. 1936	32 / ?	CNT	19–53 ha	–	+	W V	GW	W, Öl, G, M	?	?	?
Hospitalet del Llobregat	9. 36	12. 1936	815 / 50 000	CNT	1 500 ha	?	?	IL	GW	Obst, Bohnen	Bodenmeliorationen, Maschinen	?	Verwaltungsrat
Isona	vor 12. 36	12. 1936	8 / ?	CNT	1,5 ha	?	?	W V	?	G	?	?	?
Josa de Cadi	vor 12. 36	12. 1936	?	?	?	+	?	?	?	Weizen	?	?	?
Juncosa de les Garrigues	vor 12. 36	12. 1936	32 / ?	UDR/ PSUC	308–868 ha	?	?	IL	GW	G, M, Weizen	?	?	?
Lérida	vor 11. 37	11. 1937	400 / 35 000	?	300 ha	–	+	FL	GW	G, Gemüse, Mais, Gerste, Luzerne	Speisesäle, Hasenzucht	Gemüse frei	?
Llardecans	vor 12. 36	12. 1936	?	AS	?	?	?	W V	GW	Öl, G	?	?	?
Martorell	vor 12. 36	12. 1936	38 / ?	AS	120 ha	+	+	IL oder W V	GW	W, Obst	?	?	?
Mas de Barberans	vor 12. 36	12. 1936	64 / ?	CNT/UGT	528 ha	?	?	W V	GW	Öl	?	?	?
Masdenverge	vor 12. 36	12. 1936	Im Dezember 1936 war das Kollektiv noch im Aufbau begriffen; weitere Angaben liegen nicht vor.										

Katalonien	Gründungsdatum	Bezugsdatum	Kollektivmitglieder	Ortsbewohner	Zugehörigkeit der Kollektivisten	Kollektivierte Bodenfläche	Herkunft des Bodens: beschlagnahmt	Herkunft des Bodens: freiwillig eingebracht	Entlohnungssystem	Wirtschaftliche Beziehungen	Anbauprodukte	Neuerungen, Kollektiveinrichtungen	Sonderbestimmungen, soziale Leistungen	Leitungsgremium
Masó	vor 12. 36	12. 1936	30	?	CNT	16–45 ha	?	?	W V	GW	W, JN, HN	?	?	?
Masroig	8. 36	?	160	1800	CNT/Republikaner	?	?	?	IL + FL	GW + TW	Öl, W, M	Arbeitspfl. ab 15 Jahre	Arzt und Medikamente gratis	?
Montblanc	8. 36	?	200	6000	CNT/UGT	?	–	+	FL	GW + TW Lokalgeld	W, G, Öl Obst, Gemüse	Tierfarm, Bewässerungsanlagen	Bez.d.Grundnahrungsm. nur, w.finanz.tragbar	Junta
Montbrió	vor 12. 36	12. 1936	395	?	UGT/CNT	83 ha	?	?	IL	GW	W, Öl, JN	?	?	?
Orriols	8. 8. 36	1. 1937	92	176	CNT	290 ha	+	+	nach Bedürfnis+FL	GW	W, G, Öl	?	?	?
Pacs	vor 12. 36	12. 1936	9	?	UDR/CNT	7–20 ha	?	?	W V	GW	?	?	?	?
Palau de Anglesola	5. 37	12. 1937	584	1400	?	81–229 ha	+	+	?	?	?	?	?	?
Pals	vor 12. 36	12. 1936	29	?	CNT	135 ha	?	?	IL	GW	Reis, Luzerne	?	?	?
Peramola	vor 12. 36	12. 1936	5	?	UDR	98 ha	?	?	W V	GW	?	?	?	?
Perelló	1. 2. 37	24.4.1937	?		?	?	+	+	Konsumentenbuch	TW + GW	?	Verkaufsgenossenschaft	Arzt und Medikamente gratis	Kontroll- und Verpflegungskomitee
Pla de Cabra	6. 10. 36	6. 1937	270	2000	CNT/UGT	5000 ha	+	+	FL	GW (Lokalgeld)	W, HN, M, G Gemüse	Hühnerfarm, Produktionsgenossenschaft	Arbeitspfl., Versicher.	?
El Poal	vor 12. 36	12. 1936	2	?	UGT/AS	2,5–7 ha	?	?	W V	GW	?	1 Dreschmaschine	?	?
Pobla	20. 9. 36	11.8.1937	740	800	?	?	?	?	IL	TW/GW	Öl	Verkaufsgenossenschaft	Mehl, Öl, Wein gratis	?
Pobla de Ciervoles	13. 9. 36	1. 1938	568	720	CNT	?	?	?	FL	Familienkonsumentenbuch	W, M, Öl	Brotverkauf unter Selbstkostenpreis	Brot, Wein, Öl, ärztl. Betreuung gratis	?
Pobla de Montornès	vor 12. 36	12. 1936	30	?	UDR	27–75 ha	+	?	IL	GW	W, G, JN	?	?	?

Katalonien	Gründungsdatum	Bezugsdatum	Kollektivmitglieder / Ortsbewohner	Zugehörigkeit der Kollektivisten	Kollektivierte Bodenfläche	Herkunft des Bodens		Entlohnungssystem	Wirtschaftliche Beziehungen	Anbauprodukte	Neuerungen, Kollektiveinrichtungen	Sonderbestimmungen, soziale Leistungen	Leitungsgremium
						beschlagnahmt	freiwillig eingebracht						
El Port de la Selva	vor 12. 36	12. 1936	nach Arbeitsbedarf / ?	AS	13 ha	?	?	abhäng. vom Ernteertrag	?	W, Obst	?	?	?
Prades	vor 12. 36	12. 1936	80 / ?	CNT	?	?	?	FL	GW	HN, Kastanie	?	?	?
Prat del Llobregat	12. 10. 36	12. 1936	1381 / 3600	CNT/UGT UDR	25% des gesam. Bodens	?	?	IL	GW	G, Gemüse, Obst	Produktionssteigerungen	Lohnf.zahl. i. Krankh.fall	Verwaltungsrat CNT/ UGT/UDR
Puigcerdá	vor 2. 37	2. 1937	? / 4000	CNT/UGT Esq.	?	?	?	?	?	?	?	?	Stadtrat
Ripoll	3. 6. 37	8.1937	?	CNT/UGT	?	?	?	?	?	?	?	?	?
Rindoms	vor 12. 36	12. 1936	7 / ?	AS/POUM CNT/Esq.	?	?	?	W V	GW	Öl, Kartoffeln	?	?	?
Rubi	25. 8. 36	1. 1937	180 / 8000	?	75% des gesam. Bodens	+	+	IL	GW	?	?	7-Tage-Arbeitswoche	?
Sant Pere de Rindevitlles	vor 12. 36	12. 1936	nach Arbeitsbedarf / ?	AS	?	?	?	IL	GW	G, W, Öl	?	?	?
Sant Quirze de Besora	vor 12. 36	12. 1936	mindestens 25 / ?	?	?	?	?	IL	GW	G, Gemüse	?	?	?
La Sènia	vor 12. 36	12. 1936	?	CNT	320 ha	?	?	?	?	?	?	?	?
Serós	vor 3. 38	27.3.1938	360 / 3000	CNT/JJ SS POUM/PSUC	?	+	–	FL	TW/GW	Gemüse	Speiseräume	Arzt, Medikamente Wohng., Licht, Holz Gemüse gratis	Stadtrat CNT/PSUC Esq.
Serra d'Almos	vor 12. 36	12. 1936	346 / ?	CNT	?	?	?	?	?	W, ÖL, Weizen, M	?	Verpflegung gratis	?
Sollana	?	?	?	CNT/UGT	?	+	–	FL mit Zulagen	Lokalgeld	?	?	Höchstgrenze für Privateigentum: 12 ha	Verwaltungsvorstand
Tamarit de Mar	vor 12. 36	12. 1936	15 / ?	?	31–89 ha	?	?	IL	GW	W, G, HN, Öl	?	?	?
Torroella de Montgri	vor 1. 38	1. 1938	80 / 5000	CNT	176 ha	?	?	IL	GW	?	?	75% Lohnfortzahlung im Krankheitsfall	?
Tremps	vor 12. 36	12. 1936	96 / ?	CNT	28 ha	?	?	W V	GW	Luzerne, G, Kartoffeln	?	?	?

Katalonien	Gründungsdatum	Bezugsdatum	Kollektivmitglieder / Ortsbewohner	Zugehörigkeit der Kollektivisten	Kollektivierte Bodenfläche	Herkunft des Bodens		Entlohnungssystem	Wirtschaftliche Beziehungen	Anbauprodukte	Neuerungen, Kollektiveinrichtungen	Sonderbestimmungen, soziale Leistungen	Leitungsgremium
						beschlagnahmt	freiwillig eingebracht						
Ullà	vor 12. 36	12. 1936	34 / ?	UDR	51 ha	+	+	FL	GW	G, W, Gemüse	?	?	?
Ulldemolins	vor 12. 36	12. 1936	68 / ?	UGT,PSUC, Esq.	?	?	?	WV	GW	W,G,Öl,M	?	?	?
Utiel	10. 36	6. 1937	2 400 / ?	CNT	?	?	?	?	?	?	?	?	?
Vallfogona de Rineorb	vor 12. 36	12. 1936	100 / ?	CNT/Esq.	703 (?)	+	+	je nach Ernte	GW	?	?	?	?
Vallmoll	vor 12. 36	12. 1936	28 / ?	CNT	45–128 ha	+	+	FL	GW	W,HN,JN	?	?	?
Valls	7. 36	7. 1936	?	?	?	+	+	FL	GW	?	Sparkasse (Zinsfuß 3 %)	Beitritt für jeweils 1 Landwirtschaftsjahr, Brennh. gratis	Arbeitsausschuß, Verwaltungsvorstand
Verdú	vor 12. 36	12. 1936	17 / ?	POUM/CNT UDR	20–56 ha	?	?	WV	GW	Öl,W,G	?	?	?
Vilaboi	2. 37	12. 1938	500 / 6 560	?	122 ha	+	–	IL	GW	Weizen, Obst, Kartoffeln	Farm, Pferdestall, Bewässerungsmotoren	Brot und Medikamente gratis	?
Viladecans	vor 12. 36	12. 1936	120 / 5 000	CNT	328 ha	+	?	IL	GW	JN, Obst, Gemüse, Weizen	Hühnerfarm	?	Verwaltungsrat
Vilallonga del Camp	vor 12. 36	12. 1936	Die Ortschaft besteht aus 5 bis 6 „Familienkollektiven"; die Mitglieder gehören allen politischen und gewerkschaftlichen Gruppierungen an										
Vilanova d'Escornalbon	vor 12. 36	12. 1936	53 / ?	UGT	48 (?)	+	–	IL	GW	W,HN,JN, Öl	?	?	?
Vilarrodona	vor 12. 36	12. 1936	100 / ?	CNT/UDR	185 ha	?	?	IL	GW	W,Öl, Gemüse	?	?	?
Vilassar de Dalt	vor 12. 36	12. 1936	15 / ?	CNT	23 ha	+	?	IL	GW	W, Gemüse	?	?	?
Villanueva i Geltrú	?	?	? / 20 000	CNT/Esq. PSOE/PSUC POUM/UDR	?	?	+	?	?	?	?	wöchentl. Neuwahl des Gemeindevorsitzenden	Gemeinderat
Vinaixa	vor 1. 38	1. 1938	248 / 1 120	CNT/?	143–403 ha	?	?	FL	GW	W,M,G, Öl	4 Schulen, Genossenschaftsladen	Integrale Kollektivierung	Gemeinderat, CNT/?

Kastilien	Gründungsdatum	Bezugsdatum	Kollektivmitglieder / Ortsbewohner	Zugehörigkeit der Kollektivisten	Kollektivierte Bodenfläche	Herkunft des Bodens		Entlohnungssystem	Wirtschaftliche Beziehungen	Anbauprodukte	Neuerungen, Kollektiveinrichtungen	Sonderbestimmungen, soziale Leistungen	Leitungsgremium
						beschlagnahmt	freiwillig eingebracht						
Alcázar de Cervantes	10. 36	2. 38	?	CNT/UGT	35 000 ha	?	?	FL	GW	Wein, G	?	?	Verwaltungskomitee
Almagro	23. 9. 36	10. 37	225 (?)	CNT/UGT UnionRep.	9 275 ha	+	?	IL	GW	W, G, Erbsen	?	Wein gratis	Verwaltungskomitee
Arganda	25. 6. 37	?	700	?	?	?	?	FL	GW	?	?	?	?
Belvis del Jarama	19. 7. 36	30. 10. 37	700	UGT/CNT	1 550 ha	+	–	IL	GW	G, Hafer, Gerste	Schulgründung	Integr. Kollektivierg. lokale Erzeugnisse u. ärztl. Beh. gratis	Rat
Brihuega	9. 36	11. 12. 37	600	CNT/UGT	1 225 ha	+	–	IL oder FL	GW und Gutscheine	G, Öl, Honig, Gerste	Genossenschaftsladen	?	Stadtrat
Costada	28. 9. 36	?	125	?	?	?	?	?	?	?	?	?	?
Manzanares	8. 36	8. 36	1 700 / 25 000	CNT/?	25 000 ha	+	+	?	?	W, G, Öl,	?	?	?
Meco	?	?	160	CNT/UGT	?	?	?	IL	GW	?	?	?	Verwaltungsrat
Membrilla	7.(8.) 36	?	900 / 8 000	CNT	?	+	–	IL und Gutscheine	TW	?	Lokale Erzeugnisse, Miete, Strom, Wasser, ärztl. Behandlung und Medikamente gratis		Gemeinderatu. Komitees
Miraflores de la Sierra	12. 9. 36	?	250	UGT/CNT	?	?	?	FL	GW	?	?	?	?
Morata de Tajuña	28. 6. 37	?	1 080	?	?	?	?	FL	GW	?	?	?	Wirtschaftsrat
Perales de Tajuña	9. 12. 37	6. 11. 37	260–430	CNT/UGT	2 700 ha	–	+	FL	GW	G, Gerste, Tomaten, Zwiebeln	Anlage von 2 Farmen	Integr. Kollektivierg. Miete u. ärztl. Behandlung gratis	Verwaltungsrat mit 5 Sektionen
Tielmes de Tajuña	12. 36	23. 7. 37	430 / 2 000	CNT (?)	?	–	+	FL	GW/TW	?	Grundnahrungsmittel (rationiert), Brennholz, Miete, ärztl. Behandlung gratis		Wirtschaftsrat
Torija	3. 37	16. 12. 37	150 / 180	UGT/CNT	2 000 2 700 ha	+	+	IL	GW	G, Gerste, Hafer, Kartoffeln	?	?	UGT-CNT-Komitee

Levante	Gründungsdatum	Bezugsdatum	Kollektivmitglieder / Ortsbewohner	Zugehörigkeit der Kollektivisten	Kollektivierte Bodenfläche	Herkunft des Bodens: beschlagnahmt	Herkunft des Bodens: freiwillig eingebracht	Entlohnungssystem	Wirtschaftliche Beziehungen	Anbauprodukte	Neuerungen, Kollektiveinrichtungen	Sonderbestimmungen, soziale Leistungen	Leitungsgremium
Ademuz	9. 36	?	2 500 / 5 000	CNT/UGT	1 400 ha	?	?	Konsumkarten	TW und Ortsgeld	Zuckerrüben, Wein, Äpfel	Genossenschaft; Betriebsgründungen	Arbeitspflicht; Schule; ärztl. Behandlung u. Medikamente gratis	?
Alfara-Libertad	8. 36	1. 1937	– / 2 214	CNT/UGT	?	?	?	Produzentenausweis	GW und Ortsgeld	G,O,Mais Kartoffeln	Abschaffung der Steuern; Frontkämpferabgabe	SL	?
Alginet	vor 1. 37	12. 1. 37	– / 7 500	?	2 250 ha	?	?	FL	GW	?	?	?	?
Benicarló	Benicarló war Sitz einer Bezirksföderation, die im März 1938 22 Agrarkollektive mit insgesamt 1 100 Mitgliedern umfaßte; weitere 13 Kollektive standen kurz vor ihrer Konstituierung. B.selbst (1 800 CNT-Mitgl.) hatte je ein CNT- und UGT-Agrarkollektiv. Das CNT-Kollektiv umfaßte 90 Familien; der tägliche Individuallohn betrug 10 Peseten.												
Carcagente	vor 2. 36	2. 36	2 700 / 20 000	CNT	?	+	–	?	?	Orangen	?	?	Technisches u. Verwaltungskomitee
Cervera del Maestre	?	?	320 / 5 000	CNT	?	–	+	IL	GW/TW Lokalgeld	Öl, M, W, G,JN	Konsumgenossenschaft	?	?
Játiva	16. 1. 37	3. 37	1 632 / 17 000	CNT/UGT	5 114 ha	?	?	FL	GW	O, Reis, Gemüse	Schulpflicht	SL	Gemeinderat
Llombay	8. 36	?	650 / 3 000	CNT	?	?	+	IL	GW/TW	O, W, JN Öl	Schule	Ärztl. Behandlung und Medikamente gratis	?
Magdalena de Pulpis	9. 36	?	1 400 / 1 400	CNT	6 654 ha	?	?	FL	GW	Öl, Wein	Genossenschaft	SL	Revolutionskomitee
Poliñá de Júcar	1. 37	6. 37	800 / 2 000	CNT	500 ha	?	?	FL	GW und Konsumentenbuch	O, Reis	?	Miete gratis	?
San Mateo	7.(8.) 36	?	100 / 5 300	1 CNT } Kollektiv 1 UGT }	?	+	+	FL	GW/TW/ Gutscheine	Weizen, Öl, Mais	Speisesaal, Verkaufsgenossenschaft	SL	Verwaltungskommission
Segorbe	10. 8. 36	10. 38	1 300 / 7 000	CNT/UGT/ ?	?	?	?	?	?	?	?	?	Stadtrat
Sollana	vor 1. 37	1. 37	?	CNT/UGT	?	?	?	FL	GW/Lokalgeld	?	Arbeitspflicht	?	Verwaltungs- und Bewirtschaftungsrat
Sueca	10. 1. 37	4. 3. 38	2 000 / –	CNT/UGT	über 1 200 ha	+	+	?	?	O, Reis	Farm, Orangengesellschaft	SL	Verteidigungskomitee
Villafranca del Cid	5. 37	5. 37	?	CNT	?	–	+	FL	GW/TW	?	Speisesaal	SL	Verwaltungsrat
Villajoyosa	9. 36	6. 37	– / 9 000	CNT/UGT	?	?	?	IL	GW	Fischfang	Speisesaal, Kriegssteuer	SL	?
Villarreal	8. 11. 36	6. 37	420 / –	?	123 ha	?	?	W V/Einheitslohn	GW	Orangen	Arbeitsüberwachung	?	?

In 38 der 91 erfaßten Agrarkollektive *Kataloniens*[222] bildete lediglich eine Organisation das Leitungskomitee; in 25 Fällen handelte es sich hierbei um die CNT, in sieben Fällen um die »Agrarsyndikate«, in fünf um die UDR und in einem Fall um die UGT. CNT-UGT-Allianzen – an denen auch andere Organisationen partizipieren konnten – bestimmten die »politische« Richtung in 18, Allianzen der CNT mit anderen Organisationen unter Ausschluß der UGT in elf Orten. Fünf Kollektive hatten eine Koalitionsleitung, in der die CNT nicht vertreten war, 17 machten keine näheren Angaben. Insgesamt war demnach die CNT in mindestens 54 der 91 untersuchten Kollektive vertreten; weit abgeschlagen folgten die UGT mit 21, die UDR mit 14, die Agrarsyndikate mit 13 Vertretungen. Spezifiziert man die Angaben nach Provinzen, so stellte Tarragona – wo die CNT in mindestens 20 kollektivierten Ortschaften vertreten war – die katalanische Hochburg des agrarischen Anarchismus dar; demgegenüber war die CNT in der Provinz Gerona nur in vier Kollektiven vertreten. Die Provinz Tarragona stellte mit 30 Ortschaften auch die meisten kollektivierten Dörfer in Katalonien[223].

Die Größe einer Ortschaft war in Katalonien nicht ausschlaggebend für den Anteil an Kollektivisten. Obwohl in kleineren Ortschaften (Puebla de Ciérvoles, Orriols, Tivisa, Pobla) der Prozentsatz an Kollektiv-Mitgliedern überproportional hoch war und im Durchschnitt die Anzahl der Kollektivisten eher umgekehrt proportional zur Einwohnerzahl zu sein schien – bei steigenden Einwohner- sinkende Kollektivistenzahlen –, lassen sich einige Ortschaften (Serós, La Cenia, Torroella de Montgri, Amposta) nicht in dieses Schema einreihen; ausschlaggebend für den Erfolg oder Mißerfolg eines Kollektivs und damit für den Ein- oder Austritt von Mitgliedern waren sicherlich primär lokale Bedingungen, der Einfluß örtlicher gesellschaftspolitischer Organisationen, die sozio-ökonomische Situation der Einwohner, bestimmt auch Konstellationszufälligkeiten einzelner handelnder Individuen, ohne daß in jedem Fall der Anteil strukturell vorgegebener und personal-variabler, akzidenteller Bedingungsfaktoren genau gegeneinander abgewogen werden kann.

In 19 der 22 erfaßten *aragonesischen* Kollektive war die CNT mehrheitlich, in sieben davon ausschließlich vertreten. Die große Mehrheit aller aragonesischen Kollektive entstand im Sommer 1936 als unmittelbar-spontane Reaktion auf den Militäraufstand. Nach den CNT-Beschlüssen vom Februar 1937 wurde für den lokalen Handel innerhalb der Kollektive das Geld ganz abgeschafft; an dessen Stelle traten Produzentenbücher und Konsumentenausweise, z. T. auch Ortsgeld und Gutscheine. Die Integration des einzelnen in das Kollektiv war bedeutend stärker als in Katalonien; dazu trug nicht nur die Kohärenz der Ortsgemeinschaft bei, sondern auch die verstärkte Abhängigkeit des Individuums von »seinem« Kollektiv, das für die Verpflegung der Kollektivisten zuständig war, einen umfassenden Versicherungsschutz aufbaute und meistens die Kosten für ärztliche Betreuung und Medikamente, Miete, Strom, Wasser, Brennholz übernahm. Für einen großen Teil der aragonesischen Agrarbevölkerung bedeutete der Eintritt in ein Kollektiv soziale Sicherheit und wirtschaftliche Besserstellung. Viele Ortschaften Aragoniens wiesen – im Vergleich zu Katalonien – einen auffallend hohen Prozentsatz an Kollektivisten auf.

Während in Katalonien nur vier von 26 Orten zu mehr als 50 Prozent

kollektiviert waren, war in 15 von 25 aragonesischen Ortschaften jeweils über die Hälfte der Bevölkerung kollektivwirtschaftlich organisiert; in mehreren Fällen waren neben der Agrarbevölkerung auch die Handwerker und Gewerbetreibenden des Ortes dem Kollektiv beigetreten (»integrale Kollektivierung«), das damit zu einer »freien Kommune« wurde. Die Einbeziehung der nicht in der Landwirtschaft tätigen Erwerbsbevölkerung in die Agrarkollektive entsprach der ursprünglichen CNT-Organisation der *Sindicatos de Oficios Varios*, in denen bis zur Neustrukturierung der CNT-Gewerkschaften auf dem Kongreß von Sants (1918) die gesamte berufstätige Bevölkerung einer Ortschaft zusammengefaßt war; darüber hinaus stellte eine »integrale« Kollektivierung im Selbstverständnis der Anarchisten nicht sosehr eine Wirtschafts- als eine Lebensgemeinschaft dar, die – wie zahlreiche Belegstellen im anarchistischen Vokabular beweisen – die Funktion einer »Familie« ausüben sollte[224].
Die Agrarkollektivierung in der *Levante* entsprach in vieler Hinsicht der Aragoniens; in einigen Aspekten glich sie eher den kollektivistischen Formen Kataloniens. Von den 20 Kollektivwirtschaften, über die Gründungsdaten vorliegen, konstituierten sich 14 im Sommer oder Herbst 1936. Unverkennbar war die Vorherrschaft der CNT, die mehrheitlich in all jenen Kollektiven vertreten war, die Angaben über die gewerkschaftliche oder politische Zugehörigkeit ihrer Mitglieder gemacht hatten. Zehn (der 20 erfaßten) Kollektive bekannten sich ausdrücklich zu einem mehr oder minder umfangreichen Katalog an sozialen Leistungen. Auch im Fall der Levante läßt sich keine Gesetzmäßigkeit im Verhältnis der Kollektivisten zur Gesamteinwohnerzahl der jeweiligen Ortschaft feststellen.
In den *kastilischen* Kollektiven[225] war die CNT ebenfalls vorherrschend; sie war in elf der 14 erfaßten Kollektive organisiert. Die relative Bedeutung der UGT, die sich in Kastilien mehrheitlich der Kollektivierung anschloß, wird aus ihrer Vertretung in acht Kollektiven ersichtlich.
Hinsichtlich des Gründungsdatums der Kollektive lassen sich einige bezeichnende Unterschiede feststellen: Die meisten aragonesischen Kollektive wurden in den ersten fünf Wochen nach Kriegsbeginn gegründet. Damit stellt Aragonien unzweifelhaft den Beginn der »Bewegung« dar, die sich dann südöstlich in die Levante verlagerte und erst von dort den Norden (Katalonien) und Westen (Kastilien) erfaßte. Die Gründungsdaten der meisten katalanischen Kollektive liegen zwar nicht vor, aber aus der Tatsache, daß auf die CNT-Umfrage von August/September nur 17 und auf den Generalitat-Fragebogen im November 66 Kollektive antworteten, läßt sich entnehmen, daß die Mehrzahl der Kollektive zwischen Ende September und Mitte November 1936 gegründet worden ist. Während demnach die (katalanischen!) anarchistischen Milizen in Aragonien an der Ausbreitung des Agrarkollektivismus beteiligt waren, setzte sich in Katalonien selbst die »Bewegung« erst einige Monate später und dann viel zaghafter durch. Der frühere Konstituierungszeitpunkt der Kollektive korreliert auch mit der »Radikalität« der Umwälzung. Hinsichtlich des Entlohnungssystems wurden bereits oben die weitergehenden Änderungen in Aragonien den eher gemäßigten Modifikationen in Katalonien gegenübergestellt. In Aragonien kam es auch öfters als in anderen Gegenden zu sogenannten »integralen« Kollektivierungen.

Daß die Umwälzung in Aragonien radikaler und – im anarchistischen Sinne – konsequenter war als die Erschütterung des sozio-ökonomischen Gefüges in Katalonien, kann verschiedenartig begründet werden. In Aragonien hatte sich die CNT weder mit einer kleinbürgerlich-eigentumsorientierten Organisation wie der katalanischen UDR noch mit einer schnell erstarkenden Regionalregierung wie der Generalitat auseinanderzusetzen. Die CNT-Präponderanz zu beiden Ufern des Ebro war unbestritten, außerdem förderte der anarchistisch orientierte Verteidigungsrat die kollektivwirtschaftlichen Experimente. Im Gegensatz zum industrialisierten Katalonien waren die kleineren aragonesischen Ortschaften nahezu ausschließlich agrarisch strukturiert; die geringe Mobilität der Bevölkerung und die infolge der Kommunikationsschwierigkeiten relative Abgeschiedenheit der Dörfer förderte einerseits lokale Sonderentwicklungen, trug andererseits zu dem Bewußtsein der Kollektivisten bei, ihre soziale, politische und wirtschaftliche Ordnung nicht von »außen« diktiert zu bekommen, sondern in Eigenverantwortung selbst bestimmen zu können. In Kastilien verhinderten Nähe und Einfluß der Regierung, in der Levante der starke kommunistische Einfluß unter den Kleinbesitzern eine ungestörte Entwicklung der Kollektivwirtschaften.
Nur 60 der insgesamt 144 erfaßten Kollektive machten Angaben über die Herkunft des von ihnen bewirtschafteten Bodens: In zwölf Fällen rührte das gesamte kollektiv bewirtschaftete Land von Enteignungen her, in weiteren zwölf Fällen stellte es in seiner Gesamtheit früheres Privateigentum der Kollektivisten dar, in 36 Fällen handelte es sich um die gemeinsame Bewirtschaftung von freiwillig eingebrachtem und enteignetem Boden:

Region	beschlagnahmt	freiwillig eingebracht	beschlagnahmt und freiwillig eingebracht
Katalonien	5	3	27
Aragonien	3	5	4
Kastilien	3	2	2
Levante	1	2	3
Insgesamt	12	12	36

Der relativ hohe Anteil (50%) der Eigenmittel (Boden, Arbeitsgeräte, z. T. Finanzen) an den Investitionen sowie die Eigenverantwortung der Betriebsleitung und eines jeden einzelnen Kollektivisten – neben der Vielfalt agrargesellschaftlicher Organisationsformen und der relativ großen Selbständigkeit der Kollektivbetriebe – barg die Gefahr in sich, zu einer Art »Kollektiv-Unternehmerwirtschaft« überzugehen. Die Einrichtung regionaler »Ausgleichskassen« und ständige Appelle der anarchistischen Presse an die Klassensolidarität sollten dieser Gefahr entgegenwirken. Die Notwendigkeit solcher Appelle sowie deren Frequenz lassen deutlich werden, daß die in einer Kollektiv-Einheit geübte Solidarität im Verhältnis zu anderen Kollektiven nicht immer als selbstverständlich betrachtet werden konnte.

Die Institution der »Ausgleichskassen« weist bereits darauf hin, daß viele Kollektive mit erheblichen wirtschaftlichen Schwierigkeiten zu kämpfen hatten; die relativ geringe Fläche, die in Katalonien auf ein Kollektivmitglied entfiel, schwankte im Durchschnitt zwischen 3,08 und 6,36 ha, betrug in Einzelfällen jedoch nicht mehr als 0,16 (Boadella), 0,21 (Montbrió) oder 0,29 (Tremp) ha und trug sicherlich dazu bei, daß nicht alle Kollektive betriebswirtschaftlich rentabel waren. Im Gegensatz zu Katalonien, wo – ähnlich wie in der Levante – das Vorherrschen kleiner und mittelgroßer Betriebe sich auch in der unterdurchschnittlich geringen Fläche eines Kollektivs bemerkbar machte, waren die Durchschnittsflächen der aragonesischen und kastilischen Kollektive erheblich größer und boten somit der Kollektivierung bessere Entfaltungsmöglichkeiten.

Der Versuch einer statistischen Erfassung läßt einerseits regionale Unterschiede, andererseits aber besonders deutlich die Lückenhaftigkeit der Quellen und damit die Schwierigkeit einer verallgemeinernden Schlußfolgerung deutlich werden. Am günstigsten ist die Quellenlage – paradoxerweise – in den für die Ausbildung der anarchistischen Kollektivismus-Konzeption unbeteiligten Provinzen Kataloniens, in denen die Kollektivierung – weit mehr als in anderen Gegenden – sich nur schwer gegen die mächtige Schicht der Pächter, die Generalitat und die kommunistisch beeinflußte mittelständische Agrarpolitik durchsetzen konnte. In Aragonien und den übrigen Regionen waren die exogenen Hindernisse zwar viel geringer; die defiziente Quellenlage läßt für diese Gegenden aber (noch) keine (erschöpfende) makroperspektivische Untersuchung zu.

4. Die Agrarkollektivierung: Zusammenfassung und Versuch einer Evaluierung

Die Beantwortung der Frage nach der Wirtschaftlichkeit der agrarischen Kollektivbetriebe ist, da eine Rechnungslegung in den Kollektiven entweder überhaupt nicht existierte oder sehr ungenau war, mit großen Schwierigkeiten verbunden. Die anarchistischen Kollektivbeschreibungen sind zwar sehr darstellungs-, aber nicht sehr datenfreudig und erschweren dadurch die Erarbeitung einer Typologie sowie eine betriebswirtschaftliche Erfolgsrechnung. Für die Aufstellung einer gesamtwirtschaftlichen Erfolgsrechnung wäre eine aufgeschlüsselte Statistik des Volkseinkommens erforderlich, die für die Jahre 1936–1939 aber nicht vorliegt. In Ermangelung aussagekräftiger Statistiken muß auf Einzelbeispiele zurückgegriffen werden, die jedoch keine tragfähige Basis für ein allgemeines Urteil über die wirtschaftliche Effizienz der Kollektivwirtschaften abgeben.

Hospitalet de Llobregat gehört zu den wenigen Kollektiven, die eine Jahresbilanz aufgestellt haben:

Zeitraum	Einnahmen (Peseten)	Ausgaben (Peseten)
9. 1936 – 11. 1936	432 710,34	416 973,09
12. 1936 – 2. 1937	910 756,81	794 628,51
3. 1937 – 5. 1937	1 653 045,20	1 312 305,10
6. 1937 – 8. 1937	2 007 992,80	1 643 773,05
Insgesamt (im 1. Jahr):	5 004 505,15	4 167 679,75

Als das Kollektiv kreiert wurde, standen ihm ca. 20 000 Peseten zur Verfügung; im Sommer 1938 verfügte es über fast drei Millionen Peseten. Da die vorliegenden jedoch nicht durch weitere Angaben (Spezifizierung der Vierteljahresbilanz, Zu- oder Abnahme des Pro-Kopf-Einkommens, Berücksichtigung der inflationären Preisentwicklung, Aufwand der geleisteten menschlichen Arbeit etc.) ergänzt wurden, stellt diese Statusbilanz nur eine Gegenüberstellung der Einnahmen und Ausgaben dar und reicht zu einer betriebswirtschaftlichen Erfolgsrechnung nicht aus. Auch die Angabe des Kollektivs Almagro, der Wert der landwirtschaftlichen Produkte, Tiere und Geräte habe innerhalb eines Jahres um 116 129 Peseten zugenommen, sagt nichts über die Wirtschaftlichkeit des Kollektivs aus, da die inflationäre Preisentwicklung und der Kaufkraftverlust der republikanischen Pesete nicht mitberücksichtigt wurden; der Wertsteigerung um 116 129 Peseten oder 28,7 % steht für den gleichen Zeitraum ein Kaufkraftverlust der republikanischen Pesete von 58 % gegenüber. Aufschlußreicher sind die Hinweise auf Produktionssteigerungen und Neulandgewinnungen. Das Kollektiv Prat del Llobregat konnte eine Steigerung der Kartoffelernte um 80 % erreichen; in Graus wurde die bewässerte Nutzfläche um 5 %, die unbewässerte um 10 % vergrößert; Plá de Cabra erhöhte die Produktivität des kollektiv bewirtschafteten Bodens um 25 %. Die Produktionsziffern der kollektivierten Ortschaft Miralcampo weisen für das erste Kriegsjahr eine Zunahme von 130 % bei Weizen, 200 % bei Gerste und 50 % bei Wein auf. Die Produktionssteigerung sei vor allem auf das verbesserte Bewässerungssystem zurückzuführen gewesen.

Der Versuch, eine makro-ökonomische Bilanz zu ziehen, stößt auf erhebliche Schwierigkeiten. Einerseits publizierte die Generalitat Statistiken[226], denen zufolge 1936/37 in Katalonien 46 719 ha (das sind 16,4 %) Land weniger bewirtschaftet wurden als 1935/36, andererseits stellt das PSUC-Organ »Treball« die Behauptung auf, die Getreideernte sei in Katalonien 1936/37 um 15 % besser gewesen als die vorjährige[227]. Offiziellen Angaben des Landwirtschaftsministeriums zufolge[228] nahm jedoch die Getreideproduktion in Katalonien 1937 um 417 628 dz ab:

Region	Getreideproduktion (in Dz)		Differenz	
	1936	1937	(in Dz)	(in %)
Katalonien	1 968 228	1 550 600	− 417 628	− 21,21
Aragonien	1 349 999	1 620 000	+ 270 001	+ 20,00
Kastilien	5 236 721	6 090 238	+ 853 517	+ 16,29
Levante	1 293 942	1 197 216	− 96 726	− 7,47
Insgesamt	9 848 890	10 458 054	+ 609 164	+ 6,18

In den vier registrierten Regionen stieg nach diesen Angaben die Getreideproduktion in einem Jahr um über 609 000 dz, d. h. über 6 %. Die Getreidesaatfläche soll im gleichen Zeitraum um 1 736 000 ha zugenommen haben[229]. B. Minlos[230] spricht davon, »daß sich die Anbaufläche in Katalonien durchschnittlich um 20 % verringerte«. Er führt diesen Rückgang auf »die Fehler der Anarchisten und die Wühlarbeit der Trotzkisten und verantwortungslose Elemente« zurück; demgegenüber sei in den Provinzen, in denen das kommunistische Nationalisierungs-»Dekret vom 7. Oktober früher, vollständiger und konsequenter durchgeführt worden war«, die Anbaufläche erweitert worden: So habe die Weizenanbaufläche in der Provinz Valencia um über 150 % – nämlich von 24 000 auf 63 000 ha – zugenommen. Bezüglich des Weizen- und Gerstenanbaus führten kommunistische Berechnungen[231] zu eindrucksvollen Ergebnissen:

Anbaufläche und Ernte im republikanischen Spanien (ohne Katalonien)

	1936	1937	Differenz	in %
Weizen:				
Fläche in ha	1 098 814	1 147 949	+ 49 134	+ 4,47
Ernte in dz	10 118 761	10 698 145	+ 579 384	+ 5,72
durchschnittlicher Ernteertrag pro ha	9,2	10,2	+ 1,0	+10,86
Gerste:				
Fläche in ha	595 479	640 447	+ 44 968	+ 7,55
Ernte in dz	7 559 694	8 670 642	+1 110 948	+14,69
durchschnittlicher Ernteertrag pro ha	12,7	13,5	+ 0,8	+ 6,29

1938 soll die Weizenanbaufläche die von 1937 noch einmal um 41 657 ha übertroffen haben. Da die Kollektivwirtschaften vor allem in den Überschußgegenden Aragonien und Kastilien verbreitet waren, während in den weniger kollektivierten Regionen mit Produktionsrückgang (Katalonien, Levante) der private Klein- und Mittelbesitz vorherrschte, werteten die Anarchisten das vom Landwirtschaftsministerium verkündete Ergebnis sofort als einen großen Erfolg der Agrarkollektive. Demgegenüber muß festgehalten werden, daß auch in Aragonien und Kastilien privatwirtschaftende Kleinbauern produzierten und die Produktionszunahme nicht unbedingt – zumindest nicht ausschließlich – auf Kollektivwirtschaften zurückzuführen ist; andererseits baute ein beträchtlicher Teil katalanischer Kollektive – mindestens 30 %, wahrscheinlich jedoch erheblich mehr – ebenfalls Getreide an. Die aragonesische Produktionssteigerung dürfte zu einem nicht unbeträchtlichen Teil auf die innerhalb eines knappen Jahres erfolgte Erweiterung der landwirtschaftlichen Mechanisierung um 50 % zurückzuführen sein[232]. Anarchisten sprechen rückblickend[233] für das erste Kriegsjahr von einer Erweiterung der Saatfläche um 40 % und einer Produktionszunahme »an einigen Stellen« um 50 %. Wie die bisher verwerteten Angaben zeigen, ist es makroperspektivisch nur schwer möglich, ein definitives Urteil über die Kollektivierungsbewegung zu fällen; die Betrachtung ökonomischer Faktoren erleichtert zwar – im Gegensatz zu den schwer meßbaren sozialen Indikatoren – die Operationalisierung, führt jedoch bei einer Konzentration in der Erfolgsmessung auf die überwiegend wachstumsorientierte ökonomische Kosten-Nutzen-Analyse zu wenig greifbaren Ergebnissen. Entgegen marxistischer Kritik[234] maßen die Anarchisten den Perspektiven produktionstechnischer Entwicklungsprozesse zwar durchaus Bedeutung für die Lösung sozialer Probleme bei; sie betrachteten ihre Handlungsstrategie jedoch stets – über den rein technischen Aspekt hinaus – unter der Zielperspektive einer vollständigen Emanzipation der Arbeiterklasse. In diesem Zusammenhang könnte die Quality-of-Life-Forschung weitere Ergebnisse erbringen. Wirtschaftliche Entwicklung wurde von der CNT in funktionalem Zusammenhang mit gesellschaftlichem Strukturwandel gesehen. Die durchgreifende Agrarrevolution und die intendierte Demokratisierung der politischen Struktur, die als Voraussetzung einer wirksamen wirtschaftlichen Entwicklung gedacht waren, bedeuteten nicht nur das Ende der politischen und wirtschaftlichen Machtstellung der bis dahin herrschenden Klasse, sondern darüber hinaus eine Gefährdung der von der Kommunistischen Partei angestrebten Position, da der soziale Wandel hauptsächlich von ihren innenpolitischen Gegnern in die Wege geleitet worden war.

Da die Bewegung von der Makroperspektive her gesehen kein einheitliches Urteil zuläßt, auf der Mikroebene sich jedoch hoffnungsvolle Ansätze zeigten, liegt es nahe, die Gründe für die zahlreichen Schwierigkeiten primär in dem partiellen Umfang, in dem die Maßnahmen durchgeführt wurden, der geringen Zeitdauer und den exogenen Hindernissen zu suchen, die dafür verantwortlich zu sein scheinen. In Aragonien mag die Bereitschaft zur Durchführung kollektivwirtschaftlicher Maßnahmen mit der Bedürfnislosigkeit der Agrarbevölkerung zusammengehangen haben, die weder ein Verlangen nach anderen als den lebensnotwendigen Konsumartikeln äußerte noch Freizeitprobleme kannte. In Andalusien waren die sozialstrukturellen und sozialpsychologischen Voraussetzungen für eine Durchführung der Kollektivierung ebenfalls gegeben, der militärische Verlauf des Krieges unterband jedoch die Entwicklung im Süden des Landes. Demgegenüber waren in Katalonien und der Levante die wirtschaftlichen, soziologischen und sozialpsychologischen Voraussetzungen der Kollektivierung weit weniger geeignet als im zentralen und südlichen Landesteil; der Widerstand gegen die CNT-Maßnahmen im Osten Spaniens scheint bei der Betrachtung unter regionalem Aspekt durchaus verständlich.

Nur wenige Kollektive[235] können als voller Mißerfolg bezeichnet werden. Hauptgegner der Landwirtschaftskollektivierung im anarchistischen Sinne waren die Kommunisten, die das Klein- und Mitteleigentum verteidigten und alle sozialistischen Experimente ablehnten. In wiederholten Fällen schlossen sich ihnen Sozialisten, Republikaner und (seltener) POUMisten an, in Katalonien außerdem die Weinpächter-Organisation UDR. Zu den Hauptschwierigkeiten der Agrar-Kollektivwirtschaften zählten der Mangel an Devisen zum Kauf erforderlicher Düngemittel und Maschinen, der Verlust des größten Teils des spanischen und außerspanischen Absatzmarktes, die von der Regierung geförderte Unsicherheit über den Rechtsstatus und die legale Anerkennung der Agrarwirtschaften sowie der zunächst verdeckte, später offene Kampf nahezu aller politisch einflußreichen Gruppierungen gegen die Realisierungen der CNT-Mitglieder; die Uneinigkeit der Industrie- und Landarbeiter verhinderte ein gemeinsames Vorgehen aller Kollektivierungsbefürworter.

Zu den exogenen kamen die endogenen Schwierigkeiten und Hindernisse, deren Grund häufig in der mangelhaften Vorbereitung und der fehlenden Erfahrung der Kollektiv-Mitglieder lag. Das UDR-Organ »Terra Lliure« faßte einige Aspekte der Kritik an den Kollektivisten zusammen[236]:

So wie man die Agrarkollektive angelegt hat, war der Mißerfolg von Anfang an voraussehbar. So sprachen sich etwa kollektivierte Bauern Tageslöhne von 8 bis 12 Peseten zu, ohne die wirtschaftlichen Möglichkeiten zu berücksichtigen; woanders rissen sie Johannisbrotbäume aus, um Kartoffeln anzubauen, ohne zu berücksichtigen, daß der Boden auf diesen Bewirtschaftungswechsel vorbereitet werden mußte; oder sie übertrugen die Leitung der Kollektive Arbeitern, die noch nie als Bauern gearbeitet hatten; wieder woanders wollten sie die in der Industrie herrschende Arbeitslosigkeit dadurch lösen, daß sie die Arbeiter in die Agrar-Kollektive integrierten; oder sie vertrieben die Bauern von ihren Ländereien, um zur Kollektivierung zu schreiten, ohne daß diese Bauern selbst die Eigentümer oder weniger Proletarier gewesen wären als die, die sie vertrieben.

Neben die – offensichtlich unzulängliche – ökonomische Problemstellung muß die Frage nach der sozialen Bedeutung und der sozialethischen Komponente der Kollektivwirtschaften treten[237]. Die in der ersten Phase des Bürgerkrieges (Juli–Oktober/November 1936) entstandenen Agrarkollektive verfolgten auf lokaler Ebene das Ziel, als Ganzes eine vollständig ausgebildete ländliche Gemeinschaft unter Einbeziehung der Gewerbetreibenden, der im privaten und öffentlichen Dienstleistungssektor Beschäftigten sowie der lokalen Kleinindustrie zur Verarbeitung landwirtschaftlicher Produkte zu bilden. Der im Hinblick auf die Anzahl der Mitglieder zumindest quantitative Erfolg der Kollektivwirtschaften läßt sich keineswegs nur aus der anarchistischen Romantisierung des kollektiven Bauernlebens als einer sozialethisch besonders wertvollen Daseinsform erklären; das Agrarkollektiv stellte in vielen Fällen eine kollektive Lebens-»Gemeinschaft«[238] dar, in der die Kontrolle, die jedes einzelne Mitglied über das Geschäftsgebaren und die Leitungsgremien ausübte, gleichsam im Rahmen der allgemeinen und durchgängigen »Sozialkontrolle« erfolgte. Das Agrarkollektiv wollte das Individuum »gesellschaftlich in eine Gemeinschaft integrieren und es an den sozialen und wirtschaftlichen Prozessen teilhaftig werden lassen«[239]. Das Kollektiv als Primärgruppe wurde als Familienersatz ideologisiert; dabei verstellt das in der zeitgenössischen anarchistischen Presse und von anarchistenfreundlichen Interpreten verwendete Vokabular der Familien- und Gemeinschaftsideologie häufig den Blick für Interessenkonflikte in den einzelnen Kollektiven. Über den rein wirtschaftlich-funktionalen Charakter des Kollektivs hinaus wurde stets die auf emotional-affektiver Orientierung basierende, besonders enge soziale Verbundenheit hervorgehoben. Für viele der gemeinschaftsstrukturierten Kollektive kann als charakteristisch erachtet werden, daß der Lebenszuschnitt der einzelnen Mitglieder nicht allzusehr voneinander abwich, die Wert- und Erwartungsvorstellungen im Prinzip für alle Genossen ähnlich waren, im Hinblick auf die Beziehung der Mitglieder zum gemeinsamen Kollektivbetrieb das unmittelbare Verhältnis der Kollektivisten zu »ihrer« Wirtschaft kennzeichnend war und der einzelne Kollektivist bereitwillig einen Beitrag zur Selbstverwaltung des Kollektivs leistete[240].

Die primär von Anarcho-Syndikalisten, häufig auch Sozialisten, weniger oft von anderen (Agrar-)Organisationen eingerichteten landwirtschaftlichen Kollektive verstanden sich in ihrer überwiegenden Mehrheit als freiheitliche kommunistische Organisationen und Keimzellen eines neuen Gesellschaftsaufbaus, die sich anfangs häufig am ideal-typischen Prinzip: »Jeder nach seinen Fähigkeiten, jedem nach seinen Bedürfnissen« orientierten. Bei vollständiger Abschaffung des Geldes übernahm das Kollektiv dem Individuum gegenüber sämtliche sozialen Verpflichtungen; bei Verwendung von Lokalgeld wurden wirtschaftliche Transaktionen mit anderen Kollektiven entweder über Tauschhandel oder unter Rückgriff auf die offizielle Landeswährung abgewickelt. Nach Leistung gestaffelter Individuallohn wurde durch an Bedürfnissen ausgerichteten Familienlohn ersetzt. Dabei ging man nicht selten von einer erwünschten, faktisch jedoch nicht vorhandenen Übereinstimmung der Bedürfnisse der Individuen mit den Notwendigkeiten der Kriegswirtschaft aus. Der Gegensatz von zentralgeplanter Kriegswirtschaft und individueller Freiheit konnte unter den Bedingungen eines Bürgerkrieges nicht aufgehoben werden. Auf lokaler Ebene behielt man in den ersten Monaten die Landeswährung nur selten bei – allerdings sind zu diesem Komplex starke regionale Differenzierungen zu verzeichnen –, im Verlauf des Krieges wurde sie häufiger wieder eingeführt. Charakteristisch für das Verhalten der Mitglieder und Kollektive untereinander war eine in der ideologischen Schulung der CNT stets propagierte, durch die Ausnahmesituation des Bürgerkrieges unter den Kollektivisten potenzierte Demonstration solidarischen Verhaltens, dessen sichtbarster Ausdruck freiwillige Leistungen, Spenden und Verpflegungssendungen an die Front, zusätzlicher Arbeitsaufwand und zumeist überdurchschnittliche Arbeitsmoral waren. Der bei rentabel wirtschaftenden Kollektiven entstehende »Neo-Kapitalismus« wurde mit Hilfe institutionalisierter Ausgleichskassen bekämpft. Trotzdem blieben zwischen den einzelnen Kollektiven ein nicht unerhebliches Wohlstandsgefälle und z. T. beträchtliche Lohndifferenzen bestehen.

Die Kollektive stellten den Versuch dar, bei Fortbestehen des kapitalistischen Systems in der Gesamtgesellschaft insgesamt isolierte, untereinander jedoch föderierte Zellen anarchistischer Gesellschaft aufzubauen, die in ihrem exemplarischen und fermentösen Charakter in der bestehenden Gesellschaftsordnung nur eine Übergangserscheinung und auf dem Weg zur sozialistischen einen praktikablen Anfang darstellen sollten. So waren sie – in der Erkenntnis, daß die völlige Realisierung des freiheitlichen Kommunismus vorläufig aufgeschoben werden mußte – eine partielle Realisierung der verbal stets aufrechterhaltenen Ideologie der herrschaftsfreien Gesellschaft[241]. Anarchisten interpretier(t)en sie als eine Antizipation der Anarchie; Kollektive waren für die CNT der Versuch, größere Kooperationsgruppen auf der Basis einer sozialisierten Wirtschaft ohne formalisierte Herrschaftsrollen arbeits- und lebensfähig zu halten.

Trotz der von ihnen stets betonten Selbständigkeit konnten sich die einzelnen Agrarkollektive der zentral von den Republikanern und Kommunisten, regional (Katalonien) von den Linksrepublikanern und Rabassaires verfolgten Tendenz zur »Legalisierung« und Kontrolle, Normierung und Vereinheitlichung nicht entziehen. Zur Steigerung der Effektivität übertrugen die meisten Kollektive gewisse »autonome« Rechte an übergeordnete Instanzen, z. B. an die von der CNT organisierten Regionalföderationen. Sowohl die Zentralregierung in Madrid/Valencia als auch die Regionalregierung in Barcelona vertraten immer deutlicher eine Politik der zentralisierten Kriegswirtschaft, der sich die CNT nicht erfolgreich widersetzen konnte.

Agrarkollektive gründeten zumeist ihnen angeschlossene Kaufs- und Verkaufsgenossenschaften, die den lokalen und regionalen Warenaustausch organisierten; diese Genossenschaften sind ihrer Entstehung und Struktur nach von den seit August 1936 in Katalonien entstehenden, mit genossenschaftlichen Funktionen ausgestatteten Agrarsyndikaten unterschieden, in denen für die gesamte in der Landwirtschaft aktive Bevölkerung die Mitgliedschaft verpflichtend war. Die Agrarsyndikate stellten einen von der Regierung kontrollierten Markt dar, neben dem jedoch bis zum Ende des Bürgerkrieges der »freie«, der inflationistischen Preisentwicklung unterworfene Markt bestehen blieb.

Direkte Pressionen zum Eintritt in ein Kollektiv sind wahrscheinlich nur selten ausgeübt worden[242], wenn auch das große Übergewicht von CNT-Mitgliedern oder – wie in Aragonien – die Anwesenheit anarcho-syndikalistischer Milizeinheiten nicht immer unbefangene Entscheidungen zuließ. Neben der von CNT und FAI favorisierten Kollektiv-Bewirtschaftung blieben stets Individual- und Familienbewirtschaftung bestehen; der besonders von Kommunisten geschützte Kleinbesitz sogenannter »Individualisten« wurde zumeist nicht angetastet. Das Gesamtkollektiv entschied auf (regel- oder unregelmäßig einberufenen) Vollversammlungen über alle wichtigen Fragen; das Kollektiv als Ganzes wählte seine zumeist mit imperativem Mandat versehenen und (theoretisch) jederzeit absetzbaren Vertreter, die zusammen mit den gewählten Gruppen-Delegierten zwischen den Kollektiv-Vollversammlungen alle exekutiven, legislativen und administrativen Funktionen übernahmen. Die Bestellung der Vertreter scheint nur auf der untersten, d. h. auf der Ebene des lokalen Kollektivs, als Direktwahl stattgefunden zu haben. Quellenbelege über die praktische Anwendung des »recall-Systems« liegen nur in sehr beschränktem Umfang vor.

Die Kollektivwirtschaften stellten in einer einzigartigen Symbiose von utopisch-sozialistischem Zukunftsideal und Rückgriff auf kollektivistisch-kommunalistische Lebensformen den Versuch der Regeneration autonomer, häufig autarker Dorfgemeinschaften dar, die in der agrarisch-traditionalen Gesellschaft Spaniens vor der Durchsetzung der durch die industrielle Epoche und die Änderung der Wirtschaftsordnung bedingten sozialen und ökonomischen Veränderungen die charakteristischen »Gesellungseinheiten« (Hellwege) auf dem Lande waren. Trotz des prinzipiellen Beharrens auf kommunaler Selbständigkeit – das z. B. darin zum Ausdruck kam, daß sich jedes Kollektiv eine eigene »Charta« gab – bedeutete die Einsicht in die Notwendigkeit zentralisierter Organisation und Aufgabe gewisser »souveräner« Rechte die Anerkennung veränderter Konstituierungsbedingungen; gerade die Anpassung an und die Einfügung in einen historisch-politischen Kontext, der in der anarchistischen Lehre nicht als Ausgangssituation für die kollektivwirtschaftlichen Veränderungen in Betracht gezogen worden war, stellte die doktrinäre Flexibilität – die im weiteren Kriegsverlauf allerdings nicht selten zur nahezu vollständigen Aufgabe ursprünglich »reiner« anarchistischer Prinzipien führte –, Organisationsfähigkeit und Eignung zur Selbstverwaltung der sich auf die genossenschaftlich-kollektivistischen Traditionen berufenden Arbeiter unter Beweis.

Unabhängig vom rein ökonomischen Sektor erzielten die Agrar-Kollektivwirtschaften besondere Erfolge im sozial-humanitären und kulturell-bildungspolitischen Bereich. Um das für spanische Agrarverhältnisse der dreißiger Jahre anspruchsvolle Bildungsprogramm, das sie zu realisieren trachteten, durchführen zu können, wurden Schulen aller Art sowie Bildungs- und Unterrichtszentren für Erwachsene eingerichtet. 1938 hatte jedes Kollektiv in der Levante seine eigene Schule. Programme der Alphabetisierung und technischen Ausbildung von Jugendlichen und Erwachsenen trugen zur Anhebung des allgemeinen Bildungsniveaus der Landbevölkerung bei. Gleichzeitig wurde für eine möglichst allgemeine Erfassung aller schulpflichtigen Kinder gesorgt. Ein umfangreiches Versicherungsprogramm und zahlreiche Sozialleistungen garantierten den im Kollektiv tätigen Arbeitern und ihren Familienangehörigen ein sicheres Auskommen. Die Agrarkollektive eröffneten einem erheblichen Teil der im republikanischen Sektor tätigen Landbevölkerung den Weg der wirtschaftlich-sozialen Besserstellung und der kulturell-politischen Integration in das nicht mehr a priori als Feind empfundene Gemeinwesen. Das vorläufige Ergebnis der sich 1936/37 über weite Teile des republikanischen Spanien ausbreitenden Agrarrevolution war das Ende der halbfeudalen Agrarverhältnisse, die Zerstörung der überkommenen Grundeigentumsverteilung, die Auflösung bestehender Abhängigkeitsverhältnisse und ein sozialer Umsturz zugunsten der Masse der landlosen Agrarproletarier sowie der an ihrer überlieferten familiären Eigenbedarfswirtschaft hängenden Klein- und Zwergbauern; parallel dazu wurde eine Reihe betriebswirtschaftlicher Reformen in die Wege geleitet, deren sichtbarster Ausdruck einschneidende Änderungen in der Bodennutzung, betriebliche Rationalisierungsmaßnahmen, Verbesserungen der Agrarstruktur (Neulandgewinnung, Flurbereinigung, künstliche Bewässerung) und eine forcierte Mechanisierung der Landwirtschaft waren. Dabei ging es den Anarchisten keineswegs nur um die Fragen einer Effektivierung, Optimierung und Rationalisierung einer sozialisierten Wirtschaft, d. h. um eine Agrarreform im engeren Sinne, sondern vielmehr um die Grundprinzipien der »Solidarität, der Gleichheit an Rechten, der Freiheit, der Selbstbestimmung«[243]. Das Miteigentum an allen Kollektiveinrichtungen gab den Kollektivisten von Anfang an Mitverantwortung und Mitbestimmung; die Verantwortung des einzelnen wurde durch die kollektive, im Bewußtsein des Existenzkampfes geleistete Arbeit erhöht. Die Situation der spanischen Landwirtschaft während des Bürgerkrieges war in weiten Teilen der republikanischen Zone gekennzeichnet durch einen zwar nicht kontinuierlichen, aber deutlich wahrnehmbaren Übergang von einer stagnierenden, arbeitsteilig wenig differenzierten, sozial ungleichen, kapitalistischen Agrargesellschaft zu einer sozial mobileren, arbeitsteilig differenzierteren, technisch entwickelteren sozialistischen Gesellschaft, wobei allerdings noch eine Anzahl vorindustriell-agrarischer Sozialstrukturen, Wertvorstellungen und Verhaltensweisen fortdauerten und die Jahre 1936–39 als eine Übergangsphase erscheinen ließen.

Kapitel IV

Die Kollektivierung in der Industrie und in den Dienstleistungsunternehmen

1. Zur sozio-ökonomischen Ausgangslage in der Industrie

a) Grundzüge der spanischen Industriewirtschaft am Vorabend des Bürgerkrieges

Vor dem Bürgerkrieg war Spanien ein überwiegend agrarisch strukturiertes Land, das bei relativ geringem Bevölkerungszuwachs in einem langsamen, fast ausschließlich auf die sogenannten »randspanischen«[1] Gebiete (Katalonien, Baskenland, Asturien) konzentrierten Industrialisierungsprozeß begriffen war. Mit Hilfe protektionistischer Maßnahmen sollte – seit Beginn des Jahrhunderts – eine möglichst weitreichende Autarkie erzielt werden, die sich eher am Ideal nationaler Unabhängigkeit als an ökonomischem Nutzenkalkül orientierte[2]. Die Verflechtung mit der Weltwirtschaft war außerordentlich gering[3], was als Folge sowohl der hochprotektionistischen Wirtschaftspolitik als auch der ausgesprochen verkehrsfeindlichen Gliederung des spanischen Raumes angesehen werden kann. Spaniens Anteil am Welthandel betrug zwar 1935 in der Einfuhr nur 1,4 %, in der Ausfuhr nur 1 %[4]; trotzdem war das Land in erheblichem Umfang von den Industriestaaten abhängig, denn obwohl die Ein- und Ausfuhr Spaniens für den Gesamtaußenhandel seiner Kunden verhältnismäßig unbedeutend war, stellte der Handel mit einigen großen Industrieländern für Spanien selbst bei der Konzentration seiner Exportmärkte eine Lebensfrage dar. Konzessionen oder Repressalien seiner Handelspartner konnten für den spanischen Handel von ausschlaggebender Bedeutung sein, während der spanische Anteil am Außenhandelsvolumen dieser Länder vergleichsweise bescheiden war. Die vier Industriestaaten Großbritannien, USA, Frankreich und Deutschland waren 1932 am Gesamtaußenhandel Spaniens mit über 51 % beteiligt, während der Anteil Spaniens am Außenhandel dieser Länder nur 6,3 % betrug[5]. Die Hälfte des spanischen Imports und ein Drittel des Exports gingen über Barcelona[6]. Nur 30–40 % der Eisenerzförderung Spaniens wurden in eigenen Hochöfen verhüttet. Die Erzausfuhr betrug 1935 an Eisenerz 1,9 Millionen t, an Pyriten 1,8 Millionen t, d. h., daß die Hälfte der geförderten Eisenerze und über 80 % der Pyrite ausgeführt wurden. Wichtigster Abnehmer war England[7]. Auch der Export von Rohblei und Kupfer (in Form von Rohkupfer und Legierungen) spielte eine große Rolle.
Durch diese Dominanz-Abhängigkeits-Struktur im Außenhandelsbereich

sowie durch die ausländischen Brückenköpfe im Landesinneren in Form von Auslandskapital[8] befand sich Spanien in den 30er Jahren – was die ungleiche Wechselbeziehung betrifft – in einem wirtschaftlichen Abhängigkeitsverhältnis von den führenden Industrienationen, wie es die wirtschaftlichen »Dependencia«-Theorien in unseren Tagen für die Länder der »Dritten Welt« im Verhältnis zu den hochindustrialisierten Staaten des Westens herausgearbeitet haben[9]. Daß eine Unterbrechung des spanischen Handels mit den führenden Industrieländern zu schwerwiegenden Folgen im gesamtwirtschaftlichen Gefüge des Landes führen mußte, wurde vor dem Bürgerkrieg durch die Kaufkraftabnahme und während des Krieges durch die Seeblockade und die politisch bedingte Haltung dieser Länder deutlich.

Eine exakte Analyse der industriellen Produktionsverhältnisse am Vorabend des Bürgerkrieges ist aus Mangel an aussagekräftigen Statistiken nicht möglich[10]. Die Industriestruktur war durch ihre nahezu ausschließliche Konzentration auf die Peripherie des Landes gekennzeichnet; die regionale Verteilung der Lagerstätten der Mineralien hat sie zum größten Teil in die Küstengebiete Randspaniens verwiesen. Die wichtigsten industriellen Konzentrationsgebiete waren Barcelona und Vizcaya, Valencia, Guipúzcoa und Asturien, in zweiter Linie Santander, Vigo, Alicante und Málaga. Rund 80 % der Gesamtindustrie waren in Rand-, nur 20 % in Innerspanien lokalisiert; allein Barcelona besaß über 40 % der spanischen Industrie. In Randspanien waren 78 % der Wollindustrie (Katalonien: 63 %) und 97,7 % der Baumwollindustrie (Katalonien: 90,2 %) konzentriert. 75 % der Roheisenerzeugung und über 50 % der Rohstahlproduktion entfielen auf Vizcaya. Fast die Hälfte der Holzindustrie hatte ihren Standort im Mittelmeerküstengebiet.

Der große Mineralreichtum hätte schon früh zu einer starken Entfaltung der Industrie führen müssen. Kohle wurde in Asturien, Galicien, z. T. auch in Katalonien gefördert, Eisenerz in Vizcaya, Zink- und Bleierze in Santander, Quecksilber in Almadén (Prov. Ciudad Real). Die Schwerindustrie war überwiegend in den nördlichen Provinzen, die Fertigindustrie – alle Zweige der Textilindustrie, die Holzverarbeitung, Olivenölproduktion, Parfümerie – im katalanischen Raum lokalisiert. Dem industriellen Aufschwung standen jedoch – außer den naturbedingten – insbesondere strukturelle Hindernisse im Wege. Hauptschwierigkeiten waren die ungünstige geologische Beschaffenheit der Ablagerungen, die z. B. im asturischen Bergbau, der 70 % der gesamten Kohlegewinnung Spaniens erzeugte, eine im internationalen Vergleichsmaßstab weit unterdurchschnittliche Ertragsleistung ergab[11], die infolge geographischer Verhältnisse und eines im europäischen Maßstab rudimentären Eisenbahn- und Landstraßennetzes großen Transportschwierigkeiten, das Fehlen eines kaufkräftigen Binnenmarktes sowie vor allem die mangelnde Infrastruktur der Schwerindustrie. Angesichts der ungünstigen geologischen Grundlagen, verkehrswirtschaftlichen Verhältnisse, inneren Marktbedingungen und infrastrukturellen Voraussetzungen der spanischen Industrie war ein großer Teil der Mineralproduktion sowie der Schwer- und Fertigindustrie ohne ein protektionistisches System kaum lebensfähig.

Das bedeutendste Industrierevier Spaniens war Katalonien. Die katalanische Wirtschaft florierte dank eines gewaltigen, vor dem Bürgerkrieg auf 180

Millionen Goldpeseten geschätzten agrarischen Zuschußbedarfs, den sie durch den Absatz ihrer industriellen Überschußproduktion – 90 % der Industrieerzeugung gingen in das übrige Spanien – deckte. Neben die Textilindustrie, die nach der letzten Industriezählung vor dem Bürgerkrieg (1927) weit mehr als die Hälfte des Produktionswertes der katalanischen Industrieerzeugung von ca. 5,3 Milliarden Peseten stellte, trat die Maschinen- und die eisenverarbeitende Industrie, die vor allem auf baskisches Roheisen angewiesen war. Lokomotiv-, Brücken- und Schiffsbau, Landwirtschafts- und Industriemaschinen waren ihre bedeutendsten Zweige. Auch die Nahrungsmittelindustrie (Schokolade, Konserven), die Lederverarbeitung (Schuhe), die Papiererzeugung, der Buchdruck und die Seifenherstellung waren wichtige Zweige der Verbrauchsgüterindustrie. Große Bedeutung hatten außerdem die Zement-Großfabriken und die chemische Industrie. Soda und Ammoniumsalze, Anilinstoffe und andere Erzeugnisse wurden besonders in der Provinz Barcelona hergestellt. In Gerona befand sich der größte Teil der überwiegend exportorientierten Korkindustrie, die die Rinde der heimischen Korkeichen verarbeitete. Die erste Industriestadt der Provinz Tarragona war Reus mit Baumwoll-, Seiden- und Lederindustrie. In der Provinzhauptstadt Tarragona selbst hatte sich die Tabak- und Olivenölindustrie niedergelassen. Katalonien besaß zwar Blei-, Zink-, Kupfer-, Antimon-, Steinsalz- und vor allem Kalisalzvorkommen, aber keine abbauwürdigen Eisenerzlager; auch Kohle mußte aus England oder Asturien eingeführt werden. Wegen des Mangels an Kohlevorkommen war die Beschaffung billiger Energie schon früh zu einer wichtigen wirtschaftspolitischen Aufgabe Kataloniens geworden[12].

Aufgrund seiner relativ geringen Verflechtung mit der Weltwirtschaft wurde Spanien erst spät von der Weltwirtschaftskrise erfaßt. Die Abwertung der Pesete verhinderte den Preisabfall[13], die guten Ernteerträge von 1932 und 1934 hielten die Kaufkraft ziemlich konstant, das »geschlossene« Wirtschaftssystem und der geringe Grad an Industrialisierung hatten eine weltwirtschaftliche Isolierung zur Folge, die wiederum bewirkte, daß die allgemeine Depression sich erst später und weniger stark als in anderen Ländern bemerkbar machte. Daß Spanien von dem konjunkturellen Einbruch allerdings nicht völlig unberührt blieb, zeigt vor allem die Außenhandelsstatistik jener Jahre[14]:

Außenhandel (in Millionen Goldpeseten)

	1929	1930	1931	1932	1933	1934	1935
Einfuhr	2736	2447	1176	975	835	855	875
Ausfuhr	2108	2300	961	738	669	611	583
Saldo	–628	–147	–215	–237	–166	–244	–292

Vor allem Andalusien (Wein, Öl), Valencia (Reis, Orangen), Katalonien (Textilien, Mandeln), Baskenland/Asturien (Eisenerzprodukte) und Galicien (Fischkonserven), d. h., die industrialisierten Randgebiete und die exportorientierten Agrargebiete des Südens und Ostens waren den Folgen der Weltwirtschaftskrise ausgesetzt, während die rein agrarischen Zentralgebiete nahezu unberührt blieben. Die Förderung von Mineralien erfuhr einen starken Rückgang; 1932 erreichte der Produktionsindex der Eisen- und Stahlindustrie nur die Hälfte von 1929. In der Landwirtschaft war demgegenüber – dank der hervorragenden Ernten von 1932 und 1934 – eher ein Aufschwung als ein Rückgang zu registrieren. Die im internationalen Maßstab vergleichsweise geringe Auswirkung der Weltwirtschaftskrise auf Spanien ist an den Agrar- und Industrie-Produktionsindizes ebenso abzulesen wie an der Entwicklung des Volkseinkommens[15]:

	Index der (1913 = 100)		Volkseinkommen (in P. v. 1929)	
Jahr	Agrarprod.	Industrieprod.	Insgesamt	pro Arbeiter
1927	156,5	122,6	23 781	2 774
1928	111,1	125	22 570	2 612
1929	181	130,4	25 213	2 896
1930	124	132,1	24 104	2 747
1931	127,7	133,7	24 028	2 719
1932	162,4	121,2	25 742	2 891
1933	154,4	111,2	23 196	2 585
1934	161,4	122,1	26 146	2 890
1935	144,5	129,1	25 289	2 776

Die 1931/32 im Bergbau und der Metallindustrie einsetzende Wirtschaftskrise erreichte 1933 auf gesamtwirtschaftlichem Sektor, im Finanzbereich und in der Entwicklung des Volkseinkommens ihren Höhepunkt, wurde allerdings durch die Entwicklung der agrarischen Expansion und der Verarbeitungsindustrie für Landwirtschaftsgüter bis zu einem gewissen Grad neutralisiert. Der Krisenhöhepunkt fand auch in der Streikbewegung einen deutlichen Niederschlag[16]:

Streikstatistik 1928–1934

Jahr	Anzahl der Arbeitskonflikte	Verlorene Arbeitstage in Tausend	Verlorene Arbeitstage Index (1917 = 100)	Anzahl der streikenden Arbeiter in Tausend	Anzahl der streikenden Arbeiter Index (1917 = 100)
1928	87	771,3	43,2	70	98
1929	96	313,1	17,5	55,6	78
1930	402	3 745,4	209,7	247,5	346
1931	734	3 843,3	215,2	236,2	331
1932	681	3 589,3	201,6	269,1	375,3
1933	1 127	14 440,6	808,8	843,3	1 180,6
1934	594	11 115,3	622,5	741,8	1 038,5

Noch 1933 wurden 84% aller verlorenen Arbeitstage in »Randspanien« registriert; 1931 waren es 90%, 1930 sogar 97% gewesen. Allerdings erscheint es fraglich, ob die Streikbewegungen ausschließlich auf den Druck der wirtschaftlichen Konjunktur zurückzuführen waren, oder ob nicht auch das »Auf und Ab der Politik und der revolutionären Orientierung der Arbeiterorganisationen«[17] ursächlich daran beteiligt war. Streiks und Absatzschwierigkeiten bewirkten Anfang 1936 in den Kohlenzechen Asturiens einen beträchtlichen Produktionsrückgang: In den ersten vier Monaten von 1936 ging die Erzeugung gegenüber dem Vorjahr um 200 000 t zurück; gleichzeitig stieg der Haldenbestand um die gleiche Menge an[18].

Am Vorabend des Bürgerkrieges hatte die spanische Wirtschaft gegen vier Hauptschwierigkeiten anzukämpfen[19]: gegen die negative Handelsbilanz, das Agrarproblem, die Arbeitslosigkeit und die Textilkrise. Das strukturell bedingte Defizit der spanischen Handelsbilanz erfuhr in den 30er Jahren durch die infolge der Weltwirtschaftskrise vermehrten Exportschwierigkeiten eine konjunkturell verursachte Ausweitung. Der Wert der Ausfuhrgüter erreichte 1935 nur ein Viertel des Wertes von 1930. Durch die günstigen Ernteerträge der Jahre 1932, 1934 (und z. T. 1935) und unüberlegte Getreide-Importe kam es zu einem Getreideüberschuß, der die Regierung zu preisregulierenden Interventionen veranlaßte. Für die traditionellen Exportgüter Orangen, Oliven und Weintrauben ergaben sich demgegenüber Ausfuhrschwierigkeiten. Im Februar 1936 war die Zahl der Arbeitslosen auf 540 000, die der Kurzarbeiter auf 300 000 gestiegen, von denen allein auf Katalonien (im Juli 1936) 65 000 entfielen[20]. Die für spanische Verhältnisse hohe, im internationalen Vergleichsmaßstab aber noch relativ niedrige Arbeitslosigkeit war nur z. T. in der Weltwirtschaftskrise begründet. Ihre eigentlichen Ursachen waren struktureller Natur: Sie lagen im Mißverhältnis von Produktions- und Konsumkapazität. Die Arbeitslosigkeit war in den südlichen Latifundienprovinzen mit extensiver Bodenbewirtschaftung überdurchschnittlich hoch; in Katalonien lag sie unter dem Durchschnitt. Mit dem Sturz Primo de Riveras hatte auch dessen Arbeitsbeschaffungsprogramm sein Ende gefunden. Die Abwanderung eingeströmter ausländischer Kapitalien, die infolge des politischen Wechsels geringe Investitionsfreudigkeit zu Beginn der Zweiten Republik, das stete Sinken des Wechselkurses der Pesete seit 1928 und gleichzeitig der Weltmarktpreise für Agrarerzeugnisse und Rohstoffe riefen weitere Arbeitslosigkeit hervor. Der Außenhandel, der bis 1930 unentwegt gestiegen war, mußte, vor allem auf dem Gebiet der Lebens- und Genußmittel, einen empfindlichen Rückgang hinnehmen. Trotz umfangreicher Maßnahmen zur Bekämpfung der Arbeitslosigkeit[21] konnte die Krise bis zum Vorabend des Bürgerkrieges nicht wesentlich entschärft werden.

Arbeitslosigkeit bedeutete im Spanien der 30er Jahre wegen der nicht vorhandenen staatlichen Arbeitslosenversicherung immer zugleich ein besonders schwerwiegendes soziales Problem; Zwangsversicherungen waren nur die Alters-, Unfall- und Mutterschaftsversicherung[22]. Die sozial schwachen Schichten, die gerade von der »demokratischen Republik von Arbeitern jeder Klasse«[23] eine Verbesserung ihrer Situation erhofft hatten, wurden durch die rezessive Wirtschaftsentwicklung und die damit ursächlich zusammenhängende Verschlechterung ihrer sozialen Lage sowie durch das Ausbleiben einer gründlichen Agrarreform zutiefst enttäuscht. Die Unsicherheit ihrer Situation und Ergebnislosigkeit ihrer Bemühungen trieben die Arbeiter z. T. in die

Apathie der Verzweiflung, z. T. in revolutionäre Radikalität.
In der neueren Forschung setzt sich – entgegen der noch 1960 von J. Vicens Vives, C. Martí und J. Nadal vertretenen Auffassung – immer mehr die Erkenntnis durch, daß neben die endogenen Strukturprobleme als Bedingungsfaktoren des Bürgerkrieges auch die Folgeerscheinungen der Weltwirtschaftskrise zu setzen sind: »Als die Folgewirkungen der Depression auf die strukturellen Schwierigkeiten und Reformen stießen, mit denen sich das neue demokratische Regime von 1931 auseinanderzusetzen hatte, wurde die Situation so schwierig, daß man zu dem Schluß kommen muß, daß die Wirtschaftskrise indirekt den liberalen Versuch der Zweiten Republik in Spanien unrealisierbar werden ließ«[24]. Trotz dieses Ergebnisses bleibt festzuhalten, daß 1934 und vor allem 1935 allen Anzeichen nach der Höhepunkt der Krise überschritten und ein leichter wirtschaftlicher Aufschwung durch den Beginn des Bürgerkrieges unterbrochen wurde[25].

b) Kriegsbedingte Probleme der Wirtschaftsentwicklung

Die in der ersten Hälfte der 30er Jahre aufgetretenen strukturellen und konjunkturellen Schwierigkeiten der spanischen, besonders der katalanischen Wirtschaft, wurden nach dem 19. Juli 1936 infolge des militärischen Geschehens und der politisch-diplomatischen Entwicklung zum Teil potenziert, zum Teil auf andere Sektoren verlagert. Die Wirtschaft erfuhr durch die revolutionäre Erschütterung tiefgreifende Änderungen ihrer Struktur, die durch neue Produktions- und Organisationsformen gekennzeichnet waren. Die neuen Schwierigkeiten lagen auf dem Gebiet der Rohstoffbeschaffung und des Produktionsabsatzes; sie betrafen die Arbeitslosigkeit sowie Verpflegung und Unterbringung von Flüchtlingen; Inflation und Preissteigerungen gehörten ebenso dazu wie der drastische Rückgang der Handelstätigkeit[26].
Für die ersten zwei Kriegsmonate, in denen revolutionärer Aktivismus und unsicher-tastende Versuche die Wirtschaftsszene kennzeichneten, kann kaum von einer überschaubaren Wirtschaftsentwicklung gesprochen werden. In einer zweiten Phase, die bis zum Erlaß des Kollektivierungsdekrets reichte, wurde das Wirtschaftsleben, weitgehend unter der neuen Führung der Arbeiter, allmählich wieder »normalisiert«. Die staatlichen Stellen, vor allem Kataloniens, mußten einen Modus vivendi mit den neuen Betriebskomitees und den nach dem 19. Juli initiierten Produktionsformen finden, um die Industrieproduktion auf Kriegswirtschaft umzustellen. Eine dritte Phase, die bis zum Frühjahr 1938 reichte, wurde von den Restriktionen im Rohstoffnachschub und der Unmöglichkeit, ein einigermaßen funktionierendes Marktsystem aufrechtzuerhalten, sowie der Erforderlichkeit einer zentralgelenkten Kriegswirtschaft beherrscht. Seit Sommer 1938 wurden die Produktionsbedingungen immer ungünstiger. Bereits 1937 waren die Industriezentren des Baskenlandes und Asturiens in die Hände der nationalen Truppen gefallen; fortan mußte die republikanische Industrie auf das Eisenerz und die Kohle des Nordens verzichten. Mit dem Beginn der Ebroschlacht (Juli 1938) wurde Katalonien zum Kriegsschauplatz; die feindselige Haltung des Auslands, der weitere Import-

rückgang und die blockadebedingten Handelsrestriktionen ließen das baldige Ende der Republik zur allgemeinen Gewißheit werden. Bereits wenige Wochen nach Kriegsbeginn machte sich als Folge des Importausfalls ein Rohstoffmangel bemerkbar, der zur Verschärfung der Arbeitslosigkeit und zu weiteren Betriebsstillegungen führte; außerdem hatte die Spaltung Spaniens in zwei gegnerische, voneinander völlig getrennte Lager für die nationale Wirtschaft den Verlust eines Großteils ihres bisherigen Marktes zur Folge; Absatzschwierigkeiten mußten unweigerlich auftreten.

Nach dem 19. Juli 1936 nahm infolge der ungünstigen wirtschaftlichen Entwicklung die Arbeitslosigkeit zu. In Katalonien erreichte sie – nach einem Rückgang von 6,2 % im Juli auf 5,3 % im September 1936 – zu Beginn des Jahres 1937 mit über 90 000 Arbeitslosen (8,95 %) ihren Höhepunkt. Den höchsten Anteil stellte mit 22,2 % die Textilindustrie, gefolgt von der Bauindustrie mit 19,1 %. Bis September 1937 hatte sich die Arbeitslosenzahl auf ca. 80 000 eingependelt[27]; danach verlor dieses Problem wegen der verstärkten Einberufungen zum Kriegsdienst an Bedeutung.

Da die Nationalisten von Anfang an den größten Teil der Agrarzonen Spaniens kontrollierten, war für die gesamte republikanische Zone die Versorgung mit Lebensmitteln seit Kriegsbeginn eines der Hauptprobleme. In republikanischen Händen war hauptsächlich die Produktion von Zitrusfrüchten, Oliven, Reis und Johannisbrot geblieben[28]. Die Versorgungsprobleme machten sich in Katalonien, vor allem in der Hauptstadt Barcelona mit seiner weit überdurchschnittlichen Bevölkerungsdichte, besonders drückend bemerkbar. Bereits im August 1936 empfahl der Wirtschaftsrat den sofortigen Import von Getreide, da ein baldiger Mangel an Grundnahrungsmitteln abzusehen war; tatsächlich traten schon Ende Oktober 1936 die ersten Versorgungsschwierigkeiten auf, die im weiteren Kriegsverlauf ständig zunahmen. Die Versorgung mit Fleisch und Eiern war besonders mangelhaft. Das Problem wurde noch dadurch verschärft, daß in den ersten Kriegswochen in Katalonien und Aragonien von den 2,5 Millionen Hühnern eine Million von ihren Besitzern aus Angst vor Enteignung sowie zur ersten Bedarfsdeckung getötet worden war. Die Generalitat und der Verteidigungsrat von Aragonien sahen sich zu besonderen Hilfsprogrammen genötigt[29]. Katalonien war von den Fischfanggründen des Kantabrischen Meeres abgeschnitten. Der Mangel an Produkten landwirtschaftlichen und tierischen Ursprungs nahm im Laufe des Jahres 1937 weiter zu und wurde durch Inflation und Schwarzmarkthandel verschärft. Im Juli 1937 mußte in Katalonien die allgemeine Lebensmittelrationierung eingeführt werden[30].

Seit September 1936 machte sich der Mangel an Textil-Rohstoffen und an Papier bemerkbar, seit Oktober mußte die Chemieindustrie kurzarbeiten. Der Nachschub an asturischer Kohle stagnierte seit Anfang des Krieges. Sowohl die revolutionären Ereignisse in Asturien selbst als auch die Transportschwierigkeiten über Land – Navarra und ein Großteil von Aragonien waren in nationaler Hand – verhinderten eine geregelte Versorgung. Die katalanische Industrie mußte auf importierte Kohle (UdSSR, Polen, Großbritannien, anfangs auch Deutschland) und vor allem die minderwertige Braunkohle, die im katalanischen Berga abgebaut wurde, zurückgreifen. Hauptenergiequelle war die Elektrizität; nachdem aber die nationalen Truppen im April 1938 die

Elektrizitätswerke in den Pyrenäenausläufern eingenommen hatten, fielen auch diese als Versorgungszentralen aus.
Auf finanzpolitischem Sektor sah sich die republikanische Regierung ebenfalls sehr bald erheblichen Schwierigkeiten gegenüber. Bereits am 12. November 1936 hatte Franco die von der Madrid/Valencia-Regierung nach dem 18. Juli in Umlauf gesetzten Banknoten für ungültig erklärt und den Abstempelungszwang für die in seinem Herrschaftsbereich zirkulierenden Noten der Bank von Spanien eingeführt; im März 1937 emittierte die »Staatsbank« in Burgos neue »nationale« Banknoten. Die (nominelle) Londoner Kursnotiz der Madrid/Valencia-Pesete läßt den Entwertungskurs im republikanischen Teil Spaniens deutlich erkennen. Während im Juli 1936 der mittlere Kurs in London 36,60 Peseten für 1 £ betrug, stieg er im Dezember 1936 auf 50 Peseten, im April 1937 auf 82, im Oktober 1937 auf 87 Peseten. Das entsprach einer Entwertung um ca. 58 %. Die Berliner Notiz wies bis Ende August 1937 einen Rückgang von 50 % (von 0,34 RM auf 0,17 RM) auf. Die im freien Devisenhandel erzielten Kurse werfen ein noch ungünstigeres Licht auf die Entwicklung der republikanischen Währung: Vor dem 19. Juli 1936 wurde in Paris die Pesete mit 2,07 Franc bewertet, Anfang August 1937 mit 0,57 Franc. Zum gleichen Zeitpunkt notierte die »nationale« Pesete in Paris mit 1,70 Franc, was einer Höherbewertung um fast 200 % entsprach[31]. Die Kursverschlechterung der republikanischen Pesete hatte verschiedene Ursachen. Die Valencia-Regierung setzte die Außenhandels- und Devisenkontrolle nicht ausreichend zur Kursstützung ein, sie betrieb die Kriegsfinanzierung – weit mehr als die Franco-»Regierung« – mit dem Mittel der Notenausgabe, ersetzte im Oktober 1936 die umlaufenden Silbermünzen durch »Silberzertifikate« in unbegrenzter Emissionshöhe und wirkte dem Mangel an Scheidegeld durch Ausgabe neuer Münzen entgegen; hinzu traten die Notgeldemissionen lokaler Stellen und besonders die psychologischen Ursachen, die unter spekulativer Vorwegnahme einer voraussehbaren republikanischen Niederlage zu einer niedrigeren Bewertung der Valencia-Pesete führten[32].
Der Banknotenumlauf nahm im republikanischen Gebiet vom 18. Juli 1936 bis 31. März 1939 von 3,4 auf 16,6 Milliarden Peseten zu, während gleichzeitig der Goldvorrat von 2,2 Milliarden auf Null sank[33]. Dadurch verschlechterte sich das Verhältnis der Kaufkraft der republikanischen zu der der nationalen Pesete zusehends; hatte es bis Oktober 1936 noch 90 % und bis Juni 1937 noch 65 % betragen, sank es bis Juni 1938 auf 20 % und bis Kriegsende schließlich auf 5 %. Demgegenüber verstanden es die nationalen Machthaber, durch Devisenbewirtschaftung, Außenhandelsüberwachung, Verbot der Ein- und Ausfuhr von Banknoten und des Hortens von Silbermünzen sowie durch Beschlagnahme von Devisen und ausländischen Wertpapieren, durch weitgehendes Festhalten an Vorkriegspreisen und strikte Kontrolle der Notenausgaben, eine Stabilisierung der nationalen Pesete herbeizuführen[34].
Da der Handel mit der nationalen Zone unterbrochen war, mußte die Republik viele Güter aus dem Ausland beziehen; der immer ungünstigere Wechselkurs der Valencia-Pesete zog beträchtliche Preiserhöhungen nach sich. Die Preissteigerungsrate lag in Katalonien im Monatsdurchschnitt zwischen 6 % und 7 %. Tauschwirtschaft, Schwarzhandel und Spekulation waren die Folge. Aus der Entwicklung der Lebenshaltungskosten-Indizes zwischen Juli 1936

und Oktober 1938 läßt sich die »offizielle« Preissteigerungsrate deutlich ablesen[35]:

Entwicklung der Lebenshaltungskosten in Barcelona (Juli 1936 = Index 100)

Monate	1936	1937	1938
Januar	–	167,3	374,2
Februar	–	164,2	369,0
März	–	178,4	379,7
April	–	185,4	435,5
Mai	–	191,4	354,8
Juni	–	196,4	367,1
Juli	100,0	197,8	386,8
August	105,0	218,2	412,4
September	111,9	257,9	425,4
Oktober	120,9	278,0	453,3
November	133,2	313,4	–
Dezember	147,1	357,8	–

Wie irreführend solche Regierungsstatistiken sein können, zeigt eine Gegenüberstellung dieser Angaben mit den tatsächlichen Preisen einzelner Grundnahrungsmittel. Im Februar 1937 waren die Preise für den Endverbraucher bereits – im Vergleich zu Juli 1936 – um 180 % gestiegen. Die Schwarzmarktpreise lagen noch um ein Vielfaches höher. Als die anarchistische Presse den folgenden Vergleich veröffentlichte, forderte sie gleichzeitig eine striktere Preispolitik und härtere Maßnahmen gegen Spekulanten und Schwarzhändler[36]:

Einzelhandelspreise	19. 7. 1936	26. 2. 1937
1 Pfund Rindfleisch	2,70	6,00
1 Pfund Lammfleisch	3,00	9,00
1 Pfund Stockfisch	1,00	1,50
1 Pfund Sardinen	0,35	1,00
1 Pfund grüne Bohnen	0,50	1,00
1 Ei	0,20	0,50
1 Kohl	0,35	1,00

Je weiter die nationalen Truppen vorrückten, desto drückender wurde für Katalonien das Flüchtlingsproblem. Ende 1936 soll es in Katalonien bereits 300 000, im März 1938 mindestens 700 000 Flüchtlinge gegeben haben. Gegen Kriegsende stieg diese Zahl um ein Vielfaches an und stellte die nordöstliche Region vor große Versorgungs- und Unterbringungsprobleme[37].

Um Preise und Löhne in die Hand zu bekommen, griff die katalanische Regionalregierung zu interventionistischen Maßnahmen. Im September 1937 setzte sie eine Preisregulierungskommission, wenige Tage danach eine

Lohnregulierungskommission ein[38], deren Aufgabe in der Festsetzung oder Änderung von Preisen und Löhnen entsprechend der konjunkturellen Entwicklung bestand. Damit griff die Regierung zum erstenmal unmittelbar in die bis dahin zumindest formal noch bestehende »Tarifautonomie« der Betriebe und »Tarifpartner« – soweit diese Termini noch verwendet werden können – ein.
Regierung, Parteien und Gewerkschaften mußten ihre Wirtschaftsprogramme nicht nur den Eigenheiten der Industriestruktur und den neuen, kriegsbedingten Problemen anpassen; sie hatten außerdem von den spontanen Realisierungen der Arbeiter auszugehen, die in den ersten Bürgerkriegswochen ohne Anweisungen, häufig sogar gegen den Willen ihrer Organisationen Betriebe in Selbst- und Mitverwaltung übernahmen und die »offiziellen« Stellen vor ein fait accompli stellten, das bei allen Wirtschaftsplanungen eine zentrale Bedeutung innehaben mußte.

c) *Die Betriebsübernahme durch die Arbeiter: Kollektivierte und kontrollierte Unternehmen*

In den Tagen und Wochen, die auf den 19. Juli 1936 folgten, wurden in Katalonien, in geringerem Ausmaße auch in der Levante und Kastilien (Madrid), Industrie und Handel weitgehend kollektiviert. In Barcelona beschlagnahmten die Arbeiter die meisten größeren Fabriken, alle bedeutenden Dienstleistungsunternehmen (Stadtwerke und Verkehrsmittel), Hotels und Warenhäuser – nicht jedoch die Banken, an denen die Anarchisten in ihrer traditionellen Verachtung für Geld kein Interesse zeigten – und führten sie durch gewählte Komitees weiter *(incautación)*. In den meisten Fällen stießen die Arbeiter auf keinen oder nur sehr geringen Widerstand seitens der Unternehmer, von denen viele schon vor dem Aufstand einen Großteil ihrer Kapitalien ins Ausland transferiert hatten[39]. Zusammensetzung und Funktion der Betriebs- und Kontrollkomitees unterlagen mannigfachen Variationen[40]. Nachdem bald die Zweckmäßigkeit einer organisierten Überwachung der gesamten Industrieproduktion deutlich wurde, bildeten die Arbeiter auch in Betrieben, die weiterhin privatkapitalistisch wirtschafteten, Kontrollkomitees mit unterschiedlichen Kompetenzen. Man sprach in solchen Fällen von *intervención*. Mitunter war die Tätigkeit der Kontrollkomitees nur eine Vorstufe zur vollständigen Betriebsübernahme.
Die Einsetzung mitverwaltender Kontrollkomitees in Privatunternehmen neben selbstverwaltenden Betriebskomitees in Kollektivunternehmen entsprang der Einsicht, sich den Erforderlichkeiten des Augenblicks anpassen zu müssen. Bei Betrieben mit ausländischem Kapital hätte die vollständige Enteignung zu einer Belastung zwischen der Republik und dem geschädigten Land geführt; Arbeiter und Gewerkschaften begnügten sich in solchen Fällen zumeist mit einer »Kontrolle« des Unternehmens. Die 200 Arbeiter des Betriebs »Barret S. A.« z. B., der zu 80 % mit belgischem Kapital arbeitete, sahen nach einem entsprechenden Hinweis des belgischen Konsuls von der geplanten Kollektivierung ab und setzten lediglich ein Kontrollkomitee ein[41]. Schon nach wenigen Monaten bezeichneten anarchistenfreundliche Beobachter dieses

»gemischte System« als »Tor, das man der wirtschaftlichen Konterrevolution offenhält«[42].
Die Entwicklung der Betriebsübernahmen verlief vorerst völlig autonom. Es verging einige Zeit, bis die katalanische Regionalföderation der CNT die Arbeiter aufforderte, die Betriebe zu kollektivieren und erforderlichenfalls Führungskräfte bei der Gewerkschaftszentrale anzufordern[43]; zu diesem Zeitpunkt war bereits die Mehrzahl der Industrie- und Dienstleistungsbetriebe in Arbeiterhand[44]; das republikanische Spanien, insbesondere Katalonien, bot eine Unmenge von »Vergesellschaftungs«-Varianten, Wirtschaftsformen und Selbstverwaltungsorganen. Bereits Anfang August war die vom Staat konzessionierte Monopolgesellschaft für Mineralöle CAMPSA kollektiviert worden[45]. Das kollektivierte Bauunternehmen »Fomento de Obras y Construcciones« erhielt ein neues CNT-UGT-Belegschafts-Komitee[46], das zuerst die stark differenzierten Löhne und Gehälter nivellierte. Nach anfänglichen Schwierigkeiten gestaltete sich die Zusammenarbeit mit den Technikern zufriedenstellend. Die in den ersten Tagen einzeln kollektivierten Bauunternehmen wurden bald von der IG Bau, Holz und Dekoration zusammengefaßt. Im Juni 1937 beschlossen CNT und UGT, in Barcelona die Bauindustrie »vollständig zu kollektivieren«[47]; für die CNT konnte dies nur Sozialisierung bedeuten. Schon im Februar 1937 hatten die Baugewerkschaften der CNT und UGT eine nach den Bestimmungen des Kollektivierungsdekrets legalisierte »Gruppierung«[48] gebildet. Die sozialisierte Holzindustrie, die in Katalonien über 80 000 Mitglieder zählte, umfaßte alle im weiteren Sinne zur Bau- und Holzwirtschaft gehörigen Betriebe[49].
Die berüchtigten »Anheuerer«, die zuvor das Hafenbild Barcelonas beherrscht hatten, waren in den ersten Kriegstagen plötzlich verschwunden[50]; die CNT-Transportgewerkschaft schloß für die Hafenarbeiter einen neuen kollektiven Tarifvertrag. Die Kollektivierung der Schiffahrtsgesellschaften »Compañía Transatlántica«, Compañía Transmediterránea« und anderer mußte allerdings nach kurzer Zeit rückgängig gemacht werden, da die Leitungskomitees auf nahezu unüberwindliche wirtschaftliche Schwierigkeiten stießen. Entsprechend den Bordkomitees in der Marine, gab es auch in vielen Betrieben bereits vor dem 19. Juli gewerkschaftliche Vertrauensmänner oder Werkstattdelegierte, die eine Vorstufe zu den späteren Komitees bildeten[51]. In den zahlreichen Streiks der vorhergehenden Monate war es immer wieder zur kurzfristigen Übernahme von Fabriken durch die Arbeiter gekommen, die in ihrer Überzeugung bestärkt wurden, die Selbstverwaltung ihrer Betriebe übernehmen zu können[52]. Die Betriebs- und Kontrollkomitees der ersten Revolutionstage waren häufig nichts anderes als die Institutionalisierung bereits vorher bestehender, nicht formalisierter Vertrauensmänner-Ausschüsse und insofern eher »syndikalistisch« delegierte als von der Betriebsbelegschaft gewählte Komitees.
In den meisten katalanischen Industrie-Kleinstädten vollzog sich eine ähnliche Entwicklung wie in Barcelona. In Prat de Llobregat z. B., wo 80 % der Arbeiter der CNT angehörten, war das öffentliche Leben – wie in allen übrigen Ortschaften der Umgebung – nur für kurze Zeit lahmgelegt. Zuerst wurde ein »Volksrat« ernannt, danach die Arbeit wieder aufgenommen; anschließend

wurden die Güter aller »Kollaborateure« enteignet. Lokale »Verteidigungs- und Aufsichtsgruppen« übernahmen die Funktionen der aufgelösten Zivilgarde. Die Papierfabrik wurde von den Arbeitern beschlagnahmt, die ein Verwaltungskomitee wählten, das die Kollektivierung des gesamten Unternehmens in die Wege leitete. Dagegen wurde die zweite Fabrik des Ortes, »Seda de Barcelona«, in der über 3000 Arbeiter beschäftigt waren, nur »unter Kontrolle gestellt« *(intervenida)*, da sie in ausländischen Händen war; neben die bisherige Leitung trat ein CNT-UGT-Komitee[53].

Noch im Juli hatten sich die Arbeiter der wichtigsten Metallwerke Barcelonas bemächtigt: Hispano-Suiza, Marítima, Girona, Vulcano, Torras u. a. Die 500 Arbeiter der Firma Torras stellten innerhalb von 14 Tagen sechs Panzerwagen her, die demonstrativ durch Barcelona fuhren. Die Metallfabrik »La Maquinista Terrestre y Marítima« war auf den Bau von Dampflokomotiven und Dieselmotoren spezialisiert. Bereits in den ersten Tagen wurde die Produktion auf Kriegsbedürfnisse umgestellt; das Zentrale Milizkomitee und die Regierung entsandten ihre Vertreter, da das 950 Arbeiter umfassende Unternehmen zum kriegswichtigen Betrieb erklärt worden war[54].

Die gesamte Belegschaft – 1800 Arbeiter und Angestellte – von »La España Industrial« beschloß am 8. August 1936 auf einer Vollversammlung im Kino »Arenas«, das Unternehmen zu beschlagnahmen[55]. Die anwesenden Techniker verpflichteten sich, die Beschlüsse der Versammlung zu akzeptieren. Das im Anschluß an den Beschlagnahme-Beschluß gewählte Zentralkomitee setzte sich zum großen Teil aus den Arbeitern zusammen, die während der Versammlung wiederholt das Wort ergriffen und für eine baldige Betriebsübernahme plädiert hatten.

Fehlende Rationalisierung, organisatorische Verzettelung und Mangel an betriebswirtschaftlichen Kenntnissen hatten die meisten der 745 Bäckereien Barcelonas in finanzielle Bedrängnis gebracht. In dieser Branche wurde von Anfang an die Sozialisierung, d. h. die organisatorische Zusammenfassung aller Bäckereien zu einem Großunternehmen, beschlossen. Dies hatte die Schließung verschiedener Betriebe zur Folge. Anfang September lagen bereits die Pläne für eine Neustrukturierung der Branche vor[56]. Die kleinen, unproduktiven Betriebe sollten schließen, große Fabriken eingerichtet, die vielen verschiedenen Brotsorten reduziert und der veraltete Maschinenpark modernisiert werden. Der Plan zur Einrichtung von Großfabriken mit modernen Maschinen konnte allerdings erst gegen Ende des Bürgerkrieges realisiert werden.

Unmittelbar nach der Niederschlagung des Militäraufstandes äußerte sich, quasi in der ersten Phase der »Rekonstruktions-Periode«, die Initiative der »Massen« – und hier sind nicht nur die Industriearbeiter gemeint – außerhalb eines formal-institutionellen Rahmens in einem spontanen »irrationalen Impuls, aus dem heraus versucht wurde, eine neue Gesellschaft aufzubauen«[57]. Ausdrucksformen dieser spontanen Handlungen waren die Besetzung und Kollektivierung der Betriebe und des Bodens, die Kampagne zur Einführung eines neuen Schulsystems und zur Beseitigung von Analphabetismus, die Einsetzung lokaler »antifaschistischer« Leitungs- und revolutionärer Justizkomitees. Der hier verwendeten Kategorie der »Spontaneität« der revolutionären Bewegung fehlt noch das Element des vollen politischen Bewußtseins; die

Niederschlagung des Militäraufstandes und die sofort eingeleitete Kollektivierung der Landwirtschaft, des Handels und der Industrie waren eine weitgehend instinktive, politisch allenfalls halbbewußte Reaktion[58], bei der die Mehrheit der Arbeiter keine konkrete Vorstellung des Endziels hatte. Die Erfordernisse des Augenblicks machten sofortiges Handeln notwendig. In einem spezifisch sozialgeschichtlichen Zusammenhang lassen sich die spontanen Handlungen der Industriearbeiter und Landbevölkerung als Ausdruck der Übereinstimmung von revolutionärer Bewegung und anarchistischer »Revolutionstheorie« definieren. Für einen kurzen Augenblick schien die Geschichte 1936/37 im Vorgriff auf nachbürgerliche Organisationsmöglichkeiten und als Realisierung des »freiheitlichen Kommunismus« die Umrisse einer sozialistischen Gesellschaftsordnung freigeben zu wollen. Die ausschlaggebende Rolle bei diesem rapiden Transformationsprozeß spielten die Gewerkschaften, in Katalonien vor allem die CNT[59].

Die Anarcho-Syndikalisten wußten allerdings nicht den Vorteil der Situation für sich zu nutzen; die CNT versäumte es, in der ersten Phase der Revolution, in der sie mit ihrem Massenanhang, ihren Kadern und Organen in ein Macht- und Organisationsvakuum vorstieß, die demokratisch-sozialistischen Errungenschaften zu formalisieren und machtmäßig, institutionell oder juristisch zu verankern. Mit der Übernahme der gesellschaftlichen und wirtschaftlichen Funktionen der geflohenen, getöteten oder enteigneten Bourgeoisie war die anarcho-syndikalistische Gewerkschaft zur mächtigsten Organisation geworden, die sofort ihre Kenntnisse und Erfahrungen, ihre Organisation und Energie in den Dienst der Aufrechterhaltung des öffentlichen Lebens, der Steigerung der wirtschaftlichen Produktion und der erfolgreichen Kriegführung stellte, dabei aber, in Verkennung der machtpolitischen Dimension, die Institutionalisierung ihrer Funktionen und somit die Sicherung des Erreichten vernachlässigte. In einer »Zwischenphase« zwischen der spontanen Reaktion der Arbeiter und der bereits wieder von der Regierung in Angriff genommenen Konsolidierung der in den ersten Wochen geschaffenen Verhältnisse konnte die CNT das Gesetz des Handelns diktieren; Unschlüssigkeit und Desorientiertheit, letztlich wahrscheinlich Furcht vor der Übernahme der Gesamtverantwortung ließen sie den unmittelbaren Zusammenhang von wirtschaftlichen Entscheidungen und politischer Macht zur Realisierung ihres Programms nicht – oder zu spät – erkennen. Der CNT gelang es genausowenig wie den übrigen Organisationen und Institutionen, ihr wirtschaftliches oder politisches Programm vollständig durchzusetzen. Parteien, Gewerkschaften und Regierung waren zur Anpassung ihrer wirtschaftspolitischen Vorstellungen an die strukturell vorgegebenen, kriegsbedingt verursachten und spontan-revolutionär geschaffenen Verhältnisse gezwungen.

2. Die Wirtschaftsprogramme der Kommunisten und Anarchisten

a) *Die Wirtschaftspolitik der Kommunisten: Nationalisierung, Zentralisierung, Militarisierung*

Am 18. Dezember 1936 verkündete der PCE sein Wirtschaftsprogramm. Er forderte die Nationalisierung der Kriegsindustrie und all der Betriebe, die

erforderlich sind, um »den Notwendigkeiten des Kampfes zu genügen«. Ein »Koordinationsrat« sollte »Techniker und Spezialisten der Volksfront« zusammenfassen und neues Leitungsorgan der Produktion sein; die »Arbeiterkontrolle über die Produktion« müßte durch ein Dekret festgelegt werden[60]. Dieser »Aufruf« blieb für das ZK des PCE Diskussionsgrundlage für seine Plenartagung im März 1937, auf der die Kommunisten noch einmal ihr (diesmal spezifiziertes) Programm[61] verkündeten und die Verstaatlichung der Fabriken »Aufrührerischer und ihrer Helfershelfer« sowie der kriegsnotwendigen Betriebe forderten.
Der katalanische PSUC-Wirtschaftsfachmann E. Ruiz Ponsetí rief Anfang 1937 dazu auf, vom »Kriegskommunismus« der ersten Monate zur »Neuen Ökonomischen Politik« überzugehen; letztere interpretierte er – für die UdSSR und Spanien – als das Nebeneinanderbestehen des sozialisierten und des privaten Eigentums. Er hielt es für möglich, die »schmerzhaften Jahre, die langen Jahre von Elend und Hunger«, die die Sowjetunion zu überwinden gehabt hatte, in Spanien zu vermeiden; dazu sei es jedoch nötig, vom linken Radikalismus der »sofortigen integralen Kollektivierung« abzulassen[62].
Bei ihrer Forderung nach Nationalisierung der Grundindustrie – d. h. des Transportwesens, der Bergwerke, der Kriegsindustrie, des Bankwesens[63] – konnten die Kommunisten auf schwerwiegende Fehler des bisherigen, von Anarchisten vorangetriebenen kollektivistischen Systems hinweisen. Vor allem fehlte den Anarcho-Kollektivisten ein einheitlicher Plan, der die gesamte Wirtschaft den Erfordernissen der Kriegssituation angepaßt hätte. Anarchisten selbst mußten diesen Fehler eingestehen[64]. Die kommunistische Forderung nach Errichtung »einer strengen Wirtschaftsordnung unter Zurückstellung selbst des Notwendigen, um alles auf den Krieg zu konzentrieren«[65], diente einerseits zur Rechtfertigung einer zentralisierten Planwirtschaft unter einheitlicher Leitung, war andererseits eine willkommene Waffe in der Auseinandersetzung mit den Verfechtern eines dezentralisierten Wirtschaftsaufbaus.
Im Sommer 1937 verkündeten die Sozialistische und die Kommunistische Partei ein gemeinsames Aktionsprogramm[66], in dem sie – neben der bereits öfters postulierten Organisierung und Entwicklung einer mächtigen Kriegsindustrie und deren Verstaatlichung und Militarisierung – eine zentralisierte Politik der Wirtschafts-Koordinierung und -Planung durch den Landeswirtschaftsrat (unter Mitwirkung der Gewerkschaften und der autonomen Gebiete) sowie die Kommunalisierung der städtischen Dienste forderten. Die kleinen Privatunternehmen in Handel und Industrie sollten als verstärkende Elemente der Wirtschaft des Landes bestehen bleiben.
In seinem Hauptreferat auf der ersten Konferenz des PSUC im Sommer 1937 beschränkte sich dessen Sekretär Juan Comorera nicht darauf, das Aktionsprogramm der katalanischen Kommunisten zu entwerfen; er nutzte vielmehr die Gelegenheit, die Fehler des ersten Kriegsjahres aufzuzeigen und den Anarchisten anzulasten. Seine Hauptforderung zielte wieder auf den Ausbau und die Reorganisierung der Kriegsindustrie und die »Militarisierung« der Fabriken und des Transportwesens[67].
Im Gegensatz zur republikanischen Zentralregierung hatte die Generalitat im ersten Halbjahr des Krieges Kollektivierungsgesetze erlassen und zahlreiche

wirtschaftsregulierende Organe (s. u.) eingesetzt, deren Kompetenzen gesetzlich festgelegt waren. Obwohl der PSUC an der Ausarbeitung der Dekrete beteiligt gewesen war, bekämpfte er trotzdem konstitutive Elemente des kollektivistischen Systems[68]:

Wir müssen zur Sanierung unserer gesamten Industrie, zur Reorganisierung des ökonomischen Lebens unseres Landes schreiten, das durch die Irrtümer der Komitees und noch mehr durch die ›Unkontrollierbaren‹[69] zerrüttet worden ist ... Die Aufgabe zentraler Organisierung unserer Industrie würde jedoch unmöglich bleiben, wenn wir nicht ohne Schwanken zur Revision des Kollektivierungsdekrets schreiten, die den syndikalistischen Experimenten ein Ende setzt. Eine Revision, nicht in Richtung eines Rückschritts, sondern eines Fortschritts zur Nationalisierung. Das gegenwärtige Lohnsystem, das auf der Gleichmacherei beruht, ist antiproletarisch und unwirtschaftlich ... Und da dieses Lohnsystem nicht die Erhöhung der Produktion ermöglicht, müssen wir es bekämpfen. Das Regime des Fabrikparlamentarismus, der autonomen Komitees führt dazu, daß die Betriebe völlig unabhängige Körperschaften werden und im besten Falle nur für die Privatinteressen der betreffenden Belegschaft arbeiten. Das Regime der Komitees muß durch die persönliche Leitung der Fabrik mit Vollmachten und voller Verantwortlichkeit ersetzt werden.

Der Ruf nach Zentralisierung und einheitlicher Leitung der Wirtschaft fand seine Entsprechung auf allen übrigen, vor allem aber auf dem militärischen Gebiet[70]: Von Anfang an forderte die Kommunistische Partei das »einheitliche Oberkommando«, die Ersetzung der Arbeitermilizen durch militarisierte Einheiten, die Abschaffung aller egalitären Erscheinungen sowie die Wiedereinführung hierarchischer Strukturen auf der Basis von Befehl und Gehorsam. Mit diesen Forderungen trieben die Kommunisten bewußte Opposition gegen die Macht der Gewerkschaften, besonders der CNT. Die anarcho-syndikalistische Vorstellung, Gewerkschaften müßten das ökonomische und politische Leben des Landes leiten, wurde von den in der Komintern organisierten Kommunisten heftig bekämpft. Einerseits wollten sie den Gewerkschaften primär »tradeunionistisch«-reformistische Funktionen zusprechen: Verbesserung der Arbeitsbedingungen, Erhöhung des kulturellen Niveaus der Arbeiter, Rationalisierung der Produktion, Schaffung einer neuen Arbeits- und Kriegsdisziplin etc., andererseits sahen sie in ihnen reine »Transmissionsriemen« der Parteipolitik: »Für uns revolutionäre Marxisten sind die Gewerkschaften die große Schule der Arbeiterklasse ..., in der wir massenweise die Arbeiterkader schmieden müssen, die jederzeit die Anweisungen ihrer Gewerkschaftsorganisation und die der Partei des Proletariats in die Praxis umsetzen müssen«[71].

Neben die Respektierung des Kleineigentums trat im kommunistischen Programm der Ausbau der Genossenschaften; ein Netz von Kooperativen sollte sich über das gesamte republikanische Staatsgebiet erstrecken, »um die arbeitende Bevölkerung vor den Schiebern und Spekulanten zu schützen«[72]. Der soziopolitische Stellenwert der kommunistischen Förderung des Genossenschaftswesens ist in einer doppelten Frontstellung zu sehen: einerseits als Programm einer Überwindung des bürgerlichen Individualkapitalismus, andererseits als defensive Reaktion gegenüber weiterreichenden sozialrevolutionären anarchistischen Plänen einer Kollektivierung oder Sozialisierung der Produktionsmittel.

Das auf der PSUC-Konferenz im August 1937 neugewählte Zentralkomitee erließ einen Monat später auf seiner ersten Plenartagung ein Manifest, in dem nochmals alle Programmpunkte der Kommunisten auf wirtschaftlichem Gebiet zusammengefaßt waren[73]:

Sofortige Schaffung der Generalräte der Industrie und der industriellen Kreditkasse, um auf diese Weise die Produktivkräfte zu koordinieren und zum Aufschwung zu bringen; Nationalisierung und Militarisierung der Kriegsindustrie und des Transportwesens, Revision und Regulierung des Lohnsystems, um die Produktion zu erhöhen, eine Ersparnis der Rohstoffe zu erreichen und die neue Disziplin zu verstärken (gegen die Gleichmacherei; für einen Differenziallohn; gleicher Lohn für gleiche Arbeit ohne Unterschied des Geschlechts); persönliche technische Leitung entsprechend den Produktionsplänen, mit großen Vollmachten, aber auch höchster Verantwortung; die Betriebs-Komitees sollen die Kontroll-Funktionen ausüben; Kameradschafts-Gerichte zur Behandlung der Vergehen von Arbeitern gegen die Produktionsdisziplin; energische Maßnahmen gegen die Preistreibereien – systematische Höchstpreispolitik; Politik der Unterstützung für die Bauern, denen zu billigen Preisen Industrie-Produkte geliefert werden müssen in dem Maße, als sie die Ablieferung der Agrar-Produkte erfüllen; erbarmungsloser Kampf gegen die Hamsterer und Spekulanten bis zur Anwendung der Todesstrafe; Verstärkung der Konsumgenossenschaften – Schaffung von Kooperativen in allen Betrieben der Kriegsindustrie; Versorgungspolitik unter Bevorzugung der Front und der Arbeiter, vor allem der Arbeiter der Kriegsindustrie; gleiche Opfer für alle Bürger mit Ausnahme nach Möglichkeit der Greise, Kranken und Kinder.

Mit der Forderung nach Nationalisierung der Kriegsindustrie, Errichtung von Genossenschaften und privatwirtschaftlicher Weiterführung der kleineren Betriebe verfolgte die Kommunistische Partei nicht nur eine praktikable, bis zum Kriegsende konsequent durchgeführte Wirtschaftspolitik; durch ihr Eintreten für die Mittelschichten und ihr berechtigtes Ankämpfen gegen Auswüchse des kollektivistischen Systems der ersten Monate erwarb sie sich außerdem so viele Anhänger, daß sie von einer anfangs nahezu bedeutungslosen Splitterpartei im Verlauf des Krieges zur mitgliederstärksten Partei der Volksfront wurde. Bereits im Oktober 1936 scheint der PCE den ersten großen Mitgliederzuwachs gehabt zu haben: »Die kommunistische Organisation wuchs in jenen Tagen auf das Vierfache an«[74]. Im März 1937 dürfte die KP nahezu 250 000 Mitglieder[75], im Juni 1937 soll sie schon eine Million[76] gehabt haben. Es wäre einseitig, diesen steilen Anstieg nur mit propagandistischen Manipulationen (vor allem in der Volksarmee), dem verstärkten kommunistischen Einfluß seit der Unterstützung der Republik durch die UdSSR oder einer geschickten Proselytenmacherei erklären zu wollen; vielmehr trugen die den Interessen des Kleinbürgertums entgegenkommenden wirtschaftspolitischen Konzeptionen, von denen der PCE im Verlauf des Krieges eine ganze Reihe durchsetzen konnte, wesentlich dazu bei, daß ein Großteil der revolutionsgeschädigten Mittelklasse in der Kommunistischen Partei Zuflucht und Schutz suchte und fand.

b) Das Wirtschaftsprogramm von CNT und FAI: Vom libertären Credo zur zentralisierten Kriegswirtschaft

Bis zum Juli 1936 war das Ziel aller Aktionen der Anarcho-Syndikalisten der freiheitliche Kommunismus, d. h. »die Organisation der Gesellschaft ohne

Staat und Privateigentum. Es ist nicht erforderlich, etwas zu erfinden oder eine neue soziale Organisation zu schaffen, um ihn verwirklichen zu können. Die Organisationszentren, um die herum das Wirtschaftsleben der Zukunft organisiert werden wird, bestehen schon in der jetzigen Gesellschaft: Es sind das Syndikat und die freie Kommune«[77]. Die »offiziellen« Wirtschaftsprogramme der CNT zeichneten sich bis 1936 durch naiv-idealistische, von den Zukunftsentwürfen Bakunins und Kropotkins beeinflußte Vorstellungen aus. Selbst das Programm von Zaragoza schien mit seiner Verherrlichung der autarken Kommunen und der Verbindung des individualistischen Anarchismus mit kommunalistischen Traditionen eher wirtschaftsorganisatorischen Vorstellungen einer isolierten agrarischen Subsistenzwirtschaft als den Erfordernissen einer komplex strukturierten, agrar- wie industriewirtschaftlich organisierten Gesellschaft gerecht zu werden. Diesen dem anarcho-syndikalistischen Programm zugrundeliegenden Wirtschaftsvorstellungen, die sich eher an der überschaubaren Einheit eines andalusischen »pueblo« als an den industriekapitalistischen Konzentrationstendenzen Nordspaniens orientierten, wurden in der CNT schon früh alternative Modelle entgegengesetzt, die in der Schaffung lokaler Einheitsgewerkschaften (Kongreß von Sants 1918) und nationaler Industrieföderationen (Konservatorium-Kongreß 1931) organisatorisch erforderliche Mittel zur gewerkschaftlichen Abwehr der Folgen wirtschaftlich-industrieller Konzentration erblickten.

Bezeichnenderweise übernahmen die beiden libertären Programmatiker, deren Organisationsmodelle von Anfang an den Erfordernissen einer komplex strukturierten Wirtschaft eher entsprachen als das Programm des Zaragoza-Kongresses, im Bürgerkrieg wirtschaftspolitische Leitungsfunktionen: Juan Peiró (CNT) wurde republikanischer Industrie-, Diego Abad de Santillán (FAI) katalanischer Wirtschaftsminister. Letzterer wollte in seinem kurz vor dem Zaragoza-Kongreß erschienenen Buch »El organismo económico de la revolución«[78] »montrer une voie pratique de réalisation immédiate, et non un utopisme paradisiaque«[79]; es ging ihm darum, den »infantilisme du communisme libertaire basé sur les prétendues communes libres et indépendantes«[80] zu überwinden. Die Föderation für graphisches Gewerbe und Papier legte auf dem Zaragoza-Kongreß ein maßgeblich von Santilláns Vorstellungen beeinflußtes Organisationsprojekt vor[81], das von den Delegierten zwar nicht angenommen wurde, bei den anarcho-kollektivistischen Realisierungen der ersten Bürgerkriegsmonate aber als Orientierungsrahmen diente.

Abad de Santilláns Organisationsentwurf ging vom einzelnen Betrieb als Mittelpunkt der Produktion aus. In der Revolution würden Fabrik-, Betriebs- und Industrieräte gebildet, die die Produzenten nach direkt-demokratischen Prinzipien zu vertreten hätten. Für die überbetriebliche Arbeitsorganisation waren Handels- und Industriegewerkschaften vorgesehen. Auf wirtschaftlichem Gebiet sollten die Kommunen untereinander föderiert sein. Auch Santilláns Skizze basierte auf der Parallelität beruflicher und lokaler Organisationen. Das eigentlich Neue an diesem Entwurf bestand in der Schaffung eines Bundeswirtschaftsrates, dem ökonomische und administrative Koordinationsfunktionen zugesprochen wurden. Santilláns Hauptanliegen bestand darin, die lokalistisch-kommunalistische Wirtschaftskonzeption als unzeitgemäß zu überwinden und ein »Höchstmaß an Koordinierung aller produktiven Faktoren«[82] zu erreichen. Er war sich darüber im klaren, daß die anarchistische Wirtschaftskonzeption in der zukünftigen Sozialen Revolution nicht sofort in die Praxis umgesetzt werden könnte und eine ökonomische Übergangsperiode erforderlich sein würde, in der »alle sozialen Bewegungen« das Recht auf »freie Experimente« haben müßten[83]. Auf politischem Gebiet allerdings sah er keine Übergangsperiode vor; er forderte die sofortige Abschaffung des Staates, an dessen Stelle die »freie Vereinbarung der sozialen Gruppen« gesetzt werden sollte. Auch Santilláns Skizze einer freiheitlichen Wirtschaft ohne Staat und Privateigentum wurde bereits in den ersten Kriegstagen durch das soziopolitische Geschehen überholt. Auf dem Plenum ihrer Lokal- und Bezirksorganisationen beschloß die CNT am 20. Juli 1936, die sofortige Verwirklichung des libertären Kommunismus vorläufig hintanzustellen und mit den übrigen »antifaschistischen« Organisationen und der Regierung zusammenzuarbeiten[84].

Die Entwicklung der CNT-Wirtschaftsprogramme bis 1939 wurde, nachdem die Anarcho-Syndikalisten in einen kasuistischen Wirtschaftsinterventionismus gedrängt worden waren, zu einem kontinuierlichen Rückzugsgefecht von ursprünglich dogmatisch-anarchistischen Positionen; die Anerkennung des Staates und die Übernahme staatlicher Ämter hatten für die CNT-Führer eine Anpassung an ursprünglich heftig bekämpfte Positionen zur Folge; die veränderte Situation zwang die CNT außerdem dazu – wie bereits am Beispiel der Landwirtschaft gezeigt werden konnte –, einzelne Programmpunkte ihrer »autoritären« Rivalen zu übernehmen.

Am einfachsten stellte sich für die CNT das Problem der Banken dar: Auf dem gewerkschaftlichen Regionalplenum Kataloniens erklärte sie sich mit der vorläufigen Kontrolle und späteren Verstaatlichung der Banken einverstanden[85]. Das erweiterte nationale Wirtschaftsplenum der CNT beschloß im Januar 1938 die Gründung einer »Iberischen Gewerkschaftsbank« *(Banco Sindical Ibérico)*, die den »wirksamen Wiederaufbau der zahllosen Industrien« ermöglichen sollte, »deren jetzige prekäre Situation direkt zum Ruin führt«[86]. Das Bankkapital mußte zu gleichen Teilen von den beiden Gewerkschaftszentralen UGT und CNT aufgebracht werden. Mit dem Beschluß zur Gründung eines gewerkschaftseigenen Kreditinstituts zog die CNT die Konsequenz aus den Erfahrungen der ersten anderthalb Kriegsjahre. In ihrer traditionellen Verachtung für das Geld hatten die Anarchisten in den ersten Wochen des revolutionären Geschehens die Banken nicht beschlagnahmt; sie waren nur z. T. unter UGT-Kontrolle geraten. Je weiter ab Herbst 1936 die Restauration des Staates voranschritt, desto deutlicher machte sich das Fehlen einer Bank bemerkbar, die – unabhängig von Staatskontrolle – die Sozialisierungsversuche in der Wirtschaft unterstützte und vorantrieb. Gerade die Finanzfrage sollte sich aber als Schlüssel zu Erfolg oder Mißerfolg der Kollektivierung erweisen.

Der Boden, alle Industrien sowie die Güterverteilung sollten »graduell und fortschreitend« kollektiviert werden; der erwirtschaftete Gewinn war in einen gemeinsamen Fonds für ganz Katalonien einzubringen. Schon bald erkannte die CNT, daß der spontanen Phase des revolutionären Geschehens nicht nur eine wirtschaftliche, sondern auch eine politische Übergangsperiode folgen müßte:

»Das Kriegsende mündet in ein Übergangssystem . . ., es ist die Sozialistische Bundesrepublik«[87].

Das bereits von Santillán in den Mittelpunkt seiner Ausführungen zur ökonomischen Reorganisation der nachrevolutionären Gesellschaft gestellte zentrale Wirtschafts-Koordinierungsorgan blieb während des gesamten Bürgerkrieges ein ständig wiederholtes Postulat der Anarcho-Syndikalisten. Ende 1936 entwarf der CNT-Wirtschaftsspezialist Mariano Cardona Rosell das Projekt eines Nationalen Wirtschaftsrates[88], in dem neben den Gewerkschaften CNT/UGT und den Regionalen Wirtschaftsräten auch einige Minister vertreten sein sollten. Dieses gemischte staatlich-gewerkschaftliche Organ, das die oberste Leitung in allen Wirtschaftsfragen übernehmen würde, müßte vor allem »den Wirtschaftsdualismus« zwischen kapitalistischer und sozialistischer Wirtschaft beseitigen und die revolutionären Errungenschaften legalisieren[89]. Da der Regierungschef – Francisco Largo Caballero – ein Marxist ist, müßte die Leitung des Nationalen Wirtschaftsrates, dessen Beschlüssen Gesetzeskraft zukommen sollte, einem Anarchisten übertragen werden. Im September 1936 verkündete die CNT ihre vorläufigen wirtschaftspolitischen Ziele[90]:

Sozialisierung der Güter der Kirche und der Großgrundbesitzer, der Großindustrie, des Großhandels, des Transportwesens und aller jener Betriebe ohne Rücksicht auf ihre Größe, von denen klar ist, daß sie den Aufstand unterstützt haben; Arbeiterkontrolle in privaten Industrien und Geschäften; Nutznießung der sozialisierten Produktions- und Tauschmittel durch die Arbeitergewerkschaften; freies Experimentieren in den Dörfern, die wegen ihrer besonderen Lage die normale Entwicklung der Wirtschaft nicht stören; zentrale Planung [planificación] der Großindustrie und der wichtigsten Anbauprodukte.

Außerdem verfolgte sie weiterhin das Ziel der Abschaffung des Geldes und der »Sozialisierung der Distribution«; eine »Gewerkschaftsbank« sollte die Kreditvermittlung und alle Geschäfte, die dem »Gesamtwerk des wirtschaftlichen Wiederaufbaus« zugute kämen, übernehmen[91]. Im Gegensatz zur Kommunistischen Partei nahmen CNT und FAI keine einheitliche Position zu den Problemen der Neustrukturierung der Wirtschaft ein; gerade auch in den Fragen der Sozialisierung oder Kommunalisierung des Bodens und der Zweckmäßigkeit, eine Gewerkschaftsbank zu gründen, gingen die Meinungen in der FAI stark auseinander. Einigkeit bestand vor allem in der Forderung nach Sozialisierung der Produktionsmittel – und das hieß für die Anarchisten: nach Übernahme durch die Gewerkschaften[92].

Als die vier anarchistischen Minister im Mai 1937 aus der republikanischen Regierung austraten, legten sie vor den Arbeitern Rechenschaft über ihre Regierungstätigkeit ab. Der Handelsminister Juan López[93] hatte sich im Ministerrat zwar für die Monopolisierung des Außenhandels eingesetzt, gleichzeitig jedoch für eine »Leitung« der Wirtschaft durch die Gewerkschaften plädiert; der Staat sollte zwar die Kontrolle ausüben, die »Praxis des Monopols« aber in den Händen der Arbeitergewerkschaften liegen. Juan López konnte sich mit diesem Konzept in der Regierung Largo Caballero nicht durchsetzen; da die Verteidiger des »wirtschaftlichen Status quo des Kapitalismus« in der Übermacht waren, mußten die Anarchisten schließlich das »staatliche und kapitalistische Konzept« akzeptieren; die »geschlossene und systematische Opposition«, die allen Projekten des Handelsministers entgegengebracht wurde, verhinderte eine »revolutionäre« Gesetzgebung. Resigniert stellte Juan López fest: »Wir müssen die Nutzlosigkeit unserer Regierungsbeteiligung auf wirtschaftlichem Gebiet eingestehen«. Auch der Industrieminister Juan Peiró mußte nach sechs Monaten Regierungstätigkeit ein eher negatives Resümée ziehen[94]. Sein Projekt eines Kollektivierungsdekrets stieß auf den Widerstand Largo Caballeros; das von ihm durchgesetzte Finanzhilfe-Dekret wurde vom damaligen zentristisch-sozialistischen Finanzminister und späteren Ministerpräsidenten Juan Negrín hintertrieben. Ein Dekret vom 22. Februar 1937 stellte schließlich einen Kompromiß zwischen dem sozialistischen und dem anarchistischen Flügel der in der Regierung vertretenen Arbeiterorganisationen dar. Es sah die Möglichkeit der Staatskontrolle und der Verstaatlichung der Industrien vor[95]. Die kommunistische Forschung wirft Juan Peiró vor, den Bestimmungen des Dekrets durch seine Ausführungsbestimmungen vom 2. März 1937 entgegengearbeitet und damit bezweckt und erreicht zu haben, daß die Industrien auch weiterhin in Händen der Fabrik- oder Kontrollkomitees blieben[96]. Peiró selbst hat in seinem Rechenschaftsbericht darauf hingewiesen, daß er die Bestimmungen des Dekrets »korrigieren« wollte; die Rechtfertigung[97] für den Erlaß eines Verstaatlichungsdekrets durch einen anarchosyndikalistischen Minister stellte seine Definition von Nationalisierung dar: »Die einzige Form, in der meines Erachtens die Arbeiter [die Nationalisierung der Industrie] akzeptieren können«, ist die, »daß Verwaltung und Leitung in Händen der syndikalistischen Organisationen und nicht in denen des Staats bleiben. Dem Staat spreche ich nur das Recht zu . . ., über die nationalisierte, von Arbeitern verwaltete und geleitete Industrie ein Kontrollsystem zu etablieren . . .«[98]. Trotz der zaghaften Versuche, einige Elemente des ursprünglichen anarcho-syndikalistischen Programms auf legislativem Wege zu realisieren, haben sich die CNT-Minister in der Regierung Largo Caballero weder an dem auf dem Zaragoza-Kongreß entworfenen noch an den im September 1936 aufgestellten Zielen orientiert; das Ideal des freiheitlichen Kommunismus war fallengelassen worden[99].

In einem »Minimalprogramm« gab die CNT Anfang Juni 1937 der neugebildeten Regierung Negrín, der sie nicht mehr angehörte, ihre »Kriegspolitik« bekannt; der wirtschaftspolitische Teil ihres Programms beschränkte sich auf die alten Forderungen nach Schaffung eines Wirtschaftsrates, Errichtung des Außenhandelsmonopols, Aufhebung gewisser Zölle, Kommunalisierung des Wohnungswesens und Bodens, Legalisierung der Kollektivierungen und Einrichtung einer gewerkschaftlichen Arbeits-Inspektion[100]. In einer ausführlichen Stellungnahme zu diesem Wirtschaftsprogramm der CNT kritisierte die Kommunistische Partei nur den Programmpunkt »Kommunalisierung des Bodens«; in allen übrigen Punkten waren Anarchisten und Kommunisten inzwischen einer Meinung[101].

Im September 1937 fand in Valencia ein Nationalplenum der anarchistischen Regionalorganisationen statt, auf dem CNT, FAI und die Jugendorganisation JJLL vertreten waren. Die programmatischen Resolutionen dieses Plenums, dem wegen der Teilnahme aller drei Organisationen der libertären Bewegung besondere Bedeutung beigemessen werden muß, wurden damals nicht veröffentlicht; sie lassen bei den Anarchisten einen deutlichen Konzeptions-

wandel bezüglich ihrer bisher als notwendig erachteten wirtschaftspolitischen Maßnahmen erkennen[102]: Das Plenum forderte die sofortige Verstaatlichung der Schwer- und der Kriegsindustrien (Metall- und chemische Industrie), des Außenhandels (Import und Export), der bedeutenden Export-Anbauprodukte, der Bergwerke und der Banken. Die »in der revolutionären Periode entstandenen Kollektivierungen« in den übrigen Industrien, die Anbauprodukte für den Inlandsbedarf und der genossenschaftliche und gewerkschaftliche Handel sollten beibehalten und geschützt werden. Das Wohnungswesen, die öffentlichen Dienste, die Sozialfürsorge und das Gesundheitswesen sollten kommunalisiert werden. Das Plenum betonte die »erforderliche Vitalität« des Individualeigentums, das in der Kleinindustrie, im Einzelhandel und auf den Gebieten zugestanden wurde, die die »Reproduktion der Gründe ausschließen, die den faschistischen Anschlag auslösten«.
Die Forderung nach Verstaatlichung der Grundindustrien und die Beibehaltung des Privateigentums in einigen Sektoren stellten wesentliche Änderungen des traditionellen anarchistischen Wirtschaftsprogramms dar. Die Beschlüsse des Valencia-Plenums bedeuteten eine unverkennbare Abkehr vom Zaragoza-Programm und von der »reinen« anarchistischen Linie; die Entscheidung, die Kongreßbeschlüsse nicht bekanntzugeben, kann auf die Entfremdung schließen lassen, die bereits damals zwischen der CNT-»Basis« und ihren einem deutlichen »Oligarchisierungs«-Prozeß unterliegenden »Führern« bestand[103].
Während die Kommunistische Partei schon früh die Erforderlichkeiten der einheitlichen Planung und Zentralisierung der Wirtschaft erkannt hatte, mußten CNT und FAI nach dem 19. Juli 1936 einen schmerzhaften Lernprozeß durchmachen, der nicht nur die Aufgabe substantieller anarchistischer Positionen zur Folge hatte, sondern gleichzeitig die drastische Verringerung des konföderalen Einflusses auf die Kriegführung und Wirtschaftsleitung bedeutete: »Die CNT hat begriffen, daß es keine prosperierende Wirtschaft ohne zentralisierte Kontrolle und Koordination der Verwaltung geben kann«[104].
Bezüglich des direkten syndikalistischen Einflusses in den Betrieben bestand nach wie vor ein erheblicher Unterschied zwischen der anarchistischen und der kommunistischen Haltung. Im Herbst 1937 forderte der katalanische Kommunist Ruiz Ponseti auf dem UGT-Regionalkongreß, die »Gewerkschaftsdelegierten« *(delegados sindicales)* aus den Betrieben auszuschließen. Ruiz Ponsetis Antrag fand nicht die Mehrheit der Kongreßdelegierten; wäre er verabschiedet und von der katalanischen Regionalregierung zum Gesetz erhoben worden, so hätte dies das Ende des anarcho-syndikalistischen Einflusses in den Betrieben Kataloniens bedeutet, denn die Gewerkschaftsdelegierten, die ebenso wie die Betriebskomitees von den Arbeitern gewählt wurden, stellten die Verbindung zwischen Betrieb und Industriegewerkschaft her und garantierten somit den syndikalistischen Einfluß an der Produktionsstätte. Anarchisten sprachen Gewerkschaftsdelegierten außerdem noch gesamtgesellschaftliche Funktionen zu: Sie sollten dem Betriebsegoismus und »Neokapitalismus« gutgehender Kollektivbetriebe entgegenwirken und – in anarchistischer Terminologie – die Sozialisierung gegenüber der Kollektivierung propagieren[105].
Da seit Mai 1936 kein allgemeiner CNT-Kongreß stattgefunden hatte, wurde

Ende 1937 in der anarcho-syndikalistischen Organisation ein Gewerkschaftsplenum für dringend erforderlich gehalten; es sollte sich vornehmlich mit den wirtschaftlichen Problemen beschäftigen, die seit Kriegsbeginn einer Lösung harrten. Zu diesen gehörten »der korporative Partikularismus bestimmter Betriebe und Kollektive, der Mangel eines Produktionsplanes, übertriebene Unterschiede in der Entlohnung, das Weiterbestehen eigentlich überflüssiger Industrien, die prekäre Situation notwendiger Industrien . . ., die Verwaltungs-Zersplitterung, der Produktionsrückgang etc.«[106]. Das »Erweiterte Nationale Wirtschaftsplenum« der CNT fand in der zweiten Januarhälfte 1938 in Valencia statt; 700 bis 800 Delegierte vertraten 1 700 000 CNT-Mitglieder[107]. Der Kongreß beschäftigte sich fast ausschließlich mit der übergeordneten Frage, wie eine Effektivierung der Wirtschaft erzielt werden könnte. Die Beschlußfassung über die Zentralisation der Wirtschaftsverwaltung und der nationalen Industrieföderation sowie der Bildung wirtschaftskoordinierender und -regulierender Räte sollte ebenso den »konstruktiven Charakter« dieses Kongresses dokumentieren wie die Einsetzung von Arbeitsinspektoren, die für die Orientierung und Inspektion der ihnen unterstehenden Industrieeinheiten verantwortlich waren und Normen zur Verbesserung der Wirtschaftlichkeit und Rationalisierung der verschiedenen Industrien aufstellen sollten; der Kongreß beschloß die Gründung einer Gewerkschaftsbank, die in CNT-Kreisen schon lange als erforderlich angesehen worden war; die Probleme der Versicherung und sozialen Vorsorge sollten durch eine Änderung der Versicherungsgesetzgebung sowie durch Gründung einer gewerkschaftlichen Verwaltungsstelle für Versicherungen gelöst werden.

Die Tendenz zur Zentralisierung und Zusammenfassung der Kräfte in der Gewerkschaftsleitung war auf diesem Plenum unverkennbar; auch der Kongreß-Verlauf entsprach nicht der auf CNT-Versammlungen bisher geübten Praxis. Zum einen fällt auf, daß das Nationalkomitee – entgegen bisher geübter Praxis – zu allen Tagesordnungspunkten eine vorbereitete Resolution einbrachte; zum anderen intervenierte das Nationalkomitee selbst – obwohl ihm dies untersagt war – in allen Diskussionen[108]. Mit der Einsetzung von Arbeitsinspektoren, gewerkschaftlichen Kontrollkomitees, Räten für Technik und Verwaltung, Beauftragten für die Arbeitsverteilung (mit dem Recht, in zahlreichen Fällen die Entlassung von Arbeitern zu beantragen), bevollmächtigten Leitern und Wirtschaftsräten wurde die CNT zu einer bürokratisch-zentralistischen Organisation, die die Prinzipien der Basisautonomie und eigenverantwortlichen Entscheidung zugunsten der hierarchischen Strukturierung und einer wirtschaftlichen Gesamtplanung aufgab. Der durch den Krieg auf allen Gebieten erzwungene Zentralisierungsprozeß machte auch vor der Gewerkschaftsorganisation selbst nicht halt.

Die Beschlüsse vom Januar 1938 hatten nur noch wenig mit den im September 1936 verkündeten Zielen der CNT gemeinsam. Entsprachen jene, unter dem Einfluß des Zaragoza-Kongresses, noch weitgehend dem »klassischen« anarchistischen Ideal einer syndikalistischen Wirtschaftsorganisation, so stellten diese das Ende »der CNT als von ihren Mitgliedern kontrollierte revolutionäre Organisation«[109] dar. Die weitgehende Aufgabe des ursprünglichen anarchistischen Wirtschaftsprogramms ist einerseits auf die konzeptionelle Schwäche und die simplifizierende Vorstellung über den in seiner Komplexität bei weitem nicht erfaßten Wirtschaftsprozeß zurückzuführen, andererseits auf die kriegsbedingte Unausweichlichkeit der zuerst von den Kommunisten proklamierten wirtschaftlichen Zentralisierung und Gesamtplanung. Stellte auf agrarwirtschaftlichem Gebiet der Konzeptionswandel vom Zaragoza-Kongreß zur Valencia-Versammlung den Übergang von einer »libertären« Wirtschaftsgestaltung zu staatsdirigistischem Interventionismus dar, so bedeutete der Prozeß von der programmatischen September-Erklärung (1936) zum erweiterten Wirtschaftsplenum (1938) die Ausdehnung »autoritärer« Organisationsschemata auf die Industrie und den inneren Aufbau der CNT.

Nur wenige Gruppierungen innerhalb der CNT trieben offene Opposition gegen die Linie des Nationalkomitees. Die herausragendste der oppositionellen Gruppierungen stellte die linksrevolutionäre Organisation *Los Amigos de Durruti* (Durrutis Freunde) dar. Die »Amigos de Durruti« setzten sich aus FAI- und CNT-Mitgliedern zusammen[110]; die Gruppierung bildete sich im März 1937, als die Milizkolonnen der ersten Monate aufgelöst, militarisiert und in das Volksheer integriert werden sollten. Einige Milizionäre der Aragonienfront, vor allem Mitglieder der ehemaligen »glorreichen Durruti-Kolonne«, widersetzten sich der militärischen Disziplinierung, zogen mit ihren Waffen und Gepäck nach Barcelona und riefen so die Gruppe »Amigos de Durruti« ins Leben[111]. Sie vertrat einen intransigenten, linkssektiererischen Standpunkt, der dem trotzkistischen Flügel innerhalb des POUM nahekam. Die »Amigos de Durruti« riefen nicht nur zum Kampf gegen die Kommunisten des PCE und PSUC, die bürgerlichen Parteien, den Staat, die Regierung usw. auf, sondern bekämpften auch heftig die gemäßigte Linie der CNT- und FAI-Komitees. »Unser Verhältnis zu den Führern der CNT und FAI war etwas schwierig, da wir Gegner der Kollaboration mit dem Staat und der Regierung und Feinde eines Ausgleichs mit den Stalinisten waren« (J. Baliús). Als der Einfluß der CNT und FAI – vor allem nach Mai 1937 – deutlich im Sinken war, riefen die »Amigos de Durruti« zu einer neuen Revolution auf, die nicht nur den »Stadt- und Landarbeitern voll zusagt«, sondern die »anarchistische Gesellschaft errichtet«[112]. Sie forderten die sofortige Konstituierung einer »revolutionären Junta«, die nur aus Arbeitern und Soldaten bestehen und sich mit der Kriegführung, der revolutionären Ordnung und Propaganda und den internationalen Aspekten beschäftigen sollte. Die Ämter in der revolutionären Junta sollten regelmäßig erneuert und von Arbeiterversammlungen kontrolliert werden. Die gesamte wirtschaftliche Macht müßte an die Gewerkschaften übergehen, die eventuell einen Wirtschaftsrat bilden könnten. Die Wirtschaft müßte sozialisiert werden; die Kollektivierungen wurden als Beginn der Sozialisierung akzeptiert. Als zweites Organisationsprinzip müßten neben die Gewerkschaften die freien Municipien treten, die die Wiedererrichtung des Staatsapparates verhindern würden.

Die »Amigos de Durruti« verstanden sich selbst als die einzigen echten Revolutionäre, die die »gerade Linie der Revolution« gegenüber den Abweichlern der CNT und FAI und besonders der »konterrevolutionären Bewegung, an deren Spitze die Mittelschicht und die Kommunisten standen«, vertraten[113].

Auch wenn die Gruppe keine große Gefolgschaft erringen konnte und für CNT/FAI keine ernsthafte Gefahr darstellte, weist sie auf ein tiefes Unbehagen anarchistischer Kreise mit der offiziellen Linie der CNT/FAI hin und trägt dazu bei, den Niedergang anarchistischer Vorherrschaft während des Bürgerkrieges als Reaktion auf den »Oligarchisierungsprozeß« anarchistischer und anarchosyndikalistischer Führungsgremien und die Einführung basisunabhängiger Entscheidungen mitzuerklären[114].

3. Die Anpassung der CNT an die UGT

a) Das gemeinsame Aktionsprogramm der katalanischen CNT und UGT (22. Oktober 1936): Identifikation mit den Regierungszielen

Das Verhältnis zwischen der sozialistischen und der anarcho-syndikalistischen Gewerkschaft war seit der Gründung der CNT (1910) durch das zumeist erfolglose Bemühen beider Organisationen charakterisiert, zu einer gemeinsamen Plattform in den wesentlichen syndikalistischen Fragen zu gelangen[115]. CNT und UGT schlossen zwar im Ersten Weltkrieg eine »revolutionäre Allianz«, die auch zu gemeinsamen Streiks führte; nach 1918 aber schwenkten die Gewerkschaften sehr schnell wieder, unter Betonung ihrer taktischen und ideologischen Differenzen, auf einen deutlichen Konfrontationskurs ein, der während der Diktatur Primo de Riveras noch verschärft und erst 1934 in den »Arbeiterallianzen« Asturiens aufgegeben wurde[116]. Im Januar 1936 beschloß auch die katalanische CNT, die noch 1934 eine Allianz mit der UGT entschieden abgelehnt hatte, angesichts der für ihre eigenen Interessen verhängnisvollen Folgen der mangelnden Arbeitereinheit sowie im Hinblick auf die fälligen Februarwahlen, der sozialistischen Gewerkschaft ein Allianzangebot zu unterbreiten[117], das die Zerstörung der parlamentarischen Republik und deren Ersatz durch ein räte-ähnliches System zum Ziel hatte. Dieses Programm stellte die Grundlage für das neue Angebot dar, das die CNT vier Monate später der UGT in Zaragoza unterbreitete[118]. Die Anarcho-Syndikalisten machten wiederum die Aufgabe des reformistischen UGT-Kurses zur Bedingung, um zwischen beiden Gewerkschaften einen »revolutionären Pakt« zu schließen, dessen Ziel die »Zerstörung des politischen und gesellschaftlichen Herrschaftssystems« sei. Noch bevor die sozialistische Gewerkschaft auf dieses Bündnisangebot antworten konnte, begannen die Anarcho-Syndikalisten unmittelbar nach dem 19. Juli mit der Realisierung »ihrer« sozialen Revolution. Die CNT war auch nach Kriegsbeginn zur weiteren Zusammenarbeit mit der UGT bereit. Ihre »kollaborationistische« Haltung sowie ihre auffällige Zurückhaltung mit revolutionären Parolen in den ersten Tagen des Umsturzes deuten darauf hin, daß sie trotz ihres verbalen Radikalismus vom Umsturz überrascht worden und auf die plötzlich entstandenen Probleme nicht vorbereitet war. Die unmittelbare Folge des Zwangs zur Improvisation war eine erste, vorsichtige Kurskorrektur, die nicht nur durch die Notwendigkeit bestimmt wurde, den Anschlag gegen die Republik unter Hintansetzung dogmatischer Prinzipien abwehren zu müssen, sondern auch durch die Unsicherheit der doktrinären und ideologischen Position der CNT, die vor allem seit den Rückschlägen von 1932 und 1933 sowie seit dem rapiden Anstieg der Mitgliederzahlen und der dadurch bewirkten Verwässerung ursprünglich »reiner« anarchistischer Lehren immer deutlicher wurde; hinzu kam außerdem noch die – taktisch begründete – Rücksichtnahme auf die zum Teil starken Minderheiten der sozialistischen Gewerkschaft im CNT-Einflußbereich[119].

Die erste gemeinsame Verlautbarung von CNT/FAI und UGT/PSUC war der Aufruf[120] eines Verbindungskomitees zwischen diesen vier Arbeiterorganisationen, dessen Aufgabe in der Vorbereitung eines gewerkschaftlichen Einheitsprogramms bestand. In der Überzeugung, daß die durch Bürgerkrieg und Revolution hervorgerufenen Probleme nur gemeinsam bewältigt werden konnten, verpflichteten sich CNT und UGT zur Einstellung jeglicher Polemik gegeneinander sowie zum »gegenseitigen Respekt«; jedem Arbeiter müßte es freigestellt bleiben, einer Gewerkschaft seiner Wahl beizutreten. Den organisierten Arbeitnehmern wurde empfohlen, »an allen Arbeitsstätten Fabrikkomitees einzurichten«, deren Zusammensetzung proportional zur CNT- bzw. UGT-Stärke im jeweiligen Betrieb sein sollte.

Noch Mitte September 1936 forderte die CNT die Sozialisierung des Bankwesens, der Kirchengüter, des Großgrundbesitzes, der Großindustrie, der großen Handelsfirmen und des Transportwesens, die Arbeiterkontrolle in privaten Industrien und Handelsunternehmen und die Nutznießung der sozialisierten Produktions- und Tauschmittel durch die Arbeitergewerkschaften[121]. In dem gemeinsamen Aktionsprogramm der katalanischen CNT und UGT vom 22. Oktober 1936[122] war jegliche Forderung nach Sozialisierung fallengelassen worden. Die beiden Gewerkschaftsorganisationen verpflichteten sich in diesem Abkommen, die »Beschlüsse und Entscheidungen« des Rates der Generalitat auszuführen und zu ihrer Durchführung ihren ganzen Einfluß und Organisationsapparat einzusetzen. Sie erklärten, die Kollektivierung der Produktion anzustreben, »d. h. die entschädigungslose Enteignung der Kapitalisten und den Übergang des Eigentums an die Allgemeinheit«. Die Kollektivierung könne nur Erfolg haben, wenn sie durch eine Vertretung der Allgemeinheit geleitet und koordiniert werde, die in diesem Falle nur der Rat der Generalitat sein könne, in dem alle gesellschaftlichen Kräfte repräsentiert seien. Das Kleingewerbe wollten die Gewerkschaften nicht kollektivieren, »außer in den Fällen, in denen gegen faschistische Gewerbetreibende vorgegangen werden muß oder die Notwendigkeiten der Kriegsproduktion es erfordern«. In letzterem Falle mußten die Gewerbetreibenden entschädigt und ihnen die Möglichkeit eingeräumt werden, in dem kollektivierten Unternehmen weiterzuarbeiten. Handelte es sich um ausländische Unternehmer, so sollte die Enteignung nur gegen Entschädigung stattfinden. CNT und UGT erklärten die Kommunalisierung des Hausbesitzes (mit Ausnahme des städtischen Kleineigentums) zu ihrem Ziel; »faschistischer Grundbesitz« werde in jedem Fall enteignet. Alle Kräfte müßten angespannt werden, um den Krieg rasch und siegreich zu beenden. Als Mittel dazu betrachteten sie das einheitliche Kommando, das die Aktivität aller kämpfenden Einheiten koordinieren sollte, die Schaffung eines Volksheeres durch Militarisierung der Milizen und Verstärkung der Disziplin und die Errichtung einer »großen Kriegsindustrie«,

die gemeinsam von der CNT, der UGT, dem Finanz-, Wirtschafts- und Verteidigungsdepartement der Generalitat organisiert werden sollte.
Die Gewerkschaften setzten sich dafür ein, die Produktion nach den Erfordernissen des durch die Kriegssituation bestimmten Konsums zu regeln und den Außenhandel durch die Generalitat zu kontrollieren. Obwohl aller Grund und Boden der Gemeinde gehörte, wurde auch die Möglichkeit individueller Bewirtschaftung gewährleistet. »Agrarsyndikate« sollten die Verteilung übernehmen, aber der Kleinhandel konnte, solange das Verteilungssystem noch nicht perfektioniert war, weiterbestehen. Das Bankwesen sollte nationalisiert, die gesamte Privatindustrie von Arbeitern kontrolliert werden. Die Finanzpolitik der Generalitat dürfte nur auf die Gewinnung des Krieges abzielen. Die beiden Gewerkschaftsorganisationen sprachen sich auch für die »Entfaltung der Volkskultur unter dem Zeichen der neuen Einheitsschule« aus. Sie strebten politische, militärische und wirtschaftliche Zusammenarbeit mit der Madrider Zentralregierung an und betonten gleichzeitig, daß alle unterzeichnenden Organisationen in ihr vertreten sein müßten.
Dieses zwei Tage vor Verkündigung des Kollektivierungsdekretes erlassene Aktionsprogramm stellte eine deutliche Abweichung vom ursprünglichen sozialrevolutionären Programm der CNT dar. Es war von den Zielen, die sich der Anfang August gegründete Wirtschaftsrat von Katalonien gesteckt hatte und die von der Generalitat übernommen worden waren, ebenso beeinflußt wie von der Diskussion über die Reichweite des Kollektivierungsdekretes. Die umfangreichen Kompetenzen, die in diesem und in den Folgedekreten in Wirtschaftsfragen der Generalitat eingeräumt wurden, und die Rücksichtnahme auf die Kleinbourgeoisie waren im Aktionsprogramm vom 22. Oktober bereits vorweggenommen. Die CNT hatte sich beim Abschluß des Aktionsprogrammes von taktischen Überlegungen leiten lassen: Sie hoffte, durch Entgegenkommen der krypto-kommunistischen katalanischen UGT gegenüber Waffen für ihre unausgerüsteten Milizeinheiten an der Aragonienfront zu erhalten, die Verleumdungskampagne der Stalinisten durch einen Pakt mit ihnen erschweren oder verhindern zu können und schließlich das Kleinbürgertum sowie die bäuerlichen Mittelschichten, die sich in Katalonien vom radikalen Kurs der CNT abgewandt hatten und der gemäßigten UGT beigetreten waren, zu beruhigen[123].
In einer POUM-freundlichen trotzkistischen Interpretation wurde das anarchistisch-kommunistische Übereinkommen bereits im Januar 1937 als »Block gegen die POUM« bezeichnet[124]. Der letzte Artikel des Abkommens, der gemeinsames Vorgehen gegen das »schädliche Treiben unkontrollierbarer Gruppen» vorsah, wurde als Hebel gegen den POUM verstanden; dessen Bedeutung als Rivale der Anarchisten wurde zwar zu hoch eingeschätzt, die Funktion dieses Abkommens jedoch – wie der im Dezember 1936 auf kommunistischen Druck erfolgte Regierungsausschluß des POUM in Katalonien zeigen sollte – in der langfristigen Strategie des PSUC richtig gesehen[125]:

> Es war die POUM, die mit ihren revolutionären Losungen den anarchistischen Masseneinfluß bedrohte und den Stalinisten das wohlgeformte politische Konzept der Verteidigung der bürgerlichen Republik verdarb. Der Einheitspakt . . . war nur der Beginn einer großangelegten stalinistischen Verleumdungs- und Vernichtungskampagne

gegen die POUM unter der wohlwollenden Tolerierung durch die Anarchisten. Das politische Unverständnis der Anarchisten verhinderte sie, zu sehen, daß mit dem Kampf gegen die POUM der Kampf gegen die Revolution begonnen hatte.

b) Der CNT-UGT-Allianzpakt vom 18. März 1938: »Bakunin und Marx würden sich umarmen«

Trotz des Abkommens vom Oktober 1936 gingen die Auseinandersetzungen zwischen einer zusehends unsicherer werdenden CNT und einer UGT, die in Katalonien ganz unter kommunistischem Einfluß stand und auf Landesebene nur schwer eine eigene Linie finden konnte, unvermindert weiter. An Einheitsappellen, Absichtserklärungen und Bündnissen begrenzter Reichweite sollte es auch während des Krieges nicht fehlen. Am 26. November 1936 schlossen die beiden Gewerkschaften in Valencia ein von den Sozialisten als »Nichtangriffspakt« bewertetes Abkommen, in dem sich beide Seiten zu weitestgehender Toleranz und gegenseitigem Respekt verpflichteten[126]. Am 11. Januar 1937 nahmen die katalanischen Regionalorganisationen einen neuen Anlauf, um zu einer Einigung zu gelangen[127]. Das sofort eingesetzte Verbindungskomitee sollte nicht nur die Legalisierung der Kollektivierung und die »Kommunalisierung des städtischen Eigentums« betreiben, sondern »die Bedingungen zur Reife bringen, die es mit der Zeit erlauben, zur Bildung einer einzigen Gewerkschaftszentrale zu gelangen«. Allerdings hielt die FAI-Versammlung vom Februar 1937 die Zeit für eine Fusion beider Gewerkschaftszentralen für noch nicht gekommen[128], was andererseits den regionalen Landwirtschaftskongreß Kastiliens im April 1937 nicht davon abhielt, beide Gewerkschaftsorganisationen aufzufordern, »so bald wie möglich« eine revolutionäre Allianz zu schließen, aus der politische Parteien bewußt ausgeschlossen bleiben sollten[129]. Der Sturz des Ministerpräsidenten Largo Caballero, der noch bis Oktober 1937 Vorsitzender der UGT blieb, und der gleichzeitige Ausschluß der Anarchisten aus der republikanischen Regierung förderten in der CNT die Tendenz, zusammen mit der UGT eine geschlossene Front gegen die neue Regierung des sozialistischen Zentristen Negrín zu bilden. Kurz nach Beendigung der Maikrise beschloß eine Landesvollversammlung der CNT-Organisationen, »auf Verständigung mit der UGT hinzuarbeiten, um gemeinsame Opposition gegen die Regierung zu betreiben«, sich für eine UGT-CNT-Allianz einzusetzen und zusammen mit der UGT und den Republikanern die Kommunisten aus den Wirtschaftsräten hinauszudrängen[130]. Aber weder dieser Versuch noch das Ende Juli 1937 unterbreitete Angebot, angesichts der »Probleme, denen sich die Arbeiterklasse gegenüber sieht«, zu einer gemeinsamen Gewerkschaftspolitik zu gelangen, hatten sichtbaren Erfolg. Auch diesmal gingen die Bestimmungen des neuen »Allianzpaktes« kaum über einen Waffenstillstand hinaus[131].

Das Verhältnis zwischen den beiden Gewerkschaftszentralen wurde im weiteren Kriegsverlauf in bedeutendem Maße von der Haltung des PCE bestimmt. Die Kommunisten erstrebten auf politischem Gebiet von Anfang an die Vereinigung der Sozialistischen mit der Kommunistischen Partei. Vorbilder

waren in Katalonien die Vereinigte Sozialistische Partei (PSUC) und auf Landesebene die Vereinigte Sozialistisch-Kommunistische Jugendorganisation (JSU). Die neue proletarische Einheitspartei sollte »Vereinigte Sozialistische Partei« heißen, was die spanischen Arbeiter zumindest vorläufig über ihren wahren Charakter täuschen und die Westmächte beruhigen sollte; Largo Caballero wäre Vorsitzender geworden[132]. Die gleichzeitig geforderte Gewerkschaftseinheit – eine Forderung, die im September 1937 auch von der CNT übernommen wurde[133] – hätte mehrere Zwecke erfüllt: Zum einen sollte die gewerkschaftlich bereits geeinte Arbeiterklasse das Terrain für die Einigung der politischen Organisationen ebnen[134], zum anderen konnte dadurch relativ mühelos der kommunistische Einfluß auf die gesamte Arbeiterschaft, die nur zum Teil in politischen Parteien organisiert war, ausgedehnt und die CNT von ihren revolutionären Zielen abgebracht werden. Daß es dem PCE gelingen würde, bestimmenden Einfluß über die UGT zu erringen – D. Cattell hat es auf die Formel »domination through infiltration« gebracht[135] – stand außer Zweifel; die Ereignisse nach der Maikrise 1937 erbrachten auch den Beweis hierfür: Innerhalb von fünf Monaten wurde Largo Caballero mit Hilfe der gemäßigten sozialistischen Fraktion um Indalecio Prieto kaltgestellt und in der UGT-Führung von dem kommunistenfreundlichen Ramón González Peña abgelöst. Als die Gespräche zwischen den beiden Gewerkschaftszentralen in konkrete Verhandlungen übergingen, war der linkssozialistische UGT-Flügel entmachtet; die CNT sah sich einem Gesprächspartner gegenüber, der die kommunistenfreundliche Linie des Ministerpräsidenten Negrín vertrat. Bezeichnenderweise erklärte die UGT in dem Abkommen vom 18. März 1938 öffentlich, sie habe sich bisher in der Regierung stets durch die Sozialistische Partei vertreten gehalten und sehe jetzt ihre Interessen außerdem noch durch den PCE repräsentiert. Die ablehnende Reaktion der UGT gegenüber dem Vorschlag der CNT, die Gewerkschaften sollten wieder Regierungsverantwortung übernehmen, sowie die kommunistische Kampagne zur Stärkung der Volksfront – in der die Gewerkschaften (im Gegensatz zur sogenannten Antifaschistischen Front) nicht vertreten waren – lassen den endgültigen Ausschluß der Syndikate aus der Regierung als weiteres Ziel der Kommunisten beim Betreiben der CNT-UGT-Einheit erkennen. Daß es im März 1938 relativ schnell zu einer gemeinsamen Plattform zwischen CNT und UGT kam, hing zweifellos mit dem kurz zuvor erfolgten Zusammenbruch der Aragonienfront zusammen; die militärische Lage hatte allen Organisationen des republikanischen Spanien drastisch die Notwendigkeit einer einheitlichen Politik vor Augen geführt.
Bereits im Oktober 1937 hatte das Nationalkomitee der UGT die neugewählte Exekutivkommission beauftragt, einen Programmentwurf auszuarbeiten, der der CNT zur Konkretisierung eines Paktes zwischen beiden Gewerkschaftsorganisationen unterbreitet werden sollte[136]. Die UGT veröffentlichte am 9. Februar 1938 ihren Textentwurf; am 13. Februar präsentierte die CNT ihren Gegenentwurf, der auf den bereits im Juli 1937 diskutierten Vorstellungen basierte. Wenig später trafen sich die Delegationen beider Gewerkschaften zu Verhandlungen in Barcelona; am 18. März 1938 wurde schließlich das »Programm der Einheitsaktion« unterzeichnet, das einen Monat danach von den Regionalorganisationen der CNT und UGT auf Katalonien ausgedehnt wurde[137].

Eine Gegenüberstellung der Vorschläge von CNT bzw. UGT mit dem endgültig verabschiedeten Text zeigt einerseits die weitreichende Annäherung der gewerkschaftlichen Positionen, läßt andererseits die Konzessionsbereitschaft der CNT selbst in der letzten Verhandlungsphase erkennen. Der prinzipiellen Übereinstimmung in den meisten Fragen der Kriegsmaßnahmen, der Industrie und Wirtschaft sowie der Arbeiterkontrolle und Sozialgesetzgebung[138] steht vor allem die unterschiedliche Einschätzung des rein politischen Aspekts gegenüber; die Frage der Gewerkschaftsbeteiligung an der Regierung konnte zwar in diesem Abkommen nicht übereinstimmend gelöst werden, wurde jedoch bereits wenige Wochen später durch den Eintritt von CNT und UGT in die Regierung im Sinne des anarcho-syndikalistischen Vorschlags geklärt.
Auf militärischem Gebiet beschlossen die Gewerkschaften eine umfassende Stärkung des Volksheeres und der Position der Kriegskommissare; letztere dürften sich nicht zum Monopol einer einzigen Organisation entwickeln. Bezüglich der Industrie und Wirtschaft forderten CNT und UGT die Leitung der Kriegsindustrie durch staatliche Instanzen in Übereinstimmung mit dem Nationalrat der Kriegsindustrien, die Zentralisierung und zum Teil Militarisierung der Rohstoffe und des Transportwesens, die Nationalisierung der Eisenbahnen, der Schwerindustrie, der Hochseeflotte, des Bankwesens und aller für den Wiederaufbau erforderlichen Industrien, die sofortige Schaffung eines Obersten Wirtschaftsrates, die Kontrolle des Außenhandels, die Kommunalisierung der städtischen Dienste und die Überlassung aller verstaatlichten Immobilien an die Kommunen. Die beiden Arbeiterorganisationen einigten sich auf die Forderung nach gesetzlicher Fixierung der Arbeiterkontrolle, nach Direktwahl der Kontrollorgane in Fabriken und Betrieben, Errichtung einer Arbeiterdemokratie, Verabschiedung neuer Sozialgesetze, Revision sämtlicher bestehender Gesetze und Konzentration aller Anstrengungen zur Gewinnung des Krieges.
Unmittelbar nach Unterzeichnung dieses Paktes wurde ein »nationales Verbindungskomitee« eingesetzt, dessen Vorsitzender Horacio Prieto (CNT) und dessen Sekretär Rodríguez Vega (UGT) wurden. Im Vergleich zu den Vorschlägen der beiden Gewerkschaftszentralen wies der endgültige Text des Abkommens einige Besonderheiten auf: Die Forderung der CNT nach einer »Iberischen Gewerkschaftsbank« wurde nicht in das Abkommen aufgenommen; entgegen der anarcho-syndikalistischen Vorstellung sollten Immobilien verstaatlicht und der Kommune nur zur Nutznießung überlassen werden. Gerade der letzte Punkt dokumentiert deutlich die Abkehr von den traditionellen Forderungen der Anarchisten und Anarcho-Syndikalisten. Die »freie Kommune« als Organisationsprinzip der zukünftigen Gesellschaft und autonome Einheit in einem föderalistischen System war den Verstaatlichungsplänen der krypto-kommunistischen Sozialisten gewichen. Auch das zweite organisatorische Zentrum des libertär-kommunistischen Systems, die Gewerkschaft, war nur noch als integrativer Bestandteil gemischtstaatlicher Organe vorgesehen.
CNT und UGT wollten sich dafür einsetzen, daß das spanische Volk und »insbesondere die Arbeiterklasse« nach dem Krieg eine »Regierungsform

erhalte, . . . die eine echte Demokratie in unserem Lande aufrechterhält«; damit war nicht nur eine vorübergehende Anerkennung der Regierung und des Staates ausgesprochen, sondern gleichzeitig deren Weiterbestehen nach dem Krieg vorweggenommen.

Durch das Bündnis zwischen UGT und CNT waren die Kommunisten ihrem Ziel der Gewerkschaftseinheit ein bedeutendes Stück näher gekommen; sie begrüßten das Abkommen »mit größter Genugtuung«[139]; auch Syndikalisten berichten davon, daß »ungeheurer Jubel seitens der Arbeiter und Frontkämpfer«[140] die Reaktion auf den Abschluß dieses Paktes war, der in der ideologischen Entwicklung des spanischen Anarcho-Syndikalismus die weitgehende Aufgabe bisheriger Prinzipien und Ideale bedeutet[141]. Als die CNT ihren Textentwurf präsentiert hatte, konstatierte der linkssozialistische Intellektuelle Luis Araquistáin sofort die Übernahme sozialistischer Prinzipien durch die CNT[142]:

Die CNT hat sich insofern sozialisiert, als sie die Notwendigkeit des Staates als Instrument des Kampfes und der Konsolidierung der revolutionären Eroberungen im Innern und Äußern des Landes anerkennt. Welche Freude bereitet es einem Sozialisten, das Nationalisierungs-, Kommunalisierungs- und Kollektivierungsprogramm zu lesen, das die CNT-Vorschläge enthalten! Es scheinen Artikel zu sein, die unserem sozialistischen Programm entnommen sind . . . Bakunin und Marx würden sich über diesem Dokument der CNT umarmen.

Demgegenüber hob das FAI-Organ »Tierra y Libertad« die zwischen Sozialisten, Kommunisten und Anarchisten weiterbestehenden prinzipiellen Differenzen hervor und war nur dann von einer »Umarmung zwischen Marx und Bakunin« zu sprechen bereit, wenn »die Sozialisten, die in Übereinstimmung mit Marx möglicherweise bis zum Anarchismus vordringen wollen, das klassische Paradoxon, auf eine Diktatur des Staates zurückzugreifen, um ihn abzuschaffen, aufgeben«[143].

Obwohl CNT und UGT kurz nach Abschluß des Abkommens in das Kabinett Negrín eintraten, war der Pakt vom 18. März 1938 nicht Basis ihrer Regierungsbeteiligung. Die Republik kümmerte sich weniger um Ideologien und Zukunftsentwürfe der verschiedenen Organisationen als vielmehr um die Frage ihres Überlebens: Am 5. April 1938 zerschnitten die nationalen Truppen das republikanische Spanien; im Juni setzte die Franco-Offensive in den Ostprovinzen ein; Ende Juli unternahm die Republik in der Ebro-Offensive einen letzten, verzweifelten Gegenangriff, der jedoch am 15. November mit dem Rückzug der republikanischen Truppen über den Ebro endete. Kurz darauf begann der Angriff der nationalen Truppen auf die Nordostregion, der am 9. Februar 1939 mit dem Ende des Widerstandes in Katalonien die republikanische Niederlage unausweichlich erscheinen ließ. Der Pakt zwischen beiden Gewerkschaften muß angesichts der militärischen Entwicklung des Kriegsverlaufes unter einem doppelten Gesichtspunkt gesehen werden: Er war durch die Notwendigkeit diktiert worden, im Kampf gegen die nationalen Truppen alle Kräfte des republikanischen Lagers zu konzentrieren; der weitere Verlauf des Kampfgeschehens ließ aber die Diskussion um die Realisierung des anarchistisch-sozialistischen Programms in den Hintergrund treten. Bei der Interpretation dieses Paktes geht es weniger um die Frage nach den Realisierungschancen seiner programmatischen Absichtserklärungen als um die historische Einordnung in die Entwicklung des spanischen Anarcho-Syndikalismus während des Bürgerkrieges, die ihren Ausgang bei einer selbst ideologisierten, angeblich ideoligie-übergreifenden »Burgfriedenspolitik« nahm und in einen nationalen Patriotismus traditioneller Provenienz mündete.

4. Die katalanische Regierungspolitik: Legalisierung der Revolution

Die Industriepolitik der Generalitat während des Bürgerkrieges ist neuerdings in drei chronologische Abschnitte untergliedert worden[144]. In einer ersten Phase, die die ersten Kriegsmonate bis Ende Oktober 1936 umfaßt, ging es um die »Normalisierung der Industrie«, d. h. die Regierung mußte die Lohnauszahlungen und die Versorgung mit Brenn- und Rohstoffen sicherstellen. Von Oktober 1936 bis Juni 1937 hatte die CNT das Wirtschaftsministerium inne, das in dieser Zeit zu einem Koordinationsorgan der sich weitgehend selbst leitenden und verwaltenden Industriekollektive wurde; die CNT-Wirtschaftspolitik[145] basierte auf einem System von Betriebsräten mit starker syndikalistischer Vertretung und der »Anwendung (einer Politik) wirtschaftlicher Autarkie«. In der dritten Phase, die von Juni 1937 bis zum Ende des Krieges reicht, war das Wirtschaftsministerium in Händen eines Kommunisten (PSUC), der versuchte, allmählich eine Planwirtschaft zu errichten; »dies setzte aktiven Interventionismus und Kontrolle der Wirtschaft seitens der Verwaltung voraus«. Der Einfluß der Gewerkschaften wurde zurückgedrängt, das Wirtschaftsministerium in eine bürokratische Organisation mit zunehmend komplexerem Aufbau umgewandelt.

Obwohl es richtig ist, daß der staatliche Interventionismus in der Industriepolitik seit der Übernahme des Wirtschaftsministeriums durch den Kommunisten J. Comorera immer manifester wurde und die Regierung zu Kriegsbeginn über keinen expliziten Plan zur Lenkung der Industrie verfügte, vielmehr Produktion und Nachfrage sich (mit einigen kriegsbedingten Ausnahmen) noch längere Zeit an den Marktgesetzen orientierten, ist andererseits nicht zu übersehen, daß die Regierung von Anfang an – unabhängig von der parteipolitischen oder gewerkschaftlichen Zugehörigkeit der jeweiligen Wirtschafts- und Finanzminister – interventionistisch in die Produktionssphäre eingriff[146]. Hierzu trug auch das Verhalten der Verwaltungskomitees selbst bei, von denen sich viele bereits wenige Wochen nach Betriebsübernahme vor schwierige Finanz-, Versorgungs- und Absatzprobleme gestellt sahen und daraufhin mit Hilfegesuchen an die staatlichen Dienststellen und Ministerien wandten. »Über drei Monate lang war das Wirtschaftsministerium der neuralgische Punkt im Leben Kataloniens«[147]. Auch der Industrieminister der Zentralregierung, der Anarcho-Syndikalist Juan Peiró, verwies im Juni 1937 nach seinem Ausscheiden aus dem Kabinett Largo Caballero darauf, daß während der sechs Monate seiner Ministertätigkeit von seiten der Betriebs- und Kontrollkomitees über 11 000 Anträge auf Übernahme oder Beaufsichtigung durch den Staat an sein Ministerium gestellt worden waren[148]; die Anträge auf Übernahme oder Beaufsichtigung aber kamen Kreditanträgen gleich, da die Betriebe in finanzielle Bedrängnis geraten waren. J. Peiró konnte den Anträgen nicht stattgeben, da sein Ministerium nicht über die erforderlichen Mittel verfügte und Finanzminister Negrín sie ihm mit quasi-formalistischen Argumenten vorenthielt. Ebenso wie sein anarcho-syndikalistischer Kollege, der Handelsminister Juan López[149], sprach auch Peiró von Sabotage aus dem eigenen, »antifaschistischen« Lager.

In den ersten zwei Kriegsmonaten nahm die CNT die Dekrete der katalanischen Regierung zum Anlaß, um die Generalitat heftig zu attackieren; die Einführung der 40-Stunden-Woche z. B. wurde als »ruinös, selbstmörderisch und konterrevolutionär«[150] gebrandmarkt und von den Anarcho-Syndikalisten ebenso abgelehnt wie die allgemeine Lohnerhöhung um 15%. Sobald jedoch ihre eigenen Vertreter in der Regierung saßen, scheuten auch sie nicht vor Eingriffen in den Wirtschaftsmechanismus zurück. J. Fàbregas, CNT-Wirtschaftsminister Kataloniens vom 25. September bis 17. Dezember 1936, kann stellvertretend für die anderen anarcho-syndikalistischen Politiker angeführt werden: Er erließ während seiner Regierungszugehörigkeit 25 wirtschaftsregulierende Dekrete und 86 Verordnungen[151]. Nach eigenen Angaben stellte die anarcho-syndikalistische Wirtschaftspolitik ein von den Syndikalisten »koordiniertes« und vom Staat »orientiertes« Wirtschaftssystem dar[152]. Die Koordination der Produktion sollte über die von Gewerkschaften gebildeten Industrieräte erfolgen, diese wiederum waren in einem obersten Koordinationsorgan, dem Wirtschaftsrat, zusammengefaßt; letzterer aber sollte die Wirtschaft nicht nur »orientieren«, sondern mittels der verschiedenen »technischen Instanzen« außerdem »regulieren«[153]. Mitte Januar 1937 forderten die Anarchisten offen die Schaffung einer zentralgelenkten Planwirtschaft[154]. Der kommunistische Wirtschaftsminister Comorera nahm diese Forderung auf und suchte sie zu realisieren. Schon im Dezember 1936 hatte »Treball«, das Organ des PSUC, von der Wirtschaft »rückhaltlose Unterwerfung unter die von den Regierungsorganen getroffenen Anordnungen« gefordert[155]. Die Wirtschaftspolitik der katalanischen und der Zentralregierung verfolgte zwei Ziele. Außer um ihre wirtschaftspolitischen Ziele ging es darum, durch partielle Akzeptierung des von den Arbeitern geschaffenen fait accompli einer zwar noch rudimentären, aber in ihren Umrissen schon deutlich erkennbaren neuen Wirtschaftsordnung sowie durch Legalisierung der selbsterrungenen Positionen der Arbeiterklasse der revolutionären Welle den Wind aus den Segeln zu nehmen, sich selbst als Verteidiger proletarischer Interessen erscheinen zu lassen und dadurch sowie durch Unterstellung vieler kriegswichtiger Betriebe unter Staatskontrolle die spontanen und somit unkontrollierbaren Aktionen der Arbeiterschaft in den Griff zu bekommen.

Die Generalitat wies in einem umfassenden Überblick über ihre Tätigkeit während des ersten Bürgerkriegsjahres darauf hin[156], daß die Regierung die einzige Instanz sei, die den Interessen der Gesamtwirtschaft gerecht werde; ihre Forderung nach Erweiterung der Regierungsfunktionen verknüpfte sie mit Kritik an den Arbeiterkontrollkomitees, die zumeist eigensüchtige Positionen verteidigten, und an den Gewerkschaften, die wegen ihrer gegenseitigen Rivalität den wirtschaftlichen Erfordernissen nicht gewachsen seien[157].

Die dirigistischen Tendenzen der Zentralregierung machten sich noch früher als die der Generalitat bemerkbar. Ein Dekret vom 25. Juli 1936 schuf ein staatliches Industrie-Interventions-Komitee, das Industriebetriebe »kontrollieren« oder – falls erforderlich – »leiten« sollte. Die Anordnungen des Komitees mußten von den Betrieben befolgt werden; »wer den geringsten Widerstand leistet, macht sich großer Verantwortung schuldig«[158]. Eine Verordnung vom 31. Juli 1936 gestand den spontan gebildeten Fabrikkomitees in ihrem Wirkungsbereich gewisse Rechte, insbesondere das der Verfügung über die erforderlichen Finanzmittel zur Lohnfortzahlung an die Arbeiter, zu[159] und legalisierte damit eine seit dem ersten Kriegstag geübte Praxis. Ein Dekret vom 2. August unterstellte alle Betriebe, die von ihren Besitzern verlassen worden waren, staatlicher Kontrolle. Im August wurden zahlreiche Aufsichts- und Verwaltungsrats-Mitglieder bedeutender Banken abgesetzt; Staatsfunktionäre übernahmen deren Leitungsfunktionen. Verschiedene Elektrizitätsgesellschaften wurden unter Staatskontrolle gestellt; ein neuer »Elektrizitäts-Generalrat« aus Mitgliedern der Volksfrontparteien war diesen Betrieben gegenüber in technischen und Verwaltungsfragen weisungsbefugt. Die Bank von Spanien geriet in direkte Abhängigkeit vom Finanzministerium, die Versicherungsgesellschaften wurden fortan von »Leitungskomitees« geführt, die der Finanzminister einsetzte. Weitere Dekrete bestimmten die Verstaatlichung der Eisenbahnen und einer größeren Anzahl von Privatbetrieben. »Durch diese Maßnahmen« – so interpretiert die offizielle kommunistische Darstellung die Entwicklung in der republikanischen Zone – »zeichneten sich, vorerst noch sehr zaghaft, neue Formen des Staatsinterventionismus ab ... In der spanischen Wirtschaft entstand ein staatskapitalistischer Sektor besonderer Art ... Es war ein Staatskapitalismus, bei dem die Staatsintervention durch die Vertreter der Volksfrontparteien zustandekam, was der Arbeiterklasse einen nicht geringen Einfluß sicherte«[160]. Verstehen die Kommunisten unter »Arbeiterklasse« hier die Parteien, die sich selbst als Vertreter oder Avantgarde dieser Klasse bezeichneten, dann gibt die PCE-Interpretation mit einiger Genauigkeit die wirtschaftspolitische Zielsetzung des Volksfrontlagers wieder. Anarcho-Syndikalisten wiederum bezeichneten und bezeichnen[161] die Wirtschaftspolitik der Republik als konservativ und den Interessen der Revolution abträglich. Im Gegensatz zur Zentralregierung, die – mit Ausnahme einiger weniger Dekrete – den kollektivistischen Bereich in ihrer Gesetzgebung überging und den legislativen Sprung vom privat- zum partiell staatskapitalistischen Wirtschaftssystem vollziehen wollte, sah sich die katalanische Regierung gezwungen, den im nordöstlichen Landesteil viel radikaleren sozialen und wirtschaftlichen Wandel in der Gesetzgebung zu berücksichtigen. Das katalanische Kollektivierungsdekret vom 24. Oktober 1936 erfuhr allerdings von Anfang an unterschiedliche Interpretationen. Es wurde einerseits als Instrument zur Legalisierung und Perpetuierung, andererseits als Möglichkeit zur Kanalisierung und Kontrolle der Kollektivwirtschaften betrachtet. In diesem Zusammenhang sind auch Entstehung und Zusammensetzung der zentralen Regulierungsgremien des neuen kollektivwirtschaftlichen Systems und deren Funktion im Rahmen des parteipolitisch-gewerkschaftlichen Spannungsgefüges Kataloniens, insbesondere die Bedeutung des Wirtschaftsrates und der Industrie- und Handels-Kreditkasse, für den Erlaß bzw. die spätere praktische Realisierung des Kollektivierungsdekretes zu untersuchen.

a) Koordinations- und Leitungsgremien: Der Wirtschaftsrat von Katalonien / die Industrie- und Handels-Kreditkasse

Bereits wenige Wochen nach Kriegsbeginn machte sich in Katalonien die Erforderlichkeit einer Institution bemerkbar, die sowohl die gesamtwirtschaftliche Leitung übernehmen als auch eine Vereinheitlichung oder zumindest Annäherung der unterschiedlichen wirtschaftspolitischen Konzepte herbeiführen sollte. Dabei betrachteten die Anarcho-Syndikalisten die intendierte Basisautonomie und gesamtgesellschaftliche Planungsnotwendigkeit nicht unbedingt als widersprüchlich. Die »chaotische Situation«[162] der ersten Bürgerkriegswochen ließ sie außerdem bald die Notwendigkeit der Koordination zentraler Planung und Selbstverwaltung erkennen; neben letztere mußte Koordination und Kontrolle des gesellschaftlichen und ökonomischen Prozesses sowie Rationalisierung und Überwachung der Entwicklung auf makro- und mikro-ökonomischem Gebiet treten. Als am 11. August 1936 von der Generalitat ein Wirtschaftsrat *(Consejo de Economía)* eingesetzt wurde, war die CNT nicht nur in diesem Gremium vertreten, sondern wesentlich an seiner Konstituierung beteiligt[163]. Der Wirtschaftsrat operierte in enger Zusammenarbeit mit dem Ministerium als wirtschaftliches Leitungsgremium und repräsentierte alle gewerkschaftlichen und politischen Gruppierungen Kataloniens, die durch ihren Eintritt in den Rat gesamtgesellschaftliche Verantwortung und Verpflichtung übernahmen[164].

Während die Generalitat über den Wirtschaftsrat, der formal nur konsultativen Charakter hatte, in der Praxis aber einem Exekutivorgan gleichkam, einen Teil der Kontrolle über das katalanische Wirtschaftsgeschehen dadurch wiedergewinnen wollte, daß die Beschlüsse des Rates über die Regionalregierung ausgeführt wurden, sahen die Anarcho-Syndikalisten in ihm ein Mittel zur Einflußnahme auf die Legislative und somit zur Konsolidierung und Erweiterung ihres eigenen Einflusses[165]:

> Der Wirtschaftsrat von Katalonien wurde geschaffen, damit das katalanische Proletariat – das zu jenem Zeitpunkt noch nicht in der Regierung vertreten war – mehr oder minder direkt an der gesetzgebenden Arbeit der Regierung der Generalitat teilnehmen konnte. Bis zum 27. September hatte der Wirtschaftsrat somit einen wesentlich legislativen Charakter, und man war bestrebt, daß seine Gesetzgebung über den Wirtschaftsminister exekutiven Charakter trage.

Erste und wichtigste Aufgabe des Wirtschaftsrates im Rahmen einer allgemeinen Koordinierung des Wirtschaftslebens war die Überwachung der Produktion. Dazu war es erforderlich, in die Vielfalt von Betriebs-, Kontroll-, Arbeiter- und Fabrikkomitees mit anarchistischen, trotzkistischen, sozialistischen oder linksrepublikanischen Tendenzen Ordnung zu bringen. Der kommunistische (UGT) und anarchistische (CNT) Flügel der Arbeiterbewegung war mit je drei Delegierten paritätisch vertreten; deren »politische« Organisationen PSUC/POUM bzw. FAI wiesen mit je zwei Mitgliedern ebenfalls die gleiche Stärke auf; in die restlichen Sitze teilten sich die politische Vertretung des Kleinbürgertums (ERC: 3), der republikanischen Zentristen (ACR: 1) und der bäuerlichen Kleinbesitzer (UDR: 1).

Der Wirtschaftsrat, dessen Mitglieder auf Vorschlag ihrer Organisationen vom

Wirtschaftsminister ernannt wurden, setzte sich bei seiner Konstituierung folgendermaßen zusammen[166]:

Präsident:	Josep Tarradellas, ERC (Wirtschaftsmin.)
Arbeitsorganisation:	Marti Barrera i Maresma, ERC
Transport und Verkehr:	Vicenc Bernades i Biusà, ERC
Sozialversicherungen:	Joan B. Soler i Bru, ERC
Chemische Erzeugnisse:	Ramón Peypoch i Pi, ACR
Bauindustrie:	Eusebio Carbó, CNT (J. Grijalbo, UGT)
Finanzen:	Joan P. Fàbregas, CNT (J. Presas, CNT)
Gesundheitswesen:	Cosme Rofes, CNT
Druck und Papier:	Antoni G. Birlán, FAI
Brennstoffe, Energie:	Didac A. de Santillán, FAI (E. Farnols, FAI)
Ernährung:	Joaquim Puig i Pidemont, UGT
Arbeitsaufteilung:	Estanislau Ruiz i Ponseti, PSUC
Landwirtschaft:	Joaquim Pou i Mas, UDR (L. Ardiaca, UDR)
Textilindustrie:	Andreu Nin, POUM (J. Oltra, POUM)
Metall und Minen:	Joan Fronjosà i Salamó, UGT
	Joan Grijalbo i Serres, UGT

An der Zusammensetzung des Rates fällt besonders die unterdurchschnittliche Repräsentation der ERC auf; die Partei, die seit der Ausrufung der Zweiten Republik die politische Vorherrschaft in Katalonien ausgeübt hatte, war innerhalb weniger Tage von den Arbeiterorganisationen aus den eigentlichen Machtstellen verdrängt worden. Die weitgehend proletarische Zusammensetzung des Wirtschaftsrates bestimmte auch dessen Programm: Der Rat sprach sich dafür aus, »die Revolution zu unterstützen« und – nachdem das kapitalistische Wirtschaftssystem zusammengebrochen war – »Anstrengungen zur Vergesellschaftung unserer Wirtschaft zu unternehmen«[167]. Im einzelnen setzte er sich folgende Ziele[168]:

Regelung der Produktion nach den Erfordernissen des Konsums; Monopolisierung des Außenhandels; Kollektivierung des Großgrundbesitzes, der Landarbeitersyndikaten überlassen wird; Pflichtanschluß von Einzelbauern an Genossenschaftsverbände[169]; Wertherabsetzung des städtischen Grundbesitzes durch Besteuerung und Senkung der Mieten; Kollektivierung der Großindustrie, der öffentlichen Dienste und der Verkehrsmittel[170]; Beschlagnahme und Kollektivierung der von ihren Besitzern verlassenen Unternehmen[170]; Ausbau der Verteilungs-Genossenschaften; Arbeiterkontrolle in den Banken, mit dem Ziel ihrer späteren Nationalisierung; Arbeiterkontrolle in allen Privatunternehmen[170]; Unterbringung der Arbeitslosen auf dem Land und in der Industrie, Ausbau der landwirtschaftlichen Produktion, Schaffung neuer Industrien, Elektrifizierung ganz Kataloniens; Abschaffung aller indirekten zugunsten einer einheitlichen Steuer.

Das Programm ist mit seinem Nebeneinander allgemeiner Planentwürfe und immediat-praktischer Maßnahmen Ausdruck der Improvisation und des Kompromisses; ihm lag kein ausgearbeitetes wirtschaftspolitisches Konzept eines revolutionären Staatsumbaus zugrunde, sondern die Notwendigkeit, die sich aus der Revolution ergebenden praktischen Aufgaben zu meistern. Der Wirtschaftsrat übernahm alle Funktionen eines zentralen Lenkungsorgans, wodurch das Zentrale Milizkomitee seine Kompetenzen immer mehr auf das rein militärische Gebiet konzentrieren konnte. Während die CNT/FAI bei ihrem Eintritt in den Wirtschaftsrat, der für Katalonien die eigentliche Entscheidungsinstanz für alle Wirtschaftsfragen während des Bürgerkrieges wurde, primär die Absicherung der revolutionären Errungenschaften erreichen und einem ihren Prinzipien widersprechenden Regierungseintritt aus dem Weg gehen wollte – in der CNT/FAI-Ideologie war der Wirtschaftsrat kein Regierungs-, sondern ein Revolutionsorgan[171] –, verfolgte die Generalitat das Ziel, durch Legalisierung der Revolution ihre eigene Position zu stärken und die Arbeiterorganisationen durch Beteiligung an der Macht von ihrem wirtschaftspolitischen Radikalismus abzubringen. Der Wirtschaftsrat stellte – ebenso wie das ZK der Milizen – einen Kompromiß dar; der Rat wurde zwar von der Regierung eingesetzt und der jeweilige Wirtschaftsminister führte den Vorsitz, die Arbeiterorganisationen verfügten jedoch über ein solches Übergewicht, daß sie ihre Vorstellung einer weitgehend sozialisierten Wirtschaft als Programm durchsetzen konnten. Für die CNT und FAI bedeutete der Eintritt in den Wirtschaftsrat ein weiteres Abrücken von ihrer apolitischen Einstellung, die bereits anderthalb Monate später durch den Eintritt der Anarchisten in die Regierung vollständig aufgegeben wurde.

Einige Zeit konnte der Wirtschaftsrat leitend und regulierend in den Wirtschaftsablauf eingreifen; seine Mitglieder erkannten jedoch bald, daß sie ihre Wirtschaftspolitik weniger an den Bedürfnissen der Betriebe und Erforderlichkeiten des Augenblicks ausrichten als vielmehr an den Möglichkeiten orientieren mußten, die der Kriegsverlauf und der Finanzmangel der Wirtschaftsentwicklung beließen. Trotzdem ist die Bedeutung des Rates auf wirtschaftspolitischem Gebiet kaum zu überschätzen: »Während des Krieges und der Revolution brachte er die gesamte Wirtschaftsgesetzgebung in der autonomen Region hervor«[172]. Das anspruchsvolle Programm des Wirtschaftsrates wurde in keiner Weise auch nur annähernd erfüllt. Es war aber Grundlage des Regierungsprogramms der neuen katalanischen Landesregierung, in der vom 26. September 1936 an zum ersten Mal in der Geschichte Anarchisten saßen und die sich nun »Rat der Generalitat« nannte. Die Anarchisten verliehen der Generalitat Autorität und forderten von den Arbeitermassen Gehorsam. Seit dem Eintritt der Arbeiterorganisationen in die Regionalregierung versuchten die Inhaber des Wirtschaftsministeriums, die Funktionen des Wirtschaftsrates zu minimalisieren[173]:

Nach dem 27. September blieb die Funktion des Wirtschaftsrates darauf reduziert, der Regierung der Generalitat die Lösungen vorzuschlagen, die er zu bestimmten Wirtschaftsproblemen für die günstigsten hielt.

Diese Tendenz war besonders ausgeprägt unter dem Nachfolger der ersten drei anarcho-syndikalistischen Wirtschaftsminister, dem PSUC-Vorsitzenden Joan Comorera. Nachdem dieser im Juni 1937 das Wirtschaftsministerium übernommen hatte, unterlag auch der bis dahin de facto als Exekutivorgan fungierende Wirtschaftsrat, dem noch im Kollektivierungsdekret weitgehende wirtschaftsregulierende Kompetenzen zugesprochen worden waren, dem mit dem Machtzuwachs der Regierung immer deutlicher hervortretenden Zentralisierungsprozeß. In den Bestimmungen über den inneren Aufbau des Wirtschaftsministeriums *(Reglament Orgànic)* vom August 1937 wurde der Wirtschaftsrat nur noch als »beratendes Organ der Landesregierung auf ökonomischem Gebiet« bezeichnet. Hinzu kam, daß der stalinistische PSUC nach der Ausschaltung des POUM (Mai 1937) das Kräfteverhältnis im Wirtschaftsrat zu seinen Gunsten veränderte: Seit August 1937 war der POUM nicht mehr, der PSUC dafür mit zwei Sitzen vertreten; neu aufgenommen wurde ein Vertreter des Genossenschaftsbundes *Confederació de Cooperatives de Catalunya*; außerdem erhielten die Minister für Finanzen, Wirtschaft, Landwirtschaft, Verpflegung und Arbeit Sitz und Stimme im Wirtschaftsrat. Drei dieser fünf Ressorts hatten Kommunisten inne, ein viertes der Kryptokommunist Calvet, das fünfte der Republikaner Tarradellas. Der Wirtschaftsrat nahm zwar weiterhin als wirtschaftspolitische Entscheidungsstelle eine wichtige Position in der ökonomischen Entwicklung Kataloniens bis 1939 ein, kann ab August 1937 jedoch nicht mehr als paritätisch strukturierte wirtschaftspolitische Interessenvertretung der verschiedenen gesellschaftlichen Kräfte Kataloniens betrachtet werden.

Die Präambel des Kollektivierungs-Dekrets vom 24. Oktober 1936 kündigte die Schaffung einer »Industrie- und Handels-Kreditkasse« (*Caixa de Crèdit Industrial i Comercial*, CCIC) an, »die den kollektivierten Unternehmen finanzielle Unterstützung gewährt«. Die Entscheidung zur Errichtung eines Kreditinstituts fiel auf dem Hintergrund der Erfahrungen der ersten Kollektivierungen; es war deutlich geworden, daß der Betriebsegoismus einiger Produzenten in expansiven Industriezweigen anstelle der bisherigen kapitalistischen Wirtschaftsform einen Produzentenkapitalismus niederen Organisationstypus' hatte treten lassen. Es entwickelte sich nicht nur der Widerspruch zwischen Produzenten und Konsumenten, sondern zugleich zwischen expansiven und stagnierenden Wirtschaftszweigen, so daß Faktoren der Zentralisation, der gesellschaftlichen Gesamtrechnung und der einheitlichen Planung – Maßnahmen, die sich eigentlich im Widerspruch zur Theorie der Betriebsautonomie und wirtschaftlichen Basisdemokratie befanden – eingeführt werden mußten. Der Verlust eines großen Teils des bisherigen nationalen und internationalen Marktes, der Mangel an Rohstoffen, die kriegsbedingte Umstellung der Produktion, kurz: die Fülle der Schwierigkeiten, denen sich die Wirtschaft seit dem 19. Juli 1936 ausgesetzt sah, ließ das Fortbestehen vieler Betriebe von Krediten abhängig werden. Solange jedoch die Banken nicht beschlagnahmt und der kollektivierten Industrie zur Verfügung standen – dies war nicht nur deshalb undurchführbar, weil die meisten Bankangestellten UGT-Mitglieder und Gegner der Kollektivierung waren, sondern auch, weil nahezu alle Bankhäuser von ihren Madrider Zentralen abhängig waren –, mußte für die Gewährung der erforderlichen Kredite ein eigenes Institut geschaffen werden.

Die Gründung eines Kreditinstituts zur Unterstützung der kollektivierten Wirtschaft erfolgte jedoch erst ein Jahr nach Erlaß des Kollektivierungs-Dekrets. Die Gründe für diese Verzögerung lassen sich nicht genau bestimmen; für längere Zeit scheint sich jedoch die CNT in der Generalitat gegen eine Entschädigung früherer Eigentümer kollektivierter Unternehmen, somit gegen eine der Funktionen der Kreditkasse und daher auch gegen deren Gründung überhaupt ausgesprochen zu haben, obwohl die CNT-Vertreter im Wirtschaftsrat – evtl. unter dem Einfluß des beredten PSUC-Mitglieds Ruiz

Ponseti – der Errichtung der Kreditkasse längst zugestimmt hatten[174]. Die schließlich am 10. November 1937 gegründete Industrie- und Handels-Kreditkasse[175] hatte dreierlei Funktionen: Sie sollte die Überschüsse, die die nach den Bestimmungen des Kollektivierungs-Dekrets kollektivierten Unternehmen erwirtschaftet hatten, entsprechend den Richtlinien des Wirtschaftsrats und der Industrie-Generalräte zur Produktionssteigerung einsetzen, d. h. erforderlichenfalls auch neue Unternehmen gründen, kollektivierten Betrieben die nötigen Kredite gewähren bzw. defizitäre, für die Gesamtwirtschaft jedoch nötige Industrien subventionieren, und evtl. die Entschädigung enteigneter Betriebe übernehmen. Artikel 1 des Gründungsdekrets legte als Aufgaben des Instituts fest, »die Überschüsse verwalten, die Bestände flüssigmachen und den Kreditansprüchen der Industrie und des Handels nachkommen«. Um ihren verschiedenen Aufgaben gerecht werden zu können, wurde die Kreditkasse, deren Existenz keiner zeitlichen Beschränkung unterlag, in eine Kapitalisierungs- oder Investitions- und in eine Bank-Abteilung untergliedert. Die erforderlichen Mittel stellte die Regierung der Kasse in Form eines Startkapitals von 25 Millionen Peseten zur Verfügung; die laufenden Einnahmen sollten von den kollektivierten Unternehmen kommen, die nach dem Dekret vom 30. Januar 1937 50% ihres Reingewinns der CCIC zur Verfügung stellen mußten[176]. Schon bald war abzusehen, daß diese Regelung große Probleme aufwerfen würde, da aufgrund der außergewöhnlichen Umstände nur die wenigsten Betriebe Gewinne abwarfen; die für einige Unternehmen günstige Entwicklung der ersten Kriegsmonate war vor allem darauf zurückzuführen gewesen, daß sie die z. T. beträchtlichen Lager- und Rohstoffbestände, die bei der Beschlagnahme des Betriebs mit übernommen wurden, günstig nutzen konnten; sobald sich jedoch der Mangel an Rohstoffen und die Absatzschwierigkeiten auf einem immer reduzierteren Markt bemerkbar machten, nahm die Industrieproduktion beträchtlich ab. Die folgende Tabelle läßt deutlich die Schwankungen erkennen, denen die katalanische Industrieproduktion im Bürgerkrieg ausgesetzt war; vor allem die Besetzung der Elektrizitätszentralen durch die Nationalisten im Frühjahr 1938 hatte schwere Auswirkungen auf den Umfang der industriellen Produktion Kataloniens:

Industrie-Produktion Kataloniens[177] [Januar 1936 = Index 100]

Zeitraum	1936	1937	1938
Januar	100	70	60
Februar	98	58	60
März	97	66	60
April	94	69	41
Mai	95	65	30
Juni	98	68	32
Juli	82	71	37
August	64	68	31
September	73	66	33
Oktober	69	60	
November	63	53	
Dezember	69	58	

Die Zusammensetzung sowohl des Führungsgremiums der CCIC als auch der Überprüfungs-Kommission[178] ließ das Kreditinstitut als Instrument der Wirtschaftspolitik der Regierung erscheinen; trotzdem suchten die kollektivierungsfeindlichen Kräfte seine Gründung zu verhindern – die Aufgabe des Kreditinstituts bestand ja in der Förderung der Kollektivierung! –, während vornehmlich die Teile der Arbeiterschaft, die an einer Weiterführung der Kollektivierung interessiert waren, in der Gründung der CCIC (unabhängig davon, wer deren Politik bestimmte) einen weiteren Schritt im Übergang vom Kapitalismus zum Sozialismus sahen. Die CCIC stellte eine notwendige Ergänzung zu den übrigen aus der Kollektivierungs-Gesetzgebung hervorgegangenen Organen dar: Waren der Wirtschaftsrat und die Generalräte der Industriebranchen für die gesamtwirtschaftliche Planung und Leitung verantwortlich, so bestand die komplementäre Funktion der CCIC darin, die bei der Kollektivierung aufgetretenen finanziellen Probleme im Sinne der neuen Wirtschaftsordnung einer Lösung zuzuführen. Die enge Zusammenarbeit mit der Regionalregierung kam darin zum Ausdruck, daß die CCIC 70 bzw. 80% der Überschüsse an die Generalitat überwies[179].
Die Präambel des Gründungsdekrets hatte hervorgehoben, daß der Verlauf des Krieges eine »integrale und rasche Mobilisierung aller Mittel des Landes« erforderlich mache und die Gründung eines Kreditinstituts für die kollektivierte Wirtschaft zu einer Notwendigkeit werden lasse; gerade der Kriegsverlauf aber brachte die katalanische Wirtschaft in immer größere Schwierigkeiten, verursachte die durch Rohstoffmangel und Absatzschwierigkeiten wesentlich mitbedingte geringe Rentabilität kollektivierter Unternehmen und ließ damit der CCIC einen nur kleinen Aktionsradius, der im weiteren Kriegsverlauf zusehends geringer wurde.

b) Die Kanalisierung der Kollektivierungen: Das katalanische Kollektivierungsdekret vom 24. Oktober 1936 / Folgedekrete und Zusatzverordnungen

Bei seinem Eintritt in die republikanische Regierung (November 1936) fand der anarcho-syndikalistische Industrieminister J. Peiró auf dem Gebiet der industriellen Produktion eine unübersichtliche, in vielen Fällen ausweglose Situation vor[180], die für gesamtrepublikanisches Territorium durchaus der prekären Lage vergleichbar ist, die der Anarcho-Syndikalist J. Fàbregas in der nordöstlichen Region antraf, als er im September katalanischer Wirtschaftsminister wurde[181]. Fàbregas sah seine unmittelbare Aufgabe einerseits in der Neuordnung der katalanischen Wirtschaft, andererseits in der juristischen Festlegung und Absicherung der bisherigen revolutionären Errungenschaften[182]:

> Als ich am 27. September das Wirtschaftsministerium übernahm, mußte ich feststellen, daß der wirtschaftliche Apparat Kataloniens nichts als ein Komplex ohne Koordination und Wirksamkeit war. Ein drohendes Fragezeichen schwebte über der unmittelbaren Zukunft unseres regionalen Reichtums. Unordnung und Chaos herrschten überall. Alle bisher durchgeführten Realisierungen waren juristisch nicht abgesichert.

Am 2. Oktober forderte Fàbregas die katalanischen Arbeiter auf, vorläufig keine weiteren Enteignungen vorzunehmen, bis einheitliche Richtlinien für die ökonomischen Veränderungen vorlägen; Fàbregas' Aufruf scheint jedoch nicht befolgt worden zu sein; am 3. Oktober setzte der Wirtschaftsrat eine Kommission ein, die das Projekt für ein Kollektivierungsdekret prüfen sollte. Bereits am 24. Oktober 1936 erließ die Generalitat das von Mitgliedern aller im Wirtschaftsrat vertretenen Organisationen ausgearbeitete Kollektivierungsdekret[183]. Die Kriterien, nach denen die Kollektivierung vorgenommen werden sollte – soziologisch betrachtet bedeutete dies: die Stellung des selbständigen Kleinbürgertums – waren im Wirtschaftsrat von Anfang an Gegenstand heftiger Diskussionen. Während die politische Vertretung der Mittelschichten (ERC, ACR), unterstützt durch den kommunistischen PSUC und die kommunistenfreundliche katalanische UGT, nur die Kollektivierung der Großindustrie, d. h. von Unternehmen mit mehr als 250 Arbeitern, zulassen wollte, plädierten der linkskommunistische POUM und die anarchistischen Organisationen CNT und FAI für eine Kollektivierung aller Industriebetriebe mit mehr als 50 Arbeitern. Die Festlegung auf 100 Arbeiter für die Bestimmung der Zwangskollektivierung stellte einen Kompromiß zwischen den verschiedenen politischen und gewerkschaftlichen Richtungen dar[184]. UGT und PSUC wollten auch eine Entschädigung der enteigneten Besitzer durchsetzen, was ebenfalls Anarchisten und Linkskommunisten vorläufig verhindern konnten[185]. Auch die proportionale Vertretung der Gewerkschaften in den Betriebsräten scheint auf die Initiative der CNT zurückzuführen zu sein, die auf diesem Weg einen Teil ihres Konzepts eines syndikalistisch bestimmten Wirtschaftsaufbaus zu erhalten hoffte. Zumindest sprachen sich ein Jahr nach Inkrafttreten des Kollektivierungsdekrets auf dem Hintergrund der bis dahin gemachten Erfahrungen führende UGT-Mitglieder[186] gegen den syndikalistischen Einfluß in den Betriebsräten aus.

In einem Vorspann zu den Bestimmungen wurde festgehalten, daß als Reaktion auf den militärischen Aufstand eine sozio-ökonomische Umwälzung stattgefunden habe und das neue Organisationsprinzip der Wirtschaft die Kollektivierung sei. Die Regierung könne nichts anderes tun, als die spontanen Realisierungen der Arbeiter zu sanktionieren. Das Dekret stützte sich auf vier Grundprinzipien: Jedes nicht aus Arbeit resultierende Einkommen sollte abgeschafft, Einzelbesitz zu Kollektivbesitz werden; die Arbeiter sollten selbst die Leitung der kollektivierten Betriebe übernehmen; kleinere Unternehmen und Konsumgüter verblieben in Privatbesitz. Letztlich legalisierte das Dekret nur bereits durchgeführte Enteignungen und Kollektivierungen; außerdem ist die Rücksicht auf die Kleingewerbetreibenden und die Mittelschichten[187] in der endgültigen Fassung des Dekrets deutlich wahrnehmbar. Es kann daher kaum die revolutionäre Potenz zugesprochen bekommen, die ihm Kommunisten öfters beigemessen haben. Der erste Artikel des Dekrets unterschied zwischen kollektivierten Unternehmen, die die Arbeiter selbst durch einen gewählten Fabrikrat leiteten, und Privatbetrieben, die weiterhin vom Besitzer oder Direktor in Zusammenarbeit mit dem Arbeiter-Kontrollkomitee geleitet wurden. Artikel 2 legte die Bedingungen fest, unter denen ein Betrieb kollektiviert werden konnte bzw. mußte[188]:

Zwangskollektiviert werden Industrie- und Handelsunternehmen, die am 30. Juni 1936 mehr als 100 Arbeitnehmer beschäftigten, und solche Betriebe, die zwar weniger als 100 Arbeiter beschäftigten, deren Besitzer aber zu Aufrührern erklärt worden sind oder das Unternehmen verlassen haben. Betriebe mit weniger als 100 Arbeitern können ebenfalls kollektiviert werden, wenn die Mehrheit der Arbeiter und der (oder die) Besitzer sich darüber verständigen. Betriebe mit mehr als 50, aber weniger als 100 Arbeitern können kollektiviert werden, wenn drei Viertel der Arbeiter es beschließen. Der Wirtschaftsrat kann die Kollektivierung all der Unternehmen beschließen, die wegen ihrer volkswirtschaftlichen Bedeutung oder aus anderen Gründen nicht privater Leitung unterstehen sollten.

Die Erfahrungen, die man – mangels eindeutiger Kriterien, nach denen die Kollektivierungen vorgenommen werden sollten –, im Laufe der Zeit zu gewinnen hoffte, konnten mittels der letzten in Artikel 2 aufgeführten Bestimmung durch den Wirtschaftsrat in Kollektivierungsbeschlüsse umgesetzt werden. Artikel 6 sah vor, daß Unternehmen, die aus verschiedenen Produktions- und Verkaufsstätten bestanden, als eine Einheit zu betrachten und entsprechend zu kollektivieren seien; eine Aufteilung in verschiedene Betriebe wurde nur für außergewöhnliche Ausnahmefälle in Aussicht gestellt. Dieser Passus über die gemeinsame Kollektivierung eines Unternehmens mit verschiedenen Produktions- und Verkaufsstätten war die Konsequenz aus den Erfahrungen der ersten Kriegsmonate. Eine beträchtliche Anzahl von Unternehmen – besonders der Textilindustrie – hatte mehrere Fabriken in verschiedenen Ortschaften Kataloniens; Verkauf und Verwaltung waren jedoch am Hauptsitz in Barcelona zentralisiert. Die Kontrollkomitees der Lagerhallen neigten in den ersten Wochen dazu, die Lagerbestände – ohne Kontaktnahme mit den Produktionsstätten – zu veräußern und Geschäfte auf eigene Rechnung zu schließen. Die Fabrikkomitees versuchten demgegenüber, sich der zentralen Handelsorganisation des Unternehmens zu bemächtigen und einzelne gutgehende Fabriken zu »autonomen Unternehmen« zu machen. Weil jedoch diese Haltung »antikollektivistisch und anti-ökonomisch« sei, da sie nicht zur Zusammenfassung, sondern zur Aufteilung der Betriebe führe, habe man im Dekret die Einheit – und somit auch die einheitliche Kollektivierung – der aus verschiedenen Fabriken und Lagerhallen bestehenden Unternehmen festgelegt[189]. Das Kollektivierungsdekret machte die Schaffung eines Arbeiterkontrollrates in nicht-kollektivierten Betrieben zur Pflicht[190]. Dabei sollten die Komiteemitglieder im proportionalen Verhältnis zur Stärke der einzelnen Gewerkschaften im jeweiligen Betrieb stehen (Art. 21). Die wichtigsten Funktionen der Kontrollkomitees bestanden in der Überprüfung der Arbeitsbedingungen (Löhne, Gehälter, Arbeitszeit, Sozialversicherung, Hygiene, Sicherheit, Disziplin) und der Kontrolle der Verwaltung, der Finanzen und der Produktion (Art. 22) des Betriebs. Die leitenden Fabrik- oder Betriebsräte[191] der kollektivierten Unternehmen, die im fünf- bis fünfzehnköpfigen Verwaltungskomitee die verschiedenen Betriebszweige – Produktion, Verwaltung, technische und kaufmännische Abteilungen – repräsentierten, wurden auf Generalversammlungen der Arbeiter gewählt (Art. 10), wobei die Gewerkschaften proportional zur Zahl ihrer Mitglieder vertreten sein sollten. Diese Räte waren den Arbeitern ihres Betriebes und dem Generalrat des Industriezweiges Rechenschaft schuldig (Art. 11) und konnten »im Falle der offensichtlichen Inkompetenz oder des Widerstandes gegen die vom Generalrat der Industrie

erlassenen Vorschriften ... von der Arbeitervollversammlung oder dem Generalrat der Industrie abberufen werden« (Art. 20). Ihr Mandat lief über zwei Jahre; jedes Jahr wurde die Hälfte der Räte erneuert. Das Komitee bestimmte einen Direktor[192], dem es seine Kompetenzen ganz oder teilweise übertrug (Art. 14); er war zusammen mit zwei Mitgliedern des Betriebsrates zeichnungsberechtigt, übernahm die Vertretung des Betriebes, führte die laufenden Geschäfte und überwachte die Durchführung aller vom Betriebsrat angeordneten Maßnahmen. Die früheren Besitzer oder Geschäftsführer der Unternehmen sollten weiterhin im Betrieb tätig sein, konnten jedoch nicht Mitglieder des jeweiligen Betriebsrates werden. 1937 wurde für sie eine monatliche Einkommensgrenze von 1000 Peseten festgelegt. Der Nominierungsmodus des Fabrikdirektors und des Regierungskontrolleurs wurde Ende 1937 vom Kommunisten Ruiz Ponseti im Wirtschaftsrat attackiert; er wies darauf hin, daß die Kontrolleure und Direktoren – die von den Arbeitern bestimmt und vom Wirtschaftsrat nur noch bestätigt wurden – die erforderliche wirtschaftlich-technische Vorbereitung vermissen ließen und daher zu führenden Positionen ungeeignet seien[193].
Die Betriebsräte mußten die Produktion dem vom Generalrat der Industrie aufgestellten Plan anpassen; der Generalrat konnte auch Anordnungen bezüglich der Gewinnspanne und der Verteilung von Gewinnen, der Verkaufsbedingungen und des Rohstoffs etc. erlassen (Art. 12). Eine Abschrift aller im Betrieb gefaßten Beschlüsse wurde dem Generalrat übersandt, der »erforderlichenfalls entsprechend eingreifen wird« (Art. 17). Waren Interessen von Ausländern im Spiel, sollte sofort das Wirtschaftsministerium intervenieren, das den »Schutz der betreffenden Interessen« gewährleistete (Art. 9). Ausländische Unternehmen wurden im Falle der Enteignung von der Regierung voll entschädigt (Art. 36, 37); die Bestimmungen zur Entschädigung spanischer Unternehmen blieben einer späteren Regelung vorbehalten (Art. 38). Das im Entwurf des Wirtschaftsrats vorgesehene Entschädigungsverfahren hat die Regierung schließlich nicht in die Bestimmungen des Dekrets mitaufgenommen. Für Kommunisten bot die entschädigungslose Enteignung von Betrieben den Anlaß, um auf die »soziale Ungerechtigkeit« hinzuweisen, die der Staat den früheren Unternehmern gegenüber beging[194].
Die jährliche Bilanz mußte der Belegschaft sowie dem Generalrat des Industriezweiges vorgelegt werden; 50% der Überschüsse wurden an die Industrie- und Handels-Kreditkasse abgeführt, je 15% für soziale Verbesserungen und solche Zwecke verwendet, die die Belegschaft von Fall zu Fall entschied, und die restlichen 20% als Reserve oder zu Amortisations-Zwecken zurückgelegt[195]. Der auffällig hohe Prozentsatz, der der Kreditkasse überwiesen wurde, läßt darauf schließen, daß sich die CNT zu diesem Zeitpunkt bereits über ihre Anfangsfehler im klaren war und mit dieser Maßnahme vermeiden wollte, daß die Arbeiter sich als die neuen Besitzer der Fabriken fühlten; sie sollten vielmehr auf ihre Solidaritätspflicht den anderen Branchen gegenüber hingewiesen werden. Die anarcho-syndikalistische Gewerkschaft versuchte, den egoistischen Partikularismus auszuschalten, der zu einer Art »bourgeoisem Genossenschaftswesen« (Peirats) zu führen drohte. Mit Inkrafttreten des Kollektivierungsdekrets kann nicht mehr von Arbeiterselbstverwaltung

gesprochen werden. Am 24. Oktober 1936 begann für die gewerkschaftlich organisierten Industriearbeiter die Phase der gemeinsamen Verwaltung in enger Verbindung mit dem Staat, der seine Oberaufsicht und Interventionsbefugnis immer deutlicher hervorkehrte.

Unter Berufung auf die dem Wirtschaftsrat eingeräumten Befugnisse erließ Wirtschaftsminister Fàbregas schon am 28. November 1936[196] die Ausführungsbestimmungen zur Zusammenfassung mehrerer Industrieunternehmen zu einer Art kollektivierter Kartelle; am 30. Januar 1937 wurde ein Musterstatut *(Estatut tipus)* verbindlich gemacht, an das sich alle Betriebe zu halten hatten, die zu einer Zusammenlegung schreiten wollten[197]. Die Unternehmen-Gruppierungen sollten einen höheren Grad an Produktivität erreichen und gesamtwirtschaftlicher Planung unterliegen. Im Gegensatz zu der weitgehend spontanen Kollektivierung ganzer Industrie-Branchen in den ersten Revolutionsmonaten[198] – mittels der die CNT die stets proklamierte Gewerkschaftskontrolle (»Sozialisierung«) über die Industrie zu erreichen hoffte – regulierte die Verordnung vom 28. November 1936 die Zusammenlegung einzelner Unternehmen zu Gruppierungen. Die Initiative zur Zusammenlegung, die vom Wirtschaftsrat oder der Regierung genehmigt werden mußte, konnte von den Betriebsräten, den Gewerkschaften oder einem General-Industrie-Rat ausgehen (Art. 3), jedoch nur innerhalb der einzelnen durch ein Dekret vom 26. Dezember 1936 neugeschaffenen Industrie-Branchen vorgenommen werden[199]. Das 45 Artikel umfassende Musterstatut war dem der kollektivierten Einzelbetriebe angepaßt und regelte alle Fragen, die die Konstituierung (Art. 1–7), die Betriebsräte (Art. 8–19), das Permanente Komitee (Art. 20–22), den Direktor (Art. 23–26), den Regierungsvertreter (Art. 27–30), den inneren Aufbau der Gruppierungen (Art. 31–37), das Personal (Art. 38–42), die Bilanz (Art. 43, 44) sowie die Auflösung (Art. 45) betrafen[200]. Bis zum Oktober 1937 waren ca. 100 Gruppierungen legalisiert; die republikanischen Parteien, die die Interessen des Kleinbürgertums vertraten, konnten jedoch verhindern, daß die in den ersten Bürgerkriegsmonaten »revolutionär«, d. h. durch die Aktion der Gewerkschaften und vor Erlaß des Kollektivierungsdekrets, entstandenen Industrie-Gruppierungen von der Regierung legalisiert wurden, obwohl der Wirtschaftsrat Kataloniens und die Industrie-Generalräte einer Legalisierung bereits zugestimmt hatten.

Obwohl durch das Dekret eine gewisse Einheitlichkeit in die Vielzahl bestehender Formen kam, gibt es keine genauen Angaben über das Ausmaß der Kollektivierungen in der Industrie. In dem monatlich erscheinenden Bulletin des Wirtschaftsrates sind für September, Oktober und November 1937 insgesamt (für Katalonien) 372 Kollektive registriert; diese Zahl ist jedoch bestimmt zu niedrig angesetzt, denn A. Pérez-Baró kommt bereits auf 43 in der Statistik des Wirtschaftsrates nicht aufgeführte kollektivierte Unternehmen[201], die mit ausländischem Kapital arbeiteten. G. Leval spricht davon, daß in Katalonien die gesamte Industrie und die Transportmittel, in der Levante 70% und in Kastilien »ein Teil« der Industrie »sozialisiert« worden sei; da für Katalonien die Angabe auf keinen Fall stimmt, ist davon auszugehen, daß unter »Industrie« nur die »Großindustrie« zu verstehen ist. Im Mai 1938 berichtete die anarchistische Presse von 2000 Unternehmen, die sich angeblich den Bestimmungen des Kollektivierungsdekrets unterworfen hatten. Auch eine nationalistische Propagandabroschüre von 1937 erwähnt »über 2000 sowjetisierte Fabriken«[202].

Noch im Jahr 1936 wurde eine aus einem Kommunisten, einem Anarchisten und einem Linksrepublikaner bestehende »Kommission zur Interpretation des Kollektivierungsdekrets« eingesetzt, die – quasi als »Permanente« Kommission – den Betrieben bei auftretenden Schwierigkeiten helfen und dem Plenum des Wirtschaftsrates Verbesserungsvorschläge unterbreiten sollte. Bis zum Ende des Bürgerkrieges bearbeitete sie 1400 Einzel- und über 50 Kollektivanträge. Eine ganze Reihe der von der Kommission vorgeschlagenen Verbesserungen wurde zu rechtskräftigen Gesetzen. Die größte Schwierigkeit ergab sich aus dem mangelnden technischen und wirtschaftlichen Know-how der Arbeiter und den innerbetrieblichen Differenzen zwischen CNT- und UGT-Kollektivisten.

Außerdem machte sich als Folge der Mobilisierungsmaßnahmen die fehlende Kontinuität in der personalen Zusammensetzung der Komitees besonders nachteilig bemerkbar. Mit dem Kollektivierungsdekret fand in Katalonien die spontan-revolutionäre Phase der Kollektivierungen ihr Ende. Für seinen geistigen Vater Fàbregas war das Dekret ein Mittel zur Sicherung der revolutionären Errungenschaften[203]. Die Anarchisten gaben sich auch lange Zeit dem Irrtum hin, sie könnten durch ihren Regierungseintritt die Errungenschaften der Revolution sichern. Ab Oktober 1936 jedoch war nicht mehr zu übersehen, daß der staatliche Druck, die Bürokratisierungsmaßnahmen der Regierung und die Kompetenzbeschneidungen der Selbstverwaltungsräte immer mehr zunahmen, bis schließlich dieses Experiment einer sozioökonomischen Umwälzung bereits durch die Behinderungen aus dem eigenen Lager bis zur Unkenntlichkeit verstümmelt worden war, bevor der Ausgang des Krieges alle sozialistischen Maßnahmen auf republikanischer Seite zum Scheitern verurteilte.

Auch wenn sich vorerst die Mehrheit der Arbeiter den Bestimmungen des Dekrets nicht unterwarf[204], verursachte es eine Tendenz zur »Bürokratisierung«, die weitere Kollektivierungen durch die Arbeiter erschwerte und die Initiative in die Hände des Staates legte. Trotzdem scheinen die »spontanen« Kollektivierungen am Rande des Dekrets vorerst eher zu- als abgenommen zu haben. Ramón Fuster, Mitglied des katalanischen Sekretariats der UGT, hat darauf hingewiesen, daß »die überwältigende Mehrheit der Kollektivierungen der Kleinindustrie und des Kleinhandels nach dem 24. Oktober 1936 vorgenommen worden ist«[205]. Je ungünstiger sich das Kriegsgeschehen für die Republik entwickelte, desto mehr gelang es der Regierung, deren Argumente vor allem von den Kommunisten unterstützt wurden, die Leitung des Staatsapparates wieder zu übernehmen und die Wirtschaft durch dirigistische Eingriffe zu lenken.

Das Kollektivierungsdekret erwies sich bereits wenige Monate nach Inkrafttreten als ergänzungsbedürftig. Die ebenfalls vom Wirtschaftsrat ausgearbeiteten Zusatzverordnungen vom 18. Januar 1937[206] betrafen die Kontrollkomitees in Privatunternehmen, über deren Funktion keine Klarheit bestanden hatte. Kontrollratsmitglieder hatten ihre Kompetenzen – angesichts vollständig kollektivierter Unternehmen, in denen die Betriebsräte viel weitergehende Rechte ausübten – häufig überschritten und somit Anlaß zu erheblichen Meinungsverschiedenheiten mit dem Unternehmer gegeben. Eine gesetzlich geregelte Abgrenzung der Rechte und Pflichten sowohl des Kontrollkomitees als auch des Besitzers war somit dringend erforderlich geworden. Nach den Bestimmungen der Zusatzverordnung vom 18. Januar 1937 mußten Kontrollkomitees in Privatunternehmen drei bis neun Mitglieder umfassen (Art. 1) und von der gesamten Belegschaft gewählt werden (Art. 3). Die beiden Gewerkschaften UGT und CNT sollten entsprechend ihrer Stärke im Betrieb vertreten sein. Wählbar war jedes Belegschaftsmitglied, das mindestens ein Jahr in demselben Beruf und sechs Monate im Betrieb gearbeitet hatte (Art. 2). Die Wahlen fanden in einer Generalversammlung der Belegschaft am Hauptsitz des Unternehmens (bei Vertretung der Filialen) statt (Art. 4). Die Mitglieder des Kontrollkomitees, die ihre Funktion ehrenamtlich ausübten (Art. 16), wurden für zwei Jahre gewählt (Art. 6). Sie waren gegenüber der Belegschaft und dem Generalrat des betreffenden Industriezweiges verantwortlich (Art. 7). Das Komitee konnte von der Belegschaft oder vom Industrierat abberufen werden (Art. 8). Der Unternehmer war verpflichtet, dem Kontrollkomitee alle wichtigen, den Betrieb betreffenden Fragen zu unterbreiten und dessen Zustimmung einzuholen. Nahezu alle entscheidenden Fragen – Arbeitszeit, Lohnerhöhungen oder -senkungen, Einstellung von neuem Personal, Bekanntmachungen an die Belegschaft, der Produktions- und Verteilungsplan des Unternehmens, die Summe zur Deckung der persönlichen Ausgaben des Unternehmers – waren von der Genehmigung des Kontrollkomitees abhängig, das auch die Berechtigung hatte, Auskunft über die Einnahmen und Ausgaben des Betriebes zu verlangen, monatlich Einsicht in die Buchhaltung zu nehmen und die Bilanz zu prüfen. Die Zusammenarbeit mit dem Besitzer erfolgte auf gemeinsamen Sitzungen mit dem Komitee, das in dringenden Fällen vom Unternehmer einberufen werden konnte (Art. 10). Das Komitee prüfte die Vorschläge des Unternehmers, überwachte die Arbeitsbedingungen oder machte seinerseits der Belegschaft und dem Besitzer Vorschläge (Art. 11). Handelte es sich bei dem Betrieb um eine Handelsgesellschaft oder um ein Unternehmen mit einem Verwaltungsrat, so entsandte das Komitee zu dessen Sitzungen einen Delegierten, der jedoch kein Stimmrecht hatte (Art. 12). Der Unternehmer übernahm den Abschluß von Verträgen, die Überwachung der Kassengeschäfte, die Unterschriftsleistung für den Betrieb (Art. 13). Bei Dokumenten, die das Kapital der Firma betrafen, waren ein oder mehrere Mitglieder des Kontrollkomitees mitunterzeichnungsberechtigt (Art. 14). Von dem erwirtschafteten Reingewinn wurden 15 % für »kollektive Zwecke« der Arbeiter investiert, 15 % blieben zur Verfügung der Belegschaft, über die restlichen 70 % konnte der Besitzer verfügen.

In dem Dekret wurde ausdrücklich darauf hingewiesen – wohl wegen der wachsenden Unzufriedenheit unter den Anarcho-Syndikalisten –, daß die Kontrollkomitees sich an die Bestimmungen der neuen Verordnung zu halten hätten. Bei Unvermögen oder Böswilligkeit des Unternehmers konnte die Belegschaftsversammlung beim »Rat für gewerkschaftliche Wirtschaftskontrolle«[207] Beschwerde einlegen oder die Kollektivierung des Betriebes verlangen

(Art. 15). Über das Ausmaß, in dem Kontrollkomitees von ihren Rechten Gebrauch machten, lassen sich bei der gegenwärtigen Quellenlage keine präzisen Aussagen machen; schon 1938 gingen die Meinungen der unmittelbar mit diesem Fragenkomplex beschäftigten Mitglieder des Wirtschaftsrates weit auseinander[208]. Alle Streitfragen wurden vom Generalrat des betreffenden Industriezweiges, vom Arbeitsministerium, vom Wirtschaftsrat oder vom Rat für gewerkschaftliche Wirtschaftskontrolle entschieden.

In dem Bestreben, die spontanen Aktionen der Arbeiter einzuschränken, die wirtschaftliche Produktion möglichst vollständig zu kontrollieren und die Kollektivierungen als Regierungsmaßnahmen erscheinen zu lassen, hatte Fàbregas am 31. Oktober 1936 Ausführungsbestimmungen zum Dekret vom 24. Oktober erlassen, nach denen sich der »Rat für gewerkschaftliche Wirtschaftskontrolle« zu richten hatte[209]. Um die Kollektivierung eines Unternehmens oder die Arbeiterkontrollkomitees in Privatunternehmen zu legalisieren, war eine Fülle von Unterlagen erforderlich, die eine lückenlose Staatskontrolle ermöglichen sollten[210].

Für alle kollektivierten Betriebe trat am 30. Januar 1937 ein Vorbild-Statut in Kraft[211], das die Bestimmungen des Kollektivierungsdekrets präzisierte, z. T. auch modifizierte. Die Intervention staatlicher Instanzen wurde bereits als selbstverständlich betrachtet. Die Betriebskomitees konnten nur passive Opposition gegen diese Reglementierung üben, da ihre eigenen Gewerkschaftsführer in der Regierung saßen, an der Ausarbeitung dieser Dekrete maßgeblichen Anteil hatten und von den organisierten Arbeitern Gehorsam und Disziplin forderten[212]. Die ersten beiden Abschnitte des Vorbild-Statuts behandelten Betriebs-Formalia und die Zusammensetzung der Belegschaft. Der dritte Abschnitt bestimmte die Betriebsführung durch einen Betriebsrat, der in derselben Weise zusammengesetzt sein mußte, wie das Kontrollkomitee in den Privatbetrieben. Für die kommunistenfreundlichen Sozialisten der UGT waren die Befugnisse der Betriebsräte viel zu weit gefaßt[213]:

> In allen Artikeln, die vom Betriebsrat handeln, ist die Rede vom Leiten und Verwalten, Führen und Verwalten, und diese konfuse Vielfalt an Funktionen hat dazu geführt, daß sich in vielen Betrieben die Mitglieder des Betriebsrates wie die absoluten Herren fühlen und eine so tyrannische und abscheuliche Oligarchie wie die der Bourgeoisie entsteht.

Der Betriebsrat wurde von weiteren Räten unterstützt: dem Werkstatt-, dem Lager-, dem Büro- und dem Technischen Komitee; diese Komitees waren für Organisation und Funktionsfähigkeit ihrer Bereiche verantwortlich[214]. Kompetenzen und Verantwortlichkeit des Betriebsrats entsprachen den Bestimmungen des Kollektivierungsdekrets; der Rat konnte jederzeit in toto oder partiell von der Belegschaft abberufen werden. Ein Permanentes Komitee, das aus dem Direktor und drei Delegierten des Betriebsrats bestand, führte die laufenden Geschäfte und überwachte die Durchführung aller für den Fortgang des Betriebes notwendigen Maßnahmen[215]. In einem Pressecommuniqué wies die katalanische Regierung darauf hin, daß »diese Verordnungen sämtliche schwebenden Fragen der Arbeiterkontrolle in den Betrieben Kataloniens und das wirtschaftliche Leben des Landes regeln«[216]. Mit diesem Hinweis wollte die Generalitat die Dekrete begründen und erreichen, daß auch die Syndikalisten sie unterstützten. Außerdem sollte das Ausland zu wohlwollender Haltung gegenüber dem Geschehen in Katalonien bewegt werden. Im Herbst 1937 mußte allerdings Fàbregas zugeben, daß gerade im Hinblick auf das Ausland das Dekret sich eher nachteilig als vorteilhaft ausgewirkt hatte[217].

Die Legalisierung der Kollektivierung führte über die staatliche Kontrolle[218] schließlich zur Niederschlagung der Revolution; die letzten Schritte dieser von den Kommunisten konsequent verfolgten, den Republikanern tatkräftig unterstützten und den Anarchisten passiv geduldeten Politik konnten nach der Maikrise 1937, nach der die Anarchisten die Regierung verließen, zielstrebig unternommen werden. Ein besonders wirkungsvolles Mittel der Regionalregierung, die Kollektivierungsbewegung unter ihre Kontrolle zu bringen, war die Bestimmung, daß im Betriebsrat eines kollektivierten Betriebes ein vom Wirtschaftsrat im Einvernehmen mit den Arbeitern ernannter Delegierter der Generalitat vertreten sein mußte[219], den die Betriebsbelegschaft aus ihren eigenen Reihen wählen konnte. Die Regionalregierung hatte bereits am 6. August 1936 ihren Willen zur Vereinheitlichung und Leitung der Industrie durch die Institutionalisierung von »Regierungsvertretern« zum Ausdruck gebracht[220]. Auf den Improvisations-Charakter dieses Dekrets weisen die Allgemeinheit der Bestimmungen sowie die Nicht-Spezifizierung der Funktionen des Regierungsdelegierten hin. Die Befugnisse dieses Delegierten in Betrieben, die die Generalitat kontrollierte und die sich unter der Leitung von Arbeiterkontrollkomitees befanden, wurden am 24. August 1936[221] festgelegt. Danach hatte er alle mit den Finanzen des Betriebs zusammenhängenden Anordnungen gegenzuzeichnen und war (u. a.) für die Sicherheit am Arbeitsplatz sowie die technische Instandhaltung verantwortlich. Außerdem stellte er das Verbindungsglied zwischen dem Betrieb und den Staatsbehörden dar. In dem am 30. Januar 1937 erlassenen[222] Muster-Statut für alle kollektivierten Unternehmen wurde ihm außerdem die Befugnis zugesprochen, die korrekte Anwendung des Kollektivierungsdekrets zu überwachen und erforderlichenfalls sein Veto einzulegen (Art. 28); er stellte die Verbindung zwischen dem Betrieb und dem Generalrat des Industriezweiges her, dem er Bericht über den Gang des Unternehmens zu erstatten hatte. Als am 24. Oktober das Kollektivierungsdekret in Kraft trat, war die Generalitat durch ihre Delegierten bereits in 435 Betrieben – davon 360 allein in Barcelona – vertreten. Die Ernennung der Delegierten wurde im Regierungsanzeiger »Butlleti Oficial« bzw. »Diari Oficial« bekanntgegeben. Da das Ausmaß der Interventionsberechtigung des Generalitat-Vertreters im Jahre 1937 einer »restriktiven Interpretation« unterlag, sah sich die Regierung genötigt, in Ergänzung zum Dekret vom 30. Januar 1937 die Rechte und Pflichten des Regierungsdelegierten in kollektivierten und kontrollierten Unternehmen zu präzisieren. Im Dekret vom 6. April 1938[223] wurde festgelegt, daß der Regierungsvertreter »der direkte Repräsentant der öffentlichen Gewalt an den Produktions-, Verteilungs- und Arbeitsstellen ist; er hat die Pflicht, über das Prestige und die moralischen sowie materiellen Interessen der Allgemeinheit und die Privatinteressen des Betriebs zu wachen« (Art. 1). »Er überprüft und beobachtet den Fortgang der Unternehmen vom juristischen, wirtschaftlichen und technischen Standpunkt; er muß a priori alle Geschäftsabschlüsse kennen und a posteriori alle Handlungen der Verwaltung sowie die Beschlüsse des Betriebsrats oder der

Arbeiterversammlung ... überprüfen« (Art. 4). Der Regierungsvertreter durfte an allen Sitzungen des »Permanenten Komitees«, des Betriebsrats und der Arbeiterversammlung teilnehmen, kümmerte sich um die Einhaltung aller Vorschriften, half bei der Lösung aller wirtschaftlichen Probleme, konnte das Vetorecht ausüben; vierteljährlich erstattete er dem Generalrat des Industriezweigs schriftlich Bericht (Art. 5). Bei allen die Betriebsfinanzen betreffenden Fragen hatte er ein entscheidendes Mitspracherecht (Art. 6).

Da die Regierungsinspektoren häufig aus den Reihen der Arbeiter ausgewählt wurden – die Belegschaft mußte in jedem Fall der Ernennung des Generalitat-Vertreters zustimmen –, kam es mitunter zu Konflikten mit der auf stete Expansion bedachten Regierungsbürokratie, die nicht immer die Tätigkeit der Inspektoren billigte. Um den unmittelbaren Einfluß der Verwaltung in bestimmten Betrieben zu gewährleisten, erließ die Generalitat am 20. November 1937 das »Dekret für besondere Eingriffe« *(Decret d'Intervencions Especials)*, aufgrund dessen sie »total und direkt« (Art. 1) in ein Industrie- oder Handelsunternehmen eingreifen konnte, wenn sie es aus wirtschaftlichen oder anderen dringenden Gründen für erforderlich hielt[224]. Das »Dekret für besondere Eingriffe« sollte vor allem dann Anwendung finden, wenn einzelne Betriebe sich nicht an die Vorschriften des Kollektivierungsdekrets hielten. Die nach den Bestimmungen des neuen Dekrets eingesetzten Regierungsinspektoren waren nur der Generalitat gegenüber verantwortlich und durchbrachen damit das System der Doppelverantwortung. Letztlich bedeutete ein Regierungs-»Eingriff« nach dem Dekret vom 20. November 1937 die Verstaatlichung durch die Generalitat. Im April 1938 waren bereits 15 Großbetriebe durch das neue Dekret erfaßt; vor allem in den letzten Kriegsmonaten nahm die direkte Intervention der Generalitat ständig zu. Obwohl es öfters zu Mißfallenskundgebungen der Arbeiter kam, konnte die Regierung bis Ende 1938 die Politik der kontinuierlichen Einfluß-Erweiterung bei gleichzeitigem Zurückdrängen der Arbeiter-Initiativen erfolgreich fortsetzen.

Erst neun Monate nach Erlaß des Kollektivierungsdekrets, am 9. Juli 1937, wurden die Generalräte der Industriebranchen geschaffen[225]; sie waren für die Gesamtplanung der Industrie verantwortlich und sollten eine weitgehende Vereinheitlichung der Produktionskosten herbeiführen; außerdem mußten sie Konsumbedürfnisse und Absatzmöglichkeiten untersuchen. Sie waren somit für alle überbetrieblichen Fragen sowie den reibungslosen Ablauf des gesamtwirtschaftlichen Prozesses verantwortlich. Dabei sollten die Generalräte wiederum von den Beschlüssen des Wirtschaftsrates der Generalitat abhängen (Art. 27). Nach diesem Plan war die Leitung der Wirtschaft weitgehend in die Hände der Regierung gelegt worden. Um die Bildung der Generalräte der Industrie voranzutreiben, mußte der Wirtschaftsrat binnen vierzehn Tagen nach Erlaß des Kollektivierungsdekrets Kriterien zur Zusammensetzung der einzelnen Industriebranchen aufstellen (Art. 29). Den Generalräten, deren Finanzierung der jeweiligen Industriebranche oblag, wurde ein weitgesteckter Funktionsrahmen zugesprochen:

Sie sollten die den Bestimmungen des Kollektivierungsdekrets unterliegenden Unternehmen aller 14 Industrie-Branchen zu »Wirtschafts-Industrie-Föderationen« *(Federacions Econòmiques d'Industria)* und einzelne Unternehmen zu

Unternehmen-Gruppierungen zusammenfassen, die Produktionspläne für die einzelnen Branchen entwerfen, preisregulierende Eingriffe vornehmen, den Ankauf von Rohstoffen und Maschinen und den Verkauf der Fertigprodukte auf Landesebene koordinieren sowie Produktions- und Konsumstatistiken erarbeiten. Ein Generalrat setzte sich aus Vertretern der Betriebsräte [4], der Gewerkschaften UGT und CNT [8] und des Wirtschaftsrates [4] zusammen; den Vorsitz führte das für die jeweilige Branche zuständige Mitglied des Wirtschaftsrates (Art. 5). Die Beschlüsse der Generalräte waren für alle Wirtschafts-Industrie-Föderationen, Betriebsräte und Privatunternehmen verbindlich (Art. 6). Das Gründungsdekret spezifizierte auch Zusammensetzung und Funktion des Exekutivkomitees (Art. 15, 16), den Wahlmodus sowie die periodisch abzuhaltenden Vollversammlungen (Art. 18–22), die Funktionen und Abhängigkeitsverhältnisse der Wirtschafts-Industrie-Föderationen (Art. 23–33) und die regelmäßigen Kontrollen der Betriebe durch die Generalräte (Art. 34–38). Die Folgedekrete und Ausführungsbestimmungen zum Kollektivierungsdekret führten zu einer beispiellosen Aufblähung des bürokratischen Apparates; Anarchisten attackierten besonders scharf die »Multiplizierung des Parasitenheeres« und die Unübersichtlichkeit der zahllosen Instanzen. Der frühere anarcho-syndikalistische Industrieminister J. Peiró sah in der ausbleibenden Reaktion der Arbeiter auf die Abschaffung der Selbstverwaltung »materialisierte Resignation«: »Man arbeitet zwar nicht viel, aber man kassiert, und das ist das beste Mittel, daß die Leute schweigen«[226].
Durch das direkte Abhängigkeitsverhältnis der Betriebe und der Wirtschafts-Industrie-Föderationen von den Beschlüssen der Industrie-Generalräte – die wiederum den Anweisungen des Wirtschaftsrates und somit der Regierung unterstanden – hatte sich in Katalonien bereits ein Jahr nach Beginn des Bürgerkrieges die Struktur einer Zentral-Verwaltungswirtschaft herausgebildet, die jedoch im Gegensatz zu einer streng zentralistisch-hierarchischen Ordnung als komplementäres Strukturmerkmal – zumindest für einige Zeit – eine partiell eigenverantwortliche Leitungs- und Planungstätigkeit der Betriebe sowie eine spezifische Form des betriebsdemokratischen Aufbaus bewahrte. Charakteristisch für den neuen Wirtschaftsaufbau war die doppelte Rechenschaftspflicht der gewählten Instanzen. Die Kontrollräte der privaten und die Betriebsräte der kollektivierten Unternehmen bzw. Unternehmen-Gruppierungen waren sowohl ihren Wählern als auch dem Generalrat des Industriezweiges Rechenschaft schuldig. Zusammensetzung und Finanzierung der Generalräte – 75 % ihrer Mitglieder waren Arbeiter, die erforderlichen Mittel wurden durch die Betriebe bzw. später durch die Industrie-Kreditkasse aufgebracht – sicherten ihnen zwar eine relative Unabhängigkeit gegenüber staatlichen Organen, konnten jedoch nicht die zunehmende Machtkonzentration in Händen der Regierung und die Herausbildung einer mit direktdemokratischen Prinzipien unvereinbaren zentralgeplanten Kriegswirtschaft verhindern[227]. Diese Tendenz wurde besonders durch die Erfordernisse einer staatlich gesteuerten Kriegsproduktion und den militärisch bedingten Zusammenbruch der Marktwirtschaft gefördert. (Die Skizze der folgenden Seite gibt schematisch die Interdependenz katalanischer Wirtschafts- und Regierungsinstitutionen wieder, wie sie sich bis Sommer 1937 herausgebildet hatte. Die Zahlen zeigen die

Interdependenz katalanischer Wirtschafts- und Regierungsinstitutionen (August 1937)

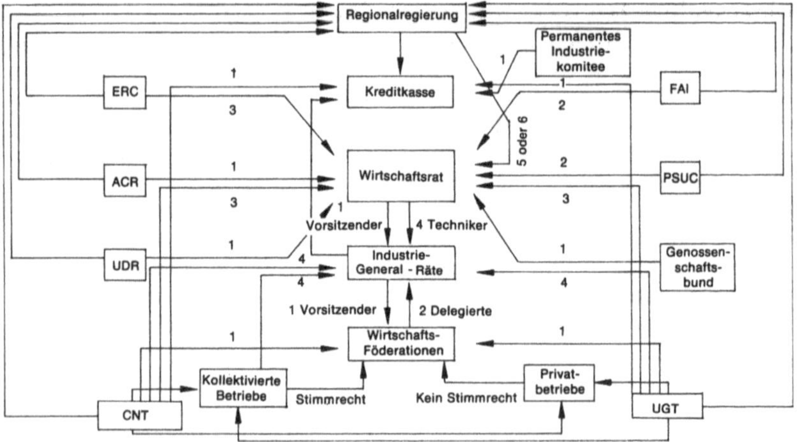

Quelle: (modifiziert) A. Pérez-Baró, 30 mesos de collectivisme a Catalunya, Barcelona 1970, S. 113

Mitgliederstärke der einzelnen Organisationen in den jeweiligen Gremien an.) Das Gaststättengewerbe von Barcelona und Valencia, das nach den Bestimmungen der Artikel 29–31 des Kollektivierungsdekrets sogenannte »Industrie-Gruppierungen« bildete[228], wies in seiner Struktur hierarchisch-zentralistische und basisdemokratische Elemente auf, die z. T. aus der »spontanen« Phase (Sommer/Herbst 1936) übernommen worden waren, z. T. den gesetzlichen Bestimmungen der »legalen Phase« entsprachen. In Barcelona wurde die Zusammenfassung der 114 kollektivierten gastronomischen Betriebe zu einer Gesamtorganisation von zahlreichen Rationalisierungsmaßnahmen flankiert. Nach der Zusammenfassung in eine Industrie-Gruppierung konnte das Gaststättengewerbe erheblich expandieren. Die Sozialleistungen für die 4000 Beschäftigten wurden verbessert. Die Leitung der Gesamtorganisation hatten ein »Ständiges« und ein »Betriebskomitee« inne; beide waren auf Vollversammlungen gewählt worden. An der Spitze des Ständigen Komitees standen ein Direktor mit zwei Stellvertretern, ein Delegierter und ein Regierungsvertreter *(interventor)*. Jede »Einheit« wiederum hatte ihren selbstgewählten »Betriebsrat«[229]. Das Kollektivierungsdekret legte zwar Richtlinien fest, die die Erscheinungsvielfalt auf wirtschaftlichem Sektor regulierend eindämmen sollten, steckte jedoch letztlich nur einen allgemeinen Rahmen ab, in dessen Grenzen nach wie vor zahllose Realisierungsvarianten der Vielfältigkeit – und häufig Unkoordiniertheit – der Organisationsformen Ausdruck verliehen.

5. Von der Arbeiterselbstverwaltung zum staatsdirigistischen Interventionismus

Das Kollektivierungsdekret unterlag von Anfang an unterschiedlicher Interpretation durch die politischen und gewerkschaftlichen Organisationen, die an seiner Ausarbeitung mitgewirkt hatten. Während Republikaner und Kommunisten die Kollektivierung der Industrie- und Handelsunternehmen zumeist ablehnten und der definitiven Fassung des Dekrets eher unfreiwillig ihre Zustimmung gaben, mußte die CNT zusehen, wie die Regierung die in der anarcho-syndikalistischen Wirtschaftskonzeption den Syndikaten und Munizipien zugedachten Lenkungs- und Kontrollfunktionen übernahm. Wenn die Frage nach der Einwirkung kollektivierter Unternehmen auf die gesamtwirtschaftliche Aktivität nicht eindeutig beantwortet werden kann, so ist dies einerseits auf die häufige Mißachtung des Dekrets und die unterschiedlichen Angaben über das Ausmaß der Kollektivierungsbewegung zurückzuführen, hängt andererseits damit zusammen, daß die ungleichen Voraussetzungen in den einzelnen Industrien und der Verlust eines geregelten Marktsystems bei gleichzeitiger Zunahme staatsdirigistischer Interventionen die Analyse eines bestimmten Wirtschaftssektors außerordentlich erschweren.

Häufig unterlag das Dekret restriktiver Interpretation; UGT, PSUC und ERC versuchten, den Einfluß der Regierungsvertreter auszubauen und die Funktionen der Arbeitervollversammlungen sowie die Betriebsräte und die direktdemokratischen Eingriffsmöglichkeiten einzuschränken. Das PSUC-Mitglied Ruiz Ponseti legte die Haltung der katalanischen Kommunisten klar[230]: »Die Vollversammlung kann jederzeit zusammentreten, Anweisungen geben, sogar Berichtigungen an den Befehlen des Betriebsrats durchführen. Und unter dieser absolut demokratischen Leitung kann die kollektivierte Industrie nicht funktionieren.« Im September 1937 kritisierte er insbesondere die »allzu demokratische Konstituierung der Betriebsräte und die zu weit reichenden Befugnisse der Arbeitervollversammlungen«, denen er das Recht auf Wahl und Absetzung der Betriebsräte sowie alle Eingriffe in den Geschäftsgang des Unternehmens absprechen wollte. »Man wird zu einer Verständigung mit den Arbeitern kommen müssen . . ., um der Regierung stärkere Eingriffsmöglichkeiten zu verschaffen«. Die Betriebsräte sollten immer mehr Rechte zugunsten des Generalitat-Vertreters abtreten. Seine Vorstellung war »ein von der Generalitat ernanntes Direktiv-Organ und eine starke Arbeitervertretung, d. h. genau entgegengesetzt, wie es bisher war, nämlich ein von den Arbeitern ernanntes Direktiv-Organ und eine schwache Regierungsvertretung«[231]. Die Kommunisten strebten eine Verstaatlichung der Wirtschaft an, und sie sahen im Kollektivierungsdekret ein »Interregnum zwischen dem bürgerlichen Wirtschaftszustand und der sozialistischen Wirtschaftsordnung von morgen«[232]. Die CNT wiederum ignorierte die Bestimmungen vom 24. Oktober 1936 und versuchte, ihre Vorstellungen einer kollektivierten Wirtschaft – in der kein Regierungsorgan Platz hatte – zu realisieren. Anfang 1937 forderte das regionale Plenum der CNT Kataloniens als dringende Aufgabe, »die Sozialisierung zu intensivieren, ohne die im Kollektivierungsdekret aufgestellten Beschränkungen zu berücksichtigen«[233].

Ein Grundübel war die verschiedenartige Auslegung des Terminus Kollektivierung. Während nach kommunistischer Terminologie »die Industrie- und Handelsbetriebe allen Einwohnern Kataloniens – a tota la collectivitat de Catalunya – zugesprochen« und Kollektivierung und Sozialisierung somit Synonyma geworden waren[234], verstanden viele CNT-Mitglieder (nicht jedoch die anarcho-syndikalistische Organisation selbst) unter Kollektivierung zumeist die Übernahme der Unternehmen durch die Arbeiter und die Verteilung der Gewinne unter den im entsprechenden Betrieb Beschäftigten. Dieser »Kapitalismus auf breiterer Basis« – wie (auch anarchistische) Kritiker den häufig praktizierten Modus bald nannten – wies gravierende Mängel auf und wurde durch das Dekret vom 18. Januar 1937 einer grundsätzlichen Revision unterzogen. Aber erst durch die Gründung der Industrie-Kreditkasse am 10. November 1937 erfuhr das Problem eine vorläufige Lösung.

Das Kollektivierungsdekret vom 24. Oktober 1936 bedeutete zwar die Legalisierung der sozio-ökonomischen Umwälzung auf katalanischem Gebiet, stellte für einen bedeutenden Bereich der katalanischen Wirtschaft das Ende kapitalistischer Produktionsformen dar und sanktionierte eine relativ weitgehende Arbeiterdemokratie in den Betrieben, bedeutete aber gleichzeitig die Festsetzung des wieder erstarkenden Staates in der Wirtschaft und leitete eine Entwicklung ein, die schließlich in der nahezu totalen Abhängigkeit der Wirtschaft vom Staatsapparat endete[235]. Das Dekret ist daher nicht in dem Sinne revolutionär, daß es die juristische Festschreibung der Arbeiterselbst- bzw. -mitverwaltung – bei einem anfangs häufig nur theoretischen staatlichen Mitspracherecht – darstellte, sondern dadurch, daß die Rückkehr zu privatkapitalistischen Produktionsformen unmöglich gemacht wurde. Neuerdings hat Carlos Semprún-Maura darauf hingewiesen[236], daß durch den Eingriff des Staates in eine bis dahin ausschließlich von den Arbeitern und Gewerkschaften geleitete Industrie ein neues Kollektivierungskonzept in das Wirtschaftsleben Kataloniens eingeführt worden sei: ». . . ce qui était réellement en jeu, c'étaient deux conceptions radicalement différentes des collectivisations: la *démocratique* basée sur l'autonomie et l'autogestion et *l'étatique* que réintroduisait la hiérarchie bureaucratique dans l'économie.«

Die CNT-Theorie einer Wirtschaftsordnung, in der die Marktwirtschaft durch eine von Syndikaten geleitete Wirtschaft abgelöst wird, zeitigte nur in den ersten drei Monaten nach dem 19. Juli 1936 Ansätze zur Realisierung. Nach dem 24. Oktober 1936 kristallisierte sich in Katalonien eine Wirtschaftsordnung heraus, die weder den anarcho-syndikalistischen Vorstellungen von Kollektivierung noch den kommunistischen Prinzipien von Nationalisierung voll entsprach, sondern eine bis dahin beispiellose – schließlich von fast allen politischen und gewerkschaftlichen Organisationen, wenn auch mit unterschiedlichen, z. T. entgegengesetzten Argumenten verteidigte – Wirtschaftsform sui generis darstellte.

6. Die Neustrukturierung der Industriewirtschaft und der Dienstleistungsunternehmen zwischen Etatismus und Syndikalismus: Vier Fallstudien

a) Die Kollektivierung der Textilindustrie in Katalonien

Bei Ausbruch des Bürgerkrieges waren vier Fünftel der spanischen Textilwirtschaft in Katalonien zusammengeballt; die Textilbranche nahm die führende Stellung in der katalanischen Industrie ein. 1920 waren in ihr über 40% aller

Industriearbeiter Barcelonas beschäftigt; 1927 hatte die Textilproduktion einen Wert von knapp 3 Milliarden Peseten, d. h., sie umfaßte 56,5 % der industriellen Gesamtproduktion Kataloniens[237]. Weit über die Hälfte entfiel dabei auf die Baumwollindustrie, die auch mit Abstand die größte Anzahl an Arbeitern beschäftigte[238]:

Industrien	Fabriken	Arbeiter	Spindeln	Webstühle
Baumwolle	266 Spinnereien 632 Webereien	115 000	1 920 000	56 700
Wolle	133 Spinnereien 175 Webereien	26 850	249 300	6 234
Leinen	45 (Leinen, Hanf, Jute)	2 300	10 000	1 100
Hanf		2 600	17 000	1 082
Jute		2 500	18 200	687
Seide	136	3 100	–	939
Hilfsindustrien	242	8 000	–	–
Wirkereien/Konfektion	176	14 500	–	19 500
		174 850		

Da die katalanische Baumwollindustrie seit ihrem Aufschwung Mitte des 19. Jahrhunderts mit der starken englischen Konkurrenz rechnen mußte, forderte und erhielt sie schließlich hohe Schutzzölle, die fremden Textilerzeugnissen die Einfuhr nach Spanien außerordentlich erschwerten und den spanischen Markt nahezu vollständig der katalanischen Industrie vorbehielten[239]. Aufgrund ihrer technisch rückständigen Anlagen und der schlecht organisierten Betriebsführung lieferte die Textilindustrie bis zum Bürgerkrieg zumeist qualitativ minderwertige Ware, durch die Verwendung verschiedenster Rohmaterialien und die große Zersplitterung innerhalb des Industriezweiges produzierte sie eine schier unübersichtliche Vielzahl von Fabrikaten[240]. Die ungünstige Betriebsgrößenstruktur in der Textilbranche und die dadurch bewirkte Verteuerung der Produkte, die Überalterung der Produktionsanlagen und der technologische Rückstand trugen mit dazu bei, daß die spanischen Textilien auf internationaler Ebene nicht konkurrenzfähig waren: Der Baumwollgüterexport Barcelonas erreichte 1927 nicht einmal 2 % der Jahresproduktion. Bis zum Bürgerkrieg konnte die katalanische Textilindustrie dem Druck der Überproduktion nicht entgehen; für die Jahre der Zweiten Republik wird sogar von einer »permanenten Krise«[241] gesprochen. Im zweiten Halbjahr 1935 nahmen aufgrund der schwächeren Aufnahmefähigkeit des Binnenmarktes und der Ausfuhrreduzierung die Absatzschwierigkeiten in der Textilindustrie erheblich zu: Ein Viertel der Spinnereien, ein Drittel der Webereien und 45 % der Wirkwarenfabriken sollen unbeschäftigt gewesen sein. Im Juni 1936 waren 23 958 Textilarbeiter von der Krise betroffen (Arbeitslose und Kurzarbeiter); diese Zahl nahm in den ersten Kriegsmonaten nur vorübergehend ab, um im Dezember 1936 auf 36 379 und im Juni 1937 auf 45 345 anzusteigen, von denen allerdings die meisten (36 688) Kurzarbeiter waren[242].

Nach anarchistischen Quellen waren zu Beginn des Bürgerkrieges allein in Barcelona 40 000 Textilarbeiter in der CNT organisiert; in ganz Katalonien kontrollierten die Anarcho-Syndikalisten 170 000 von 230 000 Arbeitern der Textilbranche[243]. Der gleichen Quelle zufolge gab es 1936 in der katalanischen Textilindustrie 20 000 Arbeitgeber – 5000 davon in Barcelona –, von denen nur 10% nach der Einleitung der Kollektivierungsmaßnahmen im Juli als Angestellte in ihren Betrieben weiterarbeiteten; 40% waren aus der »gesellschaftlichen Sphäre eliminiert« worden und 50% hatten sich versteckt oder waren geflohen[244]. 1937 war fast die gesamte Textilindustrie kollektiviert.
Mitte September 1936 setzte die Textilgewerkschaft Badalonas ein »Zentrales Kontroll- und Wirtschaftskomitee der Textilindustrie« ein[245], das in der katalanischen Kleinstadt die Kontrolle über die industrielle Produktion ausüben sollte. Im März 1937 wiederholte sie ihren Aufruf, sämtliche Textilfabriken – allein in Badalona gab es 28 – in einer »Industrieorganisation« zusammenzufassen und die gesamte Industriebranche zu kontrollieren. Auch in zahlreichen anderen Aufrufen wurde immer wieder auf die Notwendigkeit der Konzentration und Rationalisierung hingewiesen[246].
Anfang Januar 1937 sprachen sich die beiden Gewerkschaften CNT und UGT für eine vollständige Kollektivierung der Textilindustrie aus; sie plädierten für die sofortige Einsetzung – nach den Bestimmungen der Art. 24/25 des Kollektivierungsdekrets – eines Generalrates, der den gesamten Export und die Verteilung von Rohstoffen zentralisieren und einheitliche Preise festlegen müßte. Alle Fragen, die Löhne, Arbeitszeit und -bedingungen betrafen, sollten zentral geregelt werden. Beide Gewerkschaften verfolgten primär das Ziel der Produktions- und Produktivitätssteigerung. Die CNT hatte sich schon frühzeitig – zumindest in der Textilbranche – von der Notwendigkeit der zentralistischen Planung überzeugt; in ihren kollektivierten Betrieben bewies sie auch ein hohes Maß an Organisationsfähigkeit[247]. Trotz ihrer Anpassung ließ die Textilgewerkschaft an ihren Finalzielen gleichwohl keinen Zweifel aufkommen: »Wir werden den Privatkapitalismus zerstören und die Individual- in Kollektivwirtschaft umwandeln . . . Wir werden auch die menschliche Seele befreien«. Einen Tag vor dieser Erklärung hatte das CNT-Organ »Solidaridad Obrera« die Bildung eines Kontrollkomitees in der bedeutendsten Kunstseidefabrik Spaniens, der 1930 gegründeten *La Seda de Barcelona S. A.*, bekanntgegeben[248]. Zehn Arbeiter – je fünf der CNT und UGT – bildeten das Komitee, das nur »Kontrollfunktionen« übernahm; die Gewerkschaft hatte von einer Enteignung und Übernahme des Unternehmens abgesehen, da der größte Teil des Betriebskapitals in holländischen Händen – der »Hollandsche Kunstzijde Unie« in Breda – lag. Bereits einen Tag nach dem Militäraufstand hatte eine Arbeiter-Vollversammlung eine »Kommission« eingesetzt, die zusammen mit der alten Direktion die Verwaltung des Betriebes übernommen hatte.
Im Gegensatz zur Kunstseidefabrik »La Seda de Barcelona« wurde das bedeutende, 1847 gegründete Textilunternehmen *La España Industrial* von den Arbeitern beschlagnahmt und kollektiviert. Die ungefähr 2000 Arbeiter – von denen 1500 der CNT und 300 der UGT angehörten – wählten ein Zentrales Industriekomitee, das die Produktion in den verschiedenen Fabriken des

Unternehmens (Barcelona, Sabadell, Sants, Valencia) zu koordinieren hatte[249]. Das aus 19 Mitgliedern bestehende Zentrale Komitee bildete Kommissionen und Unterkommissionen. Die dringlichsten Probleme des Unternehmens waren die Frage der Finanzen, die Verkaufssituation und die Rohstoffversorgung. Der Absatz der produzierten Güter stagnierte bereits in den ersten Monaten. Waren Anfang August 48 213 Ballen Stoff auf Lager, so erhöhten sich die Bestände bis Oktober auf 50 321. Hauptverantwortlich für diese ungünstige Verkaufslage war der Kriegsverlauf[250]. Anfang September 1936 hatten die nationalen Truppen bereits einen Großteil der traditionellen Absatzmärkte der katalanischen Textilproduktion – Andalusien, Galicien, Navarra, Aragonien, Kastilien – erobert; die Bevölkerung dieser Landesteile fiel als potentieller Abnehmer katalanischer Textilprodukte aus; die verminderte Produktion hatte erhöhte Arbeitslosigkeit zur Folge. Zu dem Produktionsrückgang in der Bekleidungsindustrie trugen nicht unwesentlich die neuen gesellschaftlichen Umgangsformen bei, die es in den ersten Kriegsmonaten ratsam erscheinen ließen, sich ein »proletarisches« Aussehen zu geben. Alle Augenzeugen berichten übereinstimmend von dem rapiden Wandel, den das Straßenbild Barcelonas innerhalb weniger Tage durchmachte: »Außer wenigen Frauen und Ausländern gab es überhaupt keine ›gutangezogenen‹ Leute. Praktisch trug jeder grobe Arbeiterkleidung, blaue Overalls oder irgendein der Milizuniform ähnliches Kleidungsstück«[251]. Vor allem die Hutindustrie verzeichnete einen beträchtlichen Rückgang; die Generalitat hatte über Rundfunk empfohlen, keine Hüte zu tragen, da dies »bürgerlich« aussehe und einen »schlechten Eindruck« erwecke[252].

Es war nicht sosehr der Protest der Hutindustrie gegen diese Empfehlung[253] als vielmehr der Rückgang der revolutionären Euphorie und die Hervorhebung – auch und gerade durch die in ihrer Mehrheit kommunistischen Offiziere der Volksarmee – der sozialen Unterschiede, die dem äußeren Erscheinungsbild Barcelonas im Frühjahr 1937 sehr bald wieder ein ganz anderes Aussehen als im Herbst 1936 verliehen. Konnte G. Orwell im Dezember 1936 noch schreiben: »Eine Milizkolonne war damals ein außergewöhnlich bunter Haufen. Aber man mußte die Kleidung eben dann verteilen, wenn sie von der einen oder anderen Fabrik überstürzt geliefert wurde«, so betonte er im April 1937, nach seiner Rückkehr von der Aragonien-Front, die völlig veränderte Atmosphäre der Stadt, in der der »proletarische« einem »bürgerlichen« Eindruck gewichen war und anstelle der »Vorherrschaft der Arbeiterklasse« »fette, wohlhabende Männer, elegante Frauen und rassige Autos« auffielen[254].

Die Umstellung der Textilindustrie auf Kriegsproduktion (Kampfanzüge, Zelte, Decken etc.) wurde zwar diskutiert, bis zum Spätherbst 1936 aber nicht verstärkt in Angriff genommen; selbst die Fabriken, die sich im weiteren Kriegsverlauf auf Militärausrüstung konzentrierten, stellten nach wie vor Zivilkleidung her, »um nach dem Krieg die Umstellung auf Friedensproduktion zu erleichtern«[255]. Dafür faßte jedoch die »Kommission für Handelsgeschäfte« einen Ausbau des Exportgeschäfts ins Auge; bereits im Oktober 1936 sollen die ersten Verträge mit dem Ausland geschlossen worden sein. Infolge der allgemeinen Lohnerhöhung für katalanische Arbeiter und des ständigen Geldwertverlustes der republikanischen Währung stieg allerdings der Selbstkostenpreis für katalanische Textilgüter derart rapide, daß die Textilindustrie kaum hoffen konnte, auf internationaler Ebene konkurrenzfähig zu werden. Aus einer im August 1937 von der Generalitat publizierten Übersicht über die Wirtschaft Kataloniens geht hervor, daß der Export ins Ausland lediglich 50 Millionen Peseten – bei einem Textilproduktionswert von insgesamt 1,645 Milliarden Peseten – betrug[256].

Der Erwerb erforderlicher Rohstoffe stellte eine der Hauptschwierigkeiten der Textilindustrie dar. Von den 371 680 Baumwollballen, die 1927 in Katalonien verarbeitet wurden, waren 271 000 amerikanischer, 58 000 indischer und 18 000 ägyptischer Herkunft[257]. Bis auf verschwindend geringe Teile wurde der Rohbaumwolle-Import über den Hafen von Barcelona abgewickelt. 1935 war Spanien zum fünftgrößten Baumwolleinfuhrland Europas geworden. Aber bereits 1936 wurde der Baumwollimport mit 79 000 Tonnen auf den Stand von 1929 zurückgeworfen, und 1937 konnten – u. a. wegen der Seeblockade durch nationale Schiffe – nur noch 32 000 Tonnen eingeführt werden; nur Brasilien gelang es, sein Importkontingent erheblich zu steigern[258].

Die Wollindustrie[259] verarbeitete primär die Wolle einheimischer Merinoschafe. Die 14 500 t Wolle, die die Zentren der katalanischen Wollindustrie Tarrasa und Sabadell jährlich verarbeiteten, kamen zum überwiegenden Teil aus Innerspanien (Kastilien, Burgos, Aragonien, La Mancha). Das Rohstoffproblem erschwerte die Textilproduktion zusehends. Um die weitere Produktion zu ermöglichen und der Arbeitslosigkeit (Kurzarbeit) zu begegnen, empfahl der katalanische Wirtschaftsminister D. Abad de Santillán im April 1937 den Ersatz der bisher verwendeten, aus dem Ausland importierten Rohstoffe durch Rohflachs und Hanffaser; aus den Ginsterbeständen sollte ein Jutesurrogat hergestellt werden[260].

Der oben bereits zitierte Bericht der lokalen Industriegewerkschaft von Barcelona an die Textilarbeiter enthält den – allerdings noch als Zielprojektion formulierten – Aufbau der kollektivierten Textilindustrie Kataloniens: Die bereits bestehenden Arbeiterkontrollkomitees werden bei der Kollektivierung zu technischen Verwaltungskomitees, deren Mitglieder von der Arbeitervollversammlung gewählt werden. Die aus drei bis neun Mitgliedern bestehenden Komitees[261] verfügen über die Abteilungen Inneres, Statistik, Wirtschaft und Finanzen und Außenbeziehungen; ihnen obliegen sämtliche Leitungs- und Koordinierungsaufgaben des Betriebs. Auf überbetrieblicher Ebene bilden sich lokale Industriekomitees, in denen alle in der Ortschaft ansässigen Industriezweige vertreten sind. Auch diese Komitees werden in verschiedene Sektionen unterteilt: Außenbeziehungen und Zusammenarbeit, Wirtschaft und Finanzen, Statistik, Lagerung, Arbeitsverteilung, private und individuelle Initiativen. Die lokalen Industriekomitees werden von den technischen Verwaltungskomitees der Fabriken gewählt; die Wahl bedarf der Zustimmung der Generalversammlung der Gewerkschaft. Ganz Katalonien wird in verschiedene Zonen untergliedert; in jeder Zone übernimmt ein Industriekomitee die Funktion des Bindegliedes zwischen den verschiedenen Ortschaften. Die Industriekomitees haben die Unterabteilungen Statistik, Wirtschaft und Finanzen, Arbeitsverteilung, Außenbeziehungen und Zusammenarbeit, Lagerung und Güterverteilung; sie werden von den Vollversammlungen der lokalen Industriekomitees gewählt und vom Textil-Nationalkomitee für Zusammenarbeit einberufen. Das Regionalkomitee der Textilindustrie hat eine verwaltungstechnische und eine exekutive Abteilung; erstere wird auf der Zonenvollversammlung gewählt, letztere setzt sich aus je einem Vertreter jeder Zone zusammen. Die Bundesorganisation entsendet in alle Fabriken Vertreter, die das Recht zur Überprüfung der technischen Verwaltungskomitees haben; in den lokalen Industriekomitees ist sie durch je zwei Beauftragte vertreten. Das Regionalkomitee der Textilindustrie wiederum wird vom CNT-Regionalkomitee kontrolliert[262].

Als die Textil-Einheitsgewerkschaft von Barcelona wahrscheinlich zwischen September und Oktober 1936 dieses Organisationsschema entwarf, war die Kollektivierung noch lange nicht vollendet. Die Resolution ist futurisch[263] und eher als Programmentwurf denn als Deskriptionsbericht abgefaßt. Der Strukturentwurf entsprach bis ins Detail genau den traditionellen Vorstellungen der Anarcho-Syndikalisten über den nachrevolutionären Aufbau einer kollektivierten Industrie. Die Komitees bauten vom Betriebs- über das lokale und Zonen-Industriekomitee bis hin zum Regional- und schließlich Nationalkomitee der Textilindustrie pyramidenförmig aufeinander auf. Außerdem sollte die CNT-Gewerkschaftszentrale auf allen Ebenen – auch und gerade auf der Betriebsebene – das unmittelbare Recht zur Mitsprache an allen Entscheidungen und – »für den Fall von Unmoral« – zur regulierenden Intervention haben[264]. Die Anarcho-Syndikalisten betonten immer wieder die demokratischen Aspekte dieses Aufbaus: Die einzelnen Komitees gingen nicht nur aus unmittelbarer Wahl hervor; für den Fall eines Konflikts war außerdem der Rekurs auf die mit Entscheidungsbefugnis ausgestattete Vollversammlung der Wahlberechtigten vorgesehen. Nach einem Beschluß der Textilgewerkschaft Kataloniens von Ende September 1936 sollten alle drei Monate regelmäßig Vollversammlungen stattfinden, auf denen die Betriebs-Kontrollkomitees Rechenschaft über ihre Tätigkeit ablegen mußten.

Wichtige Entscheidungen der Textilindustrie waren bereits Anfang August 1936 gefallen: Die Akkordarbeit wurde abgeschafft, die 40-Stunden-Woche eingeführt, alle Löhne um 15 % erhöht, Lohnfortzahlung im Krankheitsfall vorgesehen[265]. Falls es für die Kriegsproduktion erforderlich war, wurde auch mehr als 40 Stunden – notfalls sogar unentgeltlich – gearbeitet; Augenzeugen registrierten geradezu einen »patriotisme d'usine«[266]. Die Arbeiter spendeten zwischen 5 und 15 % ihres Lohnes »für die Opfer des Faschismus«. Innerhalb von drei Monaten konnte die Textilgewerkschaft dem Milizkomitee 2,5 Millionen Peseten an Kriegsspenden überreichen.

Eine nicht unbeträchtliche Lohnstaffelung blieb auch in den von der CNT kollektivierten Textilfabriken bestehen: Der Wochenlohn schwankte in einer Sektion zwischen 25 und 70, in einer anderen zwischen 35 und 95 Peseten. Die Direktoren von *España Industrial*, die als Techniker in den Betrieben des Unternehmens weiterarbeiteten, erhielten monatlich sogar 1000 Peseten, obwohl sich die Mehrheit der Belegschaft für den Einheitslohn ausgesprochen hatte[267]. Frauen, die in der Textilbranche deutlich überwogen, wurden fast durchwegs schlechter bezahlt[268]; bei *España Industrial* gab es außerdem kein weibliches Mitglied im 19köpfigen Industriekomitee. Ab Mitte September trat eine neue Regelung für den Krankheitsfall in Kraft: In den ersten 13 Wochen wurden 75 %, danach 50 % des Nettolohnes weiterbezahlt. In der Textilfabrik *San Martín* war Anfang 1937 wegen des akuten Rohstoffmangels die 3-Tage-Woche eingeführt worden[269]; die Arbeiter erhielten jedoch weiterhin ihren vollen, seit Kriegsbeginn um 15 % erhöhten Lohn ausbezahlt. Die Fabrik war enteignet worden, die früheren Besitzer arbeiteten aber nach einer Reduzierung ihres Monatseinkommens im Betrieb weiter. Im Gegensatz zu den Arbeitern von *España Industrial* lehnten die von *San Martín* den Einheitslohn ab; dies kann darauf zurückzuführen sein, daß 60 % der 500 Arbeiter in der UGT, die das System des Einheitslohns durchwegs ablehnte, und nur 40 % in der CNT organisiert waren. Eine für Anarcho-Syndikalisten unübliche Praxis wurde in der kollektivierten Konfektionsfabrik *Empresa Hispano Colectivizada* von Valls eingeführt[270]: Die mehrheitlich in der UGT organisierten Arbeiter setzten sich selbst ein Produktionssoll, bei dessen Übererfüllung Sonderprämien bezahlt wurden. Die Lohnskala war nach dem 19. Juli angehoben und nivelliert worden. Mit Hilfe eines gewerkschaftlichen Vorschusses konnte der Betrieb entlassene Arbeiterinnen wieder einstellen und ein hohes Defizit ausgleichen. Die drei Textilfabriken des Pyrenäenorts Puigcerdá wurden nur unter »Kontrolle« gestellt, wobei die mehrheitlich in der UGT organisierten Arbeiter möglicherweise Anweisungen des PSUC befolgten, indem sie auf die vollständige Kollektivierung verzichteten[271].

Die Kreditbeschaffung für die kollektivierte Textilindustrie Kataloniens und das Rohstoffproblem erweiterten sich im Frühjahr 1937 zu einem ernsten Konflikt zwischen der Zentral- und der Regionalregierung. Katalonien erhob den Anspruch, seinen Außenhandel ohne Zwischenschaltung zentralstaatlicher Stellen abzuwickeln; bereits Anfang August 1936 hatte der Wirtschaftsrat die Monopolisierung des Außenhandels auf sein Programm gesetzt (s. o. S. 171). Andererseits forderte – und erhielt – Katalonien einen Großteil der erforderlichen Rohstoffe über die Madrider Regierung. Im Mai 1937 wies der republikanische Industrieminister Juan Peiró, der einerseits als Katalane, andererseits als Anarcho-Syndikalist der kollektivierten Industrie Kataloniens zweifellos Sympathien entgegenbrachte, auf das schwere Zerwürfnis zwischen dem bis zum Äußersten um eine Ausweitung seiner Kompetenzen bemühten Landesteil und der Zentralregierung hin[272]; er habe sich zwar im Ministerrat – so Peiró – stets für Katalonien eingesetzt und mehrere Millionenkredite gewährt, dafür aber nur »Verachtung ... bestimmter Stellen in der katalanischen Hauptstadt« geerntet. Peiró prognostizierte den baldigen Zusammenbruch der katalanischen Textilindustrie und machte dafür ausschließlich Katalonien selbst verantwortlich, das von der Zentralregierung zwar ständig Devisen fordere, andererseits aber nicht bereit sei, einen Teil der Textilproduktion an die Madrider Regierung zu liefern. Wenn die verantwortlichen katalanischen Stellen weiterhin ihren »Ausschließlichkeitsstandpunkt« verträten, müsse die republikanische Regierung die finanzielle Unterstützung einstellen. Juan Peiró nahm in dieser in Valencia gehaltenen Rede gegen die seit Beginn des Bürgerkrieges deutlich wahrnehmbare Tendenz zur Monopolisierung des Außenhandels durch die katalanische Regierung Stellung. In ihrer Haltung wurde die Generalitat in vollem Umfang von den Anarchisten unterstützt,

mußte jedoch im weiteren Kriegsverlauf zurückstecken. Es kam zwar nicht sofort zu dem von Peiró angekündigten Zusammenbruch der Textilindustrie, aber der schon vorher wahrnehmbare Produktionsrückgang wurde ab September 1937 beschleunigt fortgesetzt[273]:
Während sich die Spinnstoff- und Wollprodukte wegen des Bedarfs der Truppe noch einigermaßen halten konnten – Ende 1936 lag der Produktionsindex (Januar 1936 = 100) für diese Produkte bei 65,30, im Juli 1937 bei 47,92 und Ende 1937 bei 53,71 –, lag der Produktionsindex aller übrigen Teilbereiche der Textilindustrie Ende 1937 zwischen 11,51 und 33,03. Die katalanische Textilindustrie insgesamt hatte Ende 1936 den Produktionsindex 49, Ende 1937 nur noch 20. Angesichts dieser ungünstigen Entwicklung – deren wichtigste Gründe der Mangel an Rohstoffen und Devisen, der Kursverlust der republikanischen Währung, der Verlust eines Großteils des in- und ausländischen Marktes, das Zerwürfnis zwischen Barcelona und Madrid/Valencia waren – läßt sich die Frage nach »Erfolg« oder »Mißerfolg« der Kollektivierung in der Textilindustrie nicht definitiv beantworten. Festzuhalten bleibt, daß ein schon vor dem Krieg dringend notwendiger Konzentrations- und Zentralisationsprozeß eingeleitet wurde; die Modernisierung des Maschinenparks wurde in Angriff genommen, die Produktion – soweit es die oben genannten Schwierigkeiten zuließen – fortgeführt. In zahlreichen Fabriken bewiesen die Arbeiter, deren materielle Situation (allerdings nur vorübergehend) häufig verbessert wurde, ein hohes Maß an Organisationsfähigkeit. Der Produktionsrückgang ist, wie vor allem aus einem Vergleich mit anderen Industriesektoren hervorgeht, primär auf exogene, durch den Kriegsverlauf bedingte Gründe zurückzuführen.

b) Die Kollektivierung der städtischen Dienstleistungsunternehmen in Barcelona

Die spontane Übernahme und Kollektivierung der bis dahin privaten oder kommunalen Dienstleistungsunternehmen in vielen Städten der republikanischen Zone ließ für die breite Masse der Bevölkerung die Änderung der Machtverhältnisse in den ersten Tagen der Revolution besonders offensichtlich werden. Arbeiter kollektivierten Restaurants und Hotels und funktionierten sie in Massenkantinen um. Komitees übernahmen die kommunale Wohnraumbewirtschaftung, organisierten das Gesundheitswesen, verbesserten die Sozialfürsorge, regelten die Lebensmittelversorgung, leiteten Schulreformexperimente ein, »sozialisierten« die Friseurläden etc. Noch bevor die Gewerkschaften in Barcelona den Generalstreik abbrachen, übernahmen und kollektivierten die CNT-Arbeiter die beiden für die städtische Bevölkerung wichtigsten Dienstleistungsunternehmen: das Transportwesen und die Energieversorgung.
Noch während der Kampfhandlungen bemächtigte sich die CNT-Einheitsgewerkschaft Transport und Verkehr des städtischen Transportwesens[274], in dem 6500 CNT-Mitglieder (von insgesamt 7000 Arbeitnehmern) beschäftigt waren. Am 24. Juli riefen die Straßenbahnbetriebe eine Vollversammlung ein und wählten ein Arbeiter-Kontrollkomitee *(Comité Obrero de Control* – COC).

Wenige Tage später fuhren bereits die ersten Straßenbahnen und Autobusse mit den schwarz-roten Initialen CNT-AIT durch die Straßen der Stadt.
Die Flucht der Direktoren der Straßenbahnen, der U-Bahnen und der Buslinien ließ die Betriebsübernahme und -führung durch die Arbeiter zu einer dringenden Notwendigkeit werden. Ein gemeinsames Komitee aller Transportabteilungen (Straßen-, Untergrund-, Drahtseilbahnen, Autobusse), in dem die einzelnen Betriebe je nach der Bedeutung ihrer Linien mit einem bis vier Delegierten vertreten waren, übernahm die Verkehrskoordination der Stadt.
In den einzelnen »Sektionen« führten die gewählten Komitees die 40-Stunden-Woche ein, sie beschäftigten aus sozialen und organisatorischen Gründen neues Personal (allein in der Straßenbahn-Abteilung über 600 Arbeiter) und begannen, ökonomische und finanzielle Veränderungen vorzunehmen.
Obwohl der Einfluß der CNT-Transportgewerkschaft auf die Delegierten der ersten Sitzung in der »Sektion Straßenbahnen« unbestreitbar ist – nahezu alle Arbeiter der Straßenbahnbetriebe und alle der U-Bahn-Gesellschaft waren Anarcho-Syndikalisten[275] –, verstanden sich die Kontrollkomitees trotzdem nicht als ausführende Organe der Gewerkschaftsbeschlüsse. So hatte etwa die Transportgewerkschaft für den Einheitslohn plädiert, das in Tarifangelegenheiten völlig autonom agierende Kontrollkomitee der Straßenbahnbetriebe jedoch sich geweigert, den Einheitslohn einzuführen; gegen diesen hatten sich vor allem die Techniker und Ingenieure ausgesprochen, deren Verbleib im Betrieb bei einem egalitären Lohnsatz in Frage gestellt war. In Anbetracht der Haltung der Techniker hatten sich auch die anderen Sektionen der Verkehrsbetriebe für die Beibehaltung gewisser, im Verhältnis zu früher allerdings wesentlich geringerer Lohn- und Gehaltsunterschiede ausgesprochen[276].
Bis 1938 wurden die durchschnittlichen Fahrpreise beibehalten, die für lange Strecken herabgesetzt, der Nachttarif abgeschafft; Schulkindern, Kriegs- und Arbeitsverletzten wurde der Nulltarif eingeräumt. Im April 1938 führten die Straßenbahnen einen Einheitstarif von 20 Céntimos ein, der später auf 25 Céntimos erhöht wurde. Bisherige Zahlungen der Verkehrsbetriebe an sogenannte »Berater« unterblieben nach dem 24. Juli 1936 ebenso wie die Dividendenausschüttungen an die Aktionäre des Betriebs[277].
Die Organisation der Verkehrsbetriebe basierte auf den direkt von den Arbeitern gewählten Komitees: An der Basis der einzelnen Abteilungen waren es die Sektions-, an der Spitze des Unternehmens die Arbeiter-Kontrollkomitees. In den ersten Monaten trafen die Sektionskomitees weitgehend selbständige Entscheidungen, während nach der »Legalisierung« des kollektivierten Betriebs im Juni 1937 ein Zentralisierungsprozeß zugunsten der Kompetenzerweiterung zentraler Kontrollkomitees einsetzte: Diese hatten vom ersten Tag an die Führung der Betriebe und damit die koordinierende Gesamtorganisation übernommen; sie erhielten ihre Autorität aus der Legitimation durch die Direktwahl in einer Vollversammlung. Während im ersten Kriegsjahr die meisten technischen Probleme von den Kontrollkomitees in Zusammenarbeit mit den Technikern und Ingenieuren gemeistert werden konnten, mußten sich die Komitees ab Sommer 1937 aufgrund des Materialmangels und der Kriegszerstörungen auf Renovierungs- und Konservierungsarbeiten beschränken[278].

Das bereits bei den Agrar-Kollektivwirtschaften diskutierte Problem des Verbleibs des Residualeinkommens beherrschte auch die interne Diskussion der kollektivierten Verkehrsbetriebe. Während die Gewerkschaftssektions-Kommission der U-Bahn vorschlug, den Reingewinn aller Sektionen in eine Gemeinschaftskasse aller Transportbetriebe einzubezahlen, widersetzte sich die »Abteilung Straßenbahnen« dieser Absicht und schlug die Übergabe der Residualgelder an die Generalkasse der Gewerkschaft vor. Bei dieser Diskussion ging es letztlich um das auch in anderen Wirtschaftssektoren aufgetretene Problem der Entscheidungsautonomie kollektivierter Betriebe. Mit dem 19. Juli und der Enteignung kapitalistisch wirtschaftender Betriebe hatte die Gewerkschaft einen beträchtlichen Funktionsbereich – ihre klassenkämpferische und revolutionäre Zielsetzung – verloren und »Eigentümer-Funktionen« übernommen. Unklar blieb die Frage, ob Gewerkschaftsgremien die letzte Entscheidungsbefugnis über den kollektivierten Betrieb innehatten oder die von den Arbeitern gewählten Kontrollkomitees, d. h., das Verhältnis zwischen den Komitees und der Gewerkschaft blieb in der Schwebe. Auf dem Hintergrund dieses Kompetenzproblems wurde die Frage nach der Verfügung über das Residualeinkommen schließlich zugunsten der Gewerkschaft geregelt, die in den ersten neun Kriegsmonaten insgesamt vier Millionen Peseten an Überschüssen zur Unterstützung defizitär wirtschaftender Linien und für das erste Kriegsjahr anderthalb Millionen Peseten Steuern an die Generalitat bezahlte. Die Überschüsse der einzelnen Betriebe waren infolge erhöhter Personal-, vor allem jedoch Materialkosten ohnehin während der ersten fünf Monate der Kollektivierung im Verhältnis zum gleichen Zeitraum des Vorjahres um 33,6% gesunken. Die Ausgaben für Löhne und Gehälter stiegen um ca. 46%, die Materialkosten um fast 57%, während die Ausgaben für Rechtsberater und Dienstfahrten um ungefähr 50% gesenkt werden konnten[279]. Die Tendenz zur Kompetenzkonzentration in den Händen der Gewerkschaft entsprach außerdem anarcho-syndikalistischer Lehre, die keine vollständige Selbstverwaltung der Betriebe, sondern die Gesamtleitung der Wirtschaft durch die Syndikate vorsah. Diese Tendenz wurde noch durch das verstärkte Bestreben der Volksfront, besonders der Kommunisten, gefördert, die Kollektivierungen zu be- und verhindern, was die kollektivierten Betriebe wiederum zu organisatorischer Konzentration und Zentralisierung der Entscheidungsbefugnisse zwang. Ab Herbst 1937 übernahm die Industrie- und Handels-Kreditkasse die Verteilung der in Kollektivbetrieben erwirtschafteten Überschüsse und verlagerte damit das Problem in die staatliche Sphäre.
In einem Punkt waren sich Komitees und Gewerkschaftsgremien unzweifelhaft einig: in ihrem Widerstand gegen den Versuch der Kommunisten (PSUC), die städtischen Dienstleistungsunternehmen zu kommunalisieren. Seit der PSUC-Vorsitzende J. Comorera im Juni 1937 Wirtschaftsminister Kataloniens geworden war, setzte er mit Hilfe des Regierungsapparates die Bemühungen seiner Partei um Kommunalisierung der Verkehrsbetriebe verstärkt fort, um dadurch diesen wichtigen Bereich des öffentlichen Dienstes unter kommunistische Kontrolle bringen zu können. Eine Vollversammlung der »Sektion Straßenbahnen« hatte sich demgegenüber schon im Januar 1937 gegen die Kommunalisierung und für die vollständige Sozialisierung, d. h. gegen die

Übernahme durch die Stadt und für die Vereinigung der einzelnen Transportsektoren unter Gewerkschaftsleitung, ausgesprochen. Die Verkehrsbetriebe Barcelonas behielten bis zum Kriegsende ihren seit dem 28. Juni 1937 nach den Bestimmungen des Kollektivierungsdekrets »legalisierten« Status von Kollektivbetrieben bei.

Betriebswirtschaftlich und organisatorisch betrachtet, muß die Kollektivierung der Verkehrsbetriebe als Erfolg gewertet werden. Die Zahl der transportierten Passagiere nahm von 177 908 636 (1935) auf 182 919 288 (1936) und 233 557 418 (1937) zu. Die zurückgelegten Kilometer fielen 1936 im Vergleich zum Vorjahr zwar von 21 507 021 auf 21 206 873 zurück, stiegen aber 1937 auf 22 699 715 an. Die rückläufigen Zahlen für 1936 sind allerdings auf das erste Halbjahr – also auf die »vorrevolutionäre« Zeit – zurückzuführen. In den ersten fünf Monaten nach der Kollektivierung wurden 236 590 km mehr zurückgelegt und 10 Millionen Fahrgäste mehr transportiert als in den fünf Monaten davor. Diese steigende Tendenz ist zweifellos auf die für die öffentlichen Transportmittel günstige (kriegsbedingte) Konjunktur – Reduzierung der Privatwagen durch »Konfiskationen«, Verteuerung des Benzins, Mangel an Taxen – zurückzuführen, beweist jedoch andererseits die Organisationsfähigkeit der katalanischen Arbeiter, die den öffentlichen Verkehr unter erschwerten Bedingungen bei zumeist verbesserter Leistung als Selbstverwaltungsbetrieb aufrechterhielten[280]. Zwar betrachteten die Komitees und Gewerkschaften ihr Ziel bei weitem nicht als erreicht – die Transportgewerkschaft formulierte einen Monat nach Kriegsbeginn »die Aufhebung der Klassen und des Staats« als ihr Ziel[281] –, und die Kollektivierung beschränkte sich außerdem auf die Abschaffung des kapitalistischen Wirtschaftens und die Betriebsübernahme durch die Arbeiter, erstreckte sich jedoch nicht auf den eigentlichen Arbeitsbereich; trotzdem stellte die Organisation der Verkehrsbetriebe Barcelonas die Befähigung der katalanischen Arbeiter zur eigenverantwortlichen Führung eines großen Unternehmens unter Beweis. Bis zur Legalisierung der Betriebe im Juni 1937 war das Arbeiter-Kontrollkomitee dreimal neu gewählt worden: Auch dieser wiederholte Wechsel in der Betriebsführung deutet auf das Funktionieren der innerbetrieblich-demokratischen Regelungsmechanismen hin.

Das zweite bedeutende Dienstleistungsunternehmen, das die Arbeiter bereits in den ersten Kriegstagen übernahmen und kollektivierten, waren die (bis dahin in Privathand befindlichen) Wasser-, Gas- und Elektrizitätswerke Kataloniens[282]. Eine syndikalistisch-betriebliche Organisation übernahm in den ersten Kriegsmonaten die Versorgung der nordöstlichen Region, bis im November 1936 der Staat interventionistisch eingriff. Als 1937 die Regierung die Kollektivierung »legalisierte«, arbeitete die Belegschaft des Unternehmens das gesetzlich vorgeschriebene Statut aus, »ohne jedoch dabei jene syndikalistischen Struktur- und inneren Kontrollnormen zu vergessen, die auf dem föderativen, von unten nach oben aufbauenden Prinzip basieren«[283]. Das Unternehmensstatut wurde von einer Arbeiter-Vollversammlung im August, von der Generalitat Ende September 1937 gebilligt. Das Unternehmen erhielt nach seiner Legalisierung die Bezeichnung »Wasserwerke Barcelonas, Kollektivunternehmen«. Für die innerbetrieblich-demokratische Praxis hatte die

Legalisierung erhebliche Veränderungen zur Folge: Die Sektions- und Gebäudekomitees wurden aufgelöst, die häufigen Versammlungen und Mitbestimmungsdiskussionen hörten auf, das »Permanente Komitee« übernahm die Betriebsführung und rief nur noch einmal jährlich eine Vollversammlung zur Entgegennahme des Rechenschaftsberichts ein. Für die Kunden erhielt das Unternehmen wieder eine »bourgeoise Physiognomie«[284].
In den ersten Kriegsmonaten hatten die Gewerkschaften und die spontane Initiative der Arbeiter zusammengewirkt, um die Versorgung Kataloniens sicherzustellen. Bevor im Laufe des Jahres 1937 staatliche Institutionen in die Verwaltung der Dienstleistungsunternehmen eingriffen, waren es vor allem die CNT-Arbeiter, die den Transport Barcelonas und die Energieversorgung Kataloniens sicherstellten. Sie bewiesen damit nicht nur ihre Organisationsfähigkeit, sondern auch ihren Willen zur Mitwirkung am Aufbau ihres Traumes von einer egalitären Gesellschaft. Seit Ende 1936, verstärkt seit Mitte 1937, übernahm der Staat eine Reihe von Funktionen, die zuvor in gemeinsamer syndikalistisch-betrieblicher Verwaltung ausgeübt worden waren. Die Versorgung Kataloniens mit Wasser und Strom funktionierte vom ersten Tag des Krieges bis zur Eroberung der bedeutenden Elektrizitätswerke in den Pyrenäenausläufern bei Tremp durch die nationalistischen Truppen im Frühjahr 1938. Die gegen Kriegsende immer häufigeren Versorgungsunterbrechungen waren vor allem auf die Zerstörungen durch Bombardements zurückzuführen. Die Übernahme der Betriebe war keine planmäßig organisierte Aktion mit straffer Führung und klarem Ziel. Das Transportwesen und die Energieversorgung unterlagen anfangs einer zentral-syndikalistischen Leitung; der staatlichen Intervention aber, die die Gewerkschaftshierarchie letztlich durch ihr »politisches« Verhalten in den ersten Kriegsmonaten mitzuverantworten hatte, konnten auch sie sich im weiteren Kriegsverlauf nicht entziehen.

c) Die Syndikalisierung der Textilindustrie in Alcoy (Levante)

Der anarcho-syndikalistischen Theorie zufolge sollte das Syndikat als Organisation der Produzenten die nachrevolutionäre Gesellschaft strukturieren. Es hatte die Aufgabe, während der Revolution die erforderlichen Maßnahmen einzuleiten, um den Übergang vom Kapitalismus zum Sozialismus zu ermöglichen. In den ersten Tagen des Bürgerkrieges kam jedoch diese Theorie sehr schnell zu Fall, als die Arbeiter nicht auf Anweisungen ihrer Gewerkschaftszentrale warteten, sondern »spontan« verschiedene Produktionsformen entwickelten; nicht Sozialisierung durch die Syndikate – d. h. Syndikalisierung – kennzeichnete die spezifische Form des Übergangs zum Sozialismus, sondern weitgehend unkoordinierte Kollektivierung einzelner Betriebe, die nicht selten sogar im Widerspruch zu den ökonomischen und gesellschaftlichen Vorstellungen der CNT stand.
Der 45 000 Einwohner umfassende Ort Alcoy in der Provinz Alicante liefert eines der wenigen quellenmäßig belegten Beispiele einer industriellen »Syndikalisierung«[285]. Bereits am 18. Juli 1936 kontrollierte die CNT die gesamte

Textilindustrie. Von den 20 000 Arbeitern Alcoys waren 17 000 in der CNT und 3000 in der UGT organisiert; die CNT-Textilgewerkschaft hatte zu Beginn des Bürgerkrieges 4500 Mitglieder; im Februar 1937 zählte sie bereits 6500. Die Initiative zur Übernahme der Betriebe ging in Alcoy von den Gewerkschaften aus. Diese trugen anfangs eher gemäßigte Forderungen mit primär sozialer Zielsetzung vor: Die CNT verlangte Arbeitslosenunterstützung, Krankenversicherung und Arbeiter-»Kontrolle« in den Betrieben. Die eingeschüchterten Unternehmer scheinen gegen diese Forderungen keinen Widerstand erhoben zu haben.

Zwei Monate lang arbeiteten Kontrollkomitees und Unternehmer auf dieser Basis zusammen. Als die Gewerkschaften jedoch erkannten, daß »der kapitalistische Mechanismus die Produktion auf absurde Weise paralysierte«[286], d. h. einerseits das Problem der Arbeitslosigkeit fortbestand, andererseits die Unternehmer sich zur Fortzahlung der Arbeitslosenunterstützung außerstande erklärten und – da sie angeblich nicht einmal mehr die beschäftigten Arbeiter entlohnen konnten – die Gewerkschaften um finanzielle Unterstützung ihrer defizitären Unternehmen angingen, beschloß die CNT, »sich der Leitung der Betriebe zu bemächtigen und die ganze Gesellschaft zu verändern«[287]. Eine gewerkschaftliche Kommission stellte im September 1936 fest, daß die Textilindustrie Alcoys sowohl technisch-administrativ als auch finanziell paralysiert war. Daraufhin übernahm die CNT-Textilgewerkschaft am 14. September die gesamte Textilindustrie des Ortes: 41 Kleider- und 8 Unterwäsche-Fabriken, 10 Spinnereien, 4 Färbereien, 5 Appreturwerke, 24 Wollaufbereitungswerke und 11 Stofflager mit insgesamt 6431 Arbeitern in 103 Betrieben. Das Revolutionäre Verteidigungskomitee, das sich bereits in den ersten Tagen gebildet und eine Sonderkasse *(Caixa Especial)* eingerichtet hatte, stellte der Textilgewerkschaft 1 050 000 Peseten als Startkapital zur Verfügung. Jeder Betrieb wählte ein Betriebskomitee; häufig wurden die bisherigen Kontrollkomitees zu Leitungskomitees *(comités de gestión)* erweitert. Auf überbetrieblicher Ebene waren Vertreter der fünf Produktionszweige – Weber, Spinner, Appretierer, Wollaufbereiter, Näher(innen) – in einem »Syndikalistischen Leitungskomitee« vertreten, dem außer den Betriebskomitees noch Mitglieder einer vom Syndikat ernannten »Kontrollkommission« angehörten. Die Betriebskomitees nahmen eine vermittelnde Position zwischen den Arbeitern und der Gewerkschaft ein: »Ihre Rolle besteht darin, die Produktion entsprechend den von den Kontrollkomitees erteilten Anweisungen zu leiten, Berichte über den Fortgang der Arbeit den verantwortlichen Gewerkschaftskomitees und -sektionen weiterzureichen, den Bedarf an Material und Rohstoffen mitzuteilen . . .«[288]

Für die Gesamtorganisation war eine »Technische Kommission« verantwortlich, deren Untersektionen die Leitung der Textilindustrie übernahmen. Erhielt die Verkaufsabteilung einen Auftrag, so wurde er an die Produktionsabteilung weitergeleitet, die darüber zu entscheiden hatte, welche Produktionsstätten (Betriebe) die angeforderten Güter am zweckmäßigsten herstellen könnten. Die zuständigen Abteilungen lieferten die erforderlichen Rohstoffe, das Lager stellte das Material zur Verfügung und informierte gleichzeitig die Einkaufsabteilung, die neues Material besorgen mußte. Zur Aktivierung des Umsatzes

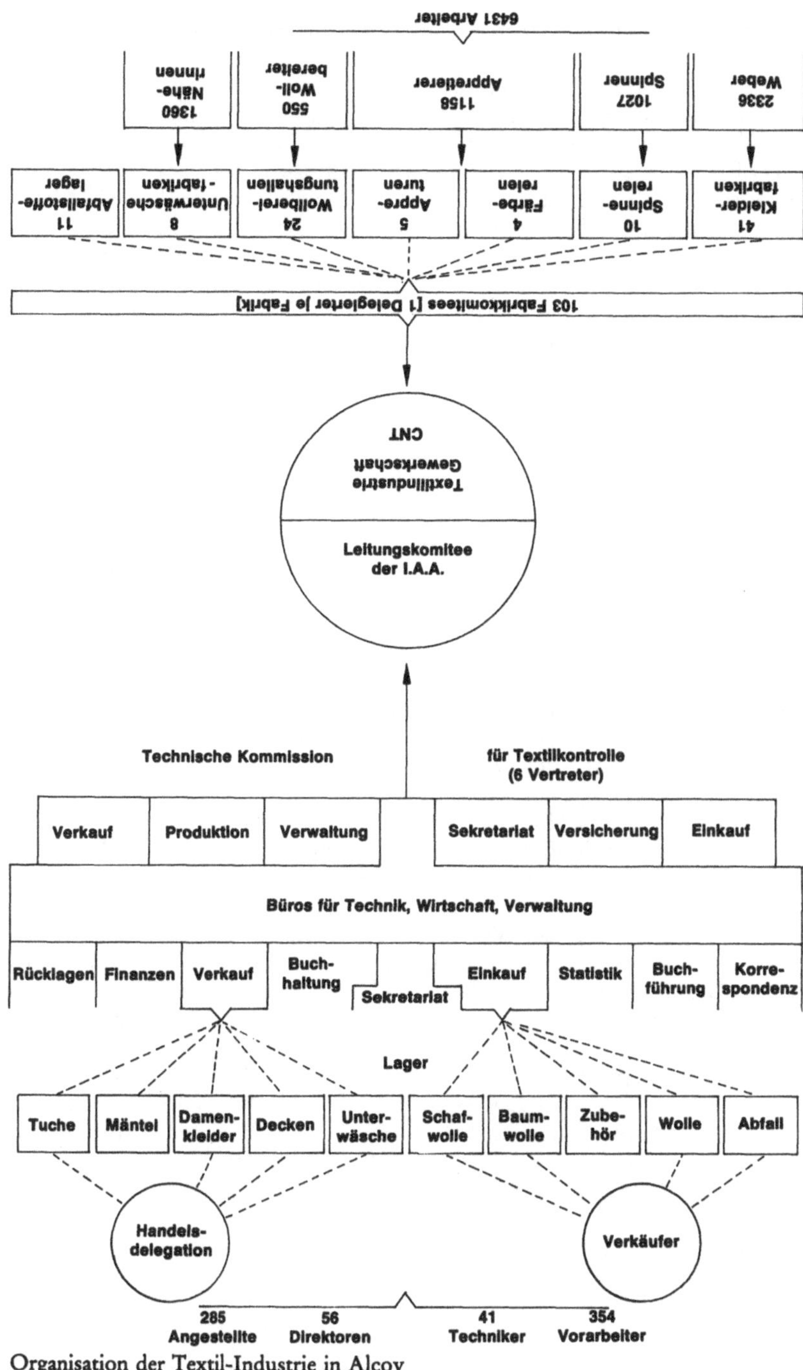

Organisation der Textil-Industrie in Alcoy

wurden Handelsdelegationen in verschiedenen Provinzhauptstädten eingerichtet.
Wegen ihrer besonderen Bedeutung erhielt die Produktionsabteilung drei Untersektionen: Fabrikation, technische Organisation und Wartung des Maschinenparkes, Kontrolle der Produktion und Statistik. Die Unterabteilung Fabrikation verteilte die eingegangenen Aufträge je nach Ausstattung und Spezialisierung an die einzelnen Werke und veranlaßte den Einkauf erforderlicher Rohstoffe. Nachdem die Produktion eines gewissen Artikels angelaufen war, informierten die Werkstatt-Komitees die zuständigen Gewerkschaftssektionen über den Fortgang der Arbeit und eventuell auftretende Schwierigkeiten. Die für die Wartung der Maschinen zuständige Unterabteilung mußte bei besonders kostspieligen Reparaturen die vorherige Genehmigung der Technischen Kommission einholen. Die Unterabteilung für Kontrolle und Statistik registrierte alle Zahlungen von Fabriken und Werkstätten, die Lieferung von Rohstoffen, Arbeitszeit und Arbeitsverteilung, den Verbrauch von Brennstoff und Strom etc. Auch die Verwaltungsabteilung umfaßte drei Teilbereiche: Buchhaltung (Kauf und Verkauf, Kredite, Lohnzahlungen), Kassengeschäfte (Zahlungen an die lokale Industrie), städtische und industrielle Verwaltung (Steuern, Miete, Sozialversicherung, Unfälle, Krankenkasse).
Anarcho-Syndikalisten betonen die Überlegenheit dieses »syndikalistischen« Systems gegenüber den »nur« kollektivistischen Experimenten in zahlreichen anderen Industriebranchen: Viele Fehler konnten vermieden werden, die tastenden Versuche unerfahrener Organe wurden übersprungen[289]. Nach anarchistischen und anarcho-syndikalistischen Quellen – den einzig vorliegenden – stellten die Neuerungen darüber hinaus eine Demokratisierung der Betriebs- und Entscheidungsstruktur dar. Außerdem scheint zumindest im ersten Kriegshalbjahr die Syndikalisierung auch ein wirtschaftlicher Erfolg gewesen zu sein: 1934–36 betrug der durchschnittliche Verkaufsertrag etwas über 15 Millionen im Halbjahr; in den ersten sechs Monaten 1936 war er auf etwas über zehn Millionen zurückgegangen, im ersten Kriegshalbjahr stieg er unter Gewerkschaftsleitung auf über 20 Millionen Peseten. Das Rohstoffproblem scheint nicht so akut wie in Katalonien gewesen zu sein, denn noch 1937 wurde an mindestens vier Wochentagen gearbeitet.
Die Analyse der katalanischen und levantinischen Textilwirtschaft weist exemplarisch auf methodische Schwierigkeiten hin, die bei der Untersuchung der Kollektivierungsbewegung auftreten. Zum einen stellen die stets positiv gefärbten anarchistenfreundlichen zeitgenössischen Beschreibungen besondere Anforderungen an die Quellenkritik – eine Aufgabe, die noch dadurch erschwert wird, daß eine Kontrastierung mit anderen Quellen nicht möglich ist –, zum anderen erlauben es die vorliegenden Angaben nur in den seltensten Fällen, die Entwicklung eines kollektivierten Unternehmens über längere Zeit hinweg zu verfolgen. Außerdem sind die Angaben meistens zu allgemein gehalten, als daß eine detaillierte Einzel-Betriebsuntersuchung vorgenommen werden kann, die jedoch Voraussetzung ist, um ein definitives Urteil über den ökonomischen Erfolg oder Mißerfolg der Kollektivierungsexperimente abgeben zu können.

d) Die Nationalisierung der Kriegsindustrie

Da sich fast die gesamte Rüstungsindustrie Spaniens von Kriegsbeginn an in den Händen der Aufständischen befand und die ungefähr 800 katalanischen Metallbetriebe keine Rüstungsgüter produzierten, stellte sich für die Republik bereits in den ersten Kriegstagen das Problem der Waffenproduktion. Als am 7. August 1936 die katalanische »Kriegsindustrie-Kommission« eingesetzt wurde, hatten die Arbeiter kollektivierter Betriebe (Hispano Suiza, Torras, La Maquinista Terrestre y Marítima, etc.) bereits mit der Umstellung der Produktion auf Kriegsbedürfnisse begonnen und Panzerfahrzeuge – stolz mit den Initialen CNT-AIT-FAI versehen –, gepanzerte Lastwagen, Handgranaten, Krankenwagen etc. hergestellt. Die neugeschaffene Kommission, von der alle Produktionszentren abhingen, die Kriegsmaterial herstellen konnten[290], ging unter der Leitung des ERC-Finanzministers Josep Tarradellas, dem der Oberst Jiménez de la Beraza sowie die CNT-Aktivisten Eugenio Vallejo (Metallindustrie) und Manuel Martí (chemische Industrie) zur Seite standen, an die Produktion von Waffen und Munition[291] und erzielte innerhalb eines Jahres Produktionsziffern, die selbst optimistische Schätzungen für unerreichbar gehalten hatten. Die zu 80% in der CNT organisierten Munitionsarbeiter scheuten selbst vor größten Anstrengungen nicht zurück[292], um die Produktion in Gang zu bringen und, trotz erheblicher finanzieller Schwierigkeiten, ständig zu steigern. Der größte Teil der neuen Maschinen (hydraulische Pressen, Drehbänke und Revolverdrehbänke, Fräsen und Bohrmaschinen) wurde – bei gesteigertem Einsatz aller Metallarbeiter[293] – ebenfalls in den kollektivierten Betrieben Kataloniens hergestellt.

Die Kriegsindustrie-Kommission kontrollierte Betriebe, deren Produktion ganz oder teilweise den Kriegsbedürfnissen angepaßt worden war, ca. zwanzig reine Rüstungsbetriebe und neun Betriebe sogenannter »Hilfsindustrien« (wie z. B. der Textilindustrie), die nach Bedarf Aufträge der Kommission erfüllten. Mitte September 1936 unterlagen der Kontrolle der Kommission 24, im Juli 1937 bereits 290 Fabriken, die bis zu ihrer »Militarisierung« am 11. August 1938 als Kollektivbetriebe arbeiteten[294].

Die Quelle, die am eindrucksvollsten die Leistungen der kollektivierten katalanischen Kriegsindustrie dokumentiert, ist Companys' Brief vom 13. Dezember 1937 an den damaligen Verteidigungsminister der Republik, Indalecio Prieto[295]. Der katalanische Ministerpräsident betonte die hervorragende Rolle der Industriearbeiter beim spontanen Aufbau der bis dahin inexistenten Kriegsindustrie. Dem Eingriff der Generalitat, die die verschiedenen Aktionen innerhalb kurzer Zeit zu koordinieren verstand, hätten die Arbeiter zunächst verständlichen Widerstand entgegengesetzt; schließlich sei es zu einer vertrauensvollen Zusammenarbeit zwischen Komitees und Technikern gekommen. Zuerst habe man besonderen Wert auf die Herstellung von Patronen, Kanonenkugeln und Handgranaten gelegt. Kleine Industriebetriebe wurden sofort auf Kriegsproduktion umgestellt. Als Katalonien die Zentralregierung darum bat, einige Maschinen der Patronenfabrik, die sich in dem von Franco-Truppen unmittelbar bedrohten Toledo befand, nach Barcelona bringen zu dürfen, um weiterhin die kriegserforderliche Munition herstellen zu können, wurde diese Bitte nicht nur rundweg abgeschlagen, sondern außerdem vorhergesagt, daß Katalonien niemals Patronen herstellen würde. Trotz dieser und zahlreicher anderer Schwierigkeiten habe die katalanische Kriegsindustrie jedoch inzwischen über 60 Millionen Hülsen, 76 Millionen Mauser-Kugeln und – bei einer Anfangsproduktion von 4000 Stück pro Monat – über 718 000 Kanonenkugeln hergestellt. In Palafrugell und Figueras sei eine neue Industrie entstanden, die inzwischen 566 442 Zünder produziert habe. Zum erstenmal überhaupt sei in Katalonien Pulver für Gewehre und Kanonen hergestellt worden[296], wenn auch bisher in verschwindend geringen Quantitäten (30 000 kg); die geringe Produktionsmenge sei vor allem auf die Schwierigkeiten zurückzuführen, die das republikanische Staatssekretariat für Waffen und Munition der katalanischen Kriegsindustrie in den Weg gelegt habe. Die besonders kriegswichtigen Fabriken *Elizalde* und *Hispano Suiza*, in deren führenden Gremien zuerst ein Vertreter der Generalitat gesessen hatte, seien im Laufe des Jahres direkt dem Verteidigungsministerium unterstellt worden, so daß die katalanische Landesregierung keinen Einfluß mehr auf die Produktion habe ausüben können. Trotz all dieser Schwierigkeiten habe man inzwischen durch Eigenproduktion und Ankauf im Ausland 294 Krankenwagen, 385 Lastkraftwagen, 147 Panzerwagen, 142 Tankkesselwagen, 30 Benzintankwagen und 127 zu verschiedenen Zwecken umgebaute Fahrzeuge in Betrieb setzen können.

Der Brief des katalanischen Ministerpräsidenten an den republikanischen Verteidigungsminister beleuchtet schlaglichtartig am exemplarischen Fall der Kriegsindustrie eines der Hauptprobleme der republikanischen Zone: das Verhältnis Kastilien–Katalonien. Die bereits vor dem Bürgerkrieg mitunter gespannten Beziehungen verschärften sich nach dem 19. Juli 1936 zusehends. Je deutlicher der Wunsch katalanischer Kreise nach Separatismus wurde, je weiter die Generalitat ihre Befugnisse über die Grenzen des Autonomie-Statuts ausdehnte, desto starrer wurde die Reaktion Madrids[297]. Was die Kriegsindustrie betraf, versuchte die republikanische Regierung von Anfang an, ihre Kompetenzen auf diesen Produktionszweig auszudehnen. Schon Anfang 1937 stellte sie die bedeutende Fabrik *Elizalde*, im August 1937 den Artilleriepark unter Staatskontrolle. Nach Mai 1937 nahmen die *Interventionen* der Zentralregierung zu; sie stützte sich dabei auf das Dekret vom 23. Februar 1937, das vom damaligen Industrieminister Juan Peiró (CNT) erlassen worden war. Als am 11. August 1938 ein neues Dekret die »Militarisierung« der Kriegsindustrie vorsah, bedeutete dies die vollständige Nationalisierung der bis dahin zwar unter der Kontrolle der Generalitat, aber nach wie vor unter Leitung selbstgewählter Komitees arbeitenden Kriegsbetriebe. Die unmittelbare Reaktion auf dieses Zentralisierungsdekret war der Rücktritt von J. Ayguadé und M. de Irujo, des katalanischen bzw. baskischen Ministers in der Regierung Negrín; die beiden Minister wollten damit gegen die Beschneidung der Rechte ihrer autonomen Regionen protestieren[298].

In ihrem Bestreben, die weitgehende Unabhängigkeit der katalanischen Rüstungsindustrie von zentralstaatlicher Kontrolle zu beenden, hatte die republikanische Regierung in den Kommunisten einen treuen Partner; schon früh wurde im PSUC-Organ »Treball« gegen die hauptsächlich von der CNT geführte Rüstungsproduktion heftig polemisiert. Peirats kommt zu dem Schluß, daß »in der Kampagne gegen die Kriegsindustrien Kataloniens der absorptionistische Geist der Zentralregierung und der Sektarismus der Satelliten Moskaus zusammentrafen«[299].

Die Übernahme der Kriegsindustrie durch die Zentralregierung hatte nicht nur eine Aufblähung des Verwaltungsapparates zur Folge, sondern außerdem einen deutlichen Verlust an Engagementbereitschaft der Arbeiter, die sich mit »ihrer« Produktion nicht mehr identifizierten. Die vielen Überstunden wurden schlagartig eingestellt, ausgefallene Arbeitstage (wegen Krankheit, Unfall etc.) nahmen um das Doppelte zu, Auseinandersetzungen zwischen den Arbeitern und den Staatsrepräsentanten häuften sich, ein neues, hartes Disziplinierungssystem sorgte für wachsende Unzufriedenheit unter den Arbeitern[300].

Die 1939 in Buenos Aires vorgelegte Dokumentation über die Kriegsindustrie umreißt in aller Deutlichkeit die Folgen der zentralstaatlichen Intervention[301]:

> Ergebnisse der Intervention der Zentralgewalt: Ernennungen politischer Art für die technischen Ämter von höchster Verantwortlichkeit, Schaffung einer Bürokratie von Kontrolleuren, Inspektoren, Direktoren etc., deren größtes Verdienst darin bestand, Mitglied einer gewissen Partei zu sein oder sich dieser vollständig unterzuordnen; Demoralisierung der Arbeiter angesichts der Aufhebung ihrer eigenen Betriebskontrolle und der Versetzung der eigentlichen Techniker; bemerkenswerter Rückgang der Produktionsleistungen; schädlicher Einfluß der sogenannten »Proselytenmacherei«, die in der »Kunst« bestand, parteitreue Kräfte einzusetzen.

Die Kritik an der Kommunistischen Partei ist unüberhörbar; vor allem PCE und PSUC wurden von den Anarchisten für die Verstaatlichung der Kriegsindustrie verantwortlich gemacht. Bereits im Frühjahr 1937 hatte Ministerpräsident Tarradellas als Vorsitzender der Kriegsindustrie-Kommission die Leistungen der anarcho-syndikalistischen Munitionsarbeiter gegen die heftigen Attacken der Kommunisten verteidigen müssen[302]. In den ersten Kriegstagen, in denen noch das Gefühl der vielbeschworenen »antifaschistischen Solidarität« überwog, hatte auch die kommunistische Presse überwiegend positiv zu den Leistungen der Arbeiter bei der Umstellung der katalanischen Produktion auf Kriegswirtschaft Stellung genommen[303]. Aber bereits in seinem Programm vom 18. Dezember 1936 sprach der PCE von »chaotischer Zerreißung der Produktion, die dazu führt, daß jeder nach seinem Gutdünken das produziert, was er für den Krieg oder für die Versorgung der ihm am nächsten liegenden Front am nötigsten hält«[304]. Als die kommunistische Kampagne zur Nationalisierung der Schlüsselindustrien schließlich Erfolg hatte, entsprach ihr Resultat keineswegs den Erwartungen. Im Gegenteil: Die Abschaffung des kollektivistischen Systems und die Einführung einer rigiden Betriebsdisziplin hatten, in Zusammenhang mit den negativen Auswirkungen parteipolitischer Bevorzugungen in den Fabriken, ein Nachlassen der Spontaneität und allseitigen Engagementbereitschaft zur Folge, die bis dahin als unverzichtbare Vitalisierungselemente einer direkten innerbetrieblichen Demokratie in funktionalem Zusammenhang zur Erhaltung des hohen Produktivitätsniveaus gestanden hatten. Anders gewendet: An der Entwicklung der katalanischen Kriegsindustrie läßt sich – deutlicher als bei anderen Sektoren – erkennen, daß das kollektivistische Wirtschaftssystem, das der unmittelbaren Partizipation der

Arbeiter einen hohen Wirkungsraum einräumte, in Verbindung mit einer geschickt durchgeführten Regierungsaufsicht ein funktionsfähiges, aus der integrativen Zusammenarbeit von Arbeitern, Syndikaten und Regierung resultierendes spezifisches Wirtschaftssystem ergab, dessen Leistungsfähigkeit zu einem nicht geringen Teil die direkte, permanente Entscheidungsbeteiligung der Arbeiter auf innerbetrieblichem Sektor voraussetzte.

7. Die Industriekollektivierung: Zusammenfassung und Versuch einer Typologisierung

Jede Untersuchung der (katalanischen) Industriekollektivierung zwischen 1936 und 1939 wird bei der Formulierung der Ergebnisse und Schlußfolgerungen primär auf die restriktiven Rahmenbedingungen, die strukturellen Vorbelastungen und konkreten Situationszwänge dieses Experiments hinweisen müssen: Bürgerkrieg, ausländische Intervention, internationaler Boykott, Verschiedenartigkeit der syndikalistischen und politischen Zielvorstellungen, Heterogenität unterschiedlicher Programme und Organisationen. Die kurze Dauer (knappe zweieinhalb Jahre) des Experiments, dessen Marginalisierung auf einen in latenter Opposition zur Zentralregierung befindlichen Landesteil sowie das Fehlen monographischer Vorarbeiten erschweren die Untersuchung und zwingen dazu, Schlußfolgerungen nur mit erheblichen Vorbehalten hinsichtlich ihrer allgemeingültigen Aussagekraft zu formulieren[305].

Spontaneität und Improvisation bestimmten die Vielfalt der Organisationsformen, Institutionen und Entscheidungsgremien, die in den ersten Bürgerkriegstagen unkoordiniert sowohl von der »Basis« als auch zentralgeleitet von der Regierung gebildet wurden. Der Mangel eines einheitlichen Plans zur Anpassung der Gesamtwirtschaft an die Erfordernisse der Kriegssituation ließ die verschiedenen politischen und gewerkschaftlichen Organisationen innerhalb kurzer Zeit Wirtschaftsprogramme ausarbeiten, die in einem sozialgeschichtlichen Zusammenhang Ausdruck der differierenden Interessenlagen der verschiedenen gesellschaftlichen Schichten waren.

Den kommunistischen Forderungen nach Nationalisierung der Grundindustrien, Errichtung von Genossenschaften und privatwirtschaftlicher Weiterführung der Klein- und Mittelbetriebe standen anfangs die anarcho-syndikalistischen Vorstellungen einer von Syndikaten sozialisierten Wirtschaft, der Kollektivierung sämtlicher Betriebe und der Nutznießung der Produktionsmittel durch die Arbeitergewerkschaften gegenüber. Mangelnde programmatische Klarheit, vor allem jedoch die Erfordernisse einer zentralgelenkten Kriegswirtschaft trieben die Anarchisten zuerst in einen kasuistischen Wirtschaftsinterventionismus und ließen sie schließlich einen Großteil des kommunistischen Nationalisierungs- und Zentralisierungsprogramms übernehmen. Nach dem 19. Juli 1936 bildete sich ein von den Syndikaten »koordiniertes«, vom Staat »orientiertes« Wirtschaftssystem heraus, das während des ganzen Krieges einer dynamischen Entwicklung unterworfen blieb und bis zuletzt eine dualistische Struktur beibehielt, in der kapitalistisch-privatwirtschaftliche und kollektivistisch-sozialisierte Produktionseinheiten nebeneinander bestehen blieben.

Das aus den spontanen Aktionen resultierende, durch das Kollektivierungsdekret legalisierte Ergebnis dieser Entwicklung läßt sich auf der Ebene der Produktionseinheiten systematisch in fünf »Idealtypen« zusammenfassen, die in ihrem ungleichzeitigen Auftreten Ausdruck eines komplizierten Gleichgewichts zwischen den differierenden Zielen der politisch-gewerkschaftlichen Kräfte waren[306]:

a) In den ***kollektivierten Betrieben*** lag die gesamte wirtschaftliche Macht bei den Arbeitern. In diesen Selbstverwaltungs-Einheiten verblieb der größte Teil, nach der Gründung der Industrie- und Handels-Kreditkasse 50 % des erwirtschafteten Gewinns in den Händen der Betriebsbelegschaft. Eine Vollversammlung aller Arbeiter und Angestellten wählte ein Betriebskomitee, das einen Direktor einsetzte; Komitee und Direktor waren – wie alle neugeschaffenen Organe der kollektivistischen Wirtschaft – sowohl ihren Wählern (den Betriebsbelegschaften) als auch der ihnen unmittelbar übergeordneten Instanz (dem Generalrat des Industriezweiges) Rechenschaft schuldig. Dieses Prinzip der Doppelverantwortung charakterisierte das gesamte neue Wirtschaftssystem. Seit Januar 1937 war die Generalitat in allen kollektivierten Betrieben durch einen Kontrolleur, der nur in Übereinstimmung mit der Betriebsbelegschaft eingesetzt werden durfte, vertreten.

b) *Kontrollierte Betriebe* waren Privatbetriebe, die aufgrund verschiedener Überlegungen nicht kollektiviert worden waren; neben die Besitzer und Direktoren trat ein Kontrollkomitee, dessen weitreichende Kompetenzen einen erheblichen Einfluß der Arbeiter auf die Betriebsführung garantierten. Auch in »kontrollierten« Betrieben stellte ein Regierungsvertreter die Verbindung zwischen dem Betrieb und dem Generalrat des Industriezweiges her. Die Belegschaft hatte freies Verfügungsrecht über 30 % des erwirtschafteten Gewinns.

c) Die Kriegsindustrie-Kommission richtete ab August 1936 ***nationalisierte Betriebe*** ein; nach dem Erlaß des »Dekrets für besondere Eingriffe« vom November 1937 und seit der »Militarisierung« der Kriegsindustrie durch die Zentralregierung im Oktober 1938 nahm die Anzahl verstaatlichter Betriebe erheblich zu. Nicht selten kam es dabei zu heftigen Auseinandersetzungen zwischen der republikanischen Zentralregierung und der katalanischen Regionalregierung, die beide ihren Einfluß auf die Wirtschaft erweitern wollten.

d) *Kommunalisierte Betriebe* waren vor allem die öffentlichen Dienste in den katalanischen Kleinstädten; die Kommunalisierung wurde primär funktional als Mittel zur Erhebung und Eintreibung städtischer Steuern, somit zur Behebung der chronischen Defizite in den Stadt-Budgets, eingesetzt, die nach Kriegsbeginn um ein Vielfaches anwuchsen, nachdem im republikanischen Landesteil das Steueraufkommen infolge der revolutionären Ereignisse um 70 % gesunken war[307].

e) Die *Gruppierungen* resultierten aus der Zusammenfassung mehrerer, nach syndikalistischer Intention sämtlicher Unternehmen einer Branche oder Ortschaft zu kollektivierten »Kartellen«; die zu einem Unternehmen zusammengefaßten Betriebe wurden als eine Produktionseinheit aufgefaßt. Die »Gruppierungen« bedeuteten eine Konzession an die Anarcho-Syndikalisten, die die Kontrolle über ganze Wirtschaftszweige durch die Gewerkschaften anstrebten. Als seit Mitte 1938 immer deutlicher wurde, daß die weitere Gründung von »Gruppierungen« einer Machterweiterung der syndikalistischen CNT gleichkam, versuchte die Regierungspartei »Esquerra« als Vertreterin des Mittelstandes, die Schaffung zusätzlicher Gruppierungen und somit die Kollektivierung auch kleinerer Betriebe zu verhindern. Die Diskussion über die Erweiterung der Gruppierungen wurde 1938 zu einer Auseinandersetzung zwischen der in der CNT organisierten Arbeiterschaft und dem in der Esquerra repräsentierten Mittelstand[308].

Die erste, von Struktur- und Disziplinlosigkeit geprägte Phase der Kollektivierung war eine Periode der spontanen Konstituierung und allmählichen

Konsolidierung eines neuen Wirtschaftssystems, das sich aus der Verbindung von Arbeiterselbstverwaltung und staatlicher Koordinierung herausbildete. Das unkoordinierte Nebeneinander der verschiedensten Komitees fand mit dem Erlaß des Kollektivierungsdekrets, das zugleich Höhepunkt und Peripetie der revolutionären Umwälzung bedeutete, sein Ende. In dem neuen Wirtschaftssystem wurden, zumindest ansatzweise, traditionelle Herrschaftsformen der Industriegesellschaft durch partielle Selbstbestimmung der Arbeitenden in einer über mehrere Monate hinweg erfolgreichen Verschränkung von Planung und Disposition, Kontrolle, Lenkung und Ausführung abgebaut. In der »spontan-revolutionären« Phase des Krieges blieb das Funktionieren der Arbeitsabläufe vor allem durch die sofortige Intervention der Betriebs- und Kontrollkomitees gewährleistet, deren Leistung darin bestand, in einer Periode allgemeiner Verwirrung und Desorganisation die Leitung der Betriebe ganz oder teilweise übernommen und damit die Fortführung der Industrieproduktion ermöglicht zu haben.

Kompetenzanspruch und -reichweite der neuen Arbeiterkontroll- und -leitungsorgane waren erheblichen Variationen unterworfen: Gaben sich einige Kontrollkomitees mit der Beteiligung an Personalentscheidungen zufrieden, so forderten andere die Aufsicht über die gesamte Betriebswirtschaft und alle Geschäftsvorgänge; »Fabrikkomitees« traten an die Stelle der bisherigen Betriebsleitungen und übernahmen die Führung der Betriebe in Eigenverantwortung.

Obwohl viele der Komitees, die nach dem 19. Juli 1936 entstanden, aus den bereits vorher als Interessenvertretung der Arbeiter bestehenden Organen hervorgingen, stellten sie trotzdem einen neuen Typ der Arbeitervertretung dar. Das klassenkämpferische Element entfiel, da die Bourgeoisie als Klasse nicht mehr in Erscheinung trat; dafür übernahmen die Komitees die bisher von Besitzern und Direktoren ausgeübten Leitungs- und Koordinationsfunktionen. Die Arbeit hatte für die Produzenten einen neuen, nicht mehr durch ihren Gegensatz zum Kapital gekennzeichneten Charakter erhalten. Die Enteignung der privaten Eigentümer an Produktionsmitteln und die kollektive Selbstorganisation der Produzenten bedeuteten für letztere eine Erweiterung ihres Freiheits- und Selbstbestimmungsraumes, wenn auch die Rechte der Arbeiterschaft an der Basis der Unternehmensversammlung sich in praxi häufig in der Wahl ihrer Vertreter in die Leitungs- und Kontrollorgane, dem Empfang der Rechenschaftsberichte, dem Anspruch auf Information und der Möglichkeit, ihre Vorstellungen zu allen Fragen des Personal- und des Arbeitsbereiches zu artikulieren, erschöpften. Im mikro-ökonomischen Bereich zeitigte das Arbeiterselbst- und -mitverwaltungssystem durch die Kompetenzen der gewählten und abwählbaren betrieblichen Verwaltungsorgane im Ergebnis Herrschaftsabbau und zumindest gewisse Einwirkungsmöglichkeiten des Arbeitenden auf den Produktionsprozeß selbst. Die proportionale Vertretung der drei Bereiche Technik, Verwaltung und Produktion in der personellen Zusammensetzung der Komitees spiegelte die soziale Struktur der Betriebsbelegschaft weitgehend getreu wider.

Das zumeist wohl funktional bestimmte neue Verantwortungsbewußtsein blieb in den ersten Monaten auf den eigenen Betrieb konzentriert, führte hier allerdings häufig zur Selbstoptimierung der Produktion. Obwohl die kollektive Kraft keineswegs nur in der Spontaneität und dem Bewußtsein der gemeinsamen Bedrohung, sondern ebenso in einer ausgeprägten Kooperationsfähigkeit und -bereitschaft gründete, konnte sie nur allmählich zu gesamtwirtschaftlichem Nutzen eingesetzt werden. Bei dem in den ersten Kriegsmonaten sich herauskristallisierenden Umriß einer möglichen künftigen »sozialisierten« Industriestruktur als kollektiver Selbstorganisation auf der Basis der Produktionseinheiten waren die vergesellschafteten Produktionsmittel zwar nicht eigentumsrechtlich, wohl aber de facto den betrieblichen Arbeitskollektiven zugeordnet. Soweit es um die Lösung begrenzter Aufgaben – z. B. das Funktionieren der Arbeitsprozesse, die Befriedigung spezieller Bedürfnisse der Belegschaften – ging, haben sich die Komitees als durchaus effektiv erwiesen. Ihr »gesellschaftliches« Ziel, die »Entfremdung« der Arbeiter durch grundlegende Veränderung der Herrschaftsstruktur der industriellen Wirtschaft aufzuheben, konnten sie allerdings nur vorübergehend, und auch da nur partiell, erreichen. Ihr anfänglicher Fehler bestand darin, die gesamtwirtschaftlichen Interessen außer acht gelassen und zu lange einem blinden Betriebsegoismus gehuldigt zu haben. Die Einsetzung von Kontroll- und Betriebskomitees und die Wahl eines Arbeitsdirektors führten zwar nicht zur vollständigen Beseitigung, wohl aber zur Auflockerung der Herrschaftsstruktur des Industriebetriebs. Die Änderung der Eigentumsverhältnisse und die tendenzielle Aufhebung positiver und negativer Herrschaftsrollen, d. h. die angestrebte Beendigung der Dichotomie von Herrschern und Beherrschten im Industriebetrieb, hatte darüber hinaus eine Verringerung von Arbeitskonflikten zur Folge. Schon bald wurde deutlich, daß das eigentlich Demokratische, nämlich die Selbstbestimmung der Mitglieder einer Gesellschaft auf den untersten Ebenen, mit einer politisch vernünftigen und technisch effizienten Koordination der Produktion vereinbart werden mußte. Gerade in den ersten Monaten jedoch wurde demokratische Selbstbestimmung allzuoft mit wirtschaftlicher Selbstgenügsamkeit des Einzelbetriebs verwechselt, bis die einzelnen Komitees auf Druck der oberen Gewerkschaftsgremien einsahen, daß eine koordinierende Planung über die Ebene des Einzelindividuums und -betriebs hinaus erforderlich war[309]. In diesem Sinne bewiesen die Gewerkschaften schon bald gesamtgesellschaftliche Verantwortung. Der Eingriff der CNT in betriebsinterne Entscheidungen war allerdings nicht nur situationsbedingt, sondern entsprach auch der anarcho-syndikalistischen Ideologie einer um Syndikat und Kommune aufgebauten Gesellschaft.

Das Verhältnis zwischen Gewerkschaften und Betriebskomitees blieb bis zum Ende des Krieges unspezifiziert; mangelnde Kompetenzabgrenzung bei extensiver Interpretation des gewerkschaftlichen Interventionsanspruchs durch die Syndikate und restriktiver Auslegung durch die Betriebskomitees führte zu Spannungen und erleichterte staatliche Eingriffe. Für die CNT war es selbstverständlich, daß Arbeiterkontrolle nur in Zusammenarbeit mit der Gewerkschaft zu realisieren sei. Gegen diese Einmischung »betriebsfremder Elemente« in die Verwaltung der Fabriken wandten sich im weiteren Kriegsverlauf PCE und PSUC mit aller Entschiedenheit.

Wie bei der Agrarkollektivierung, bedeutet auch im sekundären Sektor die Beschränkung der Betrachtung auf eine ökonomische Problemstellung eine perspektivische Einengung, die angesichts der kriegsbedingten Situationszwänge zu unzureichenden Ergebnissen führen muß. Die Übernahme der Betriebe durch die Arbeiter hatte für diese nur vorübergehend eine materielle Besserstellung zur Folge. Die kriegsbedingten Umstände führten in den meisten Branchen zu einem deutlichen Produktionsrückgang, der sich nur in der Metallindustrie – infolge ihrer direkten Funktion für die Kriegsproduktion – in erträglichen Grenzen hielt. Gerade das Übergewicht exogener Faktoren in der Industriewirtschaft der Kriegsperiode beweist die Unzulänglichkeit einer reinen Input-Output-Analyse bei der Frage nach Erfolg oder Mißerfolg der Industriekollektivierung[310]:

Produktionsindizes nach Industriesektoren (Katalonien)
(Januar 1936 = Index 100)

Monate	Metall	Textil	Chemie	Bau	andere
1936					
Januar	100	100	100	100	100
Februar	103	92	85	77	85
März	81	76	73	65	76
April	91	89	88	87	90
Mai	106	82	83	80	91
Juni	67	58	71	69	69
Juli	85	57	60	50	74
August	76	51	42	47	65
September	96	50	54	64	85
Oktober	108	58	58	50	94
November	70	35	41	37	62
Dezember	123	49	56	53	88
1937					
Januar	119	39	49	32	78
Februar	84	33	40	24	68
März	97	33	46	26	69
April	133	37	55	49	78
Mai	96	29	38	37	50
Juni	95	43	50	45	61
Juli	69	39	51	50	59
August	50	29	29	35	35
September	46	36	47	33	40
Oktober	30	34	37	41	35
November	42	24	30	33	25
Dezember	62	20	31	44	28

Auf der den Produktionseinheiten übergeordneten Ebene bestand die Funktion der *Wirtschafts-Industrie-Föderationen* in der Zusammenfassung verschiedener Industriesektoren, deren reibungslose Produktion garantiert werden sollte; das Ende des Krieges verhinderte eine volle Realisierung dieses Planes. Die

Generalräte der Industrie übernahmen ab Herbst 1937 die Leitung der Industrien; sie waren für alle überbetrieblichen Fragen und den Ablauf des gesamtwirtschaftlichen Prozesses verantwortlich. Den Vorsitz der Generalräte führten Mitglieder des *Wirtschaftsrates*, der die letzte Instanz für alle Wirtschaftsfragen Kataloniens war. Durch die koordinierende und regulierende Funktion der Generalräte waren die einzelnen Betriebe keine autonomen Wirtschafts-, sondern institutionell miteinander verbundene Produktionseinheiten, die sich ab Ende 1937 immer weniger an den Marktgesetzen orientieren konnten, sondern den zentralen Direktiven der staatlichen Wirtschaftsplanung unterworfen waren. In dieser zweiten Phase war die Industriestruktur von einem Nebeneinander von dezentralisierter Selbstverwaltung in Form kollektivierter Betriebe und zentralisierter Planung und Leitung in Form nationalisierter Unternehmen geprägt.
Die im weiteren Kriegsverlauf entstandenen neuen Organisationsformen der Wirtschaft, die staatskapitalistischen Monopole, deren Wirkungsweise nicht mehr den klassisch-marktwirtschaftlichen Gesetzen der Ökonomie, sondern bewußter staatlicher Organisation und Lenkung gehorchte, hatten die von Arbeitern spontan, von Syndikaten systematisch durchgeführte Vergesellschaftung der Produktion zur Voraussetzung. Die Einsetzung der Industrie-Generalräte, das Dekret für besondere Interventionen, schließlich die Militarisierung kriegswichtiger Industrien führten in der zweiten Hälfte des Krieges zu einer zentralgeleiteten, Kriegsbedürfnissen angepaßten Planwirtschaft. Bis zur Erstellung eines allgemeinen Produktionsplanes blieb das kollektive Wirtschaftssystem Kataloniens in einem doppelten Sinne dezentralisiert: Zum einen konnte die republikanische Zentralregierung längere Zeit keine direkte Kontrolle über die katalanische Produktion ausüben, zum anderen gelang es auch der katalanischen Regionalregierung nur sehr langsam, durch dirigistische Einflußnahme und Zentralisierung der Entscheidungsbefugnisse in den Wirtschaftsablauf einzugreifen. Bis Mitte 1937 kann von einem dezentralisierten marktsozialistischen System gesprochen werden, in dem der Markt – allerdings mit erheblichen Einschränkungen – seine Regulierungsfunktion für Angebot und Nachfrage beibehielt. Die Formen kollektivistischer Selbstorganisation der Produzenten stellten in dieser ersten Phase das entscheidende Strukturmerkmal der sich herausbildenden kommunistischen Industriegesellschaft Kataloniens dar.
Viele der Probleme, die aus der Spannung von kollektivistisch-gewerkschaftlichen Zielprojektionen und kleinbürgerlich-politischen Verhältnissen, wirtschaftlichen Programmen und kriegsbedingt-situationsgebundenem Handeln, Ideologie und Realität entstanden, wurden schließlich im Sinne jener von kommunistischen und Volksfront-Parteien vertretenen, von der anarchosyndikalistischen Organisation letztlich akzeptierten »Staatsräson« gelöst, die das Ende der Sozialen Revolution bedeuten mußte.

KAPITEL V

Staat und Revolution

Zum erstenmal seit Gründung der CNT und FAI hatte der organisierte Anarchismus am 19. Juli 1936 die Gelegenheit, das Ziel der »Abschaffung« des Staatsapparates zu erreichen. Alle fehlgeschlagenen Aufstände während der Zweiten Republik hatten – als Teil der anarchistischen »revolutionären Gymnastik«[1] – letztlich dem Ziel der Errichtung des freiheitlichen Kommunismus, und das bedeutete: der Abschaffung des Staates gegolten. Als sich nun am 17./18. Juli 1936 die Republik einer tödlichen Existenzkrise ausgeliefert sah, stellte sich für die Anarchisten die Frage: Sollten sie die einmalige Gelegenheit nutzen, den von ihnen radikal abgelehnten, durch den Militäraufstand in seinen Grundfesten erschütterten Staat vollends zu zerschlagen und – entsprechend ihrem organisatorischen Vorentwurf – durch horizontal und vertikal miteinander verbundene Produzentenvereinigungen und Selbstverwaltungsorgane zu ersetzen?

Auf lokaler Ebene entstanden nach dem 19. Juli Organe einer neuen Gewalt, revolutionäre Komitees, deren Stärke in ihrer engen Verbindung mit den proletarisch-bäuerlichen Massen lag, als deren Sprachrohr sie wirkten. Von entscheidender Bedeutung für die spontane Konstituierung örtlicher Komitees war das Machtvakuum, das durch den Aufstand der Militärs und den Zusammenbruch der staatlichen Gewalt entstanden war. Die Auflösung der zentralen und lokalen Herrschaftsstrukturen machte aus den Revolutionsorganen vielfach »regierende« Machtorgane, die nahezu alle Verwaltungsgeschäfte in die eigene Hand nahmen. Die Komitees, die an die Stelle des Regierungs- und Verwaltungsapparates traten und gleichzeitig das gesellschaftliche und politische Kräfteverhältnis widerspiegelten, richteten sich als revolutionäre Machtträger gegen die bestehende wirtschaftliche und politische Ordnung und den Status quo der gesellschaftlichen Machtverteilung. Sie erstrebten jedoch nicht die Eroberung der politischen Macht – wenn sie diese auf lokaler Ebene auch de facto ausübten –, sondern deren Zerschlagung.

Die anarchistischen Modelle eines nachrevolutionären Gesellschaftsaufbaus waren stark von der Räteidee beeinflußt. Wirtschaftliche Komitees, die zugleich politische Funktionen hatten, sollten nach dieser Konzeption die Keimzellen eines föderativen Systems sein, das den parlamentarischen Staat ablöste. Als den Anarchisten nach der Niederschlagung rebellierender Truppenteile in einigen Gegenden Spaniens sehr schnell klar wurde, daß die vollständige Realisierung ihres Programms einer anarchistischen Diktatur gleichkommen würde, entschlossen sie sich, unter Mißachtung ihrer Ideologie und jahrzehntelangen antistaatlichen Praxis, zur Zusammenarbeit mit Regierung und Staat. Entscheidend für die Fortentwicklung der Sozialen Revolution war die Frage nach der Organisation dieser Zusammenarbeit: Wie konnte die Regierung dazu gezwungen werden, die Revolution mit ihren Errungenschaften anzuerkennen, sie zu verteidigen und voranzutreiben? Der zeitweilige Verfall der staatlichen Gewalt hatte zwar in nahezu allen Gegenden des republikanischen Spanien einen vorübergehenden Aufschwung revolutionärer Macht- und Selbstverwaltungsorgane zur Folge, deren ephemere Existenz ließ sie aber nur selten zu einer Konsolidierung ihrer Position kommen:

In Valencia konnte sich das »Volksexekutivkomitee der Levante« gegen die Junta Martínez Barrios behaupten und bis November das wirtschaftliche und politische Leben der Mittelmeerstadt bestimmen. Als die republikanische Regierung ihren Sitz in die Turia-Stadt verlegte, nahm jedoch der Einfluß des Volksexekutivkomitees sehr schnell ab; es wurde schließlich durch fünf Provinzräte ersetzt und damit dem gleichen Legalisierungsmechanismus unterworfen, der bis Februar 1937 die Lokalkomitees in Gemeinderäte umstrukturierte.

In der Provinz Murcia bildeten sich zwei Organisationszentren heraus: Das Industrie- und Handelszentrum Cartagena war unbestritten in Händen der CNT, während die Provinzhauptstadt Murcia – Verwaltungszentrum und Agrarmarkt – eindeutig von den Sozialisten beherrscht wurde. Andalusiens lokalistische Tradition, die im »kantonalistischen« Aufstand von 1873 am deutlichsten hervorgetreten war, verhinderte auch 1936/37 die Zusammenfassung der unkoordiniert operierenden Komitees und örtlichen Machtorgane; die andalusischen Anarchisten weigerten sich hartnäckig, in die »legalisierten« Gemeinderäte einzutreten und ihre mächtige Position in den spontan geschaffenen Komitees aufzugeben. Der Einfluß des Komitees für Öffentliche Wohlfahrt in Málaga reichte kaum über die Stadtgrenze hinaus; das neugeschaffene Machtorgan, in dem alle lokalen Organisationen vertreten waren, war somit – im Hinblick auf die Entwicklung in der Provinz – zu ähnlicher Wirkungslosigkeit verurteilt wie das Volksexekutivkomitee in Valencia. Der Provinzrat von Badajoz wurde erst im November 1936 gegründet; sein Aktionsradius erstreckte sich jedoch wegen des für die Republik ungünstigen militärischen Verlaufs in der Extremadura-Gegend von Anfang an nur über ca. ein Drittel der Provinz.

Bis José Antonio de Aguirre am 7. Oktober 1936 die erste Regierung des autonomen Baskenlandes bildete, war die CNT auch in den Verteidigungs-Juntas von Vizcaya und Guipúzcoa vertreten. In Asturien hatten sich – ähnlich wie in Murcia – zwei verschieden orientierte Revolutionsorgane konstituiert: Das »Provinzkomitee von Asturien« war sozialistisch, das »Kriegskomitee von Gijón« anarchistisch ausgerichtet. Als im November die Anarchisten in die Zentralregierung eintraten, wurde das Kriegskomitee von Gijón aufgelöst bzw. in den neuen »Rat von Asturien und León« integriert, der bis Oktober 1937 – nachdem er im August seine »Souveränität« erklärt hatte – das zivile und militärische Leben der rohstoffreichen Gegend bestimmte. Im November 1936 ging aus dem »Erweiterten Volksfrontkomitee« Santanders der »Interprovinz-

rat von Santander–Burgos–Palencia« hervor, der erst beim Fall der nördlichsten Provinz Alt-Kastiliens am 25. August 1937 aufgelöst wurde.
Aus der Vielzahl lokaler und regionaler Komitees werden im folgenden die wesentlichen, aus der Revolution hervorgegangenen Institutionen, deren Gesamtgefüge und Relationen aufgezeigt, ohne ein organisationsgeschichtliches Kapitel im engeren Sinne liefern zu wollen. Es geht um die Frage – wie sie mutatis mutandis auch für die Russische Revolution gestellt worden ist[2] –, welchen Veränderungen die Macht der Anarchisten unterzogen wurde, die am 19. Juli in einigen Teilen des Landes, vor allem in Katalonien, den militärischen Aufstand niederschlagen konnten bzw. an seiner Niederschlagung beteiligt waren und danach zu den Hauptträgern der sozial-revolutionären Bewegung wurden. In Katalonien bildete sich das unter starkem anarchistischen Einfluß stehende Zentralkomitee der Antifaschistischen Milizen heraus, das als konkurrierende Gewalt neben die Generalitat trat, in Aragonien setzte sich ein rein anarchistischer »Verteidigungsrat« selbst als Regionalregierung ein, und auf lokaler Ebene wurde von CNT und FAI eine Unmenge revolutionärer Komitees mit weitreichenden politischen und wirtschaftlichen Funktionen gebildet.

1. Das Zentralkomitee der Antifaschistischen Milizen und der Regierungseintritt der Anarchisten

Am 20. Juli 1936 war in ganz Katalonien die Macht in Händen der CNT und der FAI[3], die sich vor die Alternative gestellt sahen: Anarchistische Alleinherrschaft oder Zusammenarbeit mit der bisher heftig bekämpften, jetzt nur noch de jure bestehenden Regierung, den übrigen Parteien und Arbeiterorganisationen. J. García Oliver, der in den ersten Tagen nach dem Aufstand in der CNT die entscheidende Rolle spielte, brachte die Alternative auf die später von nahezu allen Anarchisten übernommene Formel: »Freiheitlicher Kommunismus, was anarchistischer Diktatur gleichkam, oder Demokratie, was Zusammenarbeit bedeutete«[4]. Entgegen jahrzehntelang vertretener Auffassung stellte sich am 20./21. Juli für CNT und FAI das Freiheitsproblem in der Form, daß sie einzig in der »politischen« Zusammenarbeit mit den übrigen antifaschistischen Organisationen die Garantie für Demokratie sahen, während die Durchsetzung des integralen Anarchismus als Errichtung einer Diktatur interpretiert wurde. Bei den CNT-Beratungen während der Vollversammlungen vom 20. und 21. Juli spielte nicht nur die Überlegung eine Rolle, daß die sofortige Verwirklichung des »freiheitlichen Kommunismus« zwangsläufig zu einer Unterdrükkung der republikanischen und sozialistischen Kräfte führen würde, sondern zugleich die Überzeugung, daß Katalonien einem nationalen und internationalen Boykott ausgesetzt wäre, sich selbst politisch und wirtschaftlich vom restlichen Spanien isolieren und somit dem vordringlichen Ziel – der Niederschlagung des militärischen Aufstandes – eher schaden als nützen würde. Noch während der Diskussionen am 20. Juli um die Frage einer Beteiligung an der politischen Verantwortung forderte Präsident Companys die Anarchisten zu Gesprächen mit der Regierung auf. Schwerbewaffnet zogen Vertreter von

CNT und FAI unter Führung von García Oliver ins Regierungspalais, wo ihnen Companys in einer wohlüberlegten Rede das Hauptverdienst an der Niederschlagung des Aufstandes zusprach, ihnen bescheinigte, daß sie die Herren der Stadt seien, und anbot, mit ihnen zusammenzuarbeiten[5]. Nach der Rede des Präsidenten, deren Inhalt in García Olivers Fassung – der einzig vorliegenden – neuerdings Zweifeln unterzogen oder ganz in Frage gestellt wird[6], machte Companys den anwesenden Anarchisten den Vorschlag der Zusammenfassung aller »antifaschistischen Kräfte« zu einem »Organ, das befähigt ist, den revolutionären Kampf bis zum Sieg fortzuführen«[7]. In einem vorklärenden Gespräch mit den im Nebenraum befindlichen Politikern konkretisierte Companys seine Vorstellungen und schlug die Schaffung eines Milizkomitees vor[8]. Das regionale Plenum der CNT-Bezirkskomitees vom 21. Juli entschied nahezu einstimmig – mit der alleinigen Ausnahme des Bezirks »Bajo Llobregat« –, vorerst die in ihren Augen unter den gegebenen Umständen theoretische und jeglicher praktischen Relevanz entbehrende Diskussion über die Durchführung des freiheitlichen Kommunismus einzustellen, das Angebot Companys' anzunehmen und mit der Regierung zusammenzuarbeiten.

Die Bedeutung dieser Entscheidung kann kaum überschätzt werden; sie war Ausdruck einer starken »revisionistischen« Strömung innerhalb der CNT, bestimmte über Monate hinweg den Verlauf von Krieg und Revolution in Katalonien und war gleichzeitig ein Zeichen für die strategische Konzeptionslosigkeit der Anarcho-Syndikalisten. In letzter Konsequenz bedeutete sie auch das Eingeständnis, daß die bisherigen anarchistischen Vorstellungen des Übergangs vom Kapitalismus zum herrschaftsfreien Kommunismus nicht vorbehaltlos in die Praxis umgesetzt werden konnten. CNT und FAI begaben sich am 21. Juli zum erstenmal in ihrer Geschichte auf den Pfad des Kompromisses mit den politischen Kräften Kataloniens. Zu diesem Zeitpunkt konnten sie noch nicht ahnen, daß dieser Schritt, den sie zur Konzentration aller Kräfte im Kampf gegen die Nationalisten und damit letztlich zur Sicherung ihrer eigenen Machtposition unternahmen, paradoxerweise gerade den Grundstein zur Untergrabung ihres damals überaus starken Einflusses legte.

Zu den moralischen Bedenken, die gesamte Macht zu übernehmen, und der machtpolitischen Unmöglichkeit, sie im Landesmaßstab erringen zu können, trat noch eine weitere Überlegung, die die Führer der Anarchisten und Syndikalisten dazu bewog, die Regierung weiterbestehen zu lassen: Bis dahin hatte die radikale Ablehnung der bestehenden (Staats-)Ordnung den totalen Mangel an Bereitschaft zur Mitwirkung an der Gestaltung und Verbesserung dieser Ordnung zur Folge gehabt, d.h., den Revolutionären fehlte jede praktische Kenntnis der Regierungsgeschäfte und der Staatsverwaltung. Sie zogen es daher vor, die Regierung und damit die offizielle Verantwortung den Republikanern und Liberalen zu überlassen, diese aber durch ein neues »revolutionäres« Machtorgan zu kontrollieren.

Unmittelbar nach Abschluß des CNT-Plenums wurden die Posten im ZK der Antifaschistischen Milizen verteilt[9]. Sowohl der Verteilungsschlüssel auf die einzelnen Organisationen als auch die personelle Zusammensetzung im ZK waren ständigem Wechsel unterworfen. Bereits wenige Tage nach der Konstituierung verließen Durruti, Pérez Farrás und del Barrio, einige Zeit später García Oliver, Rovira und Durán Rosell Barcelona, um an der Spitze von Arbeiterkolonnen an die Aragonien-Front zu ziehen[10]. Die CNT/FAI hatte die Schlüsselstellungen im ZK inne und dokumentierte dadurch ihre reale Machtposition; sie gestand den ungleich schwächeren Organisationen UGT und Esquerra quantitative Parität zu, was wohl weniger auf die von García Oliver angedeutete Großzügigkeit mit dem Ziel »treuer Zusammenarbeit« als vielmehr auf die von Abad de Santillán und der Gruppe »Deutsche Anarcho-Syndikalisten« hervorgehobene Überlegung zurückzuführen war, eine Vorleistung dieser Art in Katalonien könnte die CNT in anderen Gegenden des republikanischen Gebiets – wo sie, wie z. B. in Madrid, im Vergleich zur UGT die Minderheit darstellte – eine entsprechend großzügige Behandlung erfahren lassen[11].

Obwohl das ZK der Milizen – das (entgegen weitverbreiteter Meinung) durch die Regierung nicht offiziell sanktioniert wurde[12] – auf Vorschlag des Präsidenten ins Leben gerufen und der Vorsitzende und Generalsekretär durch die Generalitat eingesetzt worden war, arbeitete es von Anfang an in voller Selbständigkeit, übernahm gleichzeitig Legislativ- und Exekutivfunktionen und kümmerte sich in nahezu pausenlosem Einsatz um alle anfallenden Fragen. Seine wichtigste Funktion sah es darin, Arbeitermilizen für die Front aufzustellen und zu bewaffnen, militärische Operationen gegen die Rebellen in Aragonien in Angriff zu nehmen – primäres Ziel war die »Befreiung« Zaragozas –, das weitgehend paralysierte öffentliche Leben von Barcelona und Katalonien wieder in Gang zu bringen und die Heimatfront unter Kontrolle zu halten. Die Leitung des Kampfgeschehens, die formal in Händen des Verteidigungsministers der Generalitat, Oberstleutnant Felipe Díaz Sandino, lag, hatte faktisch die Kriegskommission des Milizkomitees unter García Oliver übernommen.

Der sofort verkündete erste Erlaß des als Revolutionsregierung fungierenden ZK setzte Sondertrupps zur Überwachung der »revolutionären Ordnung« ein, verkündete eine Ausgangssperre und ermächtigte die Organisationen, aus denen sich das ZK zusammensetzte, zur Einberufung und Ausbildung von Milizsoldaten[13]. Präsident Companys war auf das Milizkomitee angewiesen: In den ersten Tagen nach dem Aufstand gab es in Barcelona weder eine reguläre Verwaltung, die die Versorgung der Stadt sichergestellt hätte, noch eine Armee. Die Anarchisten hätten aus ihrer Machtposition heraus die Generalitat ganz beseitigen können; daß sie sich statt dessen zur Zusammenarbeit entschlossen, erklärt D. Abad de Santillán aus ihrer prinzipiellen Ablehnung jeglicher, auch der eigenen Diktatur[14].

Die äußerst heterogene Zusammensetzung des Milizkomitees ließ es als Ausdruck eines Kompromisses erscheinen; die völlig verschiedenartigen, ja entgegengesetzten Zielvorstellungen der im Komitee vereinten Organisationen führten von Anfang an zu gravierenden Meinungsverschiedenheiten. Diese Zusammensetzung erklärt auch die merkwürdige Unentschlossenheit des ZK während der ersten Tage, in denen das Fehlen klarer Anweisungen bezüglich der Sozialisierung oder Übernahme der Fabriken durch die Arbeiter auffällt; die Aktivität ging nicht sosehr vom ZK als vielmehr von der spontanen Begeisterung der Betriebs-Belegschaften aus. Abad de Santillán charakterisiert das Milizkomitee als allmächtiges und kompetentes Revolutionsorgan, neben dem die Generalitat nur ein Schattendasein führte[15]:

Das Milizkomitee wurde als die einzige wirksame Staatsgewalt in Katalonien anerkannt. Die Generalitat blieb zwar bestehen und verdiente auch weiterhin unseren Respekt, aber das Volk gehorchte nur noch dem Machtorgan, das aus Sieg und Revolution hervorgegangen war, denn der Sieg des Volkes war zugleich die wirtschaftliche und soziale Revolution. In den Zuständigkeitsbereich des Komitees fielen die Errichtung der revolutionären Ordnung im Hinterland, Aufstellung mehr oder weniger organisierter und disziplinierter Kampftruppen, Ausbildung von Offizieren, Schulen für das Fernmelde- und Signalwesen, Verpflegung und Bekleidung, Organisation und Wirtschaft, Gesetzgebung und Rechtsprechung ..., Umstellung der Friedens- auf Kriegsindustrie, Propaganda, Beziehungen zur Regierung in Madrid, Hilfe für alle Kampfabschnitte, Verbindungen nach Marokko, Bewirtschaftung des verfügbaren Bodens, Gesundheitswesen, Küsten- und Grenzschutz ... Wir mußten Zahlungen an die Milizmänner, ihre Angehörigen, die Kriegerwitwen, kurzum an Zehntausende von Personen leisten; wir standen Aufgaben gegenüber, die in jedem Regierungssystem eine kostspielige Bürokratie erfordern. Das Komitee der Milizen war gleichzeitig Kriegs-, Innen- und Außenministerium und steuerte ähnliche Körperschaften auf wirtschaftlichem und kulturellem Gebiet. Das Komitee war der legitimste Ausdruck der Macht des Volkes.

Bald nach Konstituierung des ZK wurde die Zweckmäßigkeit einer (allerdings nie strikt durchgeführten) Arbeitsteilung deutlich; Unterausschüsse und Fachkomitees wurden gebildet und z. T. aus Paritätsgründen doppelt besetzt. J. Miravitlles (Esquerra) wurde Generalsekretär, die wichtige Milizorganisation übernahm D. Abad de Santillán (FAI), mit der eigentlichen Kriegführung wurde J. García Oliver (CNT) betraut[16]. Der Aufbau dieses Komitees ist keineswegs charakteristisch für die Zusammensetzung der übrigen katalanischen Komitees, die mitunter nur aus Mitgliedern der CNT/FAI oder – entsprechend den tatsächlichen Machtverhältnissen in der betreffenden Ortschaft – aus CNT-, POUM- oder UGT-Mitgliedern bestanden; auch Volksfront-Parteien waren wiederholt in ihnen vertreten[17]. Darüber hinaus gab es Komitees, deren Mitglieder überhaupt keiner Organisation angehörten. Entsprechend den CNT/FAI-Vorstellungen sollten die Entscheidungen des ZK der Antifaschistischen Milizen von den Kreiskomitees, die wiederum die Lokalkomitees zusammenfaßten, wesentlich mitbestimmt werden, während das ZK seinerseits Beschlüsse über die Kreis- an die Lokalkomitees zu ihrer Realisierung weitergeben sollte. Dieses demokratische Interaktionsschema konnte jedoch nicht praktiziert werden, da die Komitees auf allen Ebenen von Anfang an ihre weitgehende Selbständigkeit nicht aufgeben wollten. Die von verschiedenen Autoren herausgestrichene Beobachtung, daß das republikanische Spanien in den ersten Kriegsmonaten einem Konglomerat kleiner, quasi »selbständiger« Republiken ähnlicher sah als einem zentralisierten Staat, ist gerade auf diese mangelnde Interaktion zwischen den verschiedenen Komitee-Ebenen zurückzuführen.

Die Regionalregierung des Präsidenten Companys regierte zwar nicht, aber sie bestand weiter. Sie konnte z. B. – auch wenn die eigentlichen Entscheidungen im Milizkomitee fielen – die Bildung der Milizen »anordnen«, das Budget zugunsten der republikanischen Streitkräfte aufstocken, alle Beamten, die nicht der Volksfront angehörten, ihres Amtes entheben, die Funktionen der neugebildeten Komitees bestimmen und den vom ZK gewählten Verteidigungs-

kommissar »ernennen«[18]. Diese Formalitäten bedeuteten im Prinzip die Aufrechterhaltung der republikanischen Legalität und dienten der CNT/FAI als legalistisches Aushängeschild gegenüber der Madrider Zentralregierung und dem Ausland[19].
Die drängendste Aufgabe des katalanischen Zentralkomitees war die Aufstellung von Milizeinheiten, die zur Rückeroberung der bereits in den ersten Tagen von den Nationalisten eingenommenen aragonesischen Gebiete nach Westen geschickt werden sollten. Die Heereseinheiten Barcelonas hatten sich in den Tagen des Straßenkampfes völlig aufgelöst, die Soldaten waren von den Milizeinheiten absorbiert worden. Die Milizorganisation unter Diego Abad de Santillán wies den verschiedenen politischen und gewerkschaftlichen Organisationen je verschiedene Kasernen in Barcelona zu und überwachte die Ausrüstung und den Abmarsch der ersten Kolonnen. Entsprechend der Aufteilung auf die einzelnen Kasernen wurden in Katalonien die Milizabteilungen primär nach politischen oder gewerkschaftlichen Gruppierungen zusammengestellt und erhielten ihre Namen (»Marx«, »Lenin«, »Bakunin«, »Maciá« etc.) nach ihrer parteipolitischen oder ideologischen Zugehörigkeit. Anfangs waren nur die wenigsten Einheiten nach Partei- oder Gewerkschaftszugehörigkeit ihrer Mitglieder organisiert gewesen. Die Freiwilligen bildeten Hundertschaften *(centurias)*, die einem »politischen« und einem »technischen« Leiter unterstellt wurden. In der Kolonne des Anarchisten Durruti z. B. waren auch zahlreiche PSUC- und UGT-Mitglieder vertreten. Da jedoch der anarchistische Einfluß in diesen Einheiten überwältigend war und die ideologische Ausrichtung der Milizionäre auch militärisch-politische Auswirkungen zeitigte, drängten vor allem die Kommunisten des PSUC darauf, die Kasernen unter den einzelnen Parteien aufzuteilen und entsprechend ideologisch homogene Hundertschaften zu bilden. Die kommunistischen »Antifaschistischen Arbeiter- und Bauernmilizen« (MAOC) setzten sich somit in Katalonien für eine parteimäßige Aufgliederung der neuen Kampfeinheiten ein, die sie im restlichen Spanien, wo ihre quantitative Unterlegenheit nicht so offensichtlich war wie in Katalonien, zugunsten einer allgemein-proletarischen Ideologie auf das entschiedenste ablehnten[20].
Neben ihrer einheitlichen Tracht, dem Arbeiter-*Mono*, war den Milizionären nur ihre mangelnde Kriegserfahrung gemeinsam; die Unterschiede in der Ausbildung und Bewaffnung, der Gliederung und Führung, der Verläßlichkeit und dem Kampfwert der einzelnen Abteilungen wurden noch durch regionale Verschiedenheiten oder lokale Eigenheiten potenziert[21]. Die Milizen waren in ihrem Eigenverständnis keineswegs nur kämpfende Einheiten; sie fühlten sich zugleich verantwortlich für den wirtschaftlichen, sozialen und politisch-administrativen Neuaufbau in den von ihnen eroberten Gegenden. So forderte z. B. die an der Teruel-Front kämpfende anarchistische »Eiserne Kolonne« die völlige Entwaffnung und Auflösung der Zivilgarde, die Entsendung aller bewaffneten, in Staatsdiensten stehenden Einheiten an die Front sowie die Zerstörung aller Archive und Unterlagen »der kapitalistischen und staatlichen Institutionen«[22].
Sofort nach Bildung der ersten Milizen entstanden zuerst in Barcelona, dann in der Levante, in Andalusien und Madrid Arbeiter- und Soldatenkomitees, die

sich zum Ziel setzten, die bisherige »Moral durch eine neue zu ersetzen, bestimmte Handlungen zu kontrollieren, die zweifelhaften Kommandostellen zu überprüfen und allen fähigen und ehrlichen Elementen zu helfen«[23]. Sie sollten das Vertrauen der Massen in das der Republik treugebliebene Heer erhalten bzw. wiederherstellen. Das CNT/UGT-»Zentralkomitee der Arbeiter- und Soldaten-Räte Kataloniens« bezeichnete die »Demokratisierung und Proletarisierung der bewaffneten Einheiten« sowie die Entfernung aller »reaktionären und faschistischen Offiziere« aus der Truppe als Hauptaufgabe der neuen Komitees[24]. Diese sollten in Kasernen, Luftwaffen- und Marineeinheiten demokratisch aus den Delegierten der Hundertschaften oder Kompanien gewählt werden und die politische Kontrolle und Verantwortung der von ihnen vertretenen Einheiten oder Waffengattungen übernehmen. Sie wurden von den Offizieren ihres Vertrauens unterstützt, die als »technische Berater« den militärisch durchwegs unerfahrenen und unausgebildeten Milizführern beigegeben waren.

Als die Zentralregierung Anfang August ein Dekret erließ, in dem die Einberufung der Reservistenjahrgänge 1933–1935 angeordnet wurde, weigerten sich vor allem die katalanischen Anarcho-Syndikalisten, der Einberufung Folge zu leisten, traten den Milizen bei oder begaben sich selbständig an die Aragonienfront. CNT und FAI sprachen sich wiederholt gegen eine »Militarisierung« der Volksmilizen aus, hoben aber schon früh die Notwendigkeit der Koordinierung militärischer Aktionen hervor. In Katalonien erklärte sich die CNT bereits am 6. August mit der Einberufung von Wehrpflichtigen durch die Generalitat und das Milizkomitee einverstanden, betonte jedoch, daß die Militarisierung der Milizeinheiten nicht zu einer »Auferstehung des alten Heeres« führen dürfe. Am 21. Oktober 1936 erließ die Volksfrontregierung das Dekret über die Eingliederung der Milizen in die regulären Streitkräfte. Im Laufe der folgenden Monate wurden die Milizeinheiten »militarisiert«, d. h. einem einheitlichen militärischen Oberkommando sowie militärischer Disziplin unterworfen. Nachdem die Milizen in reguläre Armee-Einheiten umstrukturiert waren, wurden die Arbeiter- und Soldaten-Komitees aufgelöst und durch Kriegskommissare ersetzt[25].

Unter der organisatorischen Leitung des katalanischen Milizkomitees zogen in den ersten zwei Monaten ca. 30 000 Milizionäre von Barcelona nach Aragonien und bildeten dort eine Front von über 300 km; das Milizkomitee registrierte innerhalb weniger Tage über 150 000 Meldungen Freiwilliger[26]. Das Problem der ersten Monate bestand vor allem darin, die von den anarchistischen Milizionären proklamierte »heroische Disziplinlosigkeit« in schlagkräftige »Selbstdisziplin« umzuwandeln. Die Einführung direktdemokratischer Prinzipien – tägliche Wahl ihrer Vorgesetzten, Abstimmung über Befolgung oder Nichtbefolgung von Befehlen, gemeinsame Beratung über Angriffe etc. – brachte den Anarchisten in den Anfangswochen besonders hohe Verluste; gegen ihren Willen mußten sie schließlich ein einheitliches Oberkommando, militärische Disziplin und die Eingliederung ihrer Kolonnen in das neue »Volksheer« akzeptieren[27]. Zweieinhalb Monate lang war das Zentralkomitee der eigentliche Machtträger Kataloniens. Die Generalitat gab sich jedoch nicht mit ihrem faktischen Machtverlust zufrieden, sondern nahm bereits in den ersten Tagen einige Reformen in Angriff, um gegenüber dem ZK wieder an Einfluß zu gewinnen. Zu diesen Reformen gehörten die Einführung der 40-Stunden-Woche, die sofortige Anerkennung aller von den Gewerkschaften vor dem 19. Juli gestellten Forderungen, eine generelle Lohnerhöhung um 15 %, eine Mietpreissenkung um 25 bzw. 50 % und die Gründung einer Institution, die nach Maßgabe der finanziellen Mittel der Generalitat den Arbeitern die durch den Generalstreik nach dem 19. Juli ausgefallenen Stunden bezahlen sollte. Außerdem wurde das in der Zwischenzeit aufgehobene Gesetz vom 11. April 1934 über die Bodenbewirtschaftung wieder in Kraft gesetzt[28]. In den Wochen, die auf die Gründung des ZK folgten, gelang es der Regierung, ihren tatsächlichen Machtbereich immer weiter auszudehnen, schließlich wieder alle Funktionen wahrzunehmen, die sie vor dem 19. Juli innegehabt hatte, und nach Auflösung des Milizkomitees ihre Kompetenzen über den im Autonomiestatut vom 15. September 1932 festgelegten Zuständigkeitsbereich hinaus zu erweitern[29].

Für einige Monate gab es in Barcelona drei Gewalten: die Regionalregierung, das Zentrale Milizkomitee und die Stadtteil-Komitees *(Comités de barriada)*. Die Companys-Regierung hatte anfangs weder die Kraft noch die Machtmittel, eine demokratische Entwicklung zu gewährleisten. Trotzdem blieb sie im Amt, betonte ihre Legalität und Legitimität – in der Hoffnung, dadurch den Auflösungserscheinungen und dem zeitweiligen Verfall aller Staatsgewalt Einhalt gebieten zu können. Die Artikulationsbasis der Massen waren die spontan entstandenen Komitees, an ihrer Spitze – jedoch losgelöst von ihnen – das Zentralkomitee der Antifaschistischen Milizen, das zwar zweieinhalb Monate lang den eigentlichen Machtfaktor in Katalonien darstellte, seinen unmittelbaren Einflußbereich jedoch nicht auf die lokalen Machtorgane, die weitgehend unkoordiniert und autonom agierten, ausdehnen konnte[30]. Der Eintritt in das Milizkomitee bedeutete für die Anarchisten nicht nur einen Bruch mit ihrer radikalen Tradition des Apolitizismus, sondern auch mit ihren direktdemokratischen Prinzipien. Die anarchistischen Mitglieder wurden nicht in das Komitee gewählt; die Entscheidung zur Partizipation und die Bestimmung der Delegierten fielen auf höchster Ebene ohne Konsultation der Basis. Damit hatten CNT und FAI einen Weg beschritten, der für sie in doppelter Hinsicht verhängnisvoll werden sollte: Ihre Zusammenarbeit mit den politischen Parteien und die daraus resultierende vorübergehende Regierungsbeteiligung ließen sie ihres Nimbus' als »Repräsentanten der totalen Alternative«[31] verlustig gehen, ohne ihnen nennenswerte Vorteile einzubringen. Außerdem führten sie in CNT und FAI zur Hierarchiebildung und Absonderung der oberen Entscheidungsgremien von der Mitgliederbasis; das aber war als Folge der einsetzenden »Bürokratisierung« der Anfang vom Ende der direktdemokratischen Organisationsprinzipien des spanischen Anarchismus.

Der Regierungseintritt der Anarchisten lag in der Konsequenz ihrer neuen, »politischen« Haltung, die sie selbst, um sie von ihrer bisherigen revolutionären Tradition abzugrenzen, als »kollaborationistisch« bezeichneten, ohne daß im Spanischen in dieser Bezeichnung unbedingt der im Deutschen (und anderswo) zum Ausdruck kommende pejorative Wortsinn enthalten wäre. In den ersten

Kriegsmonaten waren sie allerdings noch nicht zu einer Beteiligung an der Regierungsverantwortung bereit. Nachdem sie bereits im August erfolglos ein Nationalkomitee der Milizen gefordert hatten, in dem auch Vertreter der Gewerkschaften repräsentiert sein müßten und das die Funktionen eines republikanischen Defensivorgans übernehmen sollte, verlangten sie im September die Bildung eines »Nationalen Verteidigungsrats«, der aus je fünf CNT- und UGT-Mitgliedern und vier Republikanern bestehen sollte[32]. Das hätte nichts anderes bedeutet, als die Krieg- und Staatsführung – de facto also die Regierung unter einer anderen Bezeichnung – in die Hände der revolutionären Arbeiterorganisationen zu legen, was Ministerpräsident Largo Caballero sofort ablehnte. »Verteidigungsräte« auf allen Ebenen hätten einen wirtschaftlichen und politischen Föderalismus realisieren sollen, der die bisherigen zentral koordinierten Gemeinde- und Provinzverwaltungen ersetzt hätte. Noch am 6. September weigerte sich die CNT entrüstet, in die republikanische Regierung einzutreten. Sie begründete ihre Ablehnung mit dem Hinweis darauf, daß »die Übernahme eines Ministerpostens die Verleugnung unserer alten aufständischen Tradition bedeutet hätte, und daher mit der Regierung nicht zusammengearbeitet werden konnte, so dramatisch die Umstände auch sein mochten«[33]. Bereits eine Woche vor dieser Zurückweisung war allerdings in Katalonien die Entscheidung für den Eintritt in die Regionalregierung gefallen. Die »kollaborationistische« Haltung Santilláns konnte sich gegen die Forderung des »Anarchobolschewisten« García Oliver, die ganze Macht zu ergreifen, durchsetzen.

Der Hauptgrund für den Eintritt der Anarchisten in die Generalitat war taktischer Natur: Die Madrider Zentralregierung hatte Katalonien unmißverständlich zu verstehen gegeben, daß die Existenz eines revolutionären Machtorgans als konkurrierende Staatsgewalt von ihr nicht hingenommen werden könnte. Wenn Katalonien Waffen, Munition und finanzielle Unterstützung erhalten wollte, müßte das Zentrale Milizkomitee aufgelöst werden[34]:

> Nachdem man uns wiederholt versichert hatte, daß uns keine Hilfe zuteil würde, solange die Macht des Milizkomitees, des Organs der Volksrevolution, so offensichtlich sei, ... sahen wir uns vor dem Dilemma: nachgeben oder die Kampfbedingungen verschlechtern ... Wir zeigten uns bereit, das Milizkomitee aufzulösen, d. h. eine revolutionäre Position aufzugeben, wie sie das spanische Volk bis dahin noch nie gehabt hatte ... Wir wußten, daß es nicht möglich war, die Revolution zu einem siegreichen Ende zu führen, wenn vorher nicht der Krieg gewonnen war, und für den Krieg opferten wir alles. Wir opferten selbst die Revolution, ohne zu bemerken, daß dieses Opfer auch die Aufgabe der Kriegsziele implizierte.

Sosehr die Generalitat jede Einmischung der Madrider Zentralregierung in katalanische Angelegenheiten verhindert wissen wollte, sosehr begrüßte sie den Druck, der auf das Milizkomitee ausgeübt wurde und schließlich zu dessen Auflösung führte. Die Mitglieder des Milizkomitees hatten zudem schon bald die Zweckmäßigkeit einer Dezentralisierung der Entscheidungsstellen erkannt und mehrere Sektionen aus dem eigentlichen Zentralkomitee ausgegliedert, die als Sonderkomitees je spezifische Funktionen übernahmen. Die bedeutendsten Sonderkomitees waren das Zentralkomitee für das Versorgungswesen, das Patrouillen-Zentralkomitee und vor allem der Wirtschaftsrat für Katalonien[35].

Damit trug das Milizkomitee selbst zur Reduktion seiner Kompetenzen auf rein militärische Aspekte bei und förderte gleichzeitig den Machtzuwachs der Generalitat. Nachdem die CNT Ende September 1936 in die katalanische Regionalregierung eingetreten war und die anarchistischen Mitglieder des Milizkomitees führende Posten in den »Juntas« hinter den einzelnen Ministerien übernommen hatten – García Oliver z.B. wurde Generalsekretär für Verteidigung im neugeschaffenen Verteidigungsressort, dessen Sekretariat auch Abad de Santillán angehörte –, bestanden auch die Anarchisten nicht länger auf dem Fortbestand des Zentralkomitees, das in ihren Augen bis dahin »die Vorherrschaft des Volkes in Waffen, die Autonomie Kataloniens, die Reinheit und Legitimität des Krieges, die Auferstehung des Rhythmus und der Seele Spaniens« garantiert hatte[36]. Die Auflösung des Komitees am 1. Oktober 1936 wurde um so mehr begrüßt, als es durch die Entschärfung des Verhältnisses zwischen Madrid und Barcelona Anlaß gab zu der Hoffnung auf eine verbesserte Zusammenarbeit, und das hieß für Katalonien: für materielle Unterstützung durch Madrid[37].

Die Auflösung des Komitees war für Katalonien zuletzt zu einer Existenzfrage geworden. Ein Festhalten am Milizkomitee hätte den Anarchisten seitens der Volksfront-Parteien unweigerlich den Vorwurf der bewußten Provokation der Zentralregierung, damit einer gewollten politisch-militärischen Isolierung Kataloniens und der daraus sich ergebenden negativen Konsequenzen für den Kriegsverlauf eingehandelt.

Die Auflösung des Milizkomitees sollte durch den Eintritt der CNT in die katalanische Regierung kompensiert werden. Die Syndikalisten rechtfertigten ihren Schritt auch mit dem Hinweis darauf, daß ihre Repräsentanten in der Regierung die revolutionären Errungenschaften legalisieren könnten, die »revolutionäre Gesetzgebung« vorantreiben und eine »Unterminierung« der Revolution verhindern würden[38]. Diese Hoffnung bewog auch im Januar 1937 die Einheitsgewerkschaften Madrids, nachträglich ihre Zustimmung zum Anfang November 1936 erfolgten Eintritt der Anarchisten in die Zentralregierung zu geben, jedoch nicht, ohne ihren Vertretern gewisse Bedingungen aufzuerlegen[39]:

> Es stellte sich das heikle Thema unserer Intervention in den Macht- und Regierungsorganen; man beschloß, in der folgenden Absicht und unter folgenden Bedingungen an ihnen zu partizipieren: um die Sozialpolitik zu intensivieren, um eine effektive Kontrolle über das Leben des ganzen Landes auszuüben, um das Wesen des Staates kennenzulernen ... und um uns am Tag des Sieges nicht marginalisiert zu sehen. All dies aber nur unter der Bedingung, daß wir ständig Kontrolle über unsere Repräsentanten ausüben und von ihnen volle Verantwortlichkeit fordern; außerdem müssen wir auf Paritätsbasis in der Regierung vertreten sein.

Zu diesem Zeitpunkt war allerdings schon klar, daß die Forderungen und Bedingungen der anarchistischen Basis nicht realisiert würden. Im Gegenteil: Die Regierungsbeteiligung der Anarchisten trug nicht nur zur vollen Restauration und Stärkung des Staatsapparates, sondern zugleich zur Liquidierung der Revolution bei. Als Companys den Mitgliedern des Milizkomitees nach dessen Auflösung für ihre »treue Zusammenarbeit« dankte, hatte er bereits die weiteren Schritte zur Wiederherstellung der vollen Staatsautorität vorbereitet. Mit Hilfe der anarchistischen Minister (»Räte«) ging er an die Liquidierung der örtlichen revolutionären Machtorgane, der Lokalkomitees. Die Entwicklung in Richtung auf einen syndikalistischen Bürokratismus und der sowohl in der Regional- wie der Zentralregierung feststellbare »Ministerialismus der CNT und FAI« sowie die fortschreitende »Bolschewisierung innerhalb der CNT«[40] – gemeint war damit die Bereitschaft, sich an der Wiederaufrichtung der staatlichen Autorität und der Machtausübung zu beteiligen – machten eine effektive Kontrolle der anarchistischen Regierungsvertreter durch die Mitgliederbasis nahezu unmöglich; diese Entwicklung aber ging letztlich zu Lasten der revolutionären Errungenschaften und erleichterte den Volksfront-Parteien die Erreichung ihres Ziels, nämlich »die Anarcho-Syndikalisten zu neutralisieren«[41].

2. Von der FAI-Versammlung (Juli 1937) zum MLE-Plenum (Oktober 1938): Bürokratisierung, Hierarchisierung und »Politisierung« des organisierten Anarchismus

Die vom Krieg allen Organisationen des republikanischen Spaniens aufgenötigte Zentralisierung machte auch vor den anarchistischen Organisationen nicht halt. Der Massenzulauf, den die FAI registrierte – vor dem Bürgerkrieg hatte sie (nach J. Peirats) 30 000, Ende 1937 (nach Abad de Santillán) über 150 000 Mitglieder –, ihre De-facto-Partizipation an den Regierungsgeschäften und die daraus resultierenden ideologischen Unsicherheiten und Widersprüche zu ihrer antipolitischen Doktrin machten eine Überprüfung des doktrinären und organisatorischen Erbes erforderlich[42]. Die zwangsläufige Anpassung an die Erfordernisse des Krieges hatte für die Anarchisten nicht nur eine Änderung, sondern eine völlige Aufgabe ihrer Prinzipien und die Übernahme »revisionistischer« Positionen zur Folge, die noch Anfang der dreißiger Jahre im Faistas-Treintistas-Streit heftig bekämpft worden waren.

Auf dem Valencia-Plenum der FAI (4.–7. Juli 1937) wurde die bisherige lockere Strukturierung nach »Gruppen Gleichgesinnter« *(grupos de afinidad)* zugunsten eines neuen Aufbaus verworfen. Fortan[43] sollte die FAI nach »territorialen Gruppierungen« organisiert sein. In kleineren Orten sollten Lokal-, in größeren Städten Distrikt- oder Stadtteil-»Gruppierungen« mit theoretisch unbegrenzter Mitgliederzahl die Basis des neuen Organisationssystems bilden.

Das Valencia-Plenum bedeutete das Ende des »klassischen« spanischen Anarchismus. Die Delegierten übten heftige Selbstkritik und waren – mit Ausnahme der aragonesischen Delegation – sofort bereit, das über 50 Jahre alte Organisationsprinzip der »Gruppen Gleichgesinnter« zugunsten des neuen territorialen Prinzips aufzugeben. Die weitere Diskussion stellte eine umfassende Abrechnung mit tatsächlichen oder vermeintlichen Fehlern dar, die für die auffällige Einflußlosigkeit des organisierten Anarchismus verantwortlich gemacht wurden: Man müsse die »Unverantwortlichkeit der Komitees« beenden; die FAI dürfe nicht länger nur »im Schlepptau der CNT« mitgezogen werden; die »Gruppen Gleichgesinnter« seien in den Zeiten der Illegalität geeignete Organisationsformen gewesen, würden aber den augenblicklichen

Bedürfnissen nicht gerecht. Vor allem die Delegation der Levante wies darauf hin, daß nach dem 19. Juli 1936 die FAI »in keiner Region wirkungsvoll war«; wegen »mangelnden Überblicks« habe man die »Durchdringung« des Heeres vernachlässigt; die Bedeutung des Kriegskommissariats und anderer Führungspositionen sei nicht rechtzeitig erkannt worden; an der Aragonien-Front habe die Militarisierung der Milizen zu spät eingesetzt.

Ein Jahr nach Kriegsbeginn versuchte die FAI, nachdem sie ihre Strukturmängel erkannt hatte, sich organisatorisch auf die veränderten Bedingungen ihrer legalen Existenz als Massenorganisation einzustellen. Hatte die Autorität der anarchistischen Führer bislang vor allem auf der »flammenden Macht der Gedanken, [der] Größe der Aufopferung, [der] Tiefe der Überzeugung« bestanden[44], so sollte die Organisationszentrale fortan durch einen gestrafft-zentralisierten, jederzeit überschau- und kontrollierbaren Apparat ihre Autorität durchsetzen können. Immer wieder wurde in den Plenumsdiskussionen auf die Erfahrungen vom Mai 1937 verwiesen und betont, daß der Einflußrückgang des Anarchismus auf die mangelnde Flexibilität von CNT und FAI und ihre unzureichende Anpassung an veränderte Wirkungsbedingungen zurückzuführen sei. Bei ihrer Kritik erkannten die Delegierten jedoch nicht die – besonders nach dem Krieg herausgestrichene – Gefahr der »Hierarchisierung« und »Bürokratisierung« der anarchistischen Organisationen – eine Gefahr, die die Umwandlung der bisher illegalen, mit einem minimalen Organisationsapparat im Untergrund agierenden FAI in eine legale, nach gesetzlichen Vorschriften strukturierte Organisation mit sich brachte. Die Begriffe »Hierarchisierung« und »Bürokratisierung« umschreiben dabei eines der Grundprobleme, die sich aus der Umsetzung der regulativen Idee des Anarchismus in die politische Praxis einer legal konstituierten Organisation in einer Kriegssituation ergaben; sie erheben in diesem Kontext nicht den Anspruch eines analytischen Mittels, das die damit verbundenen Herrschafts- und Legitimitätsvorstellungen begrifflich integriert.

Die neue FAI-Struktur wies eine Reihe hierarchischer Merkmale auf: Jedes Mitglied mußte sich den Beschlüssen der regelmäßig tagenden Versammlungen unterwerfen; alle FAI-Mitglieder, die in der Organisation irgendeinen Posten bekleideten, waren den Komitees gegenüber, die ihnen – zumindest formal – übergeordnet waren, »verantwortlich«; nur diese konnten den Mitgliedern Posten zusprechen oder aberkennen. Das »Peninsulare Komitee« sollte fortan nicht mehr, wie bisher, von der Lokalföderation anarchistischer Gruppen der Ortschaft, in der das Komitee seinen Sitz hatte, sondern durch Delegierung der einzelnen FAI-Regionalföderationen gebildet werden. Da jedoch eine Delegierung vorläufig aus organisatorischen und finanziellen Gründen inpraktikabel war, sollten ortsansässige FAI-Mitglieder die einzelnen Regionen vertreten.

Beispielhaft für die zunehmende Entdemokratisierung im radikaldemokratischen Sinn und Hierarchisierung der CNT ist die Interaktion der oberen Entscheidungsgremien mit der Mitgliederbasis[45]. Die eigentlichen Entscheidungen wurden nur noch von den politischen Aktivisten getroffen, während die Mitglieder an der Basis fast jeder Einflußmöglichkeit auf den Kurs der CNT-Politik verlustig gingen. Auf den Nationalversammlungen legte das Nationalkomitee die Tagesordnung bereits im vornhinein fest und durchbrach damit eine

demokratische CNT-Tradition, die die Bestimmung der Tagesordnungspunkte durch Initiative und auf Antrag der Basismitglieder vorsah. Ob Rundschreiben des Nationalkomitees an Lokal- und Bezirksföderationen weitergeleitet wurden, hing vom Geheimhaltungsgrad des Schreibens ab. Begründet wurde diese völlig neue Praxis damit, daß nach dem 19. Juli 1936 viele ideologisch schwankende Mitglieder der CNT beigetreten seien und eventuell feindliche Spione sein könnten.
Die im wirtschaftlichen und politischen Sektor deutlich wahrnehmbare Tendenz zur Zentralisierung der Entscheidungsinstanzen und -befugnisse machte auch vor dem organisierten Anarchismus nicht halt. Sie wurde am deutlichsten in der im April 1938 erfolgten Zusammenfassung der drei »libertären« Organisationen (CNT, FAI und die Jugendorganisation JJLL) zu einer einzigen, der »Freiheitlichen Spanischen Bewegung« (*Movimiento Libertario Español*, MLE). Die organisatorische Neustrukturierung, die den Oligarchisierungsprozeß durch eine Reihe organisatorischer Änderungen[46] innerhalb der FAI förderte, war verspäteter Ausdruck eines »Politisierungs«-Prozesses, der bereits in den ersten Bürgerkriegswochen eingesetzt hatte und im Juli 1937 zur Aufgabe wesentlicher Grundpositionen des klassischen Anarchismus führte. Die Begründung der FAI für die Preisgabe zahlreicher bis zum Bürgerkrieg verbindlicher Positionen war rein pragmatisch-opportunistisch: Die bisherigen Gruppenzellen hätten sich zwar in den Zeiten der Illegalität bewährt, seien aber den neuen Aufgaben der legal agierenden Anarchisten nicht mehr gewachsen. Es bedürfe vor allem deshalb einer schlagkräftigen Organisation, damit »Fraktionen und Parteien, die ihrem Wesen nach bürgerlich und diktatorisch sind« und vorrevolutionäre Zustände wiederherstellen wollten – gemeint war der PCE –, die Anarchisten nicht aus allen Machtpositionen verdrängen könnten; die FAI wolle aus den öffentlichen Positionen heraus die Revolution vorantreiben.
Der unmittelbare Anlaß zur Legalisierung des organisierten Anarchismus war der Versuch des Justizministers Irujo gewesen, die anarchistische Organisation als illegale und gesetzlich daher inexistente Organisation von den »Volksgerichtshöfen« auszuschließen, in denen das Übergewicht der Sozialisten und Kommunisten dann erdrückend geworden wäre. In der Resolution der Valencia-Versammlung lehnte die FAI nicht mehr den Staat schlechthin, sondern nur mehr die »Diktaturen« und »totalitären Regierungsformen« ab; sie forderte ihre Mitglieder sogar zur Mitarbeit in bestehenden Staatsinstitutionen auf: »Entgegen unserer ablehnenden Haltung der Vergangenheit ist es Pflicht aller Anarchisten, in all jenen öffentlichen Institutionen mitzuwirken, die dazu beitragen können, die neuen Verhältnisse zu befestigen und voranzutreiben«[47]. Die auf dem Plenum verabschiedete Resolution brachte zwar die bis dahin revolutionäre Doktrin der FAI in Übereinstimmung mit ihrer »reformistischen« Praxis – soweit darunter die Zusammenarbeit mit der republikanischen Regierung zu verstehen war – und ersparte ihr ständige ideologische Konflikte, führte aber andererseits zu einer ernsthaften Krise mit zahlreichen (vor allem katalanischen) anarchistischen Gruppen, die unter dem Motto: »Es lebe die Anarchie« nicht von ihrer traditionellen Linie abweichen und die Reduzierung der anarchistischen Bewegung auf eine weitgehend reformistische Gewerk-

schaft (CNT) und eine libertär-sozialistische Partei (FAI) nicht hinnehmen wollten[48]. Die Haltung dieser Gruppen trug auch wesentlich dazu bei, daß auf dem Nationalplenum der Regionalföderationen der Libertären Bewegung (MLE) in Barcelona (6.–30. Oktober 1938) der Vorschlag H. Martínez Prietos, die FAI solle sich als »Freiheitliche Sozialistische Partei« konstituieren oder auflösen, nicht angenommen wurde. Wenn auch weiterhin die CNT als die politische Vertretung der Syndikalisten auftrat, ließ die verabschiedete Resolution trotzdem der FAI die Möglichkeit offen, die politische Repräsentanz des MLE zu übernehmen; dies aber bedeutete das Ende der FAI als »spezifischer« anarchistischer Organisation.

Auch die CNT hatte seit Beginn des Bürgerkrieges einen kontinuierlichen Prozeß der »Bürokratisierung« und »Hierarchisierung« durchlaufen[49]:

Die Wahl des Generalsekretärs mittels Referendum (Juni 1936), die Konsolidierung und Erweiterung des Nationalkomitees (September 1936), die Intervention – mit beratender Stimme – der Komitee-Verwaltungsmitglieder auf Vollversammlungen (Ende 1936), die Praxis der Versammlungen hinter verschlossenen Türen (seit August 1936) waren nur die ersten Schritte dieser Entwicklung gewesen. Die Reorganisation der FAI (Juli 1937), die Herausbildung der »Freiheitlichen Bewegung« seit 1937, die vorherige Abfassung der Antworten auf die Tagesordnungspunkte auf dem Wirtschaftsplenum im Januar 1938 (die Delegierten mußten sich darauf beschränken, mit Ja oder Nein abzustimmen – ein Vorgehen, das früher nie gebilligt worden war), der Versuch der Katalanen, eine diktatorische Autorität im Schoß der CNT zu errichten (April 1938) entpuppten sich als weitere Symptome einer schweren Strukturkrise, die mit einer völligen Neustrukturierung enden sollte.

Die durch den Krieg aufgenötigte Zentralisierung hatte den demokratischen Willensbildungs- und Entscheidungsprozeß in der CNT zusehends verkümmern und seit Einführung der »Politischen Beratungs-Kommissionen« (*Comisiones Asesoras Políticas* – CAP) Mitte 1937 fast zum Erliegen kommen lassen. Die CAP sollten ihrer ursprünglichen Intention nach die führenden CNT-Mitglieder in allen Fragen, die über den rein syndikalistischen Rahmen hinausgingen, beraten; ihre De-facto-Bedeutung ließ sie aber bald zu »einer Art marxistisch-antimarxistischem Politbüro«[50] werden, das alle wesentlichen Entscheidungen innerhalb der CNT traf. Spätestens zu diesem Zeitpunkt hörte die CNT auf, eine »anarchistische« Organisation zu sein. (Im strengen Sinne des Wortes war sie es nie gewesen.) Sie hielt zwar weiterhin die Ideologie des anarchistischen Syndikalismus aufrecht, war in praxi jedoch zu einer hierarchisch strukturierten, in der allgemein-politischen Ausrichtung ihrer sozialistischen Rivalin UGT vergleichbaren »reformistischen« Gewerkschaft geworden[51].

3. Revolutionäre Gewalten auf lokaler Ebene

a) Komitees oder Räte?

Die revolutionäre Bewegung brachte nach dem 19. Juli 1936 zwei Typen von Organen hervor: das politische »Revolutions-« oder »Antifaschistische Milizkomitee« und das innerbetriebliche »Kontroll-« oder »Fabrikkomitee«.

Beide Typen wurden in den ersten Tagen der Revolution spontan von revolutionären Arbeitern und Bauern in Betrieben, Agrargemeinden oder den Stadtvierteln größerer Ortschaften gebildet. Ihre Entstehung verdankten sie einerseits der Ideologie der Anarcho-Syndikalisten, die in ihrer Konzeption Selbstverwaltungs-Komitees als Basis des postrevolutionären Gesellschaftsaufbaus vorgesehen hatten, andererseits den praktischen Erfordernissen des revolutionären Kampfes. Die Komitees entstanden als Nachbarschaftskomitees, die sich in einzelnen Wohnbezirken größerer Städte bildeten, als Revolutionskomitees, die aus den Straßenkämpfen hervorgingen, als Arbeiter-»Räte« in den Fabriken, als Soldaten- und Marine-»Räte«[52] im Heer und der Flotte, als »Antifaschistische« oder »Milizkomitees« in den Agrargemeinden. In vielen Städten bildeten sich als erste revolutionäre Organe sogenannte »Versorgungskomitees«, die die Verpflegung für die Stadtbevölkerung aus den Lagerhäusern, Geschäften und Dörfern der Umgebung »requirierten«. In zahlreichen Agrargemeinden wurde unmittelbar nach dem fehlgeschlagenen Staatsstreich die Lokalverwaltung abgesetzt oder ihrer Funktionen entkleidet und auf einer Vollversammlung aller Ortseinwohner ein »revolutionäres« Komitee gewählt, das fortan alle politischen, administrativen und wirtschaftlichen Leitungsfunktionen ausübte. In vielen Fällen bestand die erste Maßnahme des Komitees darin, alle Besitzurkunden zu verbrennen, die Kirche in eine Lagerhalle umzufunktionieren und den Boden zu kollektivieren; neben die Neuorganisation des Wirtschaftslebens trat sofort die Aufgabe, geeignete Maßnahmen zur Kriegführung – vor allem Organisation, Ausrüstung und Entlohnung von Miliztruppen – in Angriff zu nehmen. In diesem Sinne waren in der Praxis der alltäglichen Komitee-Arbeit Krieg und Revolution auf das engste miteinander verbunden. Die Komitees, die in ihrem Selbstverständnis zumeist Organe einer sozialistisch-anarchistisch akzentuierten, dezentralisierten direktdemokratischen Volksbewegung waren, beschlagnahmten Ländereien, Arbeitsgeräte, Ernten, Häuser und Güter aller Art, bildeten Schnell- oder »Volksgerichte«, die »Faschisten« oder potentielle Sympathisanten des Militäraufstandes aburteilten, ersetzten die Landeswährung durch Ortsgeld, führten eine Variante der Naturalwirtschaft ein etc. Als Instrumente der Revolution entwickelten sie sich zu einer Einrichtung revolutionärer Machtausübung. Häufig blieb der lokale staatliche Apparat – der »vorrevolutionäre« Gemeinderat mit dem Bürgermeister an der Spitze –, wenn auch vorübergehend funktionslos, bestehen, oder er arbeitete auf lokaler Ebene, vom Revolutionskomitee kontrolliert und angeleitet, weiter[53]. Die in den ersten Wochen gebildeten Komitees betrachteten sich mitunter selbst als Überwachungsorgane, die in den Gemeinden und bei den Staatsbehörden in von Ort zu Ort unterschiedlicher Form und Intensität die Verwaltung kontrollierten[54]; die Zusammenarbeit mit den alten Behörden vollzog sich teils ohne größere Reibereien, teils mit nicht unerheblichen Schwierigkeiten.

Die lokalen Revolutionskomitees[55] gingen zumeist, jedoch nicht immer, aus öffentlichen Wahlen hervor. Sie wurden auf recht unterschiedliche Weise gebildet oder gewählt, wobei die Kräfteverhältnisse innerhalb der Arbeiterschaft des betreffenden Ortes eine wichtige Rolle spielten, was notwendigerweise aus dem spontanen Charakter der Aufstandsbewegung und aus dem

Fehlen zentraler Leitung und Anweisung resultierte. Durchgehend beobachtbare Organisationsmerkmale der Komitees waren ihr Improvisationscharakter und ihre Kompromißstruktur. Ersterer manifestierte sich vor allem in der Unterschiedlichkeit usurpierter bisheriger Staatsfunktionen, letztere in ihrer »pluralistischen« Zusammensetzung. Diese entsprach im allgemeinen der politischen Orientierung der Arbeiter in der jeweiligen Ortschaft oder Gegend und spiegelte das tatsächliche Kräfteverhältnis am Ort wider[56]. Aus der Zusammensetzung einiger katalanischer »Milizkomitees«, die im anarchistischen Bulletin zwischen Ende Juli und Mitte Oktober 1936 bekanntgegeben wurde, wird ersichtlich, daß alle politischen und gewerkschaftlichen Organisationen in den Revolutionsorganen repräsentiert waren. Die CNT war mit Abstand am häufigsten vertreten, in Katalonien gefolgt von der autonomistischen ERC, deren Vorsitzender Companys als Regierungschef und Vertreter der republikanischen Legalität eigentlich Gegner der Komitees war, und ihrer sozialistisch-kommunistischen Rivalin UGT.

Die spanische Arbeiterbewegung bediente sich auffallend selten der in der kommunistischen Terminologie üblichen Ausdrücke. Auch die Bezeichnung »Sowjet« fand gegenüber den viel gebräuchlicheren Termini »Komitee« oder »Junta« kaum Verwendung; der Ausdruck »Rat« *(consejo, concejo)* ist zwar häufig anzutreffen, seine Anwendung läßt sich aber nicht auf bolschewistischen Einfluß zurückführen oder gar als Übertragung des Wortes »Sowjet« auffassen, sondern ist durch die spezifisch spanische Tradition bedingt[57]. Die spontan nach dem 19. Juli 1936 gegründeten Macht- und Selbstverwaltungsorgane wurden zwar allenthalben als »Komitees« bezeichnet, trotzdem trifft man – bezeichnenderweise vor allem bei Autoren, die der Sozialen Revolution kritisch bis ablehnend gegenüberstehen – mitunter auf die Bezeichnung »Sowjet«. F. Borkenau spricht von den politischen Komitees vorsichtig als den »spanischen Embryos eines Sowjetsystems«; Broué charakterisiert sie als »Machtorgane vom Rätetyp«, betont jedoch – im Anschluß an den POUM-Führer A. Nin –, daß sie nicht zu »echten Räten« geworden seien[58].

Um die spanischen Komitees phänotypisch den Sowjets zuordnen oder sie von diesen abheben zu können, sollen kurz die verschiedenen Organisationselemente aufgezeigt werden, die für alle bisherigen historischen Erscheinungsformen rätedemokratischer Varianten verbindlich geworden sind: Das primäre Ziel einer jeden Rätebewegung, die Beseitigung oder Minimierung von Herrschaft, soll durch folgende organisatorische Regelungen erreicht werden[59]:

a) Die Wähler organisieren sich in Basiseinheiten (Betrieb, Wohnblock etc.), in denen sich der politische Willen bildet und artikuliert; die auf der untersten Ebene bestimmten Räte wählen auf der nächsthöheren Ebene Stadt- oder Gemeinderäte, diese wiederum Bezirks- oder Regionalräte; an der Spitze des gesamten Systems steht der aus indirekten Wahlen hervorgegangene Zentralrat.

b) Die Räte sowie die gewählten Inhaber aller gesellschaftlich relevanten Positionen (Richter etc.) sind ihren Wählern auch in Detailentscheidungen Rechenschaft schuldig (»imperatives« oder gebundeses Mandat) und können jederzeit abgesetzt werden.

c) Die personelle Zusammensetzung der Räte soll durch möglichst getreue Widerspiegelung der sozialen Struktur der Wähler deren verschiedenen Interessen entsprechen; in jedem Fall soll die Mehrheit der Räte »aus Arbeitern oder anerkannten Vertretern der Arbeiterklasse«[60] bestehen.

d) Der sozialen, wirtschaftlichen und politischen Verselbständigung der Delegierten soll dadurch entgegengewirkt werden, daß einerseits ihre finanzielle Entschädigung dem Durchschnittseinkommen ihrer Wähler entspricht, andererseits durch eine weitgehende Ämterrotation Machtmißbrauch und Bürokratisierung verhindert werden.
e) Die institutionelle Gewaltenteilung wird aufgegeben; Räte sollen »vollziehend und gesetzgebend zu gleicher Zeit«[61] sein.
f) Das Räte-»System« soll alle Bereiche (den »politischen«, wirtschaftlichen, kulturellen etc.) einer Gesellschaft, die als Totalität aufgefaßt wird, strukturieren.

Die hier aufgezählten Organisationselemente stellen nur einen »Minimalkatalog« zur Beschreibung eines Räteaufbaus dar, reichen gleichwohl aus, um die im Sommer 1936 entstandenen Komitees definitorisch und organisationsstrukturell von Räten abzugrenzen[62]. Die spanischen Komitees wiesen eine ganze Reihe direktdemokratischer Elemente vom Rätetyp auf: Die Urwähler organisierten sich in Betrieben, Stadtvierteln oder Agrargemeinden zu Basiseinheiten und wählten in allgemeiner, gleicher und öffentlicher Wahl ein Komitee, dessen Mitglieder ihren Wählern gegenüber jederzeit zur Rechenschaftslegung verpflichtet waren und sofort abgesetzt werden konnten. Imperatives Mandat und »Recall« waren institutionalisierte Merkmale dieses Systems. Alle bedeutenden Entscheidungen der Komitees wurden – auf lokaler Ebene – durch ständige Interaktion mit den Wählern vorstrukturiert und nur in Übereinstimmung mit dem Gemeinschafts-Kollektiv gefällt. Die Trennung zwischen »ökonomischen« und »politischen« Fragen wurde aufgehoben, wirtschaftliche Entscheidungen als Gegenstand politischer Diskussion und Auseinandersetzung erkannt. Die soziale Differenzierung der Wähler wurde in den Betriebskomitees – mehr oder minder getreu – durch die Vertretung der Arbeiter, des Verwaltungspersonals und der Techniker berücksichtigt; in den rein »politischen« Komitees kam sie durch die proportionale Vertretung der verschiedenen Organisationen (Gewerkschaften, Parteien, Pächterverband etc.) zum Ausdruck. In den Agrarkollektiven wurde in gewisser Weise durch den täglichen Wechsel der Gruppen-Einsatzführung, in den Industriekollektiven durch die Wahl der Fabrikkomitees für nur sechs Monate eine Art Ämterrotation mit dem Ziel der Partizipationsmaximierung praktiziert[63]. Die »Revolutionskomitees« vereinigten auf lokalem Sektor die exekutive, die legislative und die judikative Gewalt, die sie u. U. – vor allem letztere – an Fachausschüsse und Sondergremien (z. B. »revolutionäre Gerichtshöfe«) weiterdelegierten.
Die Praxis der Komitees wies allerdings erhebliche Abweichungen vom idealtypischen Entwurf eines Räte-»Systems« auf. Vor allem entwickelten sich die Komitees nur selten von revolutionären Kampforganen, die in der ersten Phase der Revolution die bestehenden staatlichen Institutionen durch proletarische Interessenvertretungen ersetzten, zu föderierten Organen eines sozialistischen Gesellschaftsaufbaus. Die mangelnde Koordination auf föderativ-horizontaler Ebene fand ihre Entsprechung im Fehlen eines aus indirekten Wahlen hervorgegangenen Komitee-Aufbaus, der den Staatsapparat ersetzt hätte[64]. Anders als in Rußland zwischen Februar und Oktober 1917, kam es auch nie zu einem regionalen oder nationalen Komitee-Kongreß oder der Institutionalisierung eines Zentralen Exekutivkomitees. Die Zentralorgane – das

Zentralkomitee der Antifaschistischen Milizen in Barcelona, der Verteidigungsrat von Aragonien, das Volksexekutivkomitee in Valencia etc. – stellten nicht die Spitze eines aufeinander aufbauenden und einander zugewiesenen Komitee-»Systems« dar, sondern waren als Kompromiß divergierender sozialer Interessen durch Absprache der oberen Entscheidungsgremien der partizipierenden Organisationen und ohne Konsultation der jeweiligen Basis entstanden; die einzelnen Posten wurden nach einem vorher festgelegten Proporzverfahren vergeben. Die fehlende Legitimation durch die Urwähler und die Mißachtung direktdemokratischer Organisationsprinzipien führten auf höherer Ebene dazu, daß die tendenzielle »Beseitigung der Führerschaft«[65], die Identität von Herrschenden und Beherrschten oder gar die vollständige Abschaffung von Herrschaft allenfalls Zielvorstellungen blieben. Die Besetzung gesellschaftlich relevanter Positionen erfolgte in den größeren Städten durch Delegation von Gewerkschafts- oder Parteimitgliedern, nicht durch Wahl. Das Fehlen demokratischer Entscheidungsprozesse in den Städten – in auffälligem Kontrast zu der Willensbildungspraxis und der demokratischen Teilnahme an Entscheidungsvorgängen in Agrargemeinden – hat den Trotzkisten G. Munis zu seiner Kritik an der »bürokratischen Macht der Arbeiterorganisationen« veranlaßt[66]:

Die Konstituierung von Arbeiter-, Bauern-, Miliz- und Marinekomitees war der unmittelbare Ausdruck der Zerstörung des kapitalistischen Zwangsapparates ... Die Mehrheit der Komitees wurde demokratisch von Arbeitern, Milizionären, Matrosen und Bauern ohne Unterschied von Richtungen gewählt; so wurde die proletarische Demokratie realisiert – im Gegensatz zur und als Überwindung der bürgerlich-parlamentarischen Demokratie. Die öffentliche Gewalt fiel auf die Arbeitsstätten. Wo es zweifellos am wenigsten demokratisch zuging, das war in den großen Städten. Die bürokratische Macht der Arbeiterorganisationen schaltete sich in die Initiativen der Massen ein und verwies die Demokratie an die Arbeitsstätten, während auf Stadtebene die Gewalt entweder als bürokratischer Kompromiß zwischen den oberen Komitees bestehender Organisationen oder durch stillschweigende Aufteilung entsprechend der materiellen Kraft einer jeden ausgeübt wurde.

Obwohl die Mitglieder der aus direkter Wahl hervorgehenden politischen Komitees stets einer bestimmten Organisation angehörten – zumindest weisen die Quellen nur »organisierte« Komiteemitglieder aus –, fanden auf lokaler Ebene eher »Persönlichkeits-« als »Listenwahlen« statt, und die gewählten Mitglieder fühlten sich weit mehr ihren Wählern als ihren Organisationen gegenüber verantwortlich. Im Grunde genommen hatten die Anarchisten von CNT und FAI und die Komitees als revolutionäre Machtorgane zahlreiche Gemeinsamkeiten[67]; die Übereinstimmung in der Grundhaltung ist gerade auf die umfassende Repräsentanz von Anarcho-Syndikalisten und Anarchisten in den Komitees zurückzuführen. Komitees und CNT-Basis trafen sich in der Ablehnung des Staates, in ihrer antiparlamentarischen Haltung, der Betonung des föderativen Prinzips, dem Vertrauen in die Spontaneität, Kreativität und Engagementbereitschaft der Massen, der Bürokratie- und Hierarchiefeindlichkeit sowie dem Bestreben nach Minimierung von Herrschaft. Die Lokal- und Betriebskomitees erfuhren ihre Legitimation durch demokratische Wahlen; die Art ihrer Konstituierung und die organisatorischen Regelungsmechanismen ihres Funktionierens weisen sie als Organe des Rätetyps aus, die sich allerdings

nicht zu einem gesamtgesellschaftlichen »System« entwickelten. Spezifische Unterschiede bestehen z. T. gegenüber einem Räte-Idealtyp in einem vollausgebildeten gesamtgesellschaftlichen System, nicht sosehr gegenüber der historisch faßbaren Rätewirklichkeit in der russischen (1905, 1917) und deutschen (1918/19) Revolution, in denen ebenfalls kein idealtypisch imaginiertes Räte-»System« zur Realisierung kam, sondern stets eine Diskrepanz zwischen »Rätewirklichkeit und Räte-Ideologie« (E. Kolb) bestehen blieb. Verhindert wurde die Ausbreitung der Komitees auf die Makro-Ebene nicht nur durch die rapide Restauration des Staatsapparates, sondern ebenso durch die Opposition der politischen Parteien und die mangelnde Unterstützung seitens der anarcho-syndikalistischen Entscheidungsgremien. Die Ersetzung des Staates durch ein System aufeinander aufbauender, föderativ miteinander verbundener Komitees lag zwar in der Konsequenz der nachrevolutionären Gesellschaftskonzeption von CNT und FAI. Die relative Verselbständigung der Komitees und ihre Resistenz gegenüber der direkten Beeinflussung durch die oberen Gewerkschaftsorgane bestärkte jedoch die anarchistischen und anarcho-syndikalistischen Gremien in ihrer ablehnenden Haltung gegenüber der Anwendung direktdemokratischer Organisationsprinzipien auf alle aus der Revolution resultierenden Machtorgane[68]. Daß es in Spanien auch nicht für kurze Zeit zu einem entwickelten, über die niederen Organisationsansätze auf Betriebs- und Lokal-, allenfalls noch Bezirksebene hinausgehenden Rätesystem kam, lag an der Existenz und dem starken Einfluß mächtiger Arbeiterorganisationen, die sich einer Schwächung ihres Einflusses widersetzten und auf höherer Ebene, unter Verletzung direktdemokratischer Organisationsprinzipien und unter Verzicht auf Legitimation durch die Urwähler, die Positionen in den neuen Machtorganen durch Delegation und nicht durch Wahl besetzten.
I. Puente[69] hatte 1935 in seiner theoretisch-programmatischen Schrift »El Comunismo Libertario« hervorgehoben, daß es »über der Lokalorganisation keinen Überbau geben darf, mit Ausnahme dessen, der eine besondere, auf lokaler Basis nicht durchführbare Funktion ausübt«. Der Zaragoza-Kongreß übernahm im Mai 1936 diese Vorstellung des organisatorischen »Überbaus« und forderte eine Föderation freiheitlicher Kommunen auf regionaler und nationaler Ebene, »um Ziele von allgemeiner Bedeutung verwirklichen zu können«. Die Gesamtheit der Kommunen würde eine Iberische Konföderation der Autonomen Freiheitlichen Kommunen bilden. Der Kriegsverlauf verhinderte die Realisierung dessen, was die CNT unter »konstruktiver Vorstellung von der Revolution« verstand. Es kam zwar zu regionalen Föderationen agrarischer Kollektivwirtschaften; da die Komitees ihrem Selbstverständnis nach primär Revolutionsorgane und seltener Leitungs- und Koordinierungsinstanzen der kommunalen Basiseinheiten eines zukünftigen proletarischen Gesellschaftsaufbaus waren, kam es jedoch bedeutend seltener zu überlokalen Zusammenschlüssen politischer Komitees. Die kurze Zeitspanne, in der die Komitees als autonome Machtorgane auf lokaler Ebene fungieren konnten, ließ das Grunddilemma der Anarchisten nur schwach durchscheinen; sie gibt außerdem keine ausreichenden Materialien zur Lösung der aufgeworfenen Probleme an die Hand:
Nachdem in dem anarchistischen Entwurf des nachrevolutionären Gesell-

schaftsaufbaus keine Unterscheidung in Agrar- und Industriekollektive einerseits, politische Komitees andererseits, sondern nur zwischen »freien Kommunen« und »Syndikaten« getroffen war, sah sich die CNT in den Monaten nach dem 19. Juli 1936 neuen, in ihrer Theorie nicht vorgesehenen Organen, den politischen Komitees, gegenüber, die auf die fortbestehende Unterscheidung in einen »wirtschaftlichen« und einen »politischen« Bereich hinwiesen. Da während des Krieges nur äußerst selten von freien Kommunen gesprochen wurde, waren für die CNT offensichtlich die Grundlagen zur Realisierung des »freiheitlichen Kommunismus« noch nicht geschaffen, und die Syndikalisten scheinen nicht ernsthaft den Zusammenschluß revolutionärer Komitees auf überlokaler Ebene verfolgt zu haben. In diesem Zusammenhang blieb die Frage – die hier nur als Problem aufgeworfen werden kann – undiskutiert, unter welchen Voraussetzungen die von den Anarchisten proklamierte allumfassende Demokratie realisiert werden könne. Wer entscheidet letztlich über die zur Erreichung anarchistischer Zielvorstellungen nötige »Rechtgläubigkeit« der Bevölkerung? Wird das erforderliche Bewußtsein durch Indoktrination oder eine Erziehungsdiktatur hergestellt? Es geht hierbei letztlich um das Verhältnis des Anarchismus zu seinen eigenen Vorstellungen von direkter Demokratie in einem historischen Kontext, in dem keine umfassenden Realisationschancen gegeben sind. In der konkreten Situation des Spanischen Bürgerkrieges wurde aufgrund der restriktiven gesellschaftlichen und politischen Bedingungen, die die Entwicklung zu einem ausgebildeten Komitee-»System« verhinderten, diese Frage für die Anarchisten nicht von konkret-aktueller Bedeutung. Sie liegt jedoch in der Konsequenz ihres Revolutions-Konzepts und ist bei der Interpretation »libertärer« Revolutionen immer dann von Bedeutung, wenn – wie im spanischen Fall – neue, unvorhergesehene Machtorgane im Verlauf der Revolution entstehen und die Stelle bisher favorisierter revolutionstaktischer Instrumente einnehmen.

b) Vom »comité« zum »ajuntament«: Der Verzicht auf demokratische Legitimation

Da die Arbeiterorganisationen und Parteien entweder gegen die Komitees eingestellt waren oder für eine Modifikation ihres Ernennungsmodus eintraten, fiel es der katalanischen Regierung nicht schwer, am 9. Oktober 1936 ein Dekret zu erlassen, das »in ganz Katalonien alle Lokalkomitees, unabhängig von ihrem Namen oder ihrer Bezeichnung, sowie alle lokalen Körperschaften, die nach der Aufstandsbewegung mit kulturellen, wirtschaftlichen und sonstigen Zielen ins Leben gerufen worden waren«, auflöste[70]; Widerstand gegen dieses Auflösungsdekret wurde als ein Verbrechen des Hochverrats betrachtet und als solches von den »Volksgerichtshöfen« verfolgt.
Zum gleichen Zeitpunkt erließ die Generalitat ein »Dekret über die Konstituierung von Gemeinderäten«[71], das die Ersetzung der bisherigen Komitees durch neue Gemeinderäte vorsah, deren Mitglieder jedoch nicht gewählt, sondern von den in der Regionalregierung vertretenen Organisationen proportional zu ihrer Repräsentation in der Generalitat delegiert wurden. Die Neuordnung wurde in

einer Präambel damit begründet, daß »die außerordentlichen Umstände, die das Land erlebt, ... es nahelegen, die Struktur des lokalen Bereichs neu zu gestalten, so daß alle Parteien und Vereinigungen *(colectividades)*, die an der Front und im Hinterland kämpfen«, in den neuen Leitungsgremien vertreten seien. Die Generalitat pries – angesichts der Unmöglichkeit, ordentliche Wahlen abzuhalten – dieses Dekret als Garantie für »politisches Gleichgewicht und Unparteilichkeit«[72]; sie gab an, beim Erlaß von der Überlegung geleitet worden zu sein, »unbedingt jede parteiliche oder persönliche Auseinandersetzung zwischen den Komitees und der Gemeinde *(ajuntament)* zu vermeiden oder, falls es doch dazu kommen sollte, sie auf ein Minimum zu beschränken«[73]. Premierminister J. Tarradellas bezeichnete die Dekrete als Voraussetzung und Mittel zur »vollständigen Normalisierung des kommunalen Lebens«[74]. Dieses Rechtfertigungsargument konnte nicht über die Probleme hinwegtäuschen, die das Dekret mit sich brachte: Die auffälligsten Schwierigkeiten betrafen das willkürliche, pauschal dekretierte, einheitliche Kräfteverhältnis in allen Gemeinderäten, den Verlust der demokratischen Legitimation und die Beziehungen zwischen den neuen Körperschaften und den auflösungsunwilligen Komitees. Die Kommunisten des PSUC und der UGT, die sich durch dieses vom Kabinett mit ihren Gegenstimmen verabschiedete Dekret benachteiligt fühlten, widersetzten sich ihm von Anfang an, obwohl es ihnen in vielen Gemeinden eine überdurchschnittliche Repräsentation sicherte. Die Rivalität zwischen den einzelnen antifaschistischen Organisationen nahm an vielen Orten zu. Außerdem mußte das Verhältnis zu den lokalen Revolutionskomitees geklärt werden, die zwar de jure aufgelöst waren, de facto aber das Auflösungsdekret ignorierten und nicht bereit waren, ihre sich selbst zugesprochenen Kompetenzen an die neuen Körperschaften abzutreten. Durch ihren starken Rückhalt bei den Wählern konnten sie auch nur schwer mit staatlichen Zwangsmitteln aufgelöst werden. Die Generalitat sprach zwar von nur »anfänglichen Anpassungsschwierigkeiten«; realiter aber zog sich die Doppelherrschaft von Gemeinderäten und Komitees über Monate hin[75], bis sich schließlich die neugeschaffenen Körperschaften – nicht zuletzt dank der ständigen Aufforderungen der CNT an ihre Mitglieder, dem Auflösungsdekret Folge zu leisten[76] – gegenüber den Revolutionsorganen durchsetzen konnten.
Das Dekret vom 9. Oktober 1936 stellte sowohl im Vergleich zu der bis dahin gültigen katalanischen Gemeindeordnung von 1934 als auch zu der Komitee-Wirklichkeit der ersten Kriegsmonate einen deutlichen Abbau an Basisdemokratie dar. Die katalanische Gemeindeordnung, die 1934 in Übereinstimmung mit den Bestimmungen des Autonomiestatuts erlassen worden war, legte die Autonomie der Municipien fest, deren Gemeinderäte »in allgemeiner, gleicher, direkter und geheimer Wahl« gewählt wurden. Während die Interventionsmöglichkeiten der Generalitat auf ein Minimum beschränkt waren, sollte die Bevölkerung durch Volksbefragungen und -entscheidungen zu möglichst umfassender Partizipation am Kommunalgeschehen angeregt werden. Die Gemeindeordnung sah auch die Möglichkeit der sofortigen Abberufbarkeit der gewählten Räte (»Recall«) vor; nach den Volksfrontwahlen vom Februar 1936 war wiederholt von dieser Möglichkeit Gebrauch gemacht worden[77].
Die Beschneidung demokratischer Partizipationsmöglichkeiten der Urwähler

lief parallel zur Stärkung der oberen Entscheidungsgremien von Parteien und Gewerkschaften. Die Kompetenzen der Gemeinden wurden zwar erheblich erweitert – eine Reihe von Wirtschafts- und Finanzbefugnissen war den Gemeinden bereits im Juli und August 1936 übertragen worden, und die Finanzdekrete vom 18. Januar 1937 *(Plan Tarradellas)* erweiterten ihren Aktionsraum noch mehr –, die eigentlich demokratischen Errungenschaften der Revolution aber Schritt um Schritt abgebaut.

Die Komitees als Revolutionsorgane waren vom allgemeinen Gang der Revolution abhängig; als diese im September/November 1936 durch den Eintritt der Anarchisten in die Zentral- und Regionalregierung in die Phase der »Legalisierung« überging, mußte der »gouvernementalistische Fatalismus«[78] der Anarchisten das Ende der Komitees als spontan geschaffener, revolutionärer Selbstverwaltungs- und Machtorgane bedeuten. Die katalanische Entwicklung – Eintritt der Anarchisten in die Regierung und darauffolgende Auflösung der Komitees mit Unterstützung der CNT-Minister – fand mit einer Phasenverschiebung von zweieinhalb Monaten ihre genaue Entsprechung auf Landesebene. Die Anfang November 1936 in die Regierung Largo Caballero eingetretenen vier Anarchisten[79] konnten vom Kabinett aus miterleben, wie die Ortskomitees als quasi selbständige Lokal-»Regierungen« ihre eigene »Politik« betrieben, Regierungserlasse mißachteten und zahlreiche staatliche Funktionen usurpierten. Die anarchistischen Kabinettsmitglieder stimmten schließlich der vor allem von kommunistischer und republikanischer Seite erhobenen Forderung nach Auflösung der Lokalkomitees zu; Ende 1936 dekretierte die Regierung Largo Caballero die Auflösung der Komitees und die Wiedereinsetzung von Gemeinderäten, die – ähnlich wie in Katalonien – alle Parteien der Volksfront einschließlich der Gewerkschaftszentralen aufnehmen sollten.

Als die Generalitat genau ein Jahr nach Erlaß des Dekrets vom 9. Oktober 1936 die Zusammensetzung der Gemeinderäte modifizierte, stellte die neue Bestimmung[80] nur eine bestätigende Fortführung der bisherigen Politik dar. Die seit Beginn des Krieges offen gegen alle revolutionären Errungenschaften, die nicht durch staatliche Instanzen kontrolliert wurden, agitierenden Parteien ERC und PSUC erhielten in den neuen Gemeinderäten wiederum je drei Sitze, die Mittelstandspartei ACR und der Pächterverband UDR je einen; diese Organisationen hatten somit gegenüber der CNT, der ebenfalls drei Sitze zugebilligt wurden, stets eine große Mehrheit. Der POUM, dessen Prozeß gerade abgeschlossen wurde, war aus den Gemeinderäten ausgeschlossen worden. Diese waren fortan trotz der Repräsentation der CNT, die nicht mehr in der Regionalregierung war, noch mehr als bisher ausführende Organe der Direktiven ihrer Organisationszentralen und somit der katalanischen Regierung, die jede Willensbildung und -äußerung der »Basis« unterdrückte und die staatliche Intervention in gesellschaftlich zuvor autonome Bereiche zu einer allgegenwärtigen Praxis werden ließ. Bezeichnend hierfür ist Art. 6 des Dekrets vom 8. Oktober 1937, der die Einsetzung eines Staatskommissars in den Gemeinden für den Fall vorsah, daß zwanzig Tage nach Erlaß des Dekrets noch kein neuer Gemeinderat konstituiert war. Jeglicher Versuch, Bedenken gegen die neue Verfügung zu äußern, sollte damit im Keim erstickt werden. Die

Partizipationsbereitschaft breiter Bevölkerungskreise war durch die Auflösung der revolutionären Komitees abgewürgt worden; die »Revolution von unten« wurde immer stärker – analog zu der Politik auf dem Agrar- und Industriesektor – durch die ohne Massenbasis mit Hilfe des restaurierten staatlichen Apparats durchgeführte »Revolution von oben« abgelöst. Die demokratischen Bestrebungen aber konnten zurückgedrängt werden; die Revolution von unten blieb unvollendet.

4. Der Verteidigungsrat von Aragonien

In den Agrarteilen Aragoniens, in denen einerseits die Vorherrschaft der Anarchisten unbestritten war, andererseits die relative Ruhe an der Front verhältnismäßig gute Bedingungen zur Realisation des anarchistischen Organisationsentwurfs bot, konnte die anarcho-syndikalistische Basisvorstellung von Demokratie auf lokaler kollektivwirtschaftlicher Ebene relativ mühelos in die Praxis umgesetzt werden[81]. Deutlicher als in anderen Gegenden stellte sich jedoch für CNT und FAI die Frage nach der praktischen Realisierung ihres direktdemokratischen Organisationsentwurfs auf überlokaler Ebene. Wie würden die Anarchisten das Problem der erforderlichen regionalen Koordination der politischen, wirtschaftlichen und militärischen Tätigkeiten auf dem theoretischen Hintergrund ihrer Doktrin und der Basis der spontanrevolutionären Errungenschaften der ersten Wochen lösen?
Nachdem entgegen allen Erwartungen die CNT-Hochburg Zaragoza fast kampflos in die Hände der nationalen Truppen gefallen war[82], ging der Republik im Juli 1936 innerhalb weniger Tage der größte Teil Aragoniens verloren. Dieser Verlust führte bei den katalanischen Anarcho-Syndikalisten zu einem Trauma; sie setzten von Anfang an ihre ganze Energie daran, Aragonien zurückzuerobern und dadurch »die Ehre der CNT wiederherzustellen« (C. Lorenzo). Die in Barcelona eilig organisierten Milizkolonnen zogen nach Westen und konnten innerhalb weniger Wochen die Hälfte Aragoniens – allerdings nicht die bestens verteidigte Hauptstadt – wiedergewinnen.
Obwohl es feststeht, daß der Vormarsch anarchistischer Milizen wesentlich zur Ausbreitung der Agrarkollektivierung beitrug, Gewaltanwendung gegenüber kleinen Landeigentümern und kollektivfeindlichen Bauern vorkam[83], anarchistische Milizen in den Dörfern einschneidende revolutionäre sozialökonomische Maßnahmen trafen, die Behörden beseitigten und auf Dorfversammlungen Komitees wählen ließen, die sich fast ausschließlich aus Anarchisten zusammensetzten, ist andererseits das große numerische Übergewicht der CNT auf dem aragonesischen Land unbestritten; die überwiegende Mehrzahl der landlosen Agrarbevölkerung hing dem Kollektivierungskurs der Anarcho-Syndikalisten an und brauchte nicht zum Eintritt in die Kollektive gezwungen zu werden. Als in den ersten Tagen des Aufstandes die Nationalisten in den Provinzhauptstädten Zaragoza, Huesca, Teruel gesiegt hatten, folgte in den Städten und Dörfern eine Säuberung der bisherigen republikanischen Verwaltung, der Provinziallandtage *(diputaciones)* und Zivilgouverneure. Sehr bald nach der Wiedereroberung der Agrarbezirke Aragoniens durch zumeist anarchistische Kolonnen

wurde die Notwendigkeit einer effektiven Verwaltung sichtbar; außerdem drohte der Region ein wirtschaftlicher Zusammenbruch, da jede Ortschaft eine Autarkiepolitik zu betreiben suchte und alte wirtschaftliche Verbindungen abgerissen waren.

Angesichts des unerwarteten politischen Machtvakuums, auf das die Anarchisten in Aragonien stießen, stellte sich für CNT und FAI – ähnlich wie nach dem Zusammenbruch der Staatsgewalt in Katalonien – das Organisationsproblem der Revolution. In den Dörfern der Region hatten Komitees zumeist die wirtschaftlichen und Lokalräte die politischen Koordinations- und Leitungsfunktionen übernommen. Um einerseits die wirtschaftliche Zusammenarbeit zu effektivieren, andererseits die militärischen Aktionen zu koordinieren, mußte so bald wie möglich ein zentrales Organ geschaffen werden. Angesichts der realen Machtverhältnisse bestand kein Zweifel darüber, daß in diesem Organ die Anarchisten die ausschlaggebende Rolle spielen würden. Es stellte sich nur die Frage: Würden die CNT- und FAI-»Führer« ihr Machtmonopol auch gegenüber der eigenen sozialen Basis ausspielen und die Führungspositionen unter Umgehung eines demokratischen Nominierungsmodus unter einer kleinen Elite aufteilen oder den Versuch unternehmen, entsprechend dem »konföderalen Konzept des freiheitlichen Kommunismus« Föderationen von Produzentenvereinigungen zu bilden und den Regionalrat aus einem räteorganisatorischen, von den Basisorganen ausgehenden Aufbau von demokratisch legitimierten Agrarkomitees und Lokalräten hervorgehen zu lassen?

Als die CNT Ende September 1936 auf einer Versammlung der Stadt- und Dorfkomitees in Bujaraloz[84] die Einsetzung eines Zentralorgans beschloß, verfolgte sie damit (nach eigenen Angaben) u. a. die Absicht, die Willkür katalanischer Milizkolonnen zu beenden, die in Aragonien wie in »erobertem Gebiet« (J. Ascaso) hausten. Der Mitte Oktober 1936 zum erstenmal in Fraga tagende »Verteidigungsrat« setzte sich, nachdem Gespräche mit den Sozialisten und Republikanern gescheitert waren, nur aus CNT-Mitgliedern zusammen[85]:

Joaquín Ascaso Budría	(Vorsitz)
Adolfo Ballano Bueno	(Justiz, öffentliche Ordnung)
José Mavilla Villa	(Landwirtschaft)
Miguel Jiménez Herrero	(Information und Propaganda)
Francisco Ponzán Vidal	(Verkehr und Handel)
José Alberola	(Unterrichtswesen)
Adolfo Aznar	(Wirtschaft und Verpflegung)
Miguel Chueca Cartero	(Arbeit)

Im ersten Aufruf des Regionalrates wurde dessen Konstituierung mit der dringenden Notwendigkeit begründet, der den POUM- und PSUC-Kolonnen ausgelieferten Agrarbevölkerung Schutz zu gewährleisten[86]; außerdem müßte die Requisition von Lebensmitteln und Vieh ein Ende nehmen, wenn man nicht den »totalen Ruin« der Region hervorrufen wolle. Die Milizkolonnen hatten sich an die Vorschriften des Aragonien-Rates zu halten:

> Alle Anträge auf Verpflegung mußten direkt beim Verteidigungsrat gestellt werden. Die »Antifaschistischen Kolonnen« durften nicht in die sozialpolitische Entwicklung einer Ortschaft eingreifen. Ortskomitees durften von militärischen Einheiten nicht abgesetzt werden. Alle Requisitionen mußten vom Verteidigungsrat genehmigt sein.

Die Konstituierung dieser De-facto-Regionalregierung der Anarchisten entsprach ihrer putschistischen Tradition isoliert-unkoordinierten Vorgehens: Die aragonesische Regionalföderation hatte ihr Vorgehen weder mit der katalanischen Regionalregierung, in der zu diesem Zeitpunkt bereits CNT-Vertreter saßen, noch mit dem CNT-Nationalkomitee abgestimmt: Daß die Kommunisten sich mit diesem fait accompli nicht abfinden würden, war abzusehen; vorläufig mußten sie aber – wegen ihrer geringen Stärke in Aragonien – noch zurückhaltend taktieren. Anfang November 1936 ersuchte der Regionalrat, der seinen Sitz von Fraga nach Montejulia verlegt hatte, die Nationalregierung in Madrid um seine Anerkennung und betonte dabei seine »absolute Identifizierung mit der Regierung der Republik«. Regierungschef Largo Caballero und Staatspräsident Azaña zeigten sich der Idee einer Regionalregierung gegenüber nicht abgeneigt, forderten aber die Einbeziehung aller Volksfront-Organisationen. Der Aragonien-Rat sollte die Funktionen des Zivilgouverneurs und der Provinziallandtage ausüben; insbesondere oblag ihm die Aufrechterhaltung der öffentlichen Ordnung, der Wiederaufbau der Industrie und Landwirtschaft und die Unterstützung der militärischen Führung. Der neubesetzte Verteidigungsrat, der erst am 17. Dezember 1936 gegen den Willen der Kommunisten[87] offiziell anerkannt wurde, hatte Vertreter der Republikanischen Linken, der UGT, des PCE und der Syndikalistischen Partei aufgenommen; trotzdem hielt die CNT in diesem von ihr als »Morgenröte der neuen moralischen und wirtschaftlichen Ordnung« gepriesenen Organ neben dem Vorsitz die Schlüsselstellungen inne[88]:

Joaquín Ascaso:	Vorsitz	CNT
Evaristo Viñuales:	Information und Propaganda	CNT
Adolfo Ballano:	Öffentliche Ordnung	CNT
Adolfo Arnal:	Landwirtschaft	CNT
Miguel Chueca:	Arbeit	CNT
Luis Montoliú:	Transport und Verkehr	CNT
Evelio Servet Martínez:	Wirtschaft und Verpflegung	CNT
Juan Ignacio Mantecón: (Nachfolger: Pellicer)	Justiz	IR
Jesús Gracia:	Finanzen	IR
Manuel Latorre:	Kultur	UGT
José Ruiz Borao:	Öffentliche Bauten	UGT
José Duque:	Gesundheit und Sozialfürsorge	PCE
Custodio Peñarrocha:	Industrie und Handel	PCE
Benito Pabón:	Generalsekretär	PS

Joaquín Ascaso, der bereits ab Dezember den Titel eines »Generalgouverneurs von Aragonien« führte, durfte sich ab Januar 1937 »Vertreter der Regierung im gesamten wiedereroberten Gebiet Aragoniens« nennen[89]. In seiner ersten politischen Erklärung[90] forderte der Verteidigungsrat »volle Freiheit«, um »eine neue, gerechte und humane Gesellschaft zu schaffen«. Der Rat verstand sich als »Ausdruck des revolutionären Willens, der Arbeit und des Opfers des aragonesischen Volkes«. Das Bekenntnis zum Kollektivierungskurs nahm eine zentrale Stellung in seiner Erklärung ein, in der allerdings auch die Rede war von der »Respektierung der Gewerbetreibenden und der Bauern«.

Diese Erklärung trägt unverkennbar die Handschrift der Anarcho-Syndikalisten; sowohl Sozialisten als auch Kommunisten und Republikaner mußten in Aragonien ihre eigenen Vorstellungen vorübergehend hintanstellen und sich denen der mehrheitlichen CNT anschließen. Der unmittelbare Einfluß des Verteidigungsrates auf die Kollektivierungsbewegung ist allerdings nur schwer abzuschätzen, da – zumindest bis Februar 1937 – die Kollektive autonom agierten; die Bedeutung des Rates dürfte in den ersten Monaten primär in der moralischen Unterstützung der Kollektivierung, nach Februar 1937 in der erforderlichen Koordination der Kollektivwirtschaften gelegen haben. Nach seiner Legalisierung im Dezember 1936 konnte der Regionalrat den Wiederaufbau der zusammengebrochenen Wirtschaft in Angriff nehmen: In den folgenden Monaten organisierte er die Agrar-Kollektivwirtschaften, dehnte den Handel nach Frankreich, in die Tschechoslowakei und nach Jugoslawien aus, erwarb Landwirtschaftsmaschinen mit den aus dem Safran-Handel gewonnenen Devisen und besorgte im Februar 1937 die Zusammenfassung aller Landwirtschaftskollektive in einer Regionalorganisation. Die Leitungsgremien der Kollektive *(juntas administrativas)* waren zumeist nicht identisch mit der politischen Führung eines Ortes *(consejos locales)*, aber auch die meisten »politischen« Lokalräte unterlagen der Führung der Anarcho-Syndikalisten[91]. Die Zusammensetzung der Gemeinderäte, die aufgrund einer republikanischen Verordnung vom 31. Dezember 1936 nach Auflösung der im Sommer entstandenen Revolutionsorgane an die Stelle der spontan gegründeten Komitees traten (s. o.), läßt einerseits das Übergewicht der aragonesischen CNT deutlich werden, straft andererseits die Behauptung derjenigen Lügen, die von anarchistischer »Diktatur« in Aragonien sprachen, die keine andere Organisation politischen Einfluß habe ausüben lassen. Zwischen März und Juni 1937 gaben 83 Ortschaften die Zusammensetzung ihrer Gemeinderäte, die nicht gewählt, sondern aus Vertretern der am Ort vertretenen Gewerkschaften und Parteien proportional zu ihrer numerischen Stärke zusammengesetzt sein sollten, in der amtlichen Zeitung »Nuevo Aragón« bekannt[92]: Die CNT war in 66 der 83 Gemeinderäte vertreten; in 23 davon führte sie den Vorsitz, in 22 übte sie allein die Lokalverwaltung aus. Ihre Rivalin UGT konnte zwar keineswegs die Machtposition der CNT erschüttern, war aber in über der Hälfte aller Gemeinderäte (43 von 83) vertreten, in 16 davon an erster Stelle; in sechs Fällen übte sie allein die Ortsverwaltung aus. Von den politischen Parteien schnitt die Republikanische Linke noch am relativ besten ab: Sie entsandte in 18 der 83 Gemeinderäte Vertreter. Auf Regionalebene zur Bedeutungslosigkeit verurteilt waren die Volksfrontkoalition, die in 7 Gemeinderäten vertreten war, die Sozialistische Partei, die ihre Delegierten in 5 Räte entsenden konnte, sowie die Kommunistische Partei und die Republikanische Union, die mit 3 bzw. 1 Vertreter das politische Schlußlicht bildeten.

Obwohl die Kommunistische Partei seit dem Frühjahr 1937 eine heftige Pressekampagne gegen den Aragonien-Rat betrieb – die in ihrer Schärfe nur noch von den gleichzeitigen Attacken gegen den POUM übertroffen wurde –, die katalanische Landesregierung von Anfang an ihre Opposition gegen die aragonesische Autonomie bekundet hatte und die Regierungskoalition der Volksfrontparteien unter Juan Negrín keinen Zweifel an ihrer Mißbilligung des

nach wie vor von der CNT majorisierten Regionalrates ließ, gelang es dieser Front von Gegnern nicht, die Machtposition der CNT in Aragonien ernsthaft zu erschüttern. Andererseits ist der relative Erfolg der sozialistischen Gewerkschaft UGT nicht zu übersehen; er deutet auf die vorhandene Opposition gegen die CNT hin: Der UGT waren vor allem enteignete Grundbesitzer, Unternehmer kleinerer Handwerksbetriebe, Kleinbürger und »individualistische« Bauern beigetreten, die alle eine radikale Kollektivierung ablehnten. Diese Bevölkerungsgruppen dürften es auch gewesen sein, die die Auflösung des Verteidigungsrates »mit unbeschreiblichem Enthusiasmus« – wie Verteidigungsminister Prieto im August 1937 nach einer Reise durch Aragonien im Kabinett berichtet haben soll[93] – aufgenommen haben.
In einer Gedenkrede zum 19. Juli wies J. Ascaso auf die Leistungen des Aragonien-Rates hin: Neue Wege und Straßen seien gebaut, Transport- und Telefonverbindungen eingerichtet, das Eisenbahnnetz erweitert worden. Die Agrarkollektivierung sei zwar »in ihrer Gesamtheit weder gerecht noch schön« und weise viele Mängel auf; »aber trotz der Ungeschicktheiten oder eines falschen Beginns der Kollektivwirtschaften kann man die unwürdigen Angriffe, denen sie ausgesetzt sind, nicht zulassen, denn ob man nun will oder nicht: Sie stellen die Zukunft dar«[94]. Ascaso hob noch einmal hervor[95], daß der zwischen der Volksfront und dem Aragonien-Rat geschlossene »Pakt des antifaschistischen Blocks« letzterem die Aufgabe übertragen habe, den Bauern die Möglichkeit einzuräumen,

den Boden individuell oder kollektiv zu bewirtschaften, um die Unzufriedenheit zu vermeiden, die möglicherweise durch den raschen Wandel der ersten Augenblicke entstanden ist; aber auch wenn der Aragonien-Rat als Verteidiger des Kleineigentums auftritt, wird er die Beschlüsse der Gewerkschaften UGT und CNT unangetastet lassen, um zu verhindern, daß man wieder in das verabscheuungswürdige System der Zeit vor dem 19. Juli zurückfällt.

Obwohl die Kommunisten auf dieses öffentliche Bekenntnis Ascasos zu einem – wenn auch beschränkten – Recht auf Individualeigentum nicht erwiderten, behaupteten sie wenige Wochen später in ihrem Organ »Frente Rojo«: »Es gibt keinen einzigen Bauern, der nicht gezwungen worden ist, in die Kollektivbetriebe einzutreten. Wer Widerstand leistete, erlitt an seinem eigenen Körper und an seinem kleinen Eigentum die terroristische Strafe«[96]. Als die Kommunisten diese jeglicher realen Grundlage entbehrende Behauptung aufstellten, war der Aragonien-Rat allerdings bereits aufgelöst: Kommunistische Truppen unter E. Lister hatten die Region besetzt und die führenden CNT-Mitglieder verhaftet; die Machtposition der Anarchisten war erschüttert.
Die Einsetzung des Rates von Aragonien stellte einen eklatanten Bruch mit der bisherigen Theorie und Praxis des Anarchismus dar. Der Rat übernahm von Anfang an sämtliche Funktionen einer Regionalregierung[97]. Anarchisten selbst bezeichneten ihn als »eine Art Äquivalent der Generalitat von Katalonien auf aragonesischem Gebiet«[98]; im Gegensatz zur Generalitat aber, die ihre Legitimation aus den Volksfrontwahlen vom Februar 1936 bezog, konnte der Aragonien-Rat nur auf eine Absprache innerhalb der Partei- und Gewerkschaftsapparate und seine Sanktionierung durch die Zentralregierung verweisen. Eine demokratische Legitimation fehlte ihm. Weder seine Konstituierung

noch seine Zusammensetzung entsprachen anarchistischen Prinzipien; er ging – entgegen der Versicherung seines Vorsitzenden J. Ascaso – nicht aus einer freien Wahl der Lokal- und Bezirkskomitees hervor, sondern bei seiner Konstituierung übten die Führer anarchistischer Hundertschaften und Kolonnen (allen voran Buenaventura Durruti) einen nicht unerheblichen Einfluß aus[99]. Selbst innerhalb der CNT blieben der Verteidigungsrat und die von ihm unterstützte »Föderation landwirtschaftlicher Kollektive Aragoniens« nicht unangefochten: Auf einer Gewerkschaftsversammlung, die Mitte September 1937 in Caspe tagte, beschloß die CNT eine strikte Überwachung der Agrar-Kollektivwirtschaften. Die im Februar 1937 auf einer Versammlung aragonesischer Kollektive beschlossene Regelung, alle »Individualisten« von der Versorgung durch die lokalen CNT-Genossenschaften auszuschließen, wurde zugunsten einer versöhnlicheren Haltung aufgehoben[100].

Als am 11. August 1937 der offizielle Staatsanzeiger die Auflösung des Verteidigungsrates bekanntgab, erreichte damit der »Restaurations«-Prozeß der zentralen Staatsgewalt seinen Höhepunkt. Waren in den ersten Kriegsmonaten Ausbreitung und gleichzeitige Bekämpfung der Revolutions-Gewalten noch parallel zueinander verlaufen, so neigte sich ab Mai 1937 die Waage definitiv zugunsten der Wiederherstellung der Staatsautorität. Bereits zwei Monate nach Beginn des Krieges betonten führende Anarcho-Syndikalisten und Linkssozialisten – allen voran J. Peiró und F. Largo Caballero – die Notwendigkeit, die Reaktionen der Auslandsmächte auf die Revolution in Spanien in Rechnung zu stellen. Am 1. Oktober 1936 war das Zentralkomitee der Antifaschistischen Milizen dem katalanischen Verteidigungs-Ressort angegliedert und damit aufgelöst worden. Die Polizeitruppen der verschiedenen Organisationen wurden zu den *Milicias de Vigilancia de la Retaguardia* zusammengefaßt und dem Innenministerium unterstellt. Mit der Einberufung zweier dienstpflichtiger Jahrgänge durch die Verordnung vom 29. September war der Prozeß der »Militarisierung« der Milizen in Gang gesetzt. Am 9. Oktober wurden in Katalonien die lokalen Revolutionskomitees abgeschafft und durch Gemeinderäte ersetzt; Ende Oktober wurde der Verteidigungsrat von Aragonien von einem Revolutions- zu einem von Largo Caballero legalisierten Regierungsorgan. Der »Oberste Sicherheitsrat« faßte die politische Polizei, die Fahndungsabteilungen und die Spionageabwehr unter dem Vorsitz eines von der Regierung ernannten Generaldirektors zusammen. Die Kriegführung wurde noch 1936 zentralisiert und einer »Junta der Milizen« unterstellt. Das Volksexekutivkomitee von Valencia und das Komitee für öffentliche Wohlfahrt wurden, ebenso wie die meisten der anderen »regierenden« Komitees, teils entmachtet, teils aufgelöst, zum größten Teil nach der Verordnung vom 31. Dezember 1936 in »Gemeinderäte« umstrukturiert. Ende April 1937 verfügte Largo Caballero die Auflösung der Madrider Verteidungsjunta, die im November 1936 die Verteidigung Madrids organisiert hatte[101]. Nach den katalanischen Maikämpfen übernahm die Zentralregierung auch in diesem Landesteil den Oberbefehl über die Ordnungspolizei, die katalanische Autonomie wurde beschnitten, Zeitungen und Radiostationen der Zensur unterstellt.

Als nach dem republikanischen Regierungswechsel im Mai 1937 der Einfluß der

Linkskräfte deutlich im Sinken begriffen war, setzte gleichzeitig eine geschickte, hauptsächlich von den Kommunisten geschürte, von Rechtssozialisten und Republikanern mitgetragene Kampagne gegen den von der CNT majorisierten Verteidigungsrat von Aragonien ein, der als »kantonalistisches Gebilde« der Regierungsautorität weichen müsse. Anfang August kritisierte die unter kommunistischem Einfluß stehende Organisation der aragonesischen Volksfrontparteien die Politik des Aragonienrates und forderte die Absetzung ihres Vorsitzenden. Die Vorwürfe gegen das »willkürliche Vorgehen« des Rates und dessen »irreguläre Handlungen wiesen eine unerwartete Einmütigkeit auf. Die Details einer jeden Beschwerde ließen erschaudern«[102]. Der sozialistische Innenminister Zugazagoitia, der ständig zur Auflösung des Verteidigungsrates gedrängt wurde, ließ von einem »Freund« seines »absoluten Vertrauens« eine Untersuchung durchführen, derzufolge »die Beschwerden zu 80 Prozent zu Recht bestanden«[103]. Im Auftrag von Regierungschef Negrín entwarf der Innenminister ein Auflösungsdekret, das vom Kabinett gebilligt, jedoch vorläufig noch zurückgehalten wurde. Die Regierung befürchtete bei der Bekanntgabe des Dekrets einen bewaffneten Aufstand der Anarchisten, die in Aragonien über drei Divisionen und ihre Ordnungskräfte verfügten. Verteidigungsminister Prieto (PSOE) schlug die Entsendung »militärischer Kräfte vor, die in der Lage sein sollten, die Durchführung des Regierungsbeschlusses zu garantieren«[104]. Nach der Darstellung des damaligen kommunistischen Oberstleutnants Lister, der zur Durchführung der militärischen Expedition auserwählt wurde, beauftragte ihn Prieto in einer Unterredung am 5. August 1937 – zu diesem Zeitpunkt war die Auflösung des Verteidigungsrates vom Kabinett bereits gebilligt worden –, alle Vorbereitungen zu treffen und ihn – Prieto – nach Abschluß der militärischen Vorbereitungen zu benachrichtigen, damit das Auflösungsdekret im Staatsanzeiger veröffentlicht werden könnte; angeblich hat Prieto Lister aufgefordert, »ohne bürokratische oder legalistische Rücksichtnahmen oder Formalitäten alle zu liquidieren, die ich für angebracht hielt, denn hinter mir stünde ja die ganze Regierung«[105]. Am 6. August waren die kommunistischen Truppen um Caspe, dem Sitz des Verteidigungsrates, konzentriert; Lister schlug sein Hauptquartier im Palast von Chacón – 4 km von Caspe entfernt – auf und setzte sich mit seinen Vorgesetzten in Verbindung. Da der Verteidigungsrat denselben Fernschreiber benutzte wie Lister, bekam er in der Nacht vom 10. auf den 11. August die – zwar verschlüsselte, gleichwohl verständliche – Nachricht mit, daß am kommenden Tag das Auflösungsdekret publiziert würde. »Der Alarm war gegeben, und die wilde Flucht der Mitglieder der ›anarchistischen Regierung‹ und ihrer Gehilfen begann ... Der vom Volk gehaßte Aragonienrat brach ohne einen Schuß zusammen«[106]. In den folgenden Tagen wurden Hunderte von Anarchisten festgenommen, die CNT-Mitglieder aus den Gemeinderäten ausgeschlossen, viele Kollektivwirtschaften zerstört und deren Land reprivatisiert, das Organ des Verteidigungsrates »Nuevo Aragón« verboten und durch das kommunistische Blatt »El Dia« ersetzt, Getreidespeicher aufgebrochen und geplündert, Militärsteuern auferlegt[107].
Die Regierung begründete in dem Dekret vom 11. August 1937 die Auflösung des Verteidigungsrates mit der Erforderlichkeit, »die Autorität des Staates zu konzentrieren«; die Aufsplitterung der Macht habe sich auf den Kriegsverlauf

negativ ausgewirkt; während in den übrigen Teilen Spaniens der Einfluß der Regierung sichergestellt sei, »befindet sich Aragonien immer noch am Rande dieser Zentralisierungstendenz«. Da in Aragonien außerdem eine »Autoritätskrise« ausgebrochen sei, müsse dieser Landesteil wieder direkt der Zentralregierung unterstellt werden. Generalgouverneur wurde der Linksrepublikaner José Ignacio Mantecón, der bereits damals als Politkommissar an der Guadalajara-Front mit den Kommunisten sympathisierte und nach dem Krieg im Exil dem PCE beitrat[108]. Die Auflösung des Verteidigungsrates von Aragonien war nicht nur das Ende des letzten Machtorgans der Anarchisten, sondern bedeutete außerdem – durch die Ausweitung der Zerstörungen auf zahlreiche Kollektivwirtschaften – die vorläufige gewaltsame Beendigung des am weitesten fortgeschrittenen Agrar-Kollektivierungsexperiments auf spanischem Boden. Die agrarwirtschaftlich verheerenden Folgen dieser Zerstörung sind bekannt und brauchen hier nicht näher erläutert zu werden.
Die anarchistische Reaktion auf die Auflösung des Verteidigungsrates war überraschend schwach; selbst Innenminister Zugazagoitia (PSOE) stellte erleichtert fest, daß »das Dekret mit viel weniger Waffenlärm als befürchtet durchgesetzt wurde«[109]. Die FAI betonte einige Monate später, daß sie ihre Mitglieder von einer bewaffneten Reaktion abgehalten habe, um keinen neuen Bürgerkrieg im eigenen Lager zu riskieren[110]. Sicherlich spielte noch eine andere Überlegung bei der auffallenden Passivität der Anarchisten eine Rolle: Nach dem Fall Largo Caballeros, an den sie ihr politisches Schicksal geknüpft hatten, waren sie im Mai 1937 aus der Regierung ausgetreten, hatten jedoch inzwischen – angesichts des stetig zunehmenden kommunistischen Einflusses und der mangelnden Einwirkungsmöglichkeiten ihrer eigenen Organisationen auf Regierungsentscheidungen – diesen Schritt bereut und hofften, durch politisches Wohlverhalten wieder einen Kabinettssitz zu erhalten. Es ist auch nicht auszuschließen, daß die Führungsspitzen von CNT und FAI dem Verteidigungsrat gegenüber, der ohne Absprache mit den anarchistischen Organisationen ins Leben gerufen worden war und z. T. heftiges Mißfallen im libertären Lager ausgelöst hatte, noch immer gewisse Ressentiments hegten und seine Auflösung bewußt in Kauf nahmen. Zumindest läßt der verbindliche Umgangston, in dem eine Delegation des CNT-Nationalkomitees mit dem neuen Generalgouverneur José Ignacio Mantecón über die Freilassung inhaftierter Anarchisten verhandelte[111], nicht unbedingt auf Entrüstung in der CNT-Spitze schließen.
Die Auflösung des Verteidigungsrates war nicht nur ein weiterer Schritt zur Wiederaufrichtung des Staates, sondern außerdem ein bedeutender Erfolg der Kommunisten und ihrer rechtssozialistischen und republikanischen Verbündeten bei der Ausdehnung ihrer Machtpositionen. Ideologische Gegensätze, die in den letzten Monaten ständig zugenommen hatten und schließlich wiederholt mit Waffengewalt ausgetragen worden waren, trafen auf das Bestreben der Regierung nach Zentralisierung der Staatsgewalt und gehören ohne Zweifel zu den wichtigen Bedingungsfaktoren für die Auflösung des Aragonienrates. Die ausbleibende Reaktion der Anarchisten wirft ein bezeichnendes Schlaglicht auf deren politische Naivität. Obwohl der kommunistische General Valentín González »El Campesino« bereits im Frühjahr und Sommer 1937 neukastilische

Kollektive zerstört hatte, der Agrar- und Industriekollektivierung immer größere administrative und finanzielle Hindernisse in den Weg gelegt wurden und seit Mai 1937 die revolutionären Kräfte sich willkürlicher Verfolgung ausgesetzt sahen, fanden der Linksflügel der UGT, die CNT/FAI und der POUM zu ihrem Verhängnis keinen gemeinsamen Oppositionsnenner gegen die Politik der Volksfront. In diesem Zusammenhang muß auch die Auflösung des Verteidigungsrates gesehen werden; dabei tritt die Frage, ob die Regierung durch die Auflösung des Rates den zur Kollektivierung gezwungenen Landarbeitern helfen wollte, gegenüber der weiterreichenden Frage nach der Funktion und dem Stellenwert dieser machtpolitisch, nicht jedoch – entgegen der Rechtfertigungsideologie des PCE – militärisch oder wirtschaftlich bedingten Handlung im Gesamtkontext der schließlich alles beherrschenden Machtfrage in den Hintergrund zurück.

5. Die revolutionäre Rückflut: Der Anarchismus in der Defensive

Indem sich die Anarchisten am 19. Juli 1936 gegen eine vollständige Realisierung ihres »Konzepts des freiheitlichen Kommunismus« wandten, ermöglichten sie nicht nur die allmähliche Integration des Syndikalismus in das bis dahin bekämpfte Staatswesen; sie ließen außerdem an die Stelle der noch wenige Wochen vorher auf dem Zaragoza-Kongreß manifestierten »revolutionären Ungeduld« eine kooperationsfreudige Haltung treten, die zwar von der realistischen Einsicht in die Notwendigkeit des militärischen Sieges diktiert war und in zahlreichen Bündnissen und Pakten mit den übrigen Parteien und Gewerkschaften ihren Niederschlag fand, infolge der mangelnden politischen Schulung der Anarchisten jedoch nicht nur zur faktischen Aufgabe des libertären Endziels eines herrschaftsfreien Kommunismus, sondern darüber hinaus zur wirtschaftlichen Marginalisierung und politischen Ausschaltung des organisierten Anarchismus führte. Unter dem Schlagwort der nationalen Verteidigung und des »national-revolutionären« Krieges gegen den internationalen Faschismus wurde der extremen Linken sehr schnell ein politischer Burgfriede aufgenötigt, den sie mangels praktikabler Alternativen akzeptieren mußte. Das Prinzip der von den Volksfront-Parteien verfochtenen verfassungsmäßigen Legalität konnte sich allmählich gegen das radikaldemokratisch interpretierte Prinzip der Volkssouveränität durchsetzen. Die Verschärfung der Kriegführung und die Hinauszögerung des Kriegsendes akzentuierten die aus der spezifischen Konstellation der Klassenkräfte resultierenden inneren Schwächen der revolutionären Bewegung und trugen zu ihrem Niedergang bei.

In den ersten Monaten nach Kriegsbeginn operierten die proletarischen Organisationen innerhalb eines weitgehend dysfunktionalen Komplexes von Organisationen und Institutionen, die teils aus der Zeit vor dem 19. Juli übernommen, teils nach dem Militäraufstand neu geschaffen worden waren. Ihre Forderung nach Entscheidungszentralisierung, Wiederabschaffung der revolutionären Machtorgane und Kompetenzerweiterung staatlicher Instanzen konnten Kommunisten und Republikaner – angesichts der militärischen

Rückschläge besonders wirkungsvoll – mit dem Argument begründen, die neuen Elemente der Wirtschaftsstruktur und des politischen Systems funktional und effizient aufeinander abstimmen zu wollen; zu spät erkannten die revolutionären Kräfte, daß die Durchsetzung dieser Forderungen nicht nur der Verbesserung der militärisch diffizilen Situation und damit einem gesamtrepublikanischen Ziel dienen sollte, sondern zugleich Mittel der Machtsicherung und -erweiterung der an keiner weiteren Beschleunigung des sozialen und politischen Wandels interessierten Kräfte war.

CNT und FAI übersahen zu lange »den unaufhebbaren Zusammenhang der ökonomischen mit der politischen Aktion in jeder, vor allem aber in der revolutionären Phase des proletarischen Klassenkampfes«[112]; im sozialpolitischen Kontext des Spanischen Bürgerkrieges, in dem der Staat immer mehr in den sozialen und ökonomischen Bereich eingriff, vernachlässigten die Anarchisten in den entscheidenden, machtpolitisch weichenstellenden Monaten den staatlich-politischen Bereich, was der rechtzeitigen Identifizierung zentraler Probleme abträglich war. Die Führung von CNT und FAI versäumte es, den spontanen Massenausbruch vom Juli 1936 in Organisationsformen hinüberzuführen, die die Erhaltung der revolutionären Errungenschaften gesichert und die organisationsstrukturelle Voraussetzung zur Weiterführung der bald abgeblockten revolutionären Bewegung gebildet hätten.

In dem Maße, in dem die Revolution sich institutionalisierte, nahm sie von den ursprünglichen radikal-demokratischen Ideen Abstand und rückte bei tatkräftiger Mithilfe der Volksfront-Parteien unter Führung der Kommunisten die Grenzpfähle gegen eine soziale Revolution weiter vor. Die oberen anarchistischen Entscheidungsgremien leisteten durch ihren Rückzug in das »Refugium absoluter Passivität«[113] der Entwicklung zum starken Staat Vorschub. Wesentliche Stationen dieser Entwicklung waren der Aufbau der neuen Volksarmee im traditionell-militärischen Stil, ohne die Möglichkeit einer Guerrillataktik überhaupt ernsthaft in Erwägung gezogen zu haben, die Schaffung eines straffen Polizeiapparats unter Regierungskontrolle, die Ablösung der lokalen Revolutionskomitees durch »von oben« eingesetzte Verwaltungsorgane und die Behinderung der Kollektivierung durch finanzielle (restriktive Kreditpolitik) und Machtmittel (gewaltsame Zerstörung). Der Trotzkist Paul Thalmann brachte die Entwicklung bereits Anfang 1937 auf die Kurzformel: »Stalinismus plus Reformismus und Bourgeoisie bereiten der proletarischen Revolution das Grab«[114].

Es war letztlich der Konflikt zwischen einem alle Machtbefugnisse in sich zentralisierenden Staat und der autonome Sphären verteidigenden Gesellschaft, der auch dem Zusammenprall von revolutionärem Syndikalismus und formalparlamentarisch orientierten Parteien sowie der Auseinandersetzung zwischen Komitees und Selbstverwaltung auf der einen, Gewerkschaftshierarchie und -bürokratie auf der anderen Seite zugrunde lag. Die anarchistischen Führungsorgane gaben ihr lange proklamiertes Ziel der Staatszerstörung sofort nach dem 19. Juli 1936 auf und waren in ihrem »revolutionären Halbbewußtsein«[115] wesentlich an der Wiederaufrichtung des Staatsapparats beteiligt.

Lluis Companys erkannte schon früh die »reformistischen« Tendenzen der anarchistischen Führungsschicht und wußte sie sich zunutze zu machen; im

Spätherbst 1936 äußerte er die Hoffnung, daß »les masses anarchistes ne s'opposeront pas au bon sens de leurs chefs«[116]. Gerade dieser »bon sens« der anarchistischen Regional- und Nationalkomitees leitete eine Bewegung ein, die über die Teilnahme führender Anarchisten an der Regierung und die Übernahme gouvernementaler Denkweisen durch die Führer sowie hierarchischer Strukturen durch die Gewerkschaftsorganisation bei gleichzeitiger Reduktion innergewerkschaftlicher Demokratie zu einer Entfremdung zwischen den zusehends defensiver taktierenden Entscheidungsgremien und den weit radikaleren Mitgliedern an der »Basis« führte. Allmählich setzte sich ein bürokratischer Stil der Gewerkschaftsführung durch, der – bei zunehmender Entscheidungszentralisierung – gegen die Eigeninitiative der unteren Organe und die Mitgliederbasis ausgerichtet war. Das Element der Spontaneität trat zugunsten der Koordinierung und Aktionseinheit in nationalem Maßstab zusehends in den Hintergrund.
Im Innern der Gewerkschaft vollzog sich eine Auseinanderentwicklung zwischen einer immer ausschließlicher die Initiative ausübenden bürokratisierten Führungsschicht und einer weitgehend passiven Masse, deren gelegentliches Aufbegehren – z. B. im Mai 1937 – von der inzwischen eigene Interessen vertretenden Gewerkschaftsoligarchie unterdrückt werden konnte. Die »mittlere« soziale Position der Führungskader veranlaßte diese zu Kompromissen und zu jener mäßigenden Rolle, in der sie dazu beitrugen, die vollständige Durchsetzung eines neuen, direktdemokratischen Typs von Produktions- und Selbstverwaltungsverhältnissen, wie sie sich in den ersten Kriegswochen angebahnt hatten, zu verhindern.
Die CNT-»Basis« bewies schon sehr früh ein feines Gespür für den Verselbständigungsprozeß der oberen Komitees; im Spätherbst 1936 steigerte sich der anarchistische Unmut sogar zu einem Aufstandsversuch gegen die eigene Organisation[117]. Auch in anarchistischen Presseorganen – z. B. in der katalanischen »Ruta« – und Broschüren wurde Kritik am »Ministerialismus« von CNT und FAI laut, wenn auch – aufgrund der innergewerkschaftlichen Zensur, die oppositionelle Stimmen kaum zu Wort kommen ließ – die entstandene Vertrauenskrise weder in ihrem Umfang noch in ihrer Reichweite ganz erfaßt werden kann.
Bezeichnend für die Kritik an den anarchistischen Führungsgremien mag die wahrscheinlich Ende 1937 erschienene Broschüre der drei Anarchisten Santana Calero, Severino Campos und Peirats sein[118], in der den »kleinen Chefs« Verrat an den »ideologischen Prinzipien des Anarchismus« vorgeworfen wird. Die Autoren wenden sich dagegen, daß unter dem Vorwand: »die Umstände erfordern es« das »Innerste und Wesentlichste des Anarchismus« verletzt und »Lungen und Intelligenz der Riesen CNT und FAI durch die stinkende Ausgeburt der Politik geschädigt« werden. Sie verstehen sich selbst als Sprachrohr der »überlegten Opposition des bewußten Teils der Libertären Bewegung« und sagen für die nahe Zukunft ihre Unabhängigkeit vom »staatlichen und zentralistischen Würgegriff« voraus (S. 3). Ihre Kritik richtet sich einerseits gegen die »ideologische Desorientiertheit« und die »Anarcho-Leninisten« innerhalb der anarchistischen Bewegung, andererseits gegen den »Autoritarismus«, der keine abweichende Meinung innerhalb des anarchisti-

schen Lagers zulasse:

Noch nie hat es in der Libertären Bewegung eine derartige Neigung zur Unterdrückung von Willensäußerungen, zum repressiven Verhalten gegenüber der freien Meinungskundgebung gegeben. Die Minderheit, die vom offiziösen Wortschatz und der offiziösen Linie abweicht, wird mundtot gemacht. Die syndikalistische und ›anarchistische‹ Presse weist ihre Artikel zurück. Die Propagandabüros drängen sie an den Rand des öffentlichen Wirkens. Die gröbsten Bezeichnungen werden diesen Männern gegenüber angewandt, die der ideologischen Integrität gegenüber treu geblieben sind. (S. 11)

Santana Caleros Kritik thematisiert nicht nur die Vertrauenskrise zwischen den anarchistischen Führern und der Basis, sondern leistet zugleich einen Beitrag zur Beantwortung der Frage, weshalb die mächtigen syndikalistischen und anarchistischen Organisationen nicht in der Lage waren, die revolutionären Errungenschaften zu verteidigen oder sogar auszudehnen. Ein sicherlich beträchtlicher Teil der anarchistischen Basismitglieder – deren Prozentsatz allerdings nicht quantifizierbar ist[119] – fühlte sich in seiner revolutionären Zielsetzung von seinen Führern verraten und erlag allmählich den im Namen der Staatsräson und unter Berücksichtigung der außenpolitischen Lage zusehends auch von ihren Vertretern in der Regierung und in anderen offiziellen Institutionen vorgebrachten Argumenten der Mäßigung und Zurückhaltung. Ohne eine klare Führung verlief der revolutionäre Impetus, dessen Träger ideologisch stark verunsichert waren, im Sande.

Das Dilemma der Anarchisten im Bürgerkrieg ist unverkennbar: Solange sie ihre föderalistisch-dezentralistischen Prinzipien aufrechterhielten und ihre radikaldemokratische Theorie auf die eigene Praxis anwandten, erlagen sie der Gefahr, die Rolle des modernen Staates und der politischen Macht überhaupt zu verkennen und damit zugleich praktisch-politisch zu versagen. Sobald sie jedoch eine zentralisierende Straffung des Apparates – und das mußte zwangsläufig zu einem Verlust an unmittelbarer interner Demokratie führen – zu realisieren trachteten, setzten sie sich nicht nur mit ihrer Theorie und Ideologie in Widerspruch, sondern verloren gleichzeitig das Vertrauen ihrer Mitglieder. Im Hinblick sowohl auf die anarchistische Intervention in der Regierung als auch auf die darin zum Ausdruck kommende Akzeptierung des Staates trat ein ähnliches Dilemma zutage: Entweder partizipierten die Anarchisten – mit dem Ziel, ihre revolutionären Errungenschaften zu sichern – an der Regierungsverantwortung und trugen durch ihre Intervention (entgegen ihrer Absicht) dazu bei, jene »feindlichen« Institutionen, deren Auflösung und Überwindung sie intendierten (Herrschaft und Autorität, Staat und Regierung), zu restituieren, oder sie blieben ihren antipolitischen Prinzipien treu und verzichteten damit von vornherein auf die Möglichkeit, die allgemein-politische Entwicklung in ihrem Sinne zu beeinflussen; in der konkreten Situation des Spanischen Bürgerkrieges hätte – wie die Entwicklung nach Mai 1937 deutlich zeigte – diese letztere Alternative die kampflose Kapitulation vor dem innenpolitischen Gegner bedeutet und die Gefahr impliziert, machtpolitisch erdrückt zu werden. Die dritte Möglichkeit – eine ausschließlich anarchistische Machtübernahme – kam für die überwiegende Mehrheit der Anarchisten aus moralischen und machtpolitischen Erwägungen nicht über das Stadium der

Diskussion hinaus, da sie einerseits die eigene Diktatur ebenso ablehnten wie die jeder anderen Organisation, andererseits nicht stark genug waren, um im gesamten republikanischen Territorium die Macht zu übernehmen.
Im weiteren Verlauf des Krieges wurde immer deutlicher, daß auch innerhalb des organisierten Anarchismus das Widerstandspotential gegen Versuche der Herrschaftsbegründung erlahmte; die Zunahme des äußeren Drucks leitete eine Erhöhung des Herrschaftsdrucks ein und führte schließlich auch in der anarchistischen Bewegung zur Begründung von Herrschaftsverhältnissen[120]. Ob die 1974 in der Retrospektive auf den verlorenen Krieg von F. Montseny gemachten selbstkritischen Äußerungen: »Der Verlust an Vertrauen und Illusion trug wesentlich zur Niederlage im Krieg bei« und »Die Arbeiter sahen in der CNT keine Garantie für ihre Revolution«[121] über das Konstatieren des Vertrauensschwundes innerhalb der anarchistischen Bewegung hinaus zugleich einen Beitrag zur Analyse der republikanischen Niederlage darstellen, bedürfte einer gesonderten, im Rahmen dieser Arbeit nicht zu leistenden Untersuchung.

Schlußbetrachtung

Die Soziale Revolution: Chancen und Versäumnisse

Die besonderen Umstände, unter denen die Anarchisten die Soziale Revolution begannen, machten von Anfang an den Rekurs auf hierarchische Organisationsmuster erforderlich. Im militärischen Bereich wurde das anarchistische Ideal, die Verteidigung der Revolution in die Hände des in Hundertschaften und Kolonnen organisierten bewaffneten Volkes zu legen, in dem Maße aufgegeben, wie die republikanische Armee schmerzliche Niederlagen erlitt. Entsprechend dem Vorbild des (kommunistischen) 5. Regiments wurde ab Spätherbst 1936 nach dem Prinzip strikter Subordination und Disziplin unter Heranziehung militärischer Spezialisten aus dem Bestand des alten Offizierskorps und unter Ausbildung neuer militärischer Führer aus der Arbeiterschaft die neue republikanische »Volksarmee« aufgebaut. Dies geschah in entschiedener Abkehr vom überkommenen Milizgedanken, von allen direktdemokratischen Organisationselementen (Wählbarkeit der Kommandeure, umfassender Meinungs- und Willensbildungsprozeß bei der Truppe etc.) und vom Konzept des revolutionären Partisanenkrieges. Damit blieb eine der wesentlichen Rahmenbedingungen unerfüllt, die nach anarchistischer Vorstellung für den Sieg der Revolution erforderlich waren.

Die Soziale Revolution war nach ihrem theoretischen Vorentwurf gegen den Staat und das Privateigentum gerichtet; Gewerkschaften als Sammelbecken klassenkämpferischer Kräfte sollten sie durchführen und in der nachrevolutionären Phase neben der freien Kommune das entscheidende Organisationszentrum zur Neustrukturierung der freien Gesellschaft bilden. Als jedoch die revolutionären Aktionen nach dem 19. Juli 1936 mit elementarer Wucht einsetzten, konnten die Syndikate der ihnen zugewiesenen Regulierungs- und Koordinierungsfunktion nicht nachkommen, da sie von der Spontaneität ihrer Mitglieder überrollt worden waren. Deren Zielrichtung wiederum war, in Ermangelung einer klaren Führung und programmatischen Orientierung, nicht sosehr auf die Abschaffung des Staates als »politischen« Herrschafts-, Ordnungs- und Gestaltungsverbandes als vielmehr auf die Übernahme der Wirtschaft und allenfalls die Ausschaltung einzelner Staatsrepräsentanten auf lokaler Ebene gerichtet. Die Regierung blieb, wenn auch vorübergehend macht- und funktionslos, im Amt; damit mußten die Anarchisten auf eine weitere Voraussetzung zum Gelingen der Revolution verzichten: auf die »Abschaffung« des Staatsapparates. Das 1936–1938 praktizierte politische und wirtschaftliche Komitee-System respektierte – nach einer radikalen, auch vor der physischen Eliminierung ihrer »Klassenfeinde« nicht zurückscheuenden Phase – den gesellschaftlichen »Pluralismus« und ermöglichte die Artikulation unterschiedlicher sozialer Interessen, auch wenn in den ersten Revolutionsmonaten von den Hauptverfechtern dieses Systems kein Zweifel daran gelassen wurde, daß die libertär-kommunistische Gesellschaftsordnung als Zielvorstellung für alle Gesellschaftsmitglieder verbindlich sein sollte.

Auf ökonomischem Sektor blieben CNT und FAI ebenfalls weit hinter ihren Zielen zurück. Ihr Konzept eines »syndikalistischen« Wirtschaftsaufbaus wurde nur ansatzweise, und auch dann nur vorübergehend, realisiert; sie mußten schließlich den Mittelschichten, die sie nicht zu gewinnen verstanden, vielmehr größtenteils sehr bald an die Kommunisten verloren, das Recht auf Privateigentum (auch an Produktionsmitteln) zugestehen. Das Erfordernis, von der vollen Realisierung ihres Wirtschaftsprogramms abzusehen, war einerseits durch die Abhängigkeit der republikanischen Kriegswirtschaft vom Ausland, andererseits durch die kollektivierungsfeindliche und eigentumsorientierte Haltung der von den Kommunisten unterstützten Mittelschichten bedingt. Wollte die Republik nicht von vornherein die Gegnerschaft der westlich-kapitalistischen Industrienationen provozieren, so mußte sie deren wirtschaftliche Interessen schützen. Im Landesinneren wiederum war das republikanische Lager auf die Unterstützung des gerade im Industrierevier Katalonien starken industriellen und bäuerlichen Mittelstandes angewiesen.

Die militärische, politische und wirtschaftliche Situation Spaniens im Sommer 1936 war für die Realisierung einer libertär-sozialen Revolution äußerst ungünstig. Trotzdem versuchten anarchistische und linkssozialistische Arbeiter, ihre Vorstellung einer egalitär-demokratischen Revolution in die Tat umzusetzen. Die spontan einsetzende Kollektivierungsbewegung orientierte sich zwar (allgemein) an den gesellschaftsutopischen Postulaten der Anarchisten, wich jedoch pragmatisch von ihrem ursprünglichen anarcho-kommunistischen Aktionsprogramm ab, sobald die strukturell-vorgegebenen und die kriegsbedingten Realitäten sich nicht vorbehaltlos dem ideologisch-programmatischen Konzept anpaßten.

Das für den weiteren Verlauf der Bewegung äußerst wichtige Verhältnis zwischen CNT-Organisation und Massen-Spontaneität stellte sich nicht als ein Problem des Klassenbewußtseins, »das mit dem Verhältnis einer revolutionären Minderheit zu der kapitalistisch indoktrinierten, proletarischen Masse verknüpft war«[1]; vielmehr offenbarte das von den Arbeitern in den ersten Tagen des Krieges in Selbstorganisation umgesetzte revolutionäre Bewußtsein, daß Spontaneität zu den wesentlichen Elementen ihres anarcho-syndikalistischen Credos gehörte. Andererseits beweisen der (nicht ausschließlich kriegsbedingte) Produktivitätsrückgang und die ständigen Aufrufe der CNT-Führungsgremien zu »sozialer Disziplin« und »gesellschaftlichem Bewußtsein«, daß in der Industrie (zumindest in der Anfangsphase) das Klassen- und Solidaritätsbewußtsein häufig die Grenzen des eigenen Produktionsbereichs nicht überschritt und der auftretende Betriebsegoismus bis zu einem gewissen Grad die wirtschaftlichen Schwierigkeiten der kollektivierten Industrie Kataloniens mitzuverantworten hatte. Als die ersten gesamtwirtschaftlich negativen Konsequenzen des praktizierten Betriebsautonomismus sichtbar wurden, rief der katalanische CNT-Wirtschaftsminister J. Fàbregas die Arbeiter zu »bewußterem« Arbeiten und zur Abwendung von ihrem »utilitaristischen«, »egoistischen« und »kleinbürgerlichen« Geist auf[2].

Als CNT und FAI im Juli 1936 den revolutionären Generalstreik ausriefen, war ihr primäres Ziel nicht die sofortige Verwirklichung des freiheitlichen Kommunismus, sondern die Niederschlagung des »militärischen, oligarchischen, klerikalen Staatsstreichs«[3]. Der Aufstand der Generäle hatte ihnen zwar das Gesetz des Handelns diktiert, ließ aber vorerst einen Großteil von ihnen in der Überzeugung, daß Krieg und Revolution gleichzeitig zu führen seien und nur gemeinsam siegreich beendet werden könnten. Erst allmählich wurde ihnen bewußt, daß sie ihr Ziel nur nach einem Sieg über Franco erreichen könnten, d. h., daß die Verteidigung der Republik und die Fortführung der Revolution nicht mit denselben Maßnahmen durchgeführt werden konnten. Zur Erringung des militärischen Sieges mußten die Anarchisten Kompromisse mit ihren bisher heftig bekämpften Gegnern, den Kommunisten und bürgerlichen Republikanern, schließen; diese wiederum nutzten die politische Unerfahrenheit und taktische Ungeschicktheit der Anarchisten dazu aus, sie nicht nur zur Aufgabe eines Großteils ihrer ursprünglichen Prinzipien zu nötigen, sondern sie außerdem aus allen entscheidenden Machtorganen und damit aus jenen Gremien zu drängen, die letztlich über die Fortführung ihres jahrzehntelang proklamierten wirtschafts- und gesellschaftspolitischen Programms bestimmten.

Die Industrie- und Agrarkollektivierung leitete zwar einen Prozeß ein, der eine wirtschaftliche und gesellschaftliche Emanzipation der lohnabhängigen Massen in Gang setzte, die sich rein äußerlich in der von zahlreichen Augenzeugen beobachteten und überlieferten »Arbeitsfreude« manifestierte. Legt man jedoch die inhaltliche Definition von Revolution zugrunde, die im »Konzept des freiheitlichen Kommunismus« vom Mai 1936 zum Ausdruck kam, so war die Soziale Revolution 1936–1939 unvollständig; bezüglich der von Anarchisten intendierten sozialen Emanzipation der Gesamtgesellschaft blieb sie unvollendet[4]. Selbst auf dem Höhepunkt ihrer Macht – im Herbst 1936 – gelang es CNT und FAI nur selten, ihr anarcho-kommunistisches Agrar- bzw. ihr syndikalistisches Industrieprogramm zu realisieren. Die anarcho-kommunistische Praxis einiger Landkommunen wurde meistens nach kurzer Zeit wieder aufgegeben. Im Herbst 1936 mußten auch Faktoren der Zentralisation, der gesellschaftlichen Gesamtrechnung und der einheitlichen Planung eingeführt werden. Das Abweichen vom libertär-kommunistischen Zaragoza-Programm lief parallel zu einer kontinuierlichen Einflußeinbuße von CNT und FAI im wirtschaftlichen und gesellschaftlichen, vor allem aber im rein politischen Bereich. Fragt man nach den Gründen für den Machtverlust der Anarchisten – sozialgeschichtlich bedeutete dies die Reduzierung der Chancen und schließlich die Unmöglichkeit der vollen Durchführung der Sozialen Revolution –, wird man verschiedene externe und interne Faktoren anführen müssen, die im folgenden nicht hierarchisiert, sondern in einer Wechselwirkung zirkularer Verknüpfung gesehen werden und eine Antwort auf die Frage nach Chancen und Versäumnissen zur Realisierung des anarchistischen Vorentwurfs ermöglichen sollen.

Zu den exogenen Gründen für den Niedergang der Kollektivierungsbewegung zählten die Opposition der Zentral-, in geringerem Ausmaß auch der katalanischen Regionalregierung[5], die Gegnerschaft der Volksfront-Organisationen, die Rivalität zwischen Madrid und Barcelona, der ungünstige Kriegsverlauf und, ursächlich damit zusammenhängend, die zunehmenden wirtschaftlichen Schwierigkeiten der republikanischen Zone. Die linkssozialistischen Kräfte, die bei der Konstituierung von Kollektiven häufig lokale Bündnisse mit den Anarchisten geschlossen hatten, büßten nach der politischen Ausschaltung Largo Caballeros ihre anfangs starke Position in der Regierung, dem PSOE und der UGT, ein und konnten die Kollektivierungen im weiteren Kriegsverlauf mit Hilfe des Staatsapparates weder schützen noch gar vorantreiben. Als im Dezember 1936 die Vereinigte Sozialistische Jugend JSU durch den Übertritt ihres Vorsitzenden S. Carrillo und anderer bedeutender Funktionäre zum PCE definitiv ins kommunistische Lager abwanderte und die Linkssozialisten damit ihre mächtige Jugendorganisation verloren, gab Largo Caballero jede Hoffnung auf einen Erfolg der proletarischen Revolution auf: »Jetzt glaube ich nicht mehr an die spanische Revolution«[6]. Der POUM wurde im Laufe des Jahres 1937 durch die Stalinisten aus dem politischen Leben der Republik ausgeschaltet. Damit blieben die Anarchisten die einzige gesellschaftliche Kraft, die das sozialrevolutionäre Experiment der Kollektivierungsbewegung gegen die immer stärkere Opposition der Kommunisten, der (Rechts-) Sozialisten und der republikanischen Parteien durchzuführen versuchten. Die internationale Isolierung der Republik und die fast monopolartige Abhängigkeit der spanischen Regierung von den Waffenlieferungen aus der UdSSR verschafften dieser – und das hieß: ihrem ausführenden Organ in Spanien, dem PCE – einen überragenden Einfluß auf die innen- und soziopolitische Entwicklung der republikanischen Zone. In seinem Referat »Ein Jahr Krieg und Revolution in Spanien« bemerkte der damalige Korrespondent für skandinavische Blätter und POUM-Sympathisant Willy Brandt bereits Anfang Juli 1937 in Paris auf einer Sitzung der erweiterten Parteileitung der SAP: »Spanien ist in einer Entwicklung zur kommunistischen Parteidiktatur«[7].

Die Kommunisten hatten die internationale proletarische Revolution schon lange vorher zugunsten des Primats vom Aufbau des »Sozialismus in einem Lande« geopfert; auch in Spanien wurde die von zahlreichen taktischen Schwankungen und Wandlungen getragene Komintern-Politik zum Hemmschuh, schließlich zur entschiedenen Gegnerin der anarchistischen Sozialen Revolution. In seiner antikollektivistischen Haltung fand der PCE in den kleinbürgerlichen Schichten seine besten Verbündeten; um seine Haltung gegenüber dem Mittelstand zu rechtfertigen, wurde dieser vom PCE kurzerhand zur »revolutionären Kleinbourgeoisie«[8] erklärt. Als der organisierte Anarchismus sich nach den Maiereignissen 1937 in der Defensive befand, tauchten viele der im Juli 1936 geflohenen Unternehmer wieder auf und machten in ihren ehemaligen Betrieben die Kollektivierung rückgängig[9]. Nichts läßt den Machtverlust der Anarchisten deutlicher werden, als der Mangel an Widerstandspotential gegenüber der offensichtlich gegen die anarchistischen Realisierungen gerichteten Politik ihrer innerrepublikanischen Widersacher.

Angesichts der »wirtschaftlich-finanziellen Offensive, die der internationale

Kapitalismus gegen die spanische Revolution startete«[10], der Gegnerschaft der kleinbürgerlichen Kräfte, der Volksfront-Organisationen sowie der Regierung, der zunehmenden Macht der kommunistischen Kollektivierungsgegner sowie der kriegsbedingten Verschlechterung der wirtschaftlichen Situation der Republik – die ungünstigen verkehrswirtschaftlichen Verhältnisse und inneren Marktbedingungen der spanischen Industrie wurden nach dem 19. Juli 1936 potenziert – sind die Chancen zur Durchführung des anarchistisch-programmatischen Vorentwurfs der Sozialen Revolution im Sommer 1936 als äußerst gering anzusetzen. Was schließlich realisiert wurde, entsprach nur in den seltensten Fällen dem Zaragoza-Programm. »Alle diese Projekte, Abkommen und Realisierungen könnten – wenn man vom Kontext der Umstände absieht – rückschrittlich vom Standpunkt des integralen Sozialismus aus erscheinen. Und sie waren in der Tat gemäßigt. Aber 1937–38 ging es nicht darum, den integralen Sozialismus zu realisieren ... Man mußte resigniert versuchen zu überleben und möglichst viel von der Fülle unserer Eroberungen zu erhalten«[11].

Die aufgezeigten restriktiven »exogenen« Bedingungen allein erklären noch nicht den rapiden Niedergang der Kollektivierungsbewegung, die – noch vor ihrer definitiven Liquidierung durch die Bürgerkriegssieger – bereits lange vor ihrer vollständigen Durchsetzung ihrer revolutionären Potenz verlustig gegangen war. Zum historischen Verstehen – das immer zugleich auch urteilende Reflexion von einem geschichtlich späteren Standort aus ist und die historische Erfahrung in sich aufnimmt – bedarf es vielmehr der Einbeziehung immanenter, »endogener« Schwierigkeiten und Widersprüchlichkeiten, die eine vollständige Realisierung des anarchistischen Programms verhindert haben. Diese »endogenen« Schwierigkeiten und Widersprüche innerhalb des Anarchismus werden deutlich in den doktrinären Auseinandersetzungen zwischen den Verteidigern eines kollektivistisch-bakuninistischen und den Verfechtern eines kommunistisch-kropotkinianischen Anarchismus[12], die als latenter Konflikt seit Jahrzehnten die Diskussion über Taktik und Strategie des Anarchismus beherrscht, in der Zweiten Republik zum Bruch im anarchistischen Lager geführt und während des Bürgerkrieges beträchtliche Unterschiede bei den sozialen Realisierungen (vor allem auf dem Land) zur Folge gehabt hatten. Der Zaragoza-Kongreß hatte innerhalb der CNT dem radikalen anarcho-kommunistischen Prinzip zum Sieg verholfen. Die Versuche nach dem 19. Juli 1936 entsprachen in ihren von Kompromissen und Improvisationen geprägten Erscheinungsformen jedoch nicht sosehr anarcho-kommunistischen als vielmehr anarcho-kollektivistischen Entwürfen, obwohl auch diese nur selten in ihrer idealtypischen Form zur Durchführung gelangten. Ein wesentliches Hemmnis bei der praktischen Umsetzung der CNT-Vorstellungen war die aus Desorientiertheit[13] und Unschlüssigkeit resultierende Unsystematik der sozialrevolutionär-anarchistischen Bewegung, die sich infolge des Zwangs zur Improvisation eher an lokalen Erfordernissen als an einem klaren Orientierungskonzept ausrichtete. Der deutsche Anarcho-Syndikalist Helmut Rüdiger, der seit Dezember 1936 Sekretär der IAA in Spanien (Barcelona) war, führt auch den politischen Mißerfolg der Anarchisten darauf zurück[14], daß die CNT 1936 weder ein klares Konzept zur wirtschaftlichen Neustrukturierung des Landes hatte noch die organisatorische Voraussetzung zur Transformation der kapitalistischen in eine sozialistische Wirtschaft bot: Rüdiger schloß in seine Kritik nicht nur die oberen Entscheidungsinstanzen der CNT, sondern auch die Mitglieder an der »Basis« der Organisation mit ein: »Man wußte nicht, welchen Weg man einschlagen sollte. Es fehlte eine Theorie. Wir hatten eine Anzahl von Jahren im Banne von Abstraktionen verbracht« (S. 11). »Man verfügte weder über Ideen, Methoden, Prinzipien noch über Organe, die in der Lage gewesen wären, eine neue öffentliche Ordnung zu schaffen, die die alten Formen überwunden hätte« (S. 30). Ähnlich hatte sich Diego Abad de Santillán ebenfalls ein Jahr nach Kriegsende geäußert: »Auch in unseren revolutionären Reihen ist viel intensiver und mit mehr Vorliebe an der Vorbereitung des Aufstandes als an einer tatsächlich konstruktiven Vorbereitung gearbeitet worden«[15]. Als Versäumnis der CNT ist in diesem Zusammenhang die mangelhafte Vorbereitung ihrer Mitglieder auf die ökonomischen und politischen Führungsfunktionen herauszustellen, die sie in der intendierten nachrevolutionären Gesellschaftsformation zu übernehmen haben würden, wenn auch das Maß der individuellen und kollektiven Unzulänglichkeit des größtenteils unerfahrenen Personals in den Einrichtungen nur schwer abzuschätzen ist. In seinem geheimen Bericht an den außerordentlichen IAA-Kongreß von Dezember 1937 ließ Rüdiger als Delegierter des Sekretariats Barcelona jedoch keinen Zweifel daran, daß viele Anarchisten durch die neuen Aufgaben, denen sie sich in der Revolution gegenübersahen, überfordert waren: »An vielen Stellen befinden sich Genossen, deren intellektuelle oder technische Fähigkeiten nicht den Anforderungen ihres Amtes entsprechen«[16]. Daß die politische Unerfahrenheit und die Vernachlässigung des staatlich-politischen Bereichs dem öffentlichen Wirken selbst höchster CNT- und FAI-Repräsentanten abträglich war, mußte auch J. Peiró nach seinem Ausscheiden aus dem Industrieministerium eingestehen: »Wir sind so ehrlich gewesen, daß wir uns wie ausgesprochene Naivlinge benommen haben«[17].

Die Anarchisten wurden durch den Aufstand der Rechten nicht nur dazu gezwungen, »politische«, bisher stets bekämpfte Positionen zu übernehmen; sie mußten außerdem erkennen, daß ihre libertären Prinzipien in der proklamierten Unbedingtheit keine Realisierungschancen hatten. Angesichts der ökonomischen Lage des Landes und der militärischen Erfordernisse des Krieges war eine zentralisierte Leitung auf allen Sektoren unvermeidbar. Befehlshierarchie auf dem militärischen und zentralisierte Organisation auf dem wirtschaftlichen Sektor widersprachen jedoch der anarchistischen Konzeption ebenso wie die Einführung praktischer Zwischenstufen beim Übergang vom Kapitalismus zum Sozialismus. Den spanischen Anarchisten gelang es nicht, ihre föderalistisch-dezentralistischen und syndikalistisch-organisatorischen Vorstellungen rechtzeitig in Übereinstimmung mit der durch den Bürgerkrieg bedingten wirtschaftlichen Konzentration, politischen Zentralisation und militärischen Subordination zu bringen. In Zusammenhang mit der »Vermittlung zwischen Prinzipientreue und taktischer Notwendigkeit«[18] versäumten sie es, die von ihrer Anhängerschaft erkämpften demokratisch-sozialistischen Errungenschaften zu einem Wirtschaftssystem auszubauen und dieses in effizienter Weise auf Kriegsbedürfnisse einzurichten. Statt dessen griffen sie auf das Mittel der »Legalisierung« der revolutionären Errungenschaften zurück, ohne

rechtzeitig zu erkennen, daß die staatliche Kontrolle schließlich zur Niederschlagung der Revolution führen würde.
Der im Zusamenhang mit der »Politisierung« des organisierten Anarchismus einsetzende Oligarchisierungsprozeß anarchistischer und anarcho-syndikalistischer Führungsgremien und die Einführung basisunabhängiger Entscheidungen führten zu einer Entfremdung zwischen den oberen Entscheidungsinstanzen und der CNT/FAI-Basis, deren spontane Bewegung nicht nur neben, sondern auch in der anarchistischen Organisation in Erscheinung trat, wenn sie auch von den oberen Entscheidungsgremien zuerst abwartend geduldet, nach einer Phase der Gewöhnung an die neue Situation systematisch in den Hintergrund zu drängen versucht wurde. Das von Robert Michels formulierte »eherne Gesetz der Oligarchie« blieb nicht ohne Einwirkungen auf die Entwicklung des spanischen Anarchismus von 1936–1939. Die Soziale Revolution der Anarchisten und linken Sozialisten erreichte in den ersten Monaten einige Nahziele, verlor dann in einigen ihrer führenden Exponenten den revolutionären Elan und mündete in eine Ordnung ein, die nach einer nur vorübergehenden Modifizierung des Herrschaftsapparates die freiheitlichen Hoffnungen und emanzipatorischen Ideale der Revolution unrealisiert ließ.
Bei der Durchführung ihres Entwurfs einer herrschaftsfreien Gesellschaft konnten sich die Anarchisten als »libertäre Sozialisten« nicht von den Tendenzen freihalten, die sie an den Organisationsmodellen bzw. der staatlichen Praxis der »autoritären Sozialisten« kritisierten: Bürokratisierung, Spontaneitätsverlust, Fortdauern von Herrschaft. Bei der Regelung von Konflikten kamen auch sie nicht ohne die Sanktionsgewalt einer »politischen« Regelungsinstanz aus; dabei wandelte die CNT im Verlauf des Krieges ihre Konzeption von einem revolutionären Syndikalismus zu einem revisionistischen Sozialismus. Der Prozeß der Politisierung und Oligarchisierung der oberen Komitees war dysfunktional für die Erwartungsbefriedigung der breiten Mitgliederbasis des organisierten Anarchismus und erzeugte nicht quantifizier- und evaluierbare, jedoch deutlich feststellbare oppositionelle Haltungen und Meinungen, die von den betreffenden Kräften (Jugendorganisation, Amigos de Durruti etc.) als funktional zur Erreichung ihrer revolutionären Zielsetzungen eingeschätzt wurden. Die von Max Weber am Ende jeder Revolution mit der »Veralltäglichung des Charisma« erwartete Schaffung einer Bürokratie, die auch die Revolutionäre 1936–1939 nicht verhindern konnten, läßt deutlich werden, daß das mit direktdemokratischen Vorstellungen getränkte Ziel der Sozialen Revolution auch im Spanischen Bürgerkrieg nicht erreicht wurde. Zu dem Versäumnis, die spontane Revolutionsbereitschaft der Massen nicht in Organisationsformen hinübergeführt zu haben, die die Erhaltung der revolutionären Errungenschaften gesichert hätten, trug das ungeklärte Verhältnis zwischen Gewerkschaft und Komitee bei; die entscheidenden Fehler der ersten Monate waren nicht zuletzt darauf zurückzuführen, daß die Bildung der 1931 beschlossenen Industrieföderationen von der zu lange in industriekapitalistischen Negationskriterien verhafteten FAI während der Republik verhindert worden war. Der Mangel eines klaren Industrie-Sozialisierungs-Konzepts, das während des Krieges überstürzt erstellt und realisiert werden mußte, hatte verheerende Folgen für die Anarchisten. Die Arbeitsstätten-Komitees wandten

sich längere Zeit gegen eine von den Gewerkschaften oder dem Staat durchgeführte Vergesellschaftung der Betriebe (»Sozialisierung«, »Syndikalisierung« bzw. »Nationalisierung«). Die berechtigte Befürchtung, daß im Fall der Vergesellschaftung »von oben« oder »von außen« die Entfremdung des Arbeiters und seine Abhängigkeit nicht aufgehoben würden, führte in der Anfangsphase zu unkoordinierter Einzelkollektivierung und Betriebsegoismus. Der Widerstand vieler Belegschaften gegen syndikalistische oder staatliche Kontrolle der Betriebe resultierte auch aus der Überlegung, daß die angestrebte Demokratisierung der Wirtschaft nur das Ergebnis der von den Arbeitern selbst ausgehenden Demokratisierung der Betriebe sein könnte; nur die Verwurzelung der von der Betriebsbelegschaft gewählten Komitees in der sozialen Welt der Arbeiterklasse könnte den direkten und proletarischen Charakter der intendierten Demokratie garantieren. Die Einführung der Anfangsformen von Selbstverwaltung auf dem Niveau der »Mikro-Struktur« der Gesellschaft – dem Betrieb, der Kommune, dem Agrarkollektiv – konnte das allmählich stetige Vordringen bürokratischer Verwaltungsformen auf dem »Makro-Niveau« – in den oberen Entscheidungsgremien der Gewerkschaften und Parteien, den übergeordneten, nicht durch die Wählerbasis legitimierten Komitees, den zentralen politischen Institutionen – nicht verhindern. Nach einer unentschieden-dualistischen Phase unterlagen die Betriebskomitees als Organe einer unmittelbaren Basis-Wirtschaftsdemokratie den (zumeist staatlichen) Bestrebungen zur Aneignung weitgehender Regulierungs- und Entscheidungskompetenzen. Die historisch-konkreten Rahmenbedingungen einer Bürgerkriegssituation haben zwar fördernd auf diese Entwicklung eingewirkt und die volle Entfaltung der Selbstverwaltung, d. h. die Anwendung direktdemokratischer Prinzipien an der Basis mit all ihren administrativen und politischen Implikationen erschwert, waren jedoch nicht ausschließlich für die Drosselung dieses sozialen und wirtschaftlichen Experiments verantwortlich. Vielmehr trugen einerseits die Arbeiter selbst durch das heterogene, häufig unkoordinierte Nebeneinanderwirken der verschiedensten Komitees, durch »soziale Disziplinlosigkeit« und bewußte Mißachtung gesetzlicher Vorschriften, durch Betriebsegoismus und sinkende Arbeitsproduktivität[19] dazu bei, daß die Phase des betrieblichen Laissez-faire von einer Periode staatlicher Kontrolle abgelöst wurde, die schließlich in die fast vollständige Abhängigkeit der Betriebe von staatlichen Leitungsorganen einmündete; andererseits förderte die CNT, die bereits 1937 das kommunistische Programm der Nationalisierung der Grundindustrien, Errichtung von Genossenschaften und privatwirtschaftlicher Weiterführung der kleineren Betriebe weitgehend übernahm, in Ermangelung eines klaren, von den oberen Entscheidungsgremien und den CNT-Mitgliedern in den Betrieben gemeinsam vertretenen Konzepts die Aushöhlung und allmähliche Aufgabe demokratischer Errungenschaften der Arbeiter. Schließlich verteidigte sie nicht mehr Ideen, sondern versuchte nur noch Positionen zu halten.

Das Industrieproletariat Kataloniens und große Teile des Agrarproletariats der republikanischen Zone befanden sich im Sommer/Herbst 1936 in der durch äußere Feindseligkeiten und Gegnerschaft aus dem eigenen Lager stark behinderten Entwicklung auf die Herstellung der Bedingungen des Sozialismus und im Übergang zu einer neuen Phase der Machtverteilung auf die Basis der gesellschaftlichen Gliederung. Die restriktiven politischen, gesellschaftlichen und militärischen Bedingungsfaktoren ließen die Chancen zur vollen Durchsetzung der Doktrin eines humanen Selbstverwaltungssozialismus und autonomer Selbstbestimmung auf lokaler Ebene von Anfang an auf den Nullpunkt sinken. Die Vision einer sich selbst verwaltenden, repressions- und staatsfreien Gesellschaft erwies sich bei den gegebenen Machtverhältnissen sowie angesichts der militärischen Notwendigkeiten und der Anforderungen des Krieges als nicht praktikabel. Es bestand jedoch durchaus die – in den ersten Monaten auch partiell genutzte – Chance, den Gedanken der Selbstbestimmung im gesamten politischen, gesellschaftlichen und wirtschaftlichen Leben stärker Geltung zu verschaffen. Diesen demokratischen Aktionsraum über kriegsbedingte Erfordernisse hinaus systematisch eingeengt zu haben, ist den Volksfrontparteien anzulasten, ihn nicht voll genutzt zu haben, ist das Versäumnis der Anarchisten. Die Ansätze zu einer sozialen, noch in elementaren Lernprozessen befindlichen Demokratie waren bereits vor Beendigung des Bürgerkrieges unterdrückt worden. Den Gedanken einer mit sozialem Inhalt angefüllten Demokratie an der Basis der Gesellschaft in die Praxis umzusetzen, war Chance und zugleich Versäumnis der Träger der Sozialen Revolution im Bürgerkrieg; in diesem Sinne ist die spanische Revolution unvollendet geblieben und »immer noch Verpflichtung und Aufgabe«[20].

Anhang

Die Kabinette der Zentralregierung und der Generalitat (1936–1939)

Regierungen der Republik Spanien

19. Juli 1936 – Regierung Giral

Ministerpräsident und Marine	José Giral Pereira, IR
Kriegsmarine (ab 23. August)	Francisco Martínez Sánchez, IR
Auswärtiges	Augusto Barcia Trelles, IR
Justiz	Manuel Blasco Garzón, IR
Kriegsminister	General Luis Castelló Pantoja
ab 6. August	General Juan Hernández Sarabia
Finanzen	Enrique Ramos Ramos, IR
Inneres	General Sebastián Pozas Perea
Unterricht und Kultur	Francisco Barnés Salinas, IR
Arbeit und Gesundheit	Juan Lluhi Vallescá, ERC
Landwirtschaft	Mariano Ruiz Funes, IR
Industrie und Handel	Plácido Alvarez-Buylla y Lozana, IR
Handelsflotte und Verkehr	Bernardo Giner de los Rios, UR
Öffentl. Arbeiten (ab 21. Juli)	Antonio Velao Oñate, IR

5. September 1936 – Erste Regierung Largo Caballero

Ministerpräsident und Kriegsminister	Francisco Largo Caballero, PSOE
Auswärtiges	Julio Alvarez del Vayo, PSOE
Justiz	Mariano Ruiz Funes, IR
Luftwaffe und Kriegsmarine	Indalecio Prieto y Tuero, PSOE
Finanzen	Juan Negrín López, PSOE
Inneres	Angel Galarza Gago, PSOE
Unterricht und Kultur	Jesús Hernández Tomás, PCE
Arbeit und Gesundheit	José Tomás Piera, ERC
Industrie und Handel	A. de Gracia Villarrubia, PSOE
Landwirtschaft	Vicente Uribe Galdeano, PCE
Handelsflotte und Verkehr	Bernardo Giner de los Rios, PSOE
Öff. Arbeiten (ab 16. Sept.)	Julio Just Gimeno, IR
ohne Portefeuille	José Giral Pereira, IR

5. November 1936 – Zweite Regierung Largo Caballero

MP und Kriegsminister	Francisco Largo Caballero, PSOE
Auswärtiges	Julio Alvarez del Vayo, PSOE
Luftwaffe und Kriegsmarine	Indalecio Prieto y Tuero, PSOE
Finanzen	Juan Negrín López, PSOE
Inneres	Angel Galarza Gago, PSOE
Unterricht	Jesús Hernández Tomás, PCE
Landwirtschaft	Vicente Uribe Galdeano, PCE
Handelsflotte und Verkehr	Bernardo Giner de los Rios, UR
Justiz	Juan García Oliver, CNT

Industrie	Juan Peiró Belis, CNT
Gesundheit	Federica Montseny Mañe, CNT
Arbeit	A. de Gracia Villarrubia, UGT
Öffentliche Arbeiten	Julio Just Gimeno, IR
Handel	Juan López Sánchez, CNT
Propaganda	Carlos Esplá Rizo, IR
ohne Portefeuille	José Giral Pereira, IR
	Manuel de Irujo, PNV
	Jaume Ayguadé Miró, ERC

18. Mai 1937 – Erste Regierung Negrín

MP, Finanzen und Wirtschaft	Juan Negrín López, PSOE
Verteidigung	Indalecio Prieto y Tuero, PSOE
Auswärtiges	José Giral Pereira, IR
Justiz	Manuel de Irujo y Ollo, PNV
ab November 1937	Mariano Ansó Zunzarren, IR
Inneres	Julián Zugazagoitia, PSOE
Unterricht und Gesundheit	Jesús Hernández Tomás, PCE
Landwirtschaft	Vicente Uribe Galdeano, PCE
Öffentliche Arbeiten	Bernardo Giner de los Rios, UR
Arbeit und Soziale Fürsorge	Jaume Ayguadé Miró, ERC

5. April 1938 – Zweite Regierung Negrín

MP und Verteidigung	Juan Negrín López, PSOE
Generalsekretär für die Verteidigung	Julián Zugazagoitia, PSOE
Auswärtiges	Julio Alvarez del Vayo, PSOE
Inneres	Paulino Gómez Sáenz, PSOE
Justiz	Ramón González Peña, PSOE
Landwirtschaft	Vicente Uribe Galdeano, PCE
Unterricht und Gesundheit	Segundo Blanco González, CNT
Finanzen und Wirtschaft	Francisco Méndez Aspe, IR
Öffentliche Arbeiten	Antonio Velao Oñate, IR
Post und Verkehr	Bernardo Giner de los Ríos, UR
Arbeit	Jaume Ayguadé Miró, ERC
ab 17. August 1938	José Moix Regas, ERC
ohne Portefeuille	José Giral Pereira, IR
	Manuel de Irujo y Ollo, PNV
ab 17. August 1938	Tomás Bilbao Hospitalet, ANV

Regionalregierungen von Katalonien (Generalitat)

31. Juli 1936

Präsident Kataloniens	Lluis Companys, ERC
Premierminister	Joan Casanovas, ERC
Justiz	Josep Quero, ERC

Inneres	Josep María España, ERC
Finanzen	Martí Esteve, ACR
Kultur	Ventura Gassol, ERC
Öffentliche Arbeiten	Pere Mestres, ERC
Arbeit	Lluis Prunés, ERC
Landwirtschaft	Josep Calvet, UDR
Wirtschaft (bis 6. 8.)	Joan Comorera, PSUC
Öffentl. Dienste (bis 6. 8.)	Joan Cerdena, ERC
Wirtschaft und Öff. Dienste	Josep Tarradellas, ERC
Gesundheit	Martí Rauret, ERC
Verteidigung	Oberstleutnant Felip Díaz Sandino
Verpflegung	Estanislau Ruiz Ponsetti, PSUC
Post, Telefon, Telegrafie	Rafael Vidiella, PSUC
Sozialfürsorge	Joan Puig y Ferrater, ERC

26. September 1936

Premierminister und Finanzen	Josep Tarradellas, ERC
Kultur	Ventura Gassol, ERC
Sicherheit	Artemi Ayguadé, ERC
Wirtschaft	Joan Fàbregas, CNT
Verpflegung	Josep Joan Domènech, CNT
Fürsorge und Gesundheit	Antoni García Birlan, CNT
Öffentliche Dienste	Joan Comorera, PSUC
Arbeit	Miquel Valdés, PSUC
Landwirtschaft	Josep Calvet, UDR
Justiz	Andreu Nin, POUM
Verteidigung	Oberstleutnant Felip Díaz Sandino
ohne Portefeuille	Rafael Closas, ACR

17. Dezember 1936

Premierminister und Finanzen	Josep Tarradellas, ERC
Gesundheit und Sozialfürsorge	Pere Herrera, CNT
Verteidigung	Francesc Isgleas, CNT
Wirtschaft	Dídac Abad de Santillán, CNT
Öffentliche Dienste	Josep Joan Domènech, CNT
Verpflegung	Joan Comorera, UGT
Arbeit	Miquel Valdés, UGT
Justiz	Rafael Vidiella, UGT
Sicherheit	Artemi Ayguadé, ERC
Kultur	Antoni María Sbert, ERC
Landwirtschaft	Josep Calvet, UDR

17. April 1937

Premierminister und Finanzen	Josep Tarradellas, ERC
Verteidigung	Francesc Isgleas, CNT
Wirtschaft	Andreu Capdevila, CNT
Öffentliche Dienste	Josep Joan Domènech, CNT

Justiz	Joan Comorera, UGT
Kultur	Antoni María Sbert, ERC
Landwirtschaft	Josep Calvet, UDR
Sozialfürsorge und Gesundheit	Aureli Fernández, CNT
Verpflegung	Josep Miret, UGT
Arbeit	Rafael Vidiella, UGT
Sicherheit	Artemi Ayguadé, ERC

30. Juni 1937

Präsident und Premierminister	Lluis Companys, ERC
Inneres und Sozialfürsorge	Antoni María Sbert, ERC
Finanzen	Josep Tarradellas, ERC
Kultur	Carlos Pi i Sunyer, ERC
Öffentl. Arbeiten und Arbeit	Rafael Vidiella, PSUC
Wirtschaft	Joan Comorera, PSUC
Landwirtschaft	Josep Calvet, UDR
Versorgung	Miquel Serra i Pàmies, PSUC
Justiz	Pere Bosch Gimpera, ACR

Anmerkungen

Kapitel I

Einführung in die Problemstellung Anmerkungen zu Seite 10

1 Zur Terminologie vgl. Ralf Dahrendorf: Über einige Probleme der soziologischen Theorie der Revolution, Archives Européennes de Sociologie, 2, 1, 1961, 153–62.
2 Zu den fehlgeschlagenen Aufständen in der Zweiten Republik vgl. César M. Lorenzo: Los anarquistas españoles y el poder, Paris 1972, 43–80; Jean Becarud: La segunda República española (1931–1936). Ensayo de interpretación, Madrid 1967.
3 Zum Oktoberaufstand von 1934 vgl. (bisherige Forschungsergebnisse zusammenfassend) B. Diaz Nosty: La Comuna Asturiana. Revolución de Octubre de 1934, Madrid 1974; s. auch Edward Malefakis: Reforma agraria y revolución campesina en la España del siglo XX, Barcelona 1971, 343ff., der auf den engen Zusammenhang zwischen Weltwirtschaftskrise, Arbeitslosigkeit und revolutionärem Aktivismus hinweist. Neuerdings: Paul Preston: La Revolución de Octubre en España: La lucha de las derechas por el poder, Sistema 14, 1976, 95–115.
4 Zur Falange s. Bernd Nellessen: Die verbotene Revolution. Aufstieg und Niedergang der Falange, Hamburg 1963; Stanley Payne: Falange. A history of Spanish fascism, Stanford 1962; Maximiano García Venero: Falange en la guerra de España: la Unificación y Hedilla, Paris 1967; hierzu: Herbert R. Southworth: Antifalange, Paris 1967.
5 Francisco Largo Caballero: Mis recuerdos, México 1954, 165.
6 Über die Bedeutung der Arbeiterschaft und somit der CNT – die große Mehrheit (nach José Martínez Bande: La invasión de Aragón, Madrid 1970, 26 »über 60 %« der Hilfs- und »ca. 80 %« der Bau- und Hafenarbeiter) der katalanischen Arbeiterschaft war in der anarcho-syndikalistischen Gewerkschaft organisiert – am Ausgang des Kampfgeschehens in Katalonien gehen die Meinungen auseinander. Während in der bisherigen Forschung (vgl. u.a. M. García Venero: Historia del nacionalismo catalán, Madrid 1967, Bd. 2, 422) und von den Anarchisten selbst die Rolle der Arbeiter als »der entscheidende Faktor für die Niederlage des faschistischen Aufstandes« (Lorenzo: anarquistas, 81) bezeichnet wurde, die »katalanischen Arbeiter« als »Sieger« dargestellt (Pierre Broué u. Emile Témime: Revolution und Krieg in Spanien, Frankfurt 1968, 132f.) und die »entscheidenden Taten im Zentrum der Stadt« der CNT zugesprochen wurden (José Peirats: La CNT en la Revolución española, 3 Bde., Toulouse 1951–1953, Bd. 1, 142), der sich ein Teil der Zivil- und der Sturmgarde angeschlossen hatte (zuletzt Diego Abad de Santillán: De Alfonso XIII a Franco, Buenos Aires 1974, 347–59), macht sich in einem Teil der neueren Forschung eine bedeutend reserviertere Haltung zur Frage der CNT-Beteiligung an der Niederschlagung des Aufstandes breit. Frederic Escofet: Al servei de Catalunya i de la Republica, Bd. 1, Paris 1973, 286f., z.Z. des Putsches Generalkommissar für öffentliche Ordnung in Barcelona, der sich bis zuletzt geweigert hatte, Waffen an die Arbeiter auszuteilen, bezeichnet die Rolle der CNT/FAI als »wesentlich, aber in keiner Weise entscheidend«. Die eigentliche Entscheidung hätten die vom Generalkommissariat abhängigen öffentlichen Ordnungskräfte, insbesondere die republikanische Nationalgarde, herbeigeführt, die auch »ohne die Hilfe der CNT/FAI ... gleichermaßen den Sieg über die Rebellen aus dem Heer davongetragen hätte, wenn es auch eine größere Anstrengung gekostet hätte.« Dieser zurückhaltenden Beurteilung der Rolle der Arbeiterschaft in den Entscheidungskämpfen bis zum 20. Juli in Barcelona schließen sich auch J. Tarradellas (Gespräch mit dem Verf. am 13. 7. 1974 in seinem

französischen Exil St. Martin-le-Beau) sowie Ramón Salas: Historia del ejército popular de la República, 4 Bde., Madrid 1973, Bd. 1, 321, an, der die Rolle »einiger Hundert (!) Syndikalisten« bei der Niederwerfung des Aufstandes zwar als »groß« bezeichnet, aber sofort einschränkend hinzufügt, »wenn auch ihre Bedeutung tendenziös und übertrieben glorifiziert worden ist«. Federica Montseny (Gespräch mit dem Verf. am 15. 8. 1974 in Toulouse) wandte sich entschieden gegen diese Minimalisierung der Rolle der Arbeiterschaft. Zur Bedeutung der CNT vgl. auch Luis Romero: Los anarcosindicalistas en la batalla de Barcelona, Historia y vida 2, 1968.

7 Die ausführlichste Rekonstruktion der Ereignisse der ersten drei Tage nach dem Aufstand liefert Luis Romero: Tres días de julio (18, 19 y 20 de 1936), Barcelona 1967. Zu den Ereignissen in Barcelona vgl. (aus anarchistischer Sicht) Abel Paz: Paradigma de una revolución, Choisy-le-roi 1967.

8 »Generalitat« ist die traditionelle Bezeichnung für die Regierung von Katalonien und das alte Königreich Valencia; auch die katalanischen Cortes erhielten diese Bezeichnung. In der vorliegenden Arbeit wird unter Generalitat stets die nach dem Autonomie-Statut von 1932 gebildete Regionalregierung von Katalonien verstanden. Vgl. Diccionari català-valencià-balear, Barcelona 1968, Bd. 6, 256f.

9 Vgl. Times v. 20. 7. 1936; s. auch Ivan Maisky: Spanish Notebooks, London 1966, 17f. »Soziale Revolution« wird in der vorliegenden Arbeit durchgängig groß geschrieben, um damit den besonderen Stellenwert dieses Terminus in den gesellschaftstheoretischen Vorstellungen der spanischen Anarchisten zu dokumentieren, für die sich der Ausdruck von einem konkreten »sozialen« Inhalt quasi losgelöst hatte und zu einer Abstraktion geworden war.

10 Nach Peter Ch. Ludz: Anarchie, Anarchismus, Anarchist, GGB I, 109.

11 Ferdinand Schubert: Kommunisten oder Anarchisten? Zum Standort der Baader-Meinhofs, Die Neue Gesellschaft 9, 1972, 708f.

12 Otthein Rammstedt Hg.: Anarchismus, Grundtexte zur Theorie und Praxis der Gewalt, Köln 1969, 10.

13 Erwin Oberländer Hg.: Der Anarchismus, Olten 1972, 9.

14 Zur Frage der Zielkompatibilität und Funktionsfähigkeit eines Rätesystems als Alternative zur repräsentativ-demokratischen Verfassung des politischen Systems und seiner Subsysteme unter den Bedingungen hochentwickelter Industriegesellschaften vgl. neuerdings Paul Kevenhörster: Das Rätesystem als Instrument zur Kontrolle politischer und wirtschaftlicher Macht, Opladen 1974. Zur (scharf ausformulierten) theoretischen Antinomie des Rätesystems und des tradierten politischen Institutionengefüges vgl. Hannah Arendt: Über die Revolution, München 1963, bes. 342, 351f.

15 Ernest Mandel Hg.: Arbeiterkontrolle, Arbeiterräte, Arbeiterselbstverwaltung, Frankfurt 1971, 9.

16 Zum schnellen Erfolg der nationalen Truppen in weiten Gegenden Andalusiens trugen u. a. bei: das Verhalten der Zivilgarde, das weitgehende Fehlen jeglicher Kommunikation zwischen den einzelnen Ortschaften, die mangelnde Bewaffnung der Landbevölkerung, das unschlüssige Verhalten der Zivilgouverneure (die eine Zusammenarbeit mit den Arbeiterorganisationen ablehnten) und die teilweise schlechte Zusammenarbeit der Arbeiterführer und -organisationen. Vgl. J. M. Martínez Bande: La Campaña de Andalucía, Madrid 1969.

17 Zum wirtschaftlichen Wachstum der Peripherie und dem dadurch bewirkten strukturellen Ungleichgewicht vgl. den knappen Hinweis bei Stanley Payne: Spanish Nationalism in the Twentieth Century, RoP 26, 1964, 404; ausführlicher: Jaime Vicens Vives: Cataluña en el siglo XIX, Madrid 1961.

18 Zu den Comisiones Obreras vgl. Comisiones Obreras: Grundlegende Dokumente der spanischen Arbeiterkommissionen. Hg. von der Auslandsdelegation der CC.OO., Paris 1971; neuerdings Hans Werner Franz: Klassenkämpfe in Spanien heute, Frankfurt 1975.
19 Zum Begriff Klaus v. Beyme: Vom Faschismus zur Entwicklungsdiktatur – Machtelite und Opposition in Spanien, München 1971.
20 Vgl. die politische Plattform und die revolutionären Aufrufe der exilierten »Freiheitlichen Bewegung« MLE in ihrem Organ »Espoir« (Toulouse) v. 2. 11. 1975, 1f., v. 9. 11. 1975, 3.
21 Zum Forschungsstand ausführlich Walther L. Bernecker: Die Soziale Revolution im Spanischen Bürgerkrieg. Historisch-politische Positionen und Kontroversen. Mit einer Bio-Bibliographie, München 1977 (= Schriften der Philosophischen Fachbereiche der Universität Augsburg 11).
22 Die Materialien aus den Servicios Documentales (Salamanca) konnten nicht mehr berücksichtigt werden, da der Verf. erst nach Abschluß der Arbeit Zugang zu diesem Archiv erhielt.
23 Vicente Palacio Atard: Ensayos de historia contemporánea, Madrid 1970.
24 Vorwort zu GG 1, 1975, 7.
25 Nach Hans-Ulrich Wehler: Geschichte und Soziologie, in: ders.: Geschichte als Historische Sozialwissenschaft, Frankfurt 1973, 15.
26 Zur Frühphase des spanischen Sozialismus und Anarchismus (bis 1917) vgl. neuerdings Pierre Vilar: Der spanische Sozialismus von seinen Ursprüngen bis 1917, in: Jacques Droz Hg.: Die sozialistischen Parteien Europas: Italien, Spanien, Belgien, Schweiz (= Geschichte des Sozialismus, Bd. VI), Frankfurt 1975, 9–63. Zu den Gewerkschaftsgründungen s. M. García Venero: El nacimiento de la primera Asociación Obrera Española en 1840, RdT 22, 1960, 26–33. Zu Pi y Margall vgl. C. A. M. Hennessy: The Federal Republic in Spain, Oxford 1962; sp. Ausg.: La República federal en España. Pi y Margall y el movimiento republicano federal 1868–1874, Madrid 1967.
27 Vgl. hierzu die Memoiren des Kongreßteilnehmers Anselmo Lorenzo: El proletariado militante, 2 Bde., Toulouse 1946; s. außerdem Josep Termes: Anarquismo y sindicalismo en España. La Primera Internacional 1864–1881, Barcelona 1972; Clara E. Lida: Anarquismo y revolución en la España del XIX, Madrid 1972; dies.: Antecedentes y desarrollo del movimiento obrero español (1835–1888). Textos y documentos, Madrid 1973; ein Teil der Berichte der Föderalräte und -ausschüsse der spanischen Internationale 1870–1874 ist publiziert: Carlos Seco Serrano Hg.: Asociación Internacional de los Trabajadores. Actas de los Consejos y Comisión Federal de la Región Española (1870–1874), 2 Bde., Barcelona 1969.
28 Max Nettlau: La Première Internationale en Espagne (1868–1888). Révision des textes, traductions, introduction, notes, appendices, tableaux et cartes aux soins de Renée Lamberet, Dordrecht 1969; M. Bakunin: La Internacional y la Alianza en España, 1868–1873, Buenos Aires 1925; Neuausg.: Miguel Bakunin: La Internacional y la Alianza en España (1868–1873). Estudio preliminar y notas por Clara E. Lida, New York 1971; (dt. Ausg.: Bakunin und die Internationale in Spanien 1868–1873, AGSA 1914, 243–303). Zur Geschichte der spanischen Internationale und Landesföderation (1868–1889), AGSA 1929, 1–66 und 1930, 73–125; Documentos inéditos sobre la Internacional y la Alianza en España, Buenos Aires 1930; Geschichte der Anarchie, Bd. 3, Glashütten 1972 (Reprint), 100–117, 287–310.
29 Zu der überwältigenden Wirkung, die die Russische Revolution für kurze Zeit auf die spanischen Anarchisten ausübte, vgl. Gerald H. Meaker: Spanish Anarcho-

Syndicalism and the Russian Revolution, 1917–1922, MS Diss., University of Southern California 1967; neuerdings ders.: The Revolutionary Left in Spain, 1914–1923, Stanford 1974; Josep Termes, Repercussions de la revolució d'octubre a Catalunya, Serra d'Or, Dez. 1967, 37–43, beschreibt die Auswirkungen der Revolution auf Katalonien. Die CNT entsandte zwei Delegationen nach Rußland. Zur Intervention des spanischen Delegierten Angel Pestaña auf dem 2. Komintern-Kongreß (Juli/August 1920) vgl. Der Zweite Kongreß der Kommunistischen Internationale. Protokoll der Verhandlungen vom 19. Juli in Petrograd und vom 23. Juli bis 7. August 1920 in Moskau, Hamburg 1921, 77f., 224, 525, 660. Vgl. auch den enttäuschten Bericht nach der Rückkehr von Angel Pestaña: Informe de mi estancia en la URSS, Madrid 1968; Consideraciones y juicios acerca de la Tercera Internacional (Segunda parte de la Memoria presentada al Comité de la CNT), Madrid 1968, [2]1970.

30 Zur Gründung der syndikalistischen IAA s. Rudolf Rocker: Aus den Memoiren eines deutschen Anarchisten, hg. v. Magdalena Melnikow u. Hans Peter Duerr, Frankfurt 1974, 304–21.

31 Nach: Prinzipienerklärung der IAA, in: DAS–Was sind die CNT und FAI, Barcelona 1936, 44.

32 John Brademas: Anarcosindicalismo y revolución en España (1930–1937), Barcelona 1974, 39 behauptet sogar, der Hauptgroll der FAI sei nicht gegen die Kommunisten, sondern – obwohl CNT und FAI die gleichen Endziele verfolgten – gegen die reformistischen Kräfte der CNT gerichtet gewesen. Neuerdings betont den FAI-Einfluß wieder Antonio Bar Cendon: La »Confederación Nacional del Trabajo« frente a la II República, in: Manuel Ramírez Hg.: Estudios sobre la II República Española, Madrid 1975, 219–49.

33 Vgl. Guerra y revolución en España, 3 Bde., Moskau 1967–1971, Bd. 1, 28.

34 Die Gründungsdokumente der FAI sind verlorengegangen; der zusammenfassende Bericht »Síntesis del acta de la Conferencia regional celebrada en Valencia en los días 24 y 25 de julio de 1927« ist in Cuadernos de Ruedo Ibérico, Suplemento: El Movimiento Libertario Español, Paris 1974, 293–95, veröffentlicht.

35 Prinzipienerklärung der IAA, zit. nach DAS: CNT, 44.

36 Vgl. Manuel Buenacasa: La CNT, los Treinta y la FAI, Barcelona 1933.

37 Vgl. die UGT-Statuten von 1892 in: María Carmen García Nieto u.a.: Expansión económica y luchas sociales, 1898–1923, Madrid 1973, 219–23, und die reformierten Statuten von 1920 in: Maximiano García Venero: Historia de los movimientos sindicalistas españoles, Madrid 1961, 441–61. Zum Parteiensystem während der Monarchie und der Zweiten Republik vgl. Juan J. Linz: The Party System of Spain: Past and Future, in: Seymour M. Lipset u. Stein Rokkau Hg.: Party Systems and Voter Alignments. Cross-National Perspectives, New York 1967, 197–282.

38 Vgl. die Dokumente zur Gründung und Entwicklung des PCE in den ersten Jahren bei García Nieto: Expansión, 318ff.; s. außerdem Joaquín Maurín: Revolución y contrarrevolución en España, Paris 1966, 241–89.

39 Hierzu: Thesen und Resolutionen des XII. EKKI-Plenums September 1932, o.O. (Druck: Zürich), o.J. (1932), 13.

40 Qué es y qué quiere el POUM, Barcelona 1936.

41 Zur Entwicklung und Bedeutung der sozialistischen Gruppierungen Kataloniens während der Zweiten Republik vgl. Albert Balcells: El socialismo en Cataluña durante la Segunda República (1931–1936), in: Sociedad, política y cultura en la España de los siglos XIX–XX, Madrid 1973, 177–213.

42 H.E. Kaminski: Ceux de Barcelona, Paris 1937, 162.

43 Zu den Programmen dieser beiden Parteien vgl. Miguel Artola: Partidos y programas políticos 1808–1936, 2 Bde., Madrid 1974–1975, Bd. 2, 420–27.
44 Die gravierenden Differenzen zwischen den bürgerlichen und den Arbeiterparteien konnten auch bei der Formulierung des Wahlprogramms nicht verschleiert werden. In der definitiven Fassung des Bündnisses lehnten die republikanischen Parteien expressis verbis die Forderungen der Sozialisten nach Nationalisierung des Bodens und kostenloser Übergabe an die Landarbeiter, nach Verstaatlichung des Bankwesens und nach Arbeiterkontrolle über die Industrie ab. Selbst Volksfrontgegner bezeichneten das Programm als gemäßigt. Vgl. hierzu Javier Tusell: Las elecciones del frente popular, 2 Bde., Madrid 1971.

Kapitel II

Zur Interpretation des sozio-ökonomischen und politischen Wandels in der republikanischen Zone

1 Zur kommunistischen Einschätzung der mit dem Sturz der Monarchie einsetzenden soziopolitischen Entwicklung vgl. L.O. Levine: L'Espagne dans l'idéologie communiste, Affaires Etrangères, Okt. 1936, 461–70. Zur Aufgabe der Kommunisten in der bürgerlich-demokratischen Revolution vgl. Wilhelm Pieck u. a.: Die Offensive des Faschismus und die Aufgaben der Kommunisten im Kampf für die Volksfront gegen Krieg und Faschismus. Referate auf dem VII. Kongreß der Kommunistischen Internationale (1935), Berlin 1957; s. auch: Die Kommunistische Internationale vor dem VII. Weltkongreß. Materialien, Moskau-Leningrad 1935, 249–73 (Spanien).
2 Leitartikel v. Mundo Obrero v. 13. 6. 1931.
3 Bullejos, Generalsekretär des PCE 1925–1932, sowie andere führende Parteimitglieder, die den von Moskau diktierten Kurs ablehnten, wurden aus der Partei als »sektiererisch-opportunistische Gruppe« ausgeschlossen. Vgl. José Bullejos: La Comintern en España. Recuerdos de mi vida, México 1972.
4 Franz Borkenau: Der europäische Kommunismus, München 1952, 111. Zur Bedeutung des 7. Weltkongresses der Komintern für die Volksfront-Politik des PCE vgl. Jesús Hernández: Die Durchführung der Beschlüsse des VII. Weltkongresses der KI durch die KP Spaniens, Rundschau v. 13. 2. 1936 (276f.), v. 20. 2. 1936 (321f.), v. 27. 2. 1936 (405f.), v. 12. 3. 1936 (491–93); vgl. auch G. G. Kuranow: Der Kampf der kommunistischen Weltbewegung nach dem VII. Weltkongreß der Kommunistischen Internationale für den Zusammenschluß aller Werktätigen gegen Faschismus und imperialistischen Krieg. Beitr. GdA 8, 1966, 618–30, bes. 619–22.
5 Der kommunistischen Politik – Organisierung eines umfassenden Netzes von Arbeiter- und Bauernallianzen an den Arbeitsstellen und in den Dörfern sowie eines Volksblocks aller »antifaschistischen Elemente« – stand vor allem der reformistische Flügel des PSOE ablehnend gegenüber. Hierzu José Díaz: Dem siegreichen Oktober in Spanien entgegen, Rundschau v. 8. 4. 1936, 643f.
6 Vgl. José Díaz: Nuestra bandera del Frente Popular, Madrid 1936, 27.
7 M. Ercoli (= Palmiro Togliatti): Über die Besonderheiten der spanischen Revolution, Zürich o.J. (1937), 12.
8 Eugen Varga: Wirtschaft und Wirtschaftspolitik im ersten Vierteljahr 1936, Rundschau (Sondernummer) v. 13. 6. 1936, 873. Zur Leninschen Interpretation des *besonderen* Charakters der *bürgerlichen* Revolution in Rußland vgl. W. Lenin: Zur Einschätzung der russischen Revolution, in: LW 15, 45f.

9 Varga: Wirtschaft, 879f.
10 Ebd. 881.
11 Ercoli: Besonderheiten, 3f.
12 Varga: Wirtschaft, 873. Die Interpretation der spanischen Revolution als eine »bürgerliche« brachte dem PCE von trotzkistischer Seite sofort den Vorwurf des Menschewismus ein, der darin bestehe, »auf den Schultern der Arbeiter und Bauern die bürgerliche Revolution durchzuführen, um danach die proletarische zu verhindern.« Franz Heller (= Paul Thalmann): Für die Arbeiter-Revolution in Spanien, Zürich 1937, 11.
13 Qué es y qué quiere el POUM, 8.
14 Dolores Ibárruri: El único camino, Paris 1965, 236.
15 Ebd. Die von den Kommunisten konstruierte Alternative »bürgerliche Republik« – »faschistische Konterrevolution« basierte auf einer den spanischen Verhältnissen weitgehend unangemessenen Einschätzung der Situation vom Frühjahr 1936, die als Alternativmöglichkeit zum Putsch von rechts eine sozialistische Revolution unter Führung der Gewerkschaften und der Linkssozialisten der Richtung Largo Caballero wahrscheinlich erscheinen ließ. Es ist allerdings unklar, ob die »offizielle« kommunistische Interpretation nicht damals schon Taktik gewesen ist, die dem PCE bei der Eroberung der Macht behilflich sein sollte. Zumindest betrachtete der bulgarische Komintern-Vertreter Stepanov die Entwicklung nach den Volksfrontwahlen als eine nur kurze Übergangsphase, auf die ein bolschewistisches Regime folgen sollte: »Es besteht kein Zweifel darüber, daß wir in Spanien gerade einen historischen Prozeß durchmachen, der dem Rußlands im Februar 1917 vergleichbar ist. Und die Partei muß die gleiche Taktik wie die Bolschewiki anwenden: eine kurze parlamentarische Etappe und dann: die Sowjets!« Zit.nach José Manuel Martínez Bande: La intervención comunista en la guerra de España, Madrid 1965, 20, der sich auf Äußerungen des kommunistischen Unterrichtsministers J.Hernández stützt. Vgl. auch die nationalspanische Forschung, die für das Frühjahr 1936 das Streben des Proletariats nach einem Bruch mit dem bisherigen Wirtschafts- und Gesellschaftssystem hervorhebt, z.B. García Venero: Nacionalismo catalán II, 418. Neuerdings behauptet auch Carrillo, daß es während des Bürgerkrieges für die Kommunisten um die Einführung des Sozialismus ging. Vgl. Santiago Carrillo u.a.: Spanien nach Franco, Berlin (West) 1975, 47.
16 In einem Leitartikel v. 22. 8. 1936 – also einen Monat nach Kriegsbeginn – schrieb die sozialistische Zeitung Claridad, die den linken Kurs Largo Caballeros vertrat: »Einige Leute erklären: Unterdrücken wir zuerst den Faschismus, beenden wir siegreich den Krieg, danach wird genug Zeit sein, von Revolution zu sprechen und sie zu machen, falls erforderlich. Diejenigen, die so sprechen, haben anscheinend die ungeheure dialektische Bewegung nicht erkannt, die uns alle fortreißt. Der Krieg und die Revolution sind ein und dieselbe Sache, Aspekte eines einzigen Phänomens. Sie schließen sich nicht nur nicht aus und stören sich auch nicht, sondern sie ergänzen und unterstützen sich. Der Krieg bedarf zu seinem Sieg der Revolution, so wie die Revolution des Krieges zu ihrem Ausbruch bedurft hat. Die Revolution ist die wirtschaftliche Ausrottung des Faschismus, daher auch der erste Schritt, um ihn militärisch zu zerschmettern.« Zur Unterwanderung der Sozialisten durch die Kommunisten vgl. Bolloten: Camouflage, 104–19; vgl. aber auch 120–30 zahlreiche gemäßigte Äußerungen Caballeros während seiner Ministerpräsidentschaft. Er war durchaus bereit, (zumindest verbal) alle revolutionären Forderungen fallenzulassen, wenn dadurch die Chancen stiegen, Waffen aus Frankreich oder England zu erhalten.

17 Zum Übertritt des Generalsekretärs S. Carrillo von den Sozialisten zu den Kommunisten vgl. neuerdings Carrillo: Spanien, bes. 26–51.
18 Prawda v. 16. 10. 1936, zit. nach: Der Freiheitskampf des spanischen Volkes und die internationale Solidarität, Berlin 1956, 85.
19 Dolores Ibárruri: Der national-revolutionäre Krieg des spanischen Volkes 1936–1939, in: Freiheitskampf 7–49, hier 23.
20 Dolores Ibárruri: Rundfunkrede v. 29. 7. 1936, in: dies.: Wir werden siegen, Moskau 1937, 52.
21 André Marty: In Spanien wie während der Großen Französischen Revolution, Rundschau v. 6. 8. 1936, 1417–19.
22 Federica Montseny: La Commune de Paris y la Revolución española, Valencia 1937.
23 Karl-Heinz Ruffmann: Die Sowjetunion und die weltpolitische Lage 1936–1939, in: Oswald Hauser Hg.: Weltpolitik 1933–1939, Göttingen 1973, 186–200, hier 186.
24 Ebd., 188.
25 Borkenau: Kommunismus, 154.
26 Vgl. Ibárruri: Wir werden siegen, 60.
27 Zur Lage in Spanien. Erklärung des Zentralkomitees der Kommunistischen Partei Spaniens. August 1936, zit. nach: Zur Geschichte der deutschen antifaschistischen Widerstandsbewegung 1933–1945, Berlin (Ost) 1958, 132. Vgl. auch Rundschau v. 30. 7. 1936, 1374f. und v. 6. 8. 1936, 1429f., und: Freiheitskampf, 58–61. Ganz im Sinne des PCE argumentierte der ebenfalls der Komintern angeschlossene PSUC in Katalonien, der den Krieg auf einen Kampf der Regierung gegen ihr eigenes Heer reduzierte und selbst die Charakterisierung als »bürgerliche Revolution« ablehnte. Hierzu Borkenau: Reñidero, 87f. Vgl. auch zahlreiche inhaltlich mit den PCE-Erklärungen übereinstimmende Äußerungen englischer und französischer Kommunisten im August 1936 bei Bolloten: Camouflage, 95–103. Auch in der parteiamtlichen Bürgerkriegsgeschichte Guerra y revolución I, 258f. ist die Rede von einer »im wesentlichen demokratischen, antifaschistischen, nationalen Volksbewegung«, deren »Hauptziel in der Verteidigung der Freiheit, der Souveränität gegenüber der faschistischen Rebellion und der brutalen Einmischung der Streitkräfte Hitlers und Mussolinis bestand«. Das Geschehen in der republikanischen Zone sei keine soziale, sondern die Vollendung der bürgerlichen Revolution gewesen. Der »zutiefst revolutionäre Charakter« der »Massenbewegung« sei »nicht gegen das legale Regime gewesen, sondern zu dessen Verteidigung; revolutionär gegen die oligarchischen Klassen, gegen die reaktionären Strukturen.« Diese Interpretation wird im wesentlichen auch von Historikern der DDR übernommen. Vgl. (u. a.) Franz Dahlem: Der spanische Volkskampf gegen den Faschismus und seine internationale Bedeutung, Einheit 11, 1951, 904–17; ders.: Der Freiheitskampf des spanischen Volkes, Berlin (Ost) 1953; ders.: Zum Freiheitskampf des spanischen Volkes in den Jahren 1936–1939, Einheit 16, 1961, 1032–45. In der marxistischen Interpretation gilt der Zeitraum von 1931 bis 1939 auch heute noch als die bürgerlich-demokratische Revolution der spanischen Gesellschaft. In der auf die spanische Situation angewandten Leninschen Typologie bürgerlicher Revolutionen wird die spanische einem »mittleren Typ« *(revolución intermedia)* zugeordnet. Gemeinsam bleibe allen bürgerlichen Revolutionen die Vernichtung der Macht des grundbesitzenden Adels und die Abschaffung des (halb-)feudalen Systems in der Landwirtschaft. Gegenüber den »klassischen« bürgerlichen Revolutionen des 18. und 19. Jhdts. zeichne sich der 2. Typ – dem auch im großen und ganzen die spanische »demokratische« Revolution zugerechnet wird – dadurch aus, daß das Proletariat eine führende gesellschaftliche Kraft mit eigenen Zielen darstelle, das Bürgertum jedoch seinen revolutionären

Charakter eingebüßt habe und daher nicht mehr Hauptträger der Revolution sei, welche vielmehr von den Arbeitern und Bauern vorangetrieben werde. Ergebnis des 2. Typs bürgerlich-demokratischer Revolutionen sollte nicht die Diktatur des Proletariats, sondern die »Arbeiter-Bauern-Diktatur« oder, wie Lenin sich ausdrückte, die »revolutionär-demokratische Diktatur des Proletariats und der Bauernschaft« (Zwei Taktiken der Sozialdemokratie in der demokratischen Revolution, in: LW 9, 71 u.ö.) sein, die einem bruchlosen Übergang in eine sozialistische Revolution den Weg ebnete. Die demokratischen Revolutionen des 3. Typs, von denen die spanische 1931–39 ebenfalls einige wesentliche Züge hatte, müßten vorerst die feudalen Überreste in der Landwirtschaft beseitigen – eine Aufgabe aller bürgerlichen Revolutionen – und sodann die Macht der Monopole brechen. Letztere Zielsetzung verleihe diesem Revolutionstyp einen »antibürgerlich-monopolistischen Zug« (weshalb auch nicht mehr von »bürgerlich-demokratischer«, sondern nur noch von »demokratischer« Revolution gesprochen wird). Vgl. hierzu sowie zu Revolutionsproblemen, die (aus kommunistischer Sicht) mit dem Ende der Franco-Ära auftauchen, Enrique Andrés: La revolución democrática española, Realidad, Juli 1966, 93–112 und Carrillo: Spanien, passim.

28 Beschluß des Präsidiums des EKKI über die Tätigkeit der Kommunistischen Partei Spaniens v. 28. 12. 1936, zit. nach Rundschau v. 7. 1. 1937, 31.

29 Iswestija-Leitartikel »Spanien will republikanisch und demokratisch sein«, zit. nach Rundschau v. 24. 3. 1937, 517.

30 Ebd.

31 »Le Bureau décida de ne pas collaborer. Mais notre décision ayant été soumise à Moscou, nous recûmes l'ordre d'entrer au gouvernement!« Jesús Hernández: La grande trahison, Paris 1953, 38. Als der ehemalige Unterrichtsminister dieses Geständnis niederschrieb, war er bereits aus der Kommunistischen Partei ausgetreten. In »Acción Socialista« hatte er schon am 15. 1. 1952 bekannt: Die spanischen Kommunistenführer handelten »mehr als sowjetische Handlanger denn als Söhne des spanischen Volkes. Es mag absurd, ja unglaublich erscheinen, aber unsere Schulung unter sowjetischer Aufsicht hatte uns derart umgekrempelt, daß wir vollständig ›entnationalisiert‹ waren; unsere nationale Seele war uns ausgerissen und durch einen fanatisch-chauvinistischen Internationalismus ersetzt worden, der an den Türmen des Kreml begann und endete.«

32 Vgl. die Beschreibung der Politbüro-Sitzungen bei Hernández: Trahison 25 ff., 54 ff., in denen auch Stepanov, Gerö, Marty, Orlov und Duclos (insgesamt mehr Ausländer als Spanier) anwesend waren. Zur Sitzung selbst sagt Hernández (54): »Le Bureau Politique allait prendre des décisions. En fait, il allait recevoir les ordres de Moscou«.

33 Hernández: Trahison, 118: »Quand les ›tovaritchs‹ rencontraient des résistances dans le gouvernement républicain, les fournitures s'espaçaient; quand l'harmonie régnait, que les mauvais caractères avaient été matés, les approvisionnements augmentaient. C'était une pression constante sur le corps écartelé de l'Espagne loyale, qui, par crainte de voir tarir l'unique source d'approvisionnement en matériel de guerre dont elle disposait, devait se soumettre aux exigences russes.« Vgl. hierzu auch S. Allard: Stalin und Hitler. Die sowjetische Außenpolitik 1930–1941, Bern 1974, 60–69; Borkenau: Kommunismus, 150–78.

34 Vgl. das Stalin-Molotow-Woroschilow-Schreiben und die Antwort von F. Largo Caballero in: Guerra y revolución en España II, 101–03.

35 »Die spanische Revolution schlägt Wege ein, die in vieler Hinsicht von dem in Rußland zurückgelegten Weg abweichen. Die [unterschiedliche Entwicklung, W.B.] wird bestimmt durch die Andersartigkeit der gesellschaftlichen, historischen und

geographischen Voraussetzungen, die Erfordernisse der internationalen Situation, die von denen, die die russische Revolution vor sich hatte, völlig differieren. Es ist sehr leicht möglich, daß der parlamentarische Weg in Spanien ein viel wirkungsvolleres Mittel revolutionärer Entwicklung darstellt als in Rußland.« Zit. nach Guerra y revolución en España II, 101.

36 Guerra y revolución en España II, 102.

37 Carrillo: Victoria, 10. Vgl. auch seine bei Rocker: Tragedy, 20f. zitierte Äußerung. Ob westliche Regierungen Interventionsdrohungen gegen Spanien für den Fall des Sieges einer »sozialistischen Revolution« ausgesprochen haben, konnte quellenmäßig nicht verifiziert werden. Unbestritten bleibt aber die Befürchtung vieler Kommunisten, die kapitalistischen Mächte könnten dem republikanischen Spanien gegenüber eine offen-feindselige Haltung einnehmen. Carrillos und Ibárruris Meinungen blieben allerdings im eigenen Lager nicht unwidersprochen. Hierzu Bolloten: Camouflage, 182. Cattell: Communism, 91 hält die kommunistische Befürchtung für begründet: »Such reasoning is not without basis, because the division between the Anarchists and Azaña's Republicans in respect to aims was actually much greater than the differences between Azaña and the Conservatives on the side of Franco.«

38 Ibárruri: Wir werden siegen, 47.

39 Während sich Linkssozialisten und Anarchisten im weiteren Verlauf des Krieges immer mehr davon überzeugen mußten, daß die kommunistische Parole »Erst Krieg, dann Revolution« der militärischen, politischen und (durch die Haltung der Westmächte international bedingten) außenpolitischen Situation eher angemessen war als ihre eigene Haltung, daß also die Durchsetzung weiterreichender Revolutionsvorstellungen vorläufig aufgegeben werden mußte, wurde gleichzeitig deutlich, daß die Konzeptionen über die nach dem militärischen Sieg zu realisierende Revolution immer weiter auseinandergingen und die weitergehende kommunistische Parole: »Wenn wir den Krieg gewinnen, haben wir auch die Revolution gewonnen« – eine These, die vereinzelt auch von der CNT übernommen wurde; vgl. Un año de colectivismo en Almagro. Memoria, o. O. 1937, 7 – weder den bürgerlich-liberalen Intentionen Azañas noch den sozialistisch-proletarischen Vorstellungen der Anarchisten, POUMisten und Linkssozialisten entsprach.

40 Manuel Azaña: Obras completas (Hg. Juan Marichal), 4 Bde., México 1967, Bd. 4, 819–22, berichtet von einem Gespräch am 13. 10. 1937 mit den Kommunisten Ibárruri, Checa und Comorera; in dieser Unterhaltung haben die Kommunisten explizit vorläufig auf die »Diktatur des Proletariats« verzichtet.

41 Vgl. die kommunistische Presse ab Januar 1937, passim; José Díaz: Tres años de lucha, Paris 1970, passim; Rundschau v. 20. 5. 1937, 310; José Díaz: Por la unidad hacia la victoria, Valencia 1937; vgl. auch Guerra y revolución en España II, 268–71.

42 Ibárruri: Camino, 324. Die kommunistische Politik ist in der Forschung über den sowjetkommunistischen Einfluß im Spanischen Bürgerkrieg schon Mitte der 50er Jahre (Cattell: Communism, 90) als Vorläufer sog. »Volksdemokratien« bezeichnet worden; diese These wurde auch von den Linkskommunisten des POUM (Julián Gorkin: España. Primer ensayo de democracia popular, Buenos Aires 1961) wieder aufgegriffen.

43 Qué es y qué quiere el POUM, 17. Die Begründung für den doppelten, zugleich »bürgerlichen und sozialistischen« Charakter der Revolution wurde der »konterrevolutionären Gefahr« zu Kriegsbeginn entnommen, die eine Allianz zwischen dem Kleinbürgertum und dem Proletariat nahegelegt habe. Trotz der von Moskau verordneten Haltung des PCE war die kommunistische Interpretation des revolutionären Geschehens nicht einheitlich. So wurde zwar auf dem Plenum des ZK des PSUC

die häufig wiederholte Interpretation bekräftigt, daß es sich in Spanien »nicht um einen Klassenkrieg, sondern um einen nationalen Unabhängigkeitskrieg« handelte (Rundschau v. 4. 3. 1937, 411); im gleichen Atemzug jedoch wurde die »bürgerlich-demokratische« Interpretation der Revolution als taktisches Manöver dem Ausland gegenüber dargestellt, das keine Preisgabe der sozialistischen Ziele der Kommunisten bedeute. Dieses explizit formulierte Bekenntnis zu »sozialistischen« Revolutionszielen, die lediglich aus internationaler Rücksichtnahme hintangestellt werden müßten, blieb jedoch im Rahmen der öffentlichen kommunistischen Erklärungen eine Ausnahme.

44 PCE-Generalsekretär J. Díaz erklärte am 30. 3. 1938 im kommunistischen Zentralorgan Frente Rojo: »Die einzige Lösung für unseren Krieg ist die, daß Spanien weder faschistisch noch kommunistisch ist.« Bereits auf dem PCE-Plenum vom November 1937 hatte Díaz auf die Notwendigkeit der Unterstützung der spanischen Republik durch »alle demokratischen Staaten« hingewiesen. Zu jenem Zeitpunkt war allerdings schon klar, daß keine auswärtige Macht – mit Ausnahme der UdSSR – Spanien Waffenhilfe in nennenswertem Umfang leisten würde. Trotzdem wurde vom PCE, dessen Politik zweifelsohne von Komintern-Vertretern bestimmt wurde, die Illusion möglicher fremder Waffenhilfe und – komplementär zu dieser Hoffnung – die Erforderlichkeit eines innenpolitischen Bündnisses mit den bürgerlichen Republikanern aufrechterhalten.

45 Ibárruri: Wir werden siegen, 56.

46 Noch Anfang 1939 hatte Moskau die Hoffnung auf eine Änderung der anglo-französischen Spanienpolitik. Stalin, der die Regierung Negrín bis zuletzt zur Fortführung der Kampfmaßnahmen aufforderte, mag daran die Hoffnung auf einen allgemeinen Krieg im kapitalistisch-westlichen Lager geknüpft haben, der ihn schließlich zum europäischen Schiedsrichter hätte werden lassen. Vgl. Bolloten: Camouflage, 139. Noch Ende Februar 1939 brachte das Politbüro des PCE die Hoffnung zum Ausdruck, daß es den Proletariern der westlichen Staaten gelingen möge, den von ihren jeweiligen Regierungen im Spanischen Bürgerkrieg verfolgten Kurs zu ändern. Hierzu Mundo Obrero v. 26. 2. 1939.

47 Bolloten: Camouflage, 135.

48 Zu diesem Aspekt ausführlich Claudín: Crisis I, 192 f.

49 Nach Franz Borkenau: The Spanish Cockpit, Ann Arbor (Mich.) 1963, 292 f., war die Regierungspolitik letztlich gegen die Interessen und Forderungen der Massen gerichtet, die nur deshalb nicht zu Franco übergelaufen seien, weil sie ihn zutiefst haßten.

50 F. Montseny, die im Rückblick selbstkritisch die Fehler ihrer Organisation zugibt, betont (Gespräch mit dem Verf. am 15. 8. 1974 in Toulouse): »Wir begannen in dem Augenblick den Krieg zu verlieren, in dem das Volk den Eindruck bekam, daß alles wieder wie früher sein würde. Der Verlust an Vertrauen und Illusion war ein wichtiger Faktor für die Niederlage im Krieg.«

51 Dieser im landläufigen Sinne »unmarxistische« Primat der Praxis gegenüber der Theorie gilt ebenfalls für die Begründer des »wissenschaftlichen« Sozialismus. Vgl. hierzu neuerdings Josef Becker: Das Gewaltproblem bei Marx und Engels, in: Josef Becker u. Rolf Bergmann Hg.: Wissenschaft zwischen Forschung und Ausbildung (= Schriften der Philosophischen Fachbereiche der Universität Augsburg 1), München 1975, 91–105.

52 Für die Revolutions-Konzeption der spanischen Anarcho-Syndikalisten wurde insbesondere zurückgegriffen auf den Bericht über den CNT-Gründungskongreß »Congreso de Constitución de la CNT«, Toulouse 1959 (zit.: Congreso), die

Broschüre des zeitweilig wegen Zugehörigkeit zur »reformistischen« Treintistas-Organisation aus der CNT ausgeschlossenen späteren Industrieministers Juan Peiró: Problemas del Sindicalismo y del Anarquismo, o. O. 1930 (Toulouse ²1945) (zit.: Problemas), die Polemik zwischen »Treintistas« und »Faistas«, die Presseberichte über den Verlauf des CNT-Nationalkongresses in Zaragoza (Solidaridad Obrera, Mai 1936) sowie die Kongreßresolution über den freiheitlichen Kommunismus »Concepto Confederal del Comunismo Libertario«, Lyon 1945 (zit.: Concepto).

53 Paul Mattick: Spontaneität und Organisation, Frankfurt 1975, 42.

54 Den Mythos des Generalstreiks hat als erster G. Sorel in seinem Hauptwerk »Réflexions sur la violence« entwickelt. Die Grundgedanken seiner Mythos-Lehre faßt zusammen Berding: Rationalismus, 102–34. Vgl. auch G. Goriély: Sorel et le syndicalisme révolutionnaire, in: Anarchisme et federalisme 163 f., Okt./Nov. 1973, 77–84.

55 Congreso, 31. Auch in der »Prinzipienerklärung« der IAA wurde diese revolutionäre, systemverändernde Funktion des Generalstreiks hervorgehoben: »Ihren höchsten Ausdruck findet die direkte Aktion im sozialen Generalstreik, der, um im Sinne des revolutionären Syndikalismus siegreich zu sein, auch die Einleitung zu der Sozialen Revolution sein muß.« Zit. nach DAS: CNT, 46.

56 »Die Emanzipation der Arbeiter ist nicht möglich, solange sie einen Emanzipator, einen Führer haben ... Es ist nicht möglich, Privilegien mit Organismen abzuschaffen, in denen das Privileg vorherrscht.« Congreso, 26. Die Forderung nach der Präsenz des Ziels in den Mitteln bedeutet gleichzeitig die Begründung für die Ablehnung der Diktatur des Proletariats; diese Ablehnung (vgl. u. a. Leitartikel in SO v. 5. 7. 1931) hat im Zusammenhang mit dem Problem der revolutionären Gewalt von marxistischer Seite zum Vorwurf der Unlogik und Inkonsequenz geführt. Hierzu La CNT y la FAI en la Revolución Española, Barcelona o. J.; Wolfgang Harich: Zur Kritik der revolutionären Ungeduld, Basel 1971.

57 Karl Marx: Konspekt von Bakunins Buch »Staatlichkeit und Anarchie«, in: MEW 18, 597–642, bes. 633 f., kritisiert an den Anarchisten gerade den voluntaristischen Grundzug sowie den Mangel an analytischer Erfassung der ökonomischen Bedingungen sozialer Revolutionen. Für Bakunin sei »der Wille, nicht die ökonomischen Bedingungen, ... die Grundlage seiner sozialen Revolution.« Ähnlich Harich: Kritik.

58 Für Hans Heinz Holz: Utopie und Anarchismus, Köln 1968, 55 ff., ist der Anarchismus »geschichtslos, nämlich von der dialektischen Bewegung des historischen Prozesses abgelöst«, da er »ein erstrebtes Optimum unter Überspringung der gesellschaftlichen Zwischenstufen zu verwirklichen fordert« (68). Im Anarchismus drücke sich ein utopischer »Maximalismus« aus, »der die Vorwissenschaftlichkeit einer Zukunftsperspektive bezeichnen soll« (69). Demgegenüber ist festzuhalten, daß die spanischen Anarcho-Syndikalisten vom extremen Voluntarismus Bakunins abgewichen sind. Auch der Zaragoza-Kongreß distanzierte sich in seinen Resolutionen von der naiv-gläubigen Vorstellung, die Revolution sei eine gewalttätige Episode, die – quasi auf Abruf – das kapitalistische System beseitigen könne, wenn auch in der begrifflichen Festlegung des »freiheitlichen Kommunismus« auf diesem Kongreß die »Spontaneitäts-Theoretiker« einen Sieg über die »Programmatiker« davontrugen. Zum Verhältnis von Spontaneität und Programmierung vgl. auch A. Souchy: El Socialismo Libertario, La Habana 1950, 55–61, sowie die Polemik zwischen Treintistas und Faistas.

59 Michail Bakunin: Die Reaktion in Deutschland, in: R. Beer Hg.: Michail Bakunin: Philosophie der Tat, Köln 1968, 77.

60 Michail Bakunin: Die Prinzipien der Revolution, in: Th. Schiemann Hg.: Michail Bakunins Sozialpolitischer Briefwechsel mit Alexander Herzen und Ogarjow (Bd. 6 der Bibliothek Russischer Denkwürdigkeiten), Stuttgart 1895, 361.

61 Die besondere Rolle der Bauernschaft und die Bedeutung der Spontaneität in der Revolutionskonzeption Bakunins untersucht Deborah Hardy: Consciousness and Spontaneity, 1875: The Peasant Revolution seen by Tkachev, Lavrov and Bakunin, CSS 4, 4, 1970, 699–720.

62 1930 lebten 69,5% der Bevölkerung in Ortschaften mit weniger als 20 000 Einwohnern. Vgl. Ramiro Campos Nordmann: Estructura agraria de España, Madrid 1967, 69.

63 Vgl. Qué es el comunismo libertario?, La Revista Blanca Nr. 262 v. 25. 1. 1934.

64 P. Mattick: Marxismus und die Unzulänglichkeiten der Arbeiterbewegung, in: Jahrbuch Arbeiterbewegung Bd. 1, 189–216, hier 202.

65 J. Peiró: Problemas, Kap. II (o. S.).

66 SO v. 1. 9. 1931, zit. nach La CNT y la FAI en la Revolución Española, 7.

67 Montseny: Commune, 26.

68 J. Peiró in einer Rede v. 26. 1. 1937, zit. nach Peirats: CNT II, 37.

69 Leitartikel SO v. 25. 6. 1931. Evolutionistische Momente betont auch Peiró: Problemas, Kap. XII.

70 La CNT y la FAI en la Revolución Española, 1.

71 Der Generalstreik stellt somit kein Synonym für Soziale Revolution dar, sondern lediglich deren Auftakt. Der »konstruktive« Aspekt ist konstitutiver Bestandteil der anarcho-syndikalistischen Revolutionskonzeption. Für Dieter Marc Schneider: Revolutionärer Syndikalismus und Bolschewismus, Erlangen 1974 (= Erlanger Studien Bd. 4), 30, 41, 43 stellen Generalstreik und soziale Revolution im französischen revolutionären Syndikalismus vor 1914 Synonyma dar.

72 Peiró: Problemas, Kap. IX; über die Notwendigkeit der Vergesellschaftung der Produktionsmittel bestand bei allen anarchistischen Theoretikern seit der Ersten Internationale bis über den Bürgerkrieg hinaus Einigkeit; die schwierigere Frage der Distribution und Konsumtion der Produktionsgüter konnte (nach einer anfänglich kollektivistisch-bakuninistischen und einer späteren kommunistisch-kropotkinianischen Auslegung) jedoch nicht übereinstimmend geklärt werden; dieser Aspekt der sozialisierten Wirtschaft führte im Bürgerkrieg zu unterschiedlichen Realisierungen und wiederholten Revisionen rein anarchokommunistischer Praxis.

73 Die Auseinandersetzung zwischen »wirtschaftlichen Kommunalisten« und »Programmatikern« hatte bereits in den zwanziger Jahren begonnen. Zwischen 1922 und 1926 versuchte D. Abad de Santillán von Buenos Aires aus, Organisation und Ideologie der argentinischen anarcho-syndikalistischen Arbeiterföderation FORA auf Spanien zu übertragen. Santillán vertrat in diesen Jahren die extreme, kompromißlose Haltung des »reinen« Anarchismus, der die Gewerkschaften nur als Plattform seiner revolutionären Agitation und Propaganda einsetzen wollte. Ende der zwanziger Jahre, besonders seit dem Aufkommen der Weltwirtschaftskrise, entwickelte er eine Theorie des »konstruktiven Anarchismus«, die ihn in die ideologische Nähe der bisher von ihm heftig bekämpften J. Peiró und P. Besnard rückte. Die Sorge um die industrielle Organisation als Bedingungsfaktor für den Erfolg der Sozialen Revolution ließ in den dreißiger Jahren eine Fülle von Organisationsschemata entstehen, an denen der nachrevolutionäre Wirtschaftsaufbau ausgerichtet sein sollte. Die bedeutendsten Entwürfe stammten von Santillán (La bancarrota del sistema económico y político del capitalismo, 1932; El organismo económico de la revolución, 1936; Colaboración y tolerancia o dictadura? El

problema de la armonía revolucionaria, 1937), J. Peiró (Trayectoria de la Confederación Nacional del Trabajo, 1925; Plan de reorganización de la Confederación Nacional del Trabajo de España, 1931; Ideas sobre sindicalismo y anarquismo, 1931), P. Besnard (Los sindicatos obreros y la revolución social, 1931; El mundo nuevo, 1935), Chr. Cornelissen (El comunismo libertario y el régimen de transición, 1936), A. Pestaña (Sindicalismo. Su organización y tendencia, 1930; El sindicalismo; qué quiere y adónde va, 1933), G. Leval (Problemas económicos de la revolución social española, 1932; Estructuración y funcionamiento de la sociedad comunista libertaria, 1936). Diese Konkretisierungen des revolutionären Programms, die in der häufig überperfektionierten Form auch während des Bürgerkrieges nicht zur Realisierung gelangten, stellten den Versuch dar, den Anarchismus den Erfordernissen einer hochtechnisierten Industriegesellschaft anzupassen. Die Haltung der »Programmatiker«, die – wie von den »reinen« Anarchisten befürchtet – Abweichungen ins politische Lager (A. Pestaña) oder in marxistische Vorstellungen einer »Übergangs-Gesellschaft« (Chr. Cornelissen) nicht verhindern konnten, rief die intransingente Reaktion der »Lokalisten« und »Kommunalisten« hervor; diese Gruppe, die sich um das anarchistische Organ »La Revista Blanca« scharte, sollte mit ihrer strikten Ablehnung des »konstruktiven« Anarchismus die Zaragoza-Konzeption des »freiheitlichen Kommunismus« maßgeblich bestimmen. Die »freie Kommune« stellt den institutionellen Rahmen für die volle Entfaltung der individuellen Freiheit dar (F. Urales: El ideal y la revolución, 1933; Los municipios libres, 1933). Jegliches »Programm« wurde abgelehnt: »Die Anarchie kann kein Programm haben, denn eine Idealität, die dem Gedankenflug keine Grenzen setzt, kann sich nicht in ein Programm einschließen.« (La Revista Blanca Nr. 299 v. 12. 10. 1934, zit. nach Elorza: Utopía, 364) Die von den Syndikalisten entworfenen Modelle von Industrie-Organisationen wurden als Keimzelle der Oppression abgelehnt. Die Frage industrieller Organisation wurde gar nicht erst angeschnitten. Als Alternative zu möglichen Programmentwürfen wurde die Spontaneität der ländlichen Massen angeführt. Der zukünftige Gesellschaftsaufbau wurde in biologistischen Denkkategorien imaginiert. Die Autonomie des Individuums würde in der wirtschaftlichen Autarkie der freien Kommune ihr Pendant finden: »Wenn der Mensch um so freier ist, je weniger er die anderen braucht, so sind auch die Kommunen freier, je weniger sie die anderen brauchen. Es ist besser, wenn jede Kommune sich selbst genügt, so wie es besser ist, wenn jedes Individuum sich selbst genügt.« (Urales: municipios, 30) Ein Großteil dieser Vorstellungen fand Einlaß in den diffusen programmatischen Entwurf von I. Puente: El comunismo libertario, 1936. Die Auseinandersetzungen um ein praktikables Handlungs- und Aufbaumodell behandelt (mit zahlreichen Zitaten) Elorza: Utopía, 351–437.

74 Der Text des »Manifiesto Trentista« wurde am 1. 9. 1931 in Barcelona veröffentlicht; er ist wiederabgedruckt bei Peirats: CNT I, 59–63; Brademas: Anarcosindicalismo, 250–54; CRI: El MLE, 300–02; neuerdings dt. in Ökonomie und Revolution, Berlin 1975, 65–71.

75 La Tierra v. 2. 9. 1931, zit. nach CRI: El MLE, 305. Auf dem Internationalen Anarchisten-Kongreß 1958 in London hob die FAI diese rein voluntaristisch-aktionistische Haltung der spanischen Anarchisten als die einzig richtige hervor: El anarquismo ibérico en el congreso anarquista internacional de 1958, o. O. 1958, 19.

76 Kurt Lenk: Theorien der Revolution, München 1973, 74.

77 Puente: Comunismo, 8.

78 S. hierzu auch Heintz: Anarchismus, passim, bes. 14.

79 Vgl. hierzu Michail Bakunins »Programm und Zweck der Revolutionären Organisa-

tion der Internationalen Brüder«, in: MEW 18, 462–67, wo ebenfalls die »Machbarkeit« von Revolutionen bestritten und auf ihre Vorbereitung in der »Tiefe des instinktiven Bewußtseins der Volksmassen« (457) hingewiesen wird. Die »evolutionistische« Revolutionskonzeption sowie die CNT-Vorstellungen zur konstruktiven Organisations-Phase der Revolution enthalten zahlreiche bei James Guillaume, Idées sur l'organisation sociale, Chaux-de-Fonds 1876, vorkommende Ideen zur sozialen Organisation. Der bisher nicht untersuchte Einfluß Guillaumes auf den spanischen Anarchismus und Anarcho-Syndikalismus – seine Werke wurden bereits 1876 von García Viñas zum ersten Mal ins Spanische übersetzt – dürfte in den dreißiger Jahren vor allem auf die Übersetzer- und Interpretationstätigkeit P. Besnards, des Generalsekretärs der IAA, zurückzuführen sein, dessen 1930 ins Spanische übersetzte Schrift »Les syndicats ouvriers et la révolution sociale« das Modell Guillaumes – Parallelität von Produzentenvereinigungen und Selbstverwaltungsorganen – übernahm und weite CNT-Kreise beeinflußte. 1935 erschien Besnards Buch »El mundo nuevo«, das den detaillierten Entwurf der Organisation einer »neuen Welt« enthält, und das größten Einfluß auf führende Anarcho-Syndikalisten ausübte (F. Montseny, Gespräch mit dem Verf. am 15. 8. 1974 in Toulouse). Zum Einfluß Guillaumes und Besnards vgl. knapp Oberländer: Anarchismus, 51 f.

80 Einerseits lehnte Bakunin zwar jede zentralisierte Vorbereitung und Leitung einer Revolution ab, andererseits jedoch sprach er den Mitgliedern der Internationalen Allianz der sozialistischen Demokratie Organisations-Funktionen bei der Vorbereitung der Revolution zu. Er legte jedoch nicht dar, wie sich die Prinzipien Automatismus und voluntaristische Entfesselung der Revolution unter konkreten historischen Bedingungen zueinander verhalten. Vgl. hierzu bes. die polemische Darstellung von Marx »Ein Complot gegen die Internationale Arbeiter-Association. Im Auftrage des Haager Congresses verfaßter Bericht über das Treiben Bakunin's und der Allianz der socialistischen Demokratie« (zuerst Braunschweig 1874), in: MEW 18, 327–454 sowie die als Belegstücke aufgeführten Dokumente der Allianz, 455–471. Inkonsequenzen im anarchistischen Revolutionsbegriff und die – entsprechend dem geschichtsfatalistischen Ansatz Bakunins – Konsequenz, das Hauptziel (d. i. die Abschaffung des Staates) könne auch auf reformistischem Wege erreicht werden, betont W. Lienemann: Unerledigte Anfragen des Anarchismus, Zeitschrift für evangelische Ethik 14, 1970, 343–67.

81 Congreso, 187 f.

82 Concepto, 6.

83 Die Sitzungsprotokolle des Zaragoza-Kongresses (1.–15. Mai 1936) sind wahrscheinlich verlorengegangen. Die bei Peirats: CNT I, 119–33, veröffentlichten und 1955 in Toulouse neuherausgegebenen Texte (Berichte über den Kongreßverlauf, Interventionen der Delegierten, Resolutionen) sind dem CNT-Organ Solidaridad Obrera (Ausgaben v. 3.–24. 5. 1936) entnommen. Im folgenden wird nach der Neuausgabe v. 1955 zitiert; vgl. auch die dt. Übs. in Oberländer: Anarchismus, 377–95, sowie neuerdings in: Ökonomie und Revolution, 144–60. Zum Zaragoza-Kongreß vgl. auch Guérin: Anarchismus, 122–24; Richards: Enseñanzas, 32 ff.; Peirats: Anarquistas, 104 f.; ders.: CNT I, 117–33; Joll: Anarchisten, 195 ff.; Lorenzo: Anarquistas, 74–80; die wichtigsten Beschlüsse paraphrasiert Philip Holgate: May 1936: The Congress of Zaragoza, Anarchy 1, 1961, 144–48.

84 In der Denkschrift selber wurde die Situation im Frühsommer 1936 als reif für den Beginn der Sozialen Revolution bezeichnet. Auch anarcho-syndikalistische Autoren (Souchy: Anarcho-Syndikalisten, 71 f.) sprechen davon, daß die CNT bereit war,

»den letzten entscheidenden Schlag gegen Kapitalismus und Reaktion zu führen«, wenn auch im gleichen Atemzug einschränkend hinzugefügt wird, daß »die Arbeiterbewegung ... keinen Angriff« plante. Nach F. Montseny, einer scharfen Kritikerin des Zaragoza-Programms, dem sie »Verschwommenheit« vorwirft, hätten die Anarchisten noch »ein paar Jahre benötigt, um die Revolution vorzubereiten.« (Gespräch mit dem Verf. am 15. 8. 1974 in Toulouse) A. Capdevila spricht von 15–20 Jahren Vorbereitungszeit bis zum Beginn der Sozialen Revolution (Gespräch mit dem Verf. am 14. 8. 1974 in Perpignan).

85 Die Parallelsetzung des beruflichen und territorialen Prinzips – ein Charakteristikum aller anarchistischen Modelle – dürfte mittelbar auf den Entwurf J. Guillaumes zurückzuführen sein; vgl. Guillaume: Idées.

86 Die Beschlüsse des Zaragoza-Kongresses können im Rahmen dieser Arbeit nicht diskutiert werden. Vgl. hierzu die Interpretationsansätze in der unter Anm. 83 aufgeführten Literatur.

87 Zwei Tage vor den Februar-Wahlen, am 14. 2. 1936, hatte das National-Komitee der CNT in Zaragoza ein – nachträglich prophetisch anmutendes – Manifest erlassen, in dem die Entwicklung der folgenden Monate klar vorausgesehen, als das Epizentrum einer Revolte der Rechtskräfte nach einer eventuellen Wahlniederlage Marokko bezeichnet und für den Fall eines Bürgerkrieges die (deutlich gegen die demokratische Republik gerichtete) Alternative: Entweder Faschismus oder Soziale Revolution aufgestellt wurde. Vgl. Peirats: CNT I, 112f.

88 Leval: Colectividades II, 28.

Kapitel III

Die Kollektivierung in der Landwirtschaft

1 M. Defourneaux: Le problème de la terre en Andalousie au XVIIIe siècle et les projets de reforme agraire, RH 217, 1957, 42–57. Vgl. auch Eric Hobsbawm: The Spanish Background, NLR 40, 1966, 85–90. Das Zahlenmaterial dieses Abschnitts stammt – falls nicht anders angegeben – aus Malefakis: Reforma.

2 Nach den am 9. 1. 1937 von der Generalitat für 1931 veröffentlichten Angaben verfügten von 10 Millionen Bodenbesitzern 10 000 über die Hälfte der gesamten landwirtschaftlichen Nutzfläche; 1444 Latifundisten besaßen zusammen 2 850 000 ha Land; auf insgesamt 8 Millionen Kleinbauern entfiel die gleiche Bodenfläche. Zu den Bodenbesitzverhältnissen in Andalusien zu Beginn der Zweiten Republik vgl. auch Eric Hobsbawm: Sozialrebellen, Neuwied 1971, 99f.

3 In traditioneller Weise wird hier der Terminus Latifundium oder Großgrundbesitz für Ländereien ab 250 ha in trockenem und ab 200 ha in bewässertem Gebiet verwendet. Zur Problematik der Bezeichnung Latifundium vgl. Eliseo Bayo: El manifiesto de la tierra, Barcelona 1973, 74–81.

4 Angabe des Katasters von 1930 (gültig für ca. 45 % der gesamten landwirtschaftlich genutzten Fläche), zit. nach Jaime Vicens Vives: Manual de Historia Económica de España, Barcelona 1964, 580.

5 Vgl. dazu Gerald Brenan: The Spanish Labyrinth. An account of the Social and Political Background of the Spanish Civil War, Cambridge 1969 (Erstausgabe 1943), 87–130; sp. Ausg.: El Laberinto español, Paris 1962; dt. Ausg. (Teilübs.): Spanische Revolution. Einleitung v. Achim v. Borries, Berlin 1973. Außerdem Ramírez

Jiménez: Grupos, 165–92. Broué/Témime: Revolution, 33–41; Henri Rabasseire: España Crisol Político, Buenos Aires 1966, 89–97.

6 Malefakis: Reforma, 53–70. Eine Zusammenfassung der historischen Grundlagen der Agrarverfassung Spaniens unter besonderer Berücksichtigung der Entwicklung seit 1811 gibt Hugo Richarz: Die spanische Agrarreform, IbAA 7, 1933/34, 261–74.

7 Hierzu Pierre Vilar: La Catalogne dans l'Espagne moderne, 3 Bde., Paris 1962.

8 Johann Hellwege: Genossenschaftliche Tradition und die Anfänge des Anarchismus in Spanien, VSWG 59, 1972, 316.

9 Teodoro Martin Hg.: La desamortización. Textos político-jurídicos, Madrid 1973 hat neuerdings die bisher schwer zugänglichen Gesetzestexte herausgegeben.

10 Vicens Vives: Manual, 583.

11 Malefakis: Reforma, 94f. Vgl. (als Quelle grundlegend) die IRA-Veröffentlichung Instituto de Reforma agraria: La Reforma agraria en España, Valencia 1937. Hierzu Brenan: Labyrinth, 113–30.

12 Hierzu Cristóbal de Castro: Al servicio de los campesinos, Madrid 1931; Peirats: anarquistas, 134–46; Malefakis: Reforma, 102f.

13 Ramón Menéndez Pidal: Die Spanier in der Geschichte, München 1955, versucht, Jahrhunderte überdauernde Anlagen, Verhaltensweisen, Grundeigenschaften des Spaniers und deren Einwirkung auf die spanische Wirtschaftsgesinnung zu beschreiben. Mit der »sobriedad« (Anspruchslosigkeit, Nüchternheit) als »Ausdruck der persönlichen Unabhängigkeit von den Gütern dieser Welt« (Konetzke) bringt er den Traditionalismus in Zusammenhang, der den Spanier häufig davon abhält, Zivilisationsneuerungen aufzunehmen, wenn sie für sein persönliches Leben irrelevant sind oder seine bisherige Lebensführung berühren. Das häufig konstatierte, von Menéndez Pidal sozialpsychologisch aufgeschlüsselte Phänomen der distanziert-ablehnenden Stellung des Spaniers zur modernen Technik mag in der geringen Technisierung der Landwirtschaft eine Erscheinungsform gefunden haben. Vgl. hierzu Richard Konetzke: Die Spanier in der Geschichte, VSWG 43, 1956, 44–51.

14 Nach Malefakis: Reforma, 106–18, waren von den 262 Grandes, die 1933 insgesamt 335 000 ha bewirtschaftetes Land im Süden besaßen, nur 14 südlich von Madrid geboren; 177 stammten aus Madrid, wo sie sich auch mit Vorliebe aufhielten. Vgl. hierzu auch Manuel Tuñón de Lara: Estudios sobre el siglo XIX español, Madrid [3]1973, 237f.

15 Über die Folgen des »absentismo« in Kastilien, vgl. Brenan: Labyrinth, 110–13.

16 Yunteros waren Gespannführer, die mit ihrem eigenen beweglichen Kapital – in der Regel ein Paar Ochsen – einen ihnen vom Grundherrn zur Verfügung gestellten Boden bearbeiteten und hierfür einen Teil der Rente abtraten.

17 Die in der spanischen Tradition angelegte, vom Anarchismus des 19. Jhdts. aufgegriffene kollektivistische Bewirtschaftungsform wurde auch von der anarchosyndikalistischen Gewerkschaft CNT propagiert. Sie wich von diesem Ziel nur vorübergehend auf ihrem zweiten Kongreß in Madrid 1919 ab, als der CNT auch kleine Landbesitzer und Pächter beitreten sollten; damals sprach sich die Gewerkschaft zugunsten des Prinzips des »minifundio comunal« aus, das zwar weiterhin den persönlichen Erwerb und Besitz von Produktionsmitteln ablehnte, aber die Möglichkeit zur individuellen Bewirtschaftung kleinerer Parzellen offenhielt, während größere Flächen in jedem Fall gemeinschaftlich bestellt werden sollten. Auf einem CNT-Regionalkongreß in Córdoba wurde 1923 dieser Beschluß wieder rückgängig gemacht und die kollektive Bodenbewirtschaftung vorgeschrieben. Vgl. hierzu CNT: Memoria del Congreso de 1919.

18 Victor Alba: Die spanische Arbeiterbewegung, Europäische Rundschau 1947, 628.

19 Zu diesem Aspekt vgl. Friedrich Ziegler: Die Industrialisierung Spaniens seit Beginn des Weltkriegs und ihre Zukunftsaussichten, Wuppertal 1932, 107–10, 135 f.

20 Neuerdings zusammenfassend Jacques Maurice: La reforma agraria en España en el siglo XX (1900–1936), Madrid 1975. Von der älteren Literatur vgl. Ferdinand Kriessmann: Das spanische Agrarproblem und die Versuche zu seiner Lösung, Stuttgart 1934. Zu den ersten Regierungsmaßnahmen 1931/32 vgl. die knappe Zusammenfassung bei Pascual Carrión: Soziale Fragen der spanischen Landwirtschaft (MS IWWK), o.O. o.J. (1934). Zusammenfassend zur Agrarreform von 1932: Joachim Fernández: Ansatz und Wirksamkeit der Agrarpolitik in Spanien (1931–1936), Münster 1964 (Oec. Diss.), 52–69.

21 Vgl. die ausführliche Gesetzesparaphrase bei Bayo: Manifiesto, 184–98; außerdem Kriessmann: Agrarproblem, 96–116, sowie (deutlich von NS-Ideologie beeinflußt) Klaus Heinrich: Grundlagen, Aufbau und Wandlungen der spanischen Landwirtschaft (Phil. Diss.), Heidelberg 1937, 92–117; die beste Analyse bietet Malefakis: Reforma, 243–78; vgl. auch den zusammenfassenden Überblick bei José López de Sebastián: Política agraria en España 1920–1970, Madrid 1970, 59–71.

22 Joaquín Costa: El Colectivismo agrario en España, Madrid 1898. Zu Joaquín Costa als Wegbereiter und »Vorläufer der Revolution« vgl. Jacinto Toryho: Pretérito y porvenir de España. Joaquín Costa, precursor de la revolución española, Timón, August 1938, 52–78.

23 Da es kaum staatliche Agrarkreditanstalten (mit Ausnahme der 1872 gegründeten Hypothekenbank) gab, waren die Landarbeiter auf Privatdarlehen und die ländlichen Wucherer – die berüchtigten *»prestamistas«* – angewiesen. Zu der Situation des privaten Agrarkredits im 19. Jhdt. (pósitos, Banco Hipotecario de España, Privatfirmen, Wohlfahrts-Sparkassen, landwirtschaftliche Produktions- und Kreditgenossenschaften), der Zentralstelle für Agrarkredit 1925–1932 (Servicio Nacional de Crédito Agrícola) und der im Zuge der Agrarreform 1932 gegründeten Nationalen Agrarbank (Banco Nacional Agrario) vgl. Antonio Ballester: Der Agrar-Kredit in Spanien (MS IWWK), o.O. o.J. (1934).

24 Richarz: Agrarreform, 274.

25 José María Martínez Val: Por qué no fue posible la II. República?, Madrid 1974, 164.

26 Zur Radikalisierung der sozialistischen Politik vgl. A. de Blas Guerrero: La radicalización de F. Largo Caballero: 1933–1934, Sistema 8, 1975, 73–83. Die 1888 gegründete Gewerkschaft UGT hatte jahrzehntelang dem Agrarproblem nicht die gebührende Beachtung geschenkt. Die Einstellung der UGT änderte sich erst nach den »drei bolschewistischen Jahren« (»trienio bolchevique«): 1919 war schon fast ein Drittel der UGT-Mitglieder Landarbeiter, 1920 gab es 359, im Jahre 1922 schon 510 landwirtschaftliche UGT-Gruppierungen. Seit 1932 war die UGT – bis hin zum Bürgerkrieg – die stärkste Gewerkschaft Spaniens, deren Gefolgschaft seit 1919 hauptsächlich aus Landarbeitern bestand, während die CNT immer mehr zur Interessenvertretung der Industriearbeiter hauptsächlich Kataloniens wurde. 1930 gründete die UGT die selbständige Bauerngewerkschaft FNTT, die 1932 schon nahezu 400 000 Mitglieder zählte.

27 Zur Agrarpolitik der Volksfrontregierung vgl. die vom Kriegskommissariat der Internationalen Brigaden hg. Broschüre »Das Neue Spanien«, Nr. 5: Was die Volksfront dem Bauern und Landarbeiter gab, Barcelona 1938. Die Entwicklung des politischen und sozialen Kräfteverhältnisses nach den Februar-Wahlen untersucht W. Horsfall Carter: Spain and the Social Revolution, International Affairs 5, 15, 1936, 647–70.

28 IRA: La Reforma agraria en España, Valencia 1937, 54–56; seit Bildung der Volksfrontregierung bis zum 19. 6. 1936 wurden 232 199 ha Land besetzt und darauf 71 919 »yunteros« angesiedelt.
29 Gil Robles: Paz, 646–50, hier 647.
30 IRA: Reforma, 73 hat die höhere Hektarangabe, Boletín del Instituto de Reforma Agraria, März-Juli 1936 die niedrigere. Über die allgemeine Unzuverlässigkeit spanischer Statistiken der 30er Jahre vgl. Malefakis: Reforma, 170, 175, 362, 433 f.
31 Antonio Ramos-Oliveira: Historia de España, 3 Bde., México 1951, III, 107.
32 Prats: Vanguardia, 81. Andere Angaben bei Thomas: Collectives, 247–63, hier 250 (wiederabgedruckt in Raymond Carr Hg.: The Republic and the Civil War in Spain, London 1971; neuerdings span.: Estudios sobre la República y la guerra civil española, Barcelona 1973). Vgl. auch Peirats: Anarquistas, 147–72. Nach Mintz: Autogestion, 148, gab es im Juli 1937 mindestens 802 Kollektive mit 400 000 Mitgliedern, Ende 1938 mindestens 1015 Kollektive mit 230 000 Mitgliedern. Mintz hält die Angabe von 300 000 aragonesischen Kollektivisten für sehr übertrieben. Nach Pérez-Baró: Mesos, 74, waren 3000 Agrarkollektive im Arbeitsministerium der republikanischen Regierung registriert.
33 Peirats: CNT I, 290.
34 Campo v. 29. 5. 1937, 1. Die Zahl von 400 Kollektiven ist möglicherweise zu hoch angesetzt, während die bei Leval angegebene Zahl von 40 katalanischen Kollektiven bestimmt zu gering ist, da sich an der Umfrage der Generalitat im November 1936 bereits 66 Kollektive beteiligten.
35 Vida v. 8. 10. 1938, 4.
36 Peirats: CNT I, 309; Guérin: Anarchismus, 134, spricht von 450 Kollektiven mit 500 000 Mitgliedern in Aragonien und 900 Kollektiven in der Levante, die 43 % der Orte, 50 % der landwirtschaftlichen Produktion und 70 % des Handels umfaßten. In Kastilien soll es 300 Kollektive mit rund 100 000 Mitgliedern gegeben haben. Er stützt sich dabei wahrscheinlich auf Leval: Espagne, 80, der zusätzlich zu diesen Angaben noch auf 30 Agrarkollektive in Extremadura verweist. Levals Angaben scheinen durchwegs zu niedrig angesetzt zu sein. Für eine einzige Provinz Neu-Kastiliens (Ciudad Real, zu Beginn des Bürgerkrieges in Ciudad Libre umbenannt) gibt Borkenau: Reñidero, 118, an, zwischen dem 19. 7. und dem 3. 9. 1936 seien 256 Landenteignungen vom Institut für Agrarreform legalisiert worden. In der Provinzhauptstadt hieß es, »die Dörfer der Provinz erleben eine gewaltige soziale Revolution«. (Tagebucheintrag v. 3. 9. 1936).
37 Richards: Enseñanzas, 121; Leval: Franco, 143. Da die fünf Levante-Provinzen 1172 Ortschaften zählten, wären (bei 900 Kollektiven) in ca. 78 % aller Orte Kollektivierungsmaßnahmen ergriffen worden: Die 40 % kollektiver Bauernwirtschaften der Levante sollen aufgrund ihrer überlegenen technischen Ausrüstung 50–60 % der Agrarproduktion erwirtschaftet und 60–70 % der Güterverteilung organisiert haben. Die 1956 herausgegebene anarchistische Propagandabroschüre »Veinte años de la epopeya libertaria española«, o. O. o. J., spricht von über 800 Kollektiven in der Levante.
38 Nach Spanish Revolution (London) v. 20. 8. 1937, 2, waren es 230, nach Leval: Espagne, 80, ca. 300.
39 Vgl. Payne: Revolution, 240f. Von den 2213 Kollektiven waren 823 von der UGT und 284 von der CNT; 1106 waren gemischt. Charakteristisch für die anarchosyndikalistische Haltung ist die relativ geringe Anzahl an CNT-Kollektiven, die ihre Legalisierung beantragt hatten.
40 Leitartikel Espoir v. 20. 7. 1975, 1.

41 Leval, zit. nach Richards: Enseñanzas, 121.
42 Informe FOESSA, 126, 145, 169. Zur relativen Unbrauchbarkeit der Statistiken vgl. Ignacio Fernández de Castro: La demagogia de los hechos, Paris 1962.
43 Leitartikel Espoir v. 20. 7. 1975, 1; neuerdings spricht auch Federica Montseny: Los frutos de un sacrificio, in: Isaac Puente: El Comunismo Libertario, o. O. o. J., 30 in voller Übereinstimmung mit dem »Espoir«-Artikel (der möglicherweise von ihr selbst stammt) von 8 Millionen Kollektiv-Mitgliedern.
44 Leval: Espagne, 163f.
45 Vgl. SO v. 13. 5. 1936, 1f.; Congreso.
46 Kaminski: Barcelona, 110.
47 Fernández de Castro: Demagogia, 25.
48 Borkenau: Reñidero, 77f.
49 Coll: Ciudad, 14.
50 Nach einer unter der Agrarbevölkerung verteilten Propagandabroschüre verstand die CNT unter Agrarkollektiv »eine Gruppe von Bauern derselben Gegend, die den Boden gemeinsam bewirtschaftet«. Als Orientierung für den Umfang eines Kollektivs gab die CNT an, »Kollektive können bis zu 500 Bauern erfassen«. Vgl. La colectivización agraria, Madrid 1937, 8. Kein Kollektiv hat sich an die Richtangabe 500 gehalten.
51 Zur begrifflichen Unterscheidung vgl. Elias H. Tuman: Twenty-Six Centuries of Agrarian Reform. A Comparative Analysis, Berkeley 1965, 14.
52 Higinio Noja Ruiz: Labor constructiva en el campo, Valencia o. J. (1937), 3f. Zur »individualistischen Bewirtschaftung« als »Keimzelle der Tragödie unseres Volkes« vgl. SO v. 19. 7. 1938, 1.
53 Alberola: Interpretación, 13.
54 Congreso Regional de Campesinos Cataluña. CNT.AIT. Memoria, Barcelona (Septiembre) 1936 (= offizielles Kongreßprotokoll); BdI v. 6. 9. 1936, 5f.; BdI v. 8. 9. 1936, 5f.; SO v. 8. 9. 1936, 10; SO v. 9. 9. 1936, 4; vgl. auch den inhaltlich identischen Entschluß der landwirtschaftlichen Regionalföderation Zentrum, in: Memoria del Congreso de Constitución de la Federación Regional de Campesinos del Centro, 56–59.
55 BdI v. 26. 10. 1936, 2; BdI v. 30. 12. 1936, 3f.
56 SO v. 8. 9. 1936, 1; vgl. auch SO v. 25. 9. 1936, 3; SO v. 29. 9. 1936, 3; The Spanish Revolution (in London erscheinende anarchisten- und POUM-freundliche Zeitung) Nr. 3 v. 4. 11. 1936, 6; Peirats: CNT I, 264f.; TyL v. 30. 1. 1937.
57 José García Pradas: Ante la pequeña propiedad agraria, CNT v. 8. 3. 1937, wiederabgedruckt in: Ders.: Antifascismo, 137–39, hier 138.
58 Vgl. z.B. FAI: Memoria del pleno regional de grupos anarquistas de Levante, Alicante 1937, 87 und Noja Ruiz: Labor, 49f.
59 Memoria del Pleno Peninsular de Regionales, celebrado los días 21, 22 y 23 de febrero de 1937, Barcelona 1937, 4f.; vgl. auch SO v. 26. 1. 1937, 9.
60 Vgl. Dictamen del pleno provincial de Granada, celebrado en Guadix los días 2, 3 y 4 de octubre de 1936, BdI v. 9. 11. 1936, 7–9; s. auch Jackson: Historian's Quest, 110. Nach Borkenau: Cockpit, 184, allerdings ist die Agrarrevolution außer in La Mancha den Bauern von den Milizen aufgezwungen worden. Vgl. auch Broué/Témime: Revolution, 190f., und La colectivización en España, in: La autogestión, el estado y la revolución, Buenos Aires 1969, 55.
61 Asamblea Preparatoria del Congreso Provincial Extraordinario, celebrado en Barbastro 4-10-36, Lérida o. J., 6f.
62 Vgl. hierzu die Äußerungen Zabalzas, OT v. 21. 11. 1936, 1; vgl. auch Colectivismo o

Cooperativismo, OT v. 26. 8. 1937, 4; OT v. 26. 9. 1936, 4; OT v. 9. 9. 1937, 3; OT v. 26. 8. 1937, 1 f.; OT v. 28. 11. 1936, 2.

63 Der katalanische UGT-Landarbeiterkongreß vom 23. 1. 1937 stand unter dem Motto: »Weniger Kollektivierungsversuche und mehr Produkte!«. Hierzu SO v. 26. 1. 1937, 9. Eine teils positive, teils skeptische Haltung zur Agrarkollektivierung vertraten die UGT-Repräsentanten der Provinzen Murcia, Albacete, Cuenca, Madrid, Ciudad Libre in SO v. 19. 6. 1937, 2 (Los campesinos de la UGT emiten su opinión sobre las colectividades agrícolas).

64 Einen Überblick über die spanische Genossenschaftsbewegung (mit Schwerpunkt Katalonien) gibt Albert Pérez Baró: El moviment cooperatiu a Catalunya, Palma de Mallorca 1961; ders.: Cuatro etapas de la Cooperación Catalana, Barcelona 1971; ders.: Les cooperatives a Catalunya, Barcelona 1972; zusammenfassend (bis 1936) Juan Reventós Carner: El movimiento cooperativo en España, Barcelona 1960, der ausführlich auf die Verwurzelung des modernen spanischen Genossenschaftswesens in den Bruderschaften des 19. Jhdts. eingeht. Zum Zusammenhang zwischen genossenschaftlicher Tradition, den Bruderschaften und den Anfängen des spanischen Anarchismus vgl. auch Hellwege: Tradition.

65 Pacto acordado por las organizaciones firmantes sobre el que ha de basarse una acción de conjunto inmediata, in: Peirats: CNT II, 216f.

66 GdC, Comunicat de Premsa (dt. Ausg.) v. 16. 1. 1937; vgl. auch Jellinek: Civil War, 474–77.

67 Zit. nach Peirats: CNT II, 31. Die CNT verhehlte nicht ihre Enttäuschung über die Haltung der UDR, die sie für zukünftige »bedauerliche Taten« und einen möglichen »Bürgerkrieg auf dem Lande« verantwortlich machte: Ponencia aprobada por el pleno regional de sindicatos de Cataluña. Confederación Regional del Trabajo de Cataluña, 4f. (IISG/1915 A).

68 BdI v. 4. 1. 1937, 7.

69 Gründungsmanifest: BdI v. 9. 10. 1936, 8. Vgl. auch FS v. 29. 10. 1936, 13.

70 SO v. 16. 12. 1936. Vgl. den knappen Überblick über Entwicklung und Bedeutung der span. Orangenproduktion vor dem Bürgerkrieg in: Revista Alemana de España v. 10. 1. 1936, 1, 22; v. 25. 1. 1936, 1, 20.

71 Der CLUEA hatte damit innerhalb kürzester Zeit eine Struktur erhalten, die den organisatorischen Aufbau des Zitrusfrüchte-Exports aus der Zeit vor 1936 bei weitem übertraf. Zu dessen erheblichen Mängeln vor 1936 vgl. Carlos García Gisbert: Estudio sobre la producción y el comercio de los agrios en España, Moneda y Crédito 83, 1962, 65–125, der die bis 1936 außerordentlich gute Position Spaniens auf dem Weltmarkt nicht auf die Qualität des Obstes oder die Export-Organisation, sondern auf mangelnde Konkurrenz zurückführt. Zum CLUEA vgl. Cómo funciona y qué se propone el CLUEA, FS v. 31. 1. 1937, 3; s. auch Villar: España, 51.

72 Borkenau: Reñidero, 158–60. Zur Gegnerschaft zwischen den PCE-orientierten Genossenschaften und der Volksfrontregierung einerseits, dem CLUEA andererseits vgl. FS v. 3. 2. 1937, 3.

73 Leval: Espagne, 163f.

74 Dtld. hatte als Hauptkäufer noch in der Saison 1935/36 31% der span. Gesamtausfuhr an Apfelsinen abgenommen. Die sichtbarste Wirkung des Bürgerkrieges auf die Orangenwirtschaft zeigte sich in der Verzögerung der Exportkampagne um einen Monat. Wurden im Nov. 1935 noch 277 000 Halbkisten verschifft, so waren es Ende Nov. 1936 erst knapp 30 000; im Dez. setzte dann die Verschiffung allerdings mit großer Stärke, vor allem nach England, ein. Geringere Mengen gingen auf dem Landwege in die Schweiz und nach Südfrk. Haupthindernis für den Export

war der immer wieder beklagte Mangel an Verpackungsmaterial (Holz, Papier). Vgl. hierzu Wirtschaftsdienst 1937, 133. In den ersten beiden Kriegsjahren war die Orangenversorgung Dtlds. »sehr mangelhaft«; als die nationalen Truppen im Vorstoß von Teruel auf die Mittelmeerküste im Sommer 1938 Castellón (die zweitwichtigste der apfelsinenerzeugenden Provinzen Spaniens) eroberten, eröffneten sich für Dtld. »verlockende Perspektiven«; 1937 waren bereits Orangen der (nationalen) Protektoratszone Marokko auf dem Markt erschienen. A. S.: Spanien. Bürgerkrieg und Apfelsinenkultur, Wirtschaftsdienst 1938, 1774f. Vgl. hierzu auch die Angaben von A. Pascual: La culture et la production de l'oranger en Espagne, Revue internationale d'agriculture, Rom 1938, 357–70. Zur überragenden Bedeutung des englischen, französischen und deutschen Marktes für den span. Zitrusfrüchte-Export und die wachsende Konkurrenz Palästinas in den 30er Jahren vgl. Rafael Font de Mora: Comercio de los agrios españoles, Valencia 1938, passim, bes. 185, 271–301. Genaue Angaben zum deutschen Apfelsinenimport aus Spanien bei Heinz G. Murke: Der deutsche Apfelsinenimport aus Spanien, Köln 1957, passim, bes. 97ff., 115.

75 Hernández: Anarquistas, 364 bezeichnet den CLUEA als »organisierten Diebstahl, serienmäßigen Überfall, ausgeklügelte Unterschlagung ... Verwaltungszentrum, in dem die Plünderung der Ernte kanalisiert wurde«. Vgl. S. 364–74 einige interessante Details und Zahlenangaben zum CLUEA.

76 FS v. 31. 1. 1937, 3.

77 Actas del primer congreso extraordinario de colectividades, celebrado en Caspe el 14 y 15 de febrero de 1937. Vgl. auch Peirats: CNT I, 297–301; Leval: Espagne, 83–93; Abad de Santillán: Guerra, 94; abweichende Angaben in BdI v. 22. 2. 1937, 5–7.

78 In der zeitgenössischen anarchistischen Presse wurden Kollektive des öfteren getadelt, weil sie den erwirtschafteten Gewinn in nicht-lebensnotwendigen Gütern ausgaben, statt ihn in die Ausgleichskasse einzubezahlen. Vgl. hierzu BdI v. 21. 6. 37, Cultura y Acción v. 29. 7. 37, SO v. 29. 9. 37, TyL v. 1. 5. 37.

79 Memoria del Congreso de Constitución de la Federación Regional de Campesinos del Centro, celebrado en Madrid los días 1 al 4 de abril de 1937, Madrid 1937.

80 José García Pradas: De la Doctrina a la Práctica, CNT v. 30. 10. 1936, wiederabgedruckt in: Ders.: Antifascismo, 135–37.

81 Da als Folge des Kriegsverlaufs bereits zahlreiche Regionalföderationen zerschlagen waren, konnten nur die Vertreter von Extremadura, Andalusien, Katalonien, Levante, Zentrum und Aragonien teilnehmen. Zum Verlauf der Versammlung vgl. BdI v. 26. 6. 1937, 4, sowie SO v. 25. 6. 1937, 3f. Die Statuten der Landesföderation sind enthalten in BdI v. 28. 6. 1937, 3–6, und SO v. 25. 6. 1937, 4; vgl. auch Peirats: CNT II, 229–34. Zum Aufbau des Nationalsekretariats s. TyL v. 19. 6. 1937, 4. Eine nationale Delegiertenversammlung aller regionalen CNT-Landwirtschaftsorganisationen beschloß am 20. 10. 1937 in Valencia die Fusionierung des Landwirtschaftsbundes mit der Organisation der Ernährungsindustrie; die neue Organisation erhielt die Bezeichnung »Nationalbund der Landwirtschaft und Ernährungsindustrien«. Hierzu BdI v. 1. 1. 1938, 11.

82 »Die Gewerkschaft hat als Gründerin des Kollektivs die Verpflichtung, dieses zu überwachen, damit die revolutionären Prinzipien, die es geschaffen und ihm Leben gegeben haben, nicht verwässert werden.« BdI v. 3. 11. 1937, 2. Vgl. auch Memoria (Anm. 79): 54.

83 Art. 26 Abs. e der FNC-Statuten (vgl. Anm. 81).

84 Souchy: Campesinos, 33ff.; vgl. auch Peirats: CNT II, 60f.

85 Fast alle Darstellungen zum Spanischen Bürgerkrieg gehen auf die Mai-Ereignisse

ein. Von anarchistischer Seite vgl. Augustin Souchy: La verdad sobre los sucesos en la retaguardia leal, Buenos Aires 1937; BdI v. 17. 5. 1937, 9–13; SATW v. 11. 6. 1937, 2f.; Ricardo Sanz: Los que fuimos a Madrid, Toulouse 1969, 137–46; Informe del Comité Peninsular de la FAI al Movimiento Libertario Internacional, 5. 10. 1937 (IISG/1761); anarchistenfreundlich ist L.A. Fernsworth: Revolutionary Forces in Catalonia, FA 15. 4. 1937, 674–84; von kommunistischer Seite Hidalgo de Cisneros: Memorias, Paris 1964, II, 389–97; Guerra y revolución en España III, 65–79; zusammenfassend Martínez Bande: Invasión, 223–49; Manuel Cruells: Mayo Sangriento, Barcelona 1970; Vila-San Juan: Así fue?, 366–89; Semprun-Maura: Révolution, 205–62.

86 Vgl. die heftigen Attacken der Komintern-Kommunisten gegen den POUM in Rundschau 1936–1937, passim; von POUMistischer Seite s. bes. Julián Gorkin: El proceso de Moscú en Barcelona, Barcelona 1974; zusammenfassend Andrés Suárez: Un episodio de la revolución española: el proceso contra el POUM, Paris 1974.

87 Vgl. zu den von CNT und UGT gemachten Vorschlägen sowie den FAI-Kommentaren SO v. 10. 2. 1938, 4; SO v. 13. 2. 1938, 4; SATW v. 4. 3. 1938; zum »Programa de Unidad de Acción entre la UGT y la CNT« selbst SATW v. 8. 4. 1936 sowie Peirats: CNT III, 29–50, zur Kritik an der CNT-Haltung Richards: Enseñanzas, 207–14. Zu den Punkten des Abkommens, die sich nicht auf den Agrarsektor bezogen, s. u. S. 163ff. in dieser Arbeit.

88 Minlos: Dorf, 66.

89 Seit dem nationalistischen Sieg von Teruel (22. 2. 1938) hatte Franco einen Großteil seiner Truppen zwischen der Maestrazgo-Hochebene und den Ebro-Niederungen konzentriert. Am 9. 3. 1938 setzte die Aragonien-Offensive ein; die republikanische Front brach völlig auseinander, die Desorganisation im republikanischen Lager führte zu solchen Panikeinbrüchen, daß selbst republikanische Minister, namentlich I. Prieto, das Ende des Krieges für greifbar nahe hielten. Barcelonas Stromversorgung aus den Wasserkraftwerken der Pyrenäen wurde unterbrochen. Bei der infolge der Krise erfolgten Regierungsumbildung entschloß sich die CNT, wieder Regierungsverantwortung zu übernehmen. Segundo Blanco erhielt das – zu diesem Zeitpunkt allerdings unbedeutende – Schulministerium. Als die Franco-Truppen am 15. April die Mittelmeerküste bei Vinaroz (Castellón) erreichten, hatten sie die republikanische Zone geteilt und Katalonien isoliert.

90 Horacio Martínez Prieto: Posibilismo libertario, Choisy-le-Roi 1966, 77f.: Martínez Prieto weist zwar auf die »ökonomische Unwirksamkeit der Kollektive« hin, betont aber auch, daß sie »zu dem wenigen gehörten, was in Spanien funktionierte«. Als Grund für den CNT-UGT-Pakt gibt er den Wunsch der Kollektivierungsgegner an, die kollektivistische Bewegung zu »kanalisieren«.

91 Lorenzo: Anarquistas, 236.

92 Das Zerwürfnis zwischen Largo Caballero und Moskau (das schließlich zur Spaltung der UGT führte) hatte mit dem von Stalin, Woroschilow und Molotov unterzeichneten Schreiben vom 21. 12. 1936 an den spanischen Regierungschef und dessen verärgerter Antwort auf die russischen Ratschläge begonnen. Largo Caballero wandte sich gegen die von der UdSSR gewünschte Vereinigung der Sozialisten und Kommunisten, sprach sich gegen die Machtfülle der russischen »Ratgeber« aus, ließ den sowjetischen Botschafter Rosenberg, der seine diplomatischen Kompetenzen bei weitem überschritten hatte, abberufen; die immer tiefer werdende Kluft zwischen den Kommunisten und Largo wurde von dessen innerparteilichem Rivalen I. Prieto dazu ausgenutzt, die Position des UGT-Generalsekretärs zu erschüttern. Der Rechtssozialist Prieto trat zu dieser Zeit für eine Vereinigung des PSOE mit dem

PCE ein: Als Largo die Vollmachten der hauptsächlich vom PCE gestellten Polit-Kommissare beschränkte und sich selbst das Recht ihrer Ernennung vorbehielt, begann eine umfangreiche Verleumdungs-Kampagne des PCE gegen ihn; als er sich nach den Mai-Ereignissen 1937 in Barcelona gegen die Forderung wandte, die »unkontrollierbaren Elemente« (gemeint waren CNT und bes. POUM) zu vernichten, waren die Tage seiner Regierungstätigkeit gezählt. Nachdem er vom PCE als Ministerpräsident gestürzt worden war, entfaltete er mit Hilfe des mächtigen UGT-Apparats, einiger von ihm kontrollierter Zeitungen (La Correspondencia de Valencia, Claridad, Adelante) und des Vereinigten Sozialistischen Jugendverbandes JSU Opposition gegen die Regierung Negrín und seinen innerparteilichen Hauptgegner Prieto. In dieser Auseinandersetzung wurden die Caballero-Zeitungen mit Hilfe staatlicher Gewaltmittel vom Caballero-feindlichen Parteivorstand übernommen; als im Aug. 1937 Largo Caballero die ihm feindlich gesinnten Verbände aus der UGT ausschloß, wählten 31 von 42 Verbänden einen neuen Vorstand unter dem Vorsitz von González Peña. Largo Caballero wurde im Okt. verhaftet und unter Hausarrest gestellt, die Regierung erkannte den neuen UGT-Vorstand als rechtmäßig an. Als im Januar 1938 unter dem Einfluß von León Jouhaux, dem Sekretär der französischen CGT, Anhänger Largo Caballeros in González Peñas Vorstand eintraten, war das politische Schicksal des einstigen »spanischen Lenin« besiegelt. Vgl. Julián Zugazagoitia: Guerra y vicisitudes de los españoles, 2 Bde., Paris 1968; Indalecio Prieto: Entresijos de la guerra de España, Buenos Aires [2]1956; Luis Araquistáin: El comunismo y la guerra de España, Carmaux 1939; Largo Caballero: Recuerdos; ders.: The Crisis in Spanish Socialism, Socialist Review 9, 1939, 1 ff.; Julio Alvarez del Vayo: The Last Optimist, New York 1950; Cierva: Historia socialismo; Bolloten: Camouflage, 269–316.

93 SO v. 20. 4. 1938, 2.

94 Zit. nach Zugazagoitia: Guerra II, 133.

95 Vgl. die FAI-Rundschreiben 17 (v. 3. 5. 1938) und 18 (v. 6. 5. 1938) mit ihren zutreffenden Hinweisen auf den »Prozeß der Restauration« und die »Angebote an den französisch-englischen Kapitalismus«. Negrín selbst sah den Zweck der Kriegszielerklärung darin, dem Ausland zu beweisen, »daß es hier weder extreme Haltungen noch rote Gefahren gibt«, sondern daß der Kampf um eine fortschrittliche Republik geführt werde.

96 CNT-Rundschreiben 12 v. 10. 5. 1938, zit. nach Peirats: CNT III, 93.

97 Semprun-Maura: Révolution, 89–163.

98 Artículos del decreto de la República de 7 de octubre sobre expropiación de fincas rústicas, Madrid 1936.

99 Zum Agrarprogramm des POUM, das zwischen der PCE- und der CNT-Linie schwankte (gleichzeitig Forderung nach Nationalisierung und Förderung der Kollektivierung des Bodens), vgl. The Spanish Revolution Nr. 6 v. 25. 11. 1936, 2.

100 Zur kommunistischen Kritik an der Kollektivierung vgl. Julio Mateu: Por qué se constituyó la Federación Provincial Campesina, Valencia 1937. Hierzu auch Vicente Uribe: La política agraria del Partido Comunista, Valencia 1937. Zahlenmaterial zu der Landwirtschafts-Föderation liefert Mateu: Federación. Über 80 % der landwirtschaftlichen Nutzfläche Valencias unterlagen der Eigenbewirtschaftung, ca. 12 % waren verpachtet. Zum Vergleich: 1925 wurden in Alt-Kastilien nur 62 % der Nutzfläche vom Eigentümer bewirtschaftet, in Extremadura nur 49 %, während der Anteil an gepachtetem Boden auf 37 bzw. 47 % anstieg. Vgl. Fritz Dammüller: Die spanische Landwirtschaft, Breslau 1929, 20, 21, 24. Anarchisten wiesen schon im Juni 1937 darauf hin, daß in der kommunistischen *Federación Campesina* viele

frühere Mitglieder der Agrarsyndikate der *Derecha Regional Valenciana* organisiert seien, deren einziger Zweck darin bestehe, den Kollektivismus von CNT und UGT zu bekämpfen. Vgl. José García Pradas: El estímulo, el sueldo y el ideal, CNT v. 10. 6. 1937, wiederabgedruckt in: Ders.: Antifascismo, 119–22.

101 Zur UGT-PCE-Kontroverse vgl. OT v. 5. 8. 1937, 3f.; v. 19. 8. 1937, 4; Uribe: Labor, 25; Los campesinos de la UGT emiten su opinión sobre las colectividades agrícolas, SO v. 19. 6. 1937, 2.

102 Julio Mateu: La obra de la Federación Provincial Campesina, o.O. 1937, 9f.

103 Wie sehr der PCE die wirtschaftlichen und sozialen Postulate »bürgerlicher« Parteien übernommen hatte, geht aus einem Vergleich des PCE mit der »Republikanischen Linken« hervor. Letztere erklärte auf ihrem 4. Provinzialkongreß in Valencia, sie trete für das Privateigentum, individuelle Bewirtschaftung, die Erfassung aller Landwirte in einem Syndikat und die Förderung des Genossenschaftswesens ein. Die Republikanische Linke bezeichnete sich selbst als die »politische Organisation, die den spezifischen Absichten des kleinen landwirtschaftlichen Besitzers entspricht«. Vgl. Cuarto Congreso Provincial de Izquierda Republicana, FS v. 26. 1. 1937, 11.

104 Minlos: Dorf, 91. Kommunistische Bauernverbände entstanden vor allem in den Provinzen Valencia, Alicante, Castellón, Almería, Teruel und Madrid; der Valencia-Verband umfaßte im Dez. 1936 40 000, im August 1937 65 000 Mitglieder; Anfang 1938 kam es in Valencia, Alicante und Madrid zu Zusammenschlüssen der kommunistischen Bauernverbände mit den entsprechenden Provinzorganisationen der FNTT.

105 Thomas: Collectives, 262.

106 Ministerio de Agricultura: Nadie está autorizado para saquear campos y pueblos, o.O. o.J., 22f. Vgl. auch Verdad v. 1. 12. 1936.

107 La nostra posició davant el problema de les collectivitats agràries, Treball v. 19. 9. 1937, 4; Uribe: Labor, 21.

108 Zu den häufigen Verweisen auf die Agrarkollektivierung in der UdSSR vgl. (von anarchistischer Seite) Augustin Souchy: La colectivización en Rusia y en España, FS v. 17. 3. 1937, 3; La colectivización en Rusia y la obra colectivizadora en la España leal, SO v. 10. 11. 1937, 2; auch in der bürgerlichen Presse nahmen die Bezüge auf die UdSSR sprunghaft zu. Hierzu Kaminski: Barcelona, 42.

109 Vicente Uribe: A los campesinos de España, Valencia 1936. Ähnlich argumentierte der PSUC-Agrarsekretär Josep Torrents: Revolució, 13; vgl. auch Jesús Hernández: El PC antes, durante y después de la crisis del gobierno Largo Caballero, o.O. 1937, 42f.

110 Victor Colomer: La politica agrària del Partit Socialista Unificat després del Ple Ampliat del seu Comitè Central, Treball v. 18. 2. 1937.

111 Friedrich Engels: Die Bauernfrage in Frankreich und Deutschland, in: MEW 22, 485–505, hier 489. Der Bauer unterscheide sich, ebenso wie der kleine Handwerker, dadurch vom modernen Proletarier, daß er noch im Besitz seiner Arbeitsmittel sei; gerade dies aber weise ihn als einer vergangenen Produktionsweise zugehörig aus.

112 Zu den Arbeitsmethoden des Instituts für Agrarreform vgl. die kritische Darstellung seines zeitweiligen Leiters und späteren PCE-Dissidenten Enrique Castro Delgado: Hombres made in Moscú, Barcelona 1963, passim. Das Institut förderte die Genossenschaftsbewegung (Konsum-, Verkaufs-, Verarbeitungs-, Produktions-, Kredit-, Versicherungsgenossenschaften), legte den Preis für Agrarprodukte fest und vergab bis Ende Dez. 1936 über 55, bis Februar 1937 über 72 Millionen Peseten in Form von Krediten an Kollektive, die die Intervention des Instituts akzeptierten.

Vgl. auch Por una cooperativa en cada pueblo, dentro de la Organización de Reforma Agraria, Valencia 1937.

113 Mariano Cardona Rosell: El servicio nacional de crédito agrícola, SO v. 25. 3. 1937, 3. Vgl. hierzu BdI v. 26. 3. 1937, 2. Es gab drei Möglichkeiten der Kreditnahme: a) Ein Kredit wurde in einer Höhe bis zu 25 % des Schätzwertes der einzubringenden Ernte, höchstens jedoch bis zu 2000 Peseten pro Person gewährt; b) war die Ernte bereits eingebracht, aber noch nicht verkauft, so konnte der Kredit bis zu 50 % des Ernte-Schätzwertes betragen; c) Kleineigentümer konnten Kredite bis zu 20 % ihres Grundstückwertes erhalten. Alle Kredite hatten eine Laufzeit von 9 Monaten und unterlagen einer Verzinsung von 4,25 % p.a. Auf dem nationalen Plenum anarchistischer Regionalorganisationen im Oktober 1938 in Barcelona forderte auch der CNT-Generalsekretär Mariano R. Vázquez die Agrarkollektive dazu auf, die Staatsintervention – besonders die staatliche Unterstützung in Form von Krediten – zu akzeptieren. Vgl. Peirats: CNT III, 243.

114 Uribe: Labor, 10 ff.

115 Artículos del Decreto de la República de 7 de octubre sobre expropiación de fincas rústicas, Madrid 1936. Zur Verfassungsmäßigkeit des Dekrets vgl. IRA: La Reforma agraria en España, Valencia 1937, 62–66; s. auch Servicio Español de Información, Valencia, 11. 6. 1937, 8–10.

116 Das Dekret verordnete in Art. 2 die Einsetzung einer vom Gemeindevorstand, dem Volksfrontkomitee, Vertretern der Gewerkschaften und der Kleinbauern zusammengesetzten »Qualifikationsjunta«, die darüber zu entscheiden hatte, wer als Franco-Anhänger zu betrachten und demgemäß zu enteignen sei. Der Entscheid der Ortsjunta mußte durch eine unter dem Vorsitz eines Provinzialvertreters des Landwirtschaftsministeriums tagende Provinzialjunta bestätigt werden. Nach der Veröffentlichung im Madrider Staatsanzeiger war die Entscheidung rechtskräftig. Gegen die Enteignung konnte beim Landwirtschaftsministerium Berufung eingelegt werden. Vgl. auch Souchy: Anarcho-Syndikalisten, 162.

117 Uribe: Labor, 6 ließ allerdings den irrigen Eindruck entstehen, als gehe es ihm um die Enteignung aller Großgrundbesitzer: »Unsere revolutionäre Politik besagt, die großen Grundbesitzer als Feinde des Volkes zu enteignen und das Land denjenigen zu übergeben, die es bearbeiten.«

118 J. Silva: Die ungeheuren Anstrengungen der Regierung Spaniens für die Umgestaltung des flachen Landes, Rundschau (Sondernummer Spanien) v. 4. 5. 1938, 761; die Angaben werden bestätigt in: Guerra y revolución en España II, 273 f. Vgl. auch Minlos: Dorf, 33–37; J. Silva: Zum ersten Jahrestag des Heldenkampfes des spanischen Volkes, Rundschau v. 8. 7. 1937, 1025 f. Nach Xavier Flores: Estructura socio-económica de la agricultura española 1969, 33, waren im Mai 1938 insgesamt 5 692 202 ha Land besetzt: 2 432 202 ha »da sie verlassen waren oder aus politischen Gründen«, 2 008 000 ha »aus sozialen Nützlichkeitserwägungen«, 1 252 000 ha »mit provisorischem Charakter«. S. auch J. M. Soler: El crédito en la economía agrícola, in: El trabajo en el campo. Emisiones radiadas por el Ministerio de Agricultura, o.O. 1938, 87–94.

119 Seit dem 12. 5. 1937 hielt die Landwirtschaftsschule der Levante in Valencia mehrmonatige Kurse über Arithmetik, Geometrie und Bodenvermessung, Technologie des landwirtschaftlichen Bauwesens, der Bewässerung und der Meliorationen, Anbau von Gräsern, Sträuchern und Bäumen, landwirtschaftliche Industriezweige und Forstwirtschaft, Landplagen und deren Bekämpfung, Aufzucht und Pflege von Vieh, Verwaltung von Gütern, Buchhaltung und landwirtschaftliches Genossenschaftswesen. Weitere Kurse und Lehrvorträge wurden in Albacete, Castellón,

Alicante, Murcia und verschiedenen kleineren Ortschaften gehalten.

120 Guerra II, 62, 66; vgl. auch José Sandoval u. Manuel Azcárate: Spain 1936–1939, London 1966, 88–90.

121 Treball v. 11. 6. 1937, 8.

122 DAS: CNT, 31 f. Zur monatelangen heftigen Kritik am Dekret vom 7. 10. 1936 vgl. (u.a.) OT v. 3. 8. 1937, 1; v. 19. 8. 1937, 1; v. 26. 8. 1937, 3; SO v. 19. 3. 1937, 9.

123 Vgl. Adelante v. 3. 7. 1937; ähnlich CNT v. 14. 6. 1937 und OT v. 26. 8. 1937.

124 Text des Dekretes: CNT v. 12. 6. 1937; hierzu BdI v. 30. 11. 1937, 2.

125 Die Saatfläche für Weizen war um 49 000, die für Gerste um 45 000 ha vergrößert worden. Hierzu Rundschau v. 29. 7. 1937, 1147. Zur Unterstützung durch das Agrarinstitut s. Rundschau v. 4. 5. 1938, 761.

126 Juventud Libre v. 10. 7. 1937, zit. nach Bolloten: Camouflage, 195 f.

127 Zit. nach Chomsky: Verantwortlichkeit, 95.

128 Guérin: Anarchismus, 141.

129 Zur katalanischen UGT vgl. Rundschau v. 2. 12. 1937, 1978.

130 Vgl. zum folgenden Emilio Giralt i Raventós: El conflicto »rabassaire« y la cuestión agraria en Cataluña hasta 1936, RdT 3, 1964, 51–72 und Albert Balcells: El problema agrari a Catalunya 1890–1936, Barcelona 1968. Eine Zusammenfassung der Geschichte der katalanischen Landwirtschaft bietet Camps i Arboix: Història (vgl. dort auch das Rabassaire-Problem 173–288). Neben dem Rabassa-morta-System gab es auch die (allerdings weniger häufig anzutreffenden) Pachtformen der *masovería* (Überlassung eines Hauses und Ländereien an den *masover*, aliquote Teilung der Ernte), *aparcería* (Gewinnbeteiligung bei landschaftlich unterschiedlichen Ausprägungen mit verschieden langer Vertragsdauer) und des *arrendamiento* (von Bedeutung nur in Gegenden mit künstlicher Bewässerung).

131 Balcells: Problema, 293 f.

132 In ihrem Selbstverständnis war die Unió weit mehr eine Kauf- und Verkaufsgenossenschaft als eine Gewerkschaft. Daher war es auch nicht selten, daß rabassaires gewerkschaftlich in der CNT und UGT organisiert waren. Im Mai 1936 wurde die Unió, die bis dahin nur rein soziale und politische Tätigkeiten entfaltet hatte, in ihrem inneren Aufbau in die voneinander unabhängigen Sektionen der Landwirtschaftssyndikate (Genossenschafts-Abteilungen), die der Unió qua *Federació de Sindicats agricoles* (Bund landwirtschaftlicher Syndikate) angehörten, und der *Seccions Socials*, die der Unió qua politische Gruppierung angeschlossen waren, unterteilt, wobei im Sprachgebrauch der Zeit Genossenschaftsgesellschaft, Landwirtschaftssyndikat und Hilfsverein auf Gegenseitigkeit (Mutualitat) Synonyma darstellten. Hierzu Llei de Bases de la Cooperació per a Cooperatives, Mutualitats i Sindicats Agricoles, in: Disposicions legals que regulen el funcionament dels Sindicats agricoles a Catalunya. Departament d'Agricultura, Barcelona 1937, 21–24. Genossenschaft und Syndikat werden in diesem Zusammenhang synonym verwendet und sind von Gewerkschaft zu unterscheiden.

133 Im Sept. 1936 hatte die UDR ca. 35 000, im Juni 1937 ca. 100 000 Mitglieder. Ihr publizistisches Organ, »La Terra« (später »Terra Lliure«), hatte eine Auflagenhöhe von 25 000 Stück. Hierzu RP v. 25. 9. 1936, 286 f.; Minlos: Dorf, 91. Zu den Gesetzen nach dem 19. 7. 1936 zur Regelung des Genossenschaftswesens vgl. Georges Fauquet: Agricultural co-operation and the agrarian question in Catalonia, Year book of Agricultural cooperation 1938, 370–76.

134 DO v. 30. 8. 1936, 1263 f.; span. in LV v. 30. 8. 1936, 4; die Ausführungsbestimmungen zum Dekret wurden am 19. 10. 1936 (DO v. 20. 10. 1936, 270–73) erlassen. Vgl. Josep María Murià: La Révolution dans la Campagne Catalane, Paris 1937, 8–21.

135 Die Verpflichtung des einzelnen Landwirts, die gesamte Getreideernte bei den Agrarsyndikaten abzuliefern, wurde Anfang Aug. 1937 in einem Sonderdekret hervorgehoben: Departament d'Agricultura. La Venda i la distribució del Blat. Text del Decret que regula la venda i la distribució del blat de la present collita, la distribució de la farina i de les despulles de la mòlta i el consum de pa al territori de Catalunya, durant el període comprès entre el 1er d'agost del 1937 i el 31 de juliol del 1938. Barcelona, agost 1937.

136 Zur Definition von »Landwirt« vgl. Art. 1 der Ausführungsbestimmungen vom 19. 10. 1936; zu Finanzierungsfragen s. Treball v. 4. 10. 1936, 7.

137 Als die prekäre Versorgungslage die republikanische Regierung am 25. 6. 1938 dazu zwang, die Lebensmittelverteilung in die Hände militärischer Verwaltungsbezirksstellen *(Jefaturas Administrativas Comarcales Militares)* zu legen, durften die neugeschaffenen Stellen in Katalonien die von ihnen an den Endverbraucher weiterzuverteilenden Lebensmittel nur über die Föderation katalanischer Agrarsyndikate beziehen. Vgl. Dekret v. 28. 7. 1938, DO v. 30. 7. 1938, 352f. Trotz dieser Bestimmungen griff der Schwarzhandel immer mehr um sich. Vor allem in den letzten Bürgerkriegs-Monaten, in denen das Versorgungsproblem besorgniserregende Ausmaße annahm, wurde die Pflicht zur Ablieferung landwirtschaftlicher Produkte häufig umgangen: »Der Bauer schwang sich damals zum Schiedsrichter der Situation auf, zu einer Art allmächtigem Gott, der bestens wußte, was er in den Händen hielt, und sich dessen auch bediente.« Coll: Ciudad, 20.

138 García Venero: Historia nacionalismo II, 432 u.ö.

139 Pleno regional de campesinos de Cataluña, zit. nach Peirats: CNT II, 29–35; hierzu BdI v. 4. 1. 1937, 7; vgl. auch SO v. 18. 9. 1937, 2.

140 Der Protest der CNT-Mitglieder richtete sich weniger gegen die Zwangssyndikalisierung an sich als vielmehr gegen den Mißbrauch der Agrarsyndikate zur Verfolgung partikularistischer Interessen seitens der UDR. Auf dem Landwirtschaftskongreß vom Sept. 1936 hatte die CNT noch betont, daß die Zwangssyndikalisierung im Wirtschaftsrat mit ihrer Zustimmung beschlossen worden sei, »um die kleinen und mittleren landwirtschaftlichen Eigentümer unter Kontrolle zu halten«: Congreso Regional de Campesinos de Cataluña. Memoria, 16. Die regionale CNT-Bauerndelegiertenversammlung Kataloniens von Anfang Jan. 1937 konnte sich nicht über die den Agrarsyndikaten gegenüber einzuschlagende Taktik einigen. Zur Diskussion gelangten die Vorschläge, entweder die Zwangssyndikalisierung strikt abzulehnen und den Eintritt in die Agrarsyndikate zu verweigern, oder einen »langen Marsch« durch die Syndikate anzutreten und deren Tätigkeit von innen her umzufunktionieren. Hierzu SO v. 3. 1. 1937, 9; SO v. 11. 7. 1937, 9; rundweg abgelehnt wurde das Dekret in SO v. 7. 10. 1937, 2; SO v. 17. 2. 1938, 7.

141 Guerra II, 31.

142 Gründungsdekret: DO v. 21. 10. 1936, 284; s. auch Ordre fixant el procediment a seguir per a l'aprovació i registre dels Sindicats agrícoles v. 27. 10. 1936, in: Disposicions legals, 19f.

143 Estatuts de la Federació de Sindicats Agricoles de Catalunya, 2. 12. 1936, DO v. 5. 12. 1936, 864f.

144 Normes per a la renovació de les juntes o consells directius dels Sindicats Agricoles de Catalunya v. 16. 6. 1937, DO v. 19. 6. 1937, 1012f. Vgl. auch die Verordnung v. 24. 8. 1937, DO v. 26. 8. 1937, 806 und die Verordnung v. 23. 11. 1937, DO v. 7. 12. 1937, 1002.

145 SO v. 26. 1. 1937, 3, 9.

146 Hierzu LV v. 21. 2. 1937, 2; Campo v. 27. 2. 1937, 3.

147 Balcells: Problema, 280.
148 Ebd., 283.
149 1937 bestand bei Eiern bereits ein Preisunterschied von fast 90 %, bei Kartoffeln von ca. 80 %, bei Bohnen von 60 %; vgl. auch Lluis Ardiaca: Els sindicats agricoles i la revolució al camp, o. O. 1937, 12 f.; Noja Ruiz: Labor, 33; (aus sozialistischer Sicht:) Carlos de Baraibar: Los campesinos, las subsistencias y la guerra, Timón, Okt. 1938, 142–57.
150 Balcells: Problema, 286.
151 Gründungsdekret v. 16. 6. 1937, DO v. 18. 6. 1937, 1002 f.
152 Dekret v. 17. 8. 1937, DO v. 20. 8. 1937, 697 f.
153 Dekret v. 14. 7. 1937, DO v. 15. 7. 1937, 187–89; vgl. auch die Ausführungsbestimmungen: Decreto que establece las normas a que tendrán que atenerse para su funcionamiento las agrupaciones de cultivadores, constituidas en colectividades de trabajo agrícola, SO v. 4. 11. 1937, 7; SO v. 6. 11. 1937, 7.
154 Dekret v. 14. 8. 1937, DO v. 25. 8. 1937, 780–82. Vgl. auch Departament d'Agricultura: L'Explotació de la terra. Text del Decret que regula l'adjudicació i l'explotació de terres al camp de Catalunya. Complementat amb les Normes de procediment per a la seva aplicació. Barcelona, febrer 1938; Treball v. 3. 10. 1937, 3.
155 Treball v. 4. 11. 1937, 4. Auch das Komintern-Organ Rundschau v. 23. 9. 1937, 1474, sprach von der Verwirklichung des »jahrhundertealten Traums der katalanischen Rabassaires« sowie von einem »historischen Schritt zu einem neuen und glücklichen Leben des katalanischen Dorfes«.
156 Art. 10: »Familien-Bewirtschaftung ist diejenige, die mittels der dauernden Arbeit der Familienmitglieder des Betriebsinhabers vorgenommen wird.«
Art. 14: »Bewirtschaftung auf Teilhaberschaft ist diejenige, die mittels der Arbeit des Landwirts und seiner Familie sowie einer Anzahl festangestellter Arbeiter vorgenommen wird, die an den Erträgen des Betriebs teilhaben, solange sie dort beschäftigt sind.«
Art. 25: »Kollektivbewirtschaftung ist diejenige, die von einer Anzahl von Landwirten mit ihren Familien vorgenommen wird; sie legen alle Produktionsmittel zusammen und verteilen die Erträge entsprechend der von jedem einzelnen geleisteten Arbeit oder nach ihren Bedürfnissen.«
157 Vgl. Art. 5 des Zwangssyndikalisierungs-Dekrets v. 27. 8. 1936, Art. 30 der Ausführungsbestimmungen zum Dekret v. 27. 8. 1936 und Abs. 22 der Verordnung v. 1. 2. 1938 (DO v. 6. 2. 1938). Diese Verordnung, die die Ausführungsbestimmungen zum Dekret v. 14. 8. 1937 beinhaltete, legte in Abs. 20–22 die Bestimmungen fest, nach denen Land auf Teilhaberschaftsbasis bzw. kollektiv bewirtschaftet werden konnte. Die Kommunisten sahen durch das Dekret v. 14. 8. 1937 die »legitimen Rechte« des Landarbeiters wiederhergestellt: Torrents: Revolució, 8.
158 Dekret v. 8. 10. 1937, DO v. 13. 10. 1937. Vgl. auch Decreto de la Generalidad de Cataluña que establece las normas a que tendrán que atenerse para su funcionamiento las agrupaciones de cultivadores constituidas en colectividades de trabajo agrícola, SO v. 6. 11. 1937; Treball v. 22. 10. 1937, 6.
159 Unter einem »Kollektiv der landwirtschaftlichen Arbeit versteht man den Zusammenschluß von Landwirten oder Landarbeitern, deren Zweck es ist, vorübergehend oder ständig ein bestimmtes Stück Land zu bewirtschaften mittels der gemeinsamen Organisation der Arbeit eines jeden von ihnen und ihrer Familienangehörigen und der gemeinsamen Benutzung der Produktionsmittel, über die sie verfügen«.
160 Nach den Bestimmungen dieses Dekrets wurde die Anerkennung einer Kollektiv-

wirtschaft nur »vorläufig« ausgesprochen. Ein weiteres bürokratisches Hindernis auf dem Weg zur endgültigen Legalisierung der Kollektivierungen stellte das vom Rabassaire-Landwirtschaftsminister J. Calvet i Mora am 13. 1. 1938 erlassene Dekret dar, nach dem die endgültige Anerkennung eines Kollektivs erst erfolgen konnte, wenn das Gesetz über die Wiederaufteilung des Bodens auf jedes einzelne Gemeindegebiet angewandt und die Legalisierung von neuem beantragt worden war. Hierzu Treball v. 2. 2. 1938, 9.

161 Peirats: Anarquistas, 147.

162 Zur Unterscheidung zwischen CNT- und UGT-Kollektiven vgl. SATW v. 12. 11. 1938, 3 und Alberola: Interpretación, 11 f.

163 Die Vielfalt sozialer Formen führte häufig zu theoretischer Unklarheit und Unsicherheit unter den Kollektivisten. So verwechselt Noja Ruiz: Labor, 42, Genossenschaften und Kollektive: »Kollektive sind im Grunde genommen nichts anderes als Produktions-, Konsum- und Verkaufsgenossenschaften«. Die Verwechslung ist darauf zurückzuführen, daß in den Levante-Provinzen ein Kollektiv nur aus der Genossenschaftsabteilung bestehen konnte; die übliche Bezeichnung war hier CNT-Genossenschafts-Kollektiv. In Segorbe bildeten die 42 Ortschaften des Bezirks Palancia eine »Bezirksföderation von CNT-Genossenschafts-Kollektiven landwirtschaftlicher Arbeiter«. Vgl. Estatutos de la Federación de Colectividades Cooperativas Confederales de Trabajadores Campesinos de la Comarcal de Palancia, Valencia o. J. (1937). Zu Adamuz s. Peirats: Anarquistas, 162.

164 TyL v. 30. 1. 1937.

165 Vgl. Mintz: Colectivización, 54.

166 Mintz: Colectivización, 56 f. Vgl. auch Borkenau: Reñidero, 77 f., der auf die Vertreibung der Durruti-Kolonne aus Pina und die Exekutionen in Fraga als Beispiele für Milizwillkür hinweist.

167 Statuten des Kollektivs Amposta, Agitación v. 7. 11. 1936; Kollektiv Villafranca del Cid, Agitación v. 1. 5. 1937; vgl. auch Agitación v. 8. 5. 1937.

168 Actas del primer congreso extraordinario de colectividades, celebrado en Caspe el 14 y 15 de febrero de 1937.

169 Vgl. Mintz: Colectivización, 86. Zur »Landwirtschafts-Hochschule« von Moncada (Prov. Valencia), in der Agrartechniker ausgebildet wurden, vgl. Leval: Espagne, 167.

170 La collectivité agricole de Segorbe, RP v. 10. 9. 1937, 701 f.; zu Segorbe vgl. auch Fenner Brockway: Auf der Linken, o. O. 1947, 383 f. Zur Verbesserung des Schulsystems in dem levantinischen Ort Alcoy sowie zur Organisation der dortigen (Agrar-)Kollektivwirtschaft vgl. R. Aracil Martí u. M. García Bonafè: Alcoi i la guerra civil: les colectivizacions, in: A. Cucó u. a. Hg.: El Pais Valencià: 1931–1939, Valencia 1974. Allgemein zum Aufschwung des Unterrichtswesens und zu der Rolle der CNT vgl. Abad de Santillán: Alfonso, 406.

171 Colectivizaciones (1973): 7, 9.

172 Hernández: Anarquistas, 233 f.

173 Leval: Espagne, 183.

174 Anders Borkenau: Cockpit, 68, 94, und Jackson: Republic, 279 f. Zur Zusammensetzung der Komitees vgl. auch Ronald Fraser: 1936: Revolutionary Committees in Spain, NLR 78, 1973, 56–68.

175 Die Hälfte der Mitglieder sollte jeweils in der Mitte der »Amtszeit« neu gewählt werden, um ein vollständiges Revirement zu verhindern.

176 Leval: Espagne, 218.

177 Kaminski: Barcelona, 100.

178 S. hierzu etwa die Entscheidungen des Kollektiv-Vorsitzenden von Albalate de Cinca, in: Colectivizaciones, 214; Souchy: Campesinos, 92.
179 Borkenau: Reñidero, 119.
180 Leval: Colectividades I, 240–47.
181 Aus vielen Quellen (z. B. Agitación v. 1. 5. 1937) geht hervor, daß alle Dorfbewohner stimmberechtigt waren. H. Thomas hat es für wahrscheinlich gehalten, daß auf den Vollversammlungen nur männliche Arbeiter anwesend waren.
182 Zu einem ähnlichen Entwurf Louis Blancs aus dem Jahre 1849 vgl. Guérin: Anarchismus, 46.
183 Leval: Colectividades I, 238 f.
184 S. 232 ff.
185 Actas del primer congreso extraordinario de colectividades celebrado en Caspe el 14 y 15 de febrero de 1937.
186 Leval: Espagne, 203.
187 Borkenau: Reñidero, 131 f.
188 Souchy: Impresiones sobre agro español, Timón, Sept. 1938, 106.
189 TyL v. 16. 1. 1937, 2.
190 Juan de Iniesta: Escucha, campesino, Valencia 1937, 10.
191 Agitación v. 8. 5. 1937.
192 Bakunin: Gott, in: Beer Hg.: Philosophie der Tat. Michail Bakunin, Köln 1968, 107 f.
193 Semprún-Maura: Révolution, 137.
194 Kaminski: Barcelona, 101.
195 Memoria Sindicatos únicos, Madrid 1937, 68; vgl. auch Escofet: Servei, 397. Bereits in der ersten Woche lieferte die CNT 16 Millionen Peseten ab, die sie beim Klerus von Vich »gefunden« hatte: SO v. 28. 7. 1936, 1; s. auch Jellinek: Civil War, 444.
196 Memoria Sindicatos únicos, 89.
197 BdI v. 13. 11. 1936, 6.
198 BdI v. 26. 9. 1936, 13; s. auch Violette Marcos-Alvarez: Les collectivités espagnoles pendantes la révolution (1936–1939), Autogestion et socialisme, 18/19, 1972, 119–42.
199 Kaminski: Barcelona, 121. »Ehen« wurden in Kollektiven formal nicht »geschlossen«, sondern das Zusammenleben eines Paares nur (bezeichnenderweise zumeist auf Antrag der Frau) als »freie Vereinigung« registriert. Zur Emanzipation der Frau und der Diskrepanz zwischen Anspruch und Verwirklichung s. auch Temma E. Kaplan: Spanish anarchism and women's liberation, JCH 6, 2, 1971, 101–10.
200 Thomas: Collectives, 259 f. In Granollers führte die unterschiedliche Entlohnung der Land- und Industriearbeiter zu Spannungen: Erstere erhielten 6–7 P. pro Tag, letztere 15–17. Vgl. SO v. 25. 9. 1936, 9.
201 Häufig wurden Großfamilien (die auf dem Land besonders zahlreich waren) benachteiligt. Vgl. BdI v. 9. 10. 1936, 6. In Plá de Cabra wurde jeder Ansatz zu einer Spartätigkeit durch die Bestimmung zunichte gemacht, das 150 Peseten übersteigende Guthaben müsse ausgegeben werden oder verfalle. BdI v. 11. 11. 1936, 9.
202 Acuerdos del Pleno económico nacional ampliado, Valencia 1938; dt.: Die Beschlüsse des erweiterten nationalen Wirtschaftsplenums, in: Gerlach/Souchy Hg.: Revolution, 185–234, hier 191–94. Einem Mindestlohn der Grundkategorie (Hilfsarbeiter) wurden für die 1. Kategorie (Arbeiter) 20 %, für die zweite (Facharbeiter) 40 %, für die dritte (technische Assistenten) 70 % und für die vierte (leitende Techniker) 100 % hinzugeschlagen. Um das Prinzip des Familienlohns nicht völlig aufzugeben, sollte ein Familienausgleichsfonds eingerichtet werden; die CNT wollte sich darum bemühen, daß *alle* Arbeiter aus diesem Fonds Zulagen auf ihren Grundlohn erhielten.

203 MEW 19, 21 (Kritik des Gothaer Programms).

204 La cuestión de la moneda, TyL v. 17. 9. 1936, 3; zur Ersetzung des Geldes durch Gutscheine vgl. auch Jellinek: Civil War, 387f.

205 Es muß allerdings eingeräumt werden, daß die Kaufkraft von Ort zu Ort außerordentlich variierte. Nach Thomas: Collectives, 259, hing die Entlohnung lediglich von den wirtschaftlichen Verhältnissen eines Kollektivs ab.

206 Vgl. Memoria Congreso Regional de Campesinos de Cataluña, 17.

207 Die Beibehaltung des Geldes in Katalonien kann als Beweis für die Flexibilität der anarchistischen Taktik und deren Anpassung an regionale Verhältnisse gewertet werden. Katalanismus-Forscher haben auf das Bestreben der Katalanen (bes. der Bauernschaft) hingewiesen, den Ertrag ihrer Arbeit »anfassen« zu können: »Das Bargeld übt vor allem auf die Bauernschaft eine ungeheure psychologische und moralische Wirkung aus«. García Venero: Historia nacionalismo catalán II, 454. Zur Finanzstruktur katalanischer Kollektive ist die Quellenlage allerdings besonders dürftig.

208 Vgl. z.B. La Torrasa (Hospitalet) in SO v. 31. 7. 1936, 2.

209 Leval: Espagne, 138f.

210 SO v. 10. 11. 1937, 7.

211 BdI v. 7. 12. 1936, 4f.

212 Die Soziale Revolution 7/8, 1937. Zum Vergleich: 1 kg Reis kostete 1 P., 1 kg Zucker oder 1 Liter Öl 2,50 P.

213 BdI v. 14. 11. 1936, 5f.

214 BdI v. 10. 9. 1936, 1f.

215 FS v. 19. 1. 1937, 15.

216 Allerdings blieb auch zeitgenössische Kritik nicht aus; vgl. z.B. Noja Ruiz: Labor; FAI. Memoria del pleno regional de grupos anarquistas de Levante, Alicante 1937.

217 Vgl. Mintz: Colectivización, 50ff.

218 L'Enquesta de la Conselleria sobre la col-lectivització de la terra, Butlleti del Departament d'Agricultura, Dez. 1936, 21–30. »Negative Antwort« bedeutet in diesem Zusammenhang, daß keine Kollektivierungsmaßnahmen ergriffen worden waren. Vgl. auch LV v. 11. 11. 1936.

219 Verordnung v. 7. 11. 1936, DO v. 8. 11. 1936, 542f.

220 Die Unterlagen sind oft mangelhaft und unvollständig; in die Statistik wurden nur solche Kollektive mit aufgenommen, deren Unterlagen zumindest über mehrere der gestellten Fragen Aufschluß geben. Über zahlreiche andere Kollektive vgl. die folgenden Pressehinweise: Zu Aitona (Lérida) BdI v. 5. 11. 1937; zu Candasnos (Aragonien) BdI v. 4. 8. 1937; zu Valdepeñas (Ciudad Libre) OT v. 24. 10. 1936, 2; zu Madrid und Villaverde OT v. 19. 8. 1937, 3; zu Plá de Besós BdI v. 16. 4. 1937, 4; zu Vilanova de Bellpuig und Pont de Molins BdI v. 12. 9. 1936; zu Setmenat BdI v. 26. 9. 1936, 3; zu Vimbodi BdI v. 19. 10. 1936, 3; zu Villa Galán BdI v. 24. 2. 1937, 8; zu Simat de Valldigna BdI v. 25. 2. 1937, 4; zu Villafranca del Panadés BdI v. 16. 4. 1937, 2; zu Puigcerdá SATW v. 11. 8. 1937 und RP v. 25. 6. 1937; zu Sardañola-Ripollet und Ascó SO v. 25. 9. 1936, 9; zu Gerona, Palafrugell, San Feliú de Guixols, Tremp, Caldas de Malavella, Bañolas, FS v. 27. 10. 1936, 17; zu Arnés SO v. 26. 9. 1936, 8. Vgl. auch Bolloten: Revolución, 54f.

221 In den folgenden Übersichtstabellen wurden als Abkürzungen verwendet:

AS = Agrarsyndikat	HN = Haselnuß
FL = Familienlohn	IL = Individuallohn
G = Getreide	JN = Johannisbrot
GW = Geldwirtschaft	K = Kartoffeln

M	= Mandel	TW	= Tauschwirtschaft
O	= Orangen	WV	= Wöchentlicher Vorschuß
SL	= Sozialleistungen		

Bei den Angaben über den kollektivierten Boden werden in den Quellen zahlreiche, z.T. nur lokal übliche Flächenmaße angegeben. Die Umrechnung in Hektar bereitete mitunter erhebliche Schwierigkeiten. Vor allem die Flächenmaße »jornal« und »cuartera« differieren von einer Gegend zur anderen beträchtlich. Die Umrechnung wurde auf folgender Basis vorgenommen: 1 jornal: 0,22–0,62 ha; 1 vesana: 0,22 ha; 1 hanegada: 0,083 ha; 1 mojada: 0,50 ha; 1 fanega: 0,65 ha; 1 cuartera: 0,22–0,36 ha.

ARAGONIEN:
Albalate de Cinca: Souchy: Anarcho-Syndikalisten, 147–49; Leval: Espagne, 215, 233f. *Alcañiz:* BdI v. 14. 7. 1937; Souchy: Anarcho-Syndikalisten, 134; Peirats: CNT I, 295. *Alcolea de Cinca:* Peirats: CNT I, 291. Das Kollektiv wurde am 28. 7. 1937 durch kommunistische Truppen aufgelöst, danach jedoch von 40 Familien wiedergegründet; es zahlte keine Steuern. *Alcora:* Kaminski: Barcelona, 156–58 (= Dolgoff: Collectives, 143–46). *Alcoriza:* Souchy: Anarcho-Syndikalisten, 139; Peirats: CNT I, 296; Leval: Espagne, 134–42. *Andorra:* SO v. 2. 12. 1937, 7; im Aug. 1937 wurde das Kollektiv aufgelöst, der Boden reprivatisiert. 113 Familien gründeten daraufhin ein neues Kollektiv, das nach den vorgeschriebenen Normen legalisiert wurde. Das ursprüngliche Revolutionskomitee, das auf lokaler Ebene politisches und wirtschaftliches Kollektiv-Verwaltungsgremium in einem gewesen war (3 CNT-, 3 UGT-, 3 IR-Mitglieder), wurde in einen Gemeinderat und eine Verwaltungskommission aufgeteilt. Vgl. auch Leval: Espagne, 126–34. *Barbastro:* Souchy: Anarcho-Syndikalisten, 151; FS v. 18. 7. 1937, 4; De julio a julio, 172–75. Barbastro war Sitz einer 47 Kollektive umfassenden Bezirksföderation. *Binéfar:* BdI v. 12. 9. 1936, 5; Souchy: Anarcho-Syndikalisten, 149; Leval: Espagne, 117–26 (= Dolgoff: Collectives, 146–50); De julio a julio, 169f. Binéfar war Sitz einer 31 Kollektive umfassenden Bezirksföderation. *Calanda:* Souchy: Anarcho-Syndikalisten, 137; Peirats: CNT I, 195; De julio a julio, 170–72. *Esplús:* Leval: Espagne, 150–55. Die CNT trat wegen Differenzen mit der UGT aus dem gemeinsamen Revolutionskomitee aus und gründete ein eigenes. *Fraga:* Colectivizaciones, 208; Leval: Espagne, 108–17. *Graus:* Peirats: CNT I, 287; Leval: Franco, 234–52; ders.: Espagne, 94–108 (= Dolgoff: Collectives, 135–43). *Lagunarrota:* Peirats: CNT I, 294. *Lécera:* Colectivizaciones, 203. *Más de las Matas:* Souchy: Anarcho-Syndikalisten, 141; Peirats: CNT I, 296; Leval: Espagne, 142–49. *Monzón:* Peirats: CNT I, 290. *Muniesa:* Souchy: Anarcho-Syndikalisten, 145. *Oliete:* Souchy: Anarcho-Syndikalisten, 142; Peirats: CNT I, 296; SO v. 20. 6. 1937, 4. *Peñalba:* Peirats: CNT I, 292; nach dem Fall des Verteidigungsrates von Aragonien verblieben 500 Mitglieder im Kollektiv (vorher: »integrale« Kollektivierung). *Peñarroya de Tastavins:* BdI v. 17. 8. 1937, 4. *Tamarite de Litera:* Leval: Espagne, 227–31. *Utrillas:* Regional de Aragón, Rioja y Navarra, Comarcal de Utrillas (Teruel), o.O. (Toulouse) 1970. Weitere aragonesische Kollektive: Vgl. Abad de Santillán: Alfonso, 425–28. Kollektive in der Provinz Huesca: OT v. 5. 8. 1937, 2.

KATALONIEN:
Alcarràs: Enquesta. *Alfara de Carles:* Enquesta. *Alforja:* Enquesta. *Alguaire:* BdI v. 6. 10. 1936, 5. *Amposta:* Enquesta; Peirats: CNT I, 279; Souchy: Anarcho-

Syndikalisten, 127; Colectivizaciones, 186; Agitación v. 17. 11. 1936; unterschiedliche Mitgliederangaben bei Balcells: Problema, 280, und Noja Ruiz: Labor, 36–39. Vgl. neuerdings Abad de Santillán: Alfonso, 424 f. *Arboç del Penedès:* Enquesta. *Arnés:* SO v. 26. 9. 1936, 8. *Artesa de Lérida:* BdI v. 25. 1. 1938, 2. *Banyeres del Penedès:* Enquesta. *Bellpuig d'Urgell:* Enquesta. *Belsareny:* BdI v. 29. 11. 1937, 2. *Boadella:* Enquesta. *Les Cabanyes:* Enquesta. *Cabra del Camp:* Enquesta; BdI v. 24. 3. 1937, 3; BdI v. 5. 1. 1938, 3. *Cabrera Mataró:* Enquesta. *La Canonja:* Enquesta. *Cantallops:* Enquesta. *Castellar del Vallès:* Enquesta. *Castellet i La Gornal:* Enquesta. *Castellserà:* Enquesta. *Catllar:* Enquesta. *Cornellà:* Enquesta. *Carnius:* Enquesta, 24. *Esplugas de Francolí:* Peirats: CNT I, 171; BdI v. 9. 10. 1936, 6. *Fatarella:* Enquesta. *La Figuera:* Enquesta. *Figueres (Mas Ferrer):* Enquesta. *Figueres (Mas Torre d'En Murnau):* Enquesta. *Figuerola del Campo:* BdI v. 19. 1. 1938, 2; SO v. 30. 1. 1938, 7; vgl. auch Nouvelle Espagne Antifasciste v. 14. 4. 1938, 8. *Freginals:* Enquesta. *La Garriga:* Enquesta. *Gerona:* Souchy: Anarcho-Syndikalisten, 124; FS v. 27. 10. 1936, 17. *Gramanet del Besós:* BdI v. 19. 11. 1937, 2. *La Granadella:* Enquesta; Peirats: CNT I, 284; BdI v. 7. 12. 1936, 4. *Granyena:* Enquesta. *Guimerà:* Enquesta. *Hospitalet del Llobregat:* Enquesta; Peirats: CNT I, 278; Leval: Espagne, 322–29; vgl. auch SO v. 1. 12. 1936, 7; BdI v. 15. 11. 1937, 2; Rabasseire: España, 177. *Isona:* Enquesta. *Josa de Cadí:* Enquesta, 24. *Juncosa de les Garrigues:* Enquesta. *Lérida:* Peirats: CNT I, 277; SO v. 10. 11. 1937, 7. *Llardecans:* Enquesta. *Martorell:* Enquesta. *Mas de Barberans:* Enquesta. *Masdenverge:* Enquesta, 26. *Masó:* Enquesta. *Masroig:* Peirats: CNT I, 281. *Montblanc:* Peirats: CNT I, 282. *Montbrió:* Enquesta. *Orriols:* Enquesta; vgl. auch Peirats: CNT I, 279; SO v. 21. 1. 1937, 9. *Pacs:* Enquesta. *Palau de Anglesola:* BdI v. 21. 12. 1937, 2. *Pals:* Enquesta. *Peramola:* Enquesta. *Perelló:* Campo v. 24. 4. 1937, 3. *Pla de Cabra:* Enquesta; vgl. auch Peirats: CNT I, 278; BdI v. 11. 11. 1936, 9. *El Poal:* Enquesta. *Pobla:* SATW v. 11. 8. 1937. *Pobla de Ciervoles:* Enquesta, 26; SO v. 25. 1. 1937, 7. *Pobla de Montornès:* Enquesta. *El Port de la Selva:* Enquesta. *Prades:* Enquesta. *Prat del Llobregat:* Enquesta, 75; SO v. 27. 6. 1937, 9; SATW v. 29. 7. 1938, 2. *Puigcerdá:* RP v. 25. 6. 1937, 7–12; SATW v. 11. 8. 1937. *Ripoll:* BdI v. 31. 8. 1937, 4. *Rindoms:* Enquesta. *Rubí:* Colectivizaciones, 176; Leval: Espagne, 329–34; BdI v. 16. 11. 1937, 2. *Sant Pere de Rindevitlles:* Enquesta. *Sant Quirze de Besora:* Enquesta. *La Sènia:* Enquesta, 77. *Serós:* Peirats: CNT I, 280; vgl. auch Peirats: Anarquistas, 156. *Serra d'Almos:* Enquesta. *Sollana:* Souchy: Anarcho-Syndikalisten, 123. *Tamarit de Mar:* Enquesta. *Torroella de Montgri:* BdI v. 17. 1. 1938, 2. *Tremp:* Enquesta. *Ullà:* Enquesta. *Ulldemolins:* Enquesta. *Utiel:* BdI v. 19. 6. 1937, 6. *Vallfogona de Rincorb:* Enquesta. *Vallmoll:* Enquesta. *Valls:* Souchy: Anarcho-Syndikalisten, 121; BdI v. 30. 7. 1936; BdI v. 26. 9. 1936, 3; BdI v. 14. 11. 1936, 5; Spanish Revolution (o.D.). *Verdú:* Enquesta. *Vilaboi:* Peirats: CNT I, 276. *Villadecans:* Peirats: CNT I, 277; Enquesta, 26. *Vilallonga del Camp:* Enquesta, 77. *Vilanova d'Escornalbou:* Enquesta, 26. *Vilarrodona:* Enquesta. *Vilassar de Dalt:* Enquesta. *Villanueva i Geltrú:* Souchy: Anarcho-Syndikalisten, 129; Colectivizaciones, 181. *Vinaixa:* BdI v. 18. 1. 1938, 2; SO v. 27. 1. 1938, 7.

LEVANTE:

Ademuz: Peirats: CNT I, 305. *Alfara-Libertad:* FS v. 19. 1. 1937, 15. Der Ort hieß bis Juli 1936 Alfara del Patriarca. *Alginet:* FS v. 12. 1. 1937, 4. *Benicarló:* FS v. 8. 3. 1938, 3; Leval: Espagne, 187 f. *Carcagente:* TyL v. 16. 1. 1937 (= Dolgoff: Collectives, 151–54); Leval: Espagne, 168–74. *Cervera del Maestre:* Peirats: CNT I, 303. *Játiva:* Leval: Espagne, 174–83; FS v. 19. 1. 1937, 12. *Llombay:* Peirats: CNT I,

305. *Magdalena de Pulpis:* Leval: Franco, 182–86 (= Dolgoff: Collectives, 155–60). *Poliñá de Júcar:* FS v. 13. 6. 1937, 4. *San Mateo:* Peirats: CNT I, 304. *Segorbe:* SATW v. 15. 10. 1938, 3; Leval: Espagne, 183 f. *Sollana:* FS v. 24. 1. 1937, 13; Colectivizaciones, 138–42. *Sueca:* Peirats: CNT I, 306; Leval: Espagne, 186 f. *Villafranca del Cid:* Agitación v. 1./8. 5. 1937. *Villajoyosa:* Peirats: CNT I, 301. *Villarreal:* OT v. 7. 10. 1937, 2. Weitere Levante-Kollektive vgl. Mintz: Colectivización, 61 f.

KASTILIEN:
Alcázar de Cervantes: Leval: Espagne, 201 f.; Souchy: Impresiones sobre agro español, Timón Sept. 1938, 103–08. *Almagro:* Peirats: CNT I, 312; BdI v. 9. 10. 1937, 2; Memoria. Un año de colectivismo en Almagro, 1936–1937. *Arganda:* Colectividades de Castilla: El colectivismo en la provincia de Madrid, Madrid 1937. *Belvis del Jarama:* Peirats: CNT I, 314; Colectividades de Castilla; BdI v. 5. 11. 1937. *Brihuega:* Peirats: CNT I, 317. *Coslada:* Colectividades de Castilla. *Manzanares:* Leval: Espagne, 199–201. *Meco:* Colectividades de Castilla. *Membrilla:* Colectivizaciones, 212. *Miraflores de la Sierra:* Colectividades de Castilla. *Morata de Tajuña:* Colectividades de Castilla. *Perales de Tajuña:* Peirats: CNT I, 315; Colectividades de Castilla; BdI v. 6. 11. 1937, 2. *Tielmes de Tajuña:* Colectividades de Castilla; Campo Libre v. 23. 7. 1937, 4. *Torija:* Peirats: CNT I, 318.

222 Vgl. zu folgendem auch Mintz: Colectivización, 52–55.

223 Die Provinz Barcelona hatte 1933/34 mit ca. 49% der Nutzfläche den höchsten Anteil am Weinanbau (und somit auch an Rabassaires, die Verteidiger des Privateigentums waren und die Kollektivierung bekämpften). Demgegenüber fanden in der Provinz Tarragona nur 26% der Nutzfläche Verwendung für den Weinanbau; die dementsprechend geringere Stärke der UDR kann zur Erklärung der weiterreichenden Kollektivierung in dieser Provinz beitragen. Einschränkend muß allerdings hinzugefügt werden, daß die absolute Weinanbaufläche zwischen den beiden Provinzen nur um 22 753 ha differierte und der prozentuale Flächenanteil in den Provinzen Lérida und Gerona mit 8,2 bzw. 10% bedeutend niedriger lag. Vgl. Servei Central D'Estadistica: Produccions agro-pecuàries de Catalunya, Barcelona 1937, 7, 92 f. und (mit leicht veränderten Angaben:) Ministère de l'Agriculture: Résumé Statistique de la Production Agricole en Espagne 1935–36, Madrid 1936, 144 f. (Tabelle 52).

224 »Kollektiv: Mit welcher Liebe wiederholen wir tausendmal deinen Namen, mit welcher Freude vermehren wir unsere Anstrengung, damit unser Kollektiv mächtig gedeihen und, wie eine Mutter, alle Arbeiter in seinen Schoß aufnehmen kann.« Un año de colectivismo en Almagro, 10.

225 Die schwierige Quellenlage verhindert bisher eine systematische Untersuchung der kastilischen Kollektive; die Erklärung der nationalen CNT-Landwirtschaftsföderation vom Dez. 1937, »daß die Region Zentrum, die hauptsächlich die beiden Kastilien umfaßt, an zweiter Stelle hinsichtlich der erwirtschafteten Ergebnisse in den sozialisierten Agrargegenden kommt« (zit. nach Leval: Espagne, 193), konnte nicht verifiziert werden.

226 GdC: Departament de Presidencia. Produccions agro-pecuàries de Catalunya. Fascicle no. 4, 167.

227 Treball v. 9. 7. 1937, 3.

228 Zit. nach Campo Libre v. 18. 9. 1937, 7 und v. 9. 10. 1937, 3.

229 Ilya Ehrenburg: Die Brotschlacht, Rundschau v. 8. 7. 1937, 1050.

230 Minlos: Dorf, 46 f.

231 Frente Rojo v. 14. 8. 1937, zit. nach Minlos: Dorf, 46. Bei Minlos auftauchende offensichtliche Kalkulationsfehler wurden vom Verf. korrigiert.
232 Prats: Vanguardia, 108.
233 Veinte años de la epopeya libertaria española, 9.
234 Wolfgang Harich: Zur Kritik der revolutionären Ungeduld, Kursbuch 19, 1969, 71–113, hier 81.
235 Leval: La colectivización en España de 1936 a 1939, in: La Autogestión, el Estado y la Revolución, 37–78, hier 76 nennt nur die beiden aragonesischen Kollektive Baltana und Ainsa. Zu Widerständen, die die Agrarkollektivierung zu überwinden hatte, vgl. auch 39, 77f.
236 Zit. nach Camps i Arboix: Història, 285.
237 Vgl. zum folgenden auch Leval: Franco, 306, 320 (engl. Übs. in Anarchy 5, 1961).
238 Im Sinne von F. Tönnies; vgl. hierzu René König: Die Begriffe Gemeinschaft und Gesellschaft bei Ferdinand Tönnies, KZSS VII, 3, 1955, 348–420.
239 Villar: España, 49.
240 Die Vorteile der Kollektivierung bestanden für die kastilischen Landarbeiter nach eigener Aussage zumindest darin, daß sie satt wurden, das ganze Jahr über Arbeit hatten und nicht mehr von den Launen des früheren Grundbesitzers abhingen. Hierzu Souchy: Impresiones sobre agro español, Timón, Sept. 1938, 110.
241 Eine ähnliche Funktion – Vorwegnahme in nuce des imaginierten Utopia – hatte auch G. Landauers »Siedlung«, der in ihr das Mittel zur Herbeiführung einer anarchistischen Gesellschaft und den Weg zu einem sozialistischen Neubeginn gesehen hatte. Vgl. Linse: Anarchismus, 276ff.
242 Gegen Payne: Revolution, 244.
243 Veinte años de la epopeya libertaria española 1936, 19 de julio – 1956, o.O. o.J. (1956), 9.

Kapitel IV

Die Kollektivierung in der Industrie und in den Dienstleistungsunternehmen

1 Zur Unterscheidung Randspanien–Innerspanien vgl. Hans Bauer: Spaniens Wirtschaft vor Franco, Berlin 1942, 13ff., 37ff. Die Wirtschaftsprobleme, die sich aus dem strukturellen Ungleichgewicht zwischen einem industrialisierten Rand- und einem agrarischen Innerspanien ergeben, untersucht Estapé: La economía catalana y el desequilibrio económico regional, Información comercial española 342, 1962, 43–55.
2 Vgl. Klaus Heinrich: Strukturwandlungen und Nachkriegsprobleme der Wirtschaft Spaniens, Kiel 1954, 14.
3 Bauer: Wirtschaft, 114ff.
4 DZS v. 10. 10. 1940, 8.
5 Román Perpiñá Grau: Der Wirtschaftsaufbau Spaniens und die Problematik seiner Außenhandelspolitik, WWA 41, 1935, 126f. Hauptimportgüter waren Rohstoffe, Hauptexportgüter Agrarprodukte. $^1/_3$ der spanischen Agrarproduktion bestand aus Exportartikeln, die wiederum zu mehr als 75 % ihres Wertes aus den Randgebieten kamen. 48,2 % des spanischen Imports waren Rohstoffe (Baumwolle, Kohle und Erdöl, Düngemittel, Tabak, Holz), 18,8 % Fertigwaren (Maschinen, elektrotechnisches Material, Kraftfahrzeuge), 12,9 % Lebensmittel (Eier, »Kolonialwaren«, Stockfische); der Anteil der Rohstoffe (Mineralien, Metalle, Kork, Felle, Häute) am

Export betrug nur 18 %, der der Fertigwaren (Baumwollgewebe) 2,9 %, der Anteil der Lebensmittel (frische Früchte, Olivenöl, Wein, Alkohol und Spirituosen, getrocknete Früchte, Konserven, Gemüse) lag mit 65,3 % am höchsten. Zur Außenhandelsproblematik Spaniens sowie zur wirtschaftl. Auslandsabhängigkeit unmittelbar vor und nach dem Bürgerkrieg vgl.: Die wirtschaftliche Auslandsabhängigkeit Spaniens. Bearbeitet im Institut für Weltwirtschaft an der Universität Kiel. März 1944.

6 Willibald Mader: Die katalanische Bewegung, eine Minderheitenfrage im Rahmen des spanischen Staates, Regensburg 1933, 9.

7 Wirtschaftsdienst 1939, 1189.

8 Zum Auslandskapital im Spanien der 30er Jahre vgl. Tuñón de Lara: España siglo XX, 305 f.; Bauer: Wirtschaft, 143–51; Roldán: Colectivizaciones, 37 f.; Jellinek: Civil War, passim, bes. 49, 72, 278; Joan Fàbregas: Els factors econòmics de la Revolució, Barcelona 1937; BdI v. 31. 7. 1937, 2–4; BdI v. 2. 8. 1937, 2; Wirtschaftsdienst 1936, 1211 f.; Peirats: CNT I, 166 f., 171, 189, 218.

9 Vgl. T. T. Evers und P. v. Wogau: »dependencia«: lateinamerikanische Beiträge zur Theorie der Unterentwicklung, Das Argument 15, 1973, 404–54.

10 Vgl. Perpiñá Grau: Wirtschaftsaufbau, 61–131, bes. 78 ff.

11 Vgl. Herbert von Beckerath: Spaniens wirtschaftliches und politisches Gleichgewicht, WWA 34, 1931 II, 131.

12 Ackermann: Spanien, 83. Zum Kohleproblem Kataloniens vgl. Julius O. Reichenheim: Die wirtschaftliche Bedeutung von Barcelona, Berlin 1933, 17 f. Die katalanischen Flüsse waren zwar eine ergiebige Quelle mechanischer Kraft, reichten jedoch im Zuge der Expansion der Textilindustrie für die Gewinnung der erforderlichen Energie nicht aus. Hierzu Bauer: Wirtschaft, 44.

13 Zur Entwicklung der spanischen Währung in den ersten drei Republikjahren vgl. Franz H. Kluge: Spaniens Währung, Währung und Wirtschaft 11, 1934, 181–85. Zu spanischen Währungsproblemen unmittelbar vor Ausbruch des Bürgerkrieges (Zahlungsbilanzausgleich) vgl. DZS v. 25. 6. 1936, 7–9.

14 Alois Kling: Die Wandlung der Wirtschaftsstruktur im Agrarstaat Spanien und die Entwicklung der deutsch-spanischen Handelsbeziehungen seit dem Ersten Weltkrieg, Diss. München 1955, 97; leicht modifizierte Angaben bei Jordi Nadal u. a.: El moviment obrer a Espanya de 1929 a 1936 en relació amb la crisi econòmica, Serra d'Or, Febr. 1961, 28–30.

15 Ebd., 30.

16 Ebd.

17 Ebd. In das Jahr 1933 fallen der anarchistische Januaraufstand mit dem folgenreichen Kampf in Casas Viejas, die Novemberwahlen mit dem Sieg der Rechten und dem darauf folgenden Dezemberaufstand der Anarchisten in Aragonien. Vgl. María Carmen García-Nieto u. Javier María Donézar: La Segunda República 1931–1936, Bd. 2, Madrid o. J. (1974).

18 Wirtschaftsdienst 1936, 1070 f.

19 Vgl. zu folgendem Bricall: Política, 25–32. Zu den wirtschaftlichen Lähmungserscheinungen 1935/36 vgl. auch DZS v. 25. 1. 1936, 2 f., 5 f.; DZS v. 10. 3. 1936, 10–14; zu den Schwierigkeiten im Erzbergbau Vizcayas vgl. DZS v. 10. 3. 1936, 10 f.; zu den Produktions- und Absatzproblemen der Papierindustrie vgl. DZS v. 10. 7. 1936, 5–7.

20 Vgl. J. de Arlandis: Die Arbeitslosigkeit in Spanien, WWA 44, 1936 II, 409–36; vgl. auch DZS v. 25. 3. 1936, 5 f. Zum Arbeitslosenproblem in Katalonien während der 2.

Republik vgl. Albert Balcells: Crisis económica y agitación social, Barcelona 1970, bes. 46f.; s. auch SO v. 25. 9. 1936, 3.

21 Die wichtigsten Maßnahmen waren die Beschränkung (1931) und Neuregelung (1935) der Ausländerarbeit, besonders Arbeitsbeschaffungsmaßnahmen, wie z.B. Instandsetzungsarbeiten (1931), Pächterschutz (1931), Zwangsbewirtschaftung brachliegender Ländereien (1931), Wegebauten (1931), Herabsetzung des Pachtpreises der kleineren Güter (1931), das Gesetz zur »Anstellung der Arbeiter« (27. 11. 1931), die Einschränkung der Verwendung landwirtschaftlicher Maschinen (1934), der Plan öffentlicher Arbeiten (22. 3. 1934), das Gesetz zur Bekämpfung der Arbeitslosigkeit (1934), das neue Arbeitsbeschaffungsprogramm (1935) mit der Förderung öffentlicher Arbeiten (Wiederaufforstung, Hafen-, Straßenarbeiten) und die Erschließung neuer Industrien, Förderung kleinerer und mittlerer Gewerbe sowie der Landwirtschafts- und Rohstoffproduktion, Schaffung des Patronats zur Bekämpfung der Arbeitslosigkeit (13. 6. 1935), ein neues Arbeitsbeschaffungsgesetz (25. 6. 1935). Vgl. hierzu auch Balcells: Crisis, 125–41.

22 International Labour Office, The labour and trade union situation in Spain, Genf 1969.

23 Art. 1 der Verfassung der Spanischen Republik v. 9. 12. 1931, zit. nach der Übs. v. E. Simon, in: Georg Schwarzenberger: Die Verfassung der spanischen Republik, Königsberg o.J., 61.

24 Balcells: Crisis, 71.

25 Vgl.stellvertretend für andere Sektoren den Anstieg der Eisenerz-Produktion, in: Wirtschaftsdienst 1937, 799–801.

26 Bezeichnend für den Handelsrückgang sind die Zahlen der nordamerikanischen Handelsstatistik. Danach betrugen 1935 die spanischen Bezüge amerikanischer Waren 42 Mio $, während die USA für 20 Mio $ aus Spanien einführten. 1938 hatten sich diese Zahlen auf 12 bzw. 9 Mio $ reduziert. Nach Wirtschaftsdienst 1939, 621 f. Zum deutschen und britischen Handelsrückgang, vgl. Robert Sencourt: Spain's Ordeal, London 1938, 272–83. Zu den kriegsbedingten Wirtschaftsproblemen der ersten Monate vgl. auch: Problèmes politiques et économiques de la Révolution espagnole, RP v. 10. 10. 1936, 297–300.

27 Balcells: Crisis, 51 f. Vgl. auch El paro obrero de Cataluña, BdI v. 5. 1. 1937, 5; danach gab es im Baugewerbe 10 670, im Agrarsektor 7052 Arbeitslose. Die Arbeislosenzahlen sind allerdings nicht ganz genau, da von den 1068 katalanischen Gemeinden nur 964 Angaben machten.

28 Über $^2/_3$ der Getreideproduktion, 50% des Mais-, 90% des Zuckeranbaus, ein Großteil der Kartoffelproduktion erfolgten auf »nationalem« Gebiet. Die Republikaner kontrollierten 91,6% der Gesamtorangen- und 94,9% der Gesamtzitronenproduktion. Vgl. Bricall: Politica, 35. Vgl. auch Salas Larrazabal: Ejército Popular III, 2413–48, der nach den Angaben des Statistischen Jahrbuchs für 1934 das wirtschaftliche und nach den Angaben des Militärischen Jahrbuchs von 1936 das militärische Potential beider Lager zu Beginn des Bürgerkrieges gegenüberstellt.

29 Vgl. Rabasseire: España, 176f.

30 Prieto: Posibilismo, 79.

31 Nach Lucía M. Moreno Quintana: Política económica de la guerra civil española, Revista de economía argentina 37, 1938, 262–71, hier 267 notierte Anfang 1938 die republikanische Pesete mit 0,34 Francs, die nationale zwischen 1,75 und 1,85 Francs. Die Finanzpolitik des nationalen Lagers untersuchen Carlos Delclaux Oráa: Datos para el estudio de la financiación de nuestra última guerra (1936–1939), Boletín de

estudios económicos 23, 1951, 103–17, und John R. Hubbard: How Franco financed his war, JMH 25, 1953, 390–406.

32 Vgl. Wirtschaftsdienst 1937, 1243 f.

33 Higinio Paris Eguilaz: Die Währungspolitik während des spanischen Befreiungskrieges und ihre Auswirkung auf die spanische Volkswirtschaft, WWA 52, 1940, 330–57; vgl. auch ders.: La política económica durante la guerra española de 1936–1939, De Economía. Consejo Económico Sindical Nacional 82/83, 1964, 477–96.

34 Hierzu Ackermann: Spanien, 68–71.

35 Bricall: Política, 137.

36 Contra la carestía de las subsistencias, SO v. 26. 2. 1937, 5; s. hierzu auch El precio auténtico de la fruta y verduras, SO v. 20. 1. 1937, 10, wo auf einen 300–400%igen Unterschied zwischen dem »offiziellen« Marktpreis und dem Schwarzmarktpreis hingewiesen wird.

37 Bricall: Política, 93–96. Die Angaben schwanken je nach Quelle; genaue Statistiken sind nicht geführt worden. Nach Rundschau v. 4. 8. 1938, 1304 waren im Aug. 1938 600 000 Flüchtlinge in Barcelona. SATW sprach schon im Sept. 1937 von 1 Million Flüchtlingen in Katalonien; über 50% der Krankenhausbetten waren mit Nicht-Katalanen belegt. Zum Flüchtlingsproblem aus medizinisch-hygienischer Sicht vgl. Refugees in Catalunya, The New Statesman and Nation v. 23. 10. 1937, 638 f. Vor allem in den letzten Kriegsmonaten wurde die Lage immer schwieriger. Das geregelte Versorgungssystem der ersten Kriegsmonate war völlig zusammengebrochen, das Unterkunftsproblem konnte, auch in den kleineren katalanischen Ortschaften, nicht befriedigend gelöst werden. Vgl. hierzu u.a. Gorkin: Proceso.

38 Vgl. die Gründungsdekrete für beide Kommissionen in GdC: Conselleria d'Economia, Classificació industrial. Comissió reguladora de preus i salaris, o.O. (Barcelona) o.J. (1937).

39 Abad de Santillán: Guerra, 90, schätzt das aus katalanischen Banken unmittelbar vor dem Aufstand abgezogene Kapital auf 90 Mio Peseten.

40 Hierzu Misión y responsabilidad de los consejos de empresa y comités de control, LV v. 20. 3. 1937, 4; vgl. auch Sobre los comités de fábrica y de empresa y sobre las juntas técnicas, FS v. 27. 9. 1936, 9.

41 BdI v. 13. 8. 1936, 2. Pérez Baró: Meses, 161–82 beleuchtet anschaulich die Probleme, die sich im Zusammenhang der Kollektivierung aus der Verflechtung der katalanischen Wirtschaft mit ausländischem Kapital ergaben. Nach seinen Ausführungen hatten bis zum November 1938 insgesamt 103 Betriebe bei der katalanischen Regierung aufgrund von Eingriffen in ihre Eigentumsrechte Beschwerde eingelegt.

42 Lazarillo de Tormes: España, cuna de la libertad, Valencia 1937, 63.

43 BdI v. 27. 8. 1936, 1; vgl. auch SO v. 7. 8. 1936, 3.

44 Vgl. die Presse der ersten Monate, besonders die anarchistischen Organe; zahlreiche Einzelbeispiele bringt auch das Bulletin der CNT/FAI; einige Beschreibungen sind in RP enthalten; nach Semprún-Maura: Révolution, 97, haben die Arbeiter selbst – ohne Intervention der Gewerkschaften – drei Viertel der katalanischen Wirtschaft kollektiviert.

45 La CAMPSA de Cataluña ha sido colectivizada, BdI v. 13. 8. 1936, 3, 12; im folgenden sollen nur einige wenige Beispiele des vielfältigen Erscheinungsbildes der Industriewirtschaft nach dem 19. Juli 1936 gegeben werden. Die Beispiele erheben weder den Anspruch auf Vollständigkeit noch auf exemplarische Repräsentanz. Weitere Kollektivierungsbeispiele: zu Hispano Suiza (1400 Arbeiter, Herstellung von Fahrzeugen und Flugzeugmotoren) vgl. BdI v. 4. 8. 1936; zu Carbones de Berga

S.A. vgl. LV v. 25. 8. 1936, 2 (Regierungskontrolle); zu La Maquinista Terrestre y Marítima (600 Arbeiter, Herstellung von Lokomotiven und Dieselmotoren) vgl. BdI v. 5. 8. 1936; zu Vulcano (520 Arbeiter, Reparatur von Schiffen) vgl. BdI v. 12. 8. 1936; zu Girona (1500 Arbeiter, Herstellung von Eisenbahnzubehör) vgl. BdI v. 12. 8. 1936 (nur Arbeiterkontrolle); zu Metales y Platería Ribera (400 Arbeiter und Angestellte) vgl. BdI v. 15. 8. 1936; zu Kaufhaus El Siglo (314 Angestellte) vgl. SO v. 21. 8. 1936, 4; zu Ford Motor Ibérica vgl. SO v. 22. 8. 1936, 4 f. (nur Arbeiterkontrolle) und RP v. 25. 9. 1936, 282 f.; zu Asland (500 Arbeiter, Zementwerk) vgl. SO v. 11. 9. 1936, 7; zu Juncosa (Schokoladenfabrik) vgl. SO v. 30. 9. 1936, 5.

46 La obra constructiva de los obreros en el Fomento de Obras y Construcciones, BdI v. 3. 10. 1936, 7 f. Zur Kollektivierung der Bauindustrie in Torroella de Montgri vgl. BdI v. 17. 1. 1938, 2 f.

47 Industria de la construcción: Acuerdos de las dos centrales sindicales CNT y UGT para la colectivización general de dicha industria en Barcelona, BdI v. 13. 1. 1937, 4; vgl. auch Dictamen de la ponencia para la colectivización de la industria de la construcción, BdI v. 19. 1. 1937, 4 f.

48 Estatutos de la agrupación colectiva de la construcción de Barcelona aprobados en asamblea de conjunto entre los sindicatos de la construcción CNT y UGT, BdI v. 31. 3. 1937, 2 f.; v. 1. 4. 1937, 2 f.; v. 2. 4. 1937, 2 f.; v. 3. 4. 1937, 2 f.; v. 5. 4. 1937, 2–4.

49 Eine Übersicht über Werkstätten, Lagerhallen und Läden des sozialisierten Holzsektors in Barcelona gibt: Sindicato de la Industria de la Edificación, Madera y Decoración. Relación de los talleres, almacenes y tiendas confederales de la sección madera sozializada, o.O. o.J.; zur weitgehenden Nivellierung der Löhne in der Holzindustrie vgl. Socialization of the Wood Industry, SATW v. 21. 1. 1938, 3; im Juni 1937 hielten die katalanischen Gewerkschaften der Bau-, Holz- und Dekorationsindustrie ihren ersten Kongreß ab: Memoria del Primer Congreso Regional de Sindicatos de la Industria de la Edificación, Madera y Decoración, Pradial de 1937; nach dem Beschluß der CNT vom Februar 1937, so schnell wie möglich Industriegewerkschaften zu gründen, hatten die Sektionen Bau und Holz bereits im April einen Entwurf zum Aufbau der zukünftigen Industriegewerkschaft Bau, Holz und Dekoration vorgelegt: Informe que la Ponencia nombrada presenta a los trabajadores de la Sección Madera Socializada para su conocimiento y discusión, en la próxima Asamblea General de Sección, Barcelona 20. 4. 1937; zur Sozialisierung der Holzindustrie vgl. auch Semprún-Maura: Révolution, 97–102.

50 BdI v. 14. 8. 1936, 1.

51 Zu einer vergleichbaren Erscheinung in der deutschen Novemberrevolution vgl. Dieter Schneider u. Rudolf Kuda: Arbeiterräte in der Novemberrevolution, Frankfurt 1969. Im Gegensatz zu diesen hergebrachten Organisationsformen der deutschen Arbeiterbewegung, die sich bis zur Revolution an die Bedingungen der kapitalistischen Wirtschaft und des Klassenstaates hielten, verfolgten die anarchosyndikalistischen Vertrauensmänner in Spanien bei der Organisierung der zahllosen »revolutionären« Streiks eine system-transzendierende, strukturverändernde Intention.

52 Harold G. Greaves: A Soviet Spain?, Political Quarterly, 3, 7, 1936, 399–407, hier 405.

53 Zu Prat de Llobregat vgl. Lo que fue la Revolución de Julio. Un ejemplo de capacidad y sentido constructivo, Espoir v. 27. 7. 1975, 3 f.; zu Vallmoll, Pla de Cabra und Valls vgl. SO v. 31. 7. 1936, 4; zu Palafrugell und Cebrá vgl. SO v. 14. 8. 1936, 13; zu Ginestar vgl. SO v. 25. 8. 1936, 13; zu Caldas de Malavella vgl. SO v. 20. 9. 1936, 13;

zu Torroella de Montgri vgl. SO v. 16. 1. 1937, 9; zu Puigcerdá vgl. RP v. 25. 6. 1937, 615–20 und SATW v. 11. 8. 1937; zu Benicarló vgl. FS v. 8. 3. 1938, 3.

54 SO v. 7. 8. 1936, 3 f.

55 SO v. 4. 9. 1936, 10.

56 SO v. 11. 9. 1936, 12; vgl. auch LV v. 29. 9. 1936, 9.

57 Joan Fàbregas: Vuitanta dies al govern de la Generalitat, Barcelona 1937, 78.

58 Die Bedeutung der Spontaneität bei revolutionären Erhebungen und das Verhältnis von angestrebtem Endziel und Bewegung läßt eine Reihe interessanter Parallelen zwischen der Haltung der CNT und Rosa Luxemburgs Revolutionstheorie erkennen. Der Sieg des Sozialismus kann für R. Luxemburg nur aus dem bewußten Handeln der großen Mehrheit des Volkes hervorgehen; diese erforderliche Bewußtheit wird jedoch praktisch nur »Schritt für Schritt auf dem Golgathaweg eigener bitterer Erfahrungen durch Niederlagen und Siege«, theoretisch durch die aufklärerische Arbeit, d. h. durch die Entwicklung und Verbreitung von Klassenbewußtsein, erreicht. In der Unterordnung der organisatorischen Frage unter die erforderliche Klassenerkenntnis und Spontaneität sowie in der Forderung, die Mittel müßten dem Zweck entsprechen – diese dem Leninismus widersprechende »Präsenz des Ziels in den Mitteln« hat W. Harich zum Anlaß seiner »Abrechnung mit dem alten und dem neuen Anarchismus« genommen – treffen sich die Anschauungen R. Luxemburgs und der CNT; mit dieser Parallelisierung eines bestimmten Aspektes sollen die bedeutenden Unterschiede in den Revolutionskonzeptionen nicht verwischt werden. Zur Revolutionstheorie R. Luxemburgs vgl. neuerdings Jürgen Hentze: Aspekte der Revolutionstheorie Rosa Luxemburgs. Spontaneität, Aktion und Partei, in: Claudio Pozzoli Hg.: Jahrbuch Arbeiterbewegung Bd. 2, Frankfurt 1974, 33–48.

59 Kaminski: Barcelona, 171.

60 Rundschau v. 24. 12. 1936, 2297; vgl. auch Rundschau v. 7. 1. 1937, 27–31. Die gleichen Forderungen vertrat (ebenfalls im Dez. 1936) die UGT. Hierzu Pascual Tomás: La UGT, columna y base de la victoria, Valencia 1936, 15–21.

61 Rundschau v. 24. 3. 1937, 506.

62 Ruiz Ponsetí: Empreses, 21.

63 PCE. Nuestro programa y el de la CNT, 9.

64 Abad de Santillán: After the revolution, 122.

65 Rundschau v. 15. 4. 1937, 627.

66 Rundschau v. 26. 8. 1937, 1321–23.

67 Rundschau v. 12. 8. 1937, 121. Inhaltlich hiermit übereinstimmend die Beschlüsse des 3. UGT-Kongresses in Katalonien, Rundschau v. 25. 11. 1937, 1957 f.

68 Rundschau v. 12. 8. 1937, 1216. Die Forderung nach «persönlicher Leitung« und »voller Verantwortlichkeit« scheint an ähnliche Bestimmungen über Arbeiterkontrolle in der Russischen Oktoberrevolution angelehnt zu sein. Vgl. W. I. Lenin: Entwurf der Bestimmungen über die Arbeiterkontrolle, in: Lenin und Stalin über die Gewerkschaften. Ausgewählt und zusammengestellt von einer Kommission des Bundesvorstands des FDGB, Bd. 2, Berlin 1955, 7 f.

69 Als »unkontrollierbare Elemente« wurden von den Kommunisten alle ihre Gegner im republikanischen Lager bezeichnet. In den ersten Kriegsmonaten verstanden sie darunter primär die CNT- und FAI-Mitglieder; nach dem Mai 1937 wurde der Ausdruck immer häufiger auf die Komintern-feindlichen Kommunisten des POUM (»Trotzkisten«) angewandt. Minlos: Dorf, 64, faßt die Interpretation des PCE zusammen: »Unter ›unkontrollierbaren Elementen‹ *(incontrolados)* versteht man die Konterrevolutionäre, Faschisten, Provokateure, Spione, Trotzkisten, von denen

sich manche in die anarchistischen und anarcho-syndikalistischen Organisationen eingeschmuggelt haben und unter der Flagge dieser Organisationen ihre konterrevolutionäre Tätigkeit entfalten.«

70 Lo que el PC considera indispensable hacer para ganar la guerra. Resolución del Pleno ampliado del CC del PCE, 1937, 5 f.

71 Josep del Barrio: La tasca dels militants del PSU en el sindicat de cara a la guerra, o.O. (Barcelona) o.J. (1937), o.S.

72 Rundschau v. 2. 12. 1937, 1978.

73 Rundschau v. 16. 9. 1937, 1433 f. Ähnlich Jesús Hernández: El PC antes, durante y después de la crisis del gobierno Largo Caballero, o.O. 1937, 40–42.

74 Ignacio Hidalgo de Cisneros: Zur Rolle der Kommunistischen Partei Spaniens im national-revolutionären Krieg des spanischen Volkes, in: Interbrigadisten, 143. Nach Meinung des früheren Oberbefehlshabers der republikanischen Streitkräfte war der Massenzulauf, den der PCE im Herbst 1936 registrierte, auf die unmittelbare Bedrohung Madrids und den Verteidigungswillen »viele(r) patriotische(r) Spanier« (143) zurückzuführen; er selbst sei auch zu dieser Zeit in den PCE eingetreten. José Díaz: Spain fights on to victory, Labour Monthly, 20, 1938, 81–94, betonte hingegen, daß »the political awakening of the masses and their entry into the active political life of the country« (89) das rapide Wachstum verursacht habe.

75 Guerra y revolución II, 267.

76 Broué/Témime: Revolution, 284.

77 Puente: Comunismo, 2; vgl. auch BdI v. 27. 1. 1937, 4.

78 Diego Abad de Santillán: El organismo económico de la revolución. Cómo vivimos y cómo podríamos vivir en España, Barcelona 1936; engl. Ausg.: After the Revolution. Economic Reconstruction in Spain Today, New York 1937; neuerdings teilweise dt.: Der ökonomische Organismus der Revolution, in: Ökonomie und Revolution. Texte von Diego Abad de Santillán und Juan Peiró, Berlin 1975, 93–132.

79 Une lettre de Diego Abad de Santillan, in: Daniel Guérin Hg.: Ni dieu ni maitre, Lausanne o.J., 664.

80 Ebd.

81 A. Martínez, G. Suárez, B. Castillo, D. Abad de Santillán: Rapport du Syndicat des Arts Graphiques de Barcelone, Autogestion et socialisme 18/19, 1972, 103–11, dt. in: Ökonomie und Revolution, 133–41.

82 Ökonomie und Revolution, 94.

83 Ebd., 122.

84 Mariano R. Vázquez: Mirada retrospectiva. Un espejo de responsabilidad colectiva: la CNT, in: De julio a julio, 207.

85 SO v. 25. 9. 1936, 3–9; vgl. auch SO v. 8. 9. 1936, 3. Die Lokalföderation von Villanueva y Geltrú sprach sich auf dem Regionalkongreß allerdings gegen eine Nationalisierung und für die Kollektivierung der Banken aus. Das Plenum regionaler CNT-Organisationen wiederum plädierte für deren »Sozialisierung« (vgl. BdI v. 19. 9. 1936, 8).

86 Acuerdos del Pleno Económico Nacional Ampliado, Valencia 1938, 13–15.

87 SO v. 28. 10. 1936, 10.

88 Mariano Cardona Rosell: El Consejo Nacional de Economía: Su necesidad, su estructuración, sus objetivos, SO v. 18. 12. 1936, 4 und SO v. 19. 12. 1936, 4. Vgl. auch die weitere Detaillierung dieses Projekts in Cardona Rosells Ende Jan. 1937 gehaltener Rede: Aspectos económicos de nuestra Revolución, Barcelona 1937. Sechs Wochen später betonte auch der frühere CNT-Wirtschaftsminister Joan

Fàbregas: Los factores económicos de la Revolución española, Barcelona 1937 die Notwendigkeit eines Nationalen Wirtschaftsrates.

89 Weitere Kompetenzen des Nationalen Wirtschaftsrates hätten ihn zu einem zentralen Wirtschaftsregulierungsorgan werden lassen: Er sollte die Rationierung der Lebensmittel bestimmen, Preisregulierungen vornehmen, den Güterverteilungsmodus bestimmen, die industrie- und agrarwirtschaftlichen Veränderungen der Zukunft planen, Import und Export koordinieren, die nationalen Wiederaufbaupläne entwerfen und durchführen, »allmählich und auf revolutionärem Wege« das Eigentumsrecht ändern. Außerdem sollte der Wirtschaftsrat acht nationale Sonderkommissionen (Produktion, Konsum, Import und Handel, Agrarexport, Industrieexport, Energie, Kraftstoffe, Transport) einsetzen.

90 BdI v. 19. 9. 1936, 8.

91 Confederación Regional del Trabajo de Cataluña, 1–5 (IISG/1915 A).

92 FAI. Memoria del Pleno Peninsular de Regionales, celebrado los días 21, 22 y 23 de febrero de 1937, 22–25, 28 f. Die Regionalversammlung anarchistischer Lokalgruppierungen der Levante übernahm zwei Monate später dieses Gutachten. Vgl. FAI. Memoria del pleno regional de grupos. Celebrado en Alicante durante los días 11, 12, 13, 14 y 15 del mes de abril de 1937, o.O. (Valencia) o.J. (1937).

93 Juan López: Seis meses en el ministerio de Comercio, Valencia 1937.

94 Juan Peiró: De la fábrica de vidrio de Mataró al Ministerio de Industria, Valencia o.J. (1937).

95 »Man versteht unter ›Industrien unter Staatskontrolle‹ (industrias intervenidas) solche, in denen die Leitung und wirtschaftliche Verantwortlichkeit beim Unternehmer bleiben und der Staat die Geschäfte des Unternehmens entsprechend den Vorschriften dieses Dekrets überwacht. Unter ›staatlich beschlagnahmten Industrien‹ (industrias incautadas) versteht man solche, in denen die Leitung und wirtschaftliche Verantwortlichkeit auf die Leitungsorgane übergehen, die den Staat vertreten.« Art. 2 des Dekrets v. 22. 2. 1937, zit. nach Guerra y revolución II, 277. Am 10. 8. 1937 wurde das Dekret auf die Handelsunternehmen ausgedehnt.

96 Guerra y revolución II, 277f.

97 Daß es einer solchen Rechtfertigung bedurfte, war u.a. auch auf die Angriffe zurückzuführen, denen Peiró aus FAI-Kreisen ausgesetzt war. Nach FAI. Memoria del pleno regional de grupos, 95, forderte der Vertreter Alicantes auf der Versammlung anarchistischer Gruppierungen der Levante im April 1937 »eine Kampagne mit dem Ziel, diese Dekrete vollständig außer Kraft zu setzen oder teilweise zu modifizieren«.

98 Peiró: Fábrica, o.S.

99 Explizit bei Peiró: Fábrica.

100 Text: Peirats: CNT II, 222–24.

101 PCE. Nuestro Programa y el de la CNT, bes. 26–41; vgl. auch Rundschau v. 10. 6. 1937, 904.

102 Dictamen emitido por la ponencia nombrada por el Pleno Nacional de Regiones para tratar del tercer punto del orden del día, Valencia, 17. 9. 1937, 1–3 (IISG/1915 A).

103 Zur »Oligarchisierung« innerhalb der CNT s.u. S. 223.

104 Acuerdos del Pleno Económico Nacional, 33.

105 J. García Pradas: Delegados sindicales en las Empresas, in: Antifascismo, 124–26.

106 SO v. 12. 1. 1938, zit. nach Peirats: CNT III, 3.

107 In einer Adresse an den Regierungschef sprach das Plenum selbst von 694 Delegierten; an den drei Abstimmungen beteiligten sich 715, 718 bzw. 733 Abgeordnete; SO v. 18. 1. 1938 erwähnte über 800 Teilnehmer. Da die Sitzungsbe-

richte der Konferenz nie veröffentlicht worden sind, läßt sich die genaue Anzahl der Delegierten nicht feststellen. Die ausführlichste Quelle über diesen Kongreß stellt – außer den fragmentarischen Berichten in der anarchistischen Presse – die Veröffentlichung der auf dem Kongreß gefaßten Beschlüsse dar: Acuerdos del Pleno Económico Nacional Ampliado, Valencia 1938.

108 Hierzu Peirats: CNT III, 4; Richards: Enseñanzas, 199–206.

109 Richards: Enseñanzas, 206.

110 Die Informationen über die »Amigos de Durruti« sind sehr spärlich, da die Gruppe als linkssektiererische Organisation bald von CNT und FAI bekämpft wurde und ihre wenigen Publikationen im Untergrund vertreiben mußte. Vgl. zum folgenden vor allem die Schreiben von J. Baliús, Sekretär der »Amigos« und Leiter ihres Organs »El Amigo del Pueblo«, und E. Cerrveró, Delegierter der Milizgruppierung an der Aragonienfront und in der Ortschaft Gelsa, v. 25. 3. 1975 an den Verf. Vgl. auch Lorenzo: Anarquistas, 217–19 und Broué/Témime: Revolution, 341 f.

111 Schreiben v. J. Baliús v. 25. 3. 75 an den Verf.

112 Hacia una nueva revolución. Ed. por la agrupación »Amigos de Durruti«, o.O. o.J. (1937?).

113 Schreiben v. E. Cerrveró v. 25. 3. 1975 an den Verf.

114 Nach kommunistischen Angaben wurden die »Amigos de Durruti« noch im Juni 1937 aufgelöst. Vgl. Rundschau v. 24. 6. 1937, 964. Die Führer der Gruppe waren bereits auf dem CNT-Nationalkongreß im Mai 1937 aus der anarcho-syndikalistischen Organisation ausgeschlossen worden. Hierzu BdI v. 1. 6. 1937, 3.

115 Eine monographische Darstellung des Verhältnisses beider Gewerkschaftszentralen zwischen 1910 und 1939 steht noch aus. Sie müßte die Frage nach der regionalen und beruflichen Differenzierung der Gewerkschaftsmitglieder ebenso thematisieren wie den Einfluß des PSOE bzw. der FAI (seit 1936 auch des PCE) auf das wirtschaftliche und soziale Programm von UGT und CNT, die Bedeutung der anarcho-syndikalistischen Haltung für die Radikalisierung der UGT-Postulate in der ersten Hälfte der dreißiger Jahre und – ab Juli 1936 – die Rückwirkung der praktischen Zusammenarbeit von CNT- und UGT-Arbeitern in Hunderten von gemeinsam verwalteten Kollektivbetrieben auf die Gewerkschaftsleitung. Eine Dokumentensammlung zur Entwicklung des Verhältnisses zwischen beiden Gewerkschaften wurde gegen Ende des Bürgerkrieges herausgegeben: D. Abad de Santillán: Antecedentes, bases y objetivos de la alianza CNT-UGT, Barcelona 1938.

116 Zu den gemeinsamen Aktionen während des Ersten Weltkriegs und dem »revolutionären Generalstreik« von 1917 vgl. (aus sozialistischer Sicht) Andrés Saborit: La Huelga de Agosto de 1917, México 1967; (aus anarchistischer Sicht) Diego Abad de Santillán: Contribución a la historia del movimiento obrero español, Bd. 2, Puebla 1965, 130–51; zusammenfassend Jacinto Martín: Huelga general de 1917, 3. Aufl. Madrid 1971; das anarchistische Programm bei Brenan: Laberinto, 268 f. (in der engl. Ausg. nicht enthalten). Zu der zunehmenden Spannung zwischen CNT und UGT nach 1918 vgl. Manuel Buenacasa: El movimiento obrero español, Paris 1966, 59–92. Zur CNT-UGT-Zusammenarbeit 1934 vgl. Ignotus: El anarquismo en la insurrección de Asturias, Valencia 1935.

117 Memoria de la Conferencia Regional Extraordinaria, zit. nach Peirats: CNT I, 110.

118 El Congreso Confederal de Zaragoza, 187 f.; s.o. S. 40ff.

119 Zur Verschiebung im Kräfteverhältnis UGT–CNT und den neuen geographischen und sozialen Abgrenzungslinien zwischen beiden Gewerkschaftszentralen vor Kriegsausbruch vgl. Broué/Témime: Revolution, 79–81.

120 Text: Peirats: CNT I, 193.

121 BdI v. 19. 9. 1936, 8; s.o. S. 155.
122 SO v. 23. 10. 1936, 1; GdC: Presidencia, Communicat de Premsa (dt. Ausg.) v. 24. 10. 1936, 2 f.; BdI v. 23. 10. 1936, 7; DAS: CNT, 27 f.; FS v. 23. 10. 1936, 7; vgl. auch die Paraphrase des Abkommens in: SO v. 24. 10. 1936, 1; als reinen Sieg der Kommunisten wertet das Abkommen Richards: Enseñanzas, 81 f.
123 Vgl. Lorenzo: Anarquistas, 105 f.
124 Franz Heller (= Pseud. für Paul Thalmann): Für die Arbeiter-Revolution in Spanien, Zürich 1937, 26. Vgl. auch S. 25 die Erklärung der politischen Naivität der Anarchisten.
125 Ebd., 28.
126 Text: Peirats: CNT I, 233 f.
127 Acuerdo de la UGT y CNT para la colectivización de la construcción en Barcelona, in: Peirats: CNT I, 334 f.
128 FAI. Memoria del Pleno Peninsular de Regionales, celebrado los días 21, 22 y 23 de febrero de 1937, 35 f.
129 Memoria Madrid 1937, 61–67.
130 BdI v. 1. 6. 1937, 3.
131 BdI v. 30. 7. 1937, 6.
132 Vgl. das treffende Urteil des Vertrauten von Largo Caballero und (seit Sept. 1936) republikanischen Botschafters in Paris, Luis Araquistáin: Socialism and communism in Spain, in: Nathanael Greene Hg.: European Socialism since World War I, Chicago 1971, 117–34; s. auch Largo Caballero: Memorias, 225 f.
133 Vgl. einige der zahlreichen Aufrufe zur Gewerkschaftseinheit in Rundschau v. 28. 7. 1936, 1273; Rundschau v. 21. 1. 1937, 87; Rundschau v. 27. 5. 1937, 846; Rundschau v. 8. 7. 1937, 1045; Rundschau v. 16. 9. 1937, 1433 f.; Rundschau v. 30. 9. 1937, 1499 f. Juan Comorera: El camino del Frente Popular Antifascista es el camino de la victoria, o.O. o.J. (1937), 26. Zur Übernahme durch die CNT s. Dictamen emitido por la ponencia nombrada por el pleno nacional de regiones para tratar del tercer punto del orden del día, 1 (IISG/1915 A).
134 Das Mitglied des PCE-Politbüros, A. Mije (Leiter der Organisationsabteilung im Generalkriegskommissariat, Mitgl. der Verteidigungsjunta von Madrid, seit Dez. 1937 Generalkommissar) betont diesen Aspekt; für ihn förderte das am 18. 3. 1938 unterzeichnete CNT-UGT-Abkommen »nicht nur den Zusammenschluß des spanischen Volkes, sondern es erleichtert auch in bedeutendem Maße die Aufgabe der Schaffung einer einheitlichen Partei des Proletariats Spaniens«. Rundschau v. 4. 5. 1938 (Sondernummer Spanien), 793.
135 Cattell: Communism, 128.
136 Vgl. Guerra y revolución III, 409 f.
137 Zum Verhandlungsverlauf vgl. Lorenzo: Anarquistas, 234–37. UGT-Entwurf: Un programa de acción común que presenta la UGT, SO v. 10. 2. 1938, 2; CNT-Gegenentwurf: Respuesta pública a las bases para la discusión de un programa de acción con la CNT que presentó a la misma la UGT, SO v. 13. 2. 1938, 2; der CNT-Text war von der Zensur um 20 Zeilen gekürzt worden; Text des Abkommens: Peirats: CNT III, 36–41; das Abkommen für Katalonien: Pacto de unidad de acción entre la CNT y la UGT en Cataluña, SO v. 20. 4. 1938, 2. Vgl. auch die Zusammenfassung des UGT-Entwurfs in Rundschau v. 17. 2. 1938, 215 f.
138 Zum agrarwirtschaftlichen Teil dieses Abkommens s.o. S. 74.
139 Rundschau v. 17. 3. 1938, 508; ähnlich Rundschau v. 9. 6. 1938, 1023–25.
140 Martínez Prieto: Posibilismo, 77.
141 Die schwankend-widersprüchliche Position der Anarcho-Syndikalisten wird

besonders deutlich, wenn man ihre theoretisch-programmatischen Erklärungen mit ihren praktischen Realisierungen konfrontiert. Zwei Monate, bevor sie im Juli 1937 der UGT ein umfangreiches Kommunalisierungs- und Nationalisierungsprogramm als Diskussionsbasis unterbreiteten, wiesen sie in ihrem Bulletin darauf hin, daß »die Systeme der Nationalisierung und Kommunalisierung der Arbeit in der Praxis gescheitert sind ... Die Arbeiter können und dürfen weder die Nationalisierung noch die Kommunalisierung von Fabriken und Betrieben akzeptieren, denn wenn sie die Ausbeutung durch den Unternehmer abgeschafft haben, dürfen und können sie nicht die Ausbeutung durch den Staat oder die Gemeinde akzeptieren«. BdI v. 4. 5. 1937, 4. Ein weiteres Beispiel: Als anarchistische Minister längst in der Regierung saßen und staatliche Verordnungen erließen, bekräftigten CNT und FAI nach wie vor ihre traditionelle Regierungs- und Staatsfeindschaft.

142 SO v. 20. 2. 1938, 4. vgl. die engl. Übs.: On labor unity in Spain, Socialist Review VI, 6, 1938, 17f.

143 Zit. nach Richards: Enseñanzas, 214.

144 Bricall: Política, 233–38.

145 Noch am 12. 9. 1936 verkündete J. Fàbregas, der zwei Wochen später als Vertreter der CNT katalanischer Wirtschaftsminister wurde, die traditionelle anarcho-syndikalistische Linie: »Syndikalistische Produktion und genossenschaftliche Distribution stellen die zwei großen Leitlinien unseres Experiments dar«. SO v. 12. 9. 1936, 5.

146 Einige der wichtigsten Dekrete des 1. Kriegsmonats: Einführung der 40-Stunden-Woche (BO v. 26. 7. 1936); allgemeine Lohnerhöhung um 15 % (BO v. 26. 7. 1936); Einsetzung eines Lohnregulierungskomitees (BO v. 26. 7. 1936); Strafbestimmungen bei Übertretung der neuen Wirtschaftsverordnungen (BO v. 26. 7. 1936); Staatskontrolle über alle Genossenschaften und Versicherungs-Gesellschaften (BO v. 30. 7. 1936); Zwangsherabsetzung aller Mieten (BO v. 31. 7. 1936); Ernennung von Regierungskontrolleuren in Industrie-Unternehmen (BO v. 12. 8. 1936); Einsetzung der Kriegsindustrie-Kommission (BO v. 12. 8. 1936); Beschlagnahme, Kontrolle oder Besetzung verschiedener Fabriken (BO v. 12. 8. 1936); Verbot der Preiserhöhung in verschiedenen Branchen (BO v. 13. 8. 1936); Verbot der Herstellung von Kriegsmaterial ohne Genehmigung der Kriegsindustrie-Kommission (BO v. 14. 8. 1936). Ende 1936 gab die Generalitat in versch. Sprachen ein Resümee der Dekrete heraus, »which go beyond the limits of the Statute as it existed at the time of the uprising« (S. 7): J. G. Martin: Political and social changes in Catalonia during the Revolution. Edited by the Generalitat de Catalunya, Barcelona 31. 12. 1936. Vgl. auch Margaret Stewart: Reform under Fire. Social Progress in Spain 1931–1938, London o.J. (1938). Zur Wirtschaftspolitik der neuen katalanischen Regierung von Ende Sept. 1936 vgl. SO v. 29. 9. 1936, 3. Unergiebig: Carlo Corti: L'economia spagnola durante e dopo la guerra civile, Rivista internazionale di scienze sociali, 1939, 914–33.

147 Fàbregas: Dies, 90.

148 BdI v. 14. 6. 1937, 2–5; BdI v. 15. 6. 1937, 2–5; vgl. auch SO v. 4. 6. 1937, 6.

149 BdI v. 3. 6. 1937, 2–5; BdI v. 4. 6. 1937, 2–5; J. López warf den Volksfrontparteien außer Sabotage der Revolution »passive Verteidigung des kapitalistischen Privilegs« vor.

150 SO v. 29. 8. 1936, 10; hierzu J. Peiró in: SO v. 15. 8. 1936, 15. Die allgemeine Mietreduzierung wurde unterschiedlich aufgenommen. Während in SO v. 29. 7. 1936, 1, für die Arbeitslosen der Null-Miettarif gefordert wurde, verlangte SO v. 8. 8. 1936, 3, eine allgemeine Mietherabsetzung um 50%.

151 Fàbregas: Dies, 133–42.
152 SO v. 25. 5. 1937, 4; SO v. 26. 5. 1937, 2; SO v. 27. 5. 1937, 2; SO v. 29. 5. 1937, 2; vgl. auch SO v. 22. 4. 1937, 2; SO v. 23. 4. 1937, 2.
153 Die bedeutendste der geplanten »Regulierungs-Instanzen« war die Industrie- und Handels-Kreditkasse; bis Mai 1937 waren bereits verschiedene staatliche Organe geschaffen, z.B. die »Conferencia para el Aprovechamiento de las Riquezas Naturales de Cataluña« (CAIRN), die sich eine optimale Nutzung der natürlichen Ressourcen zum Ziel setzte, und verschiedene »Technische Kommissionen« (Bauxit, Aluminium, Elektrifizierung, Textilfaser, Substitutions-Rohstoffe etc.), die bestimmte Wirtschaftszweige leiten sollten.
154 GdC: Comunicat de Premsa v. 16. 1. 1937, 2f.
155 Zit. nach GdC: Comunicat de Premsa v. 9. 12. 1936, 1.
156 L'obra normativa de la Generalitat de Catalunya, Barcelona 1937. In dieser Broschüre befaßte sich die Regierung besonders mit finanzpol. Problemen, die infolge der ausgefallenen Steuereinnahmen entstanden waren, verteidigte die 58 Finanzdekrete v. 18. 1. 1937, die der Generalitat die dringend erforderlichen Mittel verschaffen sollten, betonte die zur Behebung der Arbeitslosigkeit gewährten Staatskredite und rechtfertigte die zentralisierte Unterstellung aller im weiteren Sinne kriegswichtigen Sektoren unter das Verteidigungsressort. Das Dokument verdient auch deshalb besonderes Interesse, weil es – als offizielle Stellungnahme der katalanischen Regierung – die Kriegsziele der Generalitat enthält: Angestrebt würde eine »tatsächliche demokratische Republik«, ein »neues System« (S. 7), eine »Umwertung der Werte« (S. 8). Die Regierung ließ keinen Zweifel daran, daß sie die Abschaffung der »kapitalistischen Klassenverhältnisse« anstrebte. In dem Ziel einer »Föderation sozialistischer Republiken Iberiens« (S. 8) sei sie sich selbst mit den Anarchisten einig. – Zur gleichen Zeit, zu der sie die Abschaffung des Kapitalismus zu ihrem Ziel erklärte, sprach sich die »Esquerra« im Wirtschaftsrat für eine restriktive Interpretation des Kollektivierungsdekrets aus, durch die eine weitere Ausdehnung der Kollektivierungsbewegung verhindert werden sollte.
157 Ebd., 11.
158 Gaceta de Madrid v. 27. 7. 1936, zit. nach Fernando Díaz-Plaja: La guerra de España en sus documentos, Barcelona 1969, 32f.
159 Vgl. zu folgendem Guerra y revolución II, 66–68; III, 269–71.
160 Guerra y revolución I, 271.
161 A. Capdevila: Brief v. 20. 9. 1975 an den Verf.
162 Fàbregas: Dies, 78.
163 Auch in Valencia war für die Levante ein Wirtschaftsrat gegründet worden, dessen Einflußbereich jedoch nicht über die Provinz Valencia hinausging. Der aus Vertretern der CNT und UGT gebildete Rat dekretierte die Kollektivierung aller Unternehmen, die mehr als 50 Arbeiter beschäftigten, sowie jener Landwirtschaftsbetriebe, die vom Eigentümer und seinen Angehörigen nicht direkt bewirtschaftet werden konnten. Der Wirtschaftsrat machte auf dem Land die Gründung von Genossenschaften zur Pflicht; kleine Eigentümer durften ihren Boden zwar weiterhin individuell bewirtschaften, die Agrarprodukte aber mußten an die Genossenschaft verkauft werden, die 10% der Überschüsse in einen Ausgleichsfonds einbezahlte und 90% an die Produzenten im Verhältnis zu den von ihnen abgelieferten Gütern verteilte. Die vom Rat erlassenen Anordnungen scheinen nur selten befolgt worden zu sein. Vgl. Noja Ruiz: Labor, bes. 7–16; nach Fàbregas: SO v. 25. 9. 1936, 3, war der katalanische Wirtschaftsrat Vorbild für den valencianischen; zur Bedeutung des Wirtschaftsrates aus anarcho-syndikalistischer Sicht vgl.

auch SO v. 16. 8. 1936, 3; SO v. 20. 8. 1936, 6; SO v. 25. 8. 1936, 6; SO v. 12. 9. 1936, 5; SO v. 13. 9. 1936, 11; SO v. 18. 9. 1936, 6.

164 Text des Gründungsdekretes: BO v. 14. 8. 1936, 1050; s. auch Peirats: CNT I, 191; Ruiz Ponseti (PSUC-Mitglied des Wirtschaftsrates) umriß die Aufgaben desselben: »Der Wirtschaftsrat war eine Zusammenfassung aller Bestrebungen und eine Konkretisierung der Umwälzung, die alle Arbeiter erreichen wollten. Die erste Aufgabe bei der Gründung des Wirtschaftsrates war die Erstellung von Normen, die es erlaubten, gleichzeitig den Bürgerkrieg und die Revolution zu einem siegreichen Ende zu bringen. Man akzeptierte die Gleichzeitigkeit der Ziele, da die Umstände es erforderten«. SO v. 8. 12. 1936.

165 Fàbregas: Dies, 30.

166 Dekret v. 11. 8. 1936, BO v. 14. 8. 1936, 1050; in Klammern die Zusammensetzung im Okt. 1936 nach: Conselleria d'Economia: Octubre 1936, Nr. 1, 13. Vgl. auch Lorenzo: Anarquistas, 94–96. Vorsitzender war der jeweilige Wirtschaftsminister; »um aber den Sitzungen der Regierung beiwohnen zu können, ernannten alle Wirtschaftsminister einen ›Delegierten Vorsitzenden‹, der im Namen des Ministers die Sitzungen des Wirtschaftsrates leitete« (A. Capdevila, Brief v. 20. 9. 1975 an den Verf.). Delegierte Vorsitzende waren A. Capdevila, J. Presas, J. Viadiu und M. Serra i Moret.

167 Zit. nach Pérez-Baró: Mesos, 59.

168 SO v. 20. 8. 1936, 6; Fàbregas: Dies, 34 f.; vgl. auch Jellinek: Civil War, 583; DAS: CNT, 32; BdI v. 27. 8. 1936, 6 f.

169 Dieser Programmpunkt wurde als erster durch das Zwangssyndikalisierungsdekret vom 27. 8. 1936 realisiert; s. o. S. 85 ff.

170 Dieser Programmpunkt wurde – allerdings erst nach insistierendem Einsatz der anarchistischen Vertreter – durch das Kollektivierungsdekret v. 24. 10. 1936 realisiert. Hierzu: Memoria del Congreso Regional de Campesinos de Cataluña, Sept. 1936, 16.

171 »Der Wirtschaftsrat ist ein unverfälscht aus der Revolution hervorgegangenes Organ«: Fàbregas in SO v. 25. 8. 1936, 6. Ähnlich in SO v. 16. 8. 1936, 3 und SO v. 8. 9. 1936, 3.

172 Abad de Santillán: Guerra (1975), 97.

173 Fàbregas: Dies, 37.

174 Vgl. Pérez-Baró: Mesos, 118.

175 Gründungsdekret v. 10. 11. 1937: Caixa de Crèdit Industrial i Comercial: Decret de Creació de la Caixa de Crèdit Industrial i Comercial, Barcelona 1937.

176 Art. 39 des Dekrets v. 30. 1. 1937; s. u. S. 182 f. Vgl. auch die Funktion der CCIC in den Dekreten über die Industrie-Gruppierungen (30. 1. 1937) und die Generalräte der Industrie-Branchen (9. 7. 1937).

177 Nach Bricall: Política, 48.

178 Nach Art. 1 Abs. 4 des Dekrets v. 10. 11. 1937 bildeten den »Führungsrat« der Wirtschaftsminister (Vorsitzender), ein vom Finanzminister ernannter Vizepräsident, je zwei vom Wirtschafts- bzw. Finanzminister ernannte Techniker, 4 Vertreter der Generalräte der Industrie-Branchen (von denen zumindest 2 Mitglieder von Betriebskomitees sein mußten), 2 Bankkaufleute (von denen je einer der CNT bzw. der UGT angehören mußte) und 1 Mitglied des Permanenten Industrie-Komitees. Die Überprüfungskommission bestand (nach Art. 1 Abs. 5 Dekret v. 10. 11. 1937) aus je einem Delegierten des Wirtschafts- und des Finanzministeriums sowie des Generalrats für Handel und Kredit.

179 Nach Art. 1 Abs. 9 Dekret v. 10. 11. 1937 sollten 20 % (später 10 %) der Überschüsse

der CCIC als Reserve zurückgelegt, 10% unter den Mitarbeitern des Instituts aufgeteilt und 70% (später 80%) an die Regionalregierung überwiesen werden.

180 Zum folgenden Peiró: Fábrica.

181 Fàbregas: Dies, 80.

182 Ebd., 79f.

183 Vgl. den Text des »Dekret(s) zur Kollektivierung der Industrie- und Handelsunternehmen sowie der Kontrolle der Privatunternehmen« katalanisch und span. in »Decret de Collectivitzacions i Control Obrer, Conselleria d'Economia, Generalitat de Catalunya«, Okt. 1936; wiederabgedruckt (katalanisch) bei Joan Fàbregas: Els factors econòmics de la revolució, Barcelona 1937, 125–53 (mit den Zusatzbestimmungen v. 31. 10. 1936) und Pérez-Baró: Mesos, 228–36, span. (fehlerhaft) bei Peirats: CNT I, 340–45; neuerdings dt. (weitgehend ungenau, mangel- und lückenhaft übs.) bei Gerlach/Souchy: Revolution, 56–63. Zur Entstehungsgeschichte des Dekrets vgl. Pérez-Baró: Mesos, 64–69. Das Dekret wurde erst nach langen Auseinandersetzungen zwischen den Parteien und den Gewerkschaften angenommen (nach Fàbregas: SO v. 28. 10. 1936, 13, entsprach die endgültige Fassung des Dekrets dem von ihm ausgearbeiteten Projekt). Die Hauptopposition kam vom Republikaner J. Tarradellas und dem kommunistischen PSUC. Die kleinbürgerliche Esquerra trat für die Interessen des katalanischen Mittelstandes ein, während die Kommunisten für eine Verstaatlichung der Firmen plädierten. In nichtkollektivierten Unternehmen wollten sie die Arbeiterkontrollkomitees nur als beratende Komitees zulassen, die der Betriebsdirektion lediglich zur Seite stehen sollten. Vgl. auch die Paraphrase des Gesetzestextes zur Erläuterung der Bestimmungen in SO v. 3. 11. 1936, 4.

184 J. Oltra Picó: El POUM i la collectivització d'indústries i comerços, Barcelona 1936, 4f.

185 Ebd., 10. Vgl. auch das Plädoyer für das Kleinbürgertum bei Ramón Fuster: Els agrupaments industrials i comercials, Barcelona o.J., 5–14.

186 Joan Fronjosa: La missió dels treballadors i la dels sindicats en la nova organització industrial, Barcelona 1937, 15f.

187 Zum Entgegenkommen gegenüber den Mittelschichten vgl. SO v. 16. 11. 1936, 1; zur entgegengesetzten Aufforderung an das Kleinbürgertum, »sich den sozialen und ökonomischen Veränderungen der Arbeiterklasse anzupassen«, vgl. Oltra Picó: POUM, 9.

188 Da das Kollektivierungsdekret nur für katalanisches Gebiet Gültigkeit hatte, konnten – falls die Zentrale eines Unternehmens außerhalb Kataloniens lag – nur die auf katalanischem Boden liegenden Filialen kollektiviert werden. L'Aplicació del Decret de Collectivitzacions i Control Obrer, Barcelona 1937, 29.

189 Vgl. Oltra Picó: POUM, 6.

190 Die durch das Dekret geschaffenen Kontrollkomitees in nichtkollektivierten Betrieben sind nicht mit den bis dahin als Selbstverwaltungsorgane spontan kollektivierter Unternehmen fungierenden Kontrollkomitees identisch. Die bis zum 24. 10. 1936 bestehenden Kontrollkomitees entsprachen vielmehr den im Kollektivierungsdekret als Fabrikkomitees legalisierten Verwaltungsorganen (hierzu SO v. 28. 10. 1936, 13). Die Textilgewerkschaft Badalonas hatte (SO v. 20. 9. 1936, 13) den Kontrollkomitees in spontan kollektivierten Unternehmen Verwaltungsrichtlinien an die Hand gegeben, die kurz darauf (SO v. 2. 10. 1936, 6) von einer Syndikats-Vollversammlung der Textilindustrie Kataloniens bestätigt und z. T. erweitert wurden und die weitgehend den Kompetenzen der Fabrikkomitees nach den Bestimmungen des Dekrets vom 24. 10. 1936 entsprachen.

191 Die Bedingungen für das passive Wahlrecht zu den Betriebsräten wurden erst in einem Dekret vom 6. 8. 1937 (DO v. 15. 9. 1937, 1116 f.) festgelegt; danach mußte jedes Mitglied des Betriebsrates eines kollektivierten Unternehmens spanischer Staatsbürger, volljährig (21 Jahre) und mindestens ein Jahr Betriebsangehöriger sein.

192 In Betrieben mit mehr als 500 Arbeitern oder einem Kapital von mehr als 1 Mio. P. sowie in den Unternehmen, die an der Produktion von Kriegsmaterial beteiligt waren, mußte der Wirtschaftsrat die Ernennung des Direktors genehmigen. Dieser konnte (mußte aber nicht) dem Betriebsrat angehören, dessen Sitzungen er jedoch in jedem Fall beizuwohnen hatte.

193 Treball v. 1. 12. 1937, 2.

194 Ruiz Ponseti: Empreses, 9.

195 Das der Belegschaft zugedachte Geld wurde häufig für die im Gesetz vorgesehenen Entschädigungszahlungen an ausländische Besitzer kollektivierter Unternehmen verwendet.

196 DO v. 1. 12. 1936, 806.

197 DO v. 5. 2. 1937, 588–91.

198 In der pro-kommunistischen UGT-Auslegung des Zusatz-Dekretes vom 28. 11. 1936 wird den Gewerkschaften ausdrücklich das Recht abgesprochen, Kollektivierungen ganzer Industriebranchen vorzunehmen. Sie seien nur berechtigt, »ihren Mitgliedern Orientierungshilfen zu geben und ihnen möglichst viele Erleichterungen ... zu verschaffen«. L'Aplicació, 44 f.

199 Die am 26. 12. 1936 geschaffenen 14 Industrie-Branchen waren: Brennstoff; Metall; Textilien; Ernährung; Landwirtschaftliche Industrien (am 23. 2. 1938 mit der Ernährungsindustrie zu einer Branche zusammengefaßt); Chemie; Bauindustrie; Druck; Transport; Elektrizität und Gas; Post; Bewässerung; Hygiene und Gesundheit; Handel, Kredit und Versicherungen. Vgl. Cerdá y Richart: Empresas, 35–37.

200 Die juristischen Probleme der vor Erlaß des Dekrets gebildeten Unternehmen-Gruppierungen behandelt Bricall: Política, 219–28.

201 Pérez-Baró: Mesos, 95.

202 Antonio Pérez de Olaguer: El terror rojo en Cataluña, Burgos 1937, 62; Leval: Espagne, 80. Im Januar 1937 wies Ricard Piqué Battle: L'aspecte economico-comptable de la colectivització́n, Barcelona 1937, 15 darauf hin, daß in Katalonien am 19. Juli 1936 mindestens 50% der Betriebe Defizite hatten und in nahezu allen Betrieben erhebliche Mängel in der Buchführung zu verzeichnen waren. Er empfahl, vor der Kollektivierung eines Betriebes den »Grad an Rentabilität, die wirtschaftliche und finanzielle Situation und die Entwicklungsmöglichkeiten« (S. 17) zu überprüfen und nicht aus revolutionärem Übereifer die Kollektivierung sämtlicher Betriebe anzustreben.

203 Fàbregas: Dies, 82.

204 GdC, Conselleria d'Economia: Butlleti trimestral, Nr. 2, Januar 1937. In einer Rede vor Fabrikräten übte der Anarchist J. Giménez, Mitglied des Rats für gewerkschaftliche Wirtschaftskontrolle, Kritik an der Nichtbefolgung des Kollektivierungsdekrets; er wies darauf hin, daß Konzentration der Industrie-Unternehmen und Respektierung des kleinbürgerlichen Eigentumsdenkens die Gebote der Stunde seien. Der Kritiker wandte sich vor allem gegen den Versuch der Gewerkschaften, ihre (oftmals dogmatischen) Vorstellungen gegen den Willen der Fabrikräte in den Betrieben durchzusetzen.

205 Els agrupaments industrials i comercials, Einleitung v. R. Fuster, 9.

206 DO v. 11. 3. 1937, 1054 f.; vgl. auch GdC: Comunicat de Premsa (dt. Ausg.) v. 17. 3. 1937, 3 f.

207 Der am 29. 10. 1936 (DO v. 31. 10. 1936, 421) geschaffene »Rat für gewerkschaftliche Wirtschaftskontrolle« *(Junta del Control Sindical Econòmic de Catalunya)* setzte sich aus je drei CNT- und UGT-Mitgliedern zusammen; den Vorsitz führte ein Regierungsvertreter. Der Rat war für die Einhaltung des Kollektivierungsdekretes und die Lösung der im Zusammenhang mit seiner Anwendung auftretenden Probleme verantwortlich. Im einzelnen gehörte zu seinem Aufgabenbereich (u. a.): Erledigung aller für eine Kollektivierung erforderlichen Präliminarien; Aushändigung der notwendigen Unterlagen an Kontroll- und Betriebskomitees; Legalisierung aller kollektivierten Unternehmen und der Arbeiterkontrollkomitees in Privatbetrieben (Verordnung v. 31. 10. 1936, DO v. 3. 11. 1936, 450–52). Der Rat für gewerkschaftliche Wirtschaftskontrolle wurde noch 1936 durch die Legalisierungs-Abteilung des Wirtschaftsministeriums *(Negociat de Legalitzacions del Departament d'Economia)* ersetzt. Vgl. auch l'Aplicació, 49–61. Der Rat war bereits als eine Unterabteilung der am 2. 10. 1936 als Sonderressort des Wirtschaftsministeriums eingerichteten Generaldirektion für Industrie und Handel vorgesehen. Hierzu Fàbregas: Dies, 105–109.

208 Vgl. Bricall: Política, 214.

209 DO v. 3. 11. 1936, 450–59. Auch die Gewährung von Staatskrediten, auf die eine Großzahl von Unternehmen angewiesen war, diente der Generalitat als Druckmittel, um die Betriebe dem Kollektivierungsdekret – und damit staatlicher Kontrolle – zu unterwerfen.

210 Die Regierung konnte auf eine Verordnung des (früheren) ERC-Wirtschaftsministers J. Tarradellas v. 28. 8. 1936 (DO v. 23. 9. 1936, 1578–84) zurückgreifen, in der – fast zwei Monate vor Erlaß des Kollektivierungsdekrets – bereits die Bedingungen für die Ernennung von Arbeiterkontrollkomitees aufgestellt worden waren.

211 Dekret v. 30. 1. 1937, DO v. 11. 3. 1937, 1057–59.

212 BdI v. 30. 11. 1936, 2 f.

213 Fronjosà: Missió, 14.

214 Vgl. Cerdá y Richart: Empresas, 18–21.

215 Cerdá y Richart: Empresas beschreibt die bürokratischen und technischen Implikationen der Kollektivierungs-Gesetzgebung. Den betriebswirtschaftlichen Aspekt und die Probleme der Buchführung hebt hervor Piqué Batlle: L'aspecte.

216 GdC: Comunicat de Premsa v. 17. 3. 1937, 5.

217 Fàbregas: Dies, 83. Besonders verhängnisvoll für den republikanischen Handel wirkte sich die nationalistische Blockade aus; zu den Problemen an der Mittelmeerküste zwischen Almería und der französischen Grenze vgl. Wirtschaftsdienst 1937, 1684.

218 Mit Dekret v. 25. 5. 1937 wurde der Eintrag kollektivierter Unternehmen ins Handelsregister verpflichtend gemacht; dadurch wurden die Kollektivbetriebe »als juristische Personen Nachfolger« der früheren kapitalistischen Unternehmen. Conselleria d'Economia: Registre Mercantil. Decret regulant la inscripció i ordre dictant normes complementaries, Barcelona 1937.

219 Nach einer Verordnung v. 23. 6. 1938 ging das Vorschlagsrecht auf den Betriebsrat über.

220 BO v . 12. 8. 1936, 1025.

221 DO v. 28. 8. 1936, 1229; LV v. 25. 8. 1936, 3.

222 DO v. 11. 3. 1937, 1057–59.

223 DO v. 9. 4. 1938, 135 f.

224 DO v. 23. 11. 1937, 805.
225 DO v. 13. 7. 1937, 156–59.
226 Juan Peiró: Problemas y cintarazos, Rennes 1946, 224.
227 Gegen Pérez-Baró: Mesos, 109.
228 Zu Barcelona: BdI v. 19. 11. 1937, 3; zu Valencia: BdI v. 9. 12. 1937, 2f.
229 Zu dem selbstbewußten Auftreten der Angestellten im Gaststättengewerbe vgl. (u. a.) A. Guardiola: Barcelona en poder del soviet (el infierno rojo). Relato de un testigo, Barcelona 1939, passim, und L. López de Medrano: 986 días en el infierno, Madrid 1939, passim; vgl. auch die Bemerkungen von Orwell: Katalonien (1975), 25.
230 Ruiz Ponseti: Empreses, 10.
231 Ebd., 13.
232 Primera Jornada de la Nueva Economía, SO v. 8. 12. 1936, 4.
233 TyL v. 6. 2. 1937. Das Regionalplenum anarchistischer Gruppen Kataloniens hatte bereits am 6. 12. 1936 die Sozialisierung durch Gewerkschaften und Kommunen unter Umgehung des Kollektivierungsdekrets gefordert: Informe que este Comité de Relaciones de grupos anarquistas de Cataluña presenta a los compañeros de la región, Barcelona 1936.
234 Ruiz Ponseti: Empreses, 7. Fast ein Jahr nach Inkrafttreten des Kollektivierungsdekrets wies Ruiz Ponseti darauf hin, daß im Okt. 1936 jede Organisation dem Terminus »kollektivieren« einen anderen Sinn beigemessen habe, die Diskussion darüber jedoch schließlich eingestellt wurde und jeder »in seinem Innern eine eigene Interpretation anwandte«.
235 Bricall: Política, 233–44 führt mehrere Methoden auf, mit denen die Regierung dirigistisch in den Wirtschaftsablauf eingriff: (u. a.) Verbot des Abbaus von Industrieanlagen, Eingriff in Produktion, Verteilung und Verkauf von Gütern, Intervention in den Handel, Erstellung von Richtlinien für die Güterverteilung, Beschlagnahme oder Registrierung von Vorräten, Exportverbot bzw. -förderung, Produktions-, Import- und Konsumbeschränkungen, Requisitionen, Überprüfung der Produktion, Einsetzung von Sonderkommissionen, Ersetzung einzelner Produkte durch andere, amtliche Lieferungen, Angabe dringender Rohstoffe, Erstellung von Übersichten und Statistiken.
236 Semprún-Maura: Révolution, 122.
237 Reichenheim: Bedeutung, 42f., 48. Vgl. ebd. eine komprimierte Übersicht über Geschichte und Bedeutung der Textilindustrie Kataloniens seit dem Mittelalter. – Katalonien behielt auch nach dem Bürgerkrieg seine überragende textilwirtschaftliche Bedeutung. Hierzu Spaniens Baumwoll-Textilwirtschaft. Hg. v. Marktinformationsdienst der Bundesstelle für Außenhandelsinformation, B 51, 1955, 1–18; s. auch Francesc Cortada Reus: Geografía Económica de Cataluña, Barcelona 1950, 317–40.
238 Reichenheim: Bedeutung, 43; zum Bestand an Baumwollspindeln und mechanischen Webstühlen im internat. Vergleich s. Statistisches Jahrbuch für das Deutsche Reich 1941/42, 88–92.
239 Vgl. Siegfried Schmolke: Die Produktions- und Marktverhältnisse der Industrie in Katalonien, Jena 1932, 78–92. Die polit. Voraussetzungen der wirtschaftlichen Auseinandersetzung zwischen Protektionisten und Freihändlern untersucht Antonio Elorza: Sobre el proteccionismo catalán, Anuario de historia económica y social 1968, 523–66.
240 Zur technischen Rückständigkeit s. Balcells: Crisis, 259-91. Zum Baumwollimport 1925–1934 vgl. Statistisches Handbuch der Weltwirtschaft, Berlin 1936, 286; der Jahresdurchschnitt schwankte zwischen 76 000 und 107 000 Tonnen. 1935 betrug

die Baumwoll-Eigenerzeugung 2600 Tonnen. Hierzu Albert Schießel: Die Industrie Spaniens, Kiel 1940, 6.

241 Bauer: Wirtschaft, 176; zur Auswirkung der Weltwirtschaftskrise auf die span. Textilindustrie vgl. ebd. 172–75, zur Abhängigkeit des Landes vom Import fast aller Textilrohstoffe 111 f.

242 Revista Alemana de España v. 10. 1. 1936, 7 und Balcells: Crisis, 257–60; Arbeitslosenzahlen für Oktober 1936 in BdI v. 5. 1. 1937, 5.

243 Colectivizaciones, 64; Peirats: CNT I, 319. Nach einer Schätzung des katalanischen Wirtschaftsministeriums waren 1936 ca. 215 000 der über 605 000 Industriearbeiter in der Textilbranche tätig. Vgl. GdC: Conselleria d'Economia, Gener 1937, 2, 44 f. In ganz Spanien waren nach Ackermann: Spanien, 64, 300 000 Arbeiter in der Textilindustrie beschäftigt.

244 Colectivizaciones, 65 f.

245 SO v. 20. 9. 1936, 13; vgl. auch Peirats: CNT I, 319–21.

246 BdI v. 6. 3. 1937, 2; s. auch LV v. 4. 5. 1937, 5, und FS v. 25. 11. 1937, 3.

247 Textile Industry-Collectivization, SATW v. 8. 1. 1937, 3; zu einzelnen Beispielen vgl. FS v. 8. 8. 1937, 4; zur Kollektivierung der Schneidereien von Granollers: BdI v. 10. 10. 1937, 2; zur Spinnerei »Esteve« von Valls (Prov. Tarragona): BdI v. 30. 12. 1937, 2.

248 SO v. 19. 9. 1936, 5; hierzu auch BdI v. 4. 12. 1936, 2; vgl. auch (mit leicht veränderten Angaben) GdC: Comunicat de Premsa (dt. Ausg) v. 4. 12. 1936, 2.

249 SO v. 25. 9. 1936, 5; vgl. zum folgenden: Colectivizaciones, 81–94; Souchy: Anarcho-Syndikalisten, 109 f.; Kaminski: Barcelona, 223.

250 Die Rohstoff-Lagerbestände scheinen bis Kriegsende nicht abgebaut worden zu sein. Als die nationalen Truppen 1939 Barcelona einnahmen, sollen sie auf einen Vorrat von 15 000 Ballen russischer Rohbaumwolle gestoßen sein. Andererseits sollen »rund 20 % der in Katalonien ehemals vorhandenen Textilmaschinen verschwunden« sein: Wirtschaftsdienst 1939, 229.

251 Orwell: Katalonien (1975), 26.

252 Borkenau: Reñidero, 56.

253 Vgl. SO v. 18. 9. 1936. Zu der mitunter ans Lächerliche grenzenden, in der anarchistischen Presse jedoch mit großem Ernst ausgetragenen Kontroverse über die Vor- bzw. Nachteile des Huttragens vgl. SO v. 11. und 12. 8. 1936, 13.

254 Orwell: Katalonien (1975), 29, 125. Ähnlich Borkenau: Reñidero, 139 f. bei seinem zweiten Besuch in Barcelona Mitte Januar 1937 und Paul Thalmann: Wo die Freiheit stirbt, Olten 1974, 182 f.

255 SO v. 19. 1. 1938, 2.

256 GdC: Comunicat de Premsa (dt. Ausg.), August 1937, 15–20.

257 Reichenheim: Bedeutung, 47 f.; Ziegler: Industrialisierung, 97, spricht von einer durchschnittlichen Jahreseinfuhr von 400 000 Ballen.

258 Ackermann: Spanien, 83.

259 Hierzu Reichenheim: Bedeutung, 50 f.

260 In SO v. 23. 4. 1937, 2; vgl. auch Abad de Santillán: Guerra (1975), 94.

261 Ende Sept. 1936 hatte die Industriegewerkschaft Textil (CNT) empfohlen, daß Kontrollkomitees in Betrieben bis zu 20 Arbeitern aus 3, bis zu 100 aus 5, bis zu 200 aus 7 und ab 200 Arbeitern aus 9 Mitgliedern bestehen sollten. SO v. 2. 10. 1936, 6.

262 Vgl. zu diesem katalanischen Organisationsentwurf den der Levante-CNT in BdI v. 23. 12. 1936, 4. Die Regionalversammlung der Lokalsyndikate erarbeitete ein Organisationsschema zur »Sozialisierung« der Industrie. Vorgesehen waren Fabrikräte, Sektionsräte als Repräsentation aller Fabrikräte auf lokaler Ebene und

Industrieräte als Regulierungsinstanzen einer Gesamtbranche.

263 Die dt. Übs. bei Gerlach/Souchy: Revolution, 81–93, ist nicht nur sehr frei und z.T. ungenau; da sie streckenweise außerdem in der Vergangenheit abgefaßt ist, obwohl im Original Futur verwendet wird, erweckt sie den irreführenden Eindruck, als sei die geplante Struktur der Textilindustrie zum Zeitpunkt der Abfassung der Resolution bereits realisiert gewesen.

264 Dieses Recht wurde auch Ende September 1936 von einer Vollversammlung der Textilgewerkschaft Kataloniens bekräftigt: SO v. 2. 10. 1936, 6.

265 Anfang Dez. 1936 beschloß die Textilgewerkschaft, daß in den Baumwollspinnereien nur noch 16 Stunden/Woche gearbeitet, der Lohn aber für eine fiktive Arbeitszeit von 28 Stunden ausbezahlt werden sollte. Angesichts des Produktionsrückgangs sollte auf diese Art den Arbeitslosen ein Wiedereintritt in den Produktionsprozeß ermöglicht werden. Vgl. BdI v. 2. 12. 1936, 3.

266 Kaminski: Barcelona, 225. Zu Überstunden und Kriegsspenden vgl. Colectivizaciones, 146 bzw. 66.

267 Kaminski: Barcelona, 223–26: SO v. 19. 9. 1936, 11.

268 Vgl. u.a. SO v. 13. 8. 1936, 12; SO v. 19. 1. 1938, 2; Kaminski: Barcelona, 224. Zur Stellung der Frau während der Revolution vgl. allgemein Temma E. Kaplan: Spanish Anarchism and women's liberation, JCH 6, 2, 1971, 101–10; Mary Nash Hg.: »Mujeres libres«: España 1936–1939, Barcelona 1975 sowie neuerdings: Autorenkollektiv Heidelberg: Die libertäre Bewegung in Spanien 1868–1976. Frauen in der Spanischen Revolution, o.O. (Heidelberg) o.J. (1977).

269 Hierzu Kaminski: Barcelona, 226–28. Zur 3-Tage-Woche in der Textilindustrie von Manresa, die bes. unter dem Mangel an Absatzmärkten litt, und zur 4-Tage-Woche in Berga – in beiden Orten hatten sich bis zum Okt. 1936 große Lagerbestände angehäuft – vgl. SO v. 29. 10. 1936, 4.

270 BdI v. 6. 12. 1937, 2 f. Zur Haltung des PSUC in der Lohnfrage vgl. GdC: Comunicat de Premsa (dt. Ausg.) v. 9. 12. 1936, 1.

271 RP v. 25. 6. 1937, 615–20.

272 LV v. 15. 5. 1937, 6. Zu den Differenzen zwischen Kastilien und Katalonien vgl. auch Jellinek: Civil War, 459–64.

273 Vgl. zu folgendem Bricall: Política, 62–84, sowie ders.: Algunos caracteres de la evolución de la economía catalana durante la guerra civil española, Moneda y Crédito 109, 1969, 59–94. Zu den von Anarchisten unterstützten Devisenforderungen der katalanischen Regierung Casanovas gegenüber der republikanischen Regierung Giral vgl. die offizielle kommunistische Version in: Guerra y Revolución II, 36f.

274 Zur Kollektivierung der städtischen Verkehrsbetriebe Barcelonas vgl. SO v. 31. 7. 1936, 4; SO v. 1. 8. 1936, 1; SO v. 4. 8. 1936, 5; SO v. 19. 8. 1936, 12; SO v. 25. 8. 1936, 6, 13; Treball v. 12. 6. 1937; BdI v. 14. 8. 1936, 3; BdI v. 17. 8. 1936, 1; BdI v. 28. 8. 1936, 3; BdI v. 4. 11. 1936, 7; SO v. 27. 12. 1936, 4; Rundschau v. 20. 8. 1936, 1528; SATW v. 2. 2. 1938, 3. Zur Kollektivierung der Eisenbahnen vgl. SO v. 4. 9. 1936, 5; SO v. 11. 8. 1936, 6; SO v. 22. 8. 1937, 2; Veinte años de la epopeya libertaria, 6; BdI v. 5. 10. 1936, 4; Estatutos de la Federación Nacional de la industria ferroviaria; Ponciano Alonso Mingo: El transporte y la guerra, Barcelona o.J. (1938); Abad de Santillán: Guerra (1975), 91 f. S. außerdem Walter Tauber: Un cas d'autogestion: »Les Tramways de Barcelone, collectivises« pendant la révolution espagnole (1936–1939), Genf 1975 (MS, mit reichem Dokumentenanhang).

275 BdI v. 4. 11. 1936, 7f. Die ursprüngliche Absicht, eine 36-Stunden-Woche einzuführen, wurde schnell wieder aufgegeben; infolge der Kriegsereignisse wurde im November 1936 die 48-Stunden-Woche wieder eingeführt.

276 Für die Eisenbahn vgl. BdI v. 5. 10. 1936, 4; für die U-Bahn BdI v. 4. 11. 1936, 7 f.; für die Straßenbahnen SO v. 31. 7. 1936, 4; für die Autobusse SO v. 1. 8. 1936, 1.
277 Colectivizaciones, 58–63.
278 Die Probleme der Autobus- waren dabei viel größer als die der Straßenbahngesellschaft: Zum einen wurden viele Busse zum Abtransport der Milizen an die Front »requiriert«, zum anderen stiegen Benzin- und Gummipreise im Laufe des Krieges bedeutend schneller als der Strompreis. Vgl. hierzu auch Leval: Colectividades II, 37–47.
279 Treball v. 12. 6. 1937, 8; SATW v. 2. 2. 1938, 3.
280 Das Zahlenmaterial nach Tauber: Autogestion, 40, und SATW v. 2. 2. 1938, 3. Zum mustergültigen Funktionieren einer Reparaturfabrik der Verkehrsbetriebe vgl. Borkenau: Reñidero, 71 f.
281 SO v. 19. 8. 1936, 12.
282 Zur Kollektivierung der Wasser-, Gas- und Elektrizitätswerke vgl. Colectivizaciones, 114–25; BdI Juli–Dez. 1936, bes. v. 16. 10. 1936, 2, und 10. 12. 1936, 6–11; SO v. 29. 8. 1936, 1; LV v. 2. 9. 1936, 4; Luz y Fuerza. La obra constructiva de la CNT. Los sindicatos en la dirección de las industrias colectivizadas. Aguas de Barcelona. Empresa colectivizada, o.O. (Barcelona) o.J. (1937?); Colaboración Sindical CNT. Los sindicatos en la dirección de las industrias colectivizadas. La transformación de la Sociedad General de Aguas de Barcelona en Sindicato Obrero de Aguas, o.O. (Barcelona) o.J. (1937?); Leval: Espagne, 261–66; ders.: Colectividades II, 31–36.
283 Luz y fuerza, 6.
284 Ebd., 8.
285 Vgl. zu folgendem FS v. 25. 11. 1937, 3; Veinte años de la epopeya libertaria española, o.O. o.J.; Leval: Reconstruction, passim; ders.: Espagne, 250–61; ders.: Colectividades II, 19–29; v. Borries/Brandies: Anarchismus, 324 f. Leicht abweichende Angaben bei R. Aracil Martí u. M. García Bonafè: Alcoi i la guerra civil: les col·lectivitzacions, in A. Cucó Hg. u. a.: El Pais Valencià: 1931–1939 (= Arguments 1), Valencia 1974, 23–33.
286 Leval: Colectividades II, 21.
287 Ebd.
288 Ebd., 22 f.
289 Ebd., 27.
290 Zur Einsetzung der Kommission vgl. BO v. 12. 8. 1936, 1025; vgl. auch SO v. 13. 8. 1936, 11; Peirats: CNT II, 95 f. Noch am gleichen Tag der Einsetzung dekretierte die Generalitat die »Beschlagnahme, Kontrolle oder Besetzung« wichtiger Metall- und Chemiebetriebe: BO v. 12. 8. 1936, 1025 f.; BO v. 13. 8. 1936, 1035. Zur Kollektivierung der Hispano Suiza vgl. Colectivizaciones, 95 f.
291 Ein Dekret v. 11. 8. 1936 verbot »die Herstellung von Waffen und Kriegsmaterial ohne die ausdrückliche Genehmigung der Kriegsindustrie-Kommission«: BO v. 14. 8. 1936, 1050.
292 Souchy: Anarcho-Syndikalisten, 111. Die ca. 150 000 Arbeiter der Kriegsindustrie leisteten bis zu 56 Wochenstunden, von denen die Überstunden größtenteils nicht bezahlt wurden. Vgl. C. de Valencia: Las industrias de guerra al servicio de la libertad, in: De julio a julio, Valencia 1937, 163.
293 Kaminski: Barcelona, 216 f.
294 Nach Bricall: Política, 289. C. de Valencia: Industrias, 160; vgl. auch FS v. 18. 7. 1937, 12.
295 Documentación sobre las Industrias de Guerra en Cataluña. De Companys a Prieto. Buenos Aires (Ed. del Servicio de Propaganda España) 1939. Vgl. den Brief (ohne die zusätzliche Dokumentation) auch bei Peirats: CNT II, 136–45.

296 Auch andere Explosiv- und Sprengstoffe, ebenso Pikrinsäure, wurden in den ersten Bürgerkriegsmonaten zum erstenmal in Katalonien produziert. Man begann auch mit Textilfasergewinnung, die es bisher in Spanien noch nicht gegeben hatte, und verarbeitete dazu Hanf, Schwerspat, Reisstroh und Zellulose. Die »Substitutions«-Industrien griffen immer weiter um sich.

297 Abad de Santillán: Guerra (1975), 114–32, spricht vom »Unverständnis« Madrids für Katalonien sowie von »systematischer Sabotage«. »Gewisse Kreise« hätten die Unabhängigkeit Kataloniens geplant gehabt. Ein Trupp Anarchisten wollte in Madrid die Bank von Spanien überfallen und das dort lagernde Gold nach Barcelona schaffen. Das CNT-Nationalkomitee widersetzte sich jedoch diesem Vorhaben. Zu dem fehlgeschlagenen Versuch, von der Zentralregierung Devisen für den Ankauf von Waffen im Ausland zu erhalten, vgl. SO v. 25. 9. 1936, 3.

298 Die Regierung Negrín sah sich veranlaßt, »von neuem ihre unveränderliche Hochachtung vor der Persönlichkeit und den Rechten der autonomen Regionen« zum Ausdruck zu bringen. Vgl. El Socialista (Madrid) v. 17. 8. 1938, 1. Als die republikanische Regierung ihren Sitz von Valencia nach Barcelona verlegt hatte, verschlechterte sich das Verhältnis infolge täglicher Reibereien weiter. In einer Rede am 1. 3. 1938 vor dem katalanischen Parlament sprach Companys von »Einmischungen« (interferencias) der Zentralregierung in katalanische Kompetenzen. Vgl. Díaz-Plaja: Documentos, 377f.

299 Peirats: CNT II, 97; weiter unten (S. 99) fügt Peirats noch hinzu: »Das Unverständnis der Zentralregierung, ihr Mißtrauen gegenüber den guten und ehrlichen Absichten des stärksten Sektors Kataloniens (der Anarchisten, W. B.), ließ die militärischen und industriellen Möglichkeiten dieser Region scheitern, was außerordentlich auf den Ausgang des Krieges eingewirkt hat.«

300 Vgl. Peirats: CNT III, 141–67; in der Fabrik Elizalde hatte vor der staatlichen Übernahme jeder Arbeiter im Wochendurchschnitt 9,2 Überstunden gemacht, die nach der Verstaatlichung wegfielen; die zur Fertigstellung eines bestimmten Produktionsartikels erforderliche Arbeitszeit stieg um 21,33%; der Prozentsatz an Arbeitsausfällen stieg von 7–8,5% auf 15,6%. In einem Eisenbetrieb von Onil (Prov. Alicante) war – einem Beschwerdebrief des dortigen Komitees zufolge – eine »terroristische Disziplin« eingeführt worden: Bei einer zehnminütigen Verspätung zum Arbeitsantritt wurden 50% des Tageslohnes einbehalten.

301 De Companys a Prieto, 40f. Die Zusammenarbeit zwischen ERC und CNT scheint auf dem Kriegsindustrie-Sektor besonders ausgeprägt gewesen und reibungslos verlaufen zu sein (S. 79f.)

302 Z.B. in LV v. 3. 3. 1937, 2.

303 Vgl. z.B. Rundschau v. 20. 8. 1936, 1527f.

304 Rundschau v. 7. 1. 1937, 27–31. Zum kommunistischen Standpunkt während des Bürgerkrieges vgl. auch Federico Melchor: El Frente de la Producción, o.O. o.J., 6ff. Die kommunistische Deutung ist bis heute unverändert geblieben; vgl. Guerra y revolución II, 33.

305 Vgl. Bricall: Política, 210; s. auch Stanley G. Payne: Political Ideology and economic modernization in Spain, World Politics, 25, 1972/73, 155–81, hier 175.

306 Produktionsgenossenschaften wurden in die Typologie wegen ihrer relativ geringen Bedeutung und ihrer »vor-revolutionären« Entstehung nicht mit aufgenommen. Vgl. zu folgendem auch J. M. Bricall: L'Expérience Catalane d'Autogestion Ouvrière durant la guerre civile 1936–1939, in: Economies et societés. Cahiers de l'Institut de science économique appliquée (I.S.E.A.), Serie H.S. Nr. 15, Bd. VI, Nr. 9–10, Sept./Okt. 1972, 1935–2012.

307 Fàbregas: Finances, 76 f.
308 Die Diskussion über die restriktive oder extensive Auslegung des Kollektivierungsdekrets nahm zeitweise heftige Formen an; vgl. hierzu Treball v. 1. 12. 1937, 7, und Treball v. 23. 1. 1938, 12.
309 Auch in der Russischen Revolution war diese Erscheinung zu registrieren. Auf der Ersten Allrussischen Konferenz der Betriebskomitees (22.–29. 10. 1917) setzten die Bolschewiki eineNeudefinition von Arbeiterkontrolle durch, derzufolge die Usurpierung von Betrieben durch die Arbeiter dann mit dem Wesen der Arbeiterkontrolle unvereinbar sei, wenn sie lediglich den Interessen der Betriebsangehörigen diene. Vgl. F. Döring: Organisationsprobleme der russischen Wirtschaft in Revolution und Bürgerkrieg 1918–1920, Hannover 1970, 55.
310 Bricall: Política, 79.

Kapitel V

Staat und Revolution

1 Zur »revolutionären« oder »syndikalistischen Gymnastik« vgl. Manual del militante, Barcelona 1938, 47; die Anarchisten verstanden darunter nicht nur einen Bestandteil des gesellschaftlichen Transformationsprozesses und eine spezifische Kampfesform des Proletariats, sondern außerdem ein Vermittlungsinstrument revolutionären Bewußtseins mit strukturverändernder und systemsprengender Zielsetzung.
2 W. Pietsch: Revolution und Staat. Institutionen als Träger der Macht in Sowjetrußland 1917–1922, Köln 1969; vgl. bes. S. 7–15.
3 So unterschiedlich die Einschätzung der Rolle der Arbeiterschaft *bei* der Niederwerfung des Aufstandes ist, so einhellig ist die Meinung aller Forscher über die tatsächlichen Machtverhältnisse in Barcelona *nach* der erfolgreichen Zerschlagung der Rebellion. Weder Escofet: Servei, 405, noch Salas: Historia I, 321, die die Rolle der CNT bei der Niederschlagung des Aufstandes herunterzuspielen versuchen, erklären, wie die noch kurz zuvor angeblich die Szene beherrschenden öffentlichen Ordnungskräfte sich die Macht von der CNT entreißen ließen.
4 García Oliver: Julio, 195; s. auch SO v. 18. 7. 1937, 4.
5 Lorenzo: Anarquistas, 85, gibt als wichtigste anarchistische Delegationsmitglieder García Oliver, Buenaventura Durruti und Diego Abad de Santillán an; Guerra y Revolución II, 8, erwähnt außerdem Vázquez Eroles, Portela. Text der Rede: Julio, 194 f.
6 J. Tarradellas, der nach seinen eigenen Worten bei dem Gespräch anwesend war, bestreitet schlichtweg, daß eine Rede des Inhalts, wie ihn García Oliver wiedergibt, je gehalten worden sei (Gespräch mit dem Verf. am 13. 7. 1974 in St. Martin-le-Beau); Escofet: Servei, 407 f., fällt es schwer, »an die Authentizität dieser dem Präsidenten Companys in den Mund gelegten Worte zu glauben« und hält die Formulierungen für einen Teil der »Legendenbildung« um das Verhalten der CNT/FAI. Companys selbst bestätigte jedoch Anfang Dezember 1936 auf der »Primera Jornada de la nueva Economía« indirekt die Richtigkeit von García Olivers Angaben (SO v. 8. 12. 1936, 4).
7 García Oliver: Julio, 195.
8 Nach Guerra y Revolución II, 8, hat diese Sitzung am 21. Juli stattgefunden, was

jedoch unwahrscheinlich erscheint, da das regionale Plenum der CNT-Bezirkskomitees sich bereits am 21. Juli für die Annahme des Companys-Vorschlags aussprach.

9 In seiner ursprünglichen Form wies es folgende Zusammensetzung auf: Juan García Oliver (CNT): Kriegskomitee; José Asens (CNT): Öffentliche Ordnung; Buenaventura Durruti (CNT): Verkehrsausschuß (Marcos Alcón-CNT); Aurelio Fernández (FAI): Untersuchungskommission; Diego Abad de Santillán (FAI): Milizorganisation (Severino Campos Sanz: A. de Santillán zugeordnet); José del Barrio (UGT): Kriegsindustrie (Josep Tarradellas-ERC); Salvador González (UGT): Innere Sicherheit (Durán Rosell-UGT); Antonio López (UGT): ? (Rafael Vidiella-UGT); Jaime Miravitlles (ERC): Generalsekretariat; Artemio Ayguadé (ERC): ?; Juan Pons (ERC): ?; José Miret (PSUC): ?; José Torrents Rosell (UDR): Versorgungsausschuß; Tomás Fábregas (ACR): Wirtschaftsausschuß; José Rovira (POUM): ? (Enrique Gironella-POUM) (Julián Gorkin-POUM); Luis Prunes: ?; Felipe Díaz Sandino: Regierungsvertreter; Vicente Guarner: Regierungsvertreter; José Guarner: Regierungsvertreter (Giménez de la Beraza: Regierungsvertreter); Enrique Pérez Farrás (POUM): Militärdelegierter; Juan Hervás (POUM): Sekretär der Kommission für die Einheitsschule. Zur ZK-Zusammensetzung vgl. García Oliver: Julio, 197f.; Lorenzo: Anarquistas, 86; Salas: Historia I, 350; abweichend Broué/Témime: Revolution, 158f.; Guerra y revolución II, 9f. und SO v. 22. 7. 1936, 4; in Klammern die später ernannten Mitglieder.

10 Die 2000 Mann starke Durruti-Kolonne (Stabschef: Major Enrique Pérez Farrás) verließ als erste am 24. Juli die katalanische Hauptstadt. Zur Zusammensetzung und Ausrüstung der ersten Kolonnen vgl. Salas: Historia I, 325–33. Die Truppen-Organisations-Kommission, die von Santillán, Saltó, Edo und Sanz gebildet wurde, konnte bereits im ersten Monat in der nach Bakunin umbenannten Pedralbes-Kaserne 18 000 Freiwillige zusammenziehen und – außer nach Aragonien – an die Madrider und Talavera-de-la-Reina-Front entsenden. Zum Beginn der ZK-Tätigkeit vgl. auch Sanz: Madrid, 71–77. Zur Gründung des Milizkomitees und den sofort einsetzenden Versuchen des katalanischen Innenministeriums, dessen Kompetenzen zu beschneiden, vgl. García Venero: Nacionalismo II, 432–35.

11 Die UGT Kataloniens hatte zu dieser Zeit etwa 40 000 Mitglieder (Cattell: Communism, 94); die CNT zählte allein in Barcelona (Stadt) über 350 000 Mitglieder (Thomas: Bürgerkrieg, 155). Zur Bestätigung dieser These vgl. DAS: CNT, 25. Zu der Gruppe DAS vgl. Thalmann: Freiheit, 173ff.

12 Das ZK ist z. B. nach Broué/Témime: Revolution, 157, »durch eine Regierungserklärung offiziell sanktioniert worden«. Nach Lorenzo: Anarquistas, 93, ist das ZK am 23. 7. per Dekret eingesetzt worden. Das Fehlurteil ist wohl einerseits auf Olivers Bericht zurückzuführen, der von einem »Dekret des Präsidenten der Generalitat« spricht (Julio, 196), andererseits auf das am 21. Juli im BO veröffentlichte Dekret zur Schaffung von Stadtmilizen unter dem Oberbefehl von E. Pérez Farrás. An die Spitze des neugegründeten Verteidigungsressorts wurde Luis Prunés gestellt. Die Einrichtung der »Volksmilizen« ging auf einen Vorschlag des zwischen den verschiedenen marxistischen Parteien Kataloniens bestehenden Verbindungskomitees – aus dem am 24. 7. der PSUC hervorging – zurück, das eine Erweiterung der Regierung um alle Organisationen der Volksfront herbeiführen wollte (wodurch die CNT/FAI, die der Volksfront nicht angehörten, von der Macht ausgeschlossen gewesen wären). Die Gründung des ZK, das sofort alle Macht übernahm und die Aufstellung von Kolonnen und Milizen betrieb, bedeutete das Ende der erst wenige

Stunden vorher gegründeten Stadtmilizen. Vgl. Guerra y Revolución II, 8 f.; hierzu auch Salas: Historia I, 322 f.

13 Text des ersten Erlasses bei Peirats: CNT I, 160; vgl. auch die idealisierende Rückschau auf die Arbeit des ZK bei Sanz: Madrid, 71–77, sowie die Betonung der Rolle Durrutis bei Paz: Durruti, 321–26.

14 Abad de Santillán: Guerra (1940), 169.

15 Ebd., 170 f.; vgl. auch ders.: Alfonso, 383 ff.

16 Weitere Fachkomitees, die bald als »Ministerien« fungierten, waren: Der Verkehrsausschuß (Durán Rosell, UGT; Marcos Alcón, CNT), der Versorgungsausschuß (J. Torrents, UDR), die Untersuchungskommission (A. Fernández, FAI), Kommission für Kriegsindustrie (J. Tarradellas, ERC), Kommission für die Einheitsschule (J. Hervás, POUM), Fach-Sektionen für Statistik, Intendantur, Zensur, Rundfunk und Presse, Kartographie, Fachschulen.

17 J. Peirats, Brief v. 4. 8. 1971 an den Verf.; FS v. 27. 10. 1936, 17; F. Montseny, Brief v. 17. 9. 1971 an den Verf.

18 BO v. 21. 7. 1936, 633; BO v. 21. 7. 1936, 634, BO v. 24. 7. 1936, 673; BO v. 24. 7. 1936, 674.

19 Im »Informe de la FAI al Movimiento libertario internacional« v. 5. 10. 1937 wird die Belassung Companys' auf dem Posten des Regierungschefs damit begründet, daß man ihn »brauchte, um für das Ausland den Schein zu wahren und somit zu verhindern, daß Spanien von allen kapitalistischen Mächten zerstückelt und in wenigen Stunden besiegt würde«.

20 Nach Salas: Historia I, 350. Die Freiwilligeneinheiten der MAOC waren die Keimzellen des später berühmt gewordenen 5. (kommunistischen) Regiments; durch den Zusammenschluß der 5 MAOC-Einheiten war bereits am 20. 7. 1936 der erste Schritt zum späteren »Volksheer« getan. Zur Organisation des Milizsystems in Madrid (bis Ende Juli 1936) vgl. Historia de la Cruzada española IV, 503–07.

21 Vgl. Bodo Uhse: Spanien 1936. Über die Milizen, Aufbau 6/7, 1956, 509–12; dort auch ein Vergleich des Milizsystems mit dem im Unabhängigkeitskrieg gegen Napoleon entstandenen Guerrilla-Kampftyp.

22 Columna de Hierro: A los trabajadores, a los revolucionarios, a los anarquistas. Flugblatt o.O., 1. 10. 1936, 1.

23 Julio, 141.

24 CNT/UGT Consejos de Obreros y Soldados y demás cuerpos similares de Cataluña (Comité Central). Objetivos esenciales de nuestra organización. Flugblatt o.O. (Barcelona) o.J. (1936).

25 Zu den aus dem 5. Regiment hervorgegangenen Kriegs- oder (wie sie sofort genannt wurden) Politkommissaren im republikanischen Heer vgl. E. Comín Colomer: El comisariado político en la guerra española 1936–1939, Madrid 1973.

26 Abad de Santillán: Guerra (1975), 73; vgl. auch Sanz: Madrid, 83. Neuerdings wendet sich Salas: Historia I, 329 f. gegen die in bisherigen historischen Darstellungen vorherrschende »Volksfront-Propaganda« und kommt zum Ergebnis, daß die geringe militärische Wirksamkeit der katalanischen Milizen wesentlich auf den »Mangel an Freiwilligen« (S. 330) zurückzuführen ist. Nach seinen Berechnungen meldeten sich in ganz Katalonien nur 18 000 Freiwillige, von denen »viel weniger als die Hälfte« aus der Hauptstadt Barcelona kamen.

27 Zur Bedeutung der »Selbstdisziplin« für anarchistische Milizen vgl. Agrupación Anarquista »Los de Ayer y los de Hoy«; Cómo estableceremos la autodisciplina en el frente? Barcelona o.J. Vgl. die Beschreibung anarchistischer Milizeinheiten an der Aragonienfront bei Orwell: Katalonien (1975); zu den Mängeln der Milizkolonnen

s. auch José María Aroca Sardagna: Las Tribus, Barcelona 1972, 25 ff.

28 BO v. 26. 7. 1936, 738; BO v. 31. 7. 1936, 819; BO v. 6. 8. 1936, 914. Zusätzlich zu der Lohnerhöhung wurde ein Komitee zur Lohn-Neufestlegung eingesetzt, das für die einzelnen Gegenden Kataloniens Mindestlöhne festlegen sollte. Vgl. auch die Erläuterungen in BO v. 16. 8. 1936, 1069. Zur Frage des Mietzinses vgl. SO v. 14. 8. 1936, 13. Das Dekret über die Bezahlung ausgefallener Arbeitsstunden führte dazu, daß viele Betriebskomitees die Arbeit nicht sofort wieder aufnahmen, sondern Woche um Woche bei der Generalitat ihre Streikzulage anforderten. Vgl. Pérez-Baró: Mesos, 45 f., der aus dem aufkommenden Laissez-faire eine allgemeine Arbeitsunlust und Demoralisierung ableitet, die mit zur Niederlage der republikanischen Seite beigetragen habe. Das Gesetz über Bodenbewirtschaftung sollte Teil einer »umfassenden Agrarreform« sein, die die Regierung nach den »Prinzipien sozialer Erneuerung« durchführen wollte.

29 In einer ganzen Reihe von Dekreten überschritt die Generalitat den ihr im Autonomiestatut vom 15. 9. 1932 gesetzten Kompetenzrahmen. Nach Art. 14 der Verfassung der Spanischen Republik vom 9. 12. 1931 gehörten in die ausschließliche Zuständigkeit der Zentralregierung u.a. die »Verteidigung der öffentlichen Sicherheit« sowie »Heer, Kriegsmarine und nationale Verteidigung«; trotzdem richtete die Generalitat ein eigenes Verteidigungs-Ressort ein. In einem Dekret vom 18. 8. 1936 (BO v. 21. 8. 1936, 1130) rechtfertigte L. Companys die Überschreitung der Regierungskompetenzen: »Die Umstände, die zur Veröffentlichung gewisser Verordnungen geführt haben, die zum Wohl der Arbeiter getroffen wurden, können und werden sich nicht von rein legalistischen Skrupeln zurückhalten lassen, die mit der revolutionären Ordnung ... in Konflikt stehen«. Weitere Kompetenzüberschreitungen der Generalitat: Am 25. 7. 1936 dehnte sie den Zuständigkeitsbereich des Rektors der »Autonomen Universität von Katalonien« (bis dahin: »Autonome Universität von Barcelona«) auf den in die Kompetenz der Zentralregierung gehörigen Gymnasialschulsektor aus. Am 6. 8. übernahm J. M. España alle Aufgaben eines Innenministers. Das »Bulletin« der Generalitat wurde am 24. 8. zum offiziellen »Staatsanzeiger« (Diari Oficial). Das Dekret v. 30. 8. 1936 sprach nur denjenigen Verordnungen, Dekreten und Gesetzen der Zentralregierung Gesetzeskraft in Katalonien zu, die zuvor die Billigung der Landesregierung erhalten hatten und im »Diari« veröffentlicht worden waren. Bereits Ende Juli hatte Companys die Regierungsgeschäfte abgegeben, um de facto »Präsident von Katalonien« zu werden. Am 15. 10. sprach er sich das Begnadigungsrecht zu, das nur dem Präs. der Republik zustand. Ende August forderte die Generalitat von Madrid einen dreifachen Kredit: 50 Millionen für die Kriegführung in Aragonien und auf Mallorca, 30 Millionen (Francs) für den Kauf von Rohstoffen in Frankreich, 100 Millionen in bar. Die Summe wurde mit einigen Modifikationen bewilligt. Die von der Zentralregierung als Sicherheit geforderte Einlage in Gold und Silber wurde jedoch von Katalonien verweigert. Am 21. 10. richtete die Generalitat ihre Außenhandelsabteilung ein. Alle in Katalonien produzierten Exportgüter mußten den Aufdruck »Made in Catalunya« führen. Im Nov. übernahm die Regionalregierung die Funktionen der Handels- und Seefahrtskammer. Vom 7. 12. an wurde das katalanische Heer unabhängig von dem der Rep. aufgebaut. Am 11. 12. prägte die Generalitat eigenes Geld. Am 27. 12. gründete sie das dem Präsidialamt zugeordnete Sekretariat für Äußeres. Vgl. hierzu Antonio Ramos Oliveira: Politics, Economics and men of modern Spain, New York 1972, 615–18 und Carlos Rojas: Diez figuras ante la guerra civil, Barcelona 1973, 168; zusammenfassend J. G. Martin: Political and social changes in Catalonia during the Revolution (July 19th–December 31st 1936), edited by the Generalitat de Catalunya, o.O. o.J.

30 Anders GdC: La revolució en els ajuntaments, 15. Auch anarchistische Autoren neigen dazu, das ZK als Zusammenfassung des kollektiven Willens der Lokalkomitees zu interpretieren.
31 Oberländer: Anarchismus, 53.
32 BdI v. 19. 9. 1936, 8.
33 CNT v. 6. 9. 1936, 1; vgl. auch BdI v. 3. 9. 1936, 4 und SO v. 4. 9. 1936, 2 (dt. bei Oberländer: Anarchismus, 395 f.).
34 Abad de Santillán: Guerra (1975), 129.
35 Nach Lorenzo: Anarquistas, 91 f. war der Vorsitzende des ZK für das Versorgungswesen der Katalanist Pujol; den Machtposten des Generalsekretärs hatte jedoch das CNT-Mitglied J. J. Domenech inne; der CNT gehörten außerdem noch V. Mas und F. Roca, der FAI Juanel und M. Villar an; UGT und Esquerra waren mit je 3, POUM und Rabassaires mit je 1 Mitglied vertreten. Das Patrouillen-ZK hatte 11 Mitglieder (je 4 der CNT und UGT, 3 der ERC); Vorsitzender war A. Fernández (CNT), Generalsekretär J. Asens (CNT), der schon im Milizkomitee für die öffentliche Ordnung und die Kontrollpatrouillen verantwortlich war. Zum Wirtschaftsrat s.o. S. 170ff.
36 Abad de Santillán: Guerra (1975), 116. Demgegenüber wird das Komitee in der offiziös-nationalistischen Darstellung Historia de la Cruzada Española V, 320, als »die gigantischste kriminelle Organisation, die man in Europa kannte«, gebrandmarkt.
37 BO v. 3. 10. 1936, 34; s. auch LV v. 2. 10. 1936, 1.
38 Vgl. Richards: Lessons, 132 f.
39 Memoria-resumen del pleno local de Sindicatos únicos de Madrid, Madrid 1937, 12.
40 Berneri: Klassenkrieg, 16.
41 García Venero: Historia nacionalismo catalán II, 431.
42 Eine Überprüfung und mögliche Revision des FAI-Aufbaus hatte das »Peninsulare FAI-Komitee« bereits mit seinem 3. Rundschreiben am 25. 10. 1936 angeregt (Text: Peirats: CNT II, 244 f.) und hervorgehoben, daß der Übergang von der Illegalität in die Legalität des republikanischen Staates eine Neustrukturierung erforderlich mache.
43 Vgl. Memoria del pleno peninsular de regionales, FAI, Valencia, julio 1937 und BdI v. 10. 7. 1937, 2–6; hierzu Peirats: CNT II, 246–51. Noch auf ihrem Nationalplenum im Febr. 1937 hatten die Regionalorganisationen der FAI sich für die Beibehaltung der traditionellen Organisation in »Gruppen Gleichgesinnter« ausgesprochen; die vielen tausend Neumitglieder sollten vorerst in »anarchistischen Kulturzentren« *(ateneos culturales, ateneos anarquistas)* aufgefangen werden und eine Art Reserve darstellen. Vgl. Memoria del Pleno Peninsular de Regionales, celebrado los días 21, 22 y 23 de febrero de 1937, Barcelona 1937, 5.
44 Robert Michels: Zur Soziologie des Parteiwesens in der modernen Demokratie, Stuttgart 1970, 338.
45 Vgl. Informe de la Delegación de la CNT al Congreso Extraordinario de la AIT y resoluciones del mismo, Barcelona 1937. Danach fanden zwischen dem 19. 7. 1936 und dem 26. 11. 1937 im republikanischen Spanien 17 nationale Vollversammlungen der Regionalföderationen, Dutzende von Lokal- und Bezirksversammlungen und mehrere Regionalversammlungen statt. In einem Jahr hatte das CNT-Nationalkomitee 110 Rundschreiben an die Gewerkschaften gesandt. Kritik an dieser Geschäftigkeit, die die Verselbständigung der oberen Entscheidungsgremien von der Mitgliederbasis kaschieren sollte, übt Peirats: Anarquistas, 212–15.
46 So mußten sich z. B. alle Aktivisten, die sich nicht in ihrer Heimatregion aufhielten,

vorbehaltlos dem »Peninsularen Komitee« zur weiteren Verwendung zur Verfügung stellen, andernfalls sie aus der FAI ausgeschlossen wurden. Die Regionalkomitees durften die Mitglieder zu nicht näher spezifizierten finanziellen Beiträgen zwingen und sie im Weigerungsfall aus der FAI ausschließen.

47 Memoria del pleno peninsular de regionales, FAI, 38.

48 Obwohl die FAI nach dem Juli-Plenum 1937 in zahlreichen Aufrufen versuchte, die CNT als »reformistische«, nicht-anarchistische Gewerkschaft darzustellen, um die »libertären« Kräfte der FAI zuzuführen, scheint der Zulauf die in die Neustrukturierung gesetzte Hoffnung bei weitem nicht erfüllt zu haben. Zu der unterschiedlichen Aufnahme und teilweisen Ablehnung der Plenumsbeschlüsse vom Juli 1937, die einen Monat später auf einer weiteren FAI-Vollversammlung bestätigt wurden, vgl. Agrupación Anarquista de Barcelona: Adónde va la FAI?, o.O. (Barcelona) o.J. (1938).

49 Lorenzo: Anarquistas, 243.

50 Martínez Prieto: Posibilismo, 148.

51 In diesen Zusammenhang gehört auch der im Dez. 1938 von H. Martínez Prieto entworfene, jedoch nicht mehr realisierte Plan einer Neustrukturierung der CNT, demzufolge nicht mehr die Regionalföderationen, sondern – entsprechend dem sozialistischen Gewerkschaftsaufbau – die Industrieföderationen die entscheidenden Organisationseinheiten sein sollten.

52 Zur großen Bedeutung der Marineräte in den ersten Kriegstagen vgl. Bruno Alonso: La flota republicana y la guerra civil de España, México 1944, 22 ff.

53 Borkenau: Reñidero, 122 f. beschreibt die anscheinend problemlose Zusammenarbeit zwischen dem alten Gemeinderat und dem neuen Komitee in den beiden andalusischen Orten Andújar und Bailén; allerdings gab es in beiden Orten keine anarchistischen Organisationen, und der Gemeinderat war bereits seit den Volksfrontwahlen vom Febr. 1936 in den Händen junger Sozialisten.

54 García Pradas: Antifascismo, 156–58, z. B. sah die Funktion der Komitees nur in der »Leitung, Orientierung und Kontrolle«, nicht jedoch in der Ersetzung der Bürokratie.

55 Die folgenden Ausführungen stützen sich vor allem auf Informationen aus Briefen v. A. Souchy (24. 9. 1971), F. Montseny (17. 9. 1971), G. Leval (12. 10. 1971) und J. Peirats (4. 8. 1971) an den Verfasser. Auch Gesprächen mit diesen und anderen Führern der spanischen Arbeiterbewegung konnten Informationen entnommen werden.

56 Zur Kräfteaufteilung in den Komitees vgl. auch Vicente de Sebastián: La masa en acción. Documento histórico de la guerra civil española, Paris 1953, 68.

57 Zur Tradition der Vokabel »consejo« vgl. Diccionario de Historia de España, Madrid 1952, 735–38; dort werden die »consejos« als ursprünglich königliche Verwaltungszentralen auf die Regierungszeit der Katholischen Könige zurückgeführt; die Habsburger verankerten sie im Staatsgefüge, während sie unter den Bourbonen an Einfluß verloren.

58 Borkenau: Reñidero, 165. Der NS-Wirtschaftsdienst 1938, 1030, spricht vom katalanischen »Räteregime der Arbeit«, 1939, 229, von »Betriebssowjets«; der nationalistenfreundliche Bericht des Briten Loveday: España, 149, erwähnt »Sowjets«, die in der republikanischen Marine von den »niederen Dienstgraden« der in Cartagena vor Anker liegenden Kriegsflotte am 21. 7. 1936 gebildet worden sind und alle Offiziere ermordet haben; Godden: Conflict, 68 u. ö. verwendet »Sowjet« zur Bezeichnung der lokalen Komitees; Guardiola: Barcelona, 30, 47 u. ö., spricht den Betriebskomitees »alle Qualitäten des russischen Sowjet« zu. Charakteristischer-

weise wird in diesen Darstellungen kaum einmal zwischen Kommunisten und Anarchisten unterschieden. Auch Dahms: Bürgerkrieg, 79, der seine Sympathien für die Nationalisten nicht zu verheimlichen sucht, spricht von »parteigebundenen Arbeiterräten«; Orwell: Katalonien (1975), 67, der allerdings mit den Kommunisten (vornehmlich denen des POUM) sympathisierte, erwähnt auch »örtliche Sowjets«.

59 Die Literatur zur Rätebewegung ist kaum mehr zu übersehen; es soll hier keineswegs der Versuch unternommen werden, sie zu erfassen. Für die folgende Zusammenstellung der Elemente eines Rätemodells wurde vor allem – mit Ausnahme der älteren Arbeit von Laurent Tschudi: Kritische Grundlegung der Idee der direkten Rätedemokratie im Marxismus, Basel 1950 und der schon klassischen Darstellung über die russische Rätebewegung von Oskar Anweiler: Die Rätebewegung in Rußland 1905–1921, Leiden 1958 – auf neuere Arbeiten zurückgegriffen: Eric Ertl: Alle Macht den Räten?, Frankfurt 1968; Probleme der Demokratie heute (= Sonderheft 2, 1970 PVS), Opladen 1971; Udo Bermbach Hg.: Theorie und Praxis der direkten Demokratie, Opladen 1973, bes. 119 ff.; Kevenhörster: Rätesystem, bes. 5–14.

60 Karl Marx: Der Bürgerkrieg in Frankreich, in: MEW 17, 339.

61 Ebd.

62 Der gesamte Komplex der verhaltensspezifischen Voraussetzungen des Rätesystems – die Prämisse der Homogenität sozialer, wirtschaftlicher und politischer Zielvorstellungen bei den Wählern, rationale Orientierung und Entscheidung bei allen Sach- und Personalfragen, permanente Partizipation bei maximaler Kompetenzvermutung für die Basisgruppen, hoher Grad an Informationsaufnahmebereitschaft und -verarbeitungskapazität der Wähler – wird hier allenfalls gestreift, da nicht beabsichtigt ist, von modelltheoretischen Kriterien ausgehend die Frage nach der Vereinbarkeit des rätedemokratischen Systems mit der Organisation des komplex strukturierten modernen Industriestaates oder nach der »Fähigkeit des Rätesystems, ein differenziertes, dezentralisiertes und ausbalanciertes System der Machtbildung, Entscheidungsfindung und Entscheidungskontrolle zu ermöglichen« (Kevenhörster: Rätesystem, 13), zu beantworten. Dies ist um so weniger erforderlich, als die kurze Dauer des Komitee-Experiments – knappe 3 Monate – die Frage nach der Effektivität dieses Systems als Instrument zur Kontrolle politischer und wirtschaftlicher Macht in den Bereich der Spekulation verweist und die praktische Erscheinungsform der Komitees in den meisten Fällen funktional zur Sicherung der revolutionär-proletarischen Errungenschaften eingesetzt und nicht als Organe eines nachrevolutionären Gesellschaftsaufbaus institutionalisiert wurden.

63 Zu diesen Organisationsmerkmalen vgl. u. a. Veinte años de la epopeya libertaria española, 9 und SO v. 20. 9. 1936, 13.

64 Vgl. G. Munis: Jalones de derrota, promesa de victoria, México 1948, 244; Morrow: Revolution, 25 f.

65 Eugen Lewin-Dorsch: Führer und Massen, in: Günter Hillmann Hg.: Die Rätebewegung, Reinbek bei Hamburg 1971, I, 133.

66 Munis: Jalones, 242. Zum Nominierungsmodus der Komitees vgl. auch Morrow: Revolution, 22 f.

67 Zum Zusammenhang zwischen Anarchismus und Rätebewegung anhand neuerer Literatur vgl. Günter Bartsch: Anarchismus und Rätebewegung, NPL 15, 1970, 85–106.

68 Allerdings versicherte der Syndikalist J. López nach seinem Ausscheiden aus dem Kabinett, die CNT habe durch ihre Regierungsbeteiligung beabsichtigt, »die aus der Revolution geborenen politischen Körperschaften zu legalisieren«; vgl. BdI v.

3. 6. 1937, 3 f.; er erklärte jedoch nicht, warum die CNT dem Auflösungsdekret der revolutionären Komitees zustimmte.

69 Puente: Comunismo, 24.

70 DO v. 11. 10. 1936, 137f.

71 DO v. 11. 10. 1936, 140f.; vgl. auch SO v. 11. 10. 1936, 1; BdI v. 12. 10. 1936, 1; Comunicat de Premsa (dt. Ausg.) v. 8. 1. 1937, 2. Dieses Dekret war nur der konsequente Abschluß einer Politik, die der katalanische Innenminister J. M. Espanya in Zusammenarbeit mit dem »Generaldirektor für Lokalverwaltung«, dem früheren Bürgermeister von Tarragona Pere Lloret, seit den ersten Kriegstagen praktizierte. Bereits am 22. 7. 1936 hatte Espanya das erste mehrerer Dekrete erlassen, durch die er in den kommenden Wochen die Position der Gemeinderäte gegenüber den revolutionären Komitees zu stärken suchte.

72 GdC: Revolució, 21.

73 Ebd., 18.

74 LV v. 11. 10. 1936, 2.

75 Nach GdC: Revolució, 19, blieben nach dem 19. 7. 1936 ca. 900 der insgesamt 1068 katalanischen Gemeindeverwaltungen im Amt; es darf als sicher gelten, daß die angegebene Zahl stark übertrieben ist, um nicht den völligen Autoritätsverlust der Regionalregierung in den ersten Kriegsmonaten zugeben zu müssen.

76 LV v. 11. 10. 1936, 2.

77 GdC: Revolució, 7, 13.

78 Peirats: Anarquistas, 204.

79 Fast alle Darstellungen über den spanischen Anarchismus im Bürgerkrieg behandeln das Verhältnis der Anarchisten zum Staat, zur Regierung, zur Macht; vgl. die bereits wiederholt zitierten Werke von Peirats, Hernández, Lorenzo, Richards, Abad de Santillán, Brademas, Gonzáles, Gómez, Casas etc., deren Interpretationsspektren von wohlwollender Zustimmung bis zu vernichtender Kritik reichen. Das Verhältnis der Anarchisten zur Politik im engeren Sinne braucht daher nicht noch einmal aufgerollt zu werden; es wird hier nur im Hinblick auf die Frage untersucht, ob die »kollaborationistische« Haltung der CNT und FAI fördernd oder hemmend auf den weiteren Verlauf der sozialen Umwälzung gewirkt hat. Die »offizielle« Rechtfertigung für ihren Regierungseintritt lieferte die CNT auf dem IAA-Kongreß im Dez. 1937 in Paris, wo sie wegen ihrer Haltung attackiert wurde: Informe de la Delegación de la CNT al Congreso Extraordinario de la AIT y resoluciones del mismo, Barcelona 1937. In dem dort vorgelegten Bericht wies sie darauf hin, daß die Alternative zu ihrer Entscheidung – die alleinige Machtergreifung durch die Anarchisten – zu einem Kampf an drei Fronten geführt hätte: gegen die nationalistischen Truppen, die republikanische Regierung und den internationalen Kapitalismus. Das aber hätte Selbstmord bedeutet. Außerdem entwickelten die Anarchisten eine Rechtfertigungsideologie, die als Argumentationsbasis einen Wandel des Wesensgehaltes des Staates beinhaltete. Am Tag des anarchistischen Regierungseintritts brachte »Solidaridad Obrera« die Erklärung: »Die Umstände ... haben die Natur der Regierung und des spanischen Staates verändert. Die Regierung hat in dieser Stunde aufgehört, eine Unterdrückungskraft gegen die Arbeiterklasse zu sein; der Staat stellt nicht mehr das Organ dar, das die Gesellschaft in Klassen trennt ...« SO v. 4. 11. 1936. Bekannt geworden ist die von verständnisvoller Solidarität getragene Kritik von Sebastien Faure: La pendiente fatal, Montevideo 1937.

80 Treball v. 12. 10. 1937, 11 (= Dekret v. 8. 10. 1937).

81 Eine monographische Untersuchung über den Verteidigungsrat von Aragonien steht

noch aus. Für die Bearbeitung dieses Abschnitts wurden herangezogen: Dokumentenmappe 1758 und 1763 IISG; Nuevo Aragón Oktober 1936–August 1937 (passim); SO Oktober 1936–September 1937 (passim); BdI Oktober 1936–August 1937 (passim); Hernández: Anarquistas, 254–79; Lister: Guerra, 151–71; Guerra y revolución II, 29–31, III, 262–71; Colectivizaciones (1973), 203–11; Souchy: Anarcho-Syndikalisten, 131–52; Peirats: CNT I, 211–15, 286–301; CNT II, 271–88; Lorenzo: Anarquistas, 113–26; 247–51; Paz: Durruti, 378–83; Zugazagoitia: Guerra I, 298–300; II, 33 f.; Prats: Vanguardia, 156–58; Bolloten: Camouflage, 198–201; Broué/Témime: Revolution, 163 f., 252 f., 375–78; Rundschau v. 19. 8. 1937, 1280 f.; Leval: Espagne, 83–155; Salas: Historia I, 999–1005; II, 1297–1304; Gespräch des Verf. am 30. 4. 1974 mit J. Zafón Bayo in Barcelona.

82 Zaragoza war viele Jahre lang Sitz des CNT-Nationalkomitees gewesen, das erst zwei Monate vor dem Aufstand nach Madrid verlegt worden war; die Stadt war im Dez. 1933 Schauplatz des CNT-Aufstandes gegen die republikanische Rechtsregierung; sie erlebte im Frühjahr 1934 einen der bedeutendsten revolutionären Generalstreiks Spaniens; im Mai 1936 fand in der Hauptstadt Aragoniens der außerordentliche Nationalkongreß der CNT statt. Der nahezu kampflose Sieg der Aufständischen in dieser von der CNT beherrschten Stadt scheint auf die Uneinigkeit innerhalb der anarcho-syndikalistischen Führung und das äußerst geschickte Taktieren des Generals Cabanellas zurückzuführen zu sein, der die Arbeiterschaft bis zum letzten Augenblick seiner Republiktreue versicherte. Nach der Machtübernahme des Militärs begann eine beispiellose Repression gegen die Arbeiter, die den Generalstreik ausgerufen hatten. Den Verfolgungen fielen in den ersten Wochen nach Angabe des Madrider Juristenrates 2000 Menschen zum Opfer; C. Lorenzo spricht – was wohl stark übertrieben sein dürfte – von 15 000 bis 30 000 Getöteten. Zur militärischen Situation Aragoniens in den ersten Kriegstagen vgl. Martínez Bande: Invasión, 42–47. Zur Tradition des aragonesischen Regionalismus vgl. J. C. Mainer: El aragonesismo político (1868–1936), Sistema 8, 1975, 57–71.

83 In einem Gespräch mit dem Verf. am 30. 4. 1974 in Barcelona bezeichnete J. Zafón Bayo, ehemaliger Generaldelegierter für Information und Propaganda des Aragonien-Rates, die auf Bauern ausgeübte Einflußnahme als »moralischen und materiellen Druck« der Milizen, die ungefähr 240 Dörfer zurückerobert hatten und zuerst die Verpflegung der Frontsoldaten organisierten. Die Komitees jedoch seien nicht durch Pressionen entstanden, sondern durch freie Wahl aller Dorfbewohner.

84 Lorenzo: Anarquistas, 119; nach Salas: Historia I, 1001, fand die Versammlung am 6. Okt. statt, nach Paz: Durruti, 378, am 16. Sept. An der Versammlung nahmen außer den Vertretern von 139 kollektivierten Ortschaften auch eine Abordnung des CNT-Regionalkomitees und die Führer der anarchistischen Milizkolonnen (u. a. B. Durruti) teil. Die Teilnahme von Delegierten des Nationalkomitees, auf die R. Salas hinweist, erscheint unwahrscheinlich, da gerade das Nationalkomitee sich bei der Konstituierung des Rates übergangen fühlte und diesen über längere Zeit hinweg desavouierte. Nach kommunistischer Darstellung (Guerra y revolución II, 30) hat das CNT-Nationalkomitee den Verteidigungsrat hinter dem Rücken der aragonesischen Anarcho-Syndikalisten gegründet. Diese Darstellung entbehrt jeglicher Grundlage. Zur Gründung des Rates vgl. auch Nazario González: El anarquismo en la Historia de España Contemporánea, MS, Barcelona 1970, 93.

85 SO v. 17. 10. 1936, 16.

86 Zit. nach Peirats: CNT I, 212.

87 Historia del Partido Comunista de España (Versión abreviada), Paris 1960, 158.

88 BdI v. 24. 12. 1936, 5.

89 Gaceta de la República v. 19. 1. 1937, zit. nach Documentos de la Revolución española. El PC y la Unidad Antifascista, Valencia 1937, 13; vgl. auch Salas: Historia I, 999–1005, 1040–42.
90 FS v. 23. 1. 1937, 4.
91 Zum Handel s. Lorenzo: Anarquistas, 123. Nach J. Zafón Bayo (Gespräch mit dem Verf. am 30. 4. 1974 in Barcelona) funktionierte vor allem der Handel mit Frankreich tadellos. Zur Regionalorganisation s. o. S. 67f. Der Verteidigungsrat richtete auch ein nur ihm verantwortliches Polizeikorps ein *(Grupos de Investigación y de Orden público)*, dem es allmählich gelang, Saboteure, Verbrecher, »Reaktionäre« an die zumeist nur von CNT-Mitgliedern gebildeten Volksgerichte (tribunales populares) zu übergeben; deren Rechtsprechung wiederum war für die Kommunisten dauernder Anlaß, auf die »Diktatur« und »Tyrannei« der CNT hinzuweisen. Zu den »politischen« Lokalräten s. BdI v. 22. 2. 1937, 6.
92 Vgl. Nuevo Aragón v. 24. 3. 1937; 26. 3. 1937; 28. 3. 1937; 30. 3. 1937; 2. 4. 1937; 4. 4. 1937; 6. 4. 1937; 9. 4. 1937; 13. 4. 1937; 17. 4. 1937; 20. 4. 1937; 21. 4. 1937; 22. 4. 1937; 23. 4. 1937; 24. 4. 1937; 25. 4. 1937; 27. 4. 1937; 30. 4. 1937; 5. 5. 1937; 6. 5. 1937; 12. 5. 1937; 14. 5. 1937; 21. 5. 1937; 25. 5. 1937; 26. 5. 1937; 28. 5. 1937; 2. 6. 1937; 4. 6. 1937; 5. 6. 1937; 9. 6. 1937; 11. 6. 1937; 13. 6. 1937; 15. 6. 1937; 16. 6. 1937; 17. 6. 1937; 18. 6. 1937; 25. 6. 1937. Die zeitliche Einschränkung ergibt sich aus der Quellenlage; die Zeitung »Nuevo Aragón« konnte durchgängig nur für den genannten Zeitraum konsultiert werden.
93 Zugazagoitia: Guerra I, 299.
94 BdI v. 29. 7. 1937, 2.
95 BdI v. 30. 7. 1937, 3. Ascaso bezieht sich hier auf das im März 1937 zwischen den UGT- und CNT-Provinzialföderationen von Zaragoza, Huesca und Teruel geschlossene Bündnis, in dem sich beide Gewerkschaften gegen jeglichen Zwang und für die Freiheit des Kleinbauern aussprachen, zugleich aber die Kollektivierungsbewegung vorantreiben wollten. Vgl. BdI v. 3. 3. 1937, 7; BdI v. 5. 3. 1937, 7.
96 Frente Rojo v. 14. 8. 1937, zit. nach Documentos, 14f.
97 Seiner ideologischen Konzeption nach stellte der Aragonien-Rat den Beginn eines föderativen Verteidigungsaufbaus dar, der in einem »Nationalen Verteidigungsrat« gipfeln sollte (s. o. S. 221), nicht jedoch eine Regional-»Regierung«. Ab Dez. 1936 gab der Rat in Caspe ein Gesetzesblatt heraus, in dem alle von ihm erlassenen Dekrete und Gesetze enthalten waren; der Titel »Boletín« wurde von einem bereits vorher als »Zeitung der Revolution« in Fraga publizierten Blatt übernommen.
98 Sanz: Madrid, 152.
99 Nach BdI v. 29. 7. 1937, 2f., BdI v. 30. 7. 1937, 2–4 (= Rede von J. Ascaso) ist der Verteidigungsrat »durch und für das Volk geboren; er entstand auf demokratische Art, voll sozialen Inhalts«. Ascaso bezeichnete den Rat als »Sohn der Revolution« und sprach ihm Kontrollfunktionen über die »Reinheit der Revolution« zu. Broué: Revolution verwickelt sich in Widersprüche, wenn er einerseits behauptet, der Rat sei »das einzige regionale Machtorgan, das aus einer Zusammenfassung der lokalen Komitees hervorgegangen war und sein Mandat von ihnen herleitete« (S. 164), andererseits aber von dem »ursprünglich von den katalanischen anarchistischen Milizen geschaffenen und von katalanischen Anarchisten inspirierten Verteidigungsrat(s) von Aragón« (S. 252) spricht.
100 SO v. 16. 9. 1937, 6; SO v. 18. 9. 1937, 6. Vgl. auch CNT-AIT-Comité Nacional, Informe de nuestra delegación a Aragón (IISG/1758). Die CNT war bemüht, im Aug. 1937 den Kollektivwirtschaften, die seit dem Beginn der kommunistischen Herrschaft über Aragonien einen erheblichen Mitgliederschwund zu verzeichnen

hatten, durch entgegenkommenderes Verhalten den »Individualisten« gegenüber neue Stärke zu verschaffen.

101 Zur Verteidigung Madrids im Nov. 1936 vgl. Robert G. Colodny: The Struggle for Madrid. The Central Epic of the Spanish Conflict (1936–37), New York 1958; die Bedeutung Miajas betont Antonio López Fernández: Defensa de Madrid, México 1945 (neuerdings ders.: El general Miaja, defensor de Madrid, Madrid, 1975).

102 Zugazagoitia: Guerra I, 298f. Die Forderung der Volksfrontparteien nach Absetzung des Ratsvorsitzenden kam für die CNT um so überraschender, als noch am 7. Juli, auf einem Treffen der Volksfront mit der CNT, alle Organisationen ihre volle Übereinstimmung mit der Politik des Verteidigungsrates erklärt hatten; vgl. SATW v. 22. 9. 1937, 2.

103 Ebd., 299.

104 Lister: Guerra, 152.

105 Ebd.

106 Ebd., 154f.

107 Zu den unmittelbaren Folgen der Auflösung des Verteidigungsrates vgl. (aus anarchistischer Sicht:) Documentos de la Revolución Española No. 1. El PCE y la Unidad Antifascista, Valencia 1937, 4–16 (enthält eine ausführliche Dokumentation über die Kontroverse zwischen kommunistischen und anarchistischen Presseorganen); Martínez Prieto: Anarquismo, 14ff. (kritisiert die Reaktion der CNT); José López: El Aragón que yo he visto, o.O. (Valencia) o.J. (1937); Tormes: España, 190–99; Sanz: Madrid, 149–61; CNT-AIT-Comité Nacional: Informe de nuestra delegación a Aragón (IISG/1758); (aus kommunistischer Sicht:) Lister: Guerra, 151–62; Rundschau v. 19. 8. 1937, 1280f.; (aus der Sicht des CNT-Informations- und Propaganda-»Ministers« des Aragonien-Rates E. Viñuales:) SATW v. 22. 9. 1937, 3. Die von kommunistischen Truppen (angeblich) angerichteten Zerstörungen und eingeleiteten Repressalien werden ausführlich behandelt in: Spanish Revolution v. 22. 10. 1937, 1ff.; SATW v. 13. 10. 1937, 2 (beschreibt die gewaltsame Land-Reprivatisierung oder Auflösung mehrer Kollektive); SATW v. 22. 9. 1937, 1 (Überfälle auf zahlreiche Kollektive). Ein Großteil der Überfälle hatte schon vor der Auflösung des Verteidigungsrates (z.T. im Juni und Juli 1937) stattgefunden und war von Sturmgardisten in Zusammenarbeit mit dem PSUC ausgeführt worden. Vgl. auch Peirats: CNT II, 271–88; Prats: Vanguardia, 156ff.

108 Vgl. die positive Charakterisierung Mantecóns bei Lister: Guerra, 160; zu den kommunistischen Maßnahmen nach Auflösung des Rates s. Bolloten: Camouflage, 199.

109 Zugazagoitia: Guerra I, 299.

110 Azaretto: Pendientes, 207–09; Informe del Comité Peninsular de la FAI al Movimiento Libertario Internacional. El anarquismo en España, o.O., 5. 10. 1937, 23 (IISG/1761).

111 CNT-AIT-Comité Nacional: Informe de nuestra delegación a Aragón (IISG/1758).

112 Karl Korsch: Ökonomie und Politik im revolutionären Spanien, in: ders.: Schriften zur Sozialisierung, hg. v. Erich Gerlach, Frankfurt 1969, 113. Vgl. auch Leval in: Dolgoff: Collectives, 51.

113 Wolfgang Harich: Zur Kritik der revolutionären Ungeduld, Kursbuch 19, 88f.

114 Heller: Arbeiter-Revolution, 14. Vgl. auch Thalmann: Freiheit, 129ff.

115 Munis: Jalones, 245.

116 Kaminski: Barcelona, 181.

117 Marcos Alcón: Recordando el 19 de julio de 1936, Espoir v. 20. 7. 1975, 3. Die Verteidigungskomitees von Barcelona wandten sich an Marcos Alcón mit dem

Ansinnen, den Sekretär des katalanischen CNT-Regionalkomitees zu stürzen. Ein Hauptfehler der Anarchisten bestand – nach Alcón – im Bürgerkrieg darin, die Stimmung unter dem »Fußvolk« zu gering geachtet und den Kontakt zur Masse der »anonymen Aktivisten« vernachlässigt zu haben.

118 J. Santana Calero: Afirmación en la marcha, Barcelona o.J.

119 Sicherlich gehörte die Gruppe »Amigos de Durruti« zu dieser inner-anarchistischen Opposition, zu der auch ein Großteil der katalanischen Anarchisten gerechnet werden dürfte, die im Mai 1937 nur auf dringendes Anraten der aus Valencia angeeilten Nationalkomitee-Mitglieder den Straßenkampf einstellten. Innerhalb der anarchistischen Jugendorganisation »Juventudes Libertarias« (JJLL) war es vor allem die katalanische Sektion – mit über 34 000 Mitgliedern im Febr. 1937 die bei weitem stärkste Regionalorganisation –, die sich beharrlich allen Versuchen widersetzte, ihr den »offiziellen« CNT/FAI-Kurs zu oktroyieren. Vgl. Peirats: Anarquistas, 303–20.

120 Hierzu Christian Sigrist: Der Begriff der Herrschaft und das Problem der Anarchie, Das Argument 50, 147–58, bes. 152–54.

121 Gespräch mit dem Verf. am 15. 8. 1974 in Toulouse.

Schlußbetrachtung

Die Soziale Revolution: Chancen und Versäumnisse

1 Mattick: Spontaneität, 40.

2 Fàbregas: Factors, 35.

3 Espoir v. 20. 7. 1975, 3.

4 Vgl. auch Leval: Limitations, in: Dolgoff: Collectives, 57.

5 Zu den zahlreichen bürokratischen und legalistischen Schwierigkeiten, die die Regierung Negrín den katalanischen Kollektiven in den Weg legte, vgl. den Rechenschaftsbericht der »Kommission zur Anwendung des Kollektivierungsdekrets« in: Pérez-Baró: Mesos, 143–46. S. auch Memoria del pleno regional de grupos (Alicante, April 1937) FAI, o.O. (Valencia) o.J. (1937). Zu der Möglichkeit, der Kollektivierung durch Umwandlung des Betriebs in eine Produktionsgenossenschaft zu entgehen, vgl. Pérez-Baró: Mesos, 135.

6 Carrillo u.a.: Spanien, 45.

7 Brandt: Jahr, 23; vgl. auch ders.: Weg, 97–105; ders.: Schriften, 185–220.

8 PCE. Nuestro programa y el de la CNT, 5.

9 SO v. 17. 6. 1937, 2.

10 Fàbregas: Finances, 71.

11 Peirats: Examen, 101.

12 Vgl. hierzu Martínez Prieto: Posibilismo, 73 f.

13 Die Desorientiertheit über das taktische Vorgehen erfaßte auch den POUM. Während dessen Zentralorgan »La Batalla« eine reine Arbeiterregierung forderte, arbeiteten seine Vertreter im Volksexekutivkomitee der Levante und kurze Zeit später in der Generalitat mit den Volksfront-Parteien zusammen. Auch die Position der UGT war längere Zeit schwankend-unentschlossen.

14 Helmut Rüdiger: Ensayo crítico sobre la revolución española, in: Colección Realidades Ibéricas 1940, 9 f.

15 Abad de Santillán: Guerra (1975), 96.

16 Asociación Internacional de los Trabajadores. Secretariado de Barcelona. Helmut Ruediger: Informe para el Congreso Extraordinario de la AIT el día 6/12/37, 41 (Labadie Collections). Auch neueste Arbeiten führen den Niedergang der Wirtschaft auf Fehlentscheidungen der Arbeiterkomitees zurück. Vgl. Kenneth Medhurst: Government in Spain. The Executive at Work, Oxford 1973, 22; Salas Larrazabal: Historia I, 1000.

17 BdI v. 15. 6. 1937, 4.

18 Enzensberger: Sommer, 233.

19 Nicht-Befolgung der gesetzlichen Vorschriften, Betriebsegoismus, »soziale Undisziplinierheit« und Verringerung der produktiven Kapazität, Verlust des Binnenmarktes, die Auseinandersetzungen zwischen den verschiedenen politischen und gewerkschaftlichen Organisationen sowie die Verzögerung bei der Gründung der Industrie-Generalräte und der CCIC verhinderten nach Fàbregas: Dies, 84–86, einen vollen Erfolg des kollektivistischen Systems. Den Produktionsrückgang als Folge mangelnder Arbeitsdisziplin betonte der Regionalkongreß der IG Bau, Holz und Dekoration im Juni 1937: Memoria del Primer Congreso Regional de Sindicatos de la Industria de la Edificación, Madera y Decoración, o.O. 1937, 68. Wegen des unsolidarischen, betriebsegoistischen Verhaltens einzelner Wirtschaftskollektive forderte die Eisenindustrie Barcelonas die Beendigung der Betriebskollektivierungen und den Übergang zur »Sozialisierung« der Wirtschaft: Sindicato de la Industria Siderometalúrgica de Barcelona. Colectivización? Nacionalización? No: Socialización!, Barcelona 1937. Die fehlende Einheit der Arbeiter eines Betriebs infolge ihrer Organisiertheit in verschiedenen Gewerkschaftszentralen beklagten Vertreter des Rats für gewerkschaftliche Wirtschaftskontrolle in: LV v. 20. 3. 1937, 4.

20 In Analogie zu Karl-Heinz Schlarp: Revolution und ökonomische Rückständigkeit. Die Russische Revolution als Modellfall, in: Imanuel Geiss u. Rainer Tamchina Hg.: Revolution – ein historischer Längsschnitt, München 1974.

Abkürzungsverzeichnis

ACR	Acció Catalana Republicana
AGSA	Archiv für die Geschichte des Sozialismus und der Arbeiterbewegung
AIT	Asociación Internacional de los Trabajadores (= IAA)
ANV	Acción Nacionalista Vasca
BdI	Boletín de Información CNT-AIT-FAI
Beitr.GdA	Beiträge zur Geschichte der deutschen Arbeiterbewegung
BO	Butlleti Oficial de la Generalitat de Catalunya
BOC	Bloc Obrer i Camperol
CAP	Comisión Asesora Política
CCOO	Comisiones Obreras
CCIC	Caixa de Crèdit Industrial i Comercial
CEDA	Confederación Española de Derechas Autónomas
CIRA	Centre International de Recherches sur l'Anarchisme
CLUEA	Consejo Levantino Unificado de Exportación de Agrios
CNT	Confederación Nacional del Trabajo
CRI	Cuadernos de Ruedo Ibérico
CRT	Confederación Regional del Trabajo
CSS	Canadian Slavic Studies
DAS	Deutsche Anarcho-Syndikalisten
DO	Diari Oficial de la Generalitat de Catalunya
DZS	Deutsche Zeitung für Spanien
EKKI	Exekutivkomitee der Kommunistischen Internationale
ERC	Esquerra Republicana de Catalunya
FA	Foreign Affairs
FAI	Federación Anarquista Ibérica
FAUD	Freie Arbeiter-Union Deutschlands
FIJL	Federación Ibérica de Juventudes Libertarias (= JJLL)
FNAE	Federación Nacional de Agricultores de España
FNC	Federación Nacional Campesina
FNTT	Federación Nacional de Trabajadores de la Tierra
FS	Fragua Social
GdC	Generalitat de Catalunya
GEPCI	Gremis i Entitats de Petits Comerciants i Industrials
GGB	Geschichtliche Grundbegriffe. Historisches Lexikon der politisch-sozialen Sprache in Deutschland
IAA	Internationale Arbeiter-Assoziation (= AIT)
IbAA	Ibero-Amerikanisches Archiv
IR	Izquierda Republicana
IRA	Instituto de Reforma Agraria
IWK	Internationale Wissenschaftliche Korrespondenz zur Geschichte der deutschen Arbeiterbewegung
IWWK	Institut für Weltwirtschaft Kiel
JCH	Journal of Contemporary History

JJCC	Juventudes Comunistas
JJLL	Juventudes Libertarias (= FIJL)
JMH	Journal of Modern History
JSU	Juventudes Socialistas Unificadas
KZSS	Kölner Zeitschrift für Soziologie und Sozialpsychologie
LV	La Vanguardia
LW	Lenin/Werke
MAOC	Milicias Antifascistas Obreras de Cataluña
MEW	Marx/Engels Werke
MLE	Movimiento Libertario Español
MO	Mundo Obrero
NLR	New Left Review
ORGA	Organización Republicana Gallega Autónoma
OT	El Obrero de la Tierra
P	Pesete
PCE	Partido Comunista de España
PNV	Partido Nacionalista Vasco
POUM	Partido Obrero de Unificación Marxista
PS	Partido Sindicalista
PSOE	Partido Socialista Obrero Español
PSUC	Partit Socialista Unificat de Catalunya
PVS	Politische Vierteljahresschrift
RdT	Revista de Trabajo
RH	Revue Historique
RoP	Review of Politics
RP	La Révolution Proletarienne
SATW	Spain and the World
SIM	Servicio de Investigación Militar
SO	Solidaridad Obrera
TyL	Tierra y Libertad
UDR	Unió de Rabassaires
UdSSR	Union der Sozialistischen Sowjetrepubliken
UGT	Unión General de Trabajadores
UR	Unión Republicana
WWA	Weltwirtschafts-Archiv
ZK	Zentralkomitee

Quellen- und Literaturverzeichnis

1. Bibliographien

Amador Carrandi, Florencio: Ensayo bibliográfico de las obras y folletos publicados con motivo del movimiento nacional. Bermeo o.J.

Amo, Julian u. Shelby, Charmion: La obra impresa de los intelectuales españoles en América 1936–1945. Bibliography prepared by the Hispanic Foundation of the Library of Congress. Stanford 1950

Auswahlbibliographie zur Vorbereitung des 30. Jahrestages des national-revolutionären Krieges des spanischen Volkes 1936–1939, Zeitschrift für Militärgeschichte 5, 1966, 240–43

Bibliographie der marxistischen Zeitschriftenliteratur zur internationalen Arbeiterbewegung, Beiträge zur Geschichte der deutschen Arbeiterbewegung VI, 6, 1964, 1153–81

Bibliografía dels moviments socials a Catalunya, pais Valenciá i les illes. Dirigida per E. Giralt i Raventós. Barcelona 1972

Bibliografía general sobre la Guerra de España 1936–1939 y sus antecedentes históricos. Fuentes para la historia contemporánea de España. Intr. general y dirección de R. de la Cierva. Madrid 1968

Bibliographische Kalenderblätter. 9. Sonderblatt Spanien 1936–1939. Literatur zum spanischen Freiheitskampf anläßlich des 25. Jahrestages seines Beginns am 18. Juli 1936. Bearbeitet von der Berliner Stadtbibliothek. 1961

Buxó-Dulce de Voltes, María José: Catálogo de publicaciones de la Mancomunidad y la Generalidad de Cataluña. Barcelona 1967

Calvo Serer, Rafael: La literatura universal sobre la guerra de España. Madrid 1962. Dt.: Die Literatur über den Spanischen Bürgerkrieg von 1936, in: Politische Ordnung und menschliche Existenz. Festgabe für Eric Voegelin zum 60. Geburtstag. München 1962, 71–104

Cierva y de Hoces, Ricardo de la: Cien libros básicos sobre la guerra de España. Madrid 1966

Comín Colomer, Eduardo: Bibliografía de la guerra de liberación, Revista de Estudios Políticos 5, 1952, 341–53

Cuadernos bibliográficos de la guerra de España 1936–1939. Ed. por la Cátedra de Historia Contemporánea de España de la Universidad de Madrid. 6 series. Madrid 1966 ff.

Dutschke, Rudi: Bibliographie des revolutionären Sozialismus von Karl Marx bis in die Gegenwart. Heidelberg 1969

Fernández Almagro, Melchor: Bibliografía de historia contemporánea de España, Revista de Estudios Políticos 58, 1956, 389–96

García Durán, Juan: 1936–1939. Bibliography of the Spanish Civil War. Bibliografía de la guerra civil española. Bibliographie de la guerre civile espagnole. Montevideo 1964

Herre, Franz: Auftakt in Spanien. Bücher zum Bürgerkrieg, Politische Meinung 8, 1963, 92–94

Konetzke, Richard: Literaturbericht über Spanische Geschichte. Veröffentlichungen von 1950 bis 1966, HZ 1969 (Sonderheft 3), 208–85

Lamberet, Renée: Mouvements Ouvriers et Socialistes: Chronologie et Bibliographie: L'Espagne 1750–1936. Paris 1953

Rovida, Giorgio: La guerra civile spagnola. Problemi storici e orientamenti bibliografici, Rivista Storica del Socialismo, fascicolo 6, 1959, 265–94

Southworth, Herbert: El mito de la cruzada de Franco. Crítica bibliográfica. Paris 1963

2. Gespräche und Korrespondenz

Gespräch des Verf. mit G. Leval am 2. 9. 1971 in Paris, mit A. Souchy am 9. 3. 1974 in München, mit J. Tarradellas am 13. 7. 1974 in St. Martin le Beau, mit J. Arquer am 12./13. 8. 1974 in Barcelona, mit A. Capdevila am 14. 8. 1974 in Perpignan, mit F. Montseny am 15. 8. 1974 in Toulouse; verschiedene Gespräche mit ehemaligen CNT-, FAI- und POUM-Mitgliedern im Frühjahr und Sommer 1974 in Barcelona.
Schreiben an den Verf.: J. Peirats v. 4. 8. 1971, v. 15. 12. 1973, v. 31. 1. 1974; G. Leval v. 12. 9. 1971; F. Montseny v. 17. 9. 1971, v. 20. 2. 1974; A. Souchy v. 24. 9. 1971; D. Guérin v. 28. 1. 1974; A. Capdevila v. 4. 3. 1974, v. 6. 4. 1974, v. 20. 9. 1975; D. Abad de Santillán v. 20. 4. 1974, v. 11. 11. 1975; J. Arquer v. 22. 6. 1974; J. Baliús v. 25. 3. 1975; E. Cerrveró v. 25. 3. 1975; J. Gorkin v. 25. 3. 1975, v. 8. 5. 1975.

3. Quellen

A los ocho meses de guerra civil. La J.C.T. a la juventud combatiente, obrera y campesina de todo el país. Barcelona 1937

Abad de Santillán, Diego: La bancarrota del sistema económico y político del capitalismo. Valencia o.J.

– El organismo económico de la revolución. Cómo vivimos y cómo podríamos vivir en España. Barcelona 1936

– Colaboración y tolerancia o dictadura? El problema de la armonía revolucionaria. Montevideo 1937

– After the revolution. Economic reconstruction in Spain today. New York 1937

– La revolución y la guerra en España. Notas preliminares para su historia. La Habana 1938

– (Hg.): Antecedentes, bases y objetivos de la alianza CNT-UGT. Barcelona 1938

– Por qué perdimos la guerra. Buenos Aires 1940. 2. Aufl. Puebla (México) 1975

ABC del Comisario. Ed. por el Comisariado General de Guerra. Publ. 3a. División. o.O. o.J.

Acta de la Conferencia Provincial de Trabajadores de la Tierra celebrada los días 28 y 29 de agosto en Tembleque. Ocaña 1937

Acta del Pleno de Columnas Confederales y Anarquistas celebrado en Valencia el día 5 de febrero de 1937. o.O. o.J.

Actas del Pleno Nacional de Regionales CNT-FAI-FIJL octubre 1938. o.O. o.J. (1938)

Acta del pleno regional de locales y militantes de Aragón, Rioja y Navarra, celebrado en Toulouse el día 17 de junio de 1945, en la Bolsa de Trabajo. o.O. o.J.

Actas de las Reuniones celebradas en Madrid – Pro Frente Unico – por las delegaciones del CC de la UJC y de la Comisión Ejecutiva de la FJS los días 26 y 30 de julio de 1934. Bilbao o.J.

Acuerdos del Pleno económico nacional ampliado. El primer congreso nacional de carácter constructivo, celebrado en la España antifascista desde el 19 de julio, cuyas sesiones han tenido lugar desde el 15 al 23 de enero de 1938. Barcelona 1938

Administración (La) en el campo. Normas para la organización administrativa, basada en la aplicación de un sistema único en la contabilidad que deberá llevarse en las Colectividades Cooperativas Confederales de Trabajadores Campesinos. Valencia 1937

Agrarian reform in Spain. An historical study by the Spanish Institute of Agrarian Reform. London 1937

Agrupación Anarquista de Barcelona: Adónde va la FAI? Barcelona 1938

Aguirre y Lecube, José Antonio de: De Guernica a Nueva York pasando por Berlin. Buenos Aires 1943. 2. und 3. Aufl. 1944
AIT/CNT Confederación Regional de Aragón, Rioja y Navarra. Comarcal de Valderrobres (Teruel), sus luchas sociales y revolucionarias. o.O. 1971
AIT/CNT Regional de Aragón, Rioja y Navarra. Comarcal de Utrillas (Teruel). En lucha por la libertad, contra el fascismo (1936–1939). o.O. 1970
Akten zur deutschen auswärtigen Politik 1918–1945. Aus dem Archiv des Deutschen Auswärtigen Amtes. Serie D (1937–1945). Bd. III. Deutschland und der Spanische Bürgerkrieg 1936–1939. Baden-Baden 1951
Alaiz, Felipe: El problema de la tierra. Reforma agraria y expropiación social. Barcelona 1935
– Para que la propaganda sea eficaz. Barcelona 1936
– Por una economía solidaria entre el campo y la ciudad. o.O. (Barcelona) o.J. (1937)
Alba, Octavio Luis: Los comisarios en el Ejército Republicano Español. o.O. 1938
Alberola, José: Interpretación Anarquista de la Revolución. Lérida 1937
Albornoz, Alvaro de: Páginas del destierro. México 1941
– La política interna de España. Buenos Aires 1943
Alcántara, Juan Manuel: Historia Privada de la Revolución Española. Buenos Aires o.J. (1938)
Alemán, Jacinto: Por la unidad, la resistencia y la victoria. Alicante 1938
Allò que tot pagès ha de saber sobre l'explotació familiar i sobre l'explotació collectiva de la terra. Barcelona 1937
Alonso, Bruno: La flota republicana y la guerra civil de España (Memorias de un Comisario General). México 1944
Alonso, Ponciano: El transporte y la guerra. Barcelona o.J. (1938)
Alvarez, Ramón: Viejo y nuevo. Ideas y realidades en la historia. México 1967
Alvarez, Segis: Nuestra organización y nuestros cuadros. o.O. o.J.
– El problema de la joventut camperola. o.O. (Valencia) o.J.
– La juventud y los campesinos. o.O. (Valencia) 1937
Alvarez del Vayo, Julio: Lo que debe saber todo comisario político. Gijón o.J.
– El comisariado general de guerra al servicio del pueblo y de la victoria. Albacete 1937
– La voz de España en Ginebra. o.O. (Madrid) o.J.
– Freedom's Battle. London 1940
– The Last Optimist. London 1950
– Les batailles de la liberté (Mémoires d'un optimiste). Paris 1963
Anarcosindicalismo. Antecedentes. Declaración de principios, finalidades y tácticas. Toulouse 1973
Anarquismo (El) Ibérico en el congreso anarquista internacional de 1958. o.O. o.J. (1958)
Año (Un) de acción común entre socialistas y comunistas. El partido único será un hecho. o.O. o.J. (1937)
Año (Un) de guerra. Memoria de la actuación de la Junta Municipal aprobada por aclamación en la Asamblea General celebrada los días 29 de agosto y 5 de septiembre de 1937. Madrid o.J. (1937)
Años (Veinte) de la epopeya libertaria española. 1936, 19 de julio 1956. o.O. o.J. (1956).
Ante el Pleno de nuestro Comité Central. Artículos de J. Díaz, P. Checa, D. Ibárruri »Pasionaria«, L. Cabo Giorla. Madrid o.J. (1937)
Anti-Komintern: Das Rotbuch über Spanien. Berlin 1937
Antón, Francisco: El Comisariado en el Ejército Popular. Madrid 1937
– El trotskismo – encarnizado enemigo del Frente Popular. Madrid 1938
Aperçu de l'œuvre en faveur de la coopération. Madrid 1937
L'Aplicació del Decret de Collectivitzacions i Control Obrer. Introducció par Estanislau Ruiz i Ponseti. Barcelona 1937

Aprovechamiento máximo de los recursos naturales en beneficio del pueblo. o.O. (Barcelona) o.J.
Araquistáin, Luis de: La verdad sobre la intervención y la no intervención en España. Madrid o.J.
– Luis Araquistain denuncia. o.O. 1939
– El comunismo y la guerra de España. Carmaux 1939
– Mis tratos con los comunistas. o.O. o.J.
Ardiaca, Lluis: Els sindicats agricoles i la revolució al camp. o.O. (Barcelona) o.J. (1937)
Ardiaca, Pere: Davant la 1a. conferencia nacional del Partit Socialista Unificat de Catalunya. 6 articles a propòsit del projecte de resolució política. o.O. o.J.
Ariel: Cómo murió Durruti? o.O. o.J. (1945)
Arquer, Jordi: Las interpretaciones del marxismo. Barcelona 1937
Artal, Armando: Problemas del campo; su pasado y su presente. o.O. o.J.
Artola, Miguel: Partidos y programas políticos 1808–1936. 2 Bde. Bd. 1: Los partidos políticos. Bd. 2: Manifiestos y programas políticos. Madrid 1974–1975
Asamblea preparatoria del congreso provincial extraordinario celebrada en Barbastro el domingo día 4 de octubre de 1936. Lérida o.J. (1936)
(Ascaso, Francisco:) Homenaje del Comité Peninsular de la FAI a Francisco Ascaso. o.O. (Barcelona) 1938
Ascaso, Joaquín: Texto taquigráfico del discurso pronunciado el día 27 ante el micrófono de Caspe. o.O. o.J.
Asensio Torrado, General José: Movilización integral. Algunos de sus aspectos. Barcelona 1938
Atholl, Katharina Duchess of: Searchlight on Spain. Harmandsworth 1938
Azaña, Manuel: Obras completas. Hg. v. Juan Marichal. 4 Bde. México 1967
Azaretto, Manuel: Las pendientes resbaladizas (Los anarquistas en España). Montevideo 1939
Azcárate, Pablo de: Spain, past and future. London 1945
Bakunin, Michail A.: Philosophie der Tat. Auswahl aus seinem Werk. Hg. v. Rainer Beer. Köln 1968
– Social-politischer Briefwechsel mit Alexander Iw. Herzen und Ogarjow. Hg. v. T. Schiemann. Stuttgart 1895 (= Bd. 6 der Bibliothek russischer Denkwürdigkeiten).
– Gesammelte Werke. 3 Bde. Berlin 1975
Bakunin-Archiv/Archives Bakounine. Hg. v. A. Lehning/A. J. C. Rüter/P. Scheibert. 3 Bde. Leiden 1961–1967
Balbontín, José Antonio: La España de mi experiencia. México 1952
Balcells, Albert: La polèmica del 1928 entorn de l'anarquisme a Catalunya. Barcelona 1973. Sp.: El arraigo del anarquismo en Cataluña. Textos de 1926 a 1932. Barcelona 1973
Ballester, Antonio: Der Agrar-Kredit in Spanien. Bericht für die Internationale Konferenz für Agrarwissenschaft. o.O. o.J. (1934)
Barça, J. O.: La obra financiera de la Generalitat durante los seis primeros meses de la revolución. Paris 1937 (= Antecedentes y documentos Nr. 9)
Barrio, Josep del: La tasca dels militants del PSU en el sindicat de cara a la guerra. Primera conferencia nacional del PSUC. o.O. (Barcelona) o.J. (1937)
Bartrina Vilaró, José: El ocaso de los dioses rojos. Barcelona 1939
Barwich, Franz: Der kommunistische Aufbau des Syndikalismus im Gegensatz zum Parteikommunismus und Staatssozialismus. Hamburg 1973 (Reprint)
Basaldúa, Pedro de: En España sale el sol. Buenos Aires 1938, 2. Aufl. 1946
Bases del pacto realizado por la CNT y la UGT. Valencia o.J. (1938)
Bazal, Luis: Ay de los vencidos! Testimonio de la guerra de España. Toulouse 1966
Benavides, Manuel: Guerra y revolución en Cataluña. México 1946
Berkman, Alexander: ABC of Anarchism. London 1968 (1. Aufl. 1929)

Bernaldo de Quirós, Constancio: El espartaquismo agrario andaluz. Madrid 1974
- /Ardila, Luis: El bandolerismo andaluz. Madrid 1973
Bernanos, Georges: Los grandes cementerios bajo la luna. Buenos Aires 1964
Berneri, Camillo: El trabajo atrayente. Barcelona 1937
- Guerre de classes en Espagne. o.O. o.J. (1938), 2. Aufl. 1946 (Paris). Dt.: Klassenkrieg in Spanien 1936/1937. Hamburg 1974
- Entre la revolución y las trincheras. Paris 1946
- Pietrogrado 1917, Barcelona 1937. Hg. v. Pier Carlo Masini und Alberto Sordi. Mailand o.J. (1965)
- /Landau, Katja/Ollivier, Marcel: Revolution und Konterrevolution in Spanien. Berlin 1975
Berryer: Revolutionary Justice in Spain. London o.J.
Besnard, Pierre: El mundo nuevo. Buenos Aires 1935
- Anarcho-Syndicalisme et Anarchisme. Rapport au Congrès Anarchiste International de 1937. Paris 1937
Bloch, Jean-Richard: Espagne, Espagne! Paris 1936
Borkenau, Franz: The Spanish Cockpit. An Eye-Witness Account of the Political and Social Conflicts of the Spanish Civil War. London 1937. Neuausg. Ann Arbor 1963. Sp.: El reñidero español. Paris 1971
Borries, Achim von/Brandies, Ingeborg (Hg.): Anarchismus. Theorie, Kritik, Utopie. Frankfurt 1970
Bowers, Claude G.: My mission to Spain. Watching the rehearsal for World War II. London 1954
Brandt, Willy: Ein Jahr Krieg und Revolution in Spanien. Referat auf der Sitzung der erweiterten Parteileitung der SAP, Anfang Juli 1937. Hg. v. d. Sozialistischen Arbeiter-Partei Deutschlands. o.O. 1937
- Mein Weg nach Berlin. München 1960
- Draußen. Schriften während der Emigration. München 1966
Brockway, Fenner: The Truth about Barcelona. London o.J.
- Inside the left. London 1947. Dt.: Auf der Linken. o.O. 1947
Broué, Pierre: La révolution espagnole 1931–1939. Flammarion 1973
Bucharin, Nikolaj: Anarchismus und wissenschaftlicher Kommunismus. Hamburg 1920
- /Preobraschensky, E.: Das ABC des Kommunismus. Hamburg 1921
Buenacasa, Manuel: El movimiento obrero español 1886–1926. Barcelona 1928. 2. Aufl. Paris 1966
- La CNT, los Treinta y la FAI. Barcelona 1933
Bullejos, José: La Comintern en España. Recuerdos de mi vida. México 1972
Butlleti mensual d'Estadistica (1934–1937). Barcelona 1934–1937
Butlleti Oficial de la Generalitat. Barcelona 1936 (bis 26. 8. 1936; danach: s. Diari Oficial de la Generalitat de Catalunya)
Cabañas, José: Juventudes libertarias de Madrid, Federación local. Frente de la Juventud? Madrid 1937
Caixa de Crèdit Industrial i Comercial. Decret de creació del 10 de novembre del 1937. Barcelona 1937
Campaña naranjera 1937–1938. Cómo entiende la Federación Provincial Campesina que debe exportarse. Valencia o.J. (1937)
Campesino ... El Comisariado General de Guerra, al incorporarte a filas con el reemplazo de 1931, atendiendo al llamamiento del gobierno del Frente Popular, quiere decirte unas palabras. o.O. 1937
Campoamor, Clara: La Révolution espagnole vue par une républicaine. Paris 1937
Cano Ruiz, T.: La FAI y los momentos actuales. Valencia 1937

Cánovas Cervantes, S.: Apuntes históricos de »Solidaridad Obrera«. Proceso histórico de la Revolución Española. Barcelona o.J.
Cardona Rosell, Mariano: Aspectos económicos de nuestra revolución. o.O. (Barcelona) o.J. (1937)
Carrillo, Santiago: Por una juventud victoriosa. o.O. o.J.
– Frente a los enemigos de nuestra unidad de España. o.O. o.J.
– Somos la organización de la juventud. Frente a los enemigos de la unidad nuestro balance de trabajo. Madrid o.J.
– La Juventud, factor de la victoria. o.O. (Barcelona) 1937
– En marcha hacia la victoria. Valencia 1937
– Wir marschieren zum Sieg. o.O. o.J. (1938)
– Para resistir a los invasores. Barcelona 1938
– La unidad juvenil – arma de combate de nuestro pueblo. o.O. o.J.
– Fuera el invasor de nuestra patria! Valencia 1938
Carrillo, Wenceslao: Die Wahrheit über die Ereignisse in Spanien. Offener Brief an Joseph Stalin. Bern 1939
Castillejo, José: Education and Revolution in Spain. London 1937
Castro Delgado, Enrique: Balance y perspectiva de nuestra guerra. Barcelona 1937
– La vida secreta de la Komintern. Madrid 1950
– Cómo perdí la fe en Moscú. Madrid 1950
– Hombres made in Moscú. México 1960. 2. Aufl. Barcelona 1963
Cerdá y Richart, Baldomero: Empresas colectivizadas e intervenidas. Su organización, contabilidad y régimen legal. Barcelona 1937
Chavaroche: Comités de fábrica! Comités de campesinos! Barcelona o.J.
Checa, Pedro: A un gran partido, una gran organización. o.O. (Barcelona) 1937
– Qué es y cómo funciona el Partido Comunista. Madrid 1937
Ciano, Galeazzo: Tagebücher 1937–1938. Hamburg 1949
Cirac, S.: Hier spricht Spanien. Wahrheit und Klarheit über das heutige Spanien. Aschaffenburg 1937
Civera, Marin: El sindicalismo. Historia, filosofía, economía. México 1931. 2. Aufl. 1959
Claró, Juan: Hacia la anarquía. Madrid. o.J.
Clases (Las) y los Partidos en la Revolución Española. o.O. o.J. (= Los problemas de la revolución española Nr. 8)
Clérisse, Henry: Espagne 36–37. Paris 1937
CNT (La) parle au monde. Valence-Paris o.J.
CNT: El congreso confederal de Zaragoza. Mayo 1936. Toulouse 1955
CNT (La), le gouvernement et l'Etat (documents). Bruxelles 1937
CNT Regional del Trabajo de Aragón, Rioja y Navarra: Actas del primer congreso extraordinario de colectividades, celebrado en Caspe el 14 y 15 de febrero de 1937. o.O. o.J. (1937)
CNT (La) et les evenements récus en Catalogne pendant les journées de 3, 4, 6 mai. Paris o.J. (1937)
CNT. Los representantes de la Confederación Nacional del Trabajo de España ante el gobierno de Valencia, exponen al público su actuación pública. o.O. 1937
CNT-AIT. Sindicato de la industria de la edificación, madera y decoración. Relación de los talleres, almacenes y tiendas confederales de la sección madera socializada. Barcelona 1937 (?)
CNT-AIT. Sindicato de la industria de la edificación, madera y decoración. Informe que la ponencia nombrada presenta a los trabajadores de la sección madera socializada para su conocimiento y discusión en la próxima Asamblea general de Sección. Barcelona 1937
CNT-UGT: Unity programmes. FAI comment on proposals. Programme submitted by the UGT to the CNT as a basis of discussion. o.O. (London) o.J. (1938)

CNT. Manual del militante: el libro de la organización para la organización redactado por la escuela de militantes de Cataluña. Barcelona 1938
CNT. El Comité Nacional de la CNT despide con emoción a los voluntarios de la libertad. Madrid 1938
CNT (La) y la FAI en la revolución española. Barcelona o.J. (= Los problemas de la revolución española, Nr. 10)
CNT (Ediciones): Congreso de Constitución de la CNT. Toulouse 1959
Colaboración Sindical CNT. Los sindicatos en la dirección y administración de las industrias colectivizadas. La transformación de la Sociedad General de Aguas de Barcelona en Sindicato Obrero de Aguas. o.O. (Barcelona) o.J. (1937?)
Colectividades de Castilla. El colectivismo en la provincia de Madrid. o.O. (Madrid) o.J. (1937)
Colectivización (La) agraria. Madrid o.J. (1937)
Colectivización? Nacionalización? No: Socialización. Barcelona 1937
Colectivizaciones. La obra constructiva de la revolución española. Barcelona 1937. 4. Aufl. Toulouse 1973. Frz.: Collectivisations. L'œuvre constructive de la révolution espagnole. Recueil de documents. Toulouse 1965
Colomé, Victor: Informe presentat a la Primera Conferencia Nacional del PSUC. o.O. (Barcelona) 1937
Colomer, Wenceslao: La unitat i l'activitat de la joventut de cara a guanyar la guerra i la revolució popular. o.O. o.J.
– La joventut de Barcelona en la lluita per la independència de Catalunya i de la república. o.O. o.J.
Comicios históricos de la CNT. Memoria del Congreso celebrado en Barcelona los días 28, 29 y 30 de junio y 1° de julio de 1918. Toulouse 1957
Comisariado General del Ejército de Tierra: El Comisario, sus métodos y formas de trabajo en el seno del ejército popular. o.O. 1938
Cómo estableceremos la autodisciplina en el frente? Factor decisivo para sentar una moral de guerra. Ed. por la agrupación anarquista »Los de ayer y los de hoy«. Barcelona o.J.
Cómo piensa el Partido Sindicalista en este momento histórico de la vida española. o.O. o.J.
Cómo se constituye una cooperativa de consumo. Madrid 1937
Cómo se enfrentó al fascismo en toda España (con contr. de F. Montseny, D. Antona, J. López y o.). Buenos Aires 1938
Comorera, Juan: Cataluña, en pie de guerra. o.O. 1937
– Discurs pronunciat al miting del Gran Price el primer de Juny 1937 pel camarada J. C. o.O. 1937
– El camino del Frente Popular Antifascista es el camino de la victoria. o.O. o.J. (1937?)
– Tres condiciones de la victoria. Unidad proletaria! Frente popular! Unión de los pueblos de la república! Barcelona o.J.
– El PSU ante la situació actual. Acte celebrat (...) el 2 d'octubre del 1938. o.O. o.J. (1938?)
– L'hora del suprem esforç. Informe pronunciat a l'Assemblea dels activistes del PSU. o.O. o.J. (1939?)
– Discurs de J. C. III. Congrés de la UGT a Catalunya, 13–18 de novembre del 1937. Barcelona 1937
Companys, Lluis: Address to the Parliament of Catalunya, march 1st, 1938. o.O. o.J.
Concepto Confederal del comunismo libertario. Lyon (MLE en Francia) 1945
Confederación (La) Nacional del Trabajo. o.O. o.J. (1959)
Confederación Regional del Trabajo del Centro. Su estructuración y funcionamiento. Madrid 1937
Congreso (Primer) del POUM. Los problemas de la revolución española. Paris 1939

Congreso económico confederal. Consejo local de economía. o.O. (Barcelona) 1937
Conze, Edward: Spain today; revolution and counter-revolution. London 1936
Cooperativas (Las) agrícolas (comentarios al decreto del 27-8-1937). o.O. (Barcelona) o.J.
Cornelissen, Christian: El Comunismo Libertario y el régimen de transición. Valencia 1936
Costa, Joaquín: Colectivismo agrario en España. Buenos Aires 1944 (erstmals Madrid 1898)
DAS. Was sind die CNT und die FAI? Hg. v. der Gruppe »Deutsche Anarcho-Syndikalisten«. Barcelona 1936
De julio a julio. Un año de lucha. Barcelona 1937
Delicado, Manuel: Los problemas de la producción, la función de los sindicatos y la unidad sindical. Madrid 1937
Denkschrift über die Einmischung des Bolschewismus und der Demokratien in Spanien. Antikomintern: Berlin Leipzig 1939
Diari Oficial de la Generalitat de Catalunya. Barcelona 1936–1938 (ab 26. 8. 1936; davor: s. Butlleti Oficial de la Generalitat)
Díaz, José: Ante la nueva situación internacional. Deberes del proletariado y del pueblo de España. o.O. (Barcelona) o.J.
– Die Lehren Spaniens für Europa und Amerika. Paris 1936
– Para aplastar a Franco, más unidos que nunca dentro del Frente Popular. Madrid 1937
– Lo que el PC considera indispensable hacer para ganar la guerra. Resolución del Pleno Ampliado del CC del PCE sobre el informe hecho por el camarada Díaz el 5-3-1937. Barcelona 1937
– Por la unidad hacia la victoria. o.O. (Barcelona) 1937
– Einiger denn je in der Volksfront. o.O. (ZK der KPS) 1937
– El que Espanya ensenya a Europa i a Amèrica. Barcelona o.J.
– Lessons of the Spanish War 1936–1939. London 1940
– Tres Años de lucha. Paris 1970
Díaz del Moral, Juan: Historia de las Agitaciones Campesinas Andaluzas. Madrid 1929. (Taschenbuchausgabe Madrid 1967)
Díaz-Plaja, Fernando: La guerra de España en sus documentos. Barcelona 1969
Dictamen que presenta el Partido Sindicalista después del estudio hecho de la Ponencia presentada al Comité Ejecutivo Popular, para organizar el Consejo de Economía. o.O. (Valencia) o.J. (1936)
Dictámenes aprobados los días 11 y sucesivos de noviembre de 1936 en el Congreso Regional celebrado en Valencia. Castellón 1936
Dictámenes y acuerdos. Aprobados por el tercer pleno continental de agrupaciones locales, celebrado en Orán del 8 al 16 de octubre de 1945. Argel 1946
Dictámenes y resoluciones del II congreso del MLE-CNT en Francia. Toulouse o.J.
Dirección general de Información. Publicaciones Españolas: La dominación roja en España. Causa general instruida por el ministerio fiscal. Madrid 1953
Disposicions legals que regulen el funcionament dels sindicats agricoles a Catalunya. Barcelona (Dep. d'Agricultura) 1937
Documentación sobre las Industrias de guerra en Cataluña. De Companys a Indalecio Prieto. Buenos Aires 1939
Documents on the Fourth International. The Formative Years (1933–40). New York 1973
Dokumentenmappen Internationales Institut für Sozialgeschichte Amsterdam: 1773 (Syndikalistische Partei/Trotzkisten); 1772 (PSOE/UGT); 1771 (POUM); 1770 (POUM); 1768 (PSUC/5. Regiment); 1767 (PCE/JSU); 1766 (AIT/CNT); 1765 (Solidaridad Internacional Antifascista); 1763 (FAI/El PC y la Unidad antifascista); 1762 (CNT/FAI/FIJL); 1761 (CNT/FAI); 1760 (CNT); 1759 (CNT/FAI); 1758 (CNT/Rundschreiben); 1755 (Katalonien); 1915A (MLE); 1916/1916A (CNT/

Pamphlete); 1917 (CNT/UGT/Einheitsprogramm 1938); 1774 (Landwirtschaft); 1775 (Kultur, Soziales)
Dolgoff, Sam (Hg.): The Anarchist Collectives. Workers' Self-management in the Spanish Revolution (1936–1939). New York 1974
Ediciones Españolas: Política del Frente Popular en Agricultura. Leyes más importantes de agricultura desde el advenimiento de la República en 1931. Madrid/Valencia 1937
Ehrenburg, Ilya: Estampas de España. Buenos Aires 1938
– Memoiren. München 1962
– Corresponsal en España. Buenos Aires 1968
Elorza, Antonio (Hg.): Socialismo utópico español. Madrid 1970
Els agrupaments industrials i comercials. Disposicions oficials que regulen llur tramitació i funcionament. Introducció de Ramón Fuster. Barcelona o.J.
Epistolario Prieto y Negrín. Puntos de vista sobre el desarrollo y consecuencia de la guerra civil española. Paris 1939
Ercoli, M. (= Palmiro Togliatti): Las características de la revolución española. Barcelona o.J. Dt.: Über die Besonderheiten der spanischen Revolution. Zürich 1937
Escofet, Frederic: Al servei de Catalunya i de la República. Bd. 1: La victoria 19 de juliol 1936. Paris 1973
Esgleas, Germinal: Sindicalismo: Organización y funcionamiento de los Sindicatos y Federaciones Obreras. Barcelona o.J. (= El mundo al día, Nr. 5)
– Decíamos ayer. Verdades de todas horas. o.O. o.J. (Neuaufl. Toulouse 1975)
Estatuts i reglament interior de l'agrupament collectivitat optica de Barcelona. o.O. (Barcelona) 1937
Estatutos de la Federación de Colectividades Cooperativas Confederales de Trabajadores Campesinos de la Comarcal de Palancia. Segorbe o.J. (1937)
Estatutos de la federación nacional de la industria ferroviaria. o.O. (Madrid) o.J.
Estatutos generales de la FAI. Valencia 1937
Estructura y funcionamiento de las milicias CNT/FAI/JJLL. Bilbao o.J.
Estructuración de los Sindicatos de Industria. Barcelona 1937
L'Explotació de la terra. Text del decret que regula l'adjudicació i l'explotació de terres al camp de Catalunya (complementat amb les normes de procediment per a la seva aplicació). Barcelona (Dep. d'Agricultura) 1938
Fabbri, Luis: Qué es la anarquía? Barcelona 1931
Fàbregas, Joan: Les possibilitats econòmiques d'una Catalunya independent. Barcelona 1932
– La crisis mundial y sus repercusiones en España. Barcelona 1933
– Les finances de la revolució. Barcelona 1937. Sp.: Las finanzas de la revolución. o.O. (Valencia) 1937
– Els factors econòmics de la revolució. Barcelona 1937. Sp.: Los factores económicos de la revolución española. o.O. o.J.
– Vuitanta dies al govern de la Generalitat, el que vaig fer i el que no em deixaren fer. Barcelona 1937
FAI. Comité Regional de Grupos Anarquistas de Cataluña. o.O. o.J.
FAI. La position de la FAI. Résolution d'un Plenum de la FAI. Bruxelles 1937
FAI. Extructuración (sic) orgánica de la Federación Anarquista Ibérica. Dictamen aprobado por el Pleno Peninsular de la FAI, celebrado en Valencia los días 4, 5, 6 y 7 de julio de 1937. Barcelona 1937
Fauquet, Georges: Das landwirtschaftliche Genossenschaftswesen und die Agrarfrage in Katalonien. Barcelona 1938
Fernández Arias, Adelardo: Madrid bajo el terror 1936–1937 (Impresiones de un evadido, que estuvo a punto de ser fusilado). Zaragoza 1937
Ferrer i Farriol, Joan: Costa Amunt. o.O. (Choisy-le-Roi) o.J. (1975)

Fischer, Louis: The War in Spain. o.O. 1937
Font de Mora, Rafael: Comercio de los agrios españoles. Valencia 1938
Fournier Quirós, Eduardo: Concepto y causas de la Revolución y Contrarevolución Española. San José (Costa Rica) o.J. (1936)
Francisco, José: Habla mi conciencia. Barcelona 1966
Freiheitskampf (Der) des spanischen Volkes und die internationale Solidarität. Dokumente und Bilder zum national-revolutionären Krieg des spanischen Volkes 1936–1939. Berlin (Ost) 1956
Fronjosà, Joan: La missió dels treballadors i la dels sindicats en la nova organització industrial. Barcelona 1937
Fuentes, Ricardo: Cómo luchan los anarquistas. Barcelona o.J.
Gaceta de la República. Diario Oficial. Madrid-Valencia 1936–1938
García Oliver, Juan: El fascismo internacional y la guerra antifascista española. o.O. 1937
– Mi gestión al frente del Ministerio de Justicia. Valencia o.J. (1937)
García Pradas, José: Antifascismo Proletario. Madrid 1938
– Teníamos que perder. Madrid 1974
García y García, Pedro: Informes sobre orientación colectivista. Valencia 1938
Generalidad de Cataluña. Departamento de Hacienda. La política financiera de la Generalidad durante la Revolución y la Guerra. 2 Bde. (19. 7. 1936–30. 4. 1937). Barcelona 1936–1937
Generalitat de Catalunya: Comissió de Propaganda. L'obra normativa de la Generalitat de Catalunya. Barcelona 1937
– Conselleria d'Economía. Registre mercantil. Decret regulant la inscripció i ordre dictant normes complementàries. Barcelona o.J.
– Conselleria d'Economía. Classificació industrial. Comissió reguladora de preus i salaris. Consells Generals d'Industria. Estatut d'Empresa Collectivitzada. Estatut tipus d'empreses d'un mateix ram. Registre mercantil. o.O. (Barcelona) o.J.
– Departement d'Agricultura. Décret de syndicalisation obligatoire des cultivateurs et reglement d'application. Barcelona 1937
– Depart. d'Economía. Caixa de Crèdit Industrial i Comercial. Decret de creació del 10 de novembre del 1937. Barcelona 1937
– Depart. de Finances. Impost sobre la xifra de negocis. Barcelona 1937
– Depart. de Presidència. Els pressupostos municipals de Catalunya. o.O. (Barcelona) o.J. (1937)
– Depart. de Presidència. Moviments demogràfic i de població de Catalunya. Barcelona 1937
– Depart. de Presidència. Produccions àgro-pecuàries de Catalunya (Fasc. 1–4). Barcelona 1936–37
– Direcció General d'Agricultura. Conferencies donades. Barcelona 1937
– Estudi sobre la crisi de la indùstria tèxtil. Barcelona 1936
– La Divisió territorial de Catalunya. Barcelona 1937
– La Revolució en els Ajuntaments. o.O. (Barcelona?) o.J. (1937?)
– Pla de desenrotllament de la producció avicola de Catalunya 1936–40. Barcelona 1937
– Pla general d'ensenyament agricola. Barcelona 1937
Gerlach, Erich/Souchy, Augustin: Die soziale Revolution in Spanien. Kollektivierung der Industrie und Landwirtschaft in Spanien 1936–1939. Dokumente und Selbstdarstellungen der Arbeiter und Bauern. Berlin (West) 1974
Gil Robles, José María: No fue posible la paz. Barcelona 1968
Gilabert, Alejandro: Un héroe del pueblo: Durruti. Buenos Aires 1936
Godden, G. M.: Conflict in Spain 1920–1937. A documented record. London 1937
Goebbels, Joseph: Die Wahrheit über Spanien. Rede auf dem Reichsparteitag in Nürnberg 1937. München 1937

Gomis, Juan: Testigo de poca edad (1936–1943). Barcelona 1968
González, Valentín (= El Campesino): Die große Illusion. Von Madrid nach Moskau. Köln, Berlin 1951
- Listen Comrades! Life and death in the Soviet Union. London 1952
- Comunista en España y antistalinista en la URSS. México 1952
González Prada, Manuel: Anarquía, Barcelona 1938
Gorkin, J(ulieu)/Nin, Andreu: El POUM davant la revolució espanyola. Barcelona o.J. (1936)
Guardiola, Antonio: Barcelona en poder del soviet (el infierno rojo). Relato de un testigo. Barcelona 1939
Guérin, Daniel: Ni Dieu, ni maitre. Anthologie historique du mouvement anarchiste. Lausanne o.J. (1966?)
Guillaume, James: Idées sur l'organisation sociale. (La) Chaux-de-Fonds 1876
- La Internacional de los Trabajadores. La Habana 1946
Guzmán, Eduardo de: Madrid rojo y negro. Milicias confederales. Barcelona und Madrid 1938
Hacia una nueva revolución. Agrupación de amigos de Durruti. o.O. o.J.
Handbuch der Weltwirtschaft. Berlin 1936
Heller, Franz (= Paul Thalmann): Für die Arbeiter-Revolution in Spanien. Zürich o.J. (1937); Neuausg. Zürich 1976
Hernández, Jesús: El partido comunista antes, durante y después de la crisis del Gobierno de Largo Caballero. o.O. (Valencia) o.J. (1937)
- Todos dentro del Frente Popular. o.O. (Barcelona) 1937
- /Comorera, Juan: Spain Organises for Victory. London 1937
- Negro y rojo. Los anarquistas en la Revolución española. México 1946
- La grande trahison. Paris 1953
- Yo fui un ministro de Stalin. México 1953
- Yo, ministro de Stalin en España. Madrid 1954
Hidalgo de Cisneros, Ignacio: Memorias. 2 Bde. Bd. 1: Cambio de rumbo. Bd. 2: La República y la guerra de España. Paris 1964
Ibárruri, Dolores: Un pleno histórico. Discurso de apertura del Pleno ampliado del CC del PCE, celebrado en Valencia los días 5, 6, 7 y 8 de marzo de 1937. o.O. 1937
- Wir werden siegen! Reden, Artikel, Berichte. Moskau 1937
- (= La Pasionaria): Der einzige Weg. Erinnerungen. Berlin 1965. Sp.: El único camino. Paris 1965
Iglesias, Ignacio: El proletariado y las clases medias. Barcelona 1937
Informe del Comité Peninsular de la FAI al Movimiento Libertario Internacional. El anarquismo en España. o.O. 1937
Iniesta, Juan de: Escucha, campesino. Madrid 1937. (2. Aufl. Valencia 1937)
Jean, André: Les étrangers chez nous. Transformation économique en Catalogne. o.O. (Barcelona) o.J. (1936); engl.: Economic transformation in Catalonia. Seen through the eyes of a foreigner. o.O. (Barcelona) o.J.
Juventudes libertarias. Comité regional del Centro. Rutas juveniles. Ed. por la Federación Ibérica de juventudes libertarias, comité regional del centro. Madrid 1937
Kaminski, H. E. (= E. Halpérine-Kaminsky): Ceux de Barcelona. Paris 1937
Kantorowicz, Alfred: Spanisches Kriegstagebuch. Köln 1966
Kirsch, Hans-Christian: Der Spanische Bürgerkrieg in Augenzeugenberichten. Düsseldorf 1967
Koestler, Arthur: Spanish testament. London 1937
- Menschenopfer unerhört. Ein Schwarzbuch über Spanien. Paris 1937
Koltsov (Kolzow), Michail: Diario de la guerra de España. Paris 1963

Kommunistische (Die) Internationale vor dem VII. Weltkongreß. Materialien. Moskau-Leningrad 1935
Kongreß (Der Zweite) der Kommunistischen Internationale. Protokoll der Verhandlungen vom 19. Juli in Petrograd und vom 23. Juli bis 7. August 1920 in Moskau. Hamburg 1921
Krivitsky, W. G.: I was Stalin's Agent. London 1939
- Ich war in Stalins Dienst. Amsterdam 1940
- La mano de Stalin sobre España. o.O. 1946
- Rusia en España. o.O. o.J.
Kropotkin, Peter: Landwirtschaft, Industrie und Handel, oder Die Vereinigung von Industrie und Landwirtschaft, geistiger und körperlicher Arbeiter. Berlin 1904 (Neuaufl. 1921)
- Der anarchistische Kommunismus. Seine Grundlage und seine Prinzipien. Berlin 1922
- Der Anarchismus. Seine Philosophie – sein Ideal. Berlin 1923
- Die Entwicklung der anarchistischen Ideen. Berlin o.J. (Reprint Berlin 1969)
- Memoiren eines Revolutionärs. Frankfurt 1969
- Gegenseitige Hilfe in der Entwicklung. Mainz 1970 (erstmals Leipzig 1904)
- Eroberung des Brotes. Über den anarchistischen Kommunismus. Berlin 1972
Largo Caballero denuncia. La traición del Partido Comunista Español. Buenos Aires (Servicio de Propaganda España) 1937
Largo Caballero, Francisco: Mis recuerdos. México 1954
Lenin und Stalin über die Gewerkschaften. Ausgewählt und zusammengestellt von einer Kommission des Bundesvorstandes des FDGB. 2 Bde. Berlin 1955
Lerroux, Alejandro: La Pequeña Historia. España 1930–1936. Buenos Aires o.J. (1945)
Leval, Gaston: Nuestro programa de reconstrucción. Conferencia pronunciada en el cine Coliseum de Barcelona, el día 10 de enero de 1937. Barcelona 1937
- Recursos alimenticios de la España Antifascista. Barcelona 1937
- Social Reconstruction in Spain. London 1938
- Estructura y funcionamiento de la sociedad comunista libertaria. o.O. o.J.
Lida, Clara E.: Antecedentes y desarrollo del movimiento obrero español (1835–1888). Textos y documentos. Madrid 1973
Lister, Enrique: Nuestra guerra. Aportaciones para una Historia de la Guerra Nacional Revolucionaria del pueblo español 1936–1939. Paris 1966
López, José: El Aragón que yo he visto. Valencia o.J. (1937)
López, Juan: La unidad de la CNT y su trayectoria. Valencia 1936
- Concepto del federalismo en la guerra y en la revolución. o.O. (Barcelona) o.J. (1937)
- Seis meses en el ministerio de Comercio. Valencia o.J. (1937)
- El sindicato y la colectividad. Valencia 1938
- Una misión sin importancia. Memorias de un sindicalista. Madrid 1972
López Chacón, Rafael: Por qué hice las Chekas de Barcelona. Madrid 1940
López de Medrano, Luis: 986 días en el infierno. Madrid 1939
Lorenzo, Anselmo: El Proletariado Militante. 2 Bde. Barcelona 1923. Reprint Toulouse 1946–1947
- Ascendencia y Trascendencia del Sindicalismo. o.O. (Choisy-le-Roi) o.J. (1973)
Louzon, R(obert): La contra-revolución en España. Buenos Aires 1938
Low, Mary u. Breá, Juan: Red Spanish Notebook. The first 6 months of the revolution and the civil war. London 1937
Luz y Fuerza. La obra constructiva de la CNT. Los sindicatos en la dirección y administración de las industrias colectivizadas. Aguas de Barcelona. Empresa colectivizada. o.O. (Barcelona) o.J. (1937?)
Madariaga, Salvador de: Memorias (1921–1936): Amanecer sin mediodía. Madrid 1974. Dt.: Morgen ohne Mittag. Erinnerungen. 1921–1936. Berlin 1974

Madrid, Francisco: Ocho meses y un día en el gobierno civil de Barcelona. Barcelona 1932
Mandel, Ernest: Arbeiterkontrolle, Arbeiterräte, Arbeiterselbstverwaltung. Eine Anthologie. Frankfurt 1971
Marcet Coll, José María: Mi ciudad y yo. Barcelona 1963
Martin, J. G.: Political and social changes in Catalonia during the Revolution (July 19th-December 31st 1936). o.O. (Barcelona) o.J. (1937)
Martinez Rizo, Alfonso: Agrarismo. Antecedentes estadísticos. El absurdo de la propiedad del suelo. Agricultura e industria. Los campesinos y los sin trabajo. Situación actual del agro español. Sindicalización de los campos. Dignificación del campo. Conclusión. Barcelona 1936 (?)
Marx, Karl u. Engels, Friedrich: Werke (MEW). Hg. v. Institut für Marxismus-Leninismus beim ZK der SED. Bd. 18. Berlin 1969
Mateu, Julio: A sembrar! Valencia o.J.
- El Partido Comunista en el campo. Valencia o.J.
- Qué es la Federación Provincial Campesina. Valencia 1936
- La obra de la Federación Provincial Campesina. o.O. 1937
- Por qué se constituyó la Federación Provincial Campesina. Valencia o.J. (1937)
Maurín, Joaquín: Hacia la segunda revolución. Barcelona 1935. Neuaufl. u. d. T. Revolución y contrarrevolución en España. Paris 1966
- Das Fiasko des Anarcho-Syndikalismus. Die Krisis der CNT. Aus dem Sp. übersetzt v. Koenig. o.O. 1937
Mella, Ricardo: El colectivismo: sus fundamentos científicos. Argel 1945
- Ideario. Paris 1953
Memoria balance correspondiente al primer semestre del ejercicio 1937–38. Asociación colectiva de trabajo Almacenes Quirós. Castelló 1937
Memoria del Congreso de Constitución de la Federación regional de campesinos del Centro, celebrado en Madrid los días 1 al 4 de abril de 1937. o.O. (Madrid) o.J. (1937)
Memoria del Congreso de la CNT celebrado en Madrid los días 10 al 18 de diciembre de 1919. Barcelona 1932
Memoria del Congreso de Federaciones Locales celebrado en Paris del 1° al 12 de mayo de 1945. Dictámenes. Paris 1945
Memoria del Congreso extraordinario de la CNT, celebrado en Madrid los días 11 al 16 de junio de 1931. Barcelona 1932
Memoria del congreso regional de campesinos de Cataluña CNT/AIT. Septiembre 1936. Barcelona 1936
Memoria del pleno peninsular de regionales de la FAI, celebrado los días 21, 22 y 23 de febrero. Barcelona 1937
Memoria del pleno peninsular de regionales de la FAI, celebrado en Valencia los días 4, 5, 6 y 7 de julio de 1937. Valencia 1937
Memoria del Pleno Regional de Grupos Anarquistas de Aragón, Rioja y Navarra. FAI. o.O. (Barcelona) 1936
Memoria del pleno regional de grupos anarquistas de Levante. Celebrado en Alicante, durante los días 11, 12, 13, 14 y 15 del mes de abril de 1937. Valencia o.J (1937)
Memoria del Pleno Regional del Transporte Marítimo de Levante. o.O. (Valencia) o.J. (1936)
Memoria del primer congreso regional de sindicatos de la industria de la edificación, madera y decoración. Barcelona 1937
Memoria Informe del VII. congreso de la AIT presentado por la delegación de la CNT de España. o.O. (Toulouse) o.J.
Memoria resumen del pleno local de sindicatos únicos de Madrid, celebrado en los días 6 al 11 de enero de 1937. Madrid 1937
Memoria. Socialización del espectáculo. Comité económico de cines. o.O. (Barcelona) o.J. (1937)

Memoria. Un año de colectivismo en Almagro. 1936–1937. Almagro o.J.
Memoria y balances de sus actividades. Año 1936. Consejo Provincial de la Industria Pesquera de Santander CNT y UGT. Santander 1937
Mera, Cipriano: Guerra, exilio y cárcel de un anarco-sindicalista. Paris 1976
Ministère de l'Agriculture. Résume Statistique de la Production Agricole en Espagne 1935/36. Madrid 1937
Minlos, Bruno Robertoviĉ: Spaniens Bauern im Kampf um Boden und Freiheit. Moskau 1937. Frz.: Paysans d'Espagne en lutte pour la terre et la liberté. Paris 1937
– Das Dorf im republikanischen Spanien. Moskau 1939
Miravitlles, Jaume: Episodis de la guerra civil espanyola. Notes dels meus arxius 2. Barcelona 1972
Mistral, Emilio: Vida revolucionaria de Durruti. Valencia 1936
Moles, Isidre: Escrits, de Salvador Segui. Barcelona 1975
Montero Díaz, Santiago: La política social en la zona marxista. Bilbao 1938
Montseny, Federica: El anarquismo militante y la realidad española. o.O. (Barcelona) o.J. (1937)
– La Commune de Paris y la Revolución española. Valencia 1937
– Mi experiencia en el Ministerio de sanidad y asistencia social. Valencia 1937
– Cien días de la vida de una mujer. Toulouse 1949
Moreno Gonzalez, Remigio: Yo acuso . . . (Ciento Treinta y Tres Días al Servicio del Gobierno de Madrid). Tanger 1938
Movimiento (El) Libertario a través de los congresos y plenos de la Comedia, Zaragoza, Valencia, Barcelona. o.O. o.J.
Movimiento (El) Libertario Español en España, Francia, Africa y América. Toulouse 1945
Movimiento (El) Libertario Español. Conferencia Intercontinental. Toulouse o.J. (1947)
Muñoz, Vladimiro Hg.: Antología ácrata española. Barcelona 1974
Muriá, Josep María: La révolution dans la campagne catalane. Paris 1937
Negre, José: Qué es el colectivismo anarquista? Ed. por la Agrupación Anarquista: »Los de ayer y los de hoy«. Barcelona 1937
Negrin y Prieto culpables de alta traición. Informe sobre las comisiones de compras, la Subsecretaría de Armamentos y el despilfarro escandaloso de las finanzas de la República. Buenos Aires 1939
Neue (Das) Spanien: Was die Volksfront dem Bauern und Landarbeiter gab. Barcelona 1938
Nicolas, L.: A Travers les Révolutions espagnoles. o.O. (Paris) 1972
Nin, Andrés: Guerra e rivoluzione in Spagna 1931–1937. Introduzione e cura di Gabriele Ranzato. Mailand 1974
– Los problemas de la revolución española, 1931–1937. Paris 1971
Noja Ruiz, Higinio: La Revolución española (Hacia una sociedad de trabajadores libres). Valencia o.J.
– Labor constructiva en el campo. Valencia o.J. (1936?)
– La obra constructiva en la Revolución. Valencia o.J.
Nuestro programa y el de la CNT. Valencia (Ed. del PCE) o.J. (1937)
Oberländer, Erwin: Der Anarchismus. Olten 1972
L'Obra normativa de la Generalitat de Catalunya. El Pla Tarradellas. Barcelona 1937
L'œuvre culturelle des gouvernements de gauche à la Generalitat de Catalogne. Barcelona 1937
Ökonomie und Revolution. Texte von Diego Abad de Santillán und Juan Peiró. Hg. v. Thomas Kleinspehn. Berlin 1975
Oltra Picó, J.: El POUM i la collectivització d'industries i comerços. o.O. (Barcelona) 1936
– Socialización de las fincas urbanas y municipalización de los servicios. Con los

proyectos de la CNT, la UGT y los aprobados por diversos municipios, y los decretos publicados por el Gobierno de la Generalidad sobre esta materia. Barcelona 1937
Orobón Fernández, V(aleriano): La CNT y la revolución. o.O. 1932
– La CNT y los comunistas españoles. Madrid 1932
Ortuzar, Gregorio u. Puente, Isaac: Hacia un mundo nuevo. Teoría y práctica del anarco-sindicalismo. Valparaiso 1938
Orwell, George (= Eric Blair): Homage to Catalonia. London 1937. Dt.: Mein Katalonien. München 1964 (Fischer-Taschenbuch 1966). Raubdruck: Amsterdam 1975. Sp.: Homenaje a Cataluña. Barcelona 1970
Ossorio y Gallardo, Angel: La España de mi vida. Autobiografía. Buenos Aires 1941
Padilla, Antonio Hg.: El movimiento anarquista español. Barcelona 1976
Palacín, Santiago: La revolución y el campo. Barcelona 1937
Pàmies, Teresa: Cuando éramos capitanes. Memorias de aquella guerra. Barcelona 1974
Payne, Robert: The civil war in Spain 1936–1939. New York 1962
PC (El) y la Unidad Antifascista. Valencia 1937 (= Documentos de la Revolución Española Nr. 1)
PCE. Lo que el Partido Comunista considera indispensable hacer para ganar la guerra. o.O. o.J. (1937)
Peiró, Juan: Trayectoria de la Confederación Nacional del Trabajo. o.O. o.J. (1925) 2. Aufl. México 1959 u. d. T. Pensamiento. Trayectoria de la CNT. Ideas sobre sindicalismo y anarquismo
– De la fábrica de vidrio de Mataró al Ministerio de Industria. Valencia o.J. (1937)
– Problemas del sindicalismo y del anarquismo. o.O. 1930. 2. Aufl. Toulouse 1945
Pérez de Olaguer, Antonio: El terror rojo en Cataluña. Burgos 1937
Pestaña, Angel: Memoria que el Comité de la CNT presenta de su gestión en el II congreso de la Tercera Internacional. Madrid 1921. Neuausg. Madrid 1968 u. d. T. Informe de mi estancia en la URSS
– Consideraciones y juicios acerca de la Tercera Internacional (Segunda Parte de la Memoria presentada al Comité de la CNT), Barcelona 1922. (Neuausg. Madrid 1968, 2. Aufl. 1970)
– Lo que aprendí en la vida. 2 Bde. Madrid 1971. 3. Aufl. 1973
Pieck, Wilhelm/Dimitroff, Georgi/Togliatti, Palmiro: Die Offensive des Faschismus und die Aufgaben der Kommunisten im Kampf für die Volksfront gegen Krieg und Faschismus. Referate auf dem 7. Kongreß der Kommunistischen Internationale (1935). Berlin 1957. 2. Aufl. 1960
Piqué Batlle, Ricard: L'aspecte economico-comptable de la collectivització. Barcelona 1937
Pla de desenrotllament de la producció avícola de Catalunya 1936–1940. o.O. o.J. (1937)
Politica (La) financiera de la Generalitat durant la revolució i la guerra. 19 juliol–19 novembre. o.O. (Barcelona) 1936
Poncins, Leon de: Histoire secrète de la révolution espagnole. Paris 1938
Por el triunfo de la guerra y la consolidación de la revolución popular. Resoluciones de la IV. Conferencia Provincial del Partido Comunista. o.O. (Valencia) 1937
Por la revolución agraria. Dos comicios campesinos históricos. Diciembre 1936-junio 1937. Madrid 1937
Por la unidad hacia la victoria. o.O. (Puente Vallecas) o.J. (1937)
Por qué los campesinos están interesados en vencer al fascismo. o.O. (Valencia) o.J.
Por qué lucha el Partido Comunista? Por el gobierno obrero y campesino. Por el pan, la tierra, la paz y la libertad. Madrid o.J.
Por qué lucha el pueblo español. Declaración de principios del gobierno de guerra y unión nacional. o.O. (Barcelona) o.J.
Por una cooperativa en cada pueblo dentro del Instituto de Reforma Agraria. Valencia 1937

POUM. Resoluciones aprobadas en el Pleno ampliado del CC del POUM, celebrado en Barcelona los días 12 al 16 de diciembre de 1936. o.O. o.J.
POUM. La política militar del POUM. Resoluciones aprobadas en la Conferencia militar del POUM celebrada en Lérida los días 17, 18 y 19 de enero de 1937. Barcelona 1937
POUM. Qué es y qué quiere el Partido Obrero de Unificación Marxista. Por el Comité Ejecutivo del POUM. Barcelona 1936
Prats, Alardo: Vanguardia y retaguardia de Aragón. Buenos Aires 1938
Preliminary (A) Official report on the atrocities committed in southern Spain in July and August 1936, by the communist forces of the Madrid Government. Issued by authority of the committee of investigation appointed by the national government at Burgos. London 1936
Pressuposts (Els) municipals de Catalunya. Fascicle no. 3, Regio 3ª. o.O. 1937
Prieto, Indalecio: Palabras de ayer y de hoy. Santiago de Chile 1938
– La tragedia de España: Discursos pronunciados en América del Sur. Buenos Aires 1939
– Cómo y por qué salí del Ministerio de Defensa Nacional. Intrigas de los rusos en España. Paris 1939
– Discursos en América con el pensamiento en España. México 1944
– Entresijos de la guerra de España. Intrigas de nazis, fascistas y comunistas. México 1953
– Yo y Moscú. Madrid 1955
– Convulsiones de España. Pequeños detalles de grandes sucesos. 2 Bde. México 1967–1968
– Discursos fundamentales de Indalecio Prieto. Hg. v. Edward Malefakis. Madrid 1975
Produccions agro-pecuaries de Catalunya. Fascicle no. 4. Generalitat de Catalunya, Servei Central d'Estadistica. Barcelona 1937
Programa de unidad de acción entre la UGT y la CNT. o.O. (Barcelona) o.J. (1938) (= Colección Documentos Históricos. El pueblo español en su lucha por la libertad)
Proudhon, Pierre Joseph: Bekenntnisse eines Revolutionärs. Hg. v. Günther Hillmann. Reinbeck bei Hamburg 1969
Puente, Isaac: El Comunismo Libertario. Apunte biográfico de Juan Ferrer. Toulouse o.J.
— El comunismo libertario. Sus posibilidades de realización en España. Valencia 1933 (Neuausg. Toulouse 1947, Paris 1969)
Puig Mora, E.: La tragedia roja en Barcelona. Memorias de un evadido. Zaragoza 1937 Qué es una brigada de choque en el campo. o.O. (Valencia) o.J.
Rabasseire, Henri (= Henry Pächter): Espagne, creuset politique. Paris 1938. Sp.: España crisol político. Buenos Aires 1966
Radek, Karl: Anarchismus und Räteregierung. Hamburg o.J.
Rammstedt, Otthein: Anarchismus. Grundtexte zu Theorie und Praxis der Gewalt. Köln und Opladen 1969
Reforma (La) Agraria en España. Publicación del Instituto de Reforma Agraria. Valencia 1936
Reichmann, Franz: Bei den Gewerkschaften in Barcelona und an der spanischen Front. Zürich 1938
Renn, Ludwig: Der Spanienkrieg. Berlin 1955
Resolutionen und Beschlüsse. 7. Weltkongreß der Kommunistischen Internationale. Moskau-Leningrad 1935
Revolución (La) española ante el mundo. Barcelona 1937
Revolution in Spanien. Tatsachenbericht eines Auslandschweizers. Basel o.J. (1936)
Revolution und Gegenrevolution. Die Ereignisse des Mai 1937 in Katalonien. Hg. v. DAS. Barcelona 1937
Rocker, Rudolf: Aus den Memoiren eines deutschen Anarchisten. Hg. v. Magdalena Melnikow und Hans Peter Duerr. Frankfurt 1974
– The Tragedy of Spain. New York 1937

- The Truth about Spain. New York o.J.
- Anarchism and Anarcho-Syndicalism. New York o.J. (Reprint)
Rodríguez Vázquez, Mariano: Presente y futuro. Barcelona 1938
- El 19 de julio y su significación. Barcelona 1938
Rubió i Tuduri, Marian: La justice en Catalogne. 19 juillet 1936 – 19 février 1937. Paris 1937
Rüdiger, Helmut: El anarcosindicalismo en la revolución española. Barcelona 1938
Santana Calero, J.: Afirmación en la marcha. Apreciaciones anarquistas. Barcelona o.J. (1937?)
Sanz, Ricardo: Buenaventura Durruti. Toulouse 1945
- El sindicalismo y la política. Los »solidarios« y »nosotros«. Toulouse 1966
- Los que fuimos a Madrid. Columna Durruti, 26 división. Toulouse 1969
- Los Treinta Judas. Buenos Aires 1933
Schlayer, Felix: Diplomat im roten Madrid. Berlin 1938
Schwarzenberger, Georg: Die Verfassung der Spanischen Republik. Königsberg 1933
Seeds of Conflict. Series 3. The Spanish Civil War 1936–1939. The View from the Left. Support for the Republican Government. 2 Bde. Nendeln (Kraus Reprint) 1975
Segundo Congreso Nacional de la FIJL, celebrado en Valencia durante los días del 6 al 13 de febrero 1938. Actas, ponencias e informes. Valencia 1938
Sencourt, Robert: Spain's Ordeal. A documented survey of recent events. London 1938
Sender, Ramón José: The war in Spain. A personal narrative. London 1937
Serge, Victor (= Viktor L'vovic Kibalcic): Erinnerungen eines Revolutionärs 1901–1941 Wiener Neustadt 1974. (Dt. erstmals u. d. T. Beruf: Revolutionär. Erinnerungen 1901–1917–1941. Frankfurt 1967 erschienen.)
Societé des Nations. Bulletin mensuel de statistique. Genf 1936–1939
Soria, Georges (Pseud.): Trotskysm in the service of Franco. Facts and documents on the activities of POUM. London o.J. (1938)
Souchy, A(ugustin): La semana trágica de mayo en Barcelona. Montevideo 1937
- La verdad sobre los sucesos en la retaguardia leal: los acontecimientos de Cataluña. Buenos Aires 1937. Engl.: The Tragic Week in May. Barcelona 1937
- Entre los campesinos de Aragón. El comunismo libertario en las comarcas liberadas. Barcelona 1937
Spielhagen, Franz: Spione und Verschwörer in Spanien. Nach offiziellen nationalsozialistischen Dokumenten. Paris 1936
Statistisches Jahrbuch für das Deutsche Reich 1936–1938. Hg. v. Statistischen Reichsamt Berlin
Sucesos (Los) de Barcelona. Relación documental de las trágicas jornadas de la 1ª semana de mayo de 1937. Valencia 1937
Tarradellas, Josep: L'œuvre financière de la Généralité de Catalogne. Barcelona 1938
Tasis i Marca, Rafael: La revolució en els ajuntaments. Barcelona 1937. Frz.: La révolution dans les municipalités. Paris 1937
Thalmann, Paul: Wo die Freiheit stirbt. Stationen eines politischen Kampfes. Olten/Freiburg 1974. Neuausg.: Thalmann, Clara und Paul: Revolution für die Freiheit. Stationen eines politischen Kampfes. Moskau/Madrid/Paris. Hamburg 1976
Thesen und Resolutionen. 12. Plenum des Exekutivkomitees der Kommunistischen Internationale (September 1932). Moskau 1932
Timmermans, Rudolf: Die spanische Revolution. Wie sie ist, warum sie kam. Olten o.J. (1936)
Tomás, Pascual: La UGT, columna y base de la victoria. Valencia 1936
Tormes, Lazarillo de (= Benigno Bejarano): España, cuna de la libertad. La revolución española y sus conflictos. Valencia 1937
Torrents, Josep: La revolució democratica i els camperols de Catalunya. o.O. o.J.

Trabajo (El) en el campo. Emisiones radiadas por el ministerio de agricultura. o.O. 1938
Trotzki, Leo: Die Spanische Revolution und die ihr drohenden Gefahren. o.O. 1931 (= Trotzki-Archiv Nr. 12)
- The Lessons of Spain: The Last Warning. London 1937
- Escritos sobre España. Paris 1972
UGT. Sindicat mercantil de Barcelona. Collectivitzacions i control obrer amb totes les disposicions legals que les regulen. Barcelona 1937
Urales, Federico: La anarquía al alcance de todos. Toulouse o.J.
Uribe, Vicente: Los campesinos y la república. Valencia o.J. (1937?)
- A los campesinos de España. Bilbao o.J. (1936?)
- »Borrar del mapa político al terrateniente y al cacique es resolver el problema agrario.« o.O. (Valencia) o.J. (1937?)
- Nuestros hermanos los campesinos. o.O. (Valencia) o.J. (1937)
- La política agraria del partido comunista. o.O. (Barcelona) 1937
- Nuestra labor en el campo. o.O. (Barcelona) 1937
- Nadie está autorizado para saquear campos y pueblos. Valencia 1937
- La enseñanza agrícola. Trascendental decreto del 25 de febrero o.O. (Valencia) o.J. (1938)
Vallina, Pedro: Mis memorias. 2 Bde. México-Caracas 1968–1971
Vázquez, Mariano R.: Memoria: los sucesos de mayo de 1937 en Barcelona. Informe presentado por el Comité Nacional de la CNT sobre lo ocurrido en Cataluña. Valencia 1937
Venda (La) i la distribució del blat. Text del decret que regula la venda i la distribució del blat de la present collita, la distribució de la farina i de les despulles de la mólta i el consum de pa al territori de Catalunya, durant el període comprés entre el 1er de agost del 1937 i el 31 de juliol del 1938. Barcelona 1937
Weber, Hermann: Die Kommunistische Internationale. Eine Dokumentation. Hannover 1966
Zugazagoitia, Julián: Historia de la guerra de España. Buenos Aires 1940. Neuaufl. u. d. T. Guerra y vicisitudes de los españoles. 2 Bde. Paris 1968. Neuausg. Barcelona 1977

4. Periodika

Adelante. Organo del Partido Socialista Obrero Español. Valencia 1937
Agitación. Semanario de los trabajadores CNT AIT. Organo de la Confederación Comarcal de Benicarló. Vinaroz 1936–1938
Archiv für die Geschichte des Sozialismus und der Arbeiterbewegung. Hg. v. Carl Grünberg. Leipzig 1910–1930
Archivo CNT-FAI. Boletín diario. 1937–1938
Archivo CNT-FAI. Boletín Semanal de Prensa Extranjera. 1937
Bakunin. Organo Informativo CNT FAI. Barcelona (Pedralbes), Januar-März 1937
Batalla (La): Organo Central del Partido Obrero de Unificación Marxista. Barcelona 1936–1937
Boletín de Información CNT-AIT-FAI. Informes y noticias facilitadas por la Confederación Nacional del Trabajo y FAI. Barcelona 1936–1938
Boletín de Información y Orientación orgánica del Comité Peninsular de la FAI. Barcelona 1937
Boletín de Información. Sobre el proceso político contra el POUM. Barcelona 1937–1938

Boletín de la Agrupación Anarquista »Los de Ayer y los de Hoy«. Barcelona, Juli–August 1937 (2 Nummern)

Boletín Interior. Organo de discusión para el II congreso del Comité Local de Barcelona del Partido Obrero de Unificación Marxista. Barcelona 1937 (2 Nummern)

Boletín Interior. Organo de Información y Discusión del Comité Ejecutivo del Partido Obrero de Unificación Marxista. Barcelona 1937 (2 Nummern)

Bulletin of Spanish Studies 1923–1940. Hg. v. Allison Peers. Liverpool

Butlleti trimestral Conselleria d'Economia. Barcelona 1936–1937

Butlleti del Departament d'Agricultura. Barcelona 1936–1937

Butlleti Extraordinari. Hg. v. Generalitat de Catalunya, Conselleria de Serveis Publics. Departament d'informació i propaganda. Nr. 3. Barcelona (Mai) 1937

Butlleti Trimestral. Generalitat de Catalunya. Barcelona 1936–1937 (2 Nummern)

Campo. Organo del Comité Regional de Relaciones de campesinos. CNT AIT. Barcelona 1937–1938

Campo Libre. Semanario de los trabajadores del campo. Madrid 1936–1938 (ab 23. 7. 1937: Organo de la Federación Regional de Campesinos del Centro CNT/AIT)

CNT. Organo de la CNT. Madrid 1936–1938. Barcelona 1938

Deutsche Zeitung für Spanien. Barcelona 1936 und 1940

Establiments Collectivizats Liber. Barcelona 1937 (5 Nummern)

Fragua Social. Organo de la CRT de Levante. Valencia 1936–1939

Generalitat de Catalunya. Conselleria de Defensa. Comunicat de Premsa. Barcelona 1936–1937

Generalitat de Catalunya. Conselleria de Defensa. Abteilung für Information und Propaganda. Dt. Ausg. Barcelona 1936–1937

Information Bulletin of the POUM (Workers Party of Marxist Unification). English Edition. Barcelona (September) 1936

Informationsdienst der syndikalistischen CNT und anarchistischen FAI. Dt. Sonderausgabe. Barcelona 25. 7. 1936

International (The) Class Struggle. New York 1937

Internationale. Organe mensuel de l'Association internationale des travailleurs (AIT). Destiné exclusivement aux militants de l'organisation. Paris 1938

Luz y fuerza. Organo de la Federación Nacional de las Industrias de Agua, Gas y Electricidad. Portavoz de la CNT. Barcelona-Valencia 1936–1938

Monatshefte für auswärtige Politik. 1936–1939. Hg. v. Deutschen Institut für Außenpolitische Forschung (Berlin). Essen 1936–1939

Mundo Obrero. Diario de la Revolución. Organo Central del Partido Comunista. Madrid 1936–1939

New Statesman and Nation. London 1936–1939

Nuevo Aragón. Caspe 1936–1937

Obrero (El) de la Tierra. Organo Semanal de la Federación Española de Trabajadores de la Tierra. Madrid 1936–1939

Revolt (Incorporating Spain and the World). London 1936–1939 (3 Nummern)

Révolution (La) Proletarienne. Paris 1936–1939

Revue politique et parlamentaire. Paris 1936–1939

Rundschau über Politik, Wirtschaft und Arbeiterbewegung. Basel 1936–1939 (Feltrinelli-Reprint 1967)

Schulthess' Europäischer Geschichtskalender 1936–1939 (Bd. 77–80). München 1937–1940

Socialist Review. Official theoretical organ of the Socialist Party of the United States. Hg. v. Herbert Zam. New York 1937–1939

Solidaridad Obrera. Organo de la Confederación Regional del Trabajo de Cataluña. Portavoz de la Confederación Nacional del Trabajo de España. Barcelona 1936–1939

Soziale (Die) Revolution. CNT/FAI Frontzeitung. Hg. v. den Deutschen Anarchosyndikalisten und dem Regionalkomitee Katalonien der CNT/FAI. 1937
Spain and the World. Fortnightly dedicated to the Anti-Fascist struggle and the revolution in Spain. London 1936–1938
Spanische (Die) Revolution. Organ der Arbeiterpartei für Marxistische Einheit (POUM). Nr. 4 Barcelona (Mitte März) 1937
Spanish Revolution. A Bulletin published by the United Libertarian Organizations. New York 1936–1938 (einzelne Nummern)
Spanish (The) Revolution. Weekly Bulletin of the Workers' Party of Marxist Unification of Spain (POUM). Barcelona 1936–1937 (einzelne Nummern)
Tiempos Nuevos. Revista de sociología, arte y economía. Barcelona 1936–1938
Tierra y Libertad. Semanario Anarquista. Barcelona 1936–1939
Timón. Síntesis de Orientación político-social. Barcelona 1938
Treball. Organ Central del Partit Socialista Unificat de Catalunya (Internacional Comunista). Barcelona 1936–1939
Vanguardia (La). Diario al servicio de la democracia. Barcelona 1936–1939
Welt-Wirtschafts-Archiv. Wirtschaftsdienst. Weltwirtschaftliche Nachrichten. Hamburg 1936–1939

5. *Sekundärliteratur*

a) *Darstellungen*

Abad de Santillán, Diego: En torno a nuestros objetivos libertarios. Argel 1945
– Historia y significado del Movimiento Confederal Español. Buenos Aires 1947
– Salvador Segui. Su vida, su obra. Paris 1960
– Historia del movimiento obrero español. Madrid 1967, 4. Aufl. 1970
– Contribución a la historia del movimiento obrero español. 3 Bde. Puebla (México) 1962–1971
– De Alfonso XIII a Franco. Apuntes de historia política de la España moderna. Buenos Aires 1974
Abendroth, Wolfgang: Sozialgeschichte der europäischen Arbeiterbewegung. Frankfurt 1965 (= es 106)
Acción comunista für ein revolutionäres Spanien. Aufsätze aus den Jahren 1965–71. Frankfurt 1972 (= Probleme sozialistischer Politik 24)
Ackermann, Georg: Spanien – wirtschaftlich gesehen. Berlin 1939
Adorno, Theodor: Negative Dialektik. Frankfurt 1966
Aisa, Javier u. Arbeloa, Victor Manuel: Historia de la Unión General de Trabajadores. Bilbao 1975
Alaiz, Felipe: Indalecio Prieto. Padrino de Negrín y campeón anticomunista. Toulouse o.J.
– Hacia una Federación de Autonomías Ibéricas. Rennes 1945–48
– La FIJL en la lucha por la libertad. Paris 1954
Alba, Germina: Iberia en la Estacada. Montevideo o.J.
Alba, Victor: Histoires des Républiques espagnoles. Paris 1948
– Los españoles fuera de su casa. Esquema histórico de España 1868–1965. New York 1968
– El marxisme a Catalunya 1919–1939. 4 Bde. Barcelona 1974
Alberola, Octavio u. Gransac, Ariane: El anarquismo español y la acción revolucionaria 1961–1974. Paris 1975
Albers, Detlev (u.a.): Theorie und Praxis der Arbeiterräte. Berlin o.J. (1969)

Albert Despujol, Carlos de: La gran tragedia de España 1931–1939. Madrid 1940
Allison Peers, E.: Spain in Eclipse 1937–1943. A Sequel to the Spanish Tragedy. London 1943
Amilié, F. (u.a.): Marxismus und Anarchismus. Berlin 1973
Anarchici e Anarchia nel mondo contemporaneo. Atti del Convegno promosso dalla Fondazione Luigi Einaudi (Torino, 5, 6 e 7 dicembre 1969). Torino 1971
Anderson, Charles: The Political Economy of Modern Spain. Policy-Making in an Authoritarian System. Madison 1970
Anes Alvarez, Gonzalo: Las crisis agrarias en la España moderna. Madrid 1970 (= Biblioteca política Taurus Bd. 16)
Ansart, Pierre: Marx et l'anarchisme. Paris 1969
Apter, David u. Joll, James (Hg.): Anarchism today. London 1971
Arbeloa, Victor Manuel: Líderes del Movimiento Obrero Español 1868–1921. Madrid 1972
– Orígenes del Partido Socialista Obrero Español 1873–1880. Madrid 1972. 2. Aufl. 1973
Arendt, Hannah: Über die Revolution. München 1963
Aroca Sardagna, José María: Las tribus. Barcelona 1972
Arrarás, Joaquín: Franco. Valladolid 1939
– Historia de la Segunda República Española. Madrid 1956
Arvidsson, Evert: El anarcosindicalismo en la sociedad del bienestar. México 1961
Arvon, Henri: L'anarquisme. Barcelona 1964. Fr.: L'anarchisme. Paris 1971
Atlas de Catalunya. Geogràfic, Economic, Historic. Barcelona 1974
Autogestión (La), el estado y la revolución. Buenos Aires o.J. (1969)
Autogestion et socialisme. Etudes, débats, documents: Heft 18/19, 1972 (= Les anarchistes et l'autogestion). Paris 1972
Aznar, Manuel: Historia militar de la guerra de España. 3 Bde. Madrid 1958–1963
Balcells, Albert: Crisis económica y agitación social en Cataluña (1930–1936). Barcelona 1971
– El problema agrari a Catalunya 1890–1936. La qüestió rabassaire. Barcelona 1968
– Trabajo industrial y organización obrera en la Cataluña contemporánea (1900–1936). Barcelona 1974
– Cataluña Contemporánea II (1900–1936). Madrid 1974
Baldelli, Giovanni: Social anarchism. London 1972
Balkanski, G.: La colectivización. o.O. (Choisy-le-Roi) o.J. (1975)
Bardavío, Joaquín: La estructura del poder en España. Sociología política de un país. Madrid 1969
Barea, Arturo: The Track. London o.J. (1943)
– The Clash. London 1946
Barroso, Frutos: España nación solidaria. Buenos Aires 1965
Bartsch, Günter: Kommunismus, Sozialismus, Anarchismus und Karl Marx. Bonn 1971
– Der internationale Anarchismus 1862–1972. Hannover 1972
Bauer, Hans Th.: Spaniens Wirtschaft vor Franco. Berlin 1942
Bayo, Eliseo: El manifiesto de la tierra. Barcelona 1973
Bécarud, Jean: La deuxième République Espagnole 1931–1936. Paris 1962. Sp.: La Segunda República Española. Madrid 1967
– /Lapouge, Gilles: Anarchistes en Espagne. Paris 1969. Sp.: Los anarquistas españoles. Barcelona 1972. 2. Aufl. 1973
Beinhauer, Werner: Der Spanische Nationalcharakter. Paderborn 1937
Benavides, Leandro: La política económica en la Segunda República. Madrid 1972
Bermbach, Udo (Hg.): Theorie und Praxis der direkten Demokratie. Opladen 1973 (= UTB 187)
Bernecker, Walther L.: Die Soziale Revolution im Spanischen Bürgerkrieg. Historisch-

politische Positionen und Kontroversen. Mit einer Bio-Bibliographie. München 1977
Berruezo, José: Contribución a la historia de la CNT de España en el Exilio. México 1967
Beyme, Klaus von: Empirische Revolutionsforschung. Opladen 1973 (= UTB 246)
Bienek, Horst: Bakunin. Eine Invention. München 1969
Bigler, Rolf Robert: Der libertäre Sozialismus in der Westschweiz. Ein Beitrag zur Entwicklungsgeschichte und Deutung des Anarchismus. Köln-Berlin 1963
Bolin, Luis: Spain: the vital years. London 1967
Bolloten, Burnett: The Grand Camouflage. The Communist Conspiracy in the Spanish Civil War. London 1961. Sp.: La Revolución española. Las Izquierdas y la lucha por el poder. Stanford 1964
Bonamusa, Francesc: El Bloc Obrer i Camperol (1930–1932). Els primers anys. Barcelona 1974
Borkenau, Franz: Der europäische Kommunismus. Seine Geschichte von 1917 bis zur Gegenwart. München-Bern 1952
Borraz, José: El movimiento libertario ante el problema español. Ariége 1946
Brademas, Stephan John: Revolution and Social Revolution: A contribution to the History of the Anarcho-Syndicalist Movement in Spain 1930–1937. Oxford (Masch. Diss.) 1953. Sp.: Anarco-sindicalismo y revolución en España (1930–1937). Barcelona 1974
Brenan, Gerald: The Spanish Labyrinth. An Account of the Social and Political Background of the Civil War. London 1943. 2. Aufl. Cambridge University Press 1969. Sp.: El laberinto español. Paris 1962. Dt.: Spanische Revolution. Berlin 1973 (= Teilübersetzung des engl. Orig.)
Bricall, Josep Maria: Politica Econòmica de la Generalitat 1936–1939. Evolució i formes de la producció industrial. Barcelona 1970
Broué, Pierre: Trotsky y la guerra civil española. Buenos Aires 1966
– /Témime, Emile: La Révolution et la Guerre d'Espagne. Paris 1961. Dt.: Revolution und Krieg in Spanien. Frankfurt 1968. Taschenbuchausg. 2 Bde. Frankfurt 1975
Bruguera, F. G.: Histoire contemporaine d'Espagne 1789–1950. Paris 1953
Brupbacher, Fritz: Marx und Bakunin. Ein Beitrag zur Geschichte der Internationalen Arbeiterassoziation. Berlin 1969 (1. Aufl. 1922)
Buber, Martin: Der utopische Sozialismus. Köln 1967 (1. Aufl. Heidelberg 1950 u. d. T. Pfade in Utopia)
Buber-Neumann, Margarete: Kriegsschauplätze der Weltrevolution. Ein Bericht aus der Praxis der Komintern 1919–1943. Stuttgart 1967
Buckley, Henry: Life and death of the Spanish Republic. London 1940
Buenacasa, Manuel: Perspectivas del Movimiento Obrero Español. México 1964
Campos Nordmann, Ramiro: Estructura agraria de España. Madrid 1967
Camps i Arboix, Joaquim de: Història de l'agricultura catalana. Barcelona 1969
Cánovas Cervantes, Salvador: De Franco a Negrin pasando por el Partido Comunista. Toulouse o. J.
– Durruti y Ascaso. La CNT y la Revolución de julio. Toulouse o. J.
Cardan, Paul: Postskript zur Neu-Definition der Revolution. Hamburg 1974
Carlavilla, Mauricio: Asesinos de España: marxismo, anarquismo, masonería. Madrid (1936?)
Carner, Antoni: L'anarco-sindicalisme a Catalunya. Barcelona 1971
Carr, Edward Hallett: Michael Bakunin. London 1937
Carr, Raymond: Spain 1808–1939. Oxford 1966. Sp.: España 1808–1939. Barcelona 1969. 2. Aufl. 1970
– (Hg.): The Republic and the Civil War in Spain. London 1971. Sp.: Estudios sobre la República y la guerra civil española. Barcelona 1973

Carrillo, Santiago/Debray, Régis/Gallo, Max: Demain l'Espagne. Paris 1974. Dt.: Spanien nach Franco. Berlin 1975
Carrión, Pascual: Soziale Fragen der spanischen Landwirtschaft. o.O. (Masch.) 1934
– La reforma agraria de la segunda república y la situación actual de la agricultura española. Barcelona 1973
Castiñeiras Muñoz, Jaime u. Dominguez Martín-Sanchez, Javier: Un siglo de lucha obrera en España. Bilbao 1973
Cattell, David: Communism and the Spanish Civil War. Berkeley 1955
— Soviet diplomacy and the Spanish Civil War. Berkeley 1957
Cattepoel, Jan: Anarchismus. Rechts- und staatsphilosophische Prinzipien. München 1973 (= Das Wiss. Taschenbuch 16)
Chomsky, Noam: Die Verantwortlichkeit der Intellektuellen. Frankfurt 1971 (= es 482)
Cierva y de Hoces, Ricardo de la: Importancia histórica e historiográfica de la guerra española. Madrid 1967
– Historia ilustrada de la Guerra Civil Española. 2 Bde. Barcelona 1971
Claudín, Fernando: La crisis del movimiento comunista. Paris 1970
Claveria, Huertas: Salvador Seguí: notes per a una biografía. Barcelona 1974
Clegg, H.A.: New approach to industrial democracy. Oxford 1963
Cleugh, James: Spanish Fury. London 1962. Sp.: La guerra de España. Furia española. Madrid 1963. 3. Aufl. 1971
Cole, G.D.H.: Selbstverwaltung in der Industrie. Berlin 1921
Collectivites anarchistes en Espagne révolutionnaire. o.O. o.J. (1964)
Colombo, Cesare: Storia del Partito Comunista Spagnolo. Milano 1972
Comes, Simone: L'organisation corporative de l'industrie en Espagne. Une expérience interrompue. Paris 1937
Comin Colomer, Eduardo: Luchas internas en la zona roja. Madrid 1953
– El anarquismo contra España. Madrid 1955
– Historia del anarquismo español. 2 Bde. Barcelona 1956
– El comunismo en España. Madrid 1959
– Historia del Partido Comunista de España. 3 Bde. Madrid 1967
– El comisariado político en la guerra española 1936–1939. Madrid 1973
Connelly Ullman, Joan: The Tragic Week. Cambridge 1968. Sp.: La Semana Trágica. Barcelona 1972
Cortada Reus, Francesc: Geografía económica de Cataluña. Barcelona 1950
Cortés, Joaquín: La Confederación Nacional del Trabajo y la Política. México 1956
– Por el sindicalismo hacia una España libre. México 1963
Cruells, Manuel: Els fets de maig. Barcelona 1970. Sp.: Mayo Sangriento, Barcelona 1937. Barcelona 1970
– El 6 d'octubre a Catalunya. Barcelona 1971. 2. Aufl. 1972
– De les Milicies a l'Exèrcit Popular a Catalunya. Barcelona 1974
– Salvador Segui. »El Noi del Sucre«. Barcelona 1974
Cuadernos de Ruedo Ibérico (Suplemento): El Movimiento Libertario Español. Paris 1974
Cucó, Alfons: El valencianisme politic (1874–1936). Valencia 1971
Cucurull, Felix: Origens i evolució del federalisme català. Barcelona 1970
Dahlem, Franz: Der Freiheitskampf des spanischen Volkes. Berlin 1953
Dahms, Hellmuth Günther: Der Spanische Bürgerkrieg. Tübingen 1962
Dammmüller, Fritz: Die spanische Landwirtschaft. Breslau (Diss.) 1929
Dankelmann, Otfried: Franco zwischen Hitler und den Westmächten. Berlin 1970
Dellacasa, Gianfranco: Rivoluzione e fronte popolare in Spagna 1936/39. Milano 1973
Detwiler, Donald: Hitler, Franco und Gibraltar. Die Frage des spanischen Eintritts in den Zweiten Weltkrieg. Wiesbaden 1962

Diaz Nosty, B.: La comuna asturiana. Revolución de octubre de 1934. Madrid 1974
Dictionnaire du mouvement ouvrier (par Gérard Adam, René Furth, André Monjardet, Gilbert Mury, André Nataf). Paris 1970
Dolléans, Edouard: Histoire du mouvement ouvrier. Paris 1936. Sp.: Historia del movimiento obrero 1830–1871. Madrid 1969, 2. Aufl. 1973
Dreßen, Wolfgang: Antiautoritäres Lager und Anarchismus. Berlin 1968
Droz, Jacques (Hg.): Geschichte des Sozialismus. Bd. VI. Von 1875 bis 1918: Die sozialistischen Parteien Europas: Italien, Spanien, Belgien, Schweiz. Frankfurt 1975 (= Ullstein 3190)
Dubief, Henri: Le Syndicalisme révolutionnaire. Paris 1969
– Les anarchistes (1870–1940). Paris 1972
Duerr, Hans Peter: Stalinismus und Anarchismus in der spanischen Revolution oder Bruno Frei und die Methode der Denunziation. Berlin 1973
– (Hg.): Unter dem Pflaster liegt der Strand. Anarchismus heute. Berlin 1974
Einhorn, Marion: Die ökonomischen Hintergründe der faschistischen deutschen Intervention in Spanien 1936–1939. Berlin 1962. Neuaufl. Berlin o.J. (1976)
Elorza, Antonio: La utopía anarquista bajo la segunda república española. Madrid 1973
Enzensberger, Hans Magnus: Der kurze Sommer der Anarchie. Buenaventura Durrutis Leben und Tod. Frankfurt 1972. Sp.: El corto verano de la anarquía. Barcelona 1976
Ertl, Eric: Alle Macht den Räten? Frankfurt 1968
Esperabé de Arteaga, Enrique: Los partidos políticos en España y sus jefes en la Epoca Contemporánea (1868–1950). Madrid 1951
Fauvel-Rouif, Denise: Mouvements ouvriers et dépression économiques, de 1929 à 1939. Assen 1968
Faure, Sebastien (Hg.): L'Encyclopédie anarchiste. 2 Bde. Paris o.J.
Fernández, Joachim: Spanisches Erbe und Revolution. Münster 1957
– Ansatz und Wirksamkeit der Agrarpolitik in Spanien 1931–1960. Münster (Diss.) 1964
Fernández Cuenca, Carlos: La guerra de España y el cine. 2 Bde. Madrid 1972
Fernández de Castro, Ignacio: La demagogia de los hechos. Paris 1962
– De las Cortes de Cádiz al Plan de Desarrollo 1808–1966. Paris 1968
Fernsworth, Lawrence: Spain's Struggle for Freedom. Boston 1957
Fischer, Louis: Men and politics. London 1941
Flores, Xavier: Estructura socio-económica de la agricultura española. Barcelona 1969
FOESSA. Informe sociológico sobre la situación social de España 1970. Madrid 1970
Foix, Pere: Apòstols i mercaders. Quaranta anys de lluita social a Catalunya. México 1957
Fontana, José María: Los catalanes en la guerra de España. Madrid 1956
Fontana, Josep (Hg. u. a.): Politica i economia a la Catalunya del segle XX. Barcelona 1972
Franz, Hans Werner: Klassenkämpfe in Spanien heute. Frankfurt 1975 (= Marxistische Taschenbücher 79)
Fredricks, Shirley F.: Social and political thought of F. Montseny, Spanish anarchist 1923–1937. o.O. (Masch.) 1972 (IISG)
Frei, Bruno: Die anarchistische Utopie. Frankfurt 1971
Gallo, Max: Histoire de l'Espagne franquiste. 2 Bde. Paris 1969
García, Miguel: Franco's prisoner. London 1972
García, Victor: El pensamiento anarquista. Toulouse 1963
García Arias, Luis: La política internacional en torno a la guerra de España. Zaragoza 1961
García-Nieto, María Carmen/Donézar, Javier/López Puertas, Luis: Expansión económica y luchas sociales 1898–1923. Madrid 1973 (= Bases documentales de la España Contemporánea 6)
García-Nieto, María Carmen u. Donézar, Javier: La Segunda República. 2 Bde. Madrid 1974 (= Bases documentales de la España Contemporánea 8, 9)

García Pradas, José: Tres epístolas a Horacio. Argel 1946
– Rusia y España. México 1948
García Venero, Maximiano: Historia de las Internacionales en España. 3 Bde. Madrid 1956–1957
– Historia de los movimientos sindicalistas españoles (1840–1933). Madrid 1961
– Historia del nacionalismo catalán. 2 Bde. Madrid 1967
Gerlach, Erich (u. a.): Arbeiterselbstverwaltung, Arbeiterkontrolle, Räte, Syndikalismus. Berlin 1971
Gil Munilla, Octavio: Historia de la evolución social española durante los siglos XIX y XX. Madrid 1961
Gimenez Caballero, Ernesto: Manuel Azaña (profecías españolas). Madrid 1932. 2. Aufl. 1975
Giralt, Emili/Balcells, Albert/Termes, Josep: Els moviments socials a Catalunya, Pais Valencià i les Illes. Barcelona 1967
Gironella, José María: Cien españoles y Dios. Barcelona 1969
Gómez Casas, Juan: Historia del anarcosindicalismo español. Madrid 1970
– La Primera Internacional en España. Estudio y documentos. Bilbao 1974
Gonzalez, Nazario: El anarquismo en la Historia de España Contemporánea. Barcelona (Masch.) 1970 (IISG)
Gorkin, Julián (= Julián Gómez): Caníbales políticos: Hitler y Stalin en España. México 1941
– España, primer ensayo de democracia popular. Buenos Aires 1961
– El proceso de Moscú en Barcelona. El sacrificio de Andrés Nin. Barcelona 1974
Gottschalch, Wilfried: Parlamentarismus und Rätedemokratie. Berlin 1968
Grebing, Helga: Linksradikalismus gleich Rechtsradikalismus. Eine falsche Gleichung. Stuttgart 1971. 2. Aufl. 1973
Greene, Nathanael (Hg.): European Socialism since World War I. Chicago 1971
Grossmann, Henryk/Grünberg, Carl: Anarchismus, Bolschewismus, Sozialismus (Aufsätze aus dem Wörterbuch der Volkswirtschaft, hg. v. Claudio Pozzoli). Frankfurt 1971
Guérin, Daniel: Anarchism: from theory to practice. New York 1971. Dt.: Anarchismus. Begriff und Praxis. Frankfurt 1969 (= es 240)
– Marxismo y Socialismo libertario. Buenos Aires 1972
Guerra y Revolución en España 1936–1939, bearbeitet von einem Autorenkollektiv unter Leitung v. Dolores Ibárruri. 3 Bde. Moskau 1967–1971
Gutiérrez-Ravé, José: Los meses. España en 1938. Santander 1939
– Las Cortes Errantes del Frente Popular. Madrid 1953
Harich, Wolfgang: Zur Kritik der revolutionären Ungeduld. Eine Abrechnung mit dem alten und dem neuen Anarchismus. Basel 1971
Harper, Glenn T.: German economic policy in Spain during the Spanish Civil War, 1936–1939. Paris 1967 (= Studies in European History 13)
Heinrich, Klaus: Grundlagen, Aufbau und Wandlungen der spanischen Landwirtschaft. Diss. Hamburg 1937
– Strukturwandlungen und Nachkriegsprobleme der Wirtschaft Spaniens. Kiel 1954
Heintz, Peter: Anarchismus und Gegenwart. Zürich 1951. 2. Aufl. Berlin 1973
Hemberger, Adolf: Das historisch-soziologische Verhältnis des westeuropäischen Anarcho-Syndikalismus zum Marxismus. Phil. Diss. Heidelberg 1963
Hermet, Guy: Les communistes en Espagne. Paris 1971. Sp.: Los comunistas en España. Paris 1972
Herr, Richard: Spain. New Jersey 1971
Herrera, Pedro u. Pérez-Burgos, J.: La Asociación Internacional de los Trabajadores. Argel 1946

Higuera y Velazquez, Alfonso G. de la: Historia de la revolución española. Tercera guerra de independencia. Cádiz 1940
Hillmann, Günter: Die Befreiung der Arbeit. Die Entwicklung kooperativer Selbstorganisation und die Auflösung bürokratisch-hierarchischer Herrschaft. Reinbeck bei Hamburg 1970
Historia del Partido Comunista de España. Versión abreviada. Paris 1960
Historia de la Cruzada Española. Hg. v. »Ediciones Españolas« unter der Leitung v. Joaquín Arrarás und Sáenz de Tejada. 8 Bde. Madrid 1940–1943
Hobsbawm, Eric: Bandits. London 1969. Dt.: Die Banditen. Frankfurt 1972 (= Suhrkamp Taschenbuch 66)
– Sozialrebellen – Archaische Sozialbewegungen im 19. und 20. Jahrhundert. Neuwied-Berlin 1971
Holz, H. H.: Utopie und Anarchismus. Zur Kritik der kritischen Theorie Herbert Marcuses. Köln 1968
Hondrich, Karl Otto: Theorie der Herrschaft. Frankfurt 1973 (= es 599)
Horizonte Español. Suplemento 1966. 2 Bde. Paris 1966
Horowitz, Irving Louis (Hg.): The Anarchists. New York 1964
Ibárruri, Dolores: Die italienisch-deutsche militärische Intervention, der faschistische Putsch in Spanien und der nationale, revolutionäre Krieg des spanischen Volkes 1936–1939. Berlin 1954
– Der national-revolutionäre Krieg des spanischen Volkes 1936–1939. Berlin 1955
Interbrigadisten. Der Kampf deutscher Kommunisten und anderer Antifaschisten im national-revolutionären Krieg des spanischen Volkes 1936 bis 1939. Protokoll einer wissenschaftlichen Konferenz an der Militärakademie »Friedrich Engels« 20./21. Januar 1966. Hg. v. Lehrstuhl für Geschichte der deutschen Arbeiterbewegung an der Fakultät für Gesellschaftswissenschaften der Militärakademie »Friedrich Engels«. Berlin 1966
International Labour Office. The labour and trade union situation in Spain. Genf 1969
Izard, Miquel: Revolució industrial i obrerisme. Barcelona 1970
Jackson, Gabriel: The Spanish Republic and the Civil War 1931–1939. Princeton 1965. Sp.: La República Española y la Guerra Civil 1931–1939. México 1967. Neuausg. Barcelona 1976
– (Hg.): The Spanish Civil War. Domestic crisis or international conspiracy? Boston 1967
– Historian's Quest. New York 1969
– A Concise History of the Spanish Civil War. London 1974. Sp.: Breve historia de la guerra civil de España. Paris 1974
Jardi, Enric: La ciutat de les bombes (El terrorisme anarquista a Barcelona). Barcelona 1964
Jellinek, Frank: The Civil War in Spain. London 1938
Joll, James: Die Anarchisten. Frankfurt 1969 (= Ullstein 4024). Sp.: Los anarquistas. Barcelona 1969
Jutglar, Antoni: La era industrial en España. Aproximación a la historia social de la España contemporánea. Barcelona 1963
– Els burgesos catalans. Barcelona 1966
– u. a.: La Inmigración en Cataluña. Barcelona 1968
– Ideologías y clases en la España contemporánea (1808–1874). 2 Bde. Madrid 1973
Klein, Peter: Francos zweite Inquisition. München 1971 (Hanser 81)
Kling, Alois: Die Wandlung der Wirtschaftsstruktur im Agrarstaat Spanien und die Entwicklung der deutsch-spanischen Handelsbeziehungen seit dem Ersten Weltkrieg. Diss. München 1955
Körber, Karl Otto: Ordnungspolitische Probleme der spanischen Wirtschaftspolitik. Vom Bürgerkrieg bis zum ersten Entwicklungsplan 1936–1964. Köln 1965

Korsch, Karl: Schriften zur Sozialisierung. Hg. v. Erich Gerlach. Frankfurt 1969
- Was ist Sozialisierung? Ein Programm des praktischen Sozialismus. Hamburg 1972
- Gesammelte Aufsätze I. Hg. v. Erich Gerlach und Jürgen Seifert. Frankfurt 1974
Kossok, Manfred (Hg.): Studien über die Revolution. Berlin 2. Aufl. 1971
Kühne, Horst: Revolutionäre Militärpolitik 1936–1939. Militärpolitische Aspekte des national-revolutionären Krieges in Spanien. Berlin 1969
Lacruz, Francisco: El alzamiento, la revolución y el terror en Barcelona. Barcelona 1943
Langdon-Davis, John: Behind the Spanish Barricades. London 1936
Lehning, Arthur/Jong, Rudolf de/Bourdet, Yvon: Marxismus und Anarchismus, Bd. 2: Ich will weder befehlen noch gehorchen. Berlin 1975
Lenk, Kurt: Theorien der Revolution. Opladen 1973 (= UTB 165)
Leval, Gaston (= Pierre Piller): Né Franco né Stalin: Le collettivitá anarchiche spagnole nella lotta contro Franco e la reazione staliniana. Milano 1952
- Espagne Libertaire. 1936–1939. L'œuvre constructive de la Révolution espagnole. Paris 1971
- Colectividades libertarias en España. 2 Bde. Buenos Aires 1972–1974. Dt.: Das libertäre Spanien. Hamburg 1976
Lida, Clara E.: Anarquismo y revolución en la España del XIX. Madrid 1972
Lizcano, Manuel: La experiencia histórica del sindicalismo obrero español. Madrid 1959
Lladonosa, Manuel: El Congrés de Sants. Barcelona 1974
Llaugé, Felix: El terror staliniano en la España Republicana. Barcelona 1974
Llarch, Joan: Los días rojinegros (memorias de un niño obrero, 1936). Barcelona 1975
- La muerte de Durruti. Barcelona 1973
London, Artur: España, España. Prag 1965
López de Sebastián, José: Política agraria en España 1920–1970. Madrid 1970
Lorenzo, César M.: Les anarchistes espagnoles et le pouvoir, 1868–1969. Paris 1969. Sp.: Los anarquistas españoles y el poder. Paris 1972
Madariaga, Salvador de: Spanien. Wesen und Wandlung. Stuttgart 1955
Maestre Alfonso, Juan: Hechos y documentos del anarcosindicalismo español. Madrid 1973
Malefakis, Edward: Agrarian Reform and Peasant Revolution in Spain: Origins of the Civil War. New Haven und London 1970. Sp.: Reforma agraria y revolución campesina en la España del siglo XX. Barcelona 1970
Maluquer i Sostres, Joaquín: L'estructura econòmica de les terres catalanes. Barcelona 1963
Manuel, Frank Edward: The politics of modern Spain. New York 1938
Maravall, José María: El desarrollo económico y la clase obrera. Barcelona 1970
Marrero, Vicente: La Guerra española y el trust de cerebros. Madrid 1961
Martí, Casimiro: Orígenes del Anarquismo en Barcelona. Barcelona 1959
Martinez Amutio, J(usto): Chantaje a un pueblo. Madrid 1974
Martínez Bande, José Manuel: La intervención comunista en la guerra de España (1936–1939). Madrid 1965
- La invasión de Aragón y el desembarco en Mallorca. Madrid 1970
Martínez Prieto, Horacio: Marxismo y socialismo libertario. o.O. 1947
- El anarquismo español en la lucha política. Paris 1946
- Anarquismo relativo. Crítica de los hechos y sugestiones revisionistas. México 1948
- Posibilismo libertario. Ivry-sur-Seine 1966
Martínez Val, José María: Por qué no fue posible la Segunda República? Análisis político de una revolución frustrada. Madrid 1974
Mattick, Paul: Spontaneität und Organisation. Vier Versuche über praktische und theoretische Probleme der Arbeiterbewegung. Frankfurt 1975
Matthews, Herbert Lionel: Half of Spain Died. New York 1973

Maurice, Jacques: L'anarchisme espagnol. Paris 1973
– La reforma agraria en España en el siglo XX (1900–1936). Madrid 1975
McKenzie, Kermit E.: Comintern and world revolution 1928–1943. The shaping of doctrine. New York 1964
Meaker, Gerald H.: Spanish anarcho-syndicalism and the Russian Revolution 1917–1922. Phil. Diss. Berkeley 1967
Menéndez Pidal, Ramón: Die Spanier in der Geschichte. München 1955
Merkes, Manfred: Die deutsche Politik im Spanischen Bürgerkrieg 1936–1939. Bonn 1961. 2. Aufl. 1969 (= Bonner historische Forschungen 18)
Michels, Robert: Zur Soziologie des Parteiwesens in der modernen Demokratie. Untersuchungen über die oligarchischen Tendenzen des Gruppenlebens. Neudruck der 2. Aufl. Hg. v. Werner Conze. Stuttgart 1970 (= Kröners Taschenausgabe 250)
Mintz, Frank: La colectivización en España de 1936 a 1939. Masch. Paris 1970. Frz.: L'autogestion dans l'Espagne revolutionnaire. Paris 1970
Molas, Isidre: El sistema de partidos políticos en Cataluña (1931–1936). Barcelona 1974
Molnar, Miklos: El declive de la Primera Internacional. Madrid 1974
Montseny, Federica: Crónicas de »CNT« (1960–1961). o.O. 1974
Morrow, Felix: Revolution and counter-revolution in Spain. New York 1938. 2. Aufl. London 1963. Dt.: Revolution und Konterrevolution in Spanien. Essen 1976
Munis, G.: Jalones de derrota: promesa de victoria (España 1930–1939). México 1948. Faksimiledruck 1972
Muñoz Diez, Manuel: Marianet. Semblanza de un hombre. México 1960
Nataf, André: La révolution anarchiste. Paris 1968
Neusüss, Arnhelm: Utopie-Begriff und Phänomen des Utopischen. Neuwied und Berlin 1968
Norden, Albert: Die spanische Tragödie. Berlin 1956
– Das spanische Drama. Berlin 1961
Nuñez de Arenas, Manuel u. Tuñón de Lara, Manuel: Historia del movimiento obrero español. Barcelona 1970
Payne, Stanley G.: Falange. A history of Spanish fascism. Stanford 1961
– The Spanish Revolution. London 1970
Paz, Abel: La CNT y el porvenir de España. Toulouse o.J.
– Paradigma de una revolución (19 de julio de 1936 en Barcelona). o.O. 1967
– Durruti: Le peuple en armes. Paris 1972
Peers, Allison: The Spanish Tragedy. London 1936
– Catalonia Infelix. London 1937
– Spain in Eclipse 1937–1943. A sequel to the Spanish Tragedy. London 1943. 2. Aufl. 1945
Peirats, José: La CNT en la Revolución Española. 3 Bde. Toulouse 1951–1953. Neuaufl. Paris 1971
– Los anarquistas en la crisis política española. Buenos Aires 1964
– La práctica federalista como verdadera afirmación de principios. Paris 1964
– Examen crítico-constructivo del movimiento libertario español. México 1967
– España, transición o continuidad? Toulouse 1973
Peiró, Juan: Problemas y cintarazos. Rennes 1946
Pérez-Baró, Albert: L'empresa cooperativa. Barcelona 1966
– Etica i economia cooperatista. Barcelona 1969
– Los consumidores y el cooperativismo. Barcelona 1969
– Temática cooperatista. Barcelona 1971
– Cuatro etapas de la cooperación catalana. Barcelona 1971
– 30 mesos de collectivisme a Catalunya. Barcelona 1970. Sp.: 30 meses de colectivismo en Cataluña (1936–1939). Barcelona 1974

- Les cooperatives a Catalunya. Barcelona 1972
- Els »Feliços« anys vint. Memories d'un militant obrer 1918–1926. Palma de Mallorca 1974
- Autogestió obrera i altres temes. Barcelona 1974

Perpiñá y Grau, Román: Entwicklungsprobleme einer Mehrtypenwirtschaft. Der Wirtschaftsaufbau Spaniens 1935–1967. Kiel 1968

Pi, Joan del: Interpretació llibertaria del moviment obrer catalá. Bordeaux 1946

Pitt-Rivers, J.A.: The People of the Sierra. London 1954

Politikon. Bd. 1: Klassenkämpfe, Selbstverwaltung und Räte in Europa. Hamburg 1974

Pozzoli, Claudio (Hg.): Jahrbuch Arbeiterbewegung. Bd. 1: Über Karl Korsch. Frankfurt 1973. Bd. 2: Marxistische Revolutionstheorien. Frankfurt 1974. Bd. 3: Die Linke in der Sozialdemokratie. Frankfurt 1975. Bd. 4: Faschismus und Kapitalismus. Frankfurt 1976

Problemi di storia dell'internazionale comunista (1919–1939). Relazioni tenute al Seminario di studi organizzato dalla Fondazione Luigi Einaudi (Torino, aprile 1972) a cura di Aldo Agosti. Torino 1974

Prudhommeaux, A(ndré) und D(oris): Catalogne 1936–1937. L'armement du peuple. Que sont la CNT et la FAI? Paris o.J. Neuausg. 1970
- España Libertaria. Versailles 1955
- Bewaffnung des Volkes. Aufbau, Organisierung und Kämpfe der Volksmiliz im Spanischen Bürgerkrieg. Berlin 1974

Puzzo, Dante Anthony: Spain and the Great Powers 1936–1941. New York-London 1962

Rama, Carlos María: Revoluciones Sociales del siglo XX. Toulouse 1960
- Itinerario español. Buenos Aires o.J. (1961)
- Revolución social y fascismo en el siglo XX. Buenos Aires 1962
- La Crisis española del siglo XX. México-Buenos Aires 1962

Ramírez Jiménez, Manuel: Los grupos de presión en la Segunda República Española. Madrid 1969
- (Hg.): Estudios sobre la Segunda República Española. Madrid 1975

Ramos Oliveira, Antonio: Politics, Economics and Men of Modern Spain, 1808–1946. London 1946. Reprint New York 1972
- Historia de España. 3 Bde. México o.J. (1952)

Reventlow, Rolf: Spanien in diesem Jahrhundert. Wien 1968

Reventós Carner, Juan: El movimiento cooperativo en España. Barcelona 1960

Richards, Vernon: Lessons of the Spanish Revolution. London 1953. Sp.: Enseñanzas de la Revolución Española. Paris 1971

Robinson, Richard: The Origins of Franco's Spain. The Right, the Republic and revolution 1931–1936. Newton 1970

Rojas, Carlos: Diez figuras ante la guerra civil. Barcelona 1973

Roldán, Manuel: Las colectivizaciones en Cataluña (Dos años y medio de destrucción de vidas y riquezas). Barcelona 1940

Romero, Luis: Tres días de julio (18, 19 y 20 de 1936). Barcelona 1967

Romeva Ferrer, Pau: Historia de la industria catalana. 2 Bde. Barcelona 1952

Rosenberg, Arthur: Demokratie und Sozialismus. Zur politischen Geschichte der letzten 150 Jahre. Frankfurt 1962

Roux, Georges: La guerre civile d'Espagne. Paris 1963. Sp.: La guerra civil de España. Madrid 1964

Ruhl, Klaus-Jörg: Spanien im Zweiten Weltkrieg. Franco, die Falange und das »Dritte Reich«. Hamburg 1975 (= Historische Perspektiven 2)

Rühl, Alfred: Vom Wirtschaftsgeist in Spanien. Leipzig 1928

Runkle, Gerald: Anarchism, old and new. New York 1972

Russell, Bertrand: Roads to Freedom: Socialism, Anarchism and Syndicalism. London

1918. Dt.: Wege zur Freiheit. Sozialismus, Anarchismus, Syndikalismus. Frankfurt 1971

Salas Larrazabal, Ramón: Historia del ejército popular de la República. 4 Bde. Madrid 1973

Salaya, Guillén: Historia del sindicalismo español. Madrid 1941

Saña, Heleno: El anarquismo. De Proudhon a Cohn-Bendit. Madrid 1970

– Líderes Obreros. Biografías. Madrid 1974

Sánchez, José Mariano: Reform and reaction. The politico-religious background of the Spanish Civil War. Univ. of North Carolina Press 1964

Sánchez Jiménez, José: El movimiento obrero y sus orígenes en Andalucía. Madrid 1967. 2. Aufl. 1969

Sandoval, José u. Azcárate, Manuel: Spain 1936–1939. London 1966

Sanz Jarque, Juan José: Más allá de la Reforma agraria. Madrid 1970

Scheuch, Erwin (Hg.): Die Wiedertäufer der Wohlstandsgesellschaft. Eine kritische Untersuchung der »Neuen Linken« und ihrer Dogmen. Köln 1968

Schiessel, Albert: Die Industrie Spaniens. Bearbeitet im Institut für Weltwirtschaft an der Universität Kiel. August 1940

– Die Landwirtschaft Spaniens. Kiel 1940

Schmolke, Siegfried: Die Produktions- und Marktverhältnisse der Industrie in Katalonien. Diss. Jena 1932

Schneider, Dieter (Hg.): Zur Theorie und Praxis des Streiks. Frankfurt 1971

Schwarzburg, Erich: Der jüdische Bolschewismus und die Judäo-Freimaurerei als Urheber des spanischen Bürgerkrieges. Frankfurt 1944

Sebastián, Vicente de: La masa en acción. Documento histórico de la guerra civil española. Paris 1953

Seco Serrano, Carlos: Historia de España. Epoca Contemporánea (Bd. 6). Barcelona 1961

– (Hg.): Asociación Internacional de los Trabajadores. Actas de los Consejos y Comisión Federal de la Región Española (1870–1874). 2 Bde. Barcelona 1969

Sedwick, Frank: The Tragedy of Manuel Azaña and the Fate of the Spanish Republic. Ohio State University Press 1963. Sp.: La tragedia de Manuel Azaña. Barcelona 1967

Semprun-Maura, Carlos: Révolution et contre-révolution en Catalogne. Tours 1974

Sevilla Andrés, Diego: De la República al Comunismo. Madrid 1954

– Historia política de la zona roja. Madrid 1954. 2. Aufl. 1963

Sieberer, Anton: Katalonien gegen Kastilien. Wien 1936

– Espagne contre Espagne. Genf o.J. (1937)

Smith, Rhea Marsh: Spain. A modern history. Ann Arbor 1965

Sociedad, política y cultura en la España de los siglos XIX y XX. Comunicaciones a los Coloquios de Pau de 1972. Madrid 1973

Sola Cañizares, F.: Luchas sociales en Cataluña 1812–1934. Madrid 1970

Solano, Wilebaldo: The Spanish Revolution. The Life of Andrés Nin. London 1971

Souchy, Augustin: El socialismo libertario. La Habana 1950

– Anarcho-Syndikalisten über Bürgerkrieg und Revolution in Spanien. Darmstadt 1969 (erstmals erschienen u. d. T. Nacht über Spanien, Darmstadt o.J.)

– »Vorsicht: Anarchist!« Ein Leben für die Freiheit. Politische Erinnerungen. Darmstadt-Neuwied 1977

Southworth, Herbert R.: La destruction de Guernica. Journalisme, diplomatie, propagande et histoire. Paris 1975

Sowjetsystem und demokratische Gesellschaft. Eine vergleichende Enzyklopädie. Hg. v. Claus D. Kernig. 6 Bde. Freiburg-Basel-Wien 1966 ff. Ergänzungsband: Die Kommunistischen Parteien der Welt. 1969

Suárez, Andrés: El proceso contra el POUM. Un episodio de la Revolución española. Paris 1974

Tamames, Ramón: Estructura económica de España. Madrid 1964
- Problemas fundamentales de la agricultura española. Madrid 1971
- La República. La Era de Franco. Madrid 1973
- Introducción a la economía española. Madrid 1973
Tauber, Walter: Un cas d'autogestion: »Les Tramways de Barcelone, collectivises« pendant la révolution espagnole (1936–1939). Mémoire de licence présenté à la Faculté de Lettres de l'Université de Genève. (Masch.) Genf 1975
Termes, Josep: Anarquismo y sindicalismo en España: La Primera Internacional 1864–1881. Barcelona 1972
Thomas, Hugh: The Spanish Civil War. London 1961. Dt.: Der Spanische Bürgerkrieg. Berlin-Frankfurt 1962
Torrent, Joan u. Tasis, Rafael: Història de la premsa catalana. Barcelona 1966
Trias Fargas, Ramón: Introducció a l'economia de Catalunya. Barcelona 1972. Sp.: Introducción a la economía de Cataluña. Madrid 1974
Tuñon de Lara, Manuel: La España del Siglo XX. Paris 1965
- Historia y realidad del poder. (El poder y las élites en el primer tercio de la España del siglo XX.) Madrid 1967
- Estudios sobre el siglo XIX español. Madrid 1973
- Metodología de la historia social de España. Madrid 2. Aufl. 1974
- (u. a. Hg.): Prensa y sociedad en España (1820–1936). Madrid 1975
- /Botrel, Jean-François: Movimiento obrero, política y literatura en la España contemporánea. Madrid 1974
Tusell, Javier: Las elecciones del Frente Popular. 2 Bde. Madrid 1971
Vicens Vives, Jaime: Manual de Historia Económica de España. Barcelona 1959
- Geschichte Spaniens. Frankfurt 1969 (= Urban-Bücher 122)
- (Hg.): Historia social y económica de España y América. Bd. 5. Barcelona 1972
Vila-San Juan, José Luis: Así fue? Enigmas de la guerra civil española. Barcelona 1972
Vilar, Pierre: Histoire de l'Espagne. Paris 1958. Sp.: Historia de España. Paris 1974
- La Catalogne dans l'Espagne moderne. 3 Bde. Paris 1962
Woodcock, George: Anarchism. New York 1971
Ziegler, Friedrich: Die Industrialisierung Spaniens seit Beginn des Weltkriegs und ihre Zukunftsaussichten. Diss. Köln 1932

b) Aufsätze (knappe Auswahl)

Aracil Martí, Rafael und García Bonafè, Marius: El problema de la tierra a Sueca, in: Alfons Cucó u. a. Hg.: El Pais Valencià: 1931–1939, Valencia 1974, 35–45
- Alcoi i la guerra civil: les collectivitzacions, in: Alfons Cucó u. a. Hg.: El Pais Valencià: 1931–1939, Valencia 1974, 23–33
Berger, Hartwig: In Verteidigung des »pueblo« - Historische Sozialbewegung und heutige Arbeitsemigration in Südspanien, Prokla 25, 1976, 39–102
Bernecker, Walther L.: »Comunismo libertario« im Spanischen Bürgerkrieg. Die Kollektivierungsbewegung 1936–1939, Rundbrief des Deutschen Spanischlehrerverbandes 16, 1977, 27–37
Borkenau, Franz: State and revolution in the Paris Commune, the Russian revolution and the Spanish Civil War, Sociological Review 29, 1937, 41–75
Brademas, John: A note of the anarchosyndicalists and the Spanish Civil War, Occidente 11, 1955, 121–135
Bricall, Josep Maria: Algunas consideraciones sobre las formas de producción industrial en Cataluña de 1936 a 1938, Convivium Aug.–Dez. 1968, 85–103
- Algunos caracteres de la evolución de la economía catalana durante la guerra civil española 1936–1939, Moneda y Crédito 109, 1969, 59–94

– L'Experience Catalane d'Autogestion Ouvrière durant la guerre civile 1936–1939, Economies et societes. Cahiers de l'Institut de science économique appliquée (I.S.E.A.), Serie H.S. Nr. 15, Bd. VI, Nr. 9–10, 1972, 1935–2012
Chomsky, Noam: Notes on Anarchism, Anarchy 116, 1970, 309–22
Ehinger, Paul: Die Wahlen in Spanien von 1936 und der Bürgerkrieg von 1936 bis 1939, Schweizerische Zeitschrift für Geschichte 3, 1975, 284–330
Fedeli, Ugo: La rivoluzione spagnola. Conversazioni, tenute in Ivrea al »Centro Culturale Olivetti«, Quaderni del Centro Culturale Olivetti. Jan.–Febr. 1955, o.S.
Franzbach, Martin: Unterrichtsmaterial, Kritik und Anmerkungen zum Themenkreis Spanischer Bürgerkrieg, Rundbrief des Deutschen Spanischlehrerverbandes 10, 1975, 12–21. Überarbeitete Fassung u. d. T. Neuere Veröffentlichungen zum Themenkreis Spanischer Bürgerkrieg wiederabgedruckt in Iberoamericana, 1, 1977, 58–65
Hellwege, Johann: Genossenschaftliche Tradition und die Anfänge des Anarchismus in Spanien, VSWG 59, 1972, 305–49
Jackson, Gabriel: The Origins of Spanish Anarchism, The Southwestern Social Science Quarterly 36, 2, 1955
Jutglar, Antoni: Notas para la historia del socialismo en España, RdT 3, 1964
Kantorowicz, Alfred: Die Exilsituation in Spanien, in: Manfred Durzak Hg.: Die deutsche Exilliteratur 1933–1945, Stuttgart 1973, 90–100
Kaplan, Temma E.: Spanish Anarchism and women's liberation, JCH 6, 2, 1971, 101–10
– The Social Base of Nineteenth-Century Andalusian Anarchism in Jerez de la Frontera, Journal of Interdisciplinary History VI, 1, 1975, 47–70
Kern, Robert W.: Anarchist Principles and Spanish Reality: Emma Goldman as a Participant in the Civil War 1936–39, JCH 11, 1976, 237–59
Liarte, Ramón: Maestría y ejemplo de la Revolución social española, Cénit 209, 1974, 5917–25
Martínez de Bedoya, Javier: El sindicalismo español de 1936 a 1939, Revista política social 51, 1961, 5–20
Nau, Peter: Spanischer Bürgerkrieg und Film, Filmkritik, Bd. 18, 1974, 441–88
Paul, Gerhard: Kritik und Aktualität der Volksfrontkonzeption, in: Peter W. Schulze Hg.: Übergangsgesellschaft: Herrschaftsform und Praxis am Beispiel der Sowjetunion, Frankfurt 1974, 293–381
Ranzato, Gabriele: Le collettivizzazzioni anarchiche in Catalogna durante la guerra civile spagnola 1936–1939, Quaderni Storici delle Marche, April 1972, 317–38
Schieder, Wolfgang: Spanischer Bürgerkrieg, SDG VI, 1972, 74–94
Varga, Eugen: Wirtschaft und Wirtschaftspolitik im ersten Vierteljahr 1936, Rundschau (Sondernummer) v. 13. 6. 1936
Wohlfeil, Rainer: Zum Stand der Forschung über Hauptprobleme des Spanischen Bürgerkriegs, MGM 2, 1969, 189–98
Woodcock, George: Anarchism in Spain, History Today XII, 1, 1962, 22–32

Summary

The military insurrection launched against the Second Spanish Republic on 17th/18th July 1936 was for broad sections of the Spanish working class the catalyst of a social revolution that spread over wide areas of Republican territory. Protagonists of this revolution were the workers organized in the anarcho-syndicalist and socialist trade unions (CNT and UGT), who initiated a spontaneous collectivization movement in the agricultural, industrial and services sectors. This movement took a course politically parallel to the establishment of a system of decentralized administration giving rise to heterogeneous, soviet-like organs of power and administration. In agriculture, a typology of the collective farms set up can at best be estimated; complete accounts in line with agronomical principles can be given only in isolated instances, yet some of these show amazingly positive results. It was in the socio-humanitarian, cultural and educational fields and in communal safeguarding of the livelihood of the individual that the collectives scored undisputed successes. In the industrial sector, the tentative result of the upheaval was a system with many of the structural elements of a war economy, »coordinated« by the unions and »guided« by the state; this system underwent dynamic development throughout the war, retaining a dualist structure till the last. The most significant of the many bodies that came into being in a revolutionary manner were the Central Committee of the Antifascist Militia and the Aragon Defence Council.

Entry of the anarchists to the government and the development of CNT/FAI during the war led not only to a »politicization« and restructuring of organized anarchism, but also to abandonment of fundamental positions of classical anarchism and atrophy of the democratic formation of opinion and decision-making process in the CNT. To win a military victory, the anarchists had to enter into compromises with those domestic enemies whom they had most vehemently fought, primarily the communists. The latter in turn exploited their links with the Soviet arms suppliers and took advantage of the anarchists' political inexperience and tactical inexpertise to pressure them into giving up not only most of their original positions, but also to push them out of all key bodies wielding power.

In terms of the programme of the CNT's 1936 Zaragoza Congress, the revolution was incomplete; in terms of its avowed objectives, it remained unfinished. The extraneous reasons for the decline of the collectivization movement included the opposition of the central government and, to a lesser extent, that of the Catalonian regional government; the hostility of the popular front organizations; the rivalry between Madrid and Barcelona; the regressive course of the war; and, part and parcel of these, the deteriorating economic situation in the Republican zone. Taking a strictly anticollectivist line, the Communist Party found its closest allies in the middle classes. The difficulties and contradictions inherent in putting the Social Revolution into practice included the doctrinaire disputes between the advocates of a collectivist anarchism along Bakuninist lines and the protagonists of a communist anarchism adhering to the principles of Kropotkin, which resulted in considerable differences in implementing social policy during the Civil War; the improvisation and unsystematic approach of the social revolutionary movement caused by irresolution and a lack of guidance; the process that gave rise to an oligarchy within the anarchist ranks; and the introduction of a decision-making procedure far removed from the base. The unsettled relationship between trade unions and committees also contributed to the failure to consolidate revolutionary achievements. After an indecisive dualistic phase, the committees, embodying direct democracy at base level, succumbed to the efforts (mainly by the state) to appropriate far-reaching powers of decision and control.

Personen- und Sachregister

(Kursivtitel verweisen auf Periodika)